经以济世
社稷同丰

贺教育部

哲学社会科学研究重大课题攻关项目

立项

李智textbf
癸卯岁初冬八日

教育部哲学社会科学研究重大课题攻关项目
"十三五"国家重点出版物出版规划项目

"两型社会"建设标准及指标体系研究

THE STUDY OF STANDARDS AND INDEX SYSTEM OF THE RESOURCE-CONSERVING AND ENVIRONMENT-FRIENDLY SOCIETY

陈晓红 著

中国财经出版传媒集团
经济科学出版社
Economic Science Press

图书在版编目（CIP）数据

"两型社会"建设标准及指标体系研究/陈晓红著. —北京：经济科学出版社，2017.4

教育部哲学社会科学研究重大课题攻关项目

ISBN 978-7-5141-7832-6

Ⅰ.①两… Ⅱ.①高… Ⅲ.①社会主义建设模式-研究-中国 Ⅳ.①D616

中国版本图书馆 CIP 数据核字（2017）第 046004 号

责任编辑：刘 茜 张伟利
责任校对：王肖楠
责任印制：李 鹏

"两型社会"建设标准及指标体系研究

陈晓红 著

经济科学出版社出版、发行 新华书店经销
社址：北京市海淀区阜成路甲 28 号 邮编：100142
总编部电话：010-88191217 发行部电话：010-88191522
网址：www.esp.com.cn
电子邮件：esp@esp.com.cn
天猫网店：经济科学出版社旗舰店
网址：http://jjkxcbs.tmall.com
北京季蜂印刷有限公司印装
787×1092 16 开 38.75 印张 750000 字
2018 年 4 月第 1 版 2018 年 4 月第 1 次印刷
ISBN 978-7-5141-7832-6 定价：98.00 元
（图书出现印装问题，本社负责调换。电话：010-88191510）
（版权所有 侵权必究 举报电话：010-88191586
电子邮箱：dbts@esp.com.cn）

编审委员会成员

主　任　周法兴
委　员　郭兆旭　吕　萍　唐俊南　刘明晖
　　　　　陈迈利　樊曙华　孙丽丽　刘　茜

总　序

哲学社会科学是人们认识世界、改造世界的重要工具，是推动历史发展和社会进步的重要力量，其发展水平反映了一个民族的思维能力、精神品格、文明素质，体现了一个国家的综合国力和国际竞争力。一个国家的发展水平，既取决于自然科学发展水平，也取决于哲学社会科学发展水平。

党和国家高度重视哲学社会科学。党的十八大提出要建设哲学社会科学创新体系，推进马克思主义中国化、时代化、大众化，坚持不懈用中国特色社会主义理论体系武装全党、教育人民。2016年5月17日，习近平总书记亲自主持召开哲学社会科学工作座谈会并发表重要讲话。讲话从坚持和发展中国特色社会主义事业全局的高度，深刻阐释了哲学社会科学的战略地位，全面分析了哲学社会科学面临的新形势，明确了加快构建中国特色哲学社会科学的新目标，对哲学社会科学工作者提出了新期待，体现了我们党对哲学社会科学发展规律的认识达到了一个新高度，是一篇新形势下繁荣发展我国哲学社会科学事业的纲领性文献，为哲学社会科学事业提供了强大精神动力，指明了前进方向。

高校是我国哲学社会科学事业的主力军。贯彻落实习近平总书记哲学社会科学座谈会重要讲话精神，加快构建中国特色哲学社会科学，高校应需发挥重要作用：要坚持和巩固马克思主义的指导地位，用中国化的马克思主义指导哲学社会科学；要实施以育人育才为中心的哲学社会科学整体发展战略，构筑学生、学术、学科一体的综合发展体系；要以人为本，从人抓起，积极实施人才工程，构建种类齐全、梯队衔接的高校哲学社会科学人才体系；要深化科研管理体制改革，发挥高校人才、智力和学科优势，提升学术原创能力，激发创新创造活力，建设中国特色新型高校智库；要加强组织领导、做好统筹规划、营造良好学术生态，形成统筹推进高校哲学社会科学发展新格局。

哲学社会科学研究重大课题攻关项目计划是教育部贯彻落实党中央决策部署的一项重大举措，是实施"高校哲学社会科学繁荣计划"的重要内容。重大攻关项目采取招投标的组织方式，按照"公平竞争，择优立项，严格管理，铸造精品"的要求进行，每年评审立项约40个项目。项目研究实行首席专家负责制，鼓励跨学科、跨学校、跨地区的联合研究，协同创新。重大攻关项目以解决国家现代化建设过程中重大理论和实际问题为主攻方向，以提升为党和政府咨询决策服务能力和推动哲学社会科学发展为战略目标，集合优秀研究团队和顶尖人才联合攻关。自2003年以来，项目开展取得了丰硕成果，形成了特色品牌。一大批标志性成果纷纷涌现，一大批科研名家脱颖而出，高校哲学社会科学整体实力和社会影响力快速提升。国务院副总理刘延东同志做出重要批示，指出重大攻关项目有效调动各方面的积极性，产生了一批重要成果，影响广泛，成效显著；要总结经验，再接再厉，紧密服务国家需求，更好地优化资源，突出重点，多出精品，多出人才，为经济社会发展作出新的贡献。

作为教育部社科研究项目中的拳头产品，我们始终秉持以管理创新服务学术创新的理念，坚持科学管理、民主管理、依法管理，切实增强服务意识，不断创新管理模式，健全管理制度，加强对重大攻关项目的选题遴选、评审立项、组织开题、中期检查到最终成果鉴定的全过程管理，逐渐探索并形成一套成熟有效、符合学术研究规律的管理办法，努力将重大攻关项目打造成学术精品工程。我们将项目最终成果汇编成"教育部哲学社会科学研究重大课题攻关项目成果文库"统一组织出版。经济科学出版社倾全社之力，精心组织编辑力量，努力铸造出版精品。国学大师季羡林先生为本文库题词："经时济世　继往开来——贺教育部重大攻关项目成果出版"；欧阳中石先生题写了"教育部哲学社会科学研究重大课题攻关项目"的书名，充分体现了他们对繁荣发展高校哲学社会科学的深切勉励和由衷期望。

伟大的时代呼唤伟大的理论，伟大的理论推动伟大的实践。高校哲学社会科学将不忘初心，继续前进。深入贯彻落实习近平总书记系列重要讲话精神，坚持道路自信、理论自信、制度自信、文化自信，立足中国、借鉴国外，挖掘历史、把握当代，关怀人类、面向未来，立时代之潮头、发思想之先声，为加快构建中国特色哲学社会科学，实现中华民族伟大复兴的中国梦作出新的更大贡献！

教育部社会科学司

前 言

面对日益突出的资源、环境问题，党中央在十六届五中全会上第一次明确提出建设资源节约型、环境友好型社会的要求。党的十七大报告将资源节约、环境保护提升为基本国策。党的十八大报告进一步把生态文明建设列入中国特色社会主义事业"五位一体"总布局。在此背景下，需要明确怎样建设"两型社会"、如何评价建设成效等问题。这些问题归结起来，就是"两型社会"建设应以什么为标准。我们科研团队在承担并完成教育部哲学社会科学研究重大课题攻关项目《"两型社会"建设标准及指标体系研究》（批准号：10JZD0020）的基础上，形成了中国"两型社会"建设标准及其指标体系建立的系列研究成果，总结并整理成本书，以期对我国"两型社会"与生态文明建设提供有价值的参考建议。

全书遵循"科学性、系统性、全面性、可测性、动态性"的原则，在"两型社会"理论、现状分析和总体建设标准及其指标体系构建的基础上，围绕"两型社会"经济发展、城乡建设、公共服务三大关键领域，对"两型"产业、"两型"园区、"两型"企业建设，"两型"城市、"两型"农村、"两型"社区、"两型"机关、"两型"学校、"两型"医院建设，以及"两型"技术与产品、"两型"建筑和"两型"交通建设等诸多方面展开了系统研究，分别从各自的基本内涵、主要特征与建设要求入手，构建了其发展建设评价指标体系与评价标准，并建立了综合评价模型与方法，同时通过长株潭城市群国家"两型社会"建设综合配套改革试验区的实证研究与典型案例分析，提出了涉及决策、实施与管理等多途径的政策建议。

鉴于"两型社会"建设标准及指标体系的建立涉及领域之多、范围之广，需要不断深化、适时修正和完善，才能适应新情况和新问题。因此，本书仅是抛砖引玉，希望有更多的专家和学者提出宝贵意见，并加入到这一有意义的研究中，让我们携手一道为中国的"两型社会"和生态文明建设、为子孙后代的"绿水青山"和"金山银山"美好远景的实现作出新贡献。

摘　要

党中央在对我国新时期经济社会发展新特征、新形势、新环境的准确把握基础上，提出了建设资源节约型、环境友好型社会（简称"两型社会"）的重大发展战略。建设"两型社会"，需要明确什么是"两型社会"、怎样建设"两型社会"、如何评价"两型社会"建设成效等问题。这些问题归结起来，就是"两型社会"建设应以什么为标准。因此，本项目以"两型社会"建设标准作为切入点，以"两型社会"评价指标体系的设计为突破，构建"两型社会"经济发展标准及指标体系、"两型社会"城乡建设标准及指标体系、"两型社会"公共服务标准及指标体系，通过长株潭城市群国家"两型社会"建设综合配套改革试验区的实证研究与典型案例分析，提出我国"两型社会"建设路径与政策建议。

本项目主要从国内外"两型社会"建设的现状分析出发，结合长株潭"两型社会"建设评价的特点，从经济发展、资源节约、环境友好、创新能力和社会和谐五个维度，遵循"科学性、系统性、全面性、可测性、动态性"原则，构建我国"两型社会"总体建设标准及其指标体系，建立了综合评价模型并对我国典型省份及长株潭城市群"两型社会"建设进行了评价，在此基础上，围绕"两型社会"经济发展、"两型社会"城乡建设、"两型社会"公共服务三个关键领域，研制了"两型"产业、"两型"企业、"两型"园区、"两型"技术与产品、"两型"城镇、"两型"农村等"两型"标准及指标体系，丰富了中国特色的"两型社会"建设理论。

针对"两型社会"建设的经济发展问题，展开"两型"产业、

"两型"园区、"两型"企业、"两型"技术与产品建设研究。"两型"产业建设方面,从"两型"产业的内涵与基本特征入手,围绕"两型"产业发展的基本要求,提出"两型"产业的分类思路与方法,构建产业"两型"化发展的评价指标体系,建立产业"两型"化发展的评价模型与方法,并以长株潭城市群"两型社会"建设改革试验区为实例,进一步探讨长株潭城市群"两型"产业发展路径,提出促进"两型"产业发展的政策建议。"两型"园区建设方面,从"两型"园区的内涵、特征、发展模式和路径入手,围绕"两型"园区发展的基本要求,构建"两型"园区指标体系与评价模型,对我国长株潭地区"两型"园区建设的现状水平进行实证研究,并由此针对性提出促进长株潭地区"两型"园区建设的政策建议。"两型"企业建设方面,从对"两型"企业的内涵与本质入手,建立我国"两型"企业建设水平的评价指标体系,构建基于系统综合评价法的"两型"企业建设水平评价模型,对企业的"两型"建设水平进行整体评价,为我国"两型"企业建设的评价提供指南与依据。"两型"技术与产品建设方面,从"两型"技术和"两型"产品的理论梳理入手,对其内涵、发展模式与路径进行分析和界定,建立"两型"技术和产品的评价指标体系,构建出"两型"技术和产品发展水平评价模型,通过对长株潭地区企业深入调研与"两型"技术与产品发展评价案例分析,提出了促进长株潭地区"两型"技术和产品发展的政策建议。

针对"两型社会"建设的城乡建设问题,展开"两型"城市、"两型"农村和"两型"社区建设研究。"两型"城乡建设方面,从分别分析"两型"城市、"两型"农村和"两型"社区的现实背景和意义入手,从循环经济、生态文明、低碳经济、可持续发展等方面探讨"两型"城市、"两型"农村和"两型"社区的基本内涵、基本特征与建设要求,构建"两型"城市、"两型"农村和"两型"社区的发展建设评价指标体系与模型,并对试验区"两型"城市、"两型"农村和"两型"社区建设现状进行实证评估,在此基础上进一步提出政策建议。

针对"两型社会"建设的公共服务问题,展开"两型"机关与事业单位、"两型"建筑和"两型"交通建设研究。"两型"机关与事业单位建设方面，从"两型"机关、"两型"学校、"两型"医院的实践进展入手，构建"两型"机关与事业单位建设的指标体系及评价方法，并通过长株潭地区典型案例分析，提出促进"两型"机关与事业单位建设的政策建议。"两型"建筑建设方面，从环境效益、经济效益、社会效益三大视角着眼，提出涉及决策、设计、施工、运营管理等各阶段，及土地利用、材料选择、能源系统配置等各方面的"两型"建筑指标体系及评价标准，开展了"两型"建筑建设典型案例研究，提出了"两型"建筑实施政策与措施。"两型"交通建设方面，着眼于交通体系的立体化、综合化、智能化，提出涉及运输网络覆盖、交通结构比例、基础设施建设、管理运用效率、公共交通发展等方面的"两型"建筑评价指标体系及评价标准，探讨了长株潭城市群"两型"交通发展思路，进而提出了长株潭城市群"两型"交通发展的政策建议。

Abstract

　　The CPC central committee put forward major development strategies of constructing resource-conserving and environment-friendly society (referred to as two-oriented society), on the basis of accurate understanding of new features, new situation and new environment on economic and social development in the new era of our country. To construct two-oriented society, it is necessary to pinpoint the issues such as what is two-oriented society, how to build two-oriented society, and how to evaluate the result of two-oriented society construction, etc. To sum up, all these issues can come down one question: what is the standard two-oriented society construction should be based on. Therefore, this project takes standards of two-oriented society construction as the breakthrough point, designing the evaluation index system of two-oriented society for the breach, to build standard and index system of two-oriented social and economic development, standard and index system of urban and rural construction in two-oriented society, standard and index system of public service n two-oriented society, through empirical research and typical case studies in the Comprehensive Coordinated Reform Plot Areas of the "Two-oriented Society" in Chang – Zhu – Tan City Cluster, put forward path and policy for two-oriented society construction in China.

　　From the status quo analysis of two-oriented society construction both at home and abroad, combined with the characteristics of two-oriented society construction evaluation in Chang – Zhu – Tan City Cluster, from five dimensions as economic development, resource conserving, environment friendly, innovation ability and social harmony, we built the overall standard and its index system of two-oriented society construction in China with the principles of "scientific, systematic, comprehensive, measurable, and dynamic". Besides, the project established a comprehensive evaluation model and evaluated two-oriented society construction in typical provinces in China and Chang – Zhu – Tan City Cluster. Based on this, around three key areas (two-oriented economic development, urban and rural construction, and public service), we developed a series of two-oriented standard and index system such as two-oriented industry, two-oriented enterprise, two-oriented industrial park, two-oriented technology and products, two-oriented town, two-oriented village, etc., which enriched the theory of two-oriented society construction with Chinese characteristics.

In view of the economic development of two-oriented society construction, we launched the research on two-oriented industry, two-oriented enterprise, two-oriented industrial park, two-oriented technology and products. On the aspect of two-oriented industry, from the connotation and basic characteristics of two-oriented industry, around the basic requirement of two-oriented industry development, we put forward idea and method of two-oriented industry classification, established evaluation index system of two-oriented industry, developed evaluation model and method for two-oriented development of industry, take reform plot areas of the "two-oriented society" in Chang – Zhu – Tan City Cluster as examples, further to explore the two-oriented industry development path in Chang – Zhu – Tan City Cluster, and put forward policy suggestions to promote the development of two-oriented industry. On the aspect of two-oriented industrial park, from the connotation, basic characteristics development mode and path of two-oriented industrial park, around the basic requirement of two-oriented industrial park development, we established index system and evaluation model of two-oriented industrial park, carried out empirical research on present situation of two-oriented industrial park construction in Chang – Zhu – Tan City Cluster, and thus put forward policy suggestions to promote the development of two-oriented industrial park construction in Chang – Zhu – Tan City Cluster. On the aspect of two-oriented enterprise, from the connotation, basic characteristics of two-oriented enterprise, we built evaluation index system of two-oriented enterprise construction in China, established an evaluation model of two-oriented enterprise based on comprehensive evaluation method, evaluated the overall level of two-oriented construction within enterprises, provided guidelines and basis for evaluation of the construction of two-oriented enterprise in China. On the aspect of two-oriented technology and products, from the carding of theories on two-oriented technology and products, we analyzed and identified its connotation, development mode and path, set up the two-oriented technology and products evaluation index system, built up the evaluation model of two-oriented technology and products, through in-depth investigation and case studies of regional enterprises in Chang – Zhu – Tan City Cluster, put forward some policy suggestions to promote the development of two-oriented technology and products.

Aiming at both urban and rural construction issues in the construction of two-oriented society, we carried out researches on two-oriented city, two-oriented village, two-oriented community building. On the aspect of two-oriented urban and rural construction, from the analysis of realistic background and significance of two-oriented city, two-oriented village and two-oriented community, we discussed the basic connotation, characteristics and construction requirements of two-oriented city, two-oriented village and two-oriented community from the perspectives of circular economy, ecological civilization, low-carbon economy, sustainable development and so on. Then, we established the evaluation index system and model of two-oriented city, two-oriented village and two-oriented community development and construction, and put forward policy suggestions on the basis of empirical evaluation of the present situation and problems of two-oriented city, two-oriented village and two-oriented community in the Plot Area.

Aiming at the social public service problems in the construction of two-oriented society, we carried out researches on the construction of two-oriented government agencies and public institutions, two-oriented building and two-oriented transportation. On the aspect of two-oriented government agencies and public institutions, starting from the practice and progress of two-oriented government agencies, two-oriented schools, and two-oriented hospitals, we established the index system and evaluation method of two-oriented government agencies and public institutions construction, put forward policy recommendations on the construction of two-oriented government agencies and public institutions in Chang – Zhu – Tan City Cluster through typical case analysis. On the aspect of two-oriented building, based on three perspectives as environmental benefit, economic benefit, social benefit, we established the index system and evaluation standard of two-oriented building involved in various stages such as decision making, design, construction, operation management and so on, with the concern of various aspects such as energy and land use, material selection, system configuration and so on. Then, we put forward policy suggestions and measures on the development of two-oriented building through typical case analysis. On the aspect of two-oriented transportation, based on three-dimensional, integrated and intelligent traffic system, we established the index system and evaluation standard of two-oriented transportation involved in various aspects such as transport network coverage, the proportion of transportation structure, the construction of infrastructure, management and utilization efficiency, development of public transportation, etc. At last, the project probed into the development of two-oriented transportation in Chang – Zhu – Tan City Cluster, and then put forward policy suggestions on the development of two-oriented transportation in Chang – Zhu – Tan City Cluster.

目录

第1篇 "两型社会"建设标准及指标体系建设总论

第1章 "两型社会"建设理论分析　3

1.1 "两型社会"建设的理论基础　3
1.2 "两型社会"的内涵　7
1.3 "两型社会"的特征　11
1.4 中国特色的"两型社会"建设理论　12

第2章 世界主要国家和地区"两型社会"建设状况和经验　19

2.1 乘风破浪,由"孤帆"变"舰队"的欧洲两型之路　19
2.2 强者恒强,美国打造领跑世界的两型"航母"　24
2.3 继往开来,日本建造承载全民的两型巨艇　29
2.4 异军突起,韩国两型"战机"展翅腾飞　34

第3章 我国"两型社会"建设现状分析　38

3.1 "两型"巨轮出湘江——长株潭城市群　38
3.2 "两型"强音播汉水——武汉城市圈　43
3.3 "两型"旗帜遍中华——首批低碳试点城市　48

第4章 我国"两型社会"总体建设标准及其指标体系　56

4.1 "两型社会"建设评价指标体系设计思路　56
4.2 "两型社会"建设评价指标体系设计原则　57

4.3 "两型社会"建设评价指标体系　58
4.4 "两型社会"建设评价指标体系解释　62
4.5 "两型社会"建设评价指标体系权重设计方法　89
4.6 "两型社会"建设评价实证应用精简指标体系　94
4.7 我国典型省份"两型社会"建设评价实证研究　99
4.8 长株潭"两型社会"建设评价实证研究　106

第5章　我国"两型社会"建设路径与政策建议　112
5.1 国外"两型社会"建设的基本经验　112
5.2 我国"两型社会"建设实践探索　117
5.3 中国"两型社会"建设路径创新　123
5.4 推进"两型社会"建设的战略举措　137
5.5 "两型社会"建设的政策体系创新　147

第2篇

"两型社会"经济发展标准及指标体系

第6章　"两型"产业建设标准及指标体系　167
6.1 "两型"产业建设的现实背景与基本意义　167
6.2 "两型"产业建设的理论研究　168
6.3 "两型"产业建设指标体系设计及评价模型构建　185
6.4 "两型"产业典型案例分析　186
6.5 长株潭城市群产业"两型"化建设的实证评估与政策建议　192

第7章　"两型"园区建设标准及指标体系　196
7.1 "两型"园区建设的背景与意义　196
7.2 "两型"园区建设的理论研究　197
7.3 "两型"园区建设指标体系设计及评价模型构建　211
7.4 "两型"园区评价的实证研究及政策建议　220

第8章　"两型"企业建设标准及指标体系　228
8.1 "两型"企业建设的背景与意义　228

8.2　"两型"企业建设的理论研究　231

8.3　"两型"企业建设指标体系设计及评价模型构建　238

8.4　"两型"企业创建典型案例分析　258

8.5　长株潭城市群"两型"企业建设的实证评估与政策建议　264

第9章　"两型"技术与产品建设标准及指标体系　274

9.1　"两型"技术与产品建设的背景与意义　274

9.2　"两型"技术与产品建设的理论研究　276

9.3　"两型"技术与产品指标体系设计及评价模型构建　307

9.4　长株潭地区"两型"技术与产品发展水平研究与政策建议　340

第3篇

"两型社会"城乡建设标准体系及指标体系

第10章　"两型"城镇建设标准体系及指标体系　369

10.1　"两型"城乡建设的背景和意义　369

10.2　"两型"城市建设的理论研究　370

10.3　"两型"城市指标体系及评价模型构建　378

10.4　中部地区"两型"城市实证评价及政策建议　384

第11章　"两型"农村建设标准体系及指标体系　401

11.1　"两型"农村建设的背景与意义　401

11.2　"两型"农村建设的理论研究　403

11.3　"两型"农村指标体系及评价模型构建　406

11.4　中部地区"两型"农村发展水平评价与政策建议　411

第12章　"两型"社区建设标准及指标体系　429

12.1　"两型"社区建设的背景与意义　429

12.2　"两型"社区建设的理论研究　430

12.3　"两型"社区建设指标体系设计　435

12.4　长株潭"两型"社区建设典型案例研究与政策建议　440

第4篇
"两型社会"公共服务标准体系及指标体系

第13章 "两型"机关与事业单位建设标准及指标体系　453
　　13.1 "两型"机关与事业单位建设的背景与现实意义　453
　　13.2 "两型"机关与事业单位建设的研究与实践进展　458
　　13.3 "两型"机关与事业单位的内涵与基本特征　471
　　13.4 "两型"机关与事业单位建设的指标体系构建及评价方法选择　478
　　13.5 "两型"机关与事业单位建设典型案例研究与政策建议　507

第14章 "两型"建筑建设标准及指标体系　517
　　14.1 "两型"建筑建设的背景与意义　517
　　14.2 国外"两型"建筑建设的理论研究　522
　　14.3 "两型"建筑的评价指标体系　527
　　14.4 "两型"建筑建设政策建议　536

第15章 "两型"交通建设标准及指标体系　543
　　15.1 "两型"交通建设的背景与意义　543
　　15.2 "两型"交通的理论研究　545
　　15.3 "两型"交通的评价指标体系设计　547
　　15.4 "两型"交通的评价模型构建与方法说明　557
　　15.5 长株潭城市群"两型"交通发展路径与政策建议　563

参考文献　569

后记　587

Contents

Part 1
Overview of standards and index system of two-oriented society construction

Chapter 1 Theoretical analysis of the constructing two-oriented society 3

    1.1 Theoretical basis of two-oriented society construction   3
    1.2 Connotation of two-oriented society   7
    1.3 Characteristic of two-oriented society   11
    1.4 Theory of two-oriented society construction with a Chinese characteristic   12

Chapter 2 Status and experience of two-oriented society construction in world's main countries and districts   19

    2.1 Ride the wind and waves, two-oriented society construction in European expanded gradually   19
    2.2 Only the stronger holds, two-oriented society construction in America lead the world   24
    2.3 Inherit the past, usher in the future, two-oriented society construction in Japan carried out through massive participation   29
    2.4 Rising suddenly as the new power, two-oriented society construction in Korea developed fleetly   34

Chapter 3 Status analysis of two-oriented society construction of China   38

    3.1 Wheel of "two-oriented society" out to Xiang River —— Changsha - Zhuzhou - Xiangtan City cluster   38

    3.2 Codas of "two-oriented society" broadcasting in Han river ——Wuhan metropolitan area   43

    3.3 Flag of "two-oriented society" are flown all over China ——The first pilot city of low carbon   48

Chapter 4 General standards and index system of two-oriented society construction of China   56

    4.1 Design thoughts of evaluation index system of two-oriented society construction   56

    4.2 Design philosophy of evaluation index system of two-oriented society construction   57

    4.3 Evaluation index system of two-oriented society construction   58

    4.4 Explanation of evaluation index system of two-oriented society construction   62

    4.5 Methods for computing weight of evaluation index system of two-oriented society construction   89

    4.6 Simplified evaluation index system of two-oriented society construction in the empirical application   94

    4.7 Empirical research of evaluation of two-oriented society construction of typical provinces in China   99

    4.8 Empirical research of evaluation of two-oriented society construction of Chang-zhu-tan city cluster   106

Chapter 5 Constructional path and policy of two-oriented society of China   112

    5.1 Basic experience of two-oriented society construction in foreign countries   112

    5.2 Pratical exploration of two-oriented society construction in China   117

    5.3 Path innovation of two-oriented society construction in China   123

    5.4 Strategic move of promoting two-oriented society construction   137

    5.5 Policy system innovation of two-oriented society construction   147

Part 2
Standard and index system of economic development of two-oriented society

Chapter 6 Standard and index system of industries of two-oriented society construction 167

6.1 Realistic-background and basic meaning of industries of two-oriented society construction 167

6.2 Theoretical study of industries of two-oriented society construction 168

6.3 Index system design and evaluation model building of industries of two-oriented society construction 185

6.4 Case Study for industries of two-oriented society 186

6.5 Empirical assessments and policy recommendations of two-oriented society construction of Chang-zhu-tan city cluster 192

Chapter 7 Standard and index system of industrial parks of two-oriented society construction 196

7.1 The background and significance of industrial parks of two-oriented society construction 196

7.2 The theory study of industrial parks of two-oriented society construction 197

7.3 The index system design and evaluation model building of industrial parks of two-oriented society construction 211

7.4 Empirical study and policy suggestions of industrial parks of two-oriented society construction 220

Chapter 8 Standards and index system of Enterprises of two-oriented society construction 228

8.1 The background and significance of enterprises of two-oriented society construction 228

8.2 The theory study of enterprises of two-oriented society construction 231

8.3 The index system design and evaluation model building of enterprises of two-oriented society construction 238

8.4　Case study of enterprises of two-oriented society construction　258

8.5　Empirical assessment and policy suggestions of enterprises of two-oriented society construction of Chang-zhu-tan city cluster　264

Chapter 9　Standards and index system of technologies and products of two-oriented society construction　274

9.1　The background and significance of technologies and products of two-oriented society construction　274

9.2　The theory study of technologies and products of two-oriented society construction　276

9.3　The index system design and evaluation model building of technologies and products of two-oriented society construction　307

9.4　Research on development and policy suggestion of technologies and products of two-oriented society construction of Chang-zhu-tan city cluster　340

Part 3

Standard and index system of urban and rural of two-oriented society construction

Chapter 10　The standard and index system of two-oriented cities and towns construction　369

10.1　The background and significance of urban and rural of two-oriented society construction　369

10.2　The theory study of two-oriented cities construction　370

10.3　The index system design and evaluation model building of two-oriented cities construction　378

10.4　Empirical assessment and policy suggestions of two-oriented cities in central China　384

Chapter 11　Standard and index system of rural area of two-oriented society construction　401

11.1　The background and significance of rural area of two-oriented society construction　401

- 11.2 The theory study of rural of two-oriented society construction　403
- 11.3 The index system design and evaluation model building of rural area of two-oriented society construction　406
- 11.4 Research on development and policy suggestion of rural area of two-oriented society construction in central China　411

Chapter 12　Standards and index system of communities of two-oriented society construction　429

- 12.1 The background and significance of communities of two-oriented society construction　429
- 12.2 The theory study of communities of two-oriented society construction　430
- 12.3 The index system design of communities of two-oriented society construction　435
- 12.4 Case study and policy suggestions of two-oriented society construction of Chang-zhu-tan city cluster　440

Part 4
Standard and index system of public service two-oriented society construction

Chapter 13　The standard and index system of organs and units of two-oriented society construction　453

- 13.1 The background and significance of organs and units of two-oriented society construction　453
- 13.2 The progress in study and practice of organs and units of two-oriented society construction　458
- 13.3 The connotation and basic characteristics of organs and units of two-oriented society construction　471
- 13.4 The index system design and evaluation methods selection of organs and units of two-oriented society construction　478
- 13.5 Case study and policy suggestion of organs and units of two-oriented society construction　507

Chapter 14 Standard and index system of buildings of two-oriented society construction   517

14. 1 The background and significance of buildings of two-oriented society construction   517

14. 2 The theory study of buildings of two-oriented society construction of foreign countries   522

14. 3 The evaluation index system of buildings two-oriented society construction   527

14. 4 Policy suggestion of buildings of two-oriented society construction   536

Chapter 15 Standard and index system of transportations   543

15. 1 The background and significance of transportations of two-oriented society construction   543

15. 2 The theory study of transportations of two-oriented society construction   545

15. 3 The evaluation index system design of transportations of two-oriented society construction   547

15. 4 The evaluation model building and method statement of transportations of two-oriented society construction   557

15. 5 The development path and policy suggestion of transportations of two-oriented society construction   563

References   569

Postscript   587

第 1 篇

"两型社会"建设
标准及指标体系
建设总论

第1章

"两型社会"建设理论分析

1.1 "两型社会"建设的理论基础

1.1.1 可持续发展理论

传统的发展观是以牺牲自然环境、过度利用资源为代价的,追求经济高速增长,认为经济的快速增长就是经济成功的标志,导致了日益严重的全球性问题,更危及了人类本身和人类后代的生存与发展。可持续发展的战略思想是在传统的发展模式暴露出多方面弊端并再也难以为继的情况下提出的。

从20世纪50年代,人类对自身所走的发展道路感到困惑,到1972年6月第一次人类环境会议,共同探讨人类的环境问题,通过了《联合国人类环境会议宣言》。1987年联合国环境与发展委员会发布了长篇报告《我们共同的未来》,对经济发展和环境保护中存在的问题进行了全面评估,首次提出了可持续发展的定义,正式提出了可持续发展观。到90年代初期,环境对人类生存和发展的制约关系受到学术界和社会的重视,先后提出了一些理论和制定了许多措施,以1992年联合国环境与发展大会为标志,将可持续发展由概念、理论推向行动。可持续发展的观念得到国际社会广泛接受,进入了规划、实施阶段,并相继被许多国家列为21世纪发展战略,成为指导社会、经济、环境发展的基本原则和发展的共同目标。我国在1994年3月由全国人大常委会正式通过了《中国21世纪议程——中国21世纪人口、环境与发展白皮书》,就可持续发展问题向全世界作出了庄严承诺。我国政府倡导的生态省、生态市、生态县、生态村等区域生态建设工程,正是为了探索适合中国特色的可持续发展,是落实科学发展观的重要举措。

可持续发展涉及人类社会的方方面面,追求的是近期利益与长远利益、短期目标与长远目标的最佳兼顾,经济、社会、资源、环境、人口的全面协调发展。1987年联合国环境与发展委员会首次定义了可持续发展的概念,认为可持续发展是"既满足当代人的需求,又不对后代人满足其需求能力构成危害的发展"。自此,出现了几十种不同的定义,具体内涵有五个方面:

(1) 自然属性。国际生态联合会和国际生物科学联合会在1991年11月联合举行的可持续发展专题讨论会认为,可持续发展是寻求一种最佳的生态系统以支持生态的完整性,即不超越环境系统更新能力的发展,使人类的生存环境得以持续。

(2) 经济属性。可持续发展的核心是在不降低环境质量和不破坏世界自然资源基础上的经济发展。

(3) 社会属性。可持续发展是在生存不超出维持生态系统涵容能力的情况下,改善人类的生活品质。可持续发展主要强调人类的生产方式与生活方式要与地球承载能力保持平衡,最终落脚点是人类社会,即改善人类的生活质量,创造美好的生活环境。

(4) 科技属性。科技进步对可持续发展起着重要作用。可持续发展尽量做到接近"零排放"或"密闭式"工艺方法,要用更清洁、更有效的技术,尽量减少能源与其他自然资源的消耗,保护环境质量。

(5) 伦理属性。可持续发展的核心是目前的决策不能损害后代长远利益。可持续发展的内涵有两个最基本的方面,即:发展与持续性,发展应理解为两方面:首先,它至少应含有人类社会物质财富的增长,因此经济增长是发展的基础。其次,发展作为一个国家或区域内部经济和社会制度的必经过程,它以所有人的利益增进为标准,以追求社会全面进步为最终目标。持续性也有两方面意思:首先,自然资源的存量和环境的承载能力是有限的,这种物质上的稀缺性和在经济上的稀缺性相结合,共同构成经济社会发展的限制条件。其次,在经济发展过程中,当代人不仅要考虑自身的利益,而且应该重视后代的人的利益,既要兼顾各代人的利益,还要为后代发展留有余地。

可持续发展是发展与可持续的统一,两者相辅相成,互为因果。发展是前提，是基础，放弃发展，则无可持续可言；持续性是关键，没有发展，也就没有必要去讨论是否可持续了，没有持续性，发展就行将终止。只顾发展而不考虑可持续，长远发展将丧失根基。

可持续发展主要包括经济可持续发展、社会可持续发展以及资源和环境可持续发展三个方面。可持续发展以经济可持续发展为前提，问题的中心是人，以谋求社会的全面进步为目标，以资源的可持续利用和良好的生态环境为基础。归纳起来就是以下三点：第一，人类对自然的索取，必须与人类向自然的回馈相平衡；第二，当代人的发展，不能以牺牲后代人的发展机会为代价；第三，本区域的发展，不能以牺牲其他区域或全球发展为代价。

1.1.2 循环经济理论

（1）循环经济理论的定义。循环经济最早是美国经济学家 Boulding 在 20 世纪 60 年代受当时发射的宇宙飞船的启发提出的。他认为飞船是一个封闭独立系统，靠不断消耗自身资源存在，最终它将因资源的耗尽而毁灭。而唯一能使其寿命得到延长的方法就是，使飞船内部的资源循环起来，让资源得到充分的利用，尽可能少地排出废物。类似地，整个地球系统也如同一艘放大了的宇宙飞船，只有实现循环经济，使其内部资源循环高效地利用，地球才能得以长存。循环经济经过 30 年的发展，到 20 世纪 90 年代，已经形成了一套以资源循环利用、避免废物产生为特征的，结合清洁生产、绿色消费、废弃物再生利用和环境保护于一体系统的经济理论。

循环经济，即物质闭环流动型经济，是指在人、自然资源和科学技术的大系统内，在资源投入、企业生产、产品消费及其废弃的全过程中，把传统的依赖资源消耗的线形增长的经济，转变为依靠生态型资源循环来发展的经济。循环经济的实质就是一种生态经济，它要求按照清洁、无污染的方式进行生产和消费，对资源及其产生的废弃物加以综合利用，形成"资源—产品—再生资源"模式的生产和消费过程，其特征是低开采、高利用、低排放。

（2）循环经济理论的主要特征。循环经济作为一种全新的经济发展模式，一种科学的发展观，其具有以下五个主要特征：

①新的系统观。循环经济系统是由人类、科学技术和自然资源等要素构成的一个大系统。循环经济观要求人类在进行生产和消费活动时不能把自身置于这个大系统之外，而要把自己也作为这个大系统的一部分来研究符合客观规律的经济原则。要对物质转化的全过程采取综合性、战略性、预防性的措施，尽量避免人类社会经济活动对资源环境的过度使用，使人类经济社会的循环与自然生态环境

的循环和谐地融合在一起，从而实现区域内能量流、物质流、资金流的系统优化配置。

②新的经济观。在传统工业经济的各生产要素中，资本和劳动力在循环，而自然资源却没有形成循环。而循环经济观要求运用生态学和生态经济学的规律来指导社会经济生产活动，要求在社会经济生产中不但要考虑工程的承载能力，还要考虑自然生态系统的承载能力，超过自然生态承载力的循环是恶性循环，会对生态系统造成严重破坏。只有在自然生态系统承载能力之内的良性循环，才能使生态系统持续平衡地发展。

③新的价值观。循环经济观在对待自然时，不仅要视其为供人类使用的资源，而且还要将其视为人类赖以生存的基础，是需要维持良性循环的生态系统；在进行科技创新时，不仅要考虑到其对自然的开发利用能力，而且还要充分考虑到其对生态系统的修复和改善能力，使之成为有益于环境的科技；在考虑人类自身发展时，不仅要考虑人类对自然的改造利用能力，而且还要更重视人类与自然和谐共处的能力，促进人类的全面发展。

④新的生产观。循环经济观要求彻底改变以最大限度开发利用自然资源，最大限度获取利润，最大限度创造社会财富为目的的传统工业经济的生产观，取而代之的是以充分考虑自然生态系统的承载能力，最大限度地节约资源，循环使用资源，尽可能地提高资源利用效率，创造良性的、可持续的社会财富为目的的循环经济的生产观。在生产过程中，循环经济生产观要求尽可能地利用可再生资源替代不可再生资源，利用高科技，以知识投入来替代物质投入，从而达到社会、经济与生态的协调发展，使人类在良好的环境中生产生活，真正提高人民的生活质量水平。

⑤新的消费观。循环经济观要求走出传统工业经济对自然资源最大限度利用和消费的误区，提倡对资源的适度消费、层次消费，在消费的同时就要考虑废弃物的再利用，建立良性的循环生产和消费观念。

1.1.3 低碳经济理论

（1）低碳经济理论的定义。低碳经济最早是在2003年英国能源白皮书《我们能源的未来：创建低碳经济》中提出的。所谓低碳经济，是指在可持续发展理念指导下，通过技术创新、制度创新、产业转型、新能源开发等多种手段，尽可能地减少煤炭石油等高碳能源消耗，减少温室气体排放，达到社会经济发展与生态环境保护双赢的一种以低能耗、低排放、低污染为基础的经济发展模式。低碳经济的实质是解决清洁能源结构，提高能源利用效率和减少碳排放量的问题，其核心是能源制度创新、技术创新和人类生存发展观念的根本性转变。

发展低碳经济，需要改变以往先污染后治理、先低端后高端、先粗放后集约的发展模式，积极承担起环境保护责任，通过优化经济结构，提高能源利用效率，发展新兴工业和建设生态文明等途径，来实现社会经济和资源环境的协调发展。

（2）低碳经济的基本特征。低碳经济是以低能耗、低排放和低污染为基础的经济模式，其基本特征表现在以下三个方面：

①经济性。指低碳经济的发展并不是让人们不消耗、不排放，而是在人民生活水平不断改善的基础上减少高能消耗，避免不必要的消耗，从而达到节约资源，减少排放的目的。即低碳经济既反对奢侈或能源浪费型的消费，又要求人民生活水平不断提高。

②技术性。指通过科技创新，提高资源的利用效率，降低二氧化碳等温室气体的排放强度，从而使得在消耗更少能源的条件下人们的生活水平不降低反而提高，而且所排放的温室气体更少。由此可以看出，低碳经济的技术性是经济性的重要保障和实现途径。

③目标性。发展低碳经济的目标应该是，尽可能地节能减排，将大气中温室气体的浓度保持在一个相对稳定的水平上，使其不会影响到人类的生存和发展，从而实现人与自然的和谐共处。

1.2 "两型社会"的内涵

1.2.1 资源节约型社会的概念与特征

（1）资源节约型社会的概念。资源是指一国或一定地区内拥有的财力、物力、人力等各种物质要素的总和，分为自然资源和社会资源两大类：自然资源包括阳光、空气、水、土地、森林、草原、动物、矿藏等，社会资源包括人力资源、信息资源及经过劳动创造的各种物质财富。节约从两方面理解：一是相对于浪费而言的节约；二是在社会经济活动过程中对资源使用的减量化，即要求在生产和消费等过程中用尽量少的资源创造出尽量多的财富，最大限度回收和利用各种废弃物。资源节约型社会是指全社会都采取有利于资源节约的生产、生活、消费方式，强调节能、节水、节地、节材等，在生产、流通、消费领域采取综合性措施提高资源利用效率,以最小的资源消耗获得最大的经济和社会效益,以实现社会的可持续发展,最终实现科学发展。

(2)资源节约型社会的主要特征。

第一,节约的领域覆盖社会生活的各个环节。资源节约型社会在节约领域上,不是特指生产或消费领域的节约,而是覆盖社会生活的所有领域,包括生产、交换、消费、分配等各个环节,其中最主要的是生产和消费领域的节约。另外,此处所指的"节约"是建立在满足人们生活质量基础之上的,提倡一种更符合中国国情的合理健康的消费和节约模式。适度消费和资源节约都是以人民生活质量稳步提高为基础,并不是盲目地为节约限发展、为节约限消费,只有实现人们生活质量的稳定提高和资源数量的有效节约,才是建设资源节约型社会的真谛。

第二,节约的主体涵盖社会生活的全体成员。资源节约是由社会成员共同参与的行动,是关乎全体成员根本利益的大事,任何成员都不能完全置身事外,只有广泛动员,形成全社会节约资源的合力,从点滴做起,树理念践行动,才能事半功倍,最终实现建设资源节约型社会的目标。因此,资源节约型社会在节约主体上,必须包括资源节约型政府、资源节约型社会团体、资源节约型军队、资源节约型企业、资源节约型事业单位、资源节约型家庭等。

第三,节约的客体包括社会生活的全部资源。资源节约型社会在节约客体上应同时包括自然资源和社会资源。我国自然资源短缺的现状,要求我们重视对自然资源的节约和保护,但要真正实现建设资源节约型社会的目标,仅仅节约自然资源还远远不够,还应包括对人力资源、信息资源以及货币资本的有效使用。我们必须从思想观念上摆脱这种"以偏概全"的错误倾向,彻底转变现有的思维模式,将对社会资源的节约也纳入关注的范畴。唯此,才能以科学辩证的方法论思想,引领资源节约型社会建设。

1.2.2 环境友好型社会的概念与特征

(1)环境友好型社会的概念。环境是指人类及其他生物赖以生存的客观物质和生态系统所组成的整体,即人类周围所有的客观存在物。环境友好和环境保护是两个不同的观念,二者都是对环境的定义,但是环境友好比环境保护意义更加深刻,环境保护把环境当成一个被动的客体对待,环境友好则把环境作为一个能动的主体来对待,如果人类对环境友好,环境对人类也友好;反之,人类则会受到环境的报复。环境友好型社会是指全社会都采取有利于环境保护的生产方式、生活方式和消费方式,侧重强调防治环境污染和生态破坏,以环境承载力为基础、以遵循自然规律为准则、以绿色科技为动力，倡导环境文化和生态文明，构建经济、社会、环境协调发展的社会体系，实现经济社会可持续发展。

（2）环境友好型社会的主要特征。

第一，一种全新的高级发展形态。环境友好型社会是一种以"环境友好"为特征的全新的、更高级的人类社会发展形态，是可持续发展社会的具体表现形式，是人与自然和谐的社会，也必然是人与人和谐的社会。环境友好型社会涉及观念的更新、理论及实践模式的创新，并要求全社会应用生态环境保护的思想和方法，将有利于维护良好生态环境的经济发展模式、社会行为、政治制度、科技文化纳入有机统一的科学发展框架下，促进经济社会的全面、协调和可持续发展。

第二，人与自然和谐共存的社会。环境友好型社会要求全社会都采取有利于环境保护的生产方式、生活方式、消费方式，实现社会活动对环境的负荷和影响最小化；同时，良好的环境也会促进生产、改善生活，实现人与自然和谐，真正形成人类社会活动与自然生态系统之间的良性互动关系。人与自然和谐相处，是社会主义和谐社会的六个基本特征之一，是建设环境友好型社会和社会主义和谐社会的起点和重要基础。

第三，人与人和谐共容的社会。和谐社会的一个重要标志，是人与人之间的和谐共容。如果说人与自然和谐共存是环境友好型社会的基础，那么人与人和谐共容就是环境友好型社会的归宿和落脚点。建设环境友好型社会，实现人与自然和谐共存，最终目的都是为了提高人类的社会福利和幸福程度，否则任何发展建设都如"空中楼阁"，不能体现真正价值。

1.2.3 "两型社会"的概念

从组成看，"两型社会"包括资源节约型社会和环境友好型社会，资源节约型社会侧重降低资源消耗强度、循环利用资源、提高资源利用效率，减少自然资源系统进入社会经济系统的物质、能量流通强度；环境友好型社会侧重生产和消费活动对于自然生态环境的影响，将生产和消费活动规制在生态承载力、环境容量限度之内，对生产和消费全过程进行有效监控，并采取多种措施降低污染产生量、实现排放无害化，降低社会系统对生态环境系统的不利影响。两者完整地涵盖了社会经济系统中物质流、能量流、废物流等物质代谢的全过程。从过程看，"两型社会"是指全社会都采取有利于资源节约和环境保护的生产、生活和消费方式，在生产、交换、消费、分配的各个领域都采取行政、法律、经济等综合性措施，以提高资源利用效率，保护环境和建设生态文明。从结果看，"两型社会"

是指通过一定方式的建设，构建经济、社会、环境协调发展的社会体系，实现经济社会可持续发展。从指标设计看，"两型社会"是指科技进步、经济发展、资源利用、环境保护、民生改善、社会和谐，相应的指标体系也应至少包括上述六个方面，通过科学系统的指标体系，揭示未来"两型社会"的具体景象，为政府提供决策依据、考核标准。具体的数据指标还在统计部门研究论证当中。

1.2.4 "两型社会"的科学内涵

（1）"发展是硬道理，保护也是硬道理"的深刻体现。"发展是硬道理"，这句话曾经为中国的前进提供了巨大的动力，现在也还没有过时。发展包括经济增长和社会发展两方面，环境保护作为一项社会事业是发展的关键。没有环境保护，连人类生存都要受到威胁，哪有可持续发展？国内外的实践早已证明，经济增长与环境保护并非是"鱼和熊掌不可兼得"，正确处理两者之间的关系，就能实现"人与自然和谐发展"的目标。将建设"两型社会"作为一项基本国策，提到前所未有的战略高度，正是为了在全社会树立"发展是硬道理，保护也是硬道理"的思想观念。

（2）以促进生态文明为落脚点。胡锦涛同志在党的十七大报告中，首次提出"生态文明"的概念，并把以建设节约能源资源和保护生态环境的产业结构、增长方式、消费模式为核心的生态文明作为小康社会目标的新要求之一。建设"两型社会"不是一般意义上的保护资源、节约资源，必须坚持生产发展、生活富裕、生态良好的文明发展道路，实现速度和结构质量效益相统一、经济发展与人口资源环境相协调，使人民在良好生态环境中生产生活，实现经济社会永续发展。

（3）以发展循环经济为保障。建设"两型社会"必须发展循环经济，构建循环经济系统。国家在"十一五"规划中已明确指出："要实现建设'两型'社会的目标，必须坚持科学发展观，转变现行发展模式，走以有效利用资源和保护环境为基础的循环经济之路"。循环经济本质上是一种生态经济，遵循"减量化、再利用、资源化"的原则，它改变了传统经济由"资源—产品—污染排放"单向流动的线性经济，倡导建立"资源—产品—再生资源"闭路循环的曲线经济。循环经济要求所有的物质和能源都在这个不断进行的经济循环中，得到合理和持久的利用，把经济活动对自然环境的影响降到尽可能小的程度。

（4）以科学的指标体系为指引。建设"两型社会"是一项涉及面广，政策性和指导性强的系统工程。衡量"两型社会"的建设成效，必须构建体现科学发展观要求的监测考核统计指标体系。该体系将起到两个方面的作用：一方面引导政府部门综合运用政策手段，调节和影响市场主体的行为，逐步使经济社会步入科学发展的轨道；另一方面促进各级领导干部，践行科学发展观，树立正确的政绩观，实现速度、结构、质量、效益相统一；实现经济、人口、资源、环境相协调。

1.3 "两型社会"的特征

1.3.1 系统性

首先是系统的目的性，建设"两型社会"是我们的目标，不仅指经济系统，还包括社会系统、环境系统等，都要围绕"两型社会"的目标，进行自我组织和调控。其次是政策措施的统一性，建设"两型社会"，要采取统一的措施方法，不仅包括科学技术和方法，同时还兼顾行政的、法律的、经济的措施和方法。阳中良、周雪敏认为，"两型社会"建设是一项复杂的系统工程，需要在思想文化、经济技术、社会政治和国际秩序等方面夯实基础。"两型社会"是一个大系统，各个产业和各个区域是相互联系和相互作用的，处于产业链的不同节点、处于区域的不同地域，其产业、产品与技术的转移以及"三废"的排放等都会产生相互影响，具有系统发展、系统调整和系统控制的要求。"两型社会"需要在生产、流通、分配、消费等各环节做到资源节约、环境友好，协调好每个主体、每个环节、每个细节，统筹好政府、企业、社会、公众"四位一体"的关系。

1.3.2 复杂性

"两型社会"的复杂性特征不仅指区域的内部因素多样化，而且区域受外部环境影响因素多，且各因素间相互关联、相互影响。"两型社会"复杂性不仅表现在内、外部环境因素的多寡上，而且还表现在环境因素的多样化方面。"两型社会"建设主体多元，包括个人、家庭、企业、政府及其他组织机构；客体多样，如讲节约主体就有节能、节水、节地、节材等，环境友好型包括环境友好型技术、环境友好型产品、环境友好型企业、环境友好型产业、环境友好型学校、环境友好型社区等。每个区域各有其特点，自然条件和社会经济状况不同，资源和环境状况迥异，就决定了"两型社会"的模式、途径、技术和措施等的差异性。外部环境影响因素也多种多样、千差万别，区域是一个开放的系统，区域不断与外界交流物质、能量和信息，推动着"两型社会"建设不断发展。因此，"两型社会"建设愈发复杂，表现出明显的复杂性。

1.3.3 渐进性

"两型社会"建设是一个动态变化、循序渐进的发展过程，不可能一蹴而就。"两型社会"是一个长期目标，在不同的发展阶段，有不同的具体目标，对"两型社会"评价标准也要体现差异性，步骤和措施要予以对应。技术创新是建设"两型社会"的重要支撑条件，为此，要加快研发，推广高新技术产业和战略新型产业。"两型社会"建设是一项系统工程，每一次技术进步，均以不同的方式推动着"两型社会"建设不断向前发展。

1.3.4 耦合性

"两型社会"必须以区域资源和环境承载力相统一。不同区域和企业资源环境状况不同，面对的资源环境压力不一样，"两型社会"建设的路径不同；不同区域和企业产业分布及结果、产业发展水平、价值链位置不同，对资源需求、环境影响不一样；不同区域人们受教育程度、风俗习惯不同，人们节约资源、爱护环境的自觉性、主动性及结果不一致。从以上的分析可知，"两型社会"需要与区域资源和区域环境相适应。不同区域、不同环境，尽管"两型社会"的建设目标、评价标准相同，但是实现路径、方式、模式不同，制订的方针和政策则有所区别，表现出明显的耦合性。

1.4 中国特色的"两型社会"建设理论

1.4.1 "两型社会"建设的动力

（1）行为主体驱动力。对"两型社会"建设主体的判断和认定，不同学者的观点不一。有学者认为主体是多元的，其中不可或缺的主体包括政府、企业、社会第三部门、家庭和个人。但有学者则认为只需政府、企业和个人三个主体就足以分析"两型社会"建设。然而，后者的论断似乎忽视了一个在"两型社会"建设中起到重要作用的主体——非政府组织。在市场体制下，虽然非政府组织难以像营利组织一样对经济发展起直接作用，也不可能像拥有公共权威的政府一样可以直接干预社会经济的发展，但是，当市场和政府双重失灵时，该组织对经济发展所起的作用就异常突显。事实证明，西方发达国家大都市圈之所以繁荣发展，就是因为他们没有把该组织边缘化。据此，本书认为非政府组织是"两型社会"建设不可或缺的行为主体。当然，政府、企业、非政府组织、家庭和个人虽都作为"两型社会"建设的行动力主体，并朝着同一目标——"两型社会"建设而努力，但并不意味着他们在推力上是等同的。这主要归因于他们在社会经济发展中所处的地位、所扮演的角色以及所拥有的权力等不同而不同。首先，政府作为社会经济生活中的主体，因其拥有强大的公共权力而在"两型社会"建设中的地位远远高于其他个人、企业或利益集团等主体，它在"两型社会"建设中的双重角色——"社会人"与"经济人"扮演而使其推力最大。一般认为，作为"社会人"，政府的主要职责是协调各种社会矛盾，以保障人们生命财产的安全和提高他们的生活质量水平，这在客观上为"两型社会"建设提供了可靠的动力源。作为"经济人"，政府虽然把国家利益和人们利益置于顶端，但并没有充分事实证明其没有自身利益诉求，"经济人"假设理论反倒证明了现实中的政府均在为自身利益而不"不懈努力"。当然，政府在这一过程中主要体现的是作为"社会人"的本质属性。其次，企业作为工业经济和城市经济必不可少的组织单元，在调和生产关系的冲突与矛盾上，因其并不具有公共权力的支配权而必须在政府政策、法规的导向与规范下求生存，因此，其在"两型社会"建设中的地位与作用相对政府而言要小。况且企业通常被作为"纯经济人"的代表，在利益面前可能会不择手段参与激烈的市场竞争，从而导致资源浪费、环境恶化和社会经济秩序混乱等。随着市场经济体制的进一步完善，企业已意识到这一问题的严重性，因此，他们在追求经济利益最大化的同时，也开始增强自己的社会责任感，并在自觉或不自觉状态中开始进行技术改造，以此节约资源、节约成本和减少对自然环境的破坏。目前，大多数企业均能站在"两型社会"建设的高度来安排企业的经营活动，从而使自身成为"两型社会"建设的重要推动力量。再次，被西方世界誉为"社会矛盾缓和器"的社会第三部门，无疑是推动历史发展的重要动力源。尤其是其"社会人"的本质特性——非营利性与公益性，决定了其在我国转型时期"两型社会"建设的不可或缺性。如对社会矛盾的调和，管理理论与生产技术创新、制度机制的监督等。当然，其自身的生存与发展问题，也迫使其在"两型社会"建设中采取积极行为。最后，作为社会的基本组织单元——个人或家庭，虽然在"两型社会"建设中不可能如政府一样拥有公权力，但他们却与政府一样扮演着双重角色，因而他们在建设过程中加深了对"两型社会"建设必要性认识，同时，为维护自身在城市空间中的特定利益而参与影响"两型社会"建设的各种活动，并在区域人文社会网络因素的作用下积极响应政府的有关政策，积极监督政府、企业和其他相关组织的行为等，这形成了推进"两型社会"建设又一重要力量。

（2）基础驱动力。这里所谓的基础驱动力，是指推动社会经济发展所必备的科学技术水平。科学技术是一把"双刃剑"，它在促进世界经济发展和社会进步的同时，也在破坏着人类赖以生存的自然环境。这可以从工业革命后的历史事实得到证明。为了在社会推进过程找到一个人与自然和谐相处，并实现人类社会永续发展的平衡点，世界各国都把科学技术创新置于国家发展战略的首要位置。其中对科学技术创新中增加生态要素的技术创新或生态技术本身创新的重视尤为突出。因为科学技术创新虽然提高了人类征服自然的效率，并在一定程度上满足了人们对新产品的需求，但其高效背后所隐藏的效益损失却往往被人们所忽视，因此，只有在科学技术创新过程中增加生态要素的技术创新或加强生态技术本身的创新，才能使各产业经济步入良性发展的轨道，才能真正化解当今人类世界所面临的生存困境。所谓加入生态要素的科技创新是指在科技创新过程中全面引入生态学思想，考虑技术对生态环境的影响和作用，建立能使技术创新与生态目标相结合的协调型技术创新机制，从本质上纠正科技创新的外部负效应，并增加外部约束力，从而使所创新的技术能转化为生产力技术，进而达到经济效益与生态效益的统一。我国在加速发展的工业化和城市化过程中形成的三大产业带所带来的外部负效应，需要依托新的能源综合利用技术、清洁生产技术、废物回收和再循环技术、污染治理技术以及环境监测技术等来消除。这在客观上为这些加入生态技术的科技创新与扩散，提供了充足的养料。

（3）内部驱动力。"两型社会"建设的内驱力由主观和客观两个方面的因素组成。因主观因素在主体驱动力中已做说明，这里主要从客观方面进行分析。从客观上说，促进"两型社会"建设的动力主要来源于发展过程中的压力因素。这些压力因素主要表现为核心城市或中心城市的承载力不足。核心城市或中心城市的承载力是推动"两型社会"合理化发展的基础动力。随着工业化和城市化进程的加快，城市聚集效应使大量的企业和人口纷纷挤向交通通信发达、交易方便以及其他生活条件优越的核心城市或中心城市。企业和人口总量的增长，虽然为核心城市或中心城市的经济发展和城市繁荣作出了巨大贡献，但同时也带来了显现的资源与生态危机。如土地资源的无序开发导致农业用地和居住用地的日趋减少，工业废气、废水导致城市空气质量下降和水资源短缺等。当人们意识到这些问题的严重性时，这种生存压力也就变成了推进"两型社会"发展的一种内生性动力。

（4）外部驱动力。促进"两型社会"建设的外部因素众多，其中在宏观上主要包括国际经济环境的变化、国家战略目标和宏观政策等，在微观上主要包括区域外的一些非政府组织、社团和其他利益集团等。随着知识经济的到来和信息技术的迅猛发展，国家与国家之间的边界越来越模糊，尤其在经济发展领域，各国为应对日趋枯竭的自然资源，国与国之间、地区与地区之间已形成了强大的发展联盟。他们对内进行技术互助，对外则实施技术和经济渗透，以期在激烈的市场竞争中获得领先优势而拥有他国或他地区资源。国际经济领域的这种风起云涌之势，直接波及世界每一个国家或地区。从这个意义上说，国际经济环境的变化在一定程度促进了"两型社会"发展。

工业化和城市化带来经济繁荣的同时，势必造成自然资源短缺，再加一些企业或个人的过分逐利行为，导致人文与生态环境迅速恶化，为此，国家从宏观上制订了相应的政策、法规，借此引导和规范各社会主体对资源和环境的合理开发与保护。如区域发展战略、区域发展规划等。这些政策措施虽然对"两型社会"建设的顺利进行起关键性作用，但企业、个人和非政府组织等行为主体却常常在执行区域经济发展计划中发挥主要作用。其中尤以一些非政府组织与社团对"两型社会"建设的生态环境保护方面起到作用，是一般个人或利益集团无法相提并论的。因为区域内的个人对营利性组织在生产过程中的行为监督，力量十分有限，营利性组织为利润最大化目标不愿过多干涉，只有那些以公益使命为宗旨的非政府组织，才有可能倾力监督企业的不法行为，并迫使企业遵守相关法规。基于此，本研究认为国际经济形势的发展变化、国家政策、法规和非政府组织、社团等是建设"两型社会"的重要外驱力。

1.4.2 "两型社会"建设的模式

（1）社会发展建设的三种模式。纵观国内外社会建设发展模式，主要有三种：以美国为首的发达国家自由放任式的社会发展"A模式"；众多国际组织和权威专家推崇的"B模式"；对A、B模式改进、创新和超越的"C模式"，该模式涉及经济、社会、政治等方面的深刻变革，是一种新型发展模式。

"A模式"（American model）。以美国为代表，主要特征是：社会低密度蔓延、私人轿车为主导、化石燃料为基础、一次性产品泛滥等，导致资源能源大量消耗，二氧化碳排放量不断增加。在该种模式下，以美国为首的主要发达国家消耗了世界大部分能源，并且产生了严重的环境污染。显然，"A模式"已经走到了尽头，是不可持续的发展模式。

"B 模式"（Brown model）。又称"反增长计划"，由美国学者布朗提出。其核心是为了补偿"A 模式"造成的资源枯竭和大气污染，把世界领出通向衰落和崩溃的老路，转而踏上使生态安全得以重建、人类文明得以长久维系的新途。主要措施是采取消极城市化、机动化、工业化，让发展中国家减缓发展速度补偿"A 模式"造成的损失。"B 模式"从追求更多的增长到追求更好的发展，属于绿色发展道路。但是，该模式要求发展中国家和发达国家同时适用，并且过多地考虑发达国家的利益，从道义上是不公平的，在实践和行动上亦非常困难。

"C 模式"（Chinese model）。摒弃传统的经济社会发展模式，是对环境与发展问题进行整合性思考后找到的适合中国的可持续发展模式，有利于实现从现代工业文明向生态文明转变。在坚持科学发展观的前提下，不但充分利用高效的市场机制，而且可以低成本地补偿其负面影响，这是一种新型的社会发展模式，是从传统的粗放型扩张模式转向新型能源技术、低碳经济发展和低碳社会消费的新型模式。

（2）我国"两型社会"建设的总体模式。"两型社会"发展模式是在科学实践中以空间为发展载体，运用"两型社会"理论组织经济活动，把传统的发展模式改造成低碳型的新型发展模式。具体说来，我国"两型社会"发展模式应该选择"C"模式，以低能耗、低污染、低排放和高效能、高效率、高效益为基础，以低碳发展为主导方向，以节能减排为发展方式，以低碳生产和低碳生活为主要方法，以国家出台的低碳发展政策为引导，以低碳技术为支撑，以与低碳相关的法律法规条例和制度规章为保障，是一种科学的绿色发展模式（见图 1-1）。

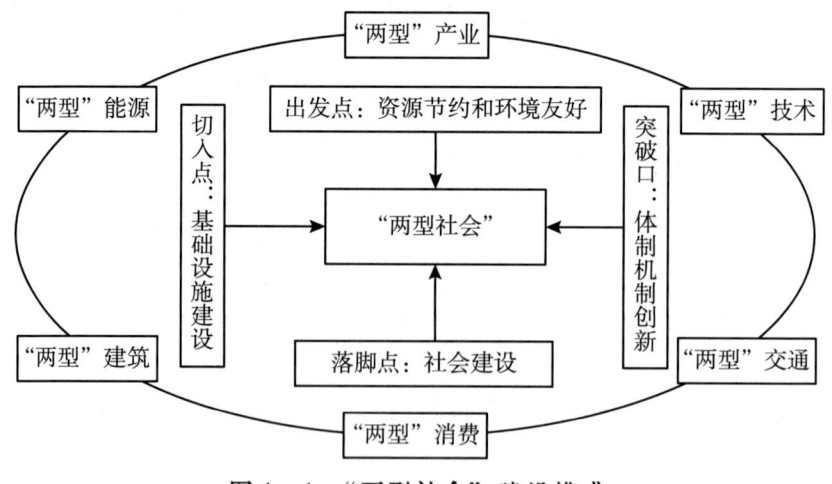

图 1-1 "两型社会"建设模式

1.4.3 "两型社会"建设的路径

党的十六届五中全会从贯彻科学发展观、构建社会主义和谐社会的高度，提出了建设资源节约型、环境友好型社会的奋斗目标，首次把建设资源节约型和环境友好型社会确定为国民经济与社会发展中长期规划的一项战略任务。"两型社会"建设的关键是进一步解放思想，全面推进各个领域改革，在重点领域和关键环节率先突破，大胆创新，尽快形成有利于资源节约和生态环境保护的体制机制，加快转变经济发展方式，推进经济又好又快发展，促进经济社会发展与人口资源环境相协调，切实走出一条有别于传统模式的工业化、城市化发展新路。

(1) 出发点是资源节约和环境友好。建设"两型社会"是中央构建社会主义和谐社会九大目标任务之一的"资源利用效率显著提高，生态环境明显好转"的具体举措，也是我国在取得三十年快速发展，应对经济转型的重要发展战略，也是水资源、土地资源、矿产资源、能源、环境资源以及人力等社会资源等高强度耗用后对发展模式的重新审视和定位。

(2) 落脚点是社会建设。社会是载体，建设是手段。当前提出的统筹经济社会发展、统筹城乡发展、统筹区域发展、统筹人与自然发展、统筹国内国外发展五个"统筹"，其核心是凸显"社会"，而凸显"社会"则是凸显以人为本，凸显可持续发展，就必须进行系统建设。通过基础设施建设促进经济增长、一体化并提高人民生活水平，通过"两型"产业建设促进经济增长方式的转变。

(3) 切入点是基础设施建设。交通建设为"两型社会"提供坚实基础，信息基础设施建设为"两型社会"产业升级提供有力支撑，农村基础设施建设为农村经济发展和新农村建设提供坚实保障。要以基础设施建设为突破口，通过大力发展符合"两型社会"要求的交通网络、信息基础、民生工程等基础设施，推动新型城市化、新型工业化和农业现代化的发展。

(4) 突破口是体制机制创新。大胆改革、率先突破是建设"两型社会"的第一动力。大胆改革、率先突破的关键是要大力推进体制机制创新，尽快形成有利于资源节约和生态环境保护的体制机制，真正把科学发展观的要求体现到具体的体制机制中。

1.4.4 "两型社会"建设的主要领域

(1) "两型"经济发展模式。以构建"两型"产业体系为重点，积极推进传统产业的"两型化"改造和"两型"产业的规模化发展，积极发展清洁生产和循环经济，特别重视引导和扶持"两型化"战略性新兴产业，促进经济结构由低端向高端转型、发展方式由粗放向集约转变，形成低投入、低消耗、低排放、高效率的节约型增长方式。

（2）"两型"城乡建设。以推进新型城镇化带动区域协调发展，优化城镇空间布局。积极发展城镇现代产业体系，推动城乡互补，促进城乡一体化建设。统筹城乡建设，加快推进"两型"社区、城镇、乡村建设，构建布局合理、土地节约、功能完善的城乡规划体系。

（3）"两型"科技创新体系。以加快创新型湖南建设为落脚点，注重提升自主创新能力，大力发展高新技术，推进科技进步；优化生产方式，提高生产要素利用率和科技进步对经济增长的贡献率。

（4）"两型"公共服务。注重改善民生，推进基本公共服务均等化、优质化。积极推进交通等基础设施建设，优化教育、文化、卫生等各项社会事业。加快社会管理创新，积极打造服务型政府，让广大人民群众充分享受"两型社会"建设带来的实惠。

第 2 章

世界主要国家和地区"两型社会"建设状况和经验

2.1 乘风破浪,由"孤帆"变"舰队"的欧洲两型之路

2003 年,英国能源白皮书《我们能源的未来:创建低碳经济》问世,这是"低碳两型"的观点第一次见诸于政府文件。作为第一次工业革命的先驱,英国在进入 21 世纪之后,又成为了全球低碳经济的积极倡导者和先行者。随后,"低碳两型"观念在欧洲大地上迅速的蔓延发展,德国、瑞典等诸多国家纷纷将其付诸于实践。2010 年 3 月 3 日,欧盟委员会发布"欧盟 2020 战略",该战略是继里本战略到期后,欧盟即将执行的第二个十年经济发展规划。在该战略中,欧盟对低碳经济发展重视程度进一步提高,同时将发展低碳经济看作是引导欧盟走出经济危机,促进经济复苏的重大举措。在高关注度和高执行力的推动下,不到十年的时间,欧盟已发展成承载"低碳两型"先进观念乘风破浪的改革舰队。

2.1.1 战略规划先行,规划低碳"两型社会"蓝图

2003 年 2 月 24 日,英国首相布莱尔发表了题为《我们能源的未来:创建低碳经济》的白皮书,该白皮书从英国对进口能源高度依赖和作为京都议定书缔约

国有义务降低温室气体排放的实际需要出发,着眼于降低对化石能源依赖和控制温室气体排放,提出了英国将实现低碳经济作为英国能源战略的首要目标。2009年7月15日,英国又公布了详尽的《英国低碳转型》国家战略方案。该方案是英国到2020年的行动路线图,它要求所有方面都向低碳化方向发展。它综合考虑了能源安全、产业发展和适应气候变化等多方面内容,是对气候变化挑战的有力回应。这份《英国低碳转型》方案涉及能源、工业、交通和住房等社会经济各个方面,同时出台的配套方案有《英国可再生能源战略》、《英国低碳工业业战略》和《低碳交通战略》等,这些战略方案将有力地促进传统产业的低碳化升级改造。

为应对低碳时代的到来,德国政府提出实施气候保护高技术战略,先后出台了5期能源研究计划。2007年,德国联邦教育与研究部在高技术战略框架下制定了气候保护技术战略。根据这项战略,联邦教研部将在未来10年内额外投入10亿欧元用于研发气候保护技术,德国工业界也相应投入一倍的资金用于开发气候保护技术。该战略确定了未来研究的4个重点领域,即气候预测和气候保护的基础研究、气候变化后果、适应气候变化的方法和与气候保护措施相适应的政策机制研究。根据这项战略,德国科技界和经济界将就有机光伏材料、能源存储技术、新型电动汽车和二氧化碳分离与存储技术4个重点研究方向建立创新联盟。德国则希望在2020年,国内的低碳产业要超过其汽车产业。

丹麦政府重视国家能源战略的制定,在能源发展战略目标的指导下,通过制定能源政策引导能源利用方式改变,建立并严格执行明确的节能利用激励机制,并注重能源利用的过程管理和能源战略的实施(The Danish Ministry of Transport and Energy, 2005)。2007年1月19日,丹麦政府公布实施了《丹麦能源政策展望》,明确2025年能源发展目标。将长期能源战略方向确定为:促进能源供应的多样化,充分利用国内资源,通过热电联产等提高能源使用效率,鼓励节约能源,发展可再生能源,促使丹麦摆脱对煤炭、石油、天然气等矿物燃料的依赖。

在各国积极行动的同时,欧盟也采取了相应措施,自《京都议定书》签署以来,欧盟一直主导着减排的前进步伐,对本区域的工业产品制定了更严格的节能与排气量指标,深刻影响了全球工业产品的竞争格局,使欧盟赢得了新经济竞争的初步优势,引导着新兴低碳经济、环保产业的发展。在平衡与协调各成员国的基础上,2007年3月欧盟委员会提出了欧盟战略能源技术计划,其目的在于促进新的低碳技术研究与开发,以达成欧盟确定的气候变化目标,从而带动欧盟经济向高能效、低排放的方向转型,并以此引领全球进入"后工业革命"时代。根据该计划,欧盟承诺到2020年将可再生能源占能源消耗总量的比例提高到20%,将煤炭、石油、天然气等一次能源的消耗量减少20%,将生物燃料在交通能耗中所占的比例提高到10%。此外，欧盟单方面承诺到2020年将温室气体排放量在1990年的基础上减少20%，如果其他的主要国家采取相似行动则将目标提高至30%，到2050年希望减排60%～80%。

2.1.2 政策立法为重，护航低碳"两型社会"建设

2007年3月，英国通过《气候变化草案》，这是世界上第一个关于气候变化的立法，主要内容包括：碳财政预算提供目标管理，建立气候变化委员会，为英国2050年达到温室气体减排量60%的法定目标出谋划策，给政府在排放交易方面提供更大的权力等。2008年11月26日，英国议会通过了《气候变化法案》，使英国成为世界第一个为减少温室气体排放、适应气候变化而建立具有法律约束性长期框架的国家，并成立了相应的能源和气候变化部。按照该法律，英国政府必须致力于发展低碳经济，到2050年达到减排80%的目标。2008年12月1日，根据英国《气候变化法》创建的英国气候变化委员会正式成为法定委员会，负责就英国的碳预算水平、实现碳预算的政策措施等向政府提供独立的咨询和建议。

德国政府通过《可再生能源法》保证可再生能源的地位，对可再生能源发电进行补贴，平衡了可再生能源生产成本高的劣势，使可再生能源得到了快速发展。由于可再生能源发电（除水电外）起步晚、规模小、成本高，没有独立的电力传输网络，难以通过电网输送给用户。为解决这一问题，德国1991年出台了《可再生能源发电并网法》，规定了可再生能源发电的并网办法和足以为发电企业带来利润的收购价格。德国还制定了沼气优先原则，促使天然气管道运营商优先输送沼气，并参考天然气制定沼气的市场价格，从而确定补贴额。此外，德国还制定了《可再生能源供暖法》，促进可再生能源用于供暖。

丹麦政府先后颁布实施了《供电法案》（1976年）、《供热法案》（1979年）、《可再生能源利用法案》、《住房节能法案》（1981年）以及《能源节约法》（2000年），并于2004年12月进一步修订了节能法规，大力促进建筑和工业节能，提倡使用节能家电，培养公民和整个社会的节能习惯。完整的能源法律体系从供电、供热、可再生能源、建筑节能、工业节能等角度制定了详细的政策引导，为能源战略目标的实现提供了有效的法律保障。

2008年12月，欧盟最终就欧盟能源气候一揽子计划达成一致，形成了欧盟的低碳经济政策框架。批准的"一揽子"计划包括欧盟排放权交易机制修正案、欧盟成员国配套措施任务分配的决定、碳捕获和储存的法律框架、可再生能源指令、汽车二氧化碳排放法规和燃料质量指令6项内容。计划中制定的具体措施可使欧盟实现其承诺的"3个20%"：到2020年将温室气体排放量在1990年基础

上减少至少 20%，将可再生清洁能源占总能源消耗的比例提高到 20%，将煤、石油、天然气等化石能源消费量减少 20%。

2.1.3 经济调节为主，助力低碳"两型社会"落实

经济调节手段主要包括碳排放交易制度和相关的税制。英国政府为了保证低碳经济的顺利推广，推出了两种经济调节手段：第一种手段是在 2001 年始实施气候变化税（CCL）制度，针对不同的能源品种设置不同的税，这实质上是一种"能源使用税"，计税依据是使用的煤炭、天然气和电能的数量，使用热电联产、可再生能源等则可减免税收。该税的征收目的主要是为了提高能源效率和促进节能投资，并非为了扩大税源。筹措财政资金变化税的收入主要通过三个途径返还给企业：一是将所有被气候变化税的企业为雇员交纳的国民保险金调低 0.3 个百分点；二是通过"强化投资补贴"项目鼓励企业投资节能和环保的技术和设备；三是成立碳基金，为产业与公共部门的能源效率资费服务、现场勘查与设计建议等，并为中小企业在促进能面提供贷款。第二种手段是提出可再生能源配额政策，即所有注册的电力供应商都制约于一定的可再生能源法定配额：生产的电力中有一定比例是来自于可再生能源，配额是逐年增加的。实现配额政策的主要方式是向可再生能源发电商购买电力的同时购买可再生能源配额证书，或是从发电商、独立供电方那里只购买可再生能源配额证书。而购买证书这项政策，目的在于鼓励企业更多地使用可再生能源。

为实现高效率的能源生产和消费，丹麦政府采取以市场为导向的激励措施，提出年度的节能利用目标；政府提供一系列有效的市场化激励机制，发展新技术，来提高可再生能源比重，逐步淘汰矿物燃料；政府为能源技术研发提供资金支持，支持市场对能源新技术的推广应用。通过政策与市场的结合，充分发挥政策引导和税收、收费等市场杠杆对能源供应和消费的调节作用。

生态税是德国提高能源使用效率、改善生态环境和实施可持续发展计划的重要政策之一。德国生态税自 1999 年 4 月起分阶段实行，主要征税对象为油、气、电等产品。税收收入用于降低社会保险费。为挖掘工业领域蕴藏的巨大节能潜力，德国政府计划在 2013 年之前规定企业享受的税收优惠与企业的节能管理挂钩。德国联邦经济部与复兴信贷银行已建立节能专项基金，用于促进中小企业提高能源效率。2002 年 4 月生效的《热电联产法》规定了以热电联产技术生产出来的电能获得的补贴额度，政府还计划到 2020 年将热电联产技术供电比例较目前水平翻一番。为充分挖掘建筑以及公共设施的节能潜力，德国政府计划每年拨款 7 亿欧元用于现有民用建筑的节能改造。为提倡居民使用节能型家用电器，欧

洲联盟规定,在德国销售的冰箱、洗衣机、烘干机和家用照明设备都按节能多少被标注为 AG7 个能耗等级,便于居民在购买电器时有意识地选择节能电器。

2005 年 1 月,欧盟温室气体排放贸易机制(EUETS)正式启动,开始在全世界率先实施减排量交易制度(见表 2-1)。欧盟成员国实施的税种主要是碳税、气候变化税和能源税。此外,在欧盟 2 000 亿欧元的经济恢复计划中,亦有多项与节能环保直接有关,包括改善建筑的能源效率以及发展汽车和建筑的清洁技术等。2009 年 3 月 9 日,欧盟委员会宣布在 2013 年前将斥资 1 050 亿欧元支持各国推行"绿色经济计划",其中 540 亿欧元用来帮助各国执行欧盟环保法规,280 亿欧元用于改善废弃物的处理技术及改善水质。总之,欧盟希望通过这笔投资,使"绿色经济"成为带动欧盟经济的新的增长点,最终保持欧盟在环保领域的领先地位与竞争优势,同时缓解困扰欧盟多年的就业问题。

表 2-1　　　　　　　　欧盟排放量交易制度的变迁

	2005~2007 年	2008~2012 年	2013~2020 年
分配总量	比 2005 年多 8.3%	比 2005 年少 5.6%	比 2005 年少 21%
分配方法	无偿分配	无偿分配	竞标形式
产业对象	能源与一般工业部门	扩大到航空部门	扩大到化工、铝精炼部门
未达成的代价	每吨 CO_2 罚 40 欧元	每吨 CO_2 罚 100 欧元	每吨根据物价进行调整

2.1.4　技术支持为新,打造低碳"两型社会"先锋

2006 年 10 月 30 日,受英国政府委托,前世界银行首席经济学家、现任英国政府经济顾问尼古拉斯·斯特恩爵士(Nicholas Stem)领导编写《气候变化的经济学:斯特恩报告》(以下简称《斯特恩报告》),对全球变暖的经济影响做了定量评估。《斯特恩报告》认为,气候变化的经济代价堪比一场世界大战的经济损失。应对这场挑战,目前技术上是可行的,在经济负担上也比较合理。行动越及时,花费越少。如果现在全球以每年 GDP1% 的投入,即可避免将来每年 GDP5%~20% 的损失。《斯特恩报告》呼吁全球向低碳经济转型。《斯特恩报告》提出,2050 年世界经济的规模比今天要大 3~4 倍,但是排放要比今天降低 1/4 的水平,所以就需要进行建立在低碳经济基础上的新的工业革命。低碳行业、低碳经济、低碳工业、低碳城市需要有新的可持续发展。任何应对气候变化的政策需要有两个关键的要素:第一需要确立碳的定价机制;第二需要有技术政策和创新。主要措施有:提高能源效率;对电力等能源部门去碳;建立强有力的价格机制,如对碳排放征税和进行碳排放交易;以及全球联合对去碳高新技术进行研发和部署

等。《斯特恩报告》从经济学上为低碳两型提供了理论基础和政策导向。

2005年7月，法国政府颁布第2005-781号法令，确立了风能开发作为法国能源开发策略的组成部分，明确了国家对发展风能发电的扶持措施。为了促进风能发电向规模化、产业化方向发展，2006年初，法国政府正式批准建立风能开发区。按大都市分区将风能开发区以地理位置方位划分为9大区（见表2-2），确定风能开发区的开发规模。

表2-2　　　　　　　　2006年法国风能开发区（ZDE）

法国风能开发区（ZDE）	地理位置	风电装机总量（MW）
中央大区（Centre）	中部	244
格多克-鲁西永大区（Languedoc - Roussillon）	南部	215
布列塔尼大区（Bretagne）	西部	168
香槟-阿登大区（Champagne - Ardenne）	东北部	102
洛林大区（Lorraine）	东北部	100
罗讷-阿尔卑斯大区（Rhone - Alpes）	东部	90
皮卡第大区（Picardie）	中北部	86
北部加来海峡大区（Nord - Pas-de - Calais）	西北部	72
法国海外省及海外领地（les DOM - TOM）		57
合计		1 134

为了扶持风能发电这种清洁能源，确保市场有序发展，2006年7月，法国政府制定了风电进入国家供电网的条例。根据该条例，从2007年7月14日起，凡属法国ZDE生产的风电，法国电力公司（EDF）必须以每千瓦时0.0835欧元收购，将其纳入EDF统一的供电网络。同时还规定，ZDE在购买风电设备时，可以享受相应的税收优惠。这些措施不仅有利于风能发电大型项目的开发，也促进了小型风能发电站的发展。

2.2　强者恒强，美国打造领跑世界的两型"航母"

美国既是一个生产大国，也是个资源消耗大国。美国人口不到全世界的5%，但自然资源消耗量超过了全世界的1/4。美国人均每天产生垃圾2.3千克，比发展中国家高出5倍，被称为"车轮上的国家"。在经历资源破坏、环境污染所带来的一系列灾难及能源危机给经济造成的重创后,美国开始在节约能源、保护环境方面采取了一些举措,并取得显著成效。从20世纪70年代开始,美国大力推行环境保护和资源节约,积累了丰富经验,也使其成为了领跑两型世界的巨型"航母"。

2.2.1 政府主导,全国推进

美国尽管没有签署《京都议定书》,但仍然大力发展低碳经济、研究低碳产品。除投入巨资研发生物燃料、太阳能设备、二氧化碳零排放的发电厂外,西部地区还自发建立了碳排放贸易制度,并鼓励企业实施自愿减排计划等系列政策。美国1990年实施《清洁空气法》,2005年通过了《能源政策法》,前美国总统布什在2006年《国情咨文》中提出的"先进能源计划",强调增加可替代能源和清洁能源技术的投入。2007年7月11日,美国参议院提出了《低碳经济法案》,为发展低碳经济提供了法律保障。美国政府在寻求一个综合、平衡和对环保有利的能源安全长期战略中,把发展低碳经济作为美国未来的重要战略选择。奥巴马政府上台不久也推出新能源战略,望其成为美国走出经济低谷、维护其世界经济"领头羊"地位的重要战略选择。全球金融危机以来,美国选择以开发新能源、发展低碳经济作为应对危机、重新振兴美国经济的战略取向,短期目标是促进就业、推动经济复苏;长期目标是摆脱对外国石油的依赖,促进美国经济的战略转型。美国政府发展低碳经济的政策措施可以分为节能增效、开发新能源、应对气候变化等多个方面,其中新能源是核心。

2009年1月,奥巴马宣布了《美国复兴和再投资计划》,以发展新能源作为投资重点,计划投入1 500亿美元,用3年时间使美国新能源产量增加1倍,到2012年将新能源发电占总能源发电的比例提高到10%,2025年,将这一比例增至25%。

2009年2月15日,美国正式出台了《美国复苏与再投资法案》(American Recovery Reinvestment Act),投资总额达到7 870亿美元,到2012年,保证美国人所用电能的10%来自可再生能源,到2025年这个比率将达到25%;到2025年,联邦政府将投资900亿美元提高能源使用效率并推动可再生能源发展。《美国复苏与再投资法案》将发展新能源作为重要内容,包括发展高效电池、智能电网、碳储存和碳捕获、可再生能源如风能和太阳能等。在节能方面最主要的是汽车节能。此外,应对气候变暖,美国力求通过一系列节能环保措施大力发展低碳经济。

2009年3月31日,由美国众议院能源委员会向国会提出了《2009年美国绿色能源与安全保障法案》(The American Clean Energy and Security Act of 2009)。该法案由绿色能源、能源效率、温室气体减排、向低碳经济转型等4个部分组成。法案规定美国 2020 年时的温室气体排放量要在 2005 年的基础上减少 17%（相当于在 1990 年水平上减少 7%，与国家发改委宣布的中国哥本哈根气候谈判立场要求发达国家在 1990 年水平上减少 40% 有相当距离），到 2050 年减少 83%。法案要求逐步提高美国来自风能、太阳能等清洁能源的电力供应，要求到 2025 年，电力公司出售的电中有 25% 要来自于可再生资源。法案在向低碳经济转型领域的主要内容有：确保美国产业的国际竞争力、绿色就业机会和劳动者转型、出口低碳技术和应对气候变化等四个方面，该法案构成了美国向低碳经济转型的法律框架。2009 年 6 月 28 日，美国众议院通过了《美国清洁能源和安全法案》。这是美国第一个应对气候变化的"一揽子"方案，不仅设定了美国温室气体减排的时间表，还引入温室气体排放权配额与交易机制（CAP& TRADE）。根据这一机制，美国发电、炼油、炼钢等工业部门的温室气体排放配额将逐步减少，超额排放需要购买排放权。美国温室气体排放权配额与交易机制的基本设计可以归纳为六个方面的内容：第一，排放总量的控制。对约占温室气体排放量 85% 的排放源设置了具有法律约束力且逐年下降的总量限额。第二，配额发放。排放源对其排放的每一吨温室气体都要持有相应数量的排放配额，并可以交易、储存和借贷配额。在最初几年，对排放配额中的 80% 进行免费发放，之后，随着总的配额的减少，免费发放配额也将逐年减少。第三，稳定配额交易价格的措施。该体系在已批准的国家温室气体排放清单的基础上形成，因此解决了可能存在的碳价格波动问题。第四，美国国内和国际抵消量。允许排放抵消量来降低减排成本，设置抵消量从初始每年 20 亿吨 CO_2 当量逐步减少到 8 亿吨。在 20 吨抵消量中，10 亿吨来自国内林业和农业项目，另外 10 亿吨来自国外。《美国清洁能源与安全法案》还为国际碳抵消量进入美国碳市场建立了四种连接机制。第五，对发展中国家的援助。从 2012 年到 2021 年，为发展中国家适应气候变化和向其转让清洁技术提供 2% 的配额，从 2022 年到 2026 年，这一比例将增加到 4%，2027 年后增加到 8%。第六，治理结构。除美联邦环保署和国务院外，《美国清洁能源与安全法案》还授权美国农业部、美国能源管理委员会、商品期货交易委员会分别负责相关监管。《美国清洁能源与安全法案》授权美国环保署（EPA）实施"智能道路"（Smart Way）项目改善客运和货运交通。法案鼓励应用智能电网，采取措施减少高峰负荷。开发能够与智能电网互动的家用电器。法案建议利用一系列激励措施和标准鼓励清洁燃料汽车的发展，降低美国对石油的依赖，加强能源安全，减缓全球变暖等。美国之所以这么做，明显是想抓住"低碳经济"的龙头，使美国成为继 IT 产业之后世界经济又一场革命的领导者。另外，奥巴马政府联邦预算显著增加了美国环保署的经费，2010 年其预算经费将从 76 亿美元增加到 170 亿美元，其中 1 700 万美元专门用来实施环保署的温室气体公报制度。还为碳补偿（offset）项目的方法学研究留出了 500 万美元。最近，奥巴马政府宣布到 2016 年汽车油耗标准是 6.5 升百公里，并启动了智能电网的建设，这些都是奥巴马政府推动绿色革命的信号。奥巴马的绿色新政代表看世界顶尖科学家对未来社会发展的战略共识，即推动绿色能源科技革命，把 ICT（信息通信技术）与 NET（新能源技术）相结合，将世界带到智能化高科技绿色能源时代，从能源资源型社会走向能源科技型社会。奥巴马意图抓住这次绿色革命的时机，通过大力发展低碳经济，带领美国走出经济危机，如果他成功了，未来美国仍将是世界霸主。

2009 年 11 月，美国国会正在考虑《美国清洁能源和安全法案》议案。如果这个法案得到通过，美国政府会加大美国国内对发展低碳经济的补贴和投资，并将每年出资数百亿美元，帮助发展中国家获得清洁能源和适应气候变化。

2009 年 12 月初，奥巴马在宣布的促进就业新方案中，除了扶持小企业发展，加大对桥梁、铁路、公路等基础设施建设外，包括住房能效改造在内的新能源与节能领域的投资仍是重点之一。奥巴马政府还把温室气体减排方案与绿色技术创新联系起来，计划通过碳排放交易机制，在未来 10 年内向污染企业征收 6 460 亿美元，其中 1 500 亿美元将投入清洁能源技术的应用，以推动美国减少对石油和天然气等石化能源的依赖。从这一系列决策中可以看出，奥巴马政府认识到全球低碳经济的发展趋势，希望美国能够走在新能源技术前列，成为最大的清洁能源技术出口国，而不是最大的石油进口国。奥巴马政府也期待通过这一方式，既能刺激经济增长、增加大批就业岗位，又能为美国的持久繁荣确立更雄厚的新技术优势。对于国际社会来说，美国政府第一次显示出参与国际应对气候变化努力的政治意愿，值得鼓励和期待。

2.2.2 市场调节，企业为主

美国为更好地控制污染的排放，建立了排污权交易制度。20 世纪 70 年代，环保局为保护环境，采取了以人群和生态系统免受有害污染水平的影响为目标，选择适宜的控制技术，颁布环境质量标准（如规定空气中污染物浓度的法律限值），建立达到该标准的具体措施，强制排放者遵守排放标准的限制。这样政府有时不得不禁止那些排放污染物超标的企业进入该地区，这样做势必会阻碍经济的发展，在这种情况下，产生了可交易排污许可证的方法。该政策的一般步骤是：首先，政府部门确立一定区域的环境目标，评估该区域的环境容量以及污染物的最大排放量；然后，发放许可证使这一排放量在不同的污染源之间分配；最后，建立排污许可证交易市场使排污权进行合理买卖。从 20 世纪 70 年代付诸实施到这之后的 30 年，美国进行了一系列的排污权交易制度实践，这一制度已经发展成为美国最为重要的环境经济政策。美国排污权交易体系可以总结为两大类，一种是排污信用交易（如铅淘汰计划），另一种是总量控制型排污权交易（如 SO_2 许可证交易计划）。这两种排污权交易政策在设置排污标准和分配排污许可证的方式上有很大不同。排污信用交易与传统限制排污的方法相似，即先选择适宜的控制技术，再根据这些技术制订排放标准，企业通过超量消减排污而形成"排放削减信用"（ERC），这就是可以交易的排污许可证。而总量控制型排污权交易政策要获得相关企业完整准确的排放清单，综合起来确定削减水平，再根据企业的历史排放量来分配排污许可证。因此，也可以称前者为信用交易体系，后者为许可交易体系。两种排污权交易政策更大的不同体现在排污交易体系的许可证单位是吨/年，是一个流量的概念，而许可交易体系的许可证单位是吨，是一个存量的概念。对许可证的不同定义意味着前者要求减排过程必须是连续的，环保部门有时甚至会对企业使用的原料和污染处理设备做出规定，而后者只是规定了一定时期企业排污的总量，允许暂时减排，也允许连续减排，也就是说，管理部门仅仅规定了目标，实现目标的途径完全由企业自行决定。由此可见，总量控制型排污权交易比排污信用交易具有更大的灵活性，企业可以拥有更多的减排决策权，也就有助于形成一个更为活跃的许可证交易市场。其次，许可交易体系还拥有更广的适用面。因为技术的限制，环保部门很难获得准确的企业治理污染成本和技术信息，一些污染物的排放标准很难确定；还有一些环境问题，如酸雨问题，温室气体带来的全球变暖，这类问题不是排放量达标问题，而是污染物总量的问题，这些都是许可交易体系更适合解决的问题。还有就是信用交易体系虽然制定了企业每年的排污标准，但是如果有新的会产生污染的企业进入，就很难控制一定时期的排污总量，其作用更多地体现在节约减排成本；而许可交易体系确定了排放总量的上限，可以确保污染物不会随经济增长而增加，其主要目的体现在追求环境目标。

企业是发展循环经济的主体。在美国，一些公司在资源综合利用方面取得了显著成效。一个典型事例是杜邦公司的"3R 制造法"。20 世纪 80 年代末，杜邦公司大力推行 3R 制造法（放弃使用某些对环境有害的化学物质，减少一些化学物质的使用量，以及发明回收本公司产品的新工艺），使得 1994 年生产造成的塑料废弃物和排放的大气污染物相对推行前分别减少 25% 和 70%。另一个典型事例是通用汽车的"零填埋"。通用汽车在实施绿色生产的过程中大力推行"零填埋"，目前在全世界已有 54 间工厂实现了"零填埋"，有 825 000 吨废弃物被回收综合利用或转化为能量回收利用。根据通用确定的目标，到 2010 年底，将使全球 50% 的生产工厂实现"零填埋"。除这两家公司外，美国几乎每家跨国公司都采取了类似"3R"的做法。在公众参与方面，美国注重发挥社会性组织的作用。例如，美国绿色建筑委员会（USGBC）是一个行业性的非政府组织联盟，由其制定并推出的能源与环境建筑认证系统 LEED 在美国绿色建筑的评估与发展方面发挥了巨大作用。

2.2.3 科技支撑，技术创新

美国政府在《清洁空气法》、《能源政策法》的基础上提出了清洁煤计划。其目标是充分利用技术进步，提高效率，降低成本，减少排放。政府通过"煤研究计划"支持能源部国家能源技术实验室进行清洁煤技术研发，例如：开发创新型污染控制技术、煤气化技术、先进燃烧系统、汽轮机及碳收集封存技术等。由于节能政策的不断调整和技术上的不断进步，美国的能源利用效率长期处于世界领先水平，能源利用效率不断提高，节能取得显著成效，GDP 单位能耗逐年下降，从 1970～2005 年，全美 GDP 单位能耗下降了将近 50%。目前美国的能源利用效率仍然很高。2007 年美国单位 GDP 能耗为 8.8 百万 BTU/美元（BTU：英制热单位），比 1973 年下降了 98%。"清洁煤发电计划"主要支持企业与政府建立伙伴计划，共同建设示范型清洁煤发电厂，对具有市场化前景的先进技术进行示范验证；通过税收优惠等政策措施，对经过示范验证可行的先进技术进行大规模商业化推广，通过税收补贴使新技术的生产成本具有市场竞争力。随着旧电厂逐步退役，美国决定逐步提高新建电厂的低碳标准，推动高效清洁煤炭技术的商业化，加速下一代发电技术的研究、开发及示范，计划在 2012 年建成世界上第一个零排放煤炭发电厂（称之为"未来发电"）。经过努力，美国的可再生能源利用率大幅度增长，风力发电方面，美国的风电装机容量处于世界领先地位，2002 年累计装机容量达 467 万千瓦；太阳能光伏发电方面，美国已开展 100 万套屋顶光伏计划；美国是世界上生物质发电装机最多的国家，目前拥有 350 多座生物质发电站；美国还非常重视氢能，2003 年投资 17 亿美元启动氢燃料开发计划，2004 年建立了第一座氢气站。

2.3 继往开来，日本建造承载全民的两型巨艇

日本是典型的岛国，受地理环境等自然条件制约，能源消耗过大和全球气候变暖对日本的影响远大于世界其他发达国家，面对气候变暖可能给本国农业、渔

业、环境和国民健康带来的不良影响，日本作为《京都议定书》的发起国和倡导国，一直在宣传和推广节能减排计划，主导建设低碳社会。随着《京都议定书》的生效，日本加快了低碳经济的建设步伐。2008年7月，日本内阁通过了"低碳社会行动计划"，从而拉开了低碳经济的帷幕。日本创建低碳社会体制是由政府主导全民参与的举国体制。日本政府要求创建低碳社会首先从政府做起，呼吁全社会参与。中央政府、地方政府、企业、国民都要积极参与创建低碳社会的全过程，日本的"两型社会"之巨艇，承载了其全部民众之力。

2.3.1 制度革新促两型

低碳经济作为一场变革传统生产、生活方式的社会经济活动，需要制度创新为之保驾护航。日本低碳制度的创新体现在不断完善其法律制度结构，建立完整的法律体系、推行富有特色的政策手段和建立运行有效的组织机构三个方面。

1998年，日本政府成立了以内阁首相为主席的全球变暖减缓对策促进中心，并通过了《地球温暖化对策促进法》。从1991~2001年，日本先后制定了《关于促进利用再生资源的法律、合理用能及再生资源利用法》《废弃物处理法》《化学物质排出管理促进法》《2010年能源供应和需求的长期展望》等法案。自2002年以来，日本的太阳能发电、太阳能电池产量多年位居世界首位，占据了世界总体产量的半壁江山。

2004年，日本环境省设立的全球环境研究基金成立了"面向2050年的日本低碳社会情景"研究计划。该研究计划由来自大学、研究机构、公司等部门的约60名研究人员组成，分为发展情景、长期目标、城市结构、信息通信技术、交通运输等5个研究团队，同时项目组还与日本国内相关大学、海外研究机构合作，共同研究日本2050年低碳社会发展的情景和路线图，提出在技术创新、制度变革和生活方式转变方面的具体对策。此后，日本政府不断推出相关措施。2007年6月，日本确立了"21世纪环境立国战略"。这是继"贸易立国"和"科技立国"之后的又一重大战略举措。2008年3月，日本经济产业省推出"凉爽地球能源创新计划"，确定了21项重点发展创新技术，制定了技术发展路线图；同年5月，内阁"综合科学技术会议"公布低碳技术计划，先后确定了五大重点技术开发领域，确立了技术战略图。

2008年，日本国会又通过《地球变暖对策推进修正案》，同时由地球变暖对策推进本部制定"构建最尖端的低碳社会"报告书和"构建低碳社会行动计划"，随后出台"低碳社会形成推进基本法案"，以立法形式把应对气候变化和构建低碳社会作为日本的国家发展战略，具体规划日本构建低碳社会的发展前景,并且以法律形式规定国家、地方、企事业单位和国民个人的责任和任务。

2009年12月30日,鸠山内阁公布"新增长战略(基本方针)",方针中进一步将能源环境作为经济重振的起爆剂,具体提出在未来10年内,将能源环境产业规模新扩大50万亿日元(约为现在GDP的1/10),增加就业140万人,以日本的技术削减世界碳排放13亿吨。

为了保证这些环境立法真正得到贯彻落实,日本十分重视完善环保行政管理体系,早在1971年就设立了阁僚级管理环境问题的专门机构——环境厅,在其他19个阁僚级省厅中设立了专门处理环境事务的部门,在地方政府也设立了环保行政机构,形成了从中央到地方的完善的环保管理体系。为了有效地促进节能减排,推进低碳社会建设,日本成立了运行有效的三层组织机构。第一层为以首相领导的国家节能环保领导小组,负责宏观战略、法规、政策的制定。如1998年成立的以首相为主席的全球变暖减暖对策促进中心。第二层为以经济产业省、环境省等国家机构及地方环保行政机构为主干的领导机关,主要负责起草和制定详细法规,管理环保相关事务。第三层为专业机构,负责组织、管理和推广实施。这些部门分工明确、相互协作、运行有效,真正形成了齐抓共管的局面。

2.3.2 技术创新建两型

发展低碳经济需要相关的技术支持,中短期内现有技术的改良和普及是确保短期目标的关键,而中长期内则有赖于发展创新技术的成败。为确保长期目标的实现,日本政府不仅确定了重点技术战略领域和重点创新技术,还设计了一套低碳技术的路线图。日本将节能、减排和发展替代能源作为突破口,并在强调政府在基础研究中的作用和责任的同时,鼓励私有资本对科技研发的投入,保证技术创新的资金投入。政府在5年内将在低碳技术创新方面投入300亿美元,开发快中子增殖反应堆循环技术、生物质能应用技术、低化石燃料消耗直升机、高效能船只、气温变化监测与影响评估技术、智能运输系统等。同时,确定了日本能源政策的首要任务,即实现"3E",即能源安全(energy security)、能源增长(energy growth)以及环境保护(environmental protection)的协调发展。2004年,日本出台了以燃料电池为重点的"新产业创造战略",降低日本对石油的依赖程度,使得到2030年日本对石油的依赖程度由现在的50%降到40%,从而不断提高新能源所占比重。2008年提出《面向低碳社会的十二大行动》,预计在未来3~5年内将家用太阳能发电系统的成本减少一半,同时大力发展风力、太阳能、水力、生物质能和地热等,争取到2020年使碳捕获与埋存技术实用化。

为了推进低碳技术创新,日本提出,要在家电领域普及现有节能技术,进一步推进"领跑者计划";实施"办公大楼领跑者计划"来推动建筑领域的住宅和办公大楼的低碳化;奖励低碳汽车技术开发,领先世界开发低碳汽车,促进交通运输领域的低碳化;在能源开发领域,促进可再生能源的开发和普及,实现"零排放"电力;建立"绿色金融体系",建设面向低碳经济的金融资本市场,推进税制绿化进程;积极导入碳会计制度,有效监督企业和事业单位公开经营活动中的温室气体排放量。尝试建立碳排放量交易制度,推行"试行排放量交易机制"和"国内证书交易"。

同时,日本政府创造了"产官学"的一体化创新体系,吸引私营企业投入研发创新。根据欧盟研究总局的统计,2006年,日本研究开发费用占GDP的比例为3.39%,其中企业的研究开发费用占GDP的比例为2.6%,政府仅占0.55%。和欧美政府作为推动技术创新的主要力量不同,在日本,企业才是技术创新的生力军。仅以日本建筑开发商为例,日本主要建筑开发企业都拥有自己的研究所,对高性能热泵、太阳能发电、住宅空调监控等许多有助提高能效,降低排放的技术进行研究,而这些企业研究所的研究水准和试验设施都处在世界一流地位。

日本企业不仅自己进行研究,更是不惜花费重金和拥有最强研究实力和前沿技术的研究所和企业合作。据加拿大国家理事会科技部负责人Dave Ghosh介绍,日本本田汽车就一直和加拿大燃料电池的代表企业巴拉德进行合作,力求在燃料电池车上领先一步。"可是,制定研究政策相对容易,最难的正是让企业等私营部门积极参与其中。"欧盟委员会研究事务部负责人Stefaan Hermans曾如是说,因此日本政府的经验值很多国家学习。

2008年,日本经济产业省(简称"经产省")列出了21项技术作为日本低碳技术创新的重点。在选择这些技术时,日本经产省参照了三个标准:首先是有助于世界大幅度降二氧化碳排放的技术;其次是日本可以领先于世界的技术,最后是对已有的技术进行材料革命和制造工艺的改进,比如比硅成本更低、更低碳的新材料太阳能电池。在制定出了21种未来关键技术后,日本政府面临的下一个工作是动员日本产业界和学术界积极参与到这些技术的创新中来。为此,日本政府专门设计研究制度来为产业界和学术界参与研发以及对他们研究成果的商业化提供资金支持。为了加速学术界和产业界的研发合作,以及研究成果的转移,日本政府每年都会举行多次针对大学、企业联合研发项目的招标活动,来为这些项目提供资金支持。比如在推出21项技术创新路线图不久,日本经产省就针对大学和企业的联合低碳技术研究开放项目进行公开招标,每一项获选的项目将获得日本政府5 000万美元的资助资金。

另外,日本政府还不惜投资重金来促进这些技术研发成果的商业化,日本环境省在全国范围内招募"在3年之内可以实现商业化的减排技术",并为这些合格的项目提供丰厚的资金支持。

2.3.3 全民参与创两型

低碳经济和低碳社会的构筑，需要国民的实践和广泛参与。尽管日本国民已惯于节能，为了推动低碳生活，日本政府采取了积极的方式，推动了家庭、办公室的碳零排放。"在欧盟，公众的意见就是一个很棘手的障碍，现实并不是只要是'可持续'的技术都会得到大众的支持。"欧盟委员会能源政策研究部负责人 Raffaele Liberali 在都灵举行的欧洲学开放论坛上曾如是说。而日本政府选择让日本民众清楚地知道自己在生活各个环节里分别排放了多少温室气体，而且如果要减少这些排放需要花费多少费用，希望以此可以唤起日本民众低碳意识和生活方式的变革，从而通过从国民意识开始，来促进日本产业结构和企业经营方式的改变，最终推动日本走向"最尖端"的低碳社会。

为此，日本政府打出了连环拳，来推动二氧化碳排放的"可视化"方案。为了让消费者"看得见"每天所购买的生活用品和享受的服务中温室气体的排放量，日本政府决定从 2009 年开始实施"碳足迹"和"食物运送里程"项目，以此来测定产品和食物从生产制造、运输、消费到最终废弃的整个生命周期中的排放，这样消费者在选择产品时就有了参考，来做到更低碳地消费和生活。此外，为了推广太阳能发电，政府除采取补贴建设的措施外，还提高了收购太阳能发电的价格（固定价格从每度 22 日元提高到 48 日元），并且从 2010 年 4 月开始收取太阳能发电附加费，附加费用于支付收购太阳能发电的溢价部分，以形成全民支持替代能源的态势。

而且日本经产省还对建立针对公民个人的"低碳积分制度"进行研究，在这个制度下，日本民众在选择购买节能商品或者服务时，可以获得积分，这些积分可以累积来交换商品和服务。同时，日本政府还同时推出了"碳中和"政策，所谓"碳中和"就是指当我们在做某个活动时排放了二氧化碳，我们通过一些节能手段或者购买碳排放额，来抵消我们之前排放的二氧化碳。日本政府希望借此来提高公众对低碳理念的认识。

此外，日本政府注重将节能宣传转化为公民自觉行动。日本政府和相关团体通过电视、网络、发行刊物、举办讲座等形式向消费者提供节能知识，长期进行节能宣传教育。如今，将节能措施细化到日常衣食住行的方方面面已成为多数日本人的自觉行为。在衣着方面，日本环境省从 2005 年起提倡夏天穿便装，男士不打领带，秋冬两季加穿毛衣，女性放弃裙子改穿裤子，等等。这样夏天可将空调的设定温度从原先的 26 摄氏度调到 28 摄氏度，秋冬可调到 20 摄氏度。据统计,仅夏天空调温度设定调高 2 摄氏度一项,办公室便可节能 17%。在饮食方面,日本人总结了一整套从购买、保存到烹饪再到废弃各个环节详尽的节能窍门。在购买食物环节,提倡消费者购买应季蔬菜和水果,因为生产反季节的蔬果往往耗费更多能源。尽量选择产地较近的产品,这样可促使商家增加从邻近地区进货,从而节省运输中消耗的能源。保存食物时,不将冰箱塞得过满,以免影响冷气循环,冰箱温度应随季节调整。冰箱放置在远离炉灶、通风阴凉的地方,每年可节约电能 45 千瓦时。在烹饪食物环节,日本人的能源账也算得一清二楚:假如每天 3 次每次将 1 升 20 摄氏度的水煮开,那么用中火煮比用高火煮每年可节省 2.38 立方米燃气。在居住方面,日本人从房子建造开始就充分考虑到墙壁、地板的隔热性能,怎样设计窗户的数量、大小和位置才能最大限度地利用自然光、使房屋通风良好等。日本家庭在有效利用排放的热量方面也各有绝招。比如,一些家庭把洗澡的热水过滤后用水泵抽入洗衣机再利用等。在出行方面,多数日本家庭的轿车只在外出游玩时使用,平时上下班人们更愿意搭乘公共交通工具。开车时他们会注意保持"经济速度",不急起步,不猛加速,时常检查车胎气压是否适,不运载无用的负荷等。

2.4 异军突起,韩国两型"战机"展翅腾飞

韩国长久以来一直是以发展高能耗的重工业为中心,而不注重环保。韩国作为全球第 13 大经济体,水泥生产量为日本的 2 倍,而耗能量为日本的 3 倍以上。韩国总统表示,韩国必须要向环保型国家转变,以增强其竞争力,且越早实施低碳经济对韩国越有利。

2008 年 9 月,韩国政府出台了《低碳绿色增长战略》,为韩国未来经济发展指明了方向。所谓低碳绿色增长,就是以绿色技术和清洁能源创造新的增长动力和就业机会的发展模式。韩国政府认为,这一战略将成为支撑、引导未来经济发展的新动力。该战略提出要提高能效和降低能源消耗量,从能耗大的制造经济模式向服务经济模式转型。经过韩国政府多方努力,发展较晚的韩国两型模式异军突起,韩国两型"战机"展翅腾飞。

2.4.1 能源基本计划数量化

韩国政府认为,要增加清洁能源的供应并降低化石燃料的消耗。实现低碳绿

色增长战略的基础是改善能源结构。韩国为了满足日益增长的电力需求，将在电力产业投资37万亿韩元，这些资金将用于建设12个核电站、7个煤电厂和11个天然气发电厂。

韩国国家能源委员会审议通过了"第一阶段国家能源基本计划（2008～2030年）"，提出要努力减少石油、煤炭等燃料在整个能源结构中所占的比重，大幅度提高新能源、可再生能源所占的比重。到2030年，韩国经济的能源强度要比目前降低46%。另外，要增加清洁能源的供应并降低化石燃料的消耗。实现低碳绿色增长战略的基础是改善能源结构。韩国为了满足日益增长的电力需求，将在电力产业投资37万亿韩元，预计在2009～2022年间，将新能源的发电量扩至3 237万千瓦。这个项目囊括12个核电站、7个煤电厂和11个天然气发电厂。韩国国家能源委员会审议通过了"第一阶段国家能源基本计划（2008～2030年）"，提出要努力减少石油、煤炭等燃料在整个能源结构中所占的比重，大幅度提高新能源、再生能源所占的比重。到2030年，化石燃料将从目前所占能源消耗总量的83%降低到61%，而可再生能源的用量将从2.4%增加到11%，核能的用量将从14.9%提高到27.8%。

就可再生能源产业而言，政府希望2030年太阳能光伏发电量达到2007年的44倍，风能利用量增长36倍，生物燃料增长18倍，地热能增长50倍。韩国政府和企业将在2030年前投入87.4亿美元，用于绿色技术研发，确保公民用得起能源，使低收入家庭的能源开支不超过其总收入的10%。

2.4.2　基础设施建设绿色化

2009年，韩国第一次国务会议通过政府提出的"绿色工程"计划。该计划将在未来4年内投资50万亿韩元，开发36个生态工程，并因此创造96万个工作岗位，拉动国内经济，并为韩国未来的发展提供新的增长动力。这一庞大计划被称为"绿色新政"。它包括基础设施建设、低碳技术开发和创建绿色生活及工作环境。具体来说，治理四大江河、建设绿色交通系统、普及绿色汽车和绿色能源、扩增替代水源以及建设中小规模的环保型水坝等。据媒体报道，在50万亿韩元的投资计划中，37.5万亿韩元来自国家预算，5.2万亿韩元来自地方预算，另外7.2万亿韩元属于民间资本。韩国政府将推动全国范围的绿色交通系统建设，包括建设低碳铁路、1 300多公里的自行车道路和公交系统。今后5年将把大众交通的分担比例提高到55%；通过扩大绿色认证产品和绿色生活家庭的普及率，倡导绿色生活模式；创造各种绿领工作机会，引领绿色教育；将官方发展援助（ODA）的20%用于支援绿色发展，加大韩国对世界环境问题的贡献，参与全球绿色发展合作，使韩国成为绿色发展模范国家，提升其国家形象。修建中小型环保型水坝，提高河流的储水能力。政府将投资生产低碳汽车，发展太阳能、风能和其他可再生能源。韩国将扩大森林面积，在全国修建 200 万个绿色住宅和办公室，并将韩国 20% 的公共照明设施更换为节能灯泡。此外，还将投资 3 万亿韩元用于扩大森林面积。韩国前总理韩升洙说，政府推行"绿色新政"的目的是创造更多的就业岗位的同时实现生态环境友好型的经济增长，增强韩国的竞争力。

2.4.3 低碳经济发展目标化

2010 年 4 月 14 日，韩国政府公布了《低碳绿色增长基本法》，主要内容是在 2020 年以前，把温室气体排放量减少到"温室气体排放预计量（BAU）"的 30%。韩国构筑的绿色增长基本框架，今后将依法全面推行低碳绿色增长计划。此举阐明了韩国建立绿色环境的坚决意愿，为韩国成为国际社会上的主要绿色国家奠定了基础。《低碳绿色增长基本法》的主要内容包括制定绿色增长国家战略、绿色经济产业、气候变化、能源等项目以及各机构和各单位具体的实行计划。此外，还包括实行气候变化和能源目标管理制、设定温室气体中长期的减排目标、构筑温室气体综合信息管理体制以及建立低碳交通体系等有关内容。《低碳绿色增长基本法》生效后，将对绿色产业实行绿色认证制，可获得认证的项目包括新能源和可再生能源、水资源、绿色信息及通信、环保车辆和环保农产品等 10 个项目和 61 项重点技术。对于大型建筑物，将实行温室气体目标管理制，严格限制能源的使用。按照韩国的规划，到 2012 年，韩国研发支出占 GDP 的比例要从 2006 年的 3.23% 增至 5%（政府研发投入占 1.25%，民间研发投入占 3.75%），政府研发支出从 2008 年的 10.8 万亿韩元增至 2012 年的 16.2 万亿韩元。此外，加大对民间研发的资金支持力度，出台研发优惠税制，放宽企业研究相关规定，如将研发设备投资税收抵扣从 7% 增至 10% 等。

此外，韩国政府专门成立了推进和落实绿色增长战略的组织机构，即直属于总统的"绿色增长委员会"，由其统率相关事项，以保证低碳增长方式的具体落实和实施。绿色增长委员会牵头制定了《绿色增长国家战略及 5 年计划》，并不定期召开"绿色增长委员会会议"，在会上发布相关报告。2010 年 4 月，《低碳绿色增长基本法》生效后，韩国环境部新设了"温室气体综合信息中心"，由其负责推行在 2012 年前将能源消耗量平均每年减少 1% 至 6% 的有关计划。民间各界人士则成立了"绿色增长总协作团体"，下设 5 个分团体：产业协商体、金融协商体、科研协商体、消费者市民协商体、地方政府协商体。

2.4.4 低碳技术创新产业化

近些年来，纳米技术、生物技术等前沿技术及其融合技术作为各国的科技重点，得到了各国政府的重视和大力支持。韩国国家科学技术委员会通过了《国家融合发展基本计划（2009~2013年）》，对融合技术（纳米技术、生物技术、信息技术和认知科学4种科学有机结合的技术）的研发及产业化发展作出系统规划。基本计划主要内容包括：加强创意性融合技术研究，加强创意性研究人才的培养，发掘新的融合性技术产业，依靠融合技术提升现有产业水平，创建高附加值产业，增加就业机会，完善政府法规，成立尖端、融合、复合型技术发展促进委员会，建立部门间合作协调机制。

韩国为了发展低碳经济，将绿色技术和产业作为新的增长动力。加强绿色技术研发投资，重点培育LED、太阳能电池和混合能源汽车等绿色技术产品，5年内使韩国此类产品在世界市场占有率达到8%；加强对现有主力产业的绿色技术改造，积极培育资源循环型新兴绿色产业；发展尖端技术交叉融合型产业，培育医疗、教育等高附加值服务产业，改变能源依赖型的产业结构。这些产业集中于知识、绿色和高附加价值领域，未来将取代半导体、造船和汽车等，堪称韩国经济的"新鲜血液"。

第 3 章

我国"两型社会"建设现状分析

3.1 "两型"巨轮出湘江——长株潭城市群

环长株潭城市群是以长沙、株洲、湘潭三市为核心,辐射周边岳阳、常德、益阳、衡阳、娄底五市的区域。试验区获批三年多来,湖南牢牢把握国家要求和本省实际,坚持用科学发展观统领全局,以发展引改革、以改革促发展,精心组织,大胆探索,改革建设取得了实质性进展,试验区初步步入科学发展、率先发展的快车道,正在发生全面而又深刻的变化。2010年,长株潭三市实现地区生产总值6 715.9亿元,占全省的42.2%;环长株潭城市群八市实现地区生产总值12 560.2亿元,占全省的79%。总的来说,试验区阶段性成果集中体现为以下几个方面:

3.1.1 稳扎稳打,务实两型根基

三年多来,试验区以体制机制为先,合理规划,稳扎稳打,贯彻落实各项基础建设工作,奠定了"两型社会"建设的根基。

规划体系基本形成。完成135项规划和改革方案,其中包括编制1个改革方案和10个专项改革方案、1个区域规划和18个专项规划、18个示范片区规划及

87个市域规划，明确了改革建设的行动路线图。有三个特点：一是保护优先。在核心区8 448平方公里，划定禁止开发面积3 900多平方公里，占46%；在长株潭三市之间划出522平方公里的生态绿心，其中禁止开发、限制开发面积占89%。二是"四规合一"。强调将国民经济发展规划、城市总体规划、土地利用规划和融资规划有机融合。三是法规保障。省人大常委会颁布《长株潭城市群区域规划条例》，又开展了"一条例一决定"执法检查，实现一张蓝图管到底。

推进机制初步建立。体制机制改革是国家赋予的重要使命，省委、省政府确立了"省统筹、市为主、市场化"的推进机制。3年来出台了70多个政策文件，编制了"两型社会"建设评价体系，制定了10个"两型"标准。颁布实施了我国第一个地方性行政程序规定、规范行政裁量权办法和服务型政府建设规定。与36个国家部委、72个央企签订了合作协议，土地集约节约、农村环境保护等多项试点经验得到部委认可。

发展基础全面夯实。组织实施五大工程：一是综合交通建设工程。努力打造以轨道交通为主轴、以水能充分利用为重点、以公路和其他交通方式为支撑的"两型"综合交通体系。打破部门分割，各种交通方式融为一体，互相衔接，互为补充，力争"零换乘"；突出轨道交通和水运两种低碳快捷方式，大力发展公共交通、绿色交通和智能交通。现在城际铁路长株潭线已经开工，建成后实现"3、6、9"通勤目标。新开工高速公路41条，里程4 400多公里，全省四小时通勤圈形成。二是三市一体化工程。通信同号升位；液化能源管道连通；城际公交半小时经济圈初步形成；银行实现同城同兑。三是能源保障开发工程。"十一五"电力装机比"十五"翻番，"十二五"非化石能源占一次性能源消费的比重将达到11.4%。实施长株潭公交电动化三年行动计划，节油20%，废气排放减少60%。四是人水关系协调工程。通过水利建设，2010年九次洪涝安全度汛，安全水利、民生水利、生态水利格局初步形成。五是信息化推进工程。信息化"三网融合"试点全面推进，国家超算中心抓紧建设，应用效益逐步发挥。

城乡统筹基础工作全面展开。近年来，通过实施一系列的政策措施，实现"三个加速"：生产要素加速向农村流动，基础设施加速向农村延伸，公共服务加速向农村覆盖。长株潭城镇化率达56.3%，涌现出一批"两型"新农村建设的样板。推进品牌化、规模化、标准化，发展现代特色农业，全省农民专业合作组织发展到9 275个，成员140万户；农产品加工企业增加到4.8万家，其中省级龙头企业315家。实现全省所有乡镇、92.3%的行政村通公路，92%的乡镇、81.6%行政村实现主干道硬化；建成农村饮水安全工程16 245处，解决近1 000万农村人口的饮水问题；行政村农网改造率达83%以上；全面完成洞庭湖区及湘资沅澧四水专业捕捞渔民上岸定居解困工作。以土地集约节约利用和产业结构、就业结构调整为导向，推进土地综合整治、土地流转、社保制度建设。建立以义务教育、城镇社会保险、基本医疗服务、就业创业为重点，覆盖城乡的公共服务体系。

3.1.2 全面推进，搭造两型框架

试验区重视经济结构、基础建设和生态环境的全面发展，力争迅速、有效地在各领域推进"两型社会"框架的搭建。

产业结构调整初见成效。主要采取了四大举措：一是提升优势产业。工程机械领跑全国，浏阳花炮在奥运会上大放异彩。坚决淘汰落后产能，万元 GDP 能耗下降 20%。二是发展战略性新兴产业。文化产业占经济总量的 5.3%，居全国第四，光伏产业制造形成了中国光伏看湖南的格局。工业对经济的贡献率达 56%。三是加强自主创新。试验区获批国家综合性高技术产业基地。建立科技创新机制，自主研发出一大批"两型"技术和产品。"十一五"期间获国家科技奖励 106 项，全国第五。四是发展循环经济。全省有 6 个国家级和 24 家省级循环经济试点，形成了 5 种模式，汨罗、益阳沧水铺获批全国"城市矿山"试点。

示范区建设全面推进。基本完成 18 个示范片区规划、改革建设实施方案的编制，益阳东部新区改革建设实施方案率先获得省政府批准。五区十八片规划区面积 3 579 平方公里，建设面积 964 平方公里，起步区 360 平方公里。实施长沙梅溪湖、株洲华强等一批重大项目，发展势头十分强劲。湘潭高新区、常德、岳阳、宁乡经开区成功晋升国家级。大河西、天易、云龙等示范区以行政管理体制创新为重点，大力推进"大部门制"改革，精简行政审批项目，下放行政审批权限，再造行政审批流程，行政审批效能提高 50% 以上。

生态环境治理卓有成效。围绕湘江、洞庭湖流域进行重点治理，主要组织实施五大工程：一是实施城镇污水和垃圾处理工程，实现县城污水和垃圾处理全覆盖，2010 年，长株潭三市城市污水处理率由 2007 年的 54.7% 提高到 87%，城市生活垃圾无害化处理率达到 100%。二是重点区域治理工程。湘江上游四大重点污染区域整治取得显著成效。纳入湘江流域水污染综合治理的 1 377 家企业，已关闭、退出、停产 1 017 家。三是城市洁净工程。长沙的背街小巷提质改造荣获联合国"人居环境良好范例奖"。株洲市由全国十大重污染城市转变为以现代工业文明为特征的生态宜居城市。四是实行农村环保自治，形成了"户分类、村收集、镇（乡）中转、县（市）处理"一体化垃圾处理模式。五是生态建设工程。着力建设一批森林公园、湿地公园、沿江风光带和社区街心公园，2010 年森林覆盖率达 57%。

形成了一批模式和技术成果。部分领域改革取得实质性进展，形成了绿色电价、分质供水和阶梯式水价、宾馆酒店不再免费提供"七小件"、新型集约节约节地模式等一批可供示范借鉴的模式和经验。涌现了"天河一号"超级计算机、A型地铁车辆等一批重大科技成果，自主研发了污泥常温深度脱水、餐厨垃圾处理、废旧冰箱无害化处理、非晶硅光电幕墙、可持续性建筑等一大批"两型"技术和产品。

3.1.3　开发新区，打造"两型"龙头

2015年4月，国务院批准设立湖南湘江新区（以下简称湘江新区）。湘江新区位于湘江西岸，包括长沙市岳麓区、望城区和宁乡县部分区域，面积1 200平方公里，核心区490平方公里。作为全国第12个、中部第1个国家级新区，湘江新区的建设，对于促进中部地区崛起、推进长江经济带建设、加快内陆地区开放发展具有重要的意义。湘江新区成立以来取得了巨大进步，成为湖南"两型"发展的龙头。

经济发展取得长足进步。湘江新区自获批以来，各项主要经济指标取得较快进步，"十二五"期间新区保持了14.2%的年均经济增速和21.2%的年均财政收入增速；"十二五"末新区地区生产总值、高新技术产业增加值、固定资产投资、财政总收入相比"十一五"末均实现了翻番。其中，2015年湘江新区核心区实现地区生产总值1 411.09亿元，同比增长11%，稳居生产总值1 000亿元以上的国家级新区行列。湘江新区人均生产总值126 671元，在国家新区中排名第5，甚至高于浦东新区。2016年上半年实现地区生产总值697亿元，同比增长12.0%，经济总量和增速在18个国家级新区中均居第7位。

基础设施建设稳步推进。目前，湘江流经新区总长约25公里的范围内共有6座跨江大桥和2条过江隧道连接老城区，新区内轨道交通有已运行的地铁2号线从梅溪湖出发横穿岳麓区，长株潭城际铁路将于2016年底竣工通车，湘江新区综合交通枢纽采用世界领先的TOD模式，总建筑面积超过31万平方米，总投资30亿元，初步实现了新区内智能化、多层次、零换乘的交通体系配套建设。相较而言，上海浦东新区在"十二五"期间，公共交通基础设施投资累计完成1 300亿元，轨道交通新增4条线路建成运营；天津滨海新区在"十二五"期间，新开公交线路66条，核心区公交覆盖率达到90%。

生态与人居环境明显改善。近年来，湘江新区实施了湘江流域水污染综合整治和垃圾污水处理设施"三年行动计划"等十大环保工程，污染治理有序推进，生态环境得到持续改善。其中，每万人拥有公共交通车辆4.01标台，基本实现

城区70%公交化、80%出租车清洁能源、新能源化。2014年城市污水处理率达到96.9%，明显高于浦东新区87.87%的水平，全年空气质量优良率为75%，与浦东新区92.6%的全年空气质量优良率有一定差距。作为典型标杆，梅溪湖新城先后获批成为全国绿色生态示范城区和联合国"全球人居环境奖"。

3.1.4 宣传引导，构建"两型"氛围

为了引导人们自觉自愿地参与"两型社会"建设，试验区一直重视对两型思想的宣传，通过促使思想认识逐步统一，构建良好的两型建设氛围。

宣传教育有声有色。重点做了三项工作：一是争取中央电视台、新华社、人民日报、凤凰卫视等开展集中宣传报道，举办"两型"湖南摄影大赛、唱响"四个湖南"等大型活动。2012年"两会"期间，新华社内参和《"两型"湖南》图书、画册成为试验区名片，引起强烈反响。二是用四个月时间，建成长株潭"两型社会"展览馆，获得中央领导和人民群众充分肯定。编写、出版《"两型社会"建设在湖南》丛书，总结提升改革建设的经验模式。三是组织开展"两型"机关、企业、学校、社区等十大创建活动，形成一批"两型"示范亮点。"两型"理念深入人心，"两型"生产、生活、消费方式正在逐渐形成。

思想认识逐步趋向统一。通过解放思想大讨论、"两型社会""四化两型"宣讲培训，通过试验区改革建设的实践成果，有效克服了"无关论""限制论""简化论"等思想误区，证明了湖南走"两型社会"建设的路子是十分正确的，广大干部群众对"两型社会"建设的认同感和使命感明显提升。特别是省委、省政府《关于加快经济发展方式转变推进"两型社会"建设的决定》（湘发〔2010〕13号）文件中明确提出"四化两型"战略，将建设"两型社会"作为加快转变经济发展方式的目标和重要着力点，提高到了前所未有的高度。

三年多的实践，试验区总结了如下经验：一是注重解放思想、转变观念，高度重视顶层设计，在全社会宣传普及"两型"理念和知识，广泛开展"两型"创建活动，营造抓"两型"、促"两型"的良好社会环境；二是注重协调好改革与发展的重点，以发展为改革的载体，把改革创新寓于试验区建设发展全过程，以项目化的方式实施改革总体方案，用好用足先行先试权；三是注重体现好让群众得实惠、得利益的宗旨，让广大人民群众最大限度享受"两型社会"改革建设带来的实惠，把改革的力度、发展的速度与群众的可承受度结合起来，在维护社会稳定、促进社会和谐的前提下，加速推进"两型社会"建设；四是注重处理好

"两型社会"建设与转变发展方式的关系,以"两型"为引领,以转变发展方式为主线,努力形成"两型"生产、生活、消费方式。

3.2 "两型"强音播汉水——武汉城市圈

武汉城市圈是以武汉为中心,由武汉及周边 100 公里范围内的黄石、鄂州、孝感、黄冈、咸宁、仙桃、天门、潜江 9 市构成的区域经济联合体,这里是湖北省产业和生产要素最密集、最具活力的地区,也是湖北省构建中部地区崛起重要战略支点的核心支撑。2007 年 12 月 14 日,武汉城市圈被批准为全国资源节约型和环境友好型社会建设综合配套改革试验区,由此拉开圈域"两型社会"建设的大幕。三年来,武汉城市圈按照"两型社会"建设总体方案和三年行动计划的要求,形成了规划引导机制、政策促进机制和改革试验推进机制,重点项目建设有新进展,关键领域改革有新突破,"两型社会"建设有新成效,经济社会发展有新业绩,武汉城市圈"两型社会"建设综合配套试验区的发展,可谓是硕果累累。

3.2.1 制度创新敢为人先

三年来,武汉科学编制了武汉城市圈改革试验总体方案,编制了空间规划、产业发展规划、综合交通规划、社会事业规划和生态环境规划等 5 个专项规划,研究制定了投资、财税、土地、环保、金融、人才支撑等 6 个配套支持政策,提出了产业双向转移、社会事业资源共享、圈域快速通道、现代农业产业化、商业集团连锁经营等 5 个重点工作,研究出台了三年(2008~2010 年)行动计划,编制了试验区建设的重大启动项目。

同时,稳步推进重点领域改革试验。资源节约方面,以发展循环经济为突破口,大力推进循环经济示范区建设。如武汉市围绕钢铁、电力、化工、建材、环保等产业链,开展循环经济示范企业和清洁生产示范企业创建。青山、阳逻分别建立了总投资为 706 亿元和 607 亿元的循环经济项目库,其中,青山区累计完成投资 100 亿元,初步形成了以钢铁、石化、电力为核心的循环经济型产业体系;阳逻累计完成投资 115 亿元,构建了以阳逻电厂为平台的循环经济产业链。为促进循环经济发展,武汉积极争取国家试点,国家已正式批准武汉市筹备设立武汉循环经济产业投资基金。保护生态环境方面,主要污染物排放权交易试点、区域性废物回收网络（城市圈废电池回收）建设启动。水环境保护与治理力度加大，武汉、孝感、鄂州等市大力推进水网改造，实施水生态保护与修复工程。在科技体制创新方面，大力推进科技与经济的融合。黄石市实施"产学研联合开发工程"，全市260多家企业、事业单位与50多家高校、科研机构建立了技术合作联系，实施校企技术合作项目960多项，共建研发中心及基地32个。孝感市发起成立城市圈技术转移服务联盟，组织72家企业加入联盟。"两型"产业发展方面，武汉市出台促进环保产业发展的政策，制订了环保产业发展规划方案，全力推进烟气脱硫研发与制造、全降解材料开发与应用、风电设备生产等10大环保重点项目。黄石市按照发展大产业的思路，大力推进四个"转型"，即以产业集群和产业链延伸拉动转型、以招商引资和项目建设启动转型、以文化旅游产业引爆转型、以大园区建设支撑转型，构建"两型"产业体系。仙桃市着力改造提升传统产业，大力引进培育低碳型、科技型、环保型企业，推动产业结构优化升级，食品产业园已确定为全省重点示范园区，正在争创全国农业科技示范园区。集约节约用地方面，建立了耕地保护共同责任机制和土地整理复垦开发新机制；开展了集约用地试点。如武汉市建立统一的土地有形市场——武汉农村综合产权交易所。统筹城乡发展方面，鄂州市围绕城乡规划、产业布局、基础设施、公共服务、社会管理和市场体系等六个方面，加快实施四项统筹，即统筹构建城乡"四位一体"空间布局、统筹推进城乡产业融合发展、统筹建设城乡基础设施"六网"工程、统筹推动城乡基本公共服务均衡发展，在全省率先构建城乡一体化的发展机制。

此外，加快构建法规政策支持体系，以保障"两型社会"的建设。《武汉城市圈资源节约型和环境友好型社会建设综合配套改革试验促进条例》的正式实施，标志着城市圈改革试验工作步入了法制化轨道。政策层面，省政府先后出台了投资、财税、土地、金融、人才、土地支持政策，环保政策即将出台。各市、省直相关部门积极开展政策研究，制定出台了相关配套政策。如，武汉市制定出台了《合同能源管理项目支持办法》《再生资源回收条例》《超市节能规范》、生态环境补偿机制试点等一批促进"两型社会"建设的政策措施。省财政厅、国税局、地税局联合制定下发《关于支持武汉城市圈"两型社会"建设综合配套改革试验财税政策的通知》，对创新财政税收分享机制、财政激励与约束机制、优化财政资源配置、落实税收优惠政策等方面作了明确规定。省经信委制定了《关于支持武汉城市圈工业发展的实施方案》，从支持城市圈产业集群、中小企业发展、加快科技创新、提高经济外向度等四个方面提出了具体措施。省工商局出台了促进城市圈市场主体快速发展的11项具体措施。

3.2.2 重点领域实现突破创新

三年来,按照一体化发展要求,武汉城市圈推进"五个一体化"建设有了新局面。

(1)产业一体化。湖北省发改委2009年出台了《武汉城市圈产业双向转移优化发展实施方案》,以推动武汉城市圈产业协作配套和一体化发展,在对城市圈各市优势产业、产业集群进行系统分析的基础上,提出了各市需转移及优化发展的产业,明确了城市圈内产业转移的方向。

武汉从支持城市圈产业集群、中小企业发展、加快科技创新、提高经济外向度等四个方面提出具体措施。明确汽车及零部件、电子信息、石化、纺织服装、冶金建材、食品医药、轻工等七个圈内产业协作重点,并对城市圈产业转移重点项目进行了跟踪服务。完善了圈域工业经济运行分析监测体系,建立了重点企业、支柱行业数据库和运行月报、旬报制度,为及时掌握圈内重点企业、重点产品的生产及市场变化情况,建立了稳定可靠的信息来源渠道。同时,着力培植了圈域工业发展中的增长点。圈内有33个集群进入了湖北省重点成长型产业集群,占总数的55%。建立的"大企业直通车"制度,将圈内54家工业企业纳入直接服务对象;组织了银企对接会,为圈内工业企业落实贷款67亿元;开展武钢产品省内循环、家电下乡等活动,确保了包括武钢等圈内大型工业企业的省内市场占有率。

通过完善产业规划,制定支持政策,引导产业在圈域内合理分工、布局。目前武汉城市圈已基本形成了四大产业集群:光电子产业群主要集中在东湖高新技术开发区,以长飞、烽火等企业为龙头,形成了上下游产业链及其配套产业;汽车产业群形成了从孝感至武汉沿线汽车工业密集带;冶金产业群形成了以武钢和新冶钢为龙头企业的武汉至黄石钢铁走廊;纺织产业群形成了以武汉、孝感、黄石为中心的分布格局。

(2)交通一体化。武汉城市圈"承东启西、接南纳北"的高速公路骨架网络基本形成。武汉长江航运中心建设步伐加快;武汉新港"以港兴城、港城互动"成效显现,武汉城市圈"干支相连、通江达海"的航运体系加快形成。武汉至孝感、武汉经鄂州至黄石、武汉至咸宁、武汉至黄冈四条城际铁路等项目顺利推进。武汉机场三期扩建工程、武汉机场新建国际楼工程稳步推进,综合交通枢纽建设加速推进。2007年12月26日,随着武汉阳逻长江大桥的建成通车,连通武汉城市圈的7条城市高速出口公路基本建成,武汉与城市圈8个城市形成"一小时交通圈"。这对加快武汉城市圈"两型社会"改革试点、促进区域经济社会发展具有重要意义。同时，作为中国铁路四大枢纽之一的武汉，正在形成辐射主要城市的"4小时经济圈"：武汉东至合肥、上海；南至广州、深圳；东南方向至南昌；北至北京都将只需要4小时。

（3）市场一体化。结合"万村千乡市场工程"、家电下乡等工作，完善圈域农村市场网络，构建连锁经营市场体系。依托大型物流企业，构建覆盖城乡的连锁经营市场体系。目前，城市圈已形成以武商、中百、中商、富迪、黄商五大公司为主体的商业连锁空间布局，武商、中百、中商主要经营市级及以上城市商业连锁，目前连锁网点布局（大卖场）113家。

（4）农业产业一体化。大力推进现代农业基地建设，主要建设种植业、畜禽养殖业、水产业三板块。同时，突出龙头企业的带动作用，以龙头带基地，基地带农户，让农民变股民，农民变农工，推动农业发展方式转变。加强政策资金扶持，引导龙头企业的发展。

（5）基本公共服务一体化。科技、文化、教育、卫生、体育、旅游、社保、信息等8个联合体建设取得实质性进展。武汉城市圈7所部属高校与18所地方高校签署了对口支持合作协议，武汉市与其他八市基础教育对口支援协议即将签署；武汉城市圈图书馆联盟网站于2009年8月25日正式开通；武汉城市圈突发公共卫生应急指挥系统建设，第一期省级卫生应急决策与指挥信息系统建设已完成，武汉三级医疗机构与其他八市医疗卫生机构开展"双向转诊和医院会诊"协作，建立"一对一"的对口协作机制。其他方面的社会事业资源联动共享正在按实施方案稳步推进。

此外，随着"两型社会"建设顺利推进，武汉城市圈在科技公共服务平台建设、城市圈产业结构优化、土地改革试点、仙（桃）洪（湖）新农村试验区建设、武汉区域金融中心建设、提升对外开放水平、建设高效服务型政府等方面取得突破创新。特别是武汉大东湖生态水网构建工程、梁子湖流域生态保护工程、汉江中下游流域生态补偿和梁子湖流域生态补偿办法等相继启动，水环境治理正成为"两型社会"建设特色。武汉青山区、东西湖区、阳逻开发区等国家、省级示范园区循环经济产业链基本形成，循环经济发展模式初显雏形。

3.2.3 国内外合作平台初步搭建

围绕搭建部省合作平台，湖北省政府出台相关指导意见，召开专题工作会议。截至目前，与湖北省签订合作协议或备忘录的国家部委和单位达到75家。

通过部省合作，武汉争取到了一批国家支持政策和项目。国家先后批准在武汉城市圈设立综合性国家级高技术产业基地、国家自主创新示范区、国家创新型试点城市、中国首个综合交通枢纽试点城市、国家新型工业化产业示范基地。大东湖生态水网工程获国家发改委批准并启动实施。黄石、潜江获批全国第二批资源枯竭型城市转型试点城市。铁道部与湖北省合作共建的城市圈四条城际铁路已经开工。中央主要金融单位与我省签署了合作共建协议和备忘录，有力促进了武汉区域性金融中心建设。

国际合作平台方面，搭建了鄂法城市可持续发展合作平台。2010年4月，双方在上海签署了鄂法城市可持续发展合作意向书，拟在技术合作、政府贷款、企业投资、文化交流等方面与法国开展深入合作，争取每年在引资、引智方面开展几个扎扎实实的项目合作。法国专家参与编制了《大梁子湖生态旅游度假区规划》，与法国合作启动了《孝感临空经济区总体规划》和《咸宁新港总体规划》的编制工作。

3.2.4 "两型"生活理念深入人心

近年来，"两型社会"建设宣传不断加大，引导武汉城市圈倡导节约、环保、文明的生产方式和消费方式，让节约资源、保护环境成为每个社会成员的自觉行动，"两型社会"建设真正落实到了产业、园区、企业、社区、学校、机关单位和家庭，用"两型"理念来改善民生、惠及民生。

自2009年开始，武汉市累计用于建设和改造社区工作及居民活动用房、社区破损路、社区排水管网、楼道照明设施改造等项目的资金达2亿多元。投入8 000多万元资金用于"两型社区"示范创建试点，共推广节能灯具90多万只、安装太阳能路灯和节能光源910个、推广节水器具3.7万个、改造排油烟道2 500多处、推广家用油烟净化机400多台、推广家庭用窗户隔热膜4 000多平方米、配置垃圾分类箱4 900多个、安装废旧电池回收箱1 700多个、设置垃圾生化处理设施9处、建成中水、雨水处理系统36处、建成"两型"生活馆2个、"两型"示范园1个、"两型"生活联盟站15个、增加社区绿化面积17.8万平方米。

同时武汉市采取政府引导、企业运作的方式，基本建成了公共自行车免费租赁系统，共投放自行车2万辆，设立便民服务站点814个，日均租车6万人次；在全国率先启动"十城千辆"电动汽车示范工程，新增350台混合动力电动公交车；在全市范围内推行了65%的建筑节能标准，启动王家墩绿色CBD建设，成为中英两国可持续发展城市计划在中国推进"绿色建筑"的第一个城市；加强"两型"社区、"两型"机关等示范创建，启动了"两型"集中展示区建设，面向全社会公开征集了"两型"宣传标志等，这些举措使得"两型"理念逐步深入人心。

武汉城市圈废电池回收网络建设稳步推进。2008年，武汉市启动《废旧电池回收方案》，市民可在三镇上百个中百超市里设立的废旧电池回收点投放废旧电池，并凭电池兑换物品。中小学生可收集废旧电池参加文化活动，如免费参观牡丹园等。从2008年开始，在武汉市政府支持下，公司先后启动近100次废旧电池的集中分类回收活动，先后有300多所大中小学以及500多个政府机关参与其中，直接参与的政府官员、市民、学生达1 000万人次以上。武汉市废旧电池回收率已达到30%以上。目前，武汉城市圈布设的废电池回收点约10 000个，建立电子废弃物回收超市15家，平均两天就回收1吨废旧电池。开创了电子废物市场化运作的新模式。

此外，在一些具体项目大改革试验、"两型社会"主要指标构建等方面，也取得丰硕成果。

3.2.5　未来实现三项新突破

武汉城市圈"两型社会"建设启动三年多来，经济增长速度高出全省平均水平，为湖北省经济社会发展发挥了巨大的支撑作用，也为湖北省努力构筑中部崛起战略支点提供了有力支撑。

"十二五"时期是武汉城市圈"两型社会"试验深入推进、重点突破的阶段，将在三个方面下功夫：一是大力推进体制机制创新，形成有利于"两型社会"建设的体制机制；二是加快基础设施、产业布局、城乡建设、区域市场、生态环保"五个一体化"进展；三是发挥武汉龙头作用，明确各城市发展定位，发挥集成效应提升核心竞争力，努力使武汉城市圈在"两型社会"建设方面力争实现新的突破。

3.3　"两型"旗帜遍中华——首批低碳试点城市

2010年，我国为积极应对气候变化，决定首先在广东、湖北、辽宁、陕西、云南5省和天津、重庆、杭州、厦门、深圳、贵阳、南昌、保定8市开展国家低碳省区和低碳城市试点工作。试点地区以加快形成以低碳排放为特征的产业体系和消费模式为目标，努力建设成中国低碳发展的先行区和试验区，在应对气候变化方面发挥示范作用。低碳试点工作的开展，将能够帮助中国积累在不同地区推动低碳绿色发展的有益经验；探索如何在工业化、城镇化快速发展的阶段中，既发展经济、改善民生又积极应对气候变化、降低碳强度。

3.3.1 天津：调整产业结构，发展新型能源

天津市近年来，在推动经济快速发展的同时，高度重视转变发展方式，通过调整产业结构，大力开发新能源和可再生能源，狠抓节能降耗，以高端化、高质化、高新化为方向，推动产业向低碳转型。大力发展战略性新兴产业和低能耗产业，逐步形成了航空航天、新能源新材料、生物技术和现代医药等优势支柱产业；率先实行能评一票否决制，严格控制高耗能、高污染项目。据资料显示，近年来天津工业总产值年均增长22.9%，而同期能源消费标准煤总量年均增长仅10%；加快发展风能、太阳能、生物质能发电，不断提高替代能源发电在全市电力工业中的比重，初步形成以锂离子电池、太阳能电池、风力发电设备和地热能综合利用为主的新能源产业。2009年，全市单位GDP能耗比2005年下降20.1%，提前一年完成了"十一五"节能减排任务。

天津市充分发挥了国家相关优惠政策，研究制定促进城市低碳发展的科技、产业、税收、金融、价格等政策和措施，加快制造业结构调整，着力发展生物技术和现代医药、软件等低碳产业，构建延伸高端产业链条，努力培育知识产业、生产性服务业等高附加值、低能耗、低污染产业。加快能源结构调整，大力开发利用风能、太阳能、地热能、生物质能等非碳能源，减少对化石能源的消费依赖。

3.3.2 重庆：制定低碳策略，完善试点工作

重庆为了打造低碳城市，全市作了大规模的计划和工作。

首先，制定了应对气候变化路线图。2011年，民建重庆市委、民进重庆市委、九三学社重庆市委在市政协三届三次会议上联合提出《关于大力发展低碳经济的建议》，同时，重庆"十二五"应对气候变化和低碳经济发展专项规划也有望年底成稿，在该规划中，单位GDP二氧化碳排放强度，已作为约束性指标纳入重庆市"十二五"规划纲要。

其次，强力打造节能环保住房。在低碳城市建设中，重庆市已经有了一些硬性的标准和措施。例如，在住房建设领域，重庆市就先后推出了住房建筑节能标准，促使新建住房要实现节能、环保。所谓住房的节能环保，就是要把房子修得冬暖夏凉，降低房子在供暖、降温方面的能源消耗。我们由2011年重庆市修订

发布的《重庆市居住建筑节能 50% 设计标准》和《重庆市居住建筑节能 65% 设计标准》等举措，可以清楚地看到环保新居政策的落实。

最后，争取试点碳排放交易。2011 年 1 月，重庆市草拟了发展低碳经济的指导性意见和应对气候变化领域对外合作管理办法，鼓励和引导社会资本投入低碳经济，培育低碳市场，探索建立碳排放交易市场，鼓励银行对低碳企业和项目优先提供贷款。目前，这个交易市场的建立还处在探索阶段，等待国家批准。

3.3.3 杭州：规划长远蓝图，发挥民间优势

杭州市为打造低碳城市，出台了《关于建设低碳城市的决定》。由规定可知，计划到 2020 年，全市万元生产总值二氧化碳排放比 2005 年下降 50% 左右。这一指标比全国高 5~10 个百分点。而根据"六位一体"的总规划，各个方面之下还分别设立了具体目标，比如低碳经济方面，产业结构也将"低碳化"。到 2020 年，全市服务业增加值占生产总值的比重将达到 60% 以上；文化创意产业增加值占生产总值比重达到 18% 以上；高新技术产业增加值占工业增加值比重达到 35% 以上，打造一批二氧化碳"零排放"企业，低碳技术和低碳产品全面推广。低碳建筑方面的要求是全面完成既有建筑的节能改造，新建建筑要满足绿色建筑标准。低碳环境方面则要达到人均公园绿地面积 15 平方米，绿化覆盖率达到 40% 的目标等。

同时，杭州协同民营企业积极推动向低碳产业转型。钱江经济开发区，作为低碳产业推进的先驱，近年开始积极发展太阳能光伏、半导体照明、风力发电等低碳经济，聚集低碳产业集群，已经成为代表低碳经济未来走向的重要抓手之一。

除了政府采取一系列政策引导、财政出资、搭建，例如低碳经济开发区之类的平台以外，作为民营经济大省的浙江，其发展低碳经济过程中的一个鲜明特色就是民营经济和民间资本的撬动。"政府引导、企业主导"，正是杭州打造低碳城市的主要运作模式。据了解，杭州市还将成立"低碳城市（或经济）专项基金"，基金规模将会超过 6 000 万元，只要有好的项目，这些产业基金就会予以支持。

实际上，低碳经济商机早就已经成为浙江民间资本关注的新热点。浙商创投还设立了首个以低碳经济产业为投资方向的私募基金，总规模为 2 亿元。不仅在浙江，民营资本在低碳经济发展中发挥更大力量也已经成了全国范围内的一种趋势。

3.3.4 厦门：配置低碳体系，深化两岸合作

厦门在被列为国家低碳试点城市后，也在进行大力打造低碳城市的工作。首先，明确目标先行先试。厦门市"十二五"规划纲要中，明确把低碳发展理念融入经济社会发展全局，通过建设低碳试点城市，在切实提高人民生活品质的同时，促进产业升级和可持续发展。低碳城市试点工作重点包括完善低碳相关法规，深化对台低碳交流与合作，构建低碳化产业体系，优化能源结构，城市建设低碳化和提倡低碳生活与消费。

厦门低碳城市建设主要展现在四个方面：城市建设方面，对一批大型公共建筑进行节能改造，开工建设数百万平方米的绿色建筑，推广使用可再生能源，规划建设一个大型低碳示范城区；城市交通方面，倡导低碳交通，市政府将以前所未有的力度推出一批符合节能环保要求的新型公交车、出租车；产业发展方面，将对重点用能单位实施更严格的节能监管，对新引进的企业提出更高的节能环保标准，打造具有厦门特色的低碳产业园区；环境优化方面，将建设一批新的城市湿地公园，加大市区和城郊的绿化，争创国家森林城市和生态园林城市。此外厦门将土地出让和低碳指标进行捆绑，低碳指标包括精装修、可再生能源利用、绿色建筑、中水回用等，试点将率先在厦门岛外的集美新城开始，未来将扩展至全市。

其次，厦门坚持以低碳促科学发展。2010年3月，厦门市召开低碳城市试点工作会议，贯彻国家首批低碳城市试点工作精神。随后，12台电动轮胎式龙门起重机在厦门海沧港区18号泊位安装到位，标志着厦门港首个低碳节能型码头即将投产。同时，大力发展低碳交通，厦门城市轨道交通远景规划6条线路。11日厦门市举行了"十城千辆"新能源汽车示范运营启动仪式。预计到2012年，该市将在公交、公务、邮政等公共服务领域推广各类节能与新能源汽车共1 010辆。

最后，加强两岸低碳领域合作。厦门市提出在建设低碳试点城市过程中，深化对台低碳交流与合作，成为厦门迈向低碳城市的一大亮点。对台合作主要包括构建两岸低碳技术交流中心、构建两岸低碳产业合作基地、推进两岸低碳合作体制机制创新三大方面。低碳技术的发展需要依靠科技创新支撑。围绕建设低碳试点城市，厦门在《试点方案》中提出，第一要构建两岸低碳技术交流中心。加强两岸低碳技术交流与合作，积极推动技术引进，消化吸收再创新；第二要构建两岸低碳产业合作基地。充分利用台湾技术和资金优势，承接台湾平板显示、现代照明等低碳产业转移；第三要推进两岸低碳合作体制机制创新。建立两岸低碳发展合作促进机制、政策协调与创新性融资机制等，探索建立对台碳交易中心。

3.3.5 深圳：完成减排目标，推动重点领域

深圳市在2010年的万元GDP能耗预计由2005年的0.59吨标准煤下降到2010年末的0.51吨标准煤，超额完成"十一五"节能减排目标。深圳的低碳发展也"正在路上"，低碳化"方向"是战略性新兴产业，深圳市2011年本市生产总值突破1.1万亿元。而三次产业结构分别为0.1:47.2:52.7，第三产业的比重明显提高，产业结构调整成效明显。据了解，目前深圳的高新技术、金融、物流和文化四大产业比重超过60%，以高新技术产业、先进制造业、高端服务业为主体的现代产业体系日臻完善。而产业升级步伐加快，新能源、互联网、生物、新材料和创意文化等战略性新兴产业快速发展，也让深圳的低碳产业呈现良好发展态势。

对于深圳这样的人多地少的城市来说，建设"低碳城市"意义不言而喻。在深圳，高碳排放的重工业工厂难见踪影。深圳在生态、环境保护、产业方面的低碳基础非常好，像高新技术、金融业、物流业、文化产业都属于轻、小、新型的产业，碳排放都很低。此外，深圳又提出在未来打造生物、新能源、互联网这三大战略性新兴产业，这为深圳的低碳发展又增添一块"砝码"。深圳努力推广让更多的市民选择新能源汽车，目前，深圳的新能源汽车购车补贴很高，买一辆混合动力电动车最高补贴8万元，而一辆纯电动车最高补贴可达到12万元。

目前，新能源产业已被列为深圳未来重点振兴和发展的新兴产业。在深圳战略性新兴产业专项资金第一批扶持计划中，合计安排补助新能源产业项目47个，涉及项目单位35家，项目总投资约82亿元，产业项目建成投产后年新增产值270亿元。建设"低碳城市"，要发挥财政资金的引导作用，加大低碳发展投入，对于新能源"看得见、摸得着"的项目，政府将会提供相应的配套资助。

事实上，深圳的低碳成就并非一日形成。早在五六年前，深圳便利用特区立法权率先制定《深圳经济特区循环经济促进条例》，之后的《深圳经济特区建筑节能条例》《深圳市清洁生产审核办法》等一系列法规文件相继颁布实施。《深圳市节能中长期规划》《深圳市建筑节能发展专项规划》《深圳市工业能耗指引》等，推动深圳的经济向"低碳"方向转变。

深圳积极推动重点领域节能，对17家重点耗能企业实施了现场节能监察，主动帮助企业通过加强管理与技术进步节能降耗，减少碳排放。深圳同时还在公共机构重点用能单位进行节能改造试点示范，为了真正走上低碳之路，深圳采用"上大压小"的形式关停小火电。截至2010年，深圳已累计关停小火电机组112.14万千瓦，完成关停小火电机组76.5万千瓦的目标。同时，《深圳市低碳

发展中长期规划（2011～2020年）》提出，到2015年，深圳单位GDP碳排放比2005年下降30%以上。"十二五"期间，深圳将通过构建低碳绿色发展的政策法规体系、打造以低碳排放为特征的产业体系、倡导低碳绿色生活方式和消费模式等方式，让低碳之路走得更加顺畅。

3.3.6 贵阳：引导低碳理念，构建低碳城市

贵阳市建设低碳城市从改变城市居民的生活入手，建设城市低碳交通系统、绿色建筑体系，引导公众接受低碳生活方式与消费方式。2010年贵阳发布的《贵阳市低碳发展行动计划》提出，将通过广泛宣传和引导消费的经济政策，让市民形成低碳生活方式与消费模式，鼓励市民尽量选择公共交通、自行车、步行等低碳出行方式，引导市民实行住房节能装修。

作为西南地区主要交通枢纽，贵阳市将构建低碳城市交通系统，合理配置商业及公共服务设施，有效削减未来城市道路交通的能源需求和温室气体排放。实施"公交优先"发展战略，加大对公共交通的投入，加快建设城市轨道交通，以价格、费税等经济手段鼓励城市居民利用公共交通工具出行，加快建设和完善智能交通服务体系。同时，逐步推行并提高机动车尾气排放标准，严格汽车市场准入制度，实施机动车辆排污许可制度，加速淘汰污染严重的车辆和老旧车辆。鼓励生产、使用节能环保型车辆，鼓励交通运输工具使用液化天然气、醇类等清洁燃料。此外，贵阳还利用其"冬无严寒、夏无酷暑"的气候优势，大力建设低碳绿色建筑，在建筑中根据条件积极采用地热能、水热能、太阳能等可再生能源，努力降低建筑能耗。

3.3.7 南昌：促进生态文明，构筑科学格局

南昌将"生态立市，绿色发展"确定为发展的主导，以加强生态建设和环境保护为重点，促进生态文明建设，使生态资源成为城市的最大资源，环境品牌成为城市的第一品牌。据初步统计，南昌市工业能耗占全市总能耗的83%左右。南昌市传统产业以冶金和重化工业为主，城市要低碳，产业要先行，这是南昌打造低碳城市的前提。为此，南昌市按照"产业存量朝低碳改造，产业增量朝低碳发展"的思路，克服财力不足、搬迁难度大等困难，坚决实施了工业企业"退城进园"战略。通过连续七年整治，南昌市区40多家大中型企业均迁入工业园区，90多家各类违法排污企业被关停取缔，10多家重点工业企业通过了清洁生产审核验收，南钢、江氨、晨鸣纸业等企业一大批污染减排工程投入运行。工业企业的搬

迁换来的是清新的空气、蔚蓝的天空。2009 年,南昌市空气质量优良天数达到 348 天,空气质量优良率达到 93.99%,连续 4 年在中部省会城市中名列第一。

由于历史原因,南昌老城区规划不尽合理,人口密度过高带来的直接后果是城市交通拥堵,车辆尾气排放量大。为此,近年来,南昌市按照"一江两岸、南北两城、双核拥江"的大都市发展格局,拉开城市发展框架,科学构筑"组团式、网络状发展"的现代化大都市发展新格局。目前,城区面积已由 2000 年的 85 平方公里扩大到现在的 240 平方公里。为了给老百姓提供更加舒适、整洁的居住环境,从 2003 年开始,南昌投入 6 亿元巨资,对全市 490 条小街小巷进行了综合改造,总长度为 209 公里,改善了居民的居住环境。

为了提升城市环境质量,南昌市政府在近 10 年期间累计投资近 70 亿元,下大力气对城市路网、管网、电话和城市给水、排水和污水处理系统进行了改造。从休闲公园,到市民文化广场;从"八湖两河"整治,到园林城市打造;近年来,在政府的大力倡导下,低碳生活的理念已开始渗入到南昌市民生活的各个角落。

同时,作为全国"十城千辆"和"十城万盏"的试点城市,南昌还不断推进新能源公交车的使用和"绿色照明"工程。与普通公交车相比,新能源公交车能省油 30% 左右,在推动城市低碳化的过程中,南昌还在城市亮化中加入了绿色照明的新元素。到 2016 年,南昌将在城市道路、隧道、车站、体育场馆及广场等公共场所推广应用 10 万盏 LED 节能灯。

此外,南昌努力打造从"园林化"到"森林化"的城市碳汇体系。南昌市把"森林"作为现代城市的重要素因引入了城市建设和发展过程,围绕"点为绿色公园、线为绿色长廊、面为绿色板块"的思路,开展大规模植树造林绿化活动,对这一现代城市理念进行了全新的诠释和实践。

3.3.8 保定:引领低碳典范,深入全民意识

保定作为低碳城市的典范,还先后被命名为世界自然基金会低碳项目试点城市、国家可再生能源产业化基地、新能源国家高技术产业基地、国家新型工业化产业示范基地、国家太阳能综合应用科技示范城市和"十城万盏"半导体照明应用工程试点城市。

保定的低碳城市建设得益于该市"中国电谷"和"太阳能之城"建设取得的阶段性成果。2006 年初,保定市委、市政府审时度势地提出打造"中国电谷"的发展目标。这一目标的提出,迅速吸引了包括中国兵装、国电集团、中航集团等在内一批大型企业的产业项目。目前,"中国电谷"已拥有太阳能、风能及输

变电、蓄能设备制造骨干企业170多家，完整的产业体系初步形成。其中，英利绿色能源公司已经成为国内最大的具有完整产业链的太阳能光伏发电设备制造企业，中航惠腾公司成为亚洲最大的风电叶片生产企业。被国家科技部授予"国家可再生能源产业化基地"，被国家发改委授予"新能源产业国家高技术产业基地"，拥有太阳能光伏发电设备、风力发电设备两个国家实验室。

2008年，保定市政府向社会公布了《关于建设低碳城市的意见》，与此配套的《保定市低碳城市发展规划纲要（2008～2020年）》由清华大学公共管理学院与保定市发改委联合制定完毕。作为建设低碳城市的重点内容之一，保定提出3年建设"太阳能之城"的目标：在全市范围内引导、推广应用太阳能产品。此外，城市生态环境建设工程、办公大楼低碳化运行示范工程、低碳化社区示范工程、低碳化城市交通体系整合工程同步进行。截至2010年，保定市区建筑、园林、交通信号、景区等领域的太阳能改造已完成投资3.57亿元，一大批学校、医疗单位、三星级以上酒店自筹资金完成太阳能应用改造，建成的太阳能应用工程每年可节约2 100万度电，折标准煤6 720吨，减排二氧化碳1.7万吨。2008年，国内首个太阳能光伏大厦——电谷锦江国际酒店太阳能一体化项目并网发电。该酒店太阳能电池板安装并网容量0.3兆瓦，可替代104吨标准煤，减少二氧化碳排放量75.5吨，减少二氧化硫排放量2.3吨，减少烟尘排放量1.8吨。

传统的制造加工业到新兴的新能源产业，从培育、壮大低碳产业到低碳城市建设，保定经历了一个从不自觉到自觉、从陌生到不断深化认识的过程，一个由政府推动、企业实施、全社会共同参与的低碳发展格局正在保定逐步形成。保定在全市散发了几十万份"低碳城市家庭行为手册"，"城市低碳研究会"招募的"低碳志愿者"走进社区，告诉市民生活中应注意什么，怎样减少碳排放。政府引导采用节能的家庭照明方式、科学合理使用家用电器等。同时保定市也进行了低碳教育也在"从娃娃抓起"，低碳知识竞赛进社区、进课堂，光伏发电设备进学校等举措，"低碳"已成为保定市民明晰的意识。

第 4 章

我国"两型社会"总体建设标准及其指标体系

4.1 "两型社会"建设评价指标体系设计思路

衡量"两型社会"建设的标准,不仅应考虑其社会大系统各个组成部分(如资源、经济、社会、生态环境)的状况,而且应充分考虑其各组成部分之间的协调性和相互制约关系。因此,依据"两型社会"的核心内涵和"两型社会"基本理论,本书从经济发展、资源节约、环境友好、创新能力和社会和谐五个维度出发对"两型社会"的建设进行评价。

经济发展主要描述"两型社会"经济发展的总体状况,我们主要测量经济发展水平、经济发展动力和经济发展方式。经济发展作为"两型社会"建设的基础,能够反映一个国家或地区的总体发展水平,因此对经济发展的评价要成为整体评价的重点。资源节约和环境友好是"两型社会"的核心指标,加强资源的节约和环境的保护,增强可持续发展能力,关系到人民生活的质量和社会的总体发展。资源节约我们主要选取节约发展和节约潜力两个指标,节约发展反映"两型社会"的资源节约水平,节约潜力反映了从资源的回收再利用角度来实现经济社会的可持续发展的努力程度。环境友好我们主要测量与人民生活息息相关的居住环境与生态环境。创新能力反映了一个地区将知识转化为新产品、新工艺、新服务的能力。"两型社会"建设评价中的创新能力主要由以下要素构成：知识创造能力、知识流动能力、企业技术创新能力和创新环境。选取这些指标的原因是：创新是一个地区发展的不竭动力，是影响民族进步的灵魂和经济竞争的核心，真正要实现"两型社会"建设中各类排放物总量的减少，根本上还要依赖创新能力。社会和谐主要反映社会各方面关系利益协调的程度，我们主要从居民生活、社会公平和活力有序三方面进行指标的选取。社会和谐是我国社会主义建设的宏伟目标，对社会和谐的评价能够充分反映我国社会的发展情况，也是"两型社会"建设的最终目标，因此，对社会和谐水平的评价必须要纳入到"两型社会"的评价中。

4.2 "两型社会"建设评价指标体系设计原则

为了科学地评价"两型社会"建设情况，为国家、地区和部门的政策方针的制定提供准确可靠的依据，构建的"两型社会"评价指标体系应遵循以下原则：

（1）科学性原则。建立的指标体系应当充分反映和体现"两型社会"的内涵，从科学的角度系统而准确地理解和把握"两型社会"的实质，力求客观真实地反映经济、资源、环境、社会生活发展协调状况，以及发展水平、规模和速度，反映"两型社会"建设目标的真实构成。另外指标体系各指标间应不存在信息重叠，以免影响指标体系的准确性和科学性。

（2）系统性原则。"两型社会"评价指标体系应全面地反映其数量化的现象和概念，即能够对被数量化的对象做出一个完整的划分和全面的覆盖。如本次评价指标体系设计涵盖了经济发展、资源节约、环境友好、创新能力和社会和谐等多个方面。

（3）全面性原则。"两型社会"评价指标体系要求覆盖面广，能够全面综合地反映"两型社会"建设的各个方面。指标体系应当相对比较完备，即能够基本反映"两型社会"建设的主要方面。理论上，设置的指标越多、越全面，越能准确反映客观事物。如本次评价中，我们的指标体系共设置五层指标，从总目标层出发进行要素分解，逐层建立完整的评价指标体系。

（4）可测性原则。在构建"两型社会"评价指标体系时，数据的可获得性和指标量化的难易程度应该得到充分考虑。评价方法应采用定量与定性相结合的方式，对各指标尽可能量化，对一些难量化，又有重大意义的指标，可以用定性指标描述，并采用一定的量化方法与之相对应。此外，指标的计算方法应当明确,计算所需的数据应该比较容易获得和可靠。

(5) 动态性原则。建设"两型社会"是一个持续渐进的过程,所以建立指标体系要充分考虑系统的动态变化,使指标体系能够综合的反映"两型社会"建设过程中存在的问题、建设状况以及发展的趋势。

4.3 "两型社会"建设评价指标体系

表 4-1　　　　　　"两型社会"建设评价指标体系

一级指标	二级指标	三级指标	序号	具体指标及单位	指标类型
经济发展	发展水平	人均总量	1	人均 GDP（元）	
			2	人均财政收入（元）	
			3	人均全社会消费品零售额（元）	
		生产率及增长率	4	全社会劳动生产率（元/人）	
			5	全社会固定资产投资额（万元）	
	发展动力	对外开放程度	6	外贸依存度（%）	
		外国直接投资	7	实际利用外商直接投资额（万美元）	
		优先发展产业	8	"两型"产业增加值占 GDP 比重（%）	
	发展方式	产业结构	9	第一产业增加值占 GDP 的比重（%）	
			10	第二产业增加值占 GDP 的比重（%）	
			11	第三产业增加值占 GDP 的比重（%）	
			12	规模以上工业增加值占 GDP 的比重（%）	
		城乡结构	13	城镇化率（%）	
资源节约	节约发展	资源产出	14	资源产出率（%）	
		资源消耗	15	单位 GDP 能耗（吨标煤/万元）	☆
			16	单位 GDP 电耗（千瓦时/万元）	☆
			17	单位 GDP 水耗（吨/万元）	☆
	节约潜力	资源综合利用	18	三废综合利用产值占工业总产值比重（%）	
			19	工业固体废物综合利用率（%）	
			20	工业用水循环利用率（%）	
			21	城市生活污水再生率（%）	

续表

一级指标	二级指标	三级指标	序号	具体指标及单位	指标类型
资源节约	节约潜力	再生资源回收	22	废钢铁回收利用率（%）	
			23	废有色金属回收利用率（%）	
			24	废纸回收利用率（%）	
			25	废塑料回收利用率（%）	
环境友好	居住环境	住房与社区	26	住房保障率（%）	
			27	保障性住房建设计划完成率（%）	
			28	社区配套设施建设（%）	
			29	棚户区、城中村改造（%）	
		市政基础设施	30	城市公共供水覆盖率（%）	
			31	城市燃气普及率（%）	
			32	城市生活污水集中处理率（%）	
			33	城市生活垃圾无害化处理率（%）	
			34	互联网用户入户率（%）	
			35	城市集中供热率（%）	
		交通出行	36	公共交通出行分担率（%）	
			37	步行和自行车出行分担率（%）	
	生态环境	城市生态	38	森林覆盖率（%）	
			39	自然保护区覆盖率（%）	
		城市绿化	40	城市人均公园绿地面积（平方米/人）	
			41	建成区绿化覆盖率（%）	
			42	林荫路推广率（%）	
		环境质量	43	空气质量良好天数达标率（%）	
			44	功能区域噪声达标率（%）	
			45	城市水域功能区水质达标率（%）	
			46	二氧化硫排放强度（千克/万元）	☆
			47	环境保护投资占GDP比重（%）	

续表

一级指标	二级指标	三级指标	序号	具体指标及单位	指标类型
创新能力	知识创造	研究开发投入	48	高校及科研机构研究开发人员总量（人）	
			49	高校及科研机构研究开发人员增长率（%）	
			50	研究与试验发展（R&D）经费投入强度（%）	
			51	政府科技投入占 GDP 的比例（%）	
			52	每万人口中全时 R&D 人员数（人）	
			53	政府科技投入增长率（%）	
		专利	54	万人发明专利申请数（个）	
			55	发明专利申请增长率（%）	
			56	万人发明专利授权数（个）	
			57	发明专利授权增长率（%）	
	知识流动	科技合作	58	高校和科研院所来自企业资金占总科技经费的比重（%）	
			59	三种专利联合申请增长率（%）	
		技术转移	60	技术市场成交金额（万元）	
			61	技术引进成交金额（万元）	
	技术创新	企业研发投入	62	企业研究开发人员数（人）	
			63	企业研发投入占销售收入比例（%）	
			64	拥有技术中心或研究所的企业比例（%）	
		设计能力	65	实用新型专利申请数（个）	
			66	实用新型专利申请增长率（%）	
			67	外观设计专利申请数（个）	
			68	外观设计专利申请增长率（%）	
		技术改造能力	69	技术改造投入增长率（%）	
		创新产出	70	高新技术产业增加值占区内生产总值比重（%）	
	创新环境	创业水平	71	民营科技型企业增长率（%）	
			72	高新技术企业增长率（%）	
		劳动者素质	73	大专以上学历所占比重（%）	
		金融环境	74	企业技术改造获得银行贷款增长率（%）	

续表

一级指标	二级指标	三级指标	序号	具体指标及单位	指标类型
社会和谐	居民生活	收入水平	75	城市居民人均可支配收入（万元/人）	
			76	农村居民人均纯收入（万元/人）	
		居住水平	77	城市人均住宅建筑面积（平方米）	
			78	农村人均住房面积（平方米）	
		生活消费	79	居民消费水平（元）	
			80	恩格尔系数（%）	☆
	社会公平	贫富差距	81	基尼系数（%）	☆
			82	贫困率（%）	☆
			83	城乡居民收入比（%）	☆
		公共资源分配	84	万人拥有公共汽车数（辆）	
			85	万人拥有医院床位数（张/万人）	
			86	万人拥有公共图书馆图书数量（册/万人）	
			87	万人拥有卫生服务中心（站）数量（个/万人）	
			88	人均拥有公共体育设施用地面积（平方米/人）	
			89	人均拥有公益性文化设施用地面积（平方米/人）	
	活力有序	教育水平	90	科技教育经费占GDP的比重（%）	
			91	人均受教育年限（年）	
		就业水平	92	城镇登记失业率（%）	☆
			93	再就业率（%）	
			94	社会保障和就业支出占财政支出比例（%）	
		社会秩序	95	基本社会保险覆盖率（%）	
			96	道路事故死亡率（%）	☆
			97	刑事案件发生率（%）	☆

注：带"☆"的指标为逆指标，值越小越好；不带"☆"的指标为正指标，值越大越好。

4.4 "两型社会"建设评价指标体系解释

4.4.1 经济发展

经济发展作为"两型社会"建设的基础,能够反映一个国家或地区的总体发展水平,因此对经济发展的评价要成为整体评价的重点。在构建我国"两型社会"总体建设标准及其指标体系中,我们所选取的经济发展要素主要由发展水平、发展动力和发展方式三个方面构成。

4.4.1.1 发展水平

发展水平说明经济发展的总体状况,重点选取两类指标:一是人均总量指标,从国内生产总值、财政、消费等方面综合反映城市群经济实力。二是生产率及增长率指标,它是考核"两型社会"建设生产要素优化组合和配置效率的关键指标。

(1)人均总量。人均总量指标主要包括人均GDP、人均财政收入和人均全社会消费品零售额三个方面的指标。它是综合反映了一个国家或地区的经济发展实力、国家参与分配状况、零售市场变动情况和反映经济景气程度的重要指标。

人均GDP

指标解释:指报告期内所辖行政区域按常住人口(目前使用户籍人口)计算的GDP平均拥有量。

计算公式:人均GDP = GDP总量/年平均人口数

计量单位:元

资料来源:GDP来自统计部门核算数据;常住人口来自统计部门人口数据。

人均财政收入

指标解释:指报告期内国家财政参与社会产品分配所取得的收入与该国家的常住人口(目前使用户籍人口)的比值。

计量单位:元

资料来源:统计部门核算数据。

人均全社会消费品零售额

指标解释:指报告期内国民经济各行业直接售给城乡居民和社会集团的消费

品总额所得的收入与该国家的常住人口（目前使用户籍人口）的比值。

计量单位：元

资料来源：全社会消费品零售额来自统计部门核算数据；常住人口来自统计部门人口数据。

（2）生产率及增长率。生产率及增长率指标是考核"两型社会"建设生产要素优化组合和配置效率的关键指标。主要选取了全社会劳动生产率、全社会固定资产投资额作为考核指标。

全社会劳动生产率

指标解释：指报告期内 GDP 除以年平均就业人数。

计算公式：全社会劳动生产率 = GDP/年平均就业人数

计量单位：元/人

资料来源：GDP 来自统计部门核算数据；年平均就业人数来自统计部门劳资数据。

全社会固定资产投资额

指标解释：指货币表现的建造和购置固定资产活动的工作量。它反映了固定资产投资规模、速度、比例关系和使用方向，在一定程度上体现了当地经济发展水平和经济结构状况。

计量单位：万元

资料来源：统计部门核算数据。

4.4.1.2 发展动力

发展动力强调在"两型社会"建设中要以新型工业化为基础，通过科技创新，积极引进外资，改善投资环境，发展优势产业等途径来促进经济增长。主要选取了三类指标：一是对外开放程度方面；二是外国直接投资方面；三是优先发展产业方面。通过这三类指标来考核体现两型实验区特色和优势的产业发展状况。

（1）对外开放程度。实行对外开放政策是我国的一项基本国策，是追随世界经济发展趋势的客观选择，是建设"两型社会"的必然要求。为测度一个国家或地区的对外开放程度，主要选取了外贸依存度来作为开放度的评估和衡量指标，它是反映一个地区的对外贸易活动对该地区经济发展的影响和依赖程度的经济分析指标。

外贸依存度

指标解释：指报告期内进出口总额、出口额或进口额与国民生产总值或国内生产总值之比，是反映一个地区的对外贸易活动对该地区经济发展的影响和依赖程度的经济分析指标。

计算公式：外贸依存度 = 外贸总额/国内生产总值

计量单位：%

资料来源：统计部门统计公报。

（2）外国直接投资。外国直接投资指外国企业和经济组织或个人（包括华侨、港澳台胞以及我国在境外注册的企业）按我国有关政策、法规，用现汇、实物、技术等在我国境内开办外商独资企业、与我国境内的企业或经济组织共同举办中外合资经营企业、合作经营企业或合作开发资源的投资（包括外商投资收益的再投资），以及经政府有关部门批准的项目投资总额内企业从境外借入的资金。本评价中，我们主要选取实际利用外商直接投资金额这一指标来体现外国直接投资。

实际利用外商直接投资金额

指标解释：指报告期内我国各级政府、部门、企业和其他经济组织通过对外借款、吸收外商直接投资以及用其他方式筹措的境外现汇、设备、技术等。

计量单位：万美元

资料来源：统计部门对外贸易数据。

（3）优先发展产业。产业是一个国家经济发展的基础层面，产业的发展关系到国家和地区的经济发展命脉。具有"两型"特征的产业发展应当得到国家政府的大力支持，测度一个区域的优先发展产业，主要选取"两型"产业增加值占GDP比重作为考核指标。

"两型"产业增加值占 GDP 比重

指标解释：指报告期内符合"两型"产业分类规定的所有行业（企业）的增加值占 GDP 的比重。

计算公式："两型"产业增加值占 GDP 比重 = "两型"产业增加值/GDP × 100%

计量单位：%

资料来源：统计部门核算数据。

4.4.1.3 发展方式

发展方式说明经济发展中的投入产出关系，它是经济发展目标得以实现的路径与方式。改变经济发展方式内涵，以使经济运行行为更好地适应"两型社会"建设经济的发展，即要从根本上改变经济在产业结构和城乡结构等方面的发展。因此，我们从产业结构和城乡结构这两个方面来讨论。

（1）产业结构。产业结构是指各产业的构成及各产业之间的联系和比例关系。它主要考察"两型产业"的建设状况。我们主要选取了三大产业占 GDP 的比重和规模以上工业增加值占 GDP 的比重作为考核指标。拉动中国经济的三个产业中，大型工业企业在其中占有特殊的地位。因而"规模以上工业增加值占 GDP 的比重"可以很好地衡量大型工业企业在经济中的重要性。

第一产业增加值占 GDP 的比重

指标解释：指报告期内包括种植业、林业、畜牧业和渔业在内的农业的增加值在国内生产总值中所占的比重。

计算公式：第一产业增加值占 GDP 比重 = 第一产业增加值（万元）/国内生产总值（万元）×100%

计量单位：%

资料来源：统计部门核算数据。

第二产业增加值占 GDP 的比重

指标解释：指报告期内包括采矿业、制造业、电力、燃气及水的生产和供应业、建筑业等工业增加值在国内生产总值中所占的比重。

计算公式：第二产业增加值占 GDP 比重 = 第二产业增加值（万元）/国内生产总值（万元）×100%

计量单位：%

资料来源：统计部门核算数据。

第三产业增加值占 GDP 的比重

指标解释：指报告期内包括商业、金融、保险、旅游、信息、法律和会计审计咨询、居民服务等第三产业的增加值在国内生产总值中所占的比重。

计算公式：第三产业增加值占 GDP 比重 = 第三产业增加值（万元）/国内生产总值（万元）×100%

计量单位：%

资料来源：统计部门核算数据。

规模以上工业增加值占 GDP 的比重

指标解释：指年销售额大于 200 万元的工业企业或者国有企业的工业增加值在国内生产总值中所占的比重。

计算公式：规模以上工业增加值占 GDP 的比重 = 规模以上企业的（固定资产折旧 + 劳动者报酬 + 生产税净值 + 营业盈余）（万元）/内生产总值（万元）×100%

计量单位：%

资料来源：统计部门核算数据。

（2）城乡结构。城乡二元经济结构是以社会化大生产为主要特点的城市经济和以小生产为主要特点的农村经济并存的经济结构。这种城乡二元状态是我国经济结构存在的突出矛盾，也是影响我国"两型社会"建设发展的重要原因。我们主要选取了城镇化率作为考核指标。

城镇化率

指标解释：指报告期内一个国家或地区城镇人口占其总人口的百分比。

计算公式：城镇化率＝本地区城镇人口/本地区总人口

计量单位：%

资料来源：统计部门人口数据。

4.4.2 资源节约

资源节约型社会是"两型社会"内涵之一，因此，建立资源节约型社会指标评价体系，可以积极推动资源节约型社会的发展，解决经济增长方式的转变问题从而促进我国经济社会同资源环境的可持续发展。对于资源节约的评估，除考虑某地区的资源利用情况，还应考虑该地区未来资源节约的发展趋势及潜力，因此，本次研究的资源节约水平涵盖上述两个方面的指标，即资源节约发展与资源节约潜力。

4.4.2.1 节约发展

节约发展是资源节约的一个重要方面，它衡量了一个区域资源节约的系统结构和功能，其主要评价一个区域在评价期内构建资源节约型社会的总体水平和能力。节约发展主要包括了资源产出和资源消耗两个方面。

（1）资源产出。资源产出率是反映资源节约和"两型社会"建设情况的综合性指标。资源产出率的提高可直接说明资源利用效率的提高和污染排放的相应减少，提高资源产出效率是在同等资源消耗的情况下，尽可能多地产生效益。资源产出率越高，表明自然资源利用效益越好。

资源产出率

指标解释：指报告期内消耗一次资源（包括：煤、石油、铁矿石、十种有色金属矿、稀土矿、磷矿、硫矿、石灰石、沙石等）所产出的国内生产总值（按不变价计算）。

计算公式：资源产出率＝国内生产总值/一次资源消费总量

计量单位：%

资料来源：能源部门统计公报。

（2）资源消耗。资源消耗率指标主要描述单位产品或创造单位GDP所消耗的资源，该类指标反映了节约降耗，推进"减量化"，从源头上降低资源消耗的情况。指标的比率越低，表明发展经济、扩大生产规模的同时，对自然资源的使用成本越低。我们主要采用了单位 GDP 能耗、单位 GDP 水耗和单位 GDP 电耗作为考核指标。

单位 GDP 能耗

指标解释：指报告期内每产生单位 GDP 所消耗掉的能源。

能源消耗总量应计算消耗的全部能源，包括生产并使用的一次能源和外部输入的一次能源与二次能源的总和。要将各类能源换算成标准煤作为统一计量单位，其中输入电力的计算采用发电煤耗的计算方法。

计算公式：单位 GDP 能耗 = 能源消耗总量/GDP

计量单位：吨标煤/万元

资料来源：能源消费总量来自统计部门能源数据；GDP 来自统计部门核算数据。

单位 GDP 电耗

指标解释：指报告期内每产生单位 GDP 所消耗掉的电力资源。

计算公式：单位 GDP 电耗 = 总用电量/GDP

计量单位：千瓦时/万元

资料来源：总用电量来自电力部门统计公报；GDP 来自统计部门核算数据。

单位 GDP 水耗

指标解释：指报告期内每产生单位 GDP 所消耗掉的水资源。

计算公式：单位 GDP 水耗 = 总用水量/GDP

计量单位：吨/万元

资料来源：总用水量来自水利部门统计公报；GDP 来自统计部门核算数据。

4.4.2.2 节约潜力

节约潜力主要从资源的回收再利用角度来实现经济社会的可持续发展，以更好地构建资源节约型社会。我们主要选取了资源综合利用和再生资源回收两个方面的指标。

（1）资源综合利用。资源综合利用指标主要反映工业固体废物、工业废水、城市生活垃圾、农业秸秆等废物的资源化利用程度，体现了废物转化为资源，即"资源化"的成效。我们主要选取了三废综合利用产值占工业总产值比重、工业固体废物综合利用率、工业用水循环利用率和城市生活污水再生率作为考核指标。

三废综合利用产值占工业总产值比重

指标解释：指报告期内在生产过程中利用三废作为主要原料生产的产品价

值，占工业总产值的比重。

计算公式：三废综合利用产值占工业总产值比重＝三废综合利用产值/工业总产值×100%

计量单位：%

资料来源：环保部门统计公报。

工业固体废综合利用率

指标解释：指报告期内工业固体废物综合利用量占固体废物产生量的比重。

计算公式：工业固体废物综合利用率＝工业固体废物综合利用量/（工业固体废物产生量＋综合利用往年堆存量）×100%

计量单位：%

资料来源：环保部门统计公报。

工业用水循环利用率

指标解释：指报告期内工业循环用水量占工业用水总量的比重。

计算公式：工业用水循环利用率＝工业循环用水量/工业用水总量×100%

计量单位：%

资料来源：环保部门统计公报。

城市生活污水再生率

指标解释：指报告期内城市再生水量占城市生活污水总量的比重。

计算公式：城市生活污水再生率＝城市再生水量/城市生活污水总量×100%

计量单位：%

资料来源：环保部门统计公报。

（2）再生资源回收。再生资源回收利用指标主要反映传统的六大类废旧物资的回收利用状况，体现了节约使用资源、循环利用资源的要求。我们主要选取了废钢铁回收利用率、废有色金属回收利用率、废纸回收利用率和废塑料回收利用率作为考核指标。

废钢铁回收利用率

指标解释：指报告期内废钢铁回收利用量占生产量的比率。

计算公式：废钢铁回收利用率＝废钢回收利用量/钢铁生产量×100%

计量单位：%

资料来源：统计部门统计公报。

废有色金属回收利用率

指标解释：指报告期内废有色金属回收利用量占生产量的比率。

计算公式：废有色金属回收利用率＝废有色金属收利用量/有色金属生产量×100%

计量单位：%

资料来源：统计部门统计公报。

废纸回收利用率

指标解释：指报告期内废纸回收利用量占生产量的比率。

计算公式：废纸回收利用率＝废纸回收利用量/纸生产量×100%

计量单位：%

资料来源：统计部门统计公报。

废塑料回收利用率

指标解释：指报告期内废塑料回收利用量占生产量的比率。

计算公式：废塑料回收利用率＝废塑料回收利用量/塑料生产量×100%

计量单位：%

资料来源：统计部门统计公报。

4.4.3 环境友好

环境友好型社会重在建设和落实，其最终目的是建立一种生产和消费活动与自然生态系统相协调的可持续社会，因此对环境友好水平的评价应着重反映环境保护现状及对环境保护起到制约作用的经济发展力量。一个国家或地区的环境友好水平主要从居住环境和生态环境两个方面来反映。

4.4.3.1 居住环境

居住环境是人类工作劳动、生活居住、休息游乐和社会交往的空间场所。它着重研究人与环境之间的相互关系，强调把人类聚居作为一个整体，协调住房与社区、市政基础设施、交通出行和公共服务等各个方面，为"两型社会"建设提供一个良好的人类生存环境。

（1）住房与社区。住房与社区是人们衣食住行赖以生存的基础，也是衡量居民生活水平的重要方面。我们选取了住房保障率和保障性住房建设计划完成率两个定量指标，加上社区配套设施建设和棚户区、城中村改造两个定性指标来考核。

住房保障率

指标解释：指报告期内累计实施住房保障户数占累计已申请登记户数的百分比。

住房保障包括货币保障和住房实物保障。住房实物保障包括廉租住房、经济适用住房、公共租赁住房、限价商品住房。

计算公式：住房保障率＝已保障户数（户）/已申请登记应保障户数（户）×100%

计量单位：%

资料来源：住建部门统计公报。

保障性住房建设计划完成率

指标解释：指报告期内市区实际新开工保障性住房的套数占计划新开工保障性住房套数的百分比。

保障性住房包括廉租住房、经济适用住房、限价房、公共租赁住房。

计算公式：保障性住房建设计划完成率＝当年实际新开工保障性住房套数（套）/当年计划新开工各类保障性住房套数（套）×100%

计量单位：%

资料来源：住建部门统计公报。

社区配套设施建设（定性指标）

指标解释：指报告期内社区教育、医疗、体育、文化、便民服务、公厕等各类设施配套齐全。

计量单位：%

资料来源：民政部门、住建部门统计公报。

棚户区、城中村改造（定性指标）

指标解释：指报告期内建成区内基本消除棚户区，居民得到妥善安置，实施物业管理。制定城中村改造规划并有效实施。

计量单位：%

资料来源：住建部门统计公报。

（2）市政基础设施。市政基础设施是指城市道路、公共交通、供水、排水、燃气、热力、园林、环卫、污水处理、垃圾处理、防洪、地下公共设施及附属设施的土建、管道、设备安装工程。它是一个城市发展所需要具备的基础。我们选取了城市公共供水覆盖率、城市燃气普及率、城市生活污水集中处理率、城市生活垃圾无害化处理率、互联网用户入户率和城市集中供热率作为考核指标。

城市公共供水覆盖率

指标解释：指报告期内城市建成区公共用水人口占建成区人口的百分比。公共用水人口指使用城市供水管网供水的用户。

计算公式：城市公共供水覆盖率＝建成区公共用水人口/建成区人口×100%

计量单位：%

资料来源：水利部门统计公报。

城市燃气普及率

指标解释：指报告期内城市建成区使用煤气、液化气、天然气等用气人口占建成区人口的百分比。

计算公式：城市燃气普及率＝建成区用气人口/建成区人口×100%

计量单位：%

资料来源：住建部门统计公报。

城市生活污水集中处理率

指标解释：指报告期内城市市区经过城市污水处理厂二级或二级以上处理且达到排放标准的生活污水量占城市生活污水排放总量的百分比。

城市生活污水集中处理率高于全国平均值10%，污水收集管网配套完善，污水处理厂运行负荷率高于全国平均水平，污泥得到有效处置。

计算公式：城市生活污水集中处理率＝城市污水处理厂处理生活污水量/城市生活污水排放总量×100%

计量单位：%

资料来源：环保部门统计公报。

城市生活垃圾无害化处理率

指标解释：指报告期内无害化处理的城市市区生活垃圾数量占市区生活垃圾产生总量的百分比。

生活垃圾无害化处理率高于全国平均值20%，垃圾处理设施达到无害化等级评定Ⅱ级以上，运行安全。

计算公式：城市生活垃圾无害化处理率＝生活垃圾无害化处理量/生活垃圾产生总量×100%

计量单位：%

资料来源：环保部门统计公报。

互联网用户入户率

指标解释：指报告期内互联网用户数占总户数的百分比。

计算公式：互联网用户入户率＝互联网用户入户数/总户数×100%

计量单位：%

资料来源：统计部门服务业数据。

城市集中供热率

指标解释：城市集中供热率是指城市市区集中供热设备供热总容量占市区供热设备总容量的百分比。

城市集中供热率高于30%，符合考核标准，只考核北方采暖城市。

计算公式：城市集中供热率＝市区集中供热设备供热总容量（兆瓦）/市区供热设备供热总容量（兆瓦）×100%

计量单位：%

资料来源：城市环保部门收集、统计的各有关部门的数据。

(3) 交通出行。交通是随着人类生活和生产的需要而发展起来的，它是衡量居民生活水平的重要方面。我们主要选取了公共交通出行分担率与步行和自行车出行分担率两个指标来考核交通出行的优良程度。

公共交通出行分担率

指标解释：指使用公共交通出行的总人次占城市出行总人次的百分比。

计算公式：公共交通出行分担率 = 公共交通出行总人次（万人）/城市出行总人次（万人）×100%

计量单位：%

资料来源：城市交管部门、城市建设部门。

步行和自行车出行分担率

指标解释：指报告期内编制完成城市步行、自行车交通系统规划，并获得相应主管部门批准，严格实施，取得良好效果。

计算公式：步行和自行车出行分担率 = 步行和自行车出行总人次/城市出行总人次×100%

计量单位：%

资料来源：住建部门、交通部门统计公报。

4.4.3.2 生态环境

生态环境是指影响人类生存与发展的水资源、土地资源、生物资源以及气候资源数量与质量的总称，是关系到社会和经济持续发展的复合生态系统。我们应当从城市生态、城市绿化和环境质量三个方面来建设和维护一个良好的生态环境。

(1) 城市生态。城市生态主要描述了城市人类与周围生物和非生物环境的相互作用，是人类在改造和适应自然环境的基础上建立起来的特殊的人工生态。我们主要选取了森林覆盖率和自然保护区覆盖率来作为考核指标。

森林覆盖率

指标解释：指报告期内一个国家或地区森林面积占土地总面积的百分比。

计算公式：（有林地面积 + 大片灌木林面积 + "四旁"树与农田防护林带折算面积）/土地总面积×100%

计量单位：%

资料来源：林业部门统计公报。

自然保护区覆盖率

指标解释：指报告期内城市地区（含所辖县及县级市）所拥有的自然保护区含饮用水源一级保护区、风景名胜区、森林公园的总面积占城市地区（含所辖县及县级市）国土面积的百分比。

计算公式：自然保护区覆盖率＝（自然保护区、风景名胜区、森林公园面积之和）/城市地区国土面积×100%

计量单位：%

资料来源：林业部门统计公报。

（2）城市绿化。城市绿化是栽种植物以改善城市环境的活动。城市绿化作为城市生态系统中的还原组织城市生态系统具有受到外来干扰和破坏而恢复原状的能力，对于构建"两型社会"具有重大意义。因而我们选取了城市人均公园绿地面积建成区绿化覆盖率、林荫路推广率作为考核指标。

城市人均公园绿地面积

指标解释：指报告期内城市建成区各类公园绿地的总面积与建成区总人口的比例。

公园绿地包括城市综合公园、社区公园、专类公园、带状公园、街旁绿地。

计算公式：城市人均公园绿地面积＝建成区公园绿地面积/建成区总人口

计量单位：平方米/人

资料来源：住建部门统计公报。

建成区绿化覆盖率

指标解释：指报告期内城市建成区的绿化覆盖面积占建成区面积的百分比。

绿化覆盖面积是指城市中乔木、灌木、草坪等所有植被的垂直投影面积，乔木树冠下重叠的灌木和草本植物不能重复计算。

计算公式：建成区绿化覆盖率＝建成区绿化覆盖面积/建成区总面积×100%

计量单位：%

资料来源：林业部门统计公报。

林荫路推广率

指标解释：指报告期内城市达到林荫路标准的人行道、自行车道长度占人行道、自行车道总长度的百分比。

计算公式：林荫路推广率＝达到林荫路标准的人行道、自行车道长度/人行道、自行车道总长度×100%

计量单位：%

资料来源：住建部门统计公报。

（3）环境质量。环境质量一般是指在一个具体的环境内，环境的总体或环境的某些要素，对人群的生存和繁衍以及社会经济发展的适宜程度，是反映人类的具体要求而形成的对环境评定的一种概念。我们选取了空气质量良好天数达标率、功能区域噪声达标率、城市水域功能区水质达标率、二氧化硫排放总量和环境保护投资占 GDP 比重作为考核指标。

空气质量良好天数达标率

指标解释：指报告期内环境监测日报中空气质量达到优、良或二级以上标准的天数与总监测天数（全年为 365 天）之比。

计算公式：空气质量良好天数达标率 = 达到优、良或二级以上标准的天数/监测总天数 ×100%

计量单位：%

资料来源：环保部门统计公报

功能区域噪声达标率

指标解释：指报告期内城市功能区噪声监测点位噪声达到国家标准的比重。

计算公式：功能区域噪声达标率 = 噪声监测点位达标个数/噪声监测点位个数 ×100%

计量单位：%

资料来源：环保部门统计公报

城市水域功能区水质达标率

指标解释：指报告期内城市市区地表水认证断面和近岸海域认证点位监测结果按相应水体功能标准衡量，不同功能水域水质达标率的平均值。

沿海城市水域功能区水质达标率是地表水功能区水质达标率和近岸海域功能区水质达标率的加权平均；非沿海城市水域功能区水质达标率是指各地表水功能区水质达标率平均值。

计量单位：%

资料来源：水利部门统计公报。

二氧化硫排放强度（市州为削减率）

指标解释：指报告期内单位地区生产总值所产生的二氧化硫排放量（地区评价体系中该指标为二氧化硫排放总量削减率，报告期外排放的二氧化硫总量比基期削减的百分比）。

计算公式：二氧化硫排放总量削减率 =（1 − 报告期二氧化硫排放量/基期二氧化硫排放量）×100%

计量单位：%

资料来源：环境部门统计年报。

环境保护投资占 GDP 比重

指标解释：指报告期内环境保护投资占 GDP 比重。它结合国民总收入这一反映国家经济发展真实水平与环境保护投资的关系。

计算公式：环境保护投资占 GDP 比重 = 环境保护投资/地区 GDP 总量 × 100%

计量单位：%

资料来源：环境部门统计年报。

4.4.4 创新能力

创新能力为一个地区将知识转化为新产品、新工艺、新服务的能力。"两型社会"建设评价中的创新能力主要由以下要素构成：知识创造能力，即不断地创造新知识的能力；知识流动的能力，即利用全球一切可用知识的能力；企业技术创新能力，是指企业应用新知识推出新产品、新工艺的能力；创新的环境，是指为知识的产生、流动和应用所提供的环境。

4.4.4.1 知识创造

知识创造能力是一个地区技术创新的基础。创新是将知识转化为新产品、新工艺和新服务的过程，从而，没有知识就没有创新。在本评价中，知识主要是指直接服务于创新的科技知识，因为科技知识是创新所需知识的主体。因此，我们认为，知识创造能力取决于研究开发的投入水平和科技产出的水平。

(1) 研究开发投入。研究开发投入主要包括高校及科研机构研究开发人员数量以及政府科技投入经费。研究开发投入能够反映知识创造的程度，研究开发投入的越多，知识创造的能力越强。

高校及科研机构研究开发人员总量

指标解释：指报告期内高校及科研机构参与研究与试验发展项目研究、管理和辅助工作的人员，包括项目（课题）组人员和直接为项目（课题）活动提供服务的辅助人员。

计量单位：人

资料来源：统计部门科技数据。

高校及科研机构研究开发人员增长率

指标解释：指报告期内高校及科研机构研究开发人员总量比上年高校及科研机构研究开发人员总量的增长率。这一指标能够反映研究一个地区对于研究开发投入的潜力。

计算公式：高校及科研机构研究开发人员增长率 =（高校及科研机构当年研

究开发人员总量－高校及科研机构上年研究开发人员总量）/高校及科研机构上年研究开发人员总量×100%

计量单位：%

资料来源：统计部门科技数据。

研究与试验发展（R&D）经费投入强度

指标解释：指报告期内全社会研究与试验发展（R&D）经费支出与国内生产总值（GDP）之比。研究与试验发展（R&D）经费支出指统计年度内全社会实际用于基础研究、应用研究和试验发展的经费支出。包括实际用于研究和试验发展活动的人员劳务费、原材料费、固定资产构建费、管理费及其他费用支出。

计算公式：研究与试验发展（R&D）经费投入强度＝研究与试验发展（R&D）经费支出/GDP

计量单位：%

资料来源：统计部门科技数据；统计部门核算数据。

政府科技投入占 GDP 的比例

指标解释：指报告期内从各级政府部门获得的计划用于科技活动的经费占 GDP 的比例。

计算公式：政府科技投入占 GDP 的比例＝科学技术财政支出/地区生产总值×100%

计量单位：%

资料来源：统计部门科技数据和核算数据。

每万人口中全时 R&D 人员数

指标解释：指报告期内全社会每万人口中 R&D 全时人员（每年从事 R&D 活动累积工作时间占全部工作时间的 90% 及以上人员）工作量与非全时人员按实际工作时间折算成全时人员之和的数量。

计算公式：每万人口中全时 R&D 人员数＝R&D 人员折合全时人员数/年平均人口

计量单位：人

资料来源：统计部门科技数据；统计部门人口数据。

政府科技投入增长率

指标解释：指报告期内政府科技投入额比上年政府科技投入额的增长率。

计算公式：政府科技投入增长率＝（当年科学技术财政支出－上年科学技术财政支出）/上年科学技术财政支出×100%

计量单位：%

资料来源：统计部门科技数据。

（2）专利。专利是专利权的简称，是对发明人的发明创造经审查合格后，由专利局依据专利法授予发明人和设计人对该项发明创造享有的专有权。包括发明、实用新型和外观设计。反映拥有自主知识产权的科技和设计成果情况。由于发明专利是国际通行的反映拥有自主知识产权技术的核心指标，因此，在本评价中，我们主要选取发明专利申请数与授权数作为评价指标。

万人发明专利申请数

指标解释：专利法所称的发明分为产品发明（如机器、仪器、设备和用具等）和方法发明（制造方法）两大类。获得发明专利需要先进行申请，因此，一个地区万人发明专利申请的数量能够反映该地区对自主知识产权的创造能力。

计量单位：个

资料来源：知识产权部门统计公报。

发明专利申请增长率

指标解释：指报告期内发明专利申请数比上年发明专利申请数的增长率。

计算公式：发明专利申请增长率 =（当年发明专利申请数 - 上年发明专利申请数）/上年发明专利申请数 ×100%

计量单位：%

资料来源：知识产权部门统计公报。

万人发明专利授权数

指标解释：万人发明专利授权数是指每万人中经发明专利部门审查合格后，依据专利法授予申请人对申请项目专有权的专利申请数量。

计量单位：个

资料来源：知识产权部门统计公报。

发明专利授权增长率

指标解释：指报告期内发明专利授权数比上年发明专利授权数的增长率。

计算公式：发明专利授权增长率 =（当年发明专利批准数 - 上年发明专利批准数）/上年发明专利批准数 ×100%

计量单位：%

资料来源：知识产权部门统计公报。

4.4.4.2 知识流动

知识流动的水平反映了一个地区企业对知识需求的程度、对创新的冲动水平和知识流动基础设施的水平。只有知识的流动，一个地区才会有较强的将科技转化为创新的能力。按照这一思路，我们在知识流动中，主要考虑了科技合作和技术转移。

（1）科技合作。科技合作旨在促进知识在研究开发机构、企业、中介机构之间的有效流动。因此，在本评价中，科技合作由两个指标构成：高校和科研院所来自企业资金占总科技经费的比重、三种专利联合申请增长率。第一项指标是产学研合作的指标，第二项指标是直接面向创新的合作指标。

高校和科研院所来自企业资金占总科技经费的比重

指标解释：指报告期内高校和科研院所的科技经费中所含企业资金的比例，这一指标能够反映企业在科技发展中的作用，充分体现产学研合作的创新精神。

计算公式：高校和科研院所来自企业资金占总科技经费的比重 = 企业自筹/当年科技活动经费筹集总额 × 100%

计量单位：%

资料来源：统计部门教育和科技数据。

三种专利联合申请增长率

指标解释：专利包括发明、实用新型和外观设计三种。三种专利联合申请能够反映各项技术创新的合作成果，而三种专利联合申请增长率反映了一个地区创新合作的潜力。

计算公式：三种专利联合申请增长率 =（当年三种专利联合申请数 - 上年三种专利联合申请数）/上年三种专利联合申请数 × 100%

计量单位：%

资料来源：知识产权部门统计公报。

（2）技术转移。技术转移，又叫作科技成果转化，指技术从一个地方以某种形式转移到另一个地方。它包括国家之间的技术转移，也包括从技术生成部门（研究机构）向使用部门（企业和商业经营部门）的转移，也可以是使用部门之间的转移。本评价中，我们主要选取技术市场成交金额和技术引进成交金额两个指标。

技术市场成交金额

指标解释：指报告期内技术市场的合同成交额，即各类技术交易合同金额的总和。

计量单位：万元

资料来源：统计部门科技数据。

技术引进成交金额

指标解释：技术引进按照引进方式分类，主要包括技术转让、技术服务和技术咨询等。因此，技术引进成交金额主要指报告期内以上三项合同金额之和。

计算公式：技术引进成交金额 = 技术转让合同金额 + 技术服务合同金额 + 技术咨询合同金额

计量单位：万元

资料来源：统计部门科技数据。

4.4.4.3 技术创新

尽管高等学校、研究开发机构在知识创造中起着重要的源泉作用，但对于一个地区来说，企业是主体。因为企业直接地将新的技术转化为商品，企业直接面向市场，市场又通过企业有效地引导科技研究的方向。因此，一个地区的创新能力最核心的是企业的创新能力。我们从技术创新链条出发，从技术创新的投入、过程和产出的框架出发来系统评价企业总体的技术创新能力。以新产品产值作为企业创新能力产出的最重要指标。具体的指标构成如下：企业研发投入、设计能力、技术改造能力和创新产出。

（1）企业研发投入。企业的研发活动指企业运用不同知识去创造新的应用进行的系统的创造性的活动。通过研发活动，不仅能为企业创造新的价值，更能为全社会造福。因此，企业研发越来越受到企业内部高层管理人员的重视。对企业研发投入的评价是对企业技术创新能力评价的基础，在本评价中，企业研发水平可以从三方面来体现：企业研究开发人员数、企业研发投入占销售收入比例和拥有技术中心或研究所的企业比例。

企业研究开发人员数

指标解释：指报告期内企业员工中研究开发人员的数量，该指标用来反映企业投入科技活动人力的规模。

计量单位：人

资料来源：统计部门科技数据。

企业研发投入占销售收入比例

指标解释：指报告期内研究开发投入占销售收入的比例。

计算公式：研发投入占销售收入比例 = 当年科技活动经费支出总额/新产品销售收入 $\times 100\%$

计量单位：%

资料来源：统计部门科技数据。

拥有技术中心或研究所的企业比例

指标解释：指报告期内所有大中型企业中，拥有技术中心或研究所的企业所占的比例。

计算公式：拥有技术中心或研究所的企业比例 = 有科技活动的企业个数/大中型工业企业个数 $\times 100\%$

计量单位：%

资料来源：统计部门科技数据。

（2）设计能力。设计能力主要由实用新型专利申请和外观设计专利申请两项指标构成。在此用申请指标而不是授权指标主要是考虑到中国的专利从申请到授权的速度较慢，一般要经过几年的时间才能将一申请确定为可授权的专利，因此，我们以专利申请作为当前企业设计能力的代表。这种做法在国际上也是有先例的，用申请较能反映当期的设计能力。

实用新型专利申请数

指标解释：实用新型专利指对产品的形状、构造或者其结合所提出的适于实用的新的技术方案。反映具有一定技术含量的技术成果情况。

计量单位：个

资料来源：知识产权部门统计公报。

实用新型专利申请增长率

指标解释：指报告期内实用新型专利申请数比上年实用新型专利申请数的增长率。

计算公式：实用新型专利申请增长率＝(当年实用新型专利申请数－上年实用新型专利申请数)／上年实用新型专利申请数×100％

计量单位：％

资料来源：知识产权部门统计公报。

外观设计专利申请数

指标解释：外观设计专利指对产品的形状、图案、色彩或者其结合所作出的富有美感并适于工业上应用的新设计。反映拥有自主知识产权的外观设计成果情况。

计量单位：个

资料来源：知识产权部门统计公报。

外观设计专利申请增长率

指标解释：指当年外观设计专利申请数比上年外观设计专利申请数的增长率。

计算公式：实用新型专利申请增长率＝(当年实用新型专利申请数－上年实用新型专利申请数)／上年实用新型专利申请数×100％

计量单位：％

资料来源：知识产权部门统计公报。

（3）技术改造能力。技术改造是指企业为了提高经济效益、提高产品质量、增加花色品种、促进产品升级换代、扩大出口、降低成本、节约能耗、加强资源综合利用和三废治理、劳保安全等目的，采用先进的、适用的新技术、新工艺、新设备、新材料等对现有设施、生产工艺条件进行的改造。企业的技术改造能力能够反映该地区的生产能力。我们主要选取技术改造投入增长率代表企业的技术改造能力，之所以用增长率，是因为我们想评价该地区自主创新的潜力。

技术改造投入增长率

指标解释：指报告期内企业在技术改造方面投入的经费比上年在技术改造方面投入的经费的增长率。

计算公式：技术改造投入增长率 =（当年技术改造投入经费 – 上年技术改造投入经费）/上年技术改造投入经费×100%

计量单位：%

资料来源：统计部门统计公报。

（4）创新产出。企业创新产出的衡量非常关键，因为在某种程度上，一个地区的创新能力反映在企业的创新产出上。在此，我们选择高新技术产业增加值占地区内生产总值比重来代表创新产出。

高新技术产业增加值占地区内生产总值比重

指标解释：指报告期内高新技术产业增加值所占地区内生产总值比上年的增长率。

计算公式：高新技术产业增加值占地区内生产总值比重 =（当年高新技术产值 – 上年产新技术产值）/地区内生产总值×100%

计量单位：%

资料来源：统计部门科技数据。

4.4.4.4 创新环境

在一个给定的科技投入、给定的制度体系下，环境是决定一个地区创新能力的关键。所以，在市场经济体系的国家里，政府的主要作用是营造技术创新的氛围，而不是自己去从事或干预企业创新。由于技术创新环境涉及的因素较多，且是本评价考察的重点，因此我们从创业水平、劳动者素质、金融环境三个方面来描述创新环境。

（1）创业水平。创新与创业有着重要的联系。许多创新都是通过人们的创业实现的，同时，创业水平的高低是一个地区经济有没有活力的重要标志。我们用科技型企业的发展和高新技术企业的发展来表征创业水平。

民营科技型企业增长率

指标解释：指报告期内民营科技型企业数量比上年的增长率。

计算公式：民营科技型企业增长率 =（当年民营科技型企业数量 – 上年民营科技型企业数量）/上年民营科技型企业数量×100%

计量单位：%

资料来源：统计部门科技数据。

高新技术企业增长率

指标解释：指报告期内高新技术企业数量比上年的增长率。

计算公式：高新技术企业增长率=（当年高新技术企业数量－上年高新技术企业数量）／上年高新技术企业数量×100%

计量单位：%

资料来源：统计部门科技数据。

（2）劳动者素质。劳动者素质的高低是创新环境的另一个重要因素。劳动者素质高，企业就容易获得创新需要的人才，就可以创造出更多的市场机会。同时劳动者素质又是一个综合指标，我们用就业人口中大专以上学历所占比重来综合衡量一个地区的劳动者素质。

大专以上学历所占比重

指标解释：指报告期内高新技术企业数量比上年的增长率。

计算公式：高新技术企业增长率=（当年高新技术企业数量－上年高新技术企业数量）／上年高新技术企业数量×100%

计量单位：%

资料来源：统计部门科技数据。

（3）金融环境。技术和资金是决定创新成败的重要因素。几乎所有地区的企业都认为，资金的缺乏是制约技术创新的瓶颈。在给定技术和人才的情况下，资金就是起决定性作用的。因此，我们把金融环境作为一个地区创新环境的重要方面，主要的指标是技术改造获得银行贷款增长率。

企业技术改造获得银行贷款增长率

指标解释：指报告期内企业在技术改造的过程中获得银行贷款金额增长率。

计算公式：企业技术改造获得银行贷款增长率=（当年企业技术改造获得银行贷款金额－上年企业技术改造获得银行贷款金额）／上年企业技术改造获得银行贷款金额×100%

计量单位：%

资料来源：统计部门统计公报。

4.4.5 社会和谐

社会和谐作为一个地区发展的最终目标，可以体现地区社会综合发展程度，并体现"两型社会"建设中社会改革的动态。"两型社会"建设的目的不只是要节约资源、保护环境，在这基础上还要实现社会进步、人民生活水平和城市文明程度的提高。因此，本研究中，社会和谐的指标主要是与人民生活息息相关的，我们主要从居民生活、社会公平和活力有序三个方面进行评价。

4.4.5.1 居民生活

居民生活指标能够直接反映居民的生活水平，也是"两型社会"评价中与人民生活关系最密切的指标。只有生活稳定了，社会的和谐才有保证。本评价中，我们主要选取了收入水平、居住水平以及生活消费三项指标，旨在全方面地反映居民的生活水平。

（1）收入水平。居民收入水平是直接影响市场容量大小的重要因素。居民收入水平直接决定消费者购买力水平，收入水平高，则购买力强，反之则弱。本评价中，我们主要选取城市居民人均可支配收入和农村居民人均纯收入两项指标来分别反映城市和农村居民的收入水平。

城市居民人均可支配收入

指标解释：指报告期内城市家庭成员得到可用于最终消费支出和其他非义务性支出以及储蓄的总和，即居民家庭可以用来自由支配的收入。

计量单位：万元/人

资料来源：统计部门地调数据。

农村居民人均纯收入

指标解释：指报告期内农村住户当年从各个来源得到的总收入相应地扣除所发生的费用后的收入总和。

计量单位：万元/人

资料来源：统计部门农经数据。

（2）居住水平。居住水平能够反映居民的住房情况。我们以人均住宅面积来反映这一指标。

城市人均住宅建筑面积

指标解释：指报告期内按城市居住人口计算的平均每人拥有的住宅建筑面积。

计量单位：平方米

资料来源：统计部门人民生活数据。

农村人均住房面积

指标解释：指报告期内按农村居住人口计算的平均每人拥有的住宅建筑面积。

计量单位：平方米

资料来源：统计部门人民生活数据。

（3）生活消费。生活消费指常住住户在一定时期内对于货物和服务的全部最终消费支出。居民消费支出除了直接以货币形式购买的货物和服务的消费支出外，还包括以其他方式获得的货物和服务的消费支出，即所谓的虚拟消费支出。居民虚拟消费支出包括如下几种类型：单位以实物报酬及实物转移的形式提供给劳动者的货物和服务；住户生产并由本住户消费了的货物和服务，其中的服务仅指住户的自有住房服务；金融机构提供的金融媒介服务；保险公司提供的保险服务。本评价中，我们主要选取了以下两个指标：居民消费水平和恩格尔系数。

居民消费水平

指标解释：指报告期内居民在物质产品和劳务的消费过程中，对满足人们生存、发展和享受需要方面所达到的程度。通过消费的物质产品和劳务的数量和质量反映出来。

计量单位：元

资料来源：统计部门核算数据。

恩格尔系数

指标解释：指报告期内个人或家庭食物支出金额在消费性总支出金额中所占的比例。

计算公式：恩格尔系数＝居民食品支出总额/居民消费支出总额×100%

计量单位：%

资料来源：统计部门人民生活数据。

4.4.5.2 社会公平

社会和谐的另一个重要方面就是要保证社会公平。所谓社会公平就是社会各方面的利益关系得到妥善协调，人民内部矛盾和其他社会矛盾得到正确处理。而公平可以表现为权利公平、机会公平、规则公平、分配公平，但基本的、大量反映的还是物质利益方面的公平。因此，在本评价中，我们主要从两方面选取指标：贫富差距、公共资源分配。

（1）贫富差距。贫富差距悬殊一直以来都是我国经济社会的弊病。社会财富的分配不公，贫富的两极分化，都必将导致社会的不安定。因此，对贫富差距的评价是对社会和谐水平的有力量度，"两型社会"建设也应力求减小贫富差距，实现社会稳定发展。本评价中，我们选取了基尼系数、贫困率和城乡居民收入比对贫富差距进行评价。

基尼系数

指标解释：指报告期内在全部居民收入中，用于进行不平均分配的那部分收入占总收入的百分比。在 0 和 1 之间，是国际上用来综合考察居民内部收入分配差异状况的一个重要分析指标。

计量单位：%

资料来源：统计部门核算数据。

贫困率

指标解释：指报告期内乡村和城市贫困线以下人口占乡村或城市人口比重。

计量单位：%

资料来源：统计部门人口数据。

城乡居民收入比

指标解释：指报告期内城市人均可支配收入与农村人均纯收入之比。城乡居民收入比越大，城乡居民收入差距越大，人与人的和睦状况越不理想，社会和谐程度越低。它还可以间接反映第一产业与第二、第三产业居民收入的差距。

计算公式：城乡居民收入比 = 城镇居民家庭人均可支配收入/农民平均每人纯收入 × 100%

计量单位：%

资料来源：统计部门地调和农经数据。

（2）公共资源分配。公共资源指属于人类社会公有、公用的自然与社会资源，是人类社会经济发展共同所有的基础条件。公共资源为全民所有，因此，公共资源的分配应力求做到公平公正。本评价中，我们选取了公民拥有公共汽车、医院床位、公共图书馆图书、卫生服务中心（站）、公共体育设施用地、公益性文化设施用地这六个公共资源的数量为指标。

万人拥有公共汽车数

指标解释：指报告期内每万人中乘坐公共汽车的数量。

计算公式：万人拥有公共汽车数 = 非营业性民用车辆拥有量/总人口

计量单位：辆

资料来源：交通部门统计公报。

万人拥有医院床位数

指标解释：指报告期内市区每万人拥有的医院床位数，其中医院床位数指各级各类医院的固定实有床位。

计算公式：万人拥有医院床位数 = 市区各类医院床位总数（张）/市区人口（万人）

计量单位：张/万人

资料来源：社会保障部门统计公报。

万人拥有公共图书馆图书数量

指标解释：指报告期内市区每万人拥有的公共图书馆藏书量。

公共图书馆图书总藏量指图书馆已编目的古籍、图书、期刊和报纸的合订本、小册子、手稿以及缩微制品、录像带、录音带、光盘等视听文献资料数量总和。

计算公式：万人拥有公共图书馆图书数量＝公共图书馆藏书数量/市区人口

计量单位：册/万人

资料来源：文化部门统计公报。

万人拥有卫生服务中心（站）数量

指标解释：指报告期内市区中每万人拥有卫生服务机构的数量。

计算公式：万人拥有卫生服务中心（站）数量＝市区卫生服务中心（站）数量/市区人口

计量单位：个/万人

资料来源：社会保障部门统计公报。

人均拥有公共体育设施用地面积

指标解释：指报告期内市区每人所拥有的公共体育设施用地面积。

公共体育设施用地指城市规划中确定的体育用地，并已建成投入使用。

计算公式：人均拥有公共体育设施用地面积＝公共体育设施用地/市区人口

计量单位：平方米/人

资料来源：文化部门统计公报。

人均拥有公益性文化设施用地面积

指标解释：指报告期内市区每人拥有的公益性文化设施面积。

公益性文化设施指按照要求城市必须设置的图书馆、展览馆、博物馆、文化馆等设施。文化设施必须已建成投入使用，并按照相关要求对公众开放。

计算公式：人均拥有公益性文化设施用地面积＝公益性文化设施用地面积/市区人口

计量单位：平方米/人

资料来源：文化部门统计公报。

4.4.5.3 *活力有序*

所谓充满活力，就是能够使一切有利于社会进步的创造愿望得到尊重，创造活动得到支持，创造才能得到发挥，创造成果得到肯定。只有国家在政治、经济、文化等方面都充满活力，国家才能向前发展，社会才能和谐。而所谓有序，就是社会组织机制健全，社会管理完善，社会秩序良好，人民群众安居乐业，社会保持安定团结。针对活力有序，我们主要从三个方面进行评价：教育水平、就业水平和社会秩序。教育能够体现创新，就业能够体现稳定和谐，秩序能够体现社会管理和组织机制，因此，这三个指标能充分体现活力有序这一指标。

（1）教育水平。教育水平能够反映一个地区不竭的创造动力，通过教育能够为社会不断输送人才。在这个注重人才的时代，教育占据着举足轻重的地位。良好的教育水平也是社会和谐的原动力，只有全民素质提高了，整个社会才能更和谐。针对教育水平，我们选取了以下两个指标：科技教育经费占GDP的比重、人均受教育年限。

科技教育经费占GDP的比重

指标解释：指报告期内一个地区的科技教育经费在地区生产总值中的比重。

计算公式：科技教育经费占GDP的比重＝教育经费总支出/地区生产总值×100%

计量单位：%

资料来源：统计部门教育数据和核算数据。

人均受教育年限

指标解释：指报告期内人们平均接受教育的时间长度。

计量单位：年

资料来源：教育部门统计公报。

（2）就业水平。就业水平能够反映一个地区整体的就业状况，既能从一定程度上反映该地区的经济状况，更能体现社会的安定和谐。就业是劳动者的基本权利之一，也是取得收入和社会地位的前提。各地的统计资料都表明，一个失业率很高的地区也会是社会秩序较差的地区。可见良好的就业水平对社会和谐的重要性。本评价中，我们选取了城镇登记失业率、再就业率和社会保障和就业支出占财政支出比例三项指标。

城镇登记失业率

指标解释：指报告期内城镇登记失业人数占城镇从业人数和城镇登记失业人数总和的百分比。

计算公式：城镇登记失业率＝城镇登记失业人数/（城镇从业人数＋城镇登记失业人数）×100%

计量单位：%

资料来源：统计部门就业数据。

再就业率

指标解释：指再次就业人数占城镇登记失业人数的比例。

计算公式：再就业率＝再次就业人数/城镇登记失业人数×100%

计量单位：%

资料来源：统计部门就业数据。

社会保障和就业支出占财政支出比例

指标解释：指报告期内地区的财政支出中，对于社会保障和就业提供的支出所占的比例。

计算公式：社会保障和就业支出占财政支出比例＝社会保障和就业财政支出／一般预算支出合计×100%

计量单位：%

资料来源：社会保障部门统计公报。

（3）社会秩序。和谐社会必定是有秩序的社会。一个成功的社会都会采取使其成员和平共处的各种措施，而且也都会创建各种旨在增进社会单位内部的和谐与和平的制度，从而在全社会形成一种竞争有序、发展协调、生活安定的环境。我们提出构建和谐社会的目标，就是要协调各种矛盾，使之服从于整体目的，在保持社会稳定的条件下实现改革，有预见地、自觉地推动社会和个人的发展，指引并保证改革有计划、有目的、有秩序地持续前进。因此，社会秩序这个指标对于评价和谐社会非常重要，在本评价中我们选用了基本社会保险覆盖率、道路事故死亡率、刑事案件发生率三个评价指标。

基本社会保险覆盖率

指标解释：指报告期内已参加基本养老、基本医疗和失业保险的人数占政策规定应参加人数的比重。

已参加基本养老保险的人数指按照国家法律、法规和有关政策规定参加基本养老保险并在社保经办机构已经建立缴费记录档案的职工（含离退休人员）人数，包括中断缴费但未终止养老保险关系的职工人数，不包括只登记未建立缴费记录档案的人数。

已参加基本医疗保险人数指按国家有关规定参加基本医疗保险的人数，包括参加保险的职工人数和退休人员人数。

已参加失业保险人数指按照国家法律、法规和有关政策规定参加了失业保险的城镇企业事业单位的职工及地方政府规定参加失业保险的其他人员的人数。

计算公式：基本社会保险覆盖率＝（已参加失业保险人数＋已参加基本医疗保险人数＋已参加基本养老保险人数）／3／城镇人口数×100%

计量单位：%

资料来源：参保人数来自人力资源和社会保障部门统计年报；城镇人口来自统计部门人口数据。

道路事故死亡率

指标解释：指市区每年因道路交通事故死亡的人数与机动车保有量之比。

计算方法：道路事故死亡率＝交通事故死亡人数（人）/机动车保有量（万台车）×100%

计量单位：%

资料来源：城市公安部门。

刑事案件发生率

指标解释：指市区每年度依法侦查或确认的符合刑事案件构成标准的案件数占年平均人口百分比。

计算方法：参照公安部门计算方法。

计量单位：%

资料来源：城市公安部门。

4.5 "两型社会"建设评价指标体系权重设计方法

4.5.1 指标权重设计方法的介绍与比较

指标权重的合理与否很大程度上影响评价的科学性和准确性。为此，采取适当的方法保证指标体系权重分配的科学性和合理性显得至关重要。确定指标权重的方法有很多，从传统的分类来看，可分为主观赋权法、客观赋权法和组合赋权法三类。

主观赋权法，指评价者根据其主观判断来确定各指标权重的方法。其优点是专家可根据自身的经验和评价问题的实际情况，按指标重要程度合理有效地确定各指标权重排序，这样可以避免出现指标权重与实际重要程度相悖的情况。缺点是各指标权重的大小都取决于各个专家自身的知识结构和个人喜好。它虽然能很好地反映主观意愿，但欠缺客观性和稳定性。因此它一般只适用于收集困难和信息不能准确量化的评价中。常见的主观赋权法有专家咨询法和层次分析法等。

客观赋权法，指利用数理统计方法将各指标的指标值经过一定的分析计算处理而得到指标权重的一种方法。其优点是利用客观赋权法赋权，赋权的信息直接来源于客观数据，处理信息的过程是深入探讨各指标间的相互影响和联系，突出了各指标值的数学含义，使其客观性大大超过主观赋权法。缺点是其处理方法和过程过分依赖于客观数据，使赋权结果容易受到样本数据的影响，可能会出现所确定的权重与人的主观愿望或实际情况不相符的情况。常见的客观赋权法有变异系数法、嫡值法和主成分分析法等。

组合赋权法，指针对主客观赋权方法的优缺点，将两种方法的赋权结果进行合一化处理，从而来减小各类方法的缺点，突出其优点，使所赋指标权重达到主客观的统一。常见的组合赋权方法有乘法合成法和线性加权法。

以下我们分别详细地对几种主要的方法进行介绍。

（1）专家咨询法。专家咨询法又称德尔菲法，它运用匿名方式反复多次征询有关专家的意见和进行背靠背的交流，以充分发挥专家们的智慧、知识和经验，最后汇总得出一个能比较反映群体意志的预测结果。基本思路是：邀请一批对所研究问题有深刻认识的专家，让他们各自独立地对每个评价指标进行评判，然后对返回的结果进行归纳综合，定量统计分析后再寄给有关专家，每个成员收到一本问卷结果的复制件，看过结果后再请成员提出他们的方案，这样反复征询之后然后将专家意见集中起来直到得到大体上一致的指标权数。专家评判法简便易行，具有一定的科学性和实用性，可以使大家发表的意见较快收敛，参加者也易接受结论，具有一定程度综合意见的客观性。但是，专家评判法往往借助于专家的经验和分析判断能力对指标的重要性进行判断，因此专家选择的是否合理对权数确定结果的准确性影响很大。

（2）层次分析法。层次分析法（AHP）是由美国运筹学家、匹兹堡大学的萨迪教授 Satty 于 20 世纪 70 年代初提出的一种多目标决策分析方法，它是一种整理和综合人们主观判断的客观分析方法，也是一种定量与定性相结合的系统分析方法。基本思路是：把影响被评价对象的各种错综复杂的因素按照相互作用、影响及隶属关系划分成有序的阶梯层次结构。根据对一定客观现实的主观判断，相对于上一层的下一层次中的因素进行两两比较，然后经过数学计算及检验，获得最低层次相对于最高层次的相对重要性权数，并进行排序。这一方法计算简单，结果明了，特别是对于含有定性、非量化因素的决策或评价问题有独到之处，它适合于具有多层次结构的多目标决策问题或综合评价问题的权重确定和多指标决策的可行方案优劣排序。随着 AHP 法的进一步完善，利用 AHP 法进行主观赋权的方法将会更加完善，更加符合实际情况。

（3）主成分分析法。主成分分析法是用少数几个彼此不相关的新指标代替原来为数较多的彼此有一定相关关系的指标，同时又尽可能多地反映原来指标的信息量的一种多元统计分析方法。基本思路是：通过因子矩阵的旋转得到因子变量和原变量的关系，然后根据 m 个主成分的方差贡献率作为权重，给出一个综合评价值。就是从简化方差和协方差的结构来考虑降维，即在一定的约束条件下，把代表各原始变量的各坐标通过旋转而得到一组具有某种良好的方差性质的新变量，再从中选取前几个变量来代替原变量。该方法能有效地消除评价指标间相关关系的影响，有助于正确认识被评价对象的相对位置，而且进行综合评价所得的权重是伴随数学变换自动生成的，具有客观性。但因为同一评价对象在不同样本集合中的均值和离散程度不同，所以这种方法的综合评价结果不稳定，不便于评价资料的系列积累，而且主成分综合性太强，一般不宜界定其实际意义。

（4）熵值法。在信息论中，熵是对不确定性的一种度量。信息量越大，不确定性就越小，熵也就越小；信息量越小，不确定性越大，熵也越大。根据熵的特性，我们可以通过计算熵值来判断一个事件的随机性及无序程度，也可以用熵值来判断某个指标的离散程度，指标的离散程度越大，该指标对综合评价的影响越大。这样就充分利用了原始数据提供的信息，在实践中是一种简单可行的科学方法。熵值法就是利用信息论中信息熵来确定多指标决策问题各评价指标权重，其基本思路是：对多指标决策问题，从 m 个可行方案中选最优方案，取决于这 m 个可行方案的各个指标向决策者提供的决策信息，谁提供决策的确定信息量大，谁对决策做的贡献就大，从而该指标的权重值也就越大。因此，我们根据指标间的离散程度来确定指标权重，能够为"两型社会"建设的综合评价提供科学根据。

4.5.2 "两型社会"建设评价指标体系指标权重的确定

指标权数不同，综合评价和排序的结果就不同，因此，科学合理地确定指标权数是"两性社会"建设综合评价的关键环节。在本评价中，"两型社会"建设评价的指标体系具有多层次结构的特征，指标权数的确定包括二级评价指标对一级评价指标的权数、一级评价指标对总评价指标的权数的确定问题。而层次分析法对于解决具有多层次结构的综合评价问题的权重确定具有独到之处，因此，基于指标体系的复杂性和研究问题的专业性，并且综合主观赋权法和客观赋权法的优缺点，我们决定采用专家评判法与层次分析法相结合的方法确定指标的权数。具体操作步骤为：先采用专家评判法（德尔菲法）取得各位专家对"两型社会"建设评价指标体系中各指标的估价权数，再用层次分析法对专家的估价权数进行汇总及检验取得指标的权数。

具体步骤如下：
（1）专家评判法收集估价权数资料。
①根据评价目的和评价内容确定问卷发放部门、专家。专家应该精通业务、熟悉评价工作内容和评价对象的特点，有真才实学，有工作经验，有客观判断能力，对评价工作认真、负责、热情。
②拟定调查表，收集权数资料。调查表的设计直接关系到评价指标权数资料收集的科学性和客观性，为避免专家判断赋值自相矛盾和保持前后一致性并

便于综合,在设计问卷时,要求每个指标的权重系数取值范围为[0,1],各一级指标的权重系数之和应等于1,每个一级指标中各二级指标的权重系数之和应等于1。

(2)层次分析法汇总确定指标权数。

①构建层次框架。首先,进行系统分析,把复杂问题分解为元素组成的各个部分,使这些元素按属性不同分成若干组以形成不同层次。我们可以把"两型社会"建设评价这个总指标看作目标层,总指标下的一级指标作为指标层,一级指标下的二级指标作为分指标层。

②构建两两比较判断矩阵。层次框架建立后,上下层次之间元素的隶属关系就被确定了,接下来的重要工作是确定判断矩阵。首先构造最高目标层下各一级指标的判断矩阵,然后构造某一级指标与下一层次有关二级指标之间的判断矩阵。AHP法通过指标的两两比较,判断其相对重要性,并利用标度使这一重要性定量化。T. L. Satty 使用1~9的比例标度衡量其关系。Satty 标度的含义见表4-2。全部指标成对比较后形成判断矩阵。

表4-2 两两比较1~9比例标度法标度

标度 b_{ij}	b_i 与 b_j 比较
1	b_i 比 b_j 同等重要
3	b_i 比 b_j 稍微重要
5	b_i 比 b_j 明显重要
7	b_i 比 b_j 非常重要
9	b_i 比 b_j 极端重要
2,4,6,8	为上述两相邻判断的中间值
倒数	因素 i 与 j 比较的判 w_{ij},则因素 j 与 i 比较的判 $w_{ji}=1/w_{ij}$

通过问卷调查得到的专家估价权数的取值范围为[0,1],不符合1~9的比例标度法,因此需要对各专家确定的估价权数乘以9进行转换。

若因素 i 与因素 j 比较得 b_{ij},则因素 j 与因素 i 比较得 $1/b_{ij}$。

设评价指标体系包括 n 个指标,参评专家有 S 人,根据标度转换后每个专家对 n 个指标的估价权数构造判断矩阵,即

$$B^K = \begin{bmatrix} b_{11}^K & b_{12}^K & \cdots & b_{1n}^K \\ b_{21}^K & b_{22}^K & \cdots & b_{2n}^K \\ \vdots & \vdots & & \vdots \\ b_{n1}^K & b_{n2}^K & \cdots & b_{nn}^K \end{bmatrix} \quad (K=1,2,\cdots,S)$$

③计算各指标的权重值。层次分析法的原理表明，判断矩阵 B^K 的最大特征根所对应的特征向量就是各指标的权数向量。将判断矩阵 B^K 中的元素按行相乘，乘积记作 $M_i^k = \prod_{j=1}^n b_{ij}^k$ $(i = 1, 2, \cdots, n)$；再将这些乘积开 n 次方根，即 $w_i^{k'} = \sqrt[n]{M_i^k}(i = 1, 2, \cdots, n)$；最后对所有得到的元素 $w_i^{k'}$ 进行归一化计算，得到权重 $w_i^k = \dfrac{w_i^{k'}}{n}$，其中，$\sum_{i=1}^n w_i^{k'} = 1$，则 $w_i^k(i = 1, 2, \cdots, n)$ 构成系数向量，这也是各元素的相对权数值。

④进行一致性检验。

第一步：计算判断矩阵 B^K 的最大特征根

$$\lambda_{max}^k = \frac{1}{n}\sum_{i=1}^n \frac{(B^K W^K)_i}{w_i^k}$$

其中，$W^K = (w_1^k, w_2^k, \cdots, w_n^k)'$ 为权数向量；$(A^K W^K)_i$ 为向量 $A^K W^K$ 的第 i 个元素。

第二步：计算衡量判断矩阵 B^K 偏离一致性指标

$$CI = \frac{\lambda_{max}^k - n}{n - 1}$$

第三步：计算随机一致性比率

$$CR = \frac{CI}{RI}$$

RI 为随机一致性指标，见表 4 – 3。若 $CR \leq 0.10$，则一般认为 B^K 具有满意的一致性；若 $CR > 0.10$，则意味着结果是不可信的。

表 4 – 3　　　　　　随机一致性指标表

维数 n	1	2	3	4	5	6	7	8	9	10
RI	0.00	0.00	0.52	0.89	1.12	1.26	1.36	1.41	1.46	1.49

⑤综合各专家的指标权数。计算同一层次上各指标的综合权数

$$w_i = \frac{\sum_{k=1}^s w_i^k}{s} \quad (i = 1, 2, \cdots, n)$$

运用专家评判法与层次分析法相结合确定的"两型社会"建设评价实证应用精简指标体系各指标的权数如表 4 – 4 所示。

4.6 "两型社会"建设评价实证应用精简指标体系

4.6.1 "两型社会"建设评价实证应用精简指标体系选取原则

"两型社会"建设评价实证应用指标体系首先应划分为经济发展、资源节约、环境友好、创新能力、社会和谐五大评价模块。在实证研究中,由于可供选择的评价指标很多,我们不可能把"两型社会"建设评价指标体系中的所有指标都纳入到实证应用指标体系中,为此实证应用指标体系的设计应遵循以下原则。

(1)简洁性原则。"两型社会"建设评价指标体系中指标众多,我们不可能选择所有的指标进行实证分析,因此,我们选择的指标力求简洁,使用尽量少的指标尽可能准确地反映出实际情况。

(2)代表性原则。"两型社会"建设评价指标体系内涵丰富,我们在进行实证分析时要选择具有代表性的少量指标,这些指标应该能够准确地反映"两型社会"建设各个领域的内涵和各方面特征。

(3)可比性原则。"两型社会"评价指体系应具有纵向和横向的可比性,纵向可比性主要体现在时间序列上的比较,说明"两型社会"的进程与发展速度;横向可比性主要指构建的指标体系要尽量能反应各个地区"两型社会"建设情况使其能够说明地区之间的差异。因此,在构建指标体系时,需要选取含义明确、口径一致的统计指标,采用合理的处理方法,得出明确的统计结果,使其具有纵向和横向的可比性。

(4)可行性原则。"两型社会"建设评价实证应用指标体系中的指标应具有可操作性,定性指标也应有一定的量化手段与之相对应,定量指标均可通过国家统计部门发布的数据直接或间接进行计算。在设计指标体系时,应尽可能减少难以量化或定性指标的数量。

4.6.2 "两型社会"建设评价实证应用精简指标体系

根据"两型社会"建设评价实证应用精简指标体系设计的各项原则,我们得到5个一级指标并筛选出30个二级指标,作为"两型社会"建设的实证应用指标,并由层次分析法计算出各一级指标和各二级指标的权重,如表4-4所示。

表4-4　"两型社会"建设评价实证应用精简指标体系

一级指标	序号	二级指标	指标类型	一级权重	二级权重
经济发展	1	A1 人均GDP（元）	正	0.1	0.25
	2	A2 全社会劳动生产率（元/人）	正		0.2
	3	A3 全社会固定资产投资额占GDP比重（%）	正		0.1
	4	A4 第三产业增加值占GDP的比重（%）	正		0.25
	5	A5 城镇化率（%）	正		0.2
资源节约	6	B1 单位GDP能耗（吨标煤/万元）	逆	0.3	0.3
	7	B2 单位GDP电耗（千瓦时/万元）	逆		0.2
	8	B3 单位GDP水耗（吨/万元）	逆		0.2
	9	B4 三废综合利用产值占工业总产值比重（%）	正		0.2
	10	B5 工业固体废物综合利用率（%）	正		0.1
环境友好	11	C1 城市生活污水集中处理率（%）	正	0.3	0.15
	12	C3 互联网用户入户率（%）	正		0.1
	13	C4 城市人均公园绿地面积（平方米）	正		0.1
	14	C5 建成区绿化覆盖率（%）	正		0.2
	15	C6 空气质量良好天数达标率（%）	正		0.1
	16	C7 功能区域噪声达标率（%）	正		0.1
	17	C8 二氧化硫排放强度（千克/万元）	逆		0.15
	18	C9 环境保护投资占GDP比重（%）	正		0.1
创新能力	19	D1 研究与试验发展（R&D）经费投入强度（%）	正	0.15	0.2
	20	D2 政府科技投入占GDP的比例（%）	正		0.1
	21	D3 每万人口中全时R&D人员数（人）	正		0.1
	22	D4 万人发明专利申请权数（个/万人）	正		0.2
	23	D5 拥有技术中心或研究所的企业比例（%）	正		0.2
	24	D6 高新技术产业增加值占地区内生产总值比率（%）	正		0.2
社会和谐	25	E1 城市居民人均可支配收入（万元/人）	正	0.15	0.15
	26	E2 农村居民人均纯收入（万元/人）	正		0.15
	27	E3 恩格尔系数（%）	逆		0.2
	28	E4 万人拥有医院床位数（张/万人）	正		0.15
	29	E5 科技教育经费占GDP的比重（%）	正		0.2
	30	E6 城镇登记失业率（%）	逆		0.15

注：各指标的指标解释已标。

4.6.3 "两型社会"建设评价实证应用精简指标体系目标值的确定

4.6.3.1 目标值的确定原则

为客观评价"两型社会"建设效果，便于和实际对比，需确定各指标的目标值，指标目标值的确定需要把握以下三项原则。

（1）既要与国际标准对接，又要体现中国国情。已有国家标准或国际标准的指标，尽量采用规定的标准值。例如单位 GDP 的能耗指标等均颁布了国家标准，在拟定目标值时应首先将国家标准作为第一阶段的目标值，从而树立试验区在全国的示范形象。

（2）既要有前瞻性，又不要离开现实基础和建设条件的现实指标。在有前瞻性的基础上，考虑指标的动态发展性，将目标值进行阶段性的研究和适度调整，先把达到发展中国家平均水平值列为第一阶段目标，然后再向高水平看齐。

（3）使用科学的统计方法进行必要的统计推算。实验区建设既要有一般意义上的"两型社会"要求，同时又要具有自己的特色和创新探索。在针对反映"两型社会"试验区特色指标的目标值设计时，由于有的指标已经明显高于先进城市，有的指标可能没有现成可比的数据，在设定目标值时要运用统计方法（如趋势外推法）进行科学推算。

4.6.3.2 "两型社会"建设目标值的确定

为了对全国的"两型社会"建设情况进行综合评价，我们选取有代表性的 9 个省，为此我们根据以上目标值确定的三个原则确定了"两型社会"建设评价实证应用的目标值，如表 4-5 所示。

表 4-5　"两型社会"建设评价实证应用指标体系目标值

一级指标	序号	二级指标	目标值（2020 年）	指标类型
经济发展	1	A1 人均 GDP（元）	82 122	正
	2	A2 全社会劳动生产率（元/人）	100 000	正
	3	A3 全社会固定资产投资额占 GDP 比重（%）	60%	正
	4	A4 第三产业增加值占 GDP 的比重（%）	65%	正
	5	A5 城镇化率（%）	80%	正

续表

一级指标	序号	二级指标	目标值（2020年）	指标类型
资源节约	6	B1 单位 GDP 能耗（吨标煤/万元）	0.5	逆
	7	B2 单位 GDP 电耗（千瓦时/万元）	800	逆
	8	B3 单位 GDP 水耗（吨/万元）	0.8	逆
	9	B4 三废综合利用产值占工业总产值比重（%）	2	正
	10	B5 工业固体废物综合利用率（%）	95	正
环境友好	11	C1 城市生活污水集中处理率（%）	100	正
	12	C2 互联网用户入户率（%）	75	正
	13	C3 城市人均公园绿地面积（平方米）	20	正
	14	C4 建成区绿化覆盖率（%）	58	正
	15	C5 空气质量良好天数达标率（%）	95	正
	16	C6 功能区域噪声达标率（%）	90	正
	17	C7 二氧化硫排放强度（千克/万元）	4	逆
	18	C8 环境保护投资占 GDP 比重（%）	3	正
创新能力	19	D1 研究与试验发展（R&D）经费投入强度（%）	4	正
	20	D2 政府科技投入占 GDP 的比例（%）	0.5	正
	21	D3 每万人口中全时 R&D 人员数（人）	50	正
	22	D4 万人发明专利申请权数（个/万人）	500	正
	23	D5 拥有技术中心或研究所的企业比例（%）	80	正
	24	D6 高新技术产业增加值占地区内生产总值比率（%）	30	正
社会和谐	25	E1 城市居民人均可支配收入（万元/人）	6	正
	26	E2 农村居民人均纯收入（万元/人）	4	正
	27	E3 恩格尔系数（%）	30	逆
	28	E4 万人拥有医院床位数（张/万人）	90	正
	29	E5 科技教育经费占 GDP 的比重（%）	4	正
	30	E6 城镇登记失业率（%）	3	逆

注：各指标目标值的具体来源见附录。

4.6.4 "两型社会"建设评价实证应用精简指标体系评价方法

4.6.4.1 综合指数法的介绍

综合指数法是指在确定一套合理的评价指标体系的基础上,利用标准值计算出各项指标的个体指数,再对各项指标的个体指数加权平均,计算出研究对象的总体综合指数,并借此对其进行综合评价的一种方法。其基本思想是,将各指标的观测值通过统计学处理,使不同计量性质和单位的指标观测值标准化,得到各指标的个体指数,最后利用事先设定的各指标权重加权平均,将各指标的个体指数转化成一个综合指数,以准确地评价研究对象的综合水平。如果综合指数值越大,则说明研究对象的效果越好;反之则越低。其适用范围在于,各指标的指标值是确定明确的观测数值,而不是模糊定性的数据,指标多少不限,这样利用综合指数法做出的综合评价效果即良好有效,又直观易懂。

4.6.4.2 综合指数法的应用

(1)指标观测值的有序化处理,及个体指数的计算。指标按其性质分为正指标、逆指标。不同性质的指标其计算方法是有差异的。

正指标计算公式为:

$$l_{ji} = \frac{x_{ji}}{E_{ji}} \quad \text{当 } x_{ji} > E_{ji} \text{时,} l_{ji} = 1 \tag{4-1}$$

逆指标计算公式为:

$$l_{ji} = \frac{E_{ji}}{x_{ji}} \quad \text{当 } x_{ji} > E_{ji} \text{时,} l_{ji} = 1 \tag{4-2}$$

(2)综合指数的归一化算法:

$$L = \sum l_{ji} w_{ji}$$

本书由于所选指标的数据都为确定的观测数据,不是模糊定性的数据,因此选用虽然算法简单,但是综合指数法对"两型社会"建设进行分析效果是较好的。在选用综合指数法对长株潭城市群"两型社会"建设进行综合评价时,首先将各项"两型社会"评价指标转化为同度量的个体指数 l_{ji},然后用求得的权重

w_{ji},及公式 $l_j = \sum_{i=1}^{n} l_{ji} w_{ji}$,得到每个一级指标的综合指数 l_j 最后将每个一级指标的综合指数相加得到"两型社会"的综合指数 $L = \sum_{j=1}^{m} l_j$。

4.6.4.3 总得分标准分级。

参照国内外各种综合指数的分级标准,并依据指数的最高值、平均值、最低值作为分级评价的基础,设计了四档分级标准,具体如下:

Ⅰ 0.90~1.00:"两型社会"水平很高;
Ⅱ 0.70~0.89:"两型社会"水平较高;
Ⅲ 0.50~0.69:"两型社会"水平一般;
Ⅳ 0.49~0.00:"两型社会"水平较低。

4.7 我国典型省份"两型社会"建设评价实证研究

4.7.1 我国典型省份"两型社会"建设评价的指标数据来源

自改革开放以来,东部沿海省份发展迅猛,并迅速辐射全国,为促进区域协调发展,2011年8月国家发改委分设广东、湖北、辽宁、陕西、云南为低碳省试点和天津、重庆、杭州、厦门、深圳、贵阳、南昌、保定为低碳城市试点,国务院于2007年6月批准成都市为全国统筹城乡综合配套改革试验区、2007年底批准湖南省长株潭城市群为全国"两型社会"建设综合配套改革试验区。经过大量资料的查阅和实地走访调查,分别选取东部省份:辽宁、山东、江苏、浙江,中部省份:湖南、湖北,西部省份:贵州、四川、云南九省2006~2012年30个指标数据,本书所采用数据有两种来源,说明如下:

(1)直接取自中央和地区2006~2012年综合统计年鉴与专业统计年鉴,如:A1、B5、C1、C3、C4、C5、E1、E2、E4、E6。

(2)将中央和地区2006~2010年综合统计年鉴与专业统计年鉴上的统计数据进行加工处理,如:A2、A3、A4、A5、B1、B2、B3、B4、C2、C6、C7、C8、D1、D2、D3、D4、D5、D6、E3、E5。其中有个别指标在年份上有缺失,采用移动平均法对缺失值进行预估。

4.7.2 我国典型省份"两型社会"建设综合评价

(1) 各省 2006~2012 年"两型社会"总指标比较（见表 4-6 和图 4-1）。

表 4-6　　　各省 2006~2012 年"两型社会"总指标得分

	2006 年	2008 年	2010 年	2012 年
江苏	0.4927	0.5687（15.43%）	0.6286（10.53%）	0.6976（10.98%）
浙江	0.498	0.5454（9.52%）	0.5958（9.25%）	0.6488（8.9%）
山东	0.4677	0.52（11.18%）	0.5587（7.44%）	0.6332（13.33%）
辽宁	0.4078	0.4795（17.58%）	0.5424（13.12%）	0.5841（7.69%）
湖北	0.4019	0.4539（12.94%）	0.4898（7.91%）	0.5631（14.97%）
湖南	0.3897	0.4396（12.8%）	0.5117（16.4%）	0.5588（9.2%）
四川	0.4306	0.4565（6.01%）	0.492（7.78%）	0.5543（12.66%）
云南	0.3992	0.4335（8.59%）	0.463（6.8%）	0.5363（15.83%）
贵州	0.3658	0.3709（13.94%）	0.4058（9.4%）	0.4502（10.94%）

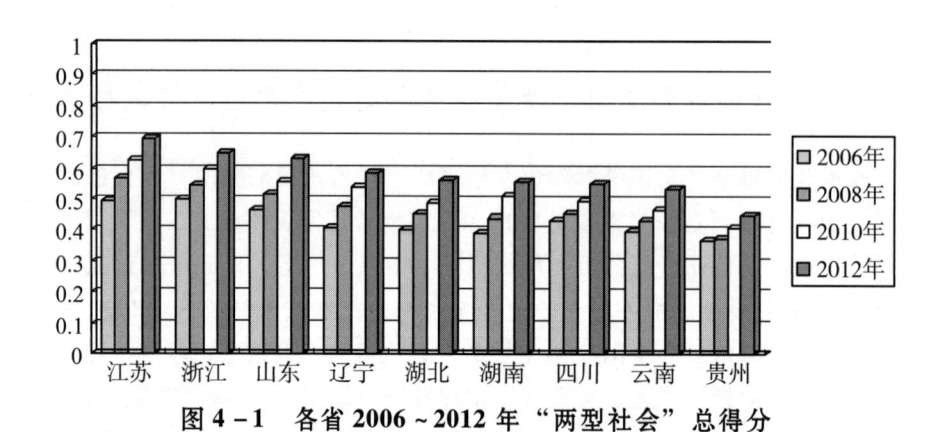

图 4-1　各省 2006~2012 年"两型社会"总得分

从表 4-6 可知各省 2006~2012 年"两型社会"总指标得分情况，各省"两型社会"总得分逐年递增。

2006~2012 年各省"两型社会"总得分增长速度均保持良好增长态势，其中江苏增长速度均保持在 10% 以上。2008 年总指标增长速度最快的是辽宁省（17.58%），其次是江苏省（15.43%）、贵州省（13.94%），增长速度最慢的是四川省，仅为 6.01%。2010 年总指标增长速度位居前三的分别是湖南省（16.4%）、辽宁省（13.12%）、江苏省（10.53%），浙江省、湖北省、四川省、山东省、云南省增长速度均在10%以下，其中云南省最低，仅为6.8%。2012年总指标增长速度最快的是云南省（15.83%），最慢的是辽宁省（7.69%）。

总得分较高的为东部省份江苏、浙江、辽宁、山东，中部省份湖南、湖北相对略低，最低的为西部省份四川、云南、贵州。2006年浙江、江苏处于Ⅲ级：两型水平一般，其他省份处于Ⅳ级："两型社会"水平较低；2008年江苏、浙江、山东处于Ⅲ级，其他省份则处于Ⅳ级；2010年除云南、贵州还处于Ⅳ级，其他省份均处在Ⅲ级；2012年云南省增长幅度较大，位列Ⅲ级，贵州仍处在Ⅳ级。我国这些代表性省份都处于"两型社会"建设初期，当前发展水平整体不高，原因在于选取的省份在重视经济发展增速的同时，却不同程度地忽视了环境保护、社会和谐指标的建设，加之创新能力普遍偏低，拉低了"两型社会"总体水平。

（2）各省2006~2012年"两型社会"一级指标比较（见表4-7和图4-2）。

表4-7　各省2006~2012年"两型社会"经济发展指标得分

	2006年	2008年	2010年	2012年
浙江	0.582	0.6189	0.6791	0.773
江苏	0.5324	0.6365	0.7319	0.7739
辽宁	0.5497	0.6098	0.6918	0.7609
山东	0.4739	0.5469	0.6277	0.7179
贵州	0.5399	0.5488	0.6056	0.6349
湖北	0.4252	0.4932	0.5394	0.6138
湖南	0.3981	0.443	0.5258	0.5693
四川	0.3874	0.4277	0.4702	0.5422
云南	0.3865	0.434	0.4618	0.5243

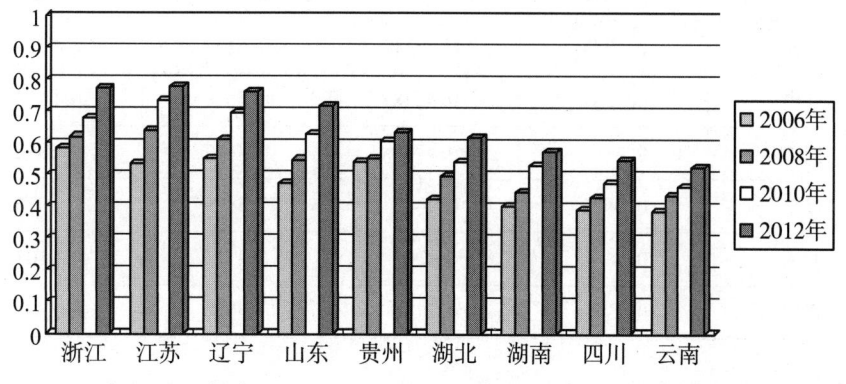

图4-2　各省2006~2012年"两型社会"经济发展得分

从表 4-7 可知 2006~2012 年经济发展指数东部省份浙江、江苏、辽宁、山东最高，西部省份贵州次之，中部省份湖北、湖南紧随其后，其余西部省份四川、云南最低。经济发展指数东部省份最高，原因在于选取的东部省份人均 GDP、全社会劳动生产率等指标名列前茅；贵州省虽然人均 GDP 较低，但是全社会劳动生产率和全社会固定资产投资额投入强度均达到设定的目标值，高于中部省份；其余西部省份得分较低，原因在于选取的西部省份除人均 GDP、全社会劳动生产率与中部、东部差距较大外，城镇化率也在 41% 以下，与目标值相差甚远。因此，四川、云南应优化产业结构，加速形成周边省份比较优势基础上的分工合作，提高劳动生产率；优化城乡结构，推进区域城乡建设一体化，提高城镇化水平。

从表 4-8 和图 4-3 可知，2006~2012 年资源节约指数东部、西部差异较大。浙江、江苏、山东较其他省得分较高，同属于东部省份的辽宁省得分较低，原因在于辽宁省单位 GDP 能耗相对较高、三废综合利用产值占工业总产值比重、工业固废综合利用率相对较低，且就现阶段，辽宁省能源较其他中部省份而言资源较为缺乏，缺煤少油，虽然重工业较为发达，但能源利用率较低，单位 GDP 水耗较高，大大拉低了"两型社会"资源节约水平。西部省份云南、贵州最低，原因在于这两个省份单位 GDP 能耗、单位 GDP 水耗较高，与目标值相差甚远，尚需加大节能降耗治理力度。

表 4-8　各省 2006~2012 年"两型社会"资源节约指标得分

	2006 年	2008 年	2010 年	2012 年
江苏	0.4977	0.5478	0.6494	0.7906
浙江	0.5279	0.5832	0.6266	0.7066
山东	0.5411	0.6175	0.6324	0.6986
湖北	0.4347	0.5011	0.5131	0.6294
湖南	0.4261	0.4678	0.5619	0.6172
四川	0.4843	0.4769	0.4967	0.6036
辽宁	0.3682	0.44461	0.5499	0.6016
云南	0.41	0.4203	0.4437	0.5803
贵州	0.298	0.2788	0.3034	0.3881

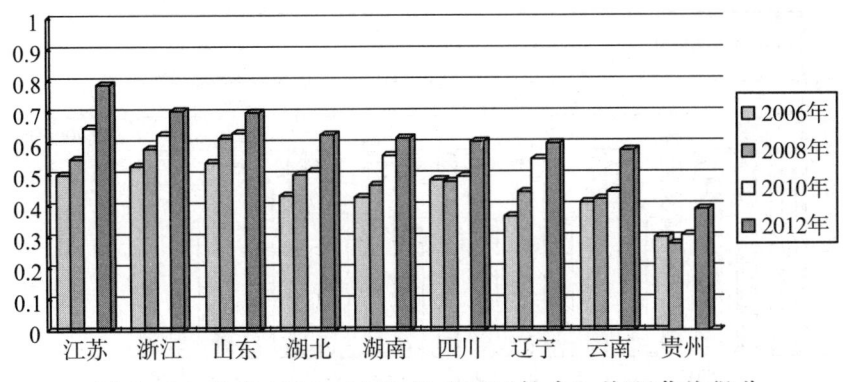

图 4-3　各省 2006~2012 年"两型社会"资源节约得分

从表 4-9 和图 4-4 可知，2006~2012 年环境友好指数江苏省、浙江省相对其他省份较高，原因在于二省的城市生活污水集中处理率逐年增幅较大，2010 年已超 80%，2008 年后二氧化硫排放强度远远低于其他省份，并已达标准值。山东省自 2006 年位居第三后，增长最为缓慢，2012 年位列倒数第二，原因在于山东省空气质量良好天数达标率及功能区噪声达标率一直呈下降趋势，2010 年仅为 55.2% 和 66.52%。环境友好指数贵州省最低，原因在于 2012 年贵州省二氧化硫排放强度较大，建成区绿化覆盖率仅为 25.7%。各省环境保护投资占 GDP 比重普遍偏低，离目标值相差甚远，仍需加大环境污染治理力度。

表 4-9　各省 2006~2012 年"两型社会"环境友好指标得分

	2006 年	2008 年	2010 年	2012 年
江苏	0.5346	0.5933	0.6445	0.6714
浙江	0.5098	0.5669	0.6278	0.6537
辽宁	0.4391	0.5207	0.5642	0.6019
湖北	0.39	0.4544	0.5169	0.5685
湖南	0.40642	0.4596	0.5494	0.5873
云南	0.3766	0.5153	0.5612	0.6244
四川	0.4226	0.5266	0.5669	0.607
山东	0.5161	0.5322	0.564	0.6513
贵州	0.4015	0.4142	0.4574	0.4863

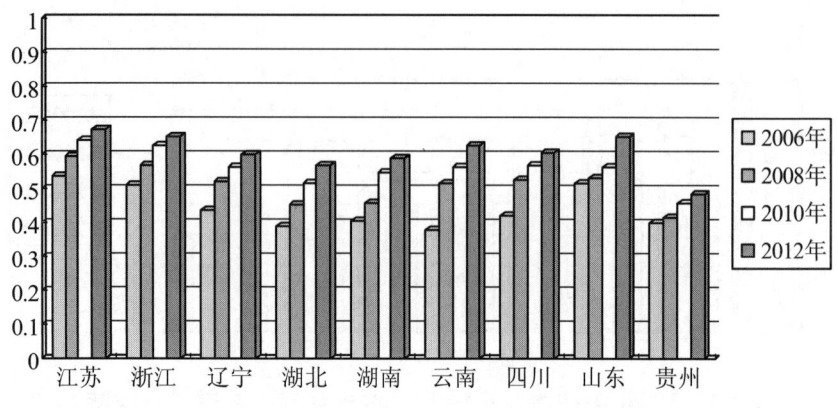

图 4-4 各省 2006~2012 年"两型社会"环境友好得分

从表 4-10 和图 4-5 可知，2006~2012 年创新能力指数，2006 年四川最高，江苏第二，浙江第三，贵州最低，原因在于山东省高新技术产业增加值占地区内生产总值比率、拥有技术中心或研究所的企业比例较低。2008 年创新能力指数各省较 2006 年有显著提高，江苏最高，浙江第二，辽宁第三，中部省份湖北紧随其后，云南、贵州最低。2012 年创新能力指数各省均呈增长趋势，辽宁省虽然有小幅增长，但是相对其他地区增长缓慢，位列倒数第四，原因在于辽宁省政府科技投入占 GDP 比重较低，科研与市场衔接不够，企业创新成果转化率偏低，高新技术产业增加值占地区生产总值比率相对浙江、江苏较低，贵州省各项指标均低于其他省份。各省创新能力指数普遍偏低，研究与试验发展（R&D）经费投入强度、高新技术产业增加值占地区内生产总值比率离目标值尚有较大差距，说明各省都需加大研究与试验发展经费等投入。

表 4-10 各省 2006~2012 年"两型社会"创新能力指标得分

	2006 年	2008 年	2010 年	2012 年
江苏	0.3364	0.3878	0.5402	0.5757
浙江	0.336	0.3635	0.3975	0.4311
山东	0.2142	0.3005	0.3599	0.4228
湖北	0.3156	0.317	0.3548	0.3843
湖南	0.2481	0.3033	0.341	0.375
辽宁	0.2708	0.341	0.3674	0.3734
四川	0.3913	0.2826	0.319	0.3384
贵州	0.1552	0.2087	0.2294	0.2329
云南	0.3223	0.2082	0.2178	0.2266

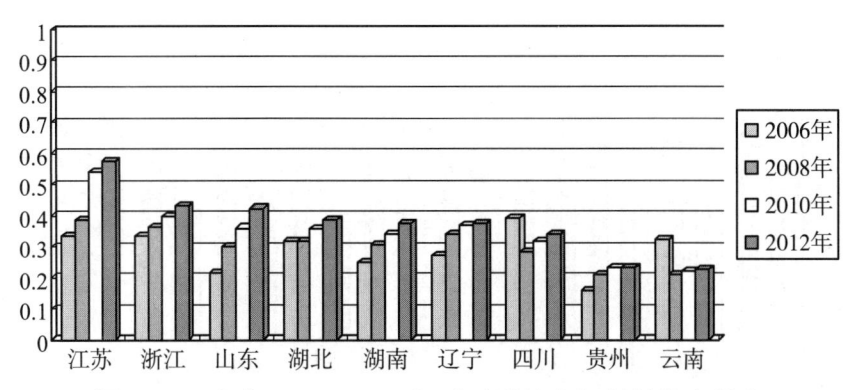

图 4-5　各省 2006~2012 年"两型社会"创新能力得分

从表 4-11 和图 4-6 可知，各省 2006~2012 年社会和谐指数。2006 年社会和谐指数贵州最高，浙江其次，云南第三，四川、湖南相对较低。2008~2012 年社会和谐程度东部省份相对较高，原因在于城乡居民收入较高，恩格尔系数较低；西部省份云南、贵州、四川社会和谐指数赶超中部省份湖南、湖北，原因在于云南省、贵州省科技教育经费投入比重较其他省份高，均超过目标值，其中 2012 年云南省、贵州省科技教育经费占 GDP 比重分别为 6%、7.7%；而湖南省、湖北省城镇登记失业率较高，城乡居民教育水平、城乡居民社会保障制度还有待进一步改善和提高。

表 4-11　各省 2006~2012 年"两型社会"社会和谐指标得分

	2006 年	2008 年	2010 年	2012 年
浙江	0.5206	0.5597	0.6129	0.6584
江苏	0.4686	0.5097	0.5748	0.6352
山东	0.4732	0.5021	0.5537	0.6202
辽宁	0.4661	0.5185	0.5591	0.6068
贵州	0.5246	0.512	0.5504	0.5964
云南	0.5084	0.5211	0.5514	0.59
四川	0.4071	0.4683	0.5206	0.5745
湖北	0.4307	0.4694	0.491	0.5648
湖南	0.4194	0.4772	0.497	0.5618

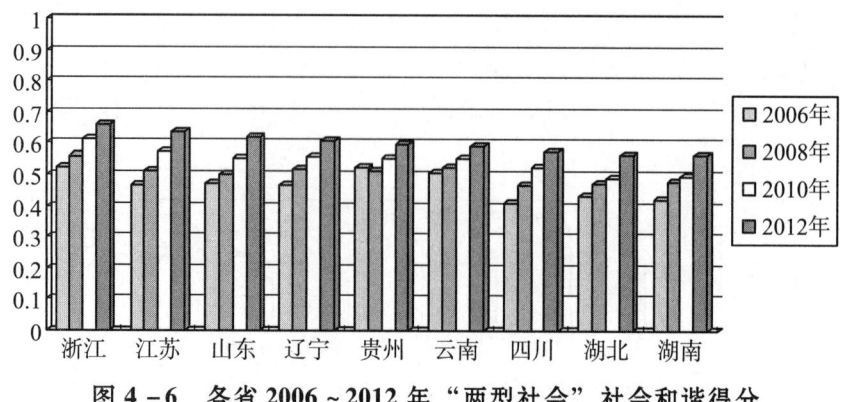

图 4-6　各省 2006~2012 年"两型社会"社会和谐得分

4.8　长株潭"两型社会"建设评价实证研究

4.8.1　长株潭"两型社会"建设评价的指标数据来源

自改革开放以来，中部省份经济发展迅猛，为促进区域协调发展，2007 年底批准湖南省长株潭城市群为全国"两型社会"建设综合配套改革试验区。经过大量资料的查阅和实地走访调查，分别选取长株潭城市群 2006~2012 年 30 个指标数据，本书所采用数据有两种来源，说明如下：

（1）直接取自长沙市、株洲市、湘潭市 2006~2012 年综合统计年鉴与专业统计年鉴，如：A1、B5、C1、C3、C4、C5、E1、E2、E4、E6。

（2）将长株潭 2006~2012 年综合统计年鉴与专业统计年鉴上的统计数据进行加工处理，如：A2、A3、A4、A5、B1、B2、B3、B4、C2、C6、C7、C8、D1、D2、D3、D4、D5、D6、E3、E5。其中有个别指标在年份上有缺失，采用移动平均法对缺失值进行预估。

4.8.2　长株潭 2006~2012 年"两型社会"综合评价

（1）长株潭 2006~2012 年"两型社会"总指标比较。从表 4-12 和图 4-7 可知长株潭 2006~2012 年"两型社会"总指标得分情况，各省"两型社会"总得分逐年递增。长沙市从 2006~2012 年在三市的"两型社会"总得分中一直处于领先地位，湘潭在2006年处于第二，2008年被株洲超过，现位第三。2006年长沙市处于Ⅲ级：两型水平一般，株洲市、湘潭市处于Ⅳ级："两型社会"水平较低；2008年长沙市、株洲市处于Ⅲ级，湘潭市处于Ⅳ级；2010年、2012年长株潭均处在Ⅲ级。

长株潭2006~2012年"两型社会"总得分增长速度均保持良好增长态势，2008年、2010年总指标增长速度最快的是株洲市，其次是长沙市、湘潭市；2012年湘潭市总指标增长速度稳步提高，而株洲市增长速度放缓。湘潭市在"两型社会"建设上，虽然起步比较慢，但是在建设力度上跟上了大部队，自2010年总得分年增长速度均保持在10%以上。

表4-12　　　长株潭2006~2012年"两型社会"总指标得分

	2006年	2008年	2010年	2012年
长沙	0.5073	0.5302（4.5%）	0.5843（10.2%）	0.6371（9.04%）
湘潭	0.4561	0.4759（4.3%）	0.5236（10%）	0.5816（11.08%）
株洲	0.4438	0.5082（14.51%）	0.5673（11.63%）	0.5808（2.38%）

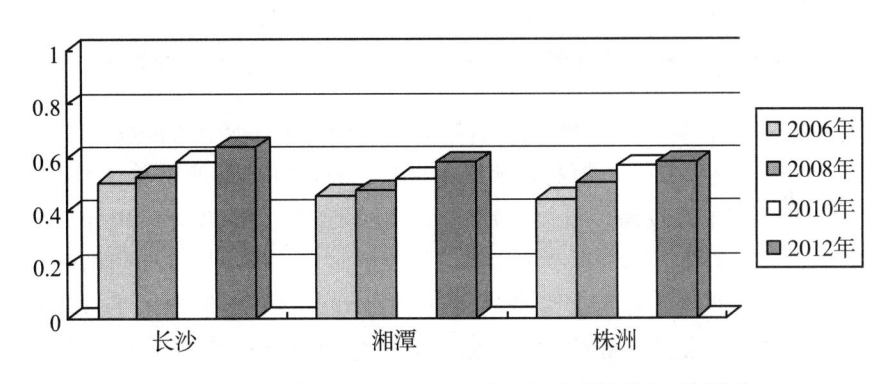

图4-7　长株潭2006~2012年"两型社会"总得分

（2）长株潭2006~2012年"两型社会"一级指标比较。从表4-13和图4-8可知长株潭2006~2012年经济发展指数，2006年经济发展指数长沙市最高，湘潭市、株洲市相对较低，原因在于长沙市人均GDP、全社会固定资产投资额强度、第三产业增加值占GDP比重较高。2008年经济发展指数长沙市最高，株洲市第二、湘潭市最低。2010年经济发展指数湘潭增速最大，株洲市较2008年有所降低，主要是因为全社会劳动生产率降低至16 492元/人、第三产业增加值占GDP比重仅为31.81%，降幅分别为24%、42%。2012年长沙市、株洲市经济发展指数持续提高，而湘潭市经济发展指标自2010年持续降低,主要原因是第三产业增加值仅为31.68%,低于2010年株洲市最低值,降幅为41.14%。

表4-13 长株潭2006~2012年"两型社会"经济发展指标得分

	2006年	2008年	2010年	2012年
长沙	0.5147	0.5585	0.5973	0.7521
湘潭	0.4433	0.4592	0.5667	0.5569
株洲	0.4167	0.5248	0.4876	0.5529

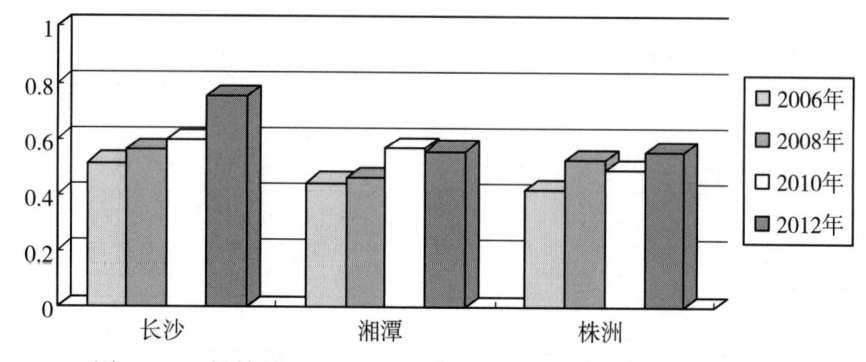

图4-8 长株潭2006~2012年"两型社会"经济发展得分

从表4-14和图4-9可知,长株潭2006~2012年资源节约指数长株潭差距较大,梯度较明显,长沙市最高,湘潭市最低,原因在于湘潭市单位GDP能耗较高、单位GDP电耗较高,指数分别达长沙市两倍以上、单位GDP水耗较大,大大拉低了"两型社会"资源节约水平。长沙市作为长株潭城市群"两型社会"的中心城市,2010年工业固废综合利用率已达99%,资源节约水平进程较高,起到了带头作用,株洲、湘潭还需加强。2012年湘潭市资源节约指数增长幅度最大,达44.84%,虽然与长沙市还有一定的差距,但是其各二级指标增长势头,明显优于其他二市。

表4-14 长株潭2006~2012年"两型社会"资源节约指标得分

	2006年	2008年	2010年	2012年
长沙	0.5263	0.5948	0.6515	0.7115
湘潭	0.4071	0.423	0.4741	0.6867
株洲	0.4705	0.5244	0.5325	0.6837

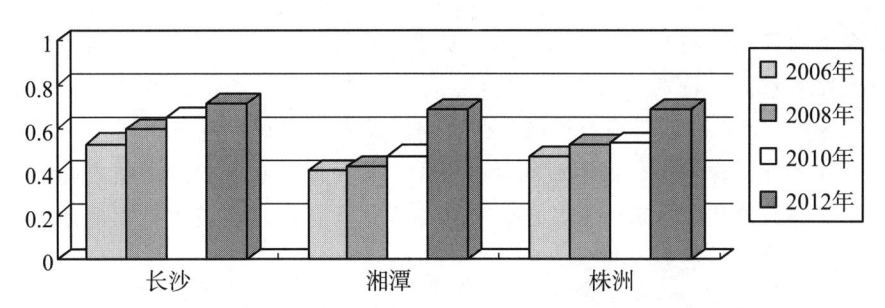

图 4-9　长株潭 2006~2012 年"两型社会"资源节约得分

从表 4-15 和图 4-10 可知，长株潭 2006~2012 年环境友好指数，株洲市、湘潭市逐年递增，长沙市逐年递减。2006 年长沙市最高，湘潭市最低。2010 年株洲市最高，长沙、株洲市相对较低。但是长沙市、湘潭市在加强经济建设力度的同时，应重视环境保护的建设，特别是噪声污染的防治以及提高城市绿化面积，节能减排任务十分艰巨。2012 年环境友好得分长沙市最高，湘潭市其次，株洲市最低。原因在于株洲市虽然为老工业基地污染严重，但在几年的经济建设中加强了治理，甚至关闭污染严重的工厂，狠心抓环境建设，但是由于环境治理存在滞后期，其环境保护水平建设水平还是明显偏低。

表 4-15　长株潭 2006~2012 年"两型社会"环境友好指标得分

	2006 年	2008 年	2010 年	2012 年
长沙	0.6135	0.6079	0.5954	0.6292
湘潭	0.4886	0.5335	0.5921	0.5861
株洲	0.5765	0.5512	0.672	0.5216

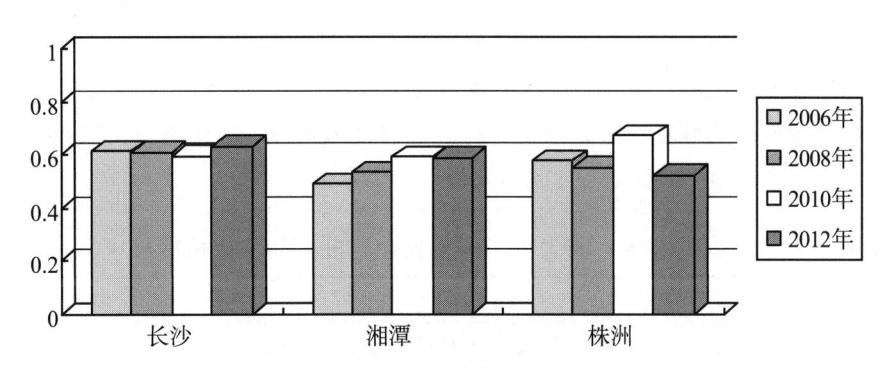

图 4-10　长株潭 2006~2012 年"两型社会"环境友好得分

从表 4-16 和图 4-11 可知长株潭 2006~2012 年创新能力指数各市普遍偏低，且差距不大，企业自主创新的主体还未建立。长株潭城市群科技创新虽在整体上高于全省的平均水平，但其科技经费支出比重高新技术产业增加值占地区生产总值比率较低，特别是长沙市 2010 年高新技术产业增加值占地区内生产总值比率仅为 15.26%，创新能力较弱，科技创新投入力度有待进一步加大。2012 年除了长沙市外，株洲市、湘潭市均处于下降趋势，原因在于长沙市集聚湖南省优秀教育资源，近几年中部崛起战略，长沙市引进大量高科技技术，而株洲市、湘潭市引进较少，发展较为缓慢。

表 4 – 16 长株潭 2006 ~ 2012 年 "两型社会" 创新能力指标得分

	2006 年	2008 年	2010 年	2012 年
株洲	0.3222	0.4322	0.5636	0.5276
长沙	0.3116	0.2945	0.4557	0.4672
湘潭	0.3277	0.4607	0.5219	0.4079

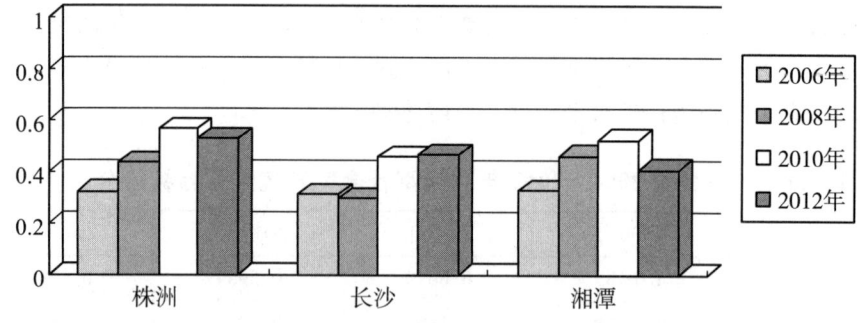

图 4 – 11 长株潭 2006 ~ 2012 年 "两型社会" 创新能力得分

从表 4 – 17 和图 4 – 12 可知，长株潭 2006 ~ 2012 年社会和谐指数，2006 年湘潭市最高，长沙市其次，株洲市最低。2008 ~ 2012 年长沙市最高，株洲市、湘潭市相对较低。原因在于株洲市、湘潭市城市人均可支配收入、农村居民纯收入相对长沙较低，且城镇登记失业率较高，特别是湘潭市，2010 年虽较 2006 年有所下降，但未降至 4% 以下，均未达到设定的目标值。

表 4 – 17 长株潭 2006 ~ 2012 年 "两型社会" 社会和谐指标得分

	2006 年	2008 年	2010 年	2012 年
长沙	0.4479	0.4622	0.5482	0.5975
株洲	0.2644	0.455	0.4844	0.5649
湘潭	0.6259	0.4134	0.4586	0.5524

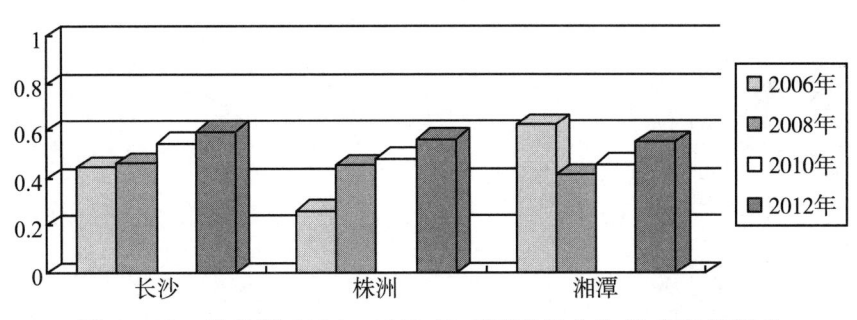

图4-12　长株潭2006~2012年"两型社会"社会和谐得分

第 5 章

我国"两型社会"建设路径与政策建议

党中央在对我国新时期经济社会发展新特征、新形势、新环境的准确把握基础上,提出了建设资源节约型、环境友好型社会(简称"两型社会")的重大发展战略。资源节约型、环境友好型社会是以人与自然和谐为目标,以环境承载能力为基础,以遵循自然规律为核心,倡导环境文化和生态文明,采取各种措施保护或者维护生态环境,追求经济社会环境协调发展的社会,建设资源节约型、环境友好型社会是对社会经济系统与生态环境系统之间关系的重新认识。加快建设"两型社会"是落实科学发展观、促进经济社会可持续发展的内在要求,胡锦涛总书记在党的十七大报告中指出,必须把建设资源节约型、环境友好型社会放在工业化、现代化发展战略的突出位置,落实到每个单位、每个家庭。建设"两型社会"本质是要在发展中实现人与自然的和谐统一,从全球发展历程看,追求可持续发展并不是一个新兴事物,但是,我国当前总体上仍然处在工业化中期阶段,经济社会发展总体水平还不高,在较长时间内,加快发展依然是最核心的问题,在这样一个还处于中等水平的发展阶段,加快建设"两型社会",不仅是一个全新的命题,也是一个需要通过创新来解决的难题。因此,必须探索符合中国发展国情的"两型社会"建设路径。

5.1 国外"两型社会"建设的基本经验

从发展规律看,经济社会发展与资源环境相协调都是一个逐步完善的历史事物，在发展的初期，发展与资源和环境的矛盾没有显现，随着发展进入到一定阶段，对资源的消耗加大，对环境的破坏增多，这个矛盾日益显现和突出，最终需要通过一系列的措施平衡两者矛盾，实现可持续发展。世界主要的发达国家或地区都曾经经历过发展方式转型的历史阶段，在促进资源节约、生态环境保护等方面积累了丰富的经验，对我国建设"两型社会"具有重要的借鉴意义。

5.1.1 日本"两型社会"建设经验

"二战"后的 1955 年至 1973 年是日本经济高速发展时期，在这一时期，日本依赖石油等廉价能源的大量进口，推行高资源能源投入、高增长、严重环境污染的粗放型发展模式，在取得较大经济发展成就的同时付出了巨大的社会与环境代价，环境污染以及因环境公害引发了持续的环保运动。20 世纪 70 年代连续经历两次石油危机后，日本意识到必须摒弃原来的不可持续的发展模式，要开发节约资源的技术和增加产品的科技含量，以最少的资源投入获得最大的产出，最大限度地减轻环境与生态的负担，保证经济发展的可持续性。

20 世纪 80 年代开始，日本开始致力于发展方式转型，90 年代后，日本与其他发达国家一样，把环境保护与经济发展联系起来实行"可持续发展战略"，从"一次性大量生产、消费、废弃型社会"向"环境协调型社会"转变。这一时期日本政府开始彻底转变构筑"资源、能源节约型社会"的方式，从过去那种单纯地通过大力发展高新技术努力节约资源、能源的方式向利用新技术把废品重新利用转变，以实现资源的节约，降低资源的投入。

在亚太地区乃至全世界，日本是通过改变经济增长方式实现经济增长与环境保护双赢的国家。日本经济增长方式的转变主要从两方面实现：一是逐步实现从资本投入型增长到技术进步型增长的转变；二是逐步实现从大量生产、大量消耗、大量废弃的生产方式到循环经济模式的转变。这两方面的转变都与节能减排和环境保护有密切关系，是通过治理环境污染来实现的。在建设资源节约型、环境友好型社会过程中，主要通过技术创新与制度创新两条路径（见图 5-1）。

图 5-1 日本"两型社会"建设的路径特征

（1）技术创新方面，通过推广普及节能技术，积极开发新能源技术，促进环境技术创新，逐步普及有利于资源节约、环境友好先进技术。第一，在能源消费大户中推行节能技术，帮助在生产成本中能源消费所占比例较大的企业采取多种技术和方法降低能源消耗。第二，创新核能发电、废弃物发电、风能发电、太阳能以及燃料电池发电等新兴能源技术，大力发展清洁能源，改善能源结构。第三，建立国立公害研究所，加强环境技术的研究和开发，选择资源节约型技术开发路径，节约能源与资源，发展循环经济。第四，以信息化促进高科技与新兴工业化的结合，通过发展新兴技术产业，降低高耗能产业在国民经济中的比重，提高能源的使用效率。

（2）制度创新方面，不断建立与完善促进循环经济发展的法律体系，积极推动和保障循环经济发展。从 20 世纪 70 年代开始，先后制定了《公害对策基本法》《再生资源利用促进法》《环境基本法》《循环型社会形成与促进基本法》《资源有效利用促进法》《家电回收再利用法》《汽车回收再利用法》等一系列专项法律，覆盖 18 个产业 36 类产品的生产、销售、使用、回收和废弃物诸环节。同时，重视法律法规的实施和监管，建立公害诉苦制度与公害防治协定，按照市场机制通过地方公益团体与企业签订公害防治协议的办法落实到企业，有效促进了资源节约和环境保护。

5.1.2 美国资源节约主要举措

美国是世界上能源消耗最大的国家，一度被称为"车轮上的国家"，在经历资源破坏、环境污染所带来的一系列灾难及能源危机给经济造成的重创后，美国在节约能源、合理利用资源方面采取了一些举措，通过开源节流逐步改变其资源使用方式，走上了资源节约型社会发展之路，生态环境也得到了极大改善。

20 世纪 70 年代开始，美国积极探索资源节约和环境友好的发展模式，从所经历的发展历程看，美国主要通过促进节能、循环发展和实施资源节约战略三条途径来促进资源节约和环境保护（见图 5-2）。

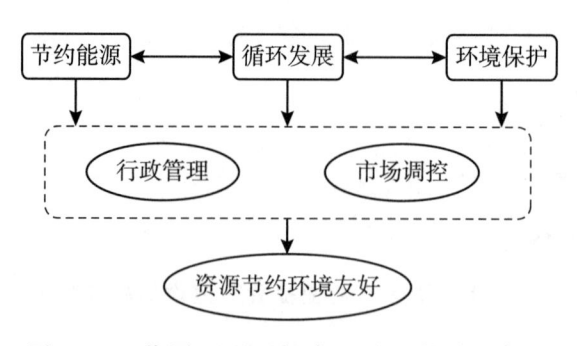

图 5-2 美国"两型社会"建设的路径特征

（1）促进节能。长期以来，美国把节能作为资源节约的重点，不断建立和完善法律法规，加强行政管理，积极通过财税等经济手段鼓励节能。主要措施有四个：一是实施能源管理。政府设有专门的节能机构，同时允许非政府组织参与能源管理，通过专门机构的管理，为节能工作创造一个有规则的市场环境，同时对政策的实施起到监督和调控作用。二是制定节约能源的法律法规。美国在能源管理方面十分重视法制建设，注重用法律手段加强节能管理，先后制定了《能源政策和节能法案》《国家节能政策法案》《国家家用电器节能法案》《能源政策法案》《国家能源政策法》等节能法规，形成了完善的节能法律法规体系。三是制定能效标准。颁布和实施强制性和自愿性两类能源效率标准，实施"能源之星"项目，指导企业和个人提高能源利用效率，保护环境。四是创新市场调节机制。对节能行为进行现金补贴，减免节能项目的税收，对节能型产品提供抵押贷款服务，通过市场手段引导企业、居民节能。

（2）循环发展。20世纪70年代，美国就开始提出循环经济概念，通过促进可再生资源的开发利用、鼓励节能等措施，致力于推动循环经济发展。一是促进废弃物回收利用，通过政策引导、市场激励等措施，提高了废弃物回收利用率。二是积极发展可再生资源。政府采取一系列调控手段培育与可再生资源相关的市场，在政府的带动下，各州和地方政府也相继制定政策，鼓励人们购买使用再生物质的产品，推动了美国可再生资源的开发。

（3）资源节约战略。20世纪80年代开始，美国开始全面实施资源节约战略。一是更加注重用法律手段来管理资源，制定了一系列严格的资源保护法律、法规，主要有《多重利用、持续产出法》《森林、牧场可更新资源规划法》《联邦土地利用和管理法》《濒危物种法》《海岸带管理法》及国家公园管理法规系列，这些资源保护法和控制资源开发活动的各类经济法，加上有关国际公约，共同构成完整的资源保护法律法规体系，大大增强了对资源开发利用和保护效应。二是充分利用经济手段管理资源。为改变资源短缺与资源大量耗用并存的矛盾，美国政府着力完善资源产权制度，调动各方保护资源、节约资源的积极性，实现资源产业化管理，改变了资源无偿或低价使用的状况。此外，美国逐步建立完善统一的资源市场及合理的资源价格体系，利用经济杠杆推动资源的高效利用。

5.1.3 欧洲绿色发展经验

欧洲在发展"绿色经济"方面走在了世界的前列，根据中国科学院中国现代化研究中心的研究，2004年，生态现代化指数排名世界前10位的全部是欧洲发达国家。经过几十年的发展,"绿色经济"思想在欧洲已相当成熟,深入人心,保护环境、推进绿色经济已经成为欧洲发达国家普通百姓的自觉意识,在绿色经济思想的主导下,欧洲已经基本形成了资源节约、环境友好的发展模式,经济社会发展与资源、环境协调达到了较高的水平。欧洲在推进绿色经济方面走在了世界的前列,2009年3月9日,欧盟启动了整体的绿色经济发展计划,将在2013年之前投资1 050亿欧元支持欧盟地区的"绿色经济",促进绿色就业和经济增长,并保持欧盟在"绿色技术"领域处于世界领先地位。欧盟实施的是内涵最广的"绿色经济"模式,即将治理污染、发展环保产业、促进新能源开发利用、节能减排等均纳入绿色经济范畴加以扶持,在推进过程中,强调多领域的协调、平衡与整合。为促进资源节约和环境保护,欧洲国家采取了一系列重大举措(见图5-3)。

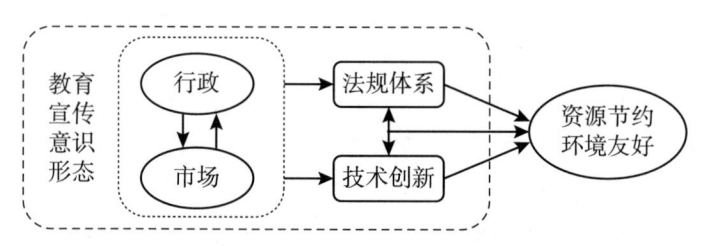

图5-3 欧洲"两型社会"建设的路径特征

(1)强化教育,培养形成绿色发展的自觉意识。通过对经济发展、资源利用和环境保护之间失衡的反省,形成了可持续发展的理念,把绿色发展作为一场深刻的革命,从教育入手,构筑绿色发展的教育根基,构建绿色发展的社会认同,构建绿色发展的社会氛围,坚持不懈地引导公民广泛参与。如20世纪80年代,联邦德国把环境教育作为中、小学的义务,90年代初期,环境教育的内容被直接或间接写入联邦各州有关中、小学教学大纲;欧洲各国普及了垃圾分类处理,街头的垃圾桶以不同颜色区分,引导市民养成分类处理垃圾的习惯。

(2)完善法律,严格执法为绿色发展护航。经过几十年的法制建设,完备的法律制度已经成为欧洲绿色发展的重要保障。20世纪90年代初,德国议会将保护环境的内容写入修改后的《基本法》:"国家应该本着对后代负责的精神保护自然的生存基础条件。"目前,欧盟有约400个环境保护和节能减排相关法规,各国根据自身实际出台相应的法律法规,各州(大区)也有相应的法律法规,市政府还有更加细致的法律规定,4级法律法规形成了一个完备法律制度体系,有力地规范了个人和企业行为。同时,十分注重执法效果,德国还设立了环保警察,通过巡逻和使用遥测工具检查环境的污染情况,一旦发现环境污染的现象,立即采取有效的手段,把污染控制在最小范围内。

(3)强化管理,政府强力引导绿色发展。欧洲国家非常重视把制约和激励结合起来，通过制定政策措施，对绿色发展予以引导和激励，调动全社会节能环保、绿色发展的积极性。一是建立强力的管理体制。德国设立环境、自然资源保护和核安全部以及独立的监管机构，对企业的生产和运输等环保情况进行全方位的监督。法国合并了住宅、城市规划、交通、能源、水资源、科研等多个部门的职责，成立了法国最强势生态部。二是注重规划引导。通过宏观的产业规划，引导绿色产业发展，2007年欧盟委员会通过了欧盟战略能源技术计划，2009年6月德国公布了一份旨在推动德国经济现代化的战略文件，意大利政府启动了第一个关于能源效率和生态工业的工业创新计划，都着力于引导产业发展促进资源节约和环境友好。三是实施灵活的财税政策导向。通过减免税款、加速折旧、允许企业将研发费用计入税前生产成本、信贷优惠或直接给予补贴等方式，鼓励节能环保生产、消费行为。

（4）市场调节，引导资源环境要素合力配置。欧洲各国在制定落实各项支持政策的前提下，通过建立能源资源产品和服务的价格信号导向机制、谁污染谁付费的责任延伸机制、排放限值制度和排放权交易机制等一系列市场调节机制，将生态成本由外部化的社会承担转化为内部化的企业承担，使企业在节能环保方面的投入不再只是一种承担社会责任的投入，而是提高企业经济效益和竞争力的必要投入，从而增强企业发展循环经济、低碳经济的积极性和主动性。如2003年10月13日欧盟发布了《欧盟排放交易指令》，在欧盟范围内实施温室气体排放交易制度，目前，欧洲已经成为全球最大的碳排放交易地；意大利大力实行"绿色证书"和"白色证书"制度，以市场导向推动节能减排、绿色经济发展。

（5）创新技术，科技进步支撑绿色发展。在欧洲绿色发展正在引发新一轮技术革命。新能源、新技术、新工艺得到广泛应用，科技进步、技术创新已在绿色发展中发挥着"助推器"的重要作用。新能源技术得到广泛开发应用，德国将发展新能源作为一项基本国策，大力发展推广风能、太阳能、生物质能、地热等新能源技术。广泛开发应用节能技术，不断开发新的矿物能源发电技术、余热利用技术，实施电气能耗等级制度，制定建筑能耗标准，对老建筑进行了节能技术改造。积极开发应用循环利用技术，从设计阶段就贯彻"循环经济"理念，从零部件的可拆性、互换性和装配性进行研发，大到废旧家用电器甚至汽车，绝大多数生活垃圾和废弃物都被纳入回收范围，实现了循环利用。

5.2 我国"两型社会"建设实践探索

资源和环境的压力越来越大、世界经济绿色发展日益兴起、几十年经济发展的经验教训、科学发展观的树立和落实，都迫切要求中国加快建设"两型社会"。如何建设"两型社会"？由于各个国家和地区的自然环境、资源禀赋、经济发展状况、产业结构、技术水平、消费水平和方式、生活习惯、制度特征、文化传统等都不相同，即便是同一国家和地区在不同是历史时期，经济水平、资源、环境、技术、消费模式、制度等因素也存在明显差异。因此，建设"两型社会"的途径和方法也不会完全一样。

对"两型社会"建设基本途径的认识是与实践相统一的且逐步深化的过程，胡锦涛总书记在党的十七大报告中提到过建设生态文明，要基本形成节约能源资源和保护生态环境的产业结构、增长方式、消费模式，从这点理解，建设"两型社会"必须解决产业结构调整、增长方式转变和消费模式转变三个方面的问题，也就是基本路径必须能同时解决三个问题。温家宝总理在2007年政府工作报告中指出，"要在全社会大力倡导节约、环保、文明的生产方式和消费模式，让节约资源、保护环境成为每个企业、村庄、单位和每个社会成员的自觉行动，努力建设资源节约型和环境友好型社会"，也就是进一步明确了建设"两型社会"，是涉及生活方式、生产方式全面转变的系统工程，建设"两型社会"的路径必须是生产方式、生活方式和意识形态的综合体。简新华教授对中国"两型社会"建设问题进行过深入的思考，指出"两型社会"建设的主要途径为发展循环经济，发展"两型"产业和"两型"生产，实行"两型"消费，研究开发和采用"两型"技术，改革创新相关法规以及建设"两型"政府等。简新华教授等对"两型社会"建设主要途径的理解，应当是能够促进中国"两型社会"建设的主要措施，或者是推进中国"两型社会"建设必须突出的主要任务，还可以理解为组成建设"两型社会"路径的不同要素。

"路径"就是道路，就是沿着这条道路就能够实现既定目标任务，资源节约型、环境友好型社会的基本目标就是建立一种低消耗的生产体系、适度消费的生活体系、持续循环的资源环境体系、稳定高效的经济体系。因此，我国"两型社会"建设的基本路径，就是能够实现"两型社会"建设目标的一系列干线"道路"。对这一"道路"的理解，应当注意两个方面：一是选择"道路"必须立足于中国当前发展的基础条件和中国未来发展的趋势和诉求；二是应当是完整的"道路"，包括能够影响通行者主观认识的绿化带、促进交通通畅的信号系统和保障交通秩序的法规系统，也就是必须能够涵盖意识形态、生产方式、生活方式和保障体系在内的完整"道路"。

"十二五"时期将是我国由工业化中期向工业化后期加快转变的时期，在这一时期，加快发展依然是时代的核心主题，但是，国内外的发展环境已经发生了深刻变化，实现经济社会发展与生态环境的和谐统一、促进可持续发展成为世界经济的主流趋势，以往主要依靠资源的高度消耗和低效利用、生态环境破坏等为代价的粗放型发展方式已经行不通。面临日益严峻的资源、环境问题，国家在党的十六届三中全会中提出了发展循环经济，"十一五"规划中提出了节能减排战略，近年来，加快低碳转型逐渐成为共识，从内涵看，循环经济、节能减排、低碳经济都把资源节约、环境友好的基本理念内化于各自的理论和实践中，同时实现了观念、生产方式、消费方式转变的内在统一。因此，可以认为，中国在探索"两型社会"建设的历程中，先后探索了循环经济、节能减排、低碳经济三条路径（见图5-4）。

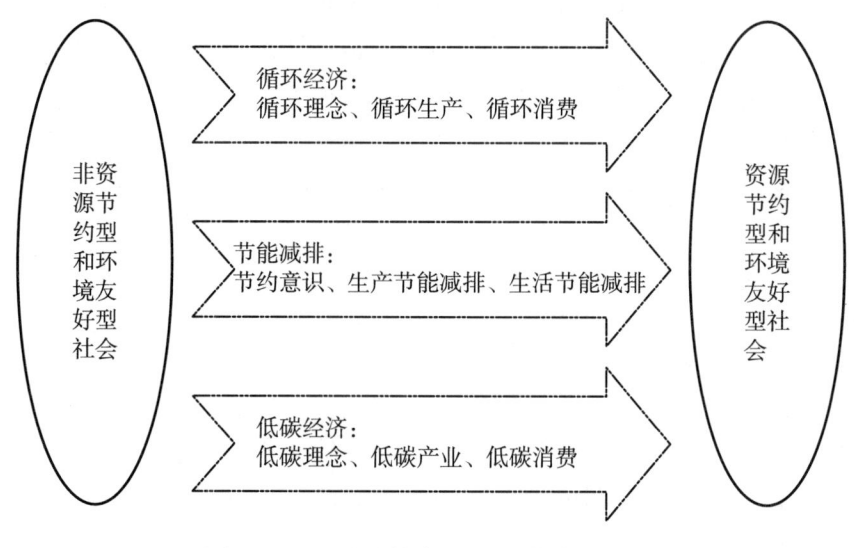

图5-4 "两型社会"建设的中国实践

5.2.1 发展循环经济

循环经济本质是一种生态经济，它要求运用生态学规律而不是机械论规律来指导人类社会的经济活动，与传统经济相比，循环经济要求把经济活动组织成一个"资源—产品—再生资源"的反馈式流程，其特征是低开采、高利用、低排放，所有的物质和能源要能在这个不断进行的经济循环中得到合理和持久的利用，以把经济活动对自然环境的影响降低到尽可能小的程度。循环经济是一种以资源的高效利用和循环利用为核心，以"减量化、再利用、资源化"为原则，以低消耗、低排放、高效率为基本特征，符合可持续发展理念的经济增长模式，是对"大量生产、大量消费、大量废弃"的传统增长模式的根本变革。从理论的提出，循环经济在全球范围得到广泛认可，循环发展的理念被许多国家和地区吸收采纳，并付诸于实践，在 21 世纪初成为全球经济的一种新态势。

循环经济是"两型社会"建设的基本途径之一体现在循环经济自身特征上，作为一种科学的发展观，一种全新的经济发展模式，循环经济的自身特征主要体现在三个方面：

（1）循环经济是一种新的价值观。循环经济观在考虑独立于人的自然时，不再像传统工业经济那样将其作为"取料场"和"垃圾场"，也不仅仅视其为可利用的资源，而是将其作为人类赖以生存的物质基础，看作是需要维持良性循环的生态系统。在考虑技术时，不仅考虑其对自然的开发能力，而且要充分考虑到它对生态系统的破坏力和修复能力，使之成为有益于环境的技术。在考虑人自身的发展时，不仅考虑人对自然的征服能力，而且更重视人与自然和谐相处的能力，促进人的全面发展。因此，循环经济是一种与传统工业经济思想截然不同的经济观和发展观，是一种突出人与自然、经济发展和生态环境内在统一的"两型"发展观。

（2）循环经济是一种新的生产观。循环经济的生产观念是要充分考虑自然生态系统的承载能力，尽可能地节约自然资源，不断提高自然资源的利用效率，循环使用资源，创造良性的社会财富。而在生产过程中，循环经济观要求遵循"3R"原则，尽可能少地输入自然资源、尽可能延长产品的使用周期、最大限度地减少废弃物排放。同时，在生产中还要求尽可能地利用可循环再生的资源替代不可再生资源，尽可能地利用高科技，以达到经济、社会与生态的和谐统一，使人类在良好的环境中生产生活，真正全面提高人民生活质量。

（3）循环经济是一种新的消费观。循环经济观提倡物质的适度消费、层次消费，在消费的同时就考虑到废弃物的资源化，建立循环生产和消费的观念。同时，循环经济观要求通过税收和行政等手段，限制以不可再生资源为原料的一次性产品的生产与消费，如宾馆的一次性用品、餐馆的一次性餐具和豪华包装等。因此，循环经济倡导节约型消费，是一种"两型"消费观。

21 世纪前 20 年，我国将处于工业化和城镇化加速发展阶段，面对经济发展中如影随形的高消耗、高污染和资源环境约束问题，中国开始寻求经济增长模式的全面转变，2004 年中央经济工作会议首次提出大力发展循环经济，之后，发展循环经济逐渐成为共识。为抓住重要战略机遇期，实现全面建设小康社会的战略目标，必须大力发展循环经济，按照"减量化、再利用、资源化"原则，采取各种有效措施，在工业化和城镇化的进程中，以尽可能少的资源消耗和尽可能小的环境代价，取得最大的经济产出和最少的废物排放，实现经济、环境和社会效益相统一，建设资源节约型和环境友好型社会。

5.2.2 实施节能减排

改革开放以来，我国经济快速增长，各项建设取得巨大成就，但也付出了巨大的资源和环境被破坏的代价，随着经济的发展，资源的约束越来越突出，在这种情况下，为了保证经济"又好又快"发展，国家在"十一五"规划中提出了"节能减排"这一新的战略任务，广义而言，节能减排是指节约物质资源和能量资源，减少废弃物和环境有害物（包括三废和噪声等）排放，是与资源节约型社会和环境友好型社会建设密切关联的发展观念和发展举措。

节能减排是建设"两型社会"的基本途径之一，突出体现在节能减排的背景、主要领域和目标上。

（1）从背景看，节能减排与"两型社会"建设具有一致性。国家在"十一五"时期提出"节能减排"，主要基于两点考虑：一是资源环境与传统经济发展模式矛盾突出，按照传统的发展模式，资源支撑不住，环境容纳不下，社会承受不起，经济发展难以为继，只有坚持节约发展、清洁发展、安全发展，才能实现经济又好又快发展。二是节能减排事关国家长远竞争力，资源高效利用、减少污染物排放是全球未来发展的趋势，世界主要发达国家已经进入后工业时期，节能减排的机制已经比较成熟，作为正需要加快发展的发展中国家，中国必须通过节能减排形成倒逼机制，促进技术创新，提高未来国际竞争力。"两型社会"战略的提出同样是基于破解资源环境"瓶颈"、顺应世界发展潮流和占据未来发展高地的考虑。从提出背景看，两者是一致的。

（2）从范围看，"节能减排"覆盖"两型社会"建设全领域。节能减排是一项系统性工程，从过程看，节能减排涉及生产、分配、流通、交换各个环节；从主体看，节能减排覆盖企业、政府、居民各个主体；从重点任务看，节能减排涉及产业结构调整、资源环境建设、技术创新、制度创新等各个方面。"两型社会"包括资源节约和环境友好两个方面，建设节约型社会的核心是节约资源，即在生产、流通、消费等各领域各环节，通过采取技术和管理等综合措施，厉行节约，不断提高资源利用效率，尽可能地减少资源消耗；建设环境友好型社会的核心是在生产、流通、消费等各领域各环节努力减少污染物排放，把人类活动对自然环境的影响程度降到最小，促进人类的生产和消费活动与自然生态系统协调可持续发展。因此，"节能减排"与"两型社会"建设在范围上基本相同。

（3）从目标看，"节能减排"与"两型社会"建设内在统一。节能减排的根本目标是通过节约资源、能源和减少废物排放，提高资源利用效率，改善生态环境，实现永续发展。"两型社会"建设倡导资源节约型和环境友好型的发展模式，根本目的同样是促进可持续发展。节能减排以约束机制的形式形成倒逼机制，促进资源节约与环境保护，而"两型社会"建设从正面引导社会主体在生产、生活中节约资源、保护环境，"节能减排"与"两型社会"建设内在统一于可持续发展的最终目标之下。

应当看到，尽管"十一五"时期，我国节能减排取得显著成效，以能源消费年均6.6%的增速支撑了国民经济年均11.2%的增长，有力促进了产业结构调整和技术进步，为应对全球气候变化做出了重要贡献。但是，节能减排形势还相当严峻，要从战略和全局高度认识节能减排的重大意义，着力调整优化产业结构，促进科技创新和技术进步，完善节能减排长效机制，加快建设资源节约型、环境友好型社会。

5.2.3 促进低碳发展

2008年世界金融危机后，低碳经济迅速升温，为了同时应对金融危机和气候变化，联合国环境规划署于2008年10月提出了"全球绿色新政"和发展"绿色经济"的倡议，呼吁通过重塑和重新关注重要部门的政策、投资和支出，使经济"绿色化"，在复苏经济、增加就业的同时，加速应对气候变化。联合国"绿色发展"倡议得到了全球的广泛认同和积极响应，OECD国家于2009年6月通过了部长级理事会宣言，倡导"绿色增长"；欧盟理事会于2009年10月通过了面向后里斯本议程和欧盟可持续发展战略的发展"生态效率经济"的决议。从全球看，绿色发展迅速成为世界主要经济体的发展战略，正在成为全球性的发展潮流，具体到我国，绿色发展已经融入国家发展战略，通过循环经济、节能减排等具体实践体现出来。

低碳发展是相对于人类历史上危害自然生态和大量消耗化石能源的"高碳"发展模式而言的，它是崇尚生态文明的新的发展理念，是以经济与环境的和谐与可持续发展为目的建立和发展起来的一种崭新的经济形式，是既追求经济的增长和发展，又要求防止环境恶化、生物多样性丧失和不可持续地利用自然资源发展理念，是以维护人类生存环境，合理保护资源、能源以及有益于人体健康为特征的发展方式。

保持自然生态系统健康是低碳发展的基本要求。生态系统是维持人类赖以生存和发展的生命支持系统，维护自然生态系统健康，实现人与自然的友好共存、协同进化和可持续发展，这是绿色发展要实现的第一个目标。同时，绿色发展以生态平衡、自然保护、资源的永续利用和环境的治理等作为基本内容，并力图把"环境保护与经济发展之间取得合理平衡"作为绿色发展的重要指标和基本手段。

"经济低碳化"是绿色发展的核心内容。绿色发展认为经济规律、市场规律最终要受到自然法则、生态规律的约束，经济发展必须是自然环境和人类自身可以承受的，不会因盲目追求经济增长而造成社会分裂和生态危机，不会因为自然资源耗竭而使经济无法持续发展，也就是必须实现"经济绿色化"。促进"经济绿色化"，就是要通过对传统产业部门实施"绿色化"改造，降低资源消耗和污染排放，建立更为清洁的、新的产业部门和经济增长点，推出更为清洁的技术和产品，把发展绿色经济理念贯穿到经济决策和经济发展规划之中，贯穿到生产、消费、贸易和投资等经济再生产的全过程。

对我国而言，低碳发展有三个基本目标：一是优先解决国内的资源环境问题；二是依靠技术进步，提高产业的资源效率和绿色竞争力，实现低碳振兴，解决增长、脱贫和就业等发展问题；三是通过低碳转型，转变经济发展方式，特别是逐步从化石能源转向低碳、无碳的新能源，发展节能环保产业，促进经济体系的"低碳化"，以应对长期的气候变化和可持续发展挑战，实现智能、清洁、高效的低碳增长。低碳发展需要低碳理念传播、低碳技术、低碳制度环境和碳市场，在中国语境下，有关低碳经济或低碳发展的讨论都是针对可持续发展的不同侧面或是特定时期的目标和任务而展开的经济社会活动，其核心目的都是为突破有限的资源环境承载力的制约，谋求经济增长与资源环境消耗的脱钩，实现发展与环境的双赢。因此，低碳发展是建设资源节约型、环境友好型社会的基本途径之一。

5.3 中国"两型社会"建设路径创新

"两型社会"是在发展中实现资源的最优利用和环境的最小损害的发展模式，是中国在快速工业化、城镇化阶段面临严峻的资源、环境约束和全球生态发展诉求，做出的重大战略选择。我国当前正处于工业化、城镇化的中期阶段，正处于资源消耗、污染排放的高发时期，但是发展所依赖的资源越来越稀缺，人们对环境改善的要求越来越迫切，世界主要发达国家也高举绿色生态大旗对发展中国家提出更高的要求和限制，从内外环境看，已经不允许中国走世界许多主要发达国家曾经走过的"先污染、后治理"的传统发展模式，必须探索全新的发展模式。党的十七大以来，我国确立了建设"两型社会"的基本国策，通过大力发展循环经济、促进节能减排、推进绿色发展，不断加快"两型社会"建设实践步伐，并且把"两型社会"建设作为转变发展方式、实现可持续发展的重要举措，在全国设立武汉城市圈和长株潭城市群两个"两型社会"建设综合配套改革试验区，为中西部后发地区在加快发展和转型发展双重背景下开展"两型社会"建设试验，为全国探索"两型社会"建设新路子。经过四年的实践，积累了重要经验，但是需要进一步借鉴发达国家经验，结合试验经验，系统总结、概括、梳理，以此创新出符合中国发展实际的"两型社会"建设路径。

5.3.1 "两型社会"建设试验区实践经验

2007年12月，国家批准设立武汉城市圈和长株潭城市群两个"两型社会"建设综合配套改革试验区，开始在中部地区布局以"两型社会"建设为主题的综合配套改革试点，四年来，两个"两型社会"建设试验区按照国家要求，肩负中部后发地区率先探索"两型社会"建设路径的重任历史使命，大胆改革，锐意创新，积累了重要经验。

5.3.1.1 武汉城市圈"两型社会"改革建设探索

武汉城市圈是指以武汉市为中心，包括周边100公里范围内的黄石、鄂州、黄冈、孝感、咸宁、仙桃、潜江、天门8个中小城市，即"1+8"共9个城市构成的区域经济联合体。武汉城市圈是湖北省产业和生产要素最密集、最具活力的地区，面积不到湖北省的1/3，但集中了湖北省一半的人口、六成以上的GDP总量，是湖北省经济发展的核心区域，也是湖北省构建中部地区崛起重要战略支点的核心支撑。2007年获批"两型社会"建设试验区以来，湖北省委、省政府明确武汉城市圈综合配套改革试验区建设的目标是科学发展、和谐发展，切入点是"两型社会"建设，着力点是转变发展方式，途径是实施基础设施、产业布局、区域市场、城乡建设、环境保护与生态建设的"五个一体化"，动力是推进改革开放。围绕资源节约、环境保护、科技引领、产业结构优化升级、统筹城乡发展、节约集约用地、财税金融、对内对外开放、行政管理"九大体制机制创新"，在规划引领、城市圈一体化建设、"两型"产业发展、培育"两型"生活理念等方面走出了新的模式。

（1）构建规划政策体系，强化规划引领和政策保障。湖北省把规划引领作为促进武汉城市圈"两型社会"建设的重要环节，获批试验区以后，科学编制了武汉城市圈改革试验总体方案，编制了空间规划、产业发展规划、综合交通规划、社会事业规划和生态环境规划5个专项规划，研究制定了投资、财税、土地、环保、金融、人才支撑6个配套支持政策，制定了《武汉城市圈资源节约型和环境友好型社会建设综合配套改革试验促进条例》，研究出台了三年行动计划，形成了指导武汉城市圈"两型社会"建设综合配套改革试验的规划政策体系，有力促进和保障了试验区的改革建设。

（2）推进"五个一体化"，促进圈内资源共享。按照一体化发展要求，武汉城市圈积极推进基础设施、产业布局、区域市场、城乡建设、生态建设与环境保护"五个一体化"建设，不断探索城市圈资源共享和合作模式。

（3）探索构建符合"两型"要求的现代产业体系。大力发展循环经济，探索建立循环经济和节能减排的体制机制，以循环经济理念促进产业结构优化升级的体制机制，建立资源节约型、环境友好型的生产模式。通过加强政府指导、开展试验示范、搭建循环经济技术支撑平台，武汉城市圈初步形成循环经济产业链，以企业内部循环、企业之间循环、企业与园区循环、跨区域循环4个层次的循环体系建设加快推进。

（4）倡导"两型"消费模式。强化绿色管理，突出环境保护，全面禁止商场、医院等机构提供免费塑料包装，禁止旅馆、酒店、餐馆主动提供一次性碗筷、牙具、拖鞋和洗涤用品。以"节地、节能、节水、节材"为重点，推动绿色建筑发展。启动废弃电池收集网络，在城市圈内9个城市同步进行废弃电池的集中处置。推进"绿色出行计划"，推行免费租用自行车服务，积极研发推广新能源公交车。

（5）搭建国内外合作平台。积极促进部省合作，搭建部省合作平台，与75家国家部委和单位签订合作协议或备忘录，以合作形式争取到一批国家支持政策和项目。如获批综合性国家级高技术产业基地、国家自主创新示范区、国家创新型试点城市、中国首个综合交通枢纽试点城市、国家新型工业化产业示范基地等。积极推进国际合作，搭建了鄂法城市可持续发展合作平台，在技术合作、政府贷款、企业投资、文化交流等方面与法国开展深入合作。

5.3.1.2 长株潭城市群"两型社会"改革建设探索

长株潭城市群是以长沙、株洲、湘潭三市为核心，1.5小时通勤为半径，辐射周边岳阳、常德、益阳、衡阳、娄底五市的城市聚集区。城市群总面积9.65万平方公里，2010年末总人口4 221.35万人，占全省的59.6%；实现地区生产总值12 558.81亿元，占省的78.3%。其中，长株潭三市为长株潭城市群的核心层，是湖南发展的核心增长极；衡阳、岳阳、常德、益阳、娄底五市为长株潭三市的辐射层，亦即环长株潭城市群的紧密层，是湖南发展的重要增长极。2007年12月，长株潭城市群与武汉城市圈一起获批国家"两型社会"建设综合配套改革试验区，四年以来，长株潭城市群围绕"两型社会"建设，坚持政府引导、市场推动，大胆创新，先行先试，全力探索有别于传统模式的新型工业化、城市化发展的"两型社会"建设新路径。

(1) 规划引领。湖南省委、省政府对长株潭城市群"两型社会"建设进行了全面的规划和设计，突出规划的引领作用。高起点编制了长株潭城市群"两型社会"综合配套改革总体方案和区域规划，以及10个专项改革方案、14个专项规划、18个示范片区规划、87个市域规划，构建了全方位、多层次的建设规划体系，明确了"两型社会"建设的行动路线图。同时，强化规划的管理和实施，制定《区域规划条例》和《湖南省人民代表大会常务委员会关于保障和促进长株潭城市群资源节约型和环境友好型社会建设综合配套改革试验区工作的决定》，加强区域规划编制、实施和监督管理，初步建立了试验区空间动态管理系统，为"两型社会"规划的实施提供了法制保障。

(2) 构建"两型"综合基础设施。按照资源节约、环境友好的总体要求，融入生态环保、集约节约的"两型"建设理念，注重基础设施互补和对接、资源的共享和节约、生态环保设备材料和技术的使用，建立起"两型"特征明显的基础设施。促进城市群基础设施"交通同网、能源同体、信息同享"，建成芙蓉大道、红易大道、长株高速等一批跨区域重大交通项目，建设城市群共享的城际铁路，实现长株潭三市通信并网升位、统一区号，三网融合试点有序推进，初步构建起了高效、便捷、生态、环保、共享的"两型"基础设施体系。

(3) 促进产业"两型化"。湖南省把产业结构调整和优化升级作为长株潭城市群"两型社会"建设的重要突破口，着力促进城市群向高端化、绿色化、低碳化转型，在低碳产业、战略性新兴产业、循环产业等重点领域和关键环节实现了新突破。坚持以低碳高新技术提升产业竞争力，制定低碳经济系列政策，集中攻克关键核心技术，发展与低碳经济密切相关的高新技术，建立低碳公共技术创新服务平台，促使产业发展由高碳型向低碳型转型。以调整结构培育战略性新兴产业，着力做强先进装备制造产业，整合提升新材料产业，壮大文化创意产业，积极发展新能源产业，振兴信息产业，重点发展节能环保产业，"两型"产业成为绿色发展的重要支撑。

(4) 建设生态化城市群。树立环保优先观念，坚持绿色规划引领，立足"新账不欠，旧账要还，宁可牺牲GDP也要青山绿水"的环境保护和生态建设思想，以碧水、绿地、蓝天为突破口，共同建设生态绿色城市群。推进生态同建、环境同治，长株潭三市共建湘江风光带，"3+5"八市联合共同治理湘江，实施湘江水污染整治和全省城镇污水治理三年行动计，力建"东方莱茵河"，城市群生态环境明显改善。

(5) 创新"两型社会"体制机制。以项目化管理方式全面推进十大体制机制创新，建立资源节约价格杠杆调节机制，探索环境保护的市场化运作机制，建立土地管理考核评价体系,创新城乡统筹发展模式。建立"两型"推进机制,确立了"省统筹、市为主、市场化"的推进模式,建立专门研究试验区工作的会议机制、联席会议制度,组建试验区投融资平台,编制发布"两型"标准体系,搭建部省共建合作平台,构建起"两型社会"建设强有力的制度保障。

(6)推进功能化示范区建设。差别化定位,部署大河西、云龙、昭山、天易、滨湖五大示范区18个示范片区,针对不同的改革重点开展相应的试验。

5.3.2 中国"两型社会"建设系统化模型

中国正处于工业化、城镇化的关键时期,加快发展和转型发展的任务同等重要,在这样一个仍然需要加快发展的总体背景下,应当在借鉴世界先进做法和总结改革试验经验的基础上,从系统化视角创新中国"两型社会"建设的总体路径。

5.3.2.1 系统化的"两型社会"建设模型

"两型社会"建设是一个庞大的系统工程,涵括生产、消费、流通等领域,关联发展战略选择、观念更新、制度变革等因素,涉及建设的主体、客体、体制、机制、技术支撑体系、科普教育宣传等多个方面,需要政府、企业、居民、非政府组织等行为主体的积极作为与协作,需要各领域相关政策的支持和制度保障。"两型社会"建设所涉及的内容、主体、客体等可以归纳为四个系统,即引导系统、动力系统、平台系统和支撑系统。推进"两型社会"建设,应当有序构建"四大"系统(见图5-5)。

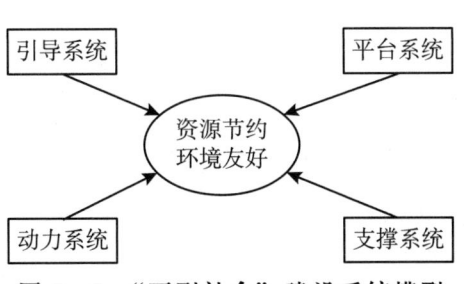

图5-5 "两型社会"建设系统模型

(1)引导系统。主体是以按照"两型社会"建设理念、要求所编制的规划体系。包括总体规划、专项规划和实施方案。规划是"两型社会"建设的总体谋划,通过全面科学的统筹规划,可以根据区域特点,理清"两型社会"建设的基本思路、基本原则、总体目标、主要任务,统一"两型社会"建设不同主体的步伐,从总体方向上引导"两型社会"建设。

（2）动力系统。包括技术创新和制度创新。技术创新和制度创新是发展的重要动力，建设"两型社会"必须通过技术创新促进资源节约，减少污染物排放，实现发展方式从粗放到集约、从黑色到绿色的根本性转变，必须通过制度创新，激活行政管理和市场机制活力，形成推动和加速"两型社会"建设的合力。

（3）平台系统。包括"两型"产业、"两型"基础设施、"两型"示范区。构建"两型"产业体系和"两型"基础设施体系是"两型社会"建设的核心任务，发展"两型"产业、建设"两型"基础设施，必须首先在重点领域、重点区域进行试点，逐步推进。

（4）支撑系统。包括行政管理、法规体系、投融资体系。推进"两型社会"建设必须建立高效、有力的行政管理体制，构建完善的法律法规体系，形成政府与市场有机结合、市场化运作为主、有活力的投融资体系。

5.3.2.2 基于系统化模型的"两型社会"建设路径设计

基于系统化模型的"两型社会"建设路径总体框架：以资源节约型、环境友好型社会建设为目标，科学构建"两型"的规划引导体系，促进技术创新和制度创新，增强"两型社会"建设的内在动力，率先在"两型"产业、"两型"基础设施、"两型"示范区建设取得突破，逐步形成以行政、法规、投融资为主的保障支撑体系（见图5-6）。

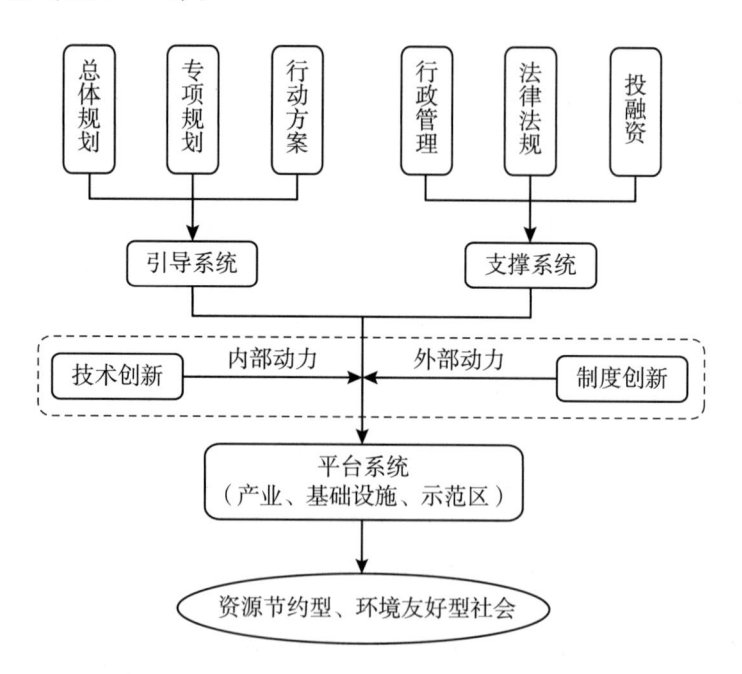

图5-6 "两型社会"建设创新理论模型

(1) 构建"两型"规划体系。制定城市群低碳发展总体规划，制定低碳城市群发展专项规划，制订规划实施方案和年度计划，实现规划、方案的协调和衔接，引导经济发展方式、产业结构、能源结构、消费结构向"两型"转变。

(2) 构建"两型"产业体系。按照创新增量、提升存量的思路加快培育战略性新兴产业等新的"两型"产业，提升发展传统产业，高端发展绿色低碳产业，优化"两型"产业发展环境，构建起能够支撑区域经济发展、促进可持续发展的新型产业体系。

(3) 构建"两型"基础设施体系。突出资源共享、生态环保的"两型"建设理念，促进区域基础设施互补和对接，推进区域要素共享，采用和推广节能环保的设备材料和技术，优先发展公交、轨道交通、水运、新能源汽车等交通基础设施，形成高效便捷、生态环保、资源共享的"两型"基础设施体系。

(4) 构建"两型"创新体系。整合国内外"两型"技术资源，强化"两型"技术创新的资金和人才支持，完善"两型"技术创新中介服务体系，培育形成"两型"技术创新体系，在节能减排、治污防污、新能源开放等关键领域，重点率先突破，不断增强低碳发展的内生动力。以建立资源节约价格杠杆调节机制和探索环境保护的市场化运作机制为重点，配套推进土地、财税、金融、人才等体制机制改革创新，不断增强"两型社会"建设的外部动力。

(5) 构建"两型"保障体系。按照政府统筹、市场主导的基本原则，优化行政管理体制，提高行政效率，围绕规划管理、规划实施、"两型"促进等重要方面，制定出台法律法规和标准体系，建立政府主导、市场运作的投融资平台，形成高效、有力的涵括行政、法规和资金的"两型社会"建设保障体系。

5.3.3 中国"两型社会"建设路线图

建设资源节约型、环境友好型社会是党中央从我国国情出发而提出的一项重大决策，2005年3月13日，胡锦涛总书记在中央人口资源环境工作座谈会上首次强调要建设资源节约型、环境友好型社会。2005年10月，党的十六届五中全会明确提出要加快建设资源节约型、环境友好型社会以来，不断在理论中深化"两型"理论，不断加快"两型社会"建设实践。2006年3月正式发布的《中华人民共和国国民经济和社会发展第十一个五年规划纲要》进一步落实党中央精神，把建设资源节约型、环境友好型社会放在十分突出的位置，明确提出"十一五"期间要"落实节约资源和保护环境基本国策，建设低投入、高产出，低消耗、少排放，能循环、可持续的国民经济体系和资源节约型、环境友好型社会"。2007年10月，胡锦涛总书记在党的十七大报告中阐述科学发展观时进一步明确

"建设资源节约型、环境友好型社会，实现速度和结构质量效益相统一、经济发展与人口资源环境相协调，使人民在良好生态环境中生产生活，实现经济社会永续发展"，并把"两型社会"作为全面小康的奋斗目标和促进国民经济又好又快发展的重要任务。党的十七大以后，国家加快"两型社会"建设探索，于2007年12月批准成立武汉城市圈和长株潭城市群两个"两型社会"建设综合配套改革试验区，在中部地区部署推进"两型社会"改革建设试点，为国家探路。近年来，随着低碳经济、绿色发展等逐渐成为全球发展的共识，我国进一步加快经济结构战略调整步伐，"两型社会"建设进入到关键时期。特别是2011年3月正式发布的《中华人民共和国国民经济和社会发展第十二个五年规划纲要》，在第六篇中明确了我国"十二五"时期"绿色发展，建设资源节约型、环境友好型社会"的战略任务，为未来一段时间我国全面加快"两型社会"建设提供了指导。在国际发展潮流和国家战略层面角度，结合我国"两型社会"改革试验经验，我们着力构建未来我国"两型社会"建设的战略路线图（见图5-7）。

2005年确立"两型社会"国家战略	2006年确定为"十一五"国家建设重要任务	2007年确定为党的指导思想的重要内容、加快实践	2011年确定为"十二五"国家建设重要任务
2005年3月，胡锦涛总书记在中央人口资源环境工作座谈会上首次提出；2005年10月，党的十六届五中全会明确为国家战略	2006年3月，写入《中华人民共和国国民经济和社会发展第十一个五年规划纲要》	2007年10月，写入党的十七大报告，三处指出建设资源节约型、环境友好型社会；2007年12月，开始"两型"综合配套改革试验	2011年3月，写入《中华人民共和国国民经济和社会发展第十二个五年规划纲要》

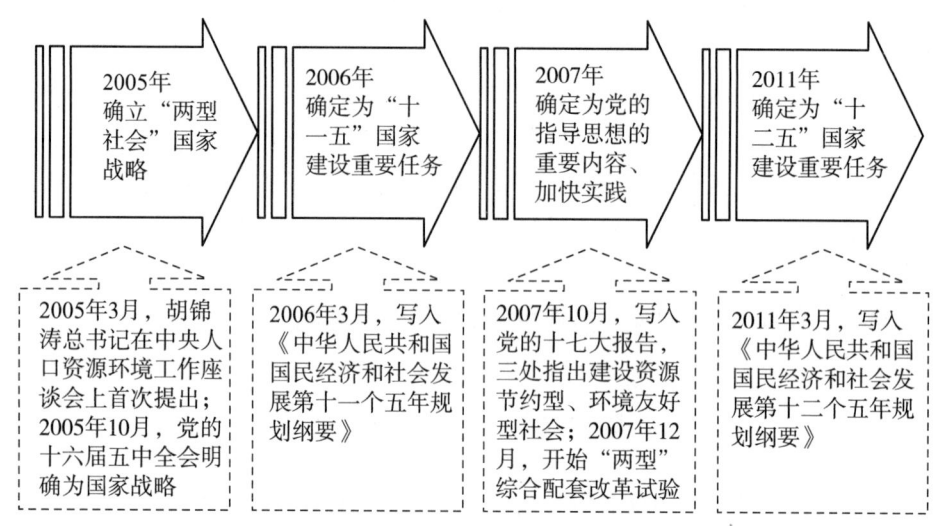

图5-7 我国"'两型社会'战略"历史进程

5.3.3.1 中国"两型社会"建设的总体思路

2008年世界金融危机以来，全球逐渐兴起绿色、低碳发展热潮，中国正处于加快发展的关键历史时期，资源、环境约束形势日益严峻，转变发展方式成为我国后发赶超和赢得未来竞争力的必然要求。因此，立足我国可持续发展，必须坚持"两型社会"建设的基本国策，加快探索符合中国国情的"两型"发展之路。"两型社会"建设是贯穿社会经济生产、消费、分配、流通全过程，覆盖产业、生态、环境、制度等各方面，需要政府、企业、居民、非政府组织等行为主体的积极作为与协作的复杂系统工程,确定建设"两型社会"的总体思路,关系到发展战略选择、观念更新、制度变革,必须深入认识"两型社会"的深刻内涵,深刻理解国家"两型社会"战略的基础,准确把握世界发展动态。

"两型社会"包括资源节约和环境友好两个方面的内容,资源节约型社会是指整个社会经济建立在节约资源的基础上,建设节约型社会的核心是节约资源,即在生产、流通、消费等各领域各环节,通过采取技术和管理等综合措施,厉行节约,不断提高资源利用效率,尽可能地减少资源消耗和环境代价满足人们日益增长的物质文化需求的发展模式。环境友好型社会是一种人与自然和谐共生的社会形态,其核心内涵是人类的生产和消费活动与自然生态系统协调可持续发展。资源节约型、环境友好型社会不是一般意义上的保护资源、节约资源,而是应坚持生产发展、生活富裕、生态良好的文明发展道路,实现速度和结构质量效益相统一、经济发展与人口资源环境相协调,使人民在良好生态环境中生产生活,实现经济社会永续发展。

近年来,随着全球气候变化和资源短缺的日益加剧,世界范围内经济增长方式、人类生活方式和消费方式正面临着全新的变革,美国、欧盟、日本、韩国等实施"绿色新政",纷纷把低碳技术和绿色增长作为经济发展的主题,把发展新能源、新材料、信息网络、生物医药、节能环保等作为新一轮产业发展的重点,把绿色能源技术作为经济复苏的突破点,世界正处在科技创新取得重大突破的前夜,以新能源、新材料、生命工程、空间技术、海洋工程等为代表的第四次技术革命正在加快酝酿。我国加快推进"两型社会",必须正视当前绿色、低碳发展国际新趋势,抢抓绿色、低碳技术创新和产业培育发展的重大机遇,努力为实现赶超主要发达国家创新空间、创造条件。

2007年开始,党中央在探索和把握我国经济发展规律的基础上,从当前我国经济发展的实际出发,提出了发展方式转变的重大战略任务。转变发展方式成为我国发展的主线和今后较长时间内的核心任务,建设资源节约型、环境友好型社会作为加快转变经济发展方式的重要着力点。

建设"两型社会"关系人民群众切身利益和中华民族生存发展,在综合把握发展趋势和国家战略基础上,我国"两型社会"建设的总体思路是:坚持以邓小平理论和"三个代表"重要思想为指导,深入贯彻落实科学发展观,把建设资源节约型、环境友好型社会放在工业化、现代化发展战略的突出位置,以体制机制创新和技术创新为动力,以促进资源能源集约节约利用、促进生态环境建设、促进温室气体减排为着力点,以根本改善人民群众生活生产环境为落脚点,以政府引导、市场推动、政策体系为支撑点,分布展开、逐步推进,不断提高优化发展、创新发展、绿色发展、人本发展水平,通过20年左右的努力,实现经济结构由不合理不协调向协调发展转变、资源利用由粗放向节约集约转变、经济增长由外延扩张向内涵提升转变，基本形成资源节约、环境友好的发展模式。

建设"两型社会"是一项长期的、复杂的历史任务，加快推进"两型社会"建设，应当注重把握以下基本原则：

（1）坚持以人为本。从人民群众的根本利益出发谋发展、促发展，尊重人民主体地位，着力保障和改善民生，让"两型社会"建设成果惠及全体人民，维护社会公平正义，不断提高人民生活质量，促进人的全面发展，充分发挥人民群众的积极性、创造性，激发全社会建设"两型社会"的凝聚力和创造力。

（2）坚持"两型"引领。要把资源节约、环境友好的要求贯彻到社会生产、建设、流通和消费的各个领域，落实到经济社会发展的各个方面，形成节约能源资源和保护生态环境的思想观念、产业结构、生产方式、生活方式和体制机制，促进人口资源环境与经济社会相协调，走生产发展、生活富裕、资源高效利用、生态环境良好的文明发展道路，实现经济社会可持续发展。

（3）坚持改革创新。进一步解放思想，把体制机制改革创新作为"两型社会"建设的重要保障和根本动力，把自主创新作为"两型社会"建设的中心环节，大力推进科技进步和技术创新，着力建设创新型社会，不断深化重点领域和关键环节的改革，构建有利于发展方式转变和"两型社会"建设的体制机制，不断增强"两型社会"建设的动力与活力。

（4）坚持分步推进。一切从实际出发，尊重发展规律，把加强宏观指导、统筹协调与充分发挥各地的积极性、创造性结合起来，鼓励不同地区从本地实际出发，因地制宜，大胆探索，创造性开展工作，分步骤、有序推进"两型社会"建设。

5.3.3.2 中国"两型社会"建设阶段和指标体系

（1）中国"两型社会"建设阶段划分。"两型社会"建设是一个循序渐进的过程，从当前我国推进"两型社会"建设的进展现状和国家战略部署看，我国推进"两型社会"建设可以分成三个阶段分步推进，每个阶段基本与五年规划期相衔接，建设阶段和阶段性总体目标如下：

第一阶段：2011～2015年，试验探索阶段。以纵深推进武汉城市圈、长株潭城市群两个"两型社会"建设综合配套改革试验区建设为基点，注重总结模式，深化舆论引导，逐渐在全国范围建设"两型社会"做好前期思想准备。主要目标是要基本完成综合配套改革试验任务。

第二阶段：2016～2020年，示范推广全面启动阶段。推广试点经验，在全国启动"两型社会"建设，突出在重点领域、重点区域布局，到"十三五"末，全国资源利用效率明显提高，生态环境水平明显改善，现行试点和重点布局的区域基本建成"两型社会"。

第三阶段：2021~2025年，巩固深化，全面完成阶段。继续在全国全面推进"两型社会"建设，对薄弱环节、薄弱地区集中攻坚，到2025年主要指标均达到相应国际水平，在全国范围基本建成"两型社会"。

（2）中国"两型社会"建设阶段目标。"两型社会"建设是一个长期的战略任务，指导我国"两型社会"建设进展，衡量一个社会是不是"两型社会"或者"两型社会"建设的进展情况，必须提出科学合理的指标体系和目标值。国内的一些学者已经在构建"两型社会"指标体系方面进行了初步的探讨，如简新华、叶林（2009）尝试构建了一个包括"资源节约指数"和"环境友好指数"的指标体系，叶文忠、李林（2010）等则构建了一个包括社会子系统、经济子系统、资源环境子系统三个方面38个指标的评级指标体系，王茜茜、周敬宣、李湘梅等（2011）构建了一个18个指标的指标体系。这些代表性的指标体系，较好地体现了"两型社会"所包含的经济、社会、资源、环境各个方面的要求，提出了人均经济总量、高技术产业发展水平、单位GDP能耗、废弃物综合利用率、绿化率等共性指标。

"两型社会"建设核心是实现发展方式的根本转变，推进"两型社会"建设不是单纯地保护生态环境和节约利用资源，而是要在发展中实现人与自然的核心，在"两型社会"建设中既要坚持以经济建设为中心，又要大力推动经济发展方式的转变。因此，中国"两型社会"建设目标体系中的指标应当既要反映经济社会发展的规模、速度、水平，更要反映社会在节约资源和保护环境方面的现状、努力程度和发展潜力，同时，从操作层看，所提出的指标应当具有精炼、国际可比等特点。通过专家咨询、文献分析，借鉴国际经验和武汉城市圈、长株潭城市群改革试验的经验，最终在资源节约、生态环境、经济发展、社会发展四个方面选取10个指标，构成中国"两型社会"建设的目标体系（见表5-1）。

表5-1　　　　　　　中国"两型社会"建设目标体系

指标	单位	目标		
		2015年	2020年	2025年
一、资源节约				
1. 单位GDP能耗	吨标准油/万美元	6.4	5.4	4.5
2. 单位工业增加值用水量	立方米/万元	73.5	51.5	36
3. 耕地保有量	亿亩	18.18	18.18	18.18

续表

指标	单位	目标		
		2015 年	2020 年	2025 年
二、环境友好				
4. 享有清洁饮用水源人口占总人口比重	%	90	95	100
5. 二氧化碳排放强度	吨/万美元	8.9	7.4	6.2
6. 森林覆盖率	%	21.66	22.96	24.26
三、经济发展				
7. 人均 GDP	美元	7 500	12 000	19 000
8. R&D 经费支出占 GDP 比重	%	2.2	3.2	4.2
四、社会发展				
9. 人文发展指数	—	0.7	0.75	0.8
10. 城镇化率	%	54	58	62

附：指标说明。

综合考虑指标的连续性、可靠性、国际性和中国国情，在参考国家统计局《中国统计年鉴》、《国际统计年鉴》、联合国开发计划署有关报告基础上，科学选取指标，并从国家比较、国家"十二五"规划角度，合理提出目标值。

（1）单位 GDP 能耗。根据国家"十二五"规划，到 2015 年，该指标要再累计降低 16%，2009 年我国该指标按 2000 年价格美元计算大约为 7.7 吨标准油/万美元，因此，到 2015 年，应当达到 6.4 吨标准油/万美元水平。从全球看，根据《国家统计年鉴（2010）》，2007 年中等收入国家平均水平为 6.61 吨标准油/万美元，高收入国家为 1.86 吨标准油/万美元，韩国 2007 年时已经达到 3 吨标准油/万美元，经过 10~15 年的努力，我国应当逐渐达到中等国家能耗水平，并逐步缩小与发达国家的差距。因此，从连续两个五年计划分别下降 16%，到 2020 年、2025 年应当分别达到 5.4 吨标准油/万美元和 4.5 吨标准油/万美元。

（2）单位工业增加值用水量。国家"十二五"规划明确到 2015 年，全国单位工业增加值用水量累计降低 30%，2010 年我国万元工业增加值用水 105 立方米，按降低 30% 计算，到 2015 年为 73.5 立方米/万元，该指标国内先进水平已经低于 20 立方米/万元，如 2009 年天津市万元工业增加值用水量为 11.8 立方米。而折算成人民币，日本在 2000 年时约为 18.4 立方米/万元。因此，参考国家五年规划要求、对比国内外先进水平，"十三五"、"十四五"连续两个五年计划分别下降 30%，则 2020 年、2025 年应当分别达到 51.5 立方米/万元和 36 立方米/万元。

（3）耕地保有量。国家"十二五"规划明确到 2015 年要确保耕地面积 18.18 亿亩，对集约、节约用地提出了新的要求，国家战略明确要求实施最严格的耕地保护政策。因此，从促进集约、节约用地和保障粮食安全双重要求看，未来应当保存耕地面积不减少。

（4）享有清洁饮用水源人口占总人口比重。根据世界银行 WDI 数据库数据，2008 年我国该指标为 89%，同期发达国家基本实现了 100% 人口保障，按照这一目标，到 2015 年全国享有清洁饮用水源人口占总人口比重达到 90%，到 2020 年达到 95%，到 2025 年实现全覆盖。

（5）二氧化碳排放强度。根据世界银行 WDI 数据库，2007 年我国二氧化碳排放强度为 9.7 吨/万美元，国家"十二五"规划确定的五年累计降低 17% 标准可以作为测算依据，未来较长时间内，国际碳减排的压力仍然比较大。因此，"十三五"、"十四五"期间至少应当保持当前的减排力度。按这样减排幅度计算，2015 年要达到 8.9 吨/万美元，2020 年达到 7.4 吨/万美元，2025 年达到 6.2 吨/万美元。

（6）森林覆盖率。2010 年我国森林覆盖率为 20.36%，根据国家测算，到 2015 年实现森林覆盖率在 2010 年基础上提高 1.3 个百分点，按此推算，到 2020 年我国森林覆盖率达到 22.96%，到 2025 年达到 24.26%。

（7）人均 GDP。按当年汇率计算，2010 年我国人均 GDP 已经达到 4 760 美元，已经达到中等发达国家水平。"十一五"时期，按当年价计算我国人均 GDP 年均增长超过 20%，考虑我国经济结构调整，增速适当放缓，按 10% 的年均设定未来目标，则到 2015 年我国人均 GDP 达到 7 500 美元，2020 年达到 12 000 美元，2025 年将达到 19 000 美元。

（8）R&D 经费支出占 GDP 比重。该指标我国水平比较低，从全球看，2007 年全球平均水平为 4.53%，中等收入国家该指标为 4.09%，发达国家则为 5%。技术创新水平是"两型"的核心指标之一，国家"十二五"规划设定到 2015 年达到 2.2%，总体看必须加快提高创新水平。因此，投入水平要争取在 2025 年达到中等发达国家水平。

（9）人文发展指数。根据联合国开发计划署 2010 年《人文发展报告》，2010 年我国人文发展指数为 0.663，属于中等水平，同期高人文发展国家最低值为 0.717，超高人文发展国家水平为 0.878。"两型社会"是人与自然和谐、较高人文发展水平的社会形态。因此，该指标要向较高水平国家看齐。另外，要加快社会事业发展，争取到 2015 年达到 0.7，2020 年达到 0.75，到 2025 年达到 0.8。

（10）城镇化率。2010 年我国城镇化率达到 50%，按照国家"十二五"规划，到 2015 年实现城镇化率 54%，未来 20 年我国仍然处于城镇化快速发展阶段，至少会保持当前的城镇化速度。因此，按照国家测算标准，到 2020 年我国城镇化率达到 58%，到 2025 年达到 62%。

5.3.3.3 中国"两型社会"建设的主要任务

未来 5~10 年是我国加快建设"两型社会"的战略机遇期，面对日趋强化的资源环境约束，必须树立绿色、低碳发展理念，以节能减排为重点，健全激励与约束机制，加快构建资源节约、环境友好的生产方式和消费模式，增强可持续发展能力，提高生态文明水平。

（1）加快发展低碳经济。坚持减缓和适应气候变化并重，充分发挥技术进步的作用，完善体制机制和政策体系，提高应对气候变化能力。第一，要加快制定国家适应气候变化总体战略，在生产力布局、基础设施、重大项目规划设计和建设中，充分考虑气候变化因素，合理控制能源消费总量，严格用能管理，加快制定能源发展规划，明确总量控制目标和分解落实机制。加强气候变化科学研究、观测和影响评估，加快适应技术研发推广，提高防御和应对气候变化的能力。第二，综合运用调整产业结构和能源结构、节约能源和提高能效、增加森林碳汇等多种手段，大幅度降低能源消耗强度和二氧化碳排放强度，有效控制温室气体排放。第三，积极开展气候变化领域国际交流和战略政策对话，在科学研究、技术研发和能力建设等方面开展务实合作，推动建立资金、技术转让国际合作平台。探索建立低碳产品标准、标识和认证制度，建立完善温室气体排放统计核算制度，逐步建立碳排放交易市场。

（2）促进资源节约利用。坚持节约优先，实行资源利用总量控制、供需双向调节、差别化管理，大幅度提高能源资源利用效率。第一，要继续强化节能降耗，突出工业、建筑、交通、公共机构等重点领域，注重健全节能市场化机制、节能目标责任考核机制、节能认证机制、节能约束激励机制，综合运用市场和行政手段，促进节能降耗稳步推进。第二，加强水资源节约，实行最严格的水资源管理制度，加强用水总量控制与定额管理，严格水资源保护，推进农业节水增效，加强城市节约用水，提高工业用水效率，促进重点用水行业节水技术改造和居民生活节水，形成全行业、全领域、全民节水的新格局。第三，坚持节约集约用地，坚持最严格的耕地保护制度，从严控制各类建设占用耕地，确保耕地保有量不减少。实行最严格的节约用地制度，从严控制建设用地总规模，按照节约集约和总量控制的原则，合理确定新增建设用地规模、结构、时序，强化土地利用总体规划和年度计划管控，严格用途管制，健全节约土地标准，加强用地节地责任和考核。

（3）加快发展循环经济。坚持减量化优先，以提高资源产出效率为目标，推进生产、流通、消费各环节循环经济发展，加快构建覆盖全社会的资源循环利用体系。第一，推行循环生产方式，在农业、工业、建筑、商贸服务等重点领域推进清洁生产示范，从源头和全过程控制污染物产生和排放，降低资源消耗；推进大宗工业固体废物和建筑、道路废弃物以及农林废物资源化利用；规划、建设循环产业园区，实现土地集约利用、废物交换利用、能量梯级利用、废水循环利用和污染物集中处理。第二，加强资源循环利用，建立健全垃圾分类回收制度，完善再生资源回收体系，加快建设回收网络，完善再制造旧件回收体系，推进再生资源规模化利用，推进再制造产业发展；推动产业循环式组合，构筑连接循环的产业体系。第三，推广绿色消费模式，鼓励消费者购买使用节能节水产品、节能环保型汽车和节能省地型住宅，减少使用一次性用品，限制过度包装，抑制不合理消费；推行政府绿色采购，逐步提高节能节水产品和再生利用产品比重。

（4）加强生态环保建设。坚持保护优先，保护与治理兼顾，从源头上扭转生态环境恶化趋势，改善环境质量。第一，构建生态安全屏障，加强重点生态功能区保护和管理，增强涵养水源、保持水土、防风固沙能力，保护生物多样性，构建以青藏高原生态屏障、黄土高原—川滇生态屏障、东北森林带、北方防沙带和南方丘陵山地带以及大江大河重要水系为骨架，以其他国家重点生态功能区为重要支撑，以点状分布的国家禁止开发区域为重要组成的生态安全战略格局。第二，强化生态保护与治理，继续实施天然林资源保护工程，推进荒漠化、石漠化和水土流失综合治理，强化自然保护区建设监管，保护好林草植被和河湖、湿地；按照谁开发谁保护、谁受益谁补偿的原则，加快建立生态补偿机制。加大对重点生态功能区的均衡性转移支付力度。第三，加大环境保护力度，以解决饮用水不安全和空气、土壤污染等损害群众健康的突出环境问题为重点，强化污染物减排和治理，防范环境风险；加强对重大环境风险源的动态监测与风险预警及控制，提高环境与健康风险评估能力；健全环境保护法律法规和标准体系，完善环境保护科技和经济政策，加强环境监测、预警和应急能力建设。第四，加强防灾减灾体系建设，加强水利基础设施建设，在继续推进大江大河治理基础上，积极开展重要支流、湖泊和中小河流治理，增强城乡供水和防洪能力。健全防灾减灾体系，增强抵御自然灾害能力。

5.4 推进"两型社会"建设的战略举措

建设资源节约型、环境友好型社会不是一般意义上的保护资源、节约资源，而是坚持生产发展、生活富裕、生态良好的文明发展道路，实现速度和结构质量效益相统一、经济发展与人口资源环境相协调，使人民在良好生态环境中生产生活，实现经济社会永续发展。建设资源节约型和环境友好型社会是新时期我国经济与社会发展一项长期的战略任务，2007年12月，国家批准成立长株潭城市群和武汉城市圈两个"两型社会"建设综合配套改革试验区，开始探索"两型社会"建设新模式，《中共中央关于制定国民经济和社会发展第十二个五年规划的建议》强调，"坚持把建设资源节约型、环境友好型社会作为加快转变经济发展方式的重要着力点"，加快建设资源节约型、环境友好型社会。实践证明，建设"两型社会"是一项庞大的系统工程，涉及生产、消费、流通等领域，涉及发展战略选择、观念更新、制度变革等多种因素，需要政府、企业、居民、非政府组织等行为主体的积极作为与协作，需要各领域相关政策的支持和制度保障。对我国这样一个处于工业化中期，正在加速后发赶超的发展中国家而言，建设"两型社会"必须坚持同时推进循环经济、节能减排和绿色发展三条基本路径，通过加快新型工业化和新型城镇化、加强生态建设和环境保护、推进技术创新和制度创新、强化规划引导和"两型"意识，形成节约能源资源和保护生态环境的产业结构、增长方式、消费模式。

5.4.1 以产业结构调整为重点加快推进新型工业化

党中央根据世界经济科技发展的新趋势和走新型工业化道路的要求，针对我国经济建设中的突出问题，提出了走新型工业化道路的战略部署。新型工业化道路是适应我国经济社会发展的阶段性特征和根本要求的必然选择，是科学发展观视野下实现工业化和促进发展方式转变的具体模式。它以集约增长为基础和以可持续发展为目标，走生产发展、生活富裕、生态良好的文明发展道路，把建设资源节约型和环境友好型社会放在更加突出的位置，实现速度和结构质量效益相统一，实现经济发展与人口资源环境相协调，实现经济社会科学发展、和谐发展、永续发展。胡锦涛同志在党的十七大报告中提出，要加快转变经济发展方式，推进产业结构优化升级，坚持走中国特色新型工业化道路。这既是对我国几十年来特别是改革开放以来工业化进程的经验总结，也是转变经济发展方式建设"两型社会"的必然选择。

在一个拥有13亿多人口的大国走出一条科技含量高、经济效益好、资源消耗低、环境污染少、人力资源优势得到充分发挥的工业化新路子，没有先例可循，必须坚持以科学发展观为指导，以产业结构优化升级为重点，建立与资源承载力和环境承载力相匹配、"两型"特征明显的现代产业体系。

（1）积极培育战略性新兴产业。以重大技术突破和重大发展需求为基础，促进新兴科技与新兴产业深度融合，在继续做强做大高技术产业基础上，重点培育和发展节能环保、新一代信息技术、生物、高端装备制造、新能源、新材料、新能源汽车等战略性新兴产业，依托优势企业、产业集聚区和重大项目，统筹技术开发、工程化、标准制定、应用示范等环节，支持商业模式创新和市场拓展，组织实施若干重大产业创新发展工程，培育一批战略性新兴产业骨干企业和示范基地，努力把战略性新兴产业培育发展成为先导性、支柱性产业。

（2）优化调整产业结构和布局。推进农业技术集成化、劳动过程机械化、生产经营信息化，发展高产、优质、高效、生态、安全农业，促进农业生产经营专业化、标准化、规模化、集约化。着力优化结构、改善品种质量、增强产业配套能力、淘汰落后产能，发展先进装备制造业，调整优化原材料工业，改造提升消费品工业，促进制造业由大变强。大力发展生活性服务业，促进生活性服务业信息化、集群化、高端化。加快发展生产性服务业，深化专业化分工，加快服务产品和服务模式创新，促进生产性服务业与先进制造业融合，推动生产性服务业加速发展。推进重点产业结构调整，按照区域主体功能定位，综合考虑能源资源、环境容量、市场空间等因素，优化重点产业生产力布局。

（3）促进信息化与工业化深度融合。着力突破核心技术，加快建设宽带、融合、安全、发展的下一代国家信息基础设施，提升信息产业水平。促进工业产品研发设计信息化、工业生产过程自动化、企业和行业管理信息化、产品流通和市场营销信息化，努力使信息技术应用渗透到工业研发设计、加工制造、原料采购、库存管理、市场营销等各环节，全面改造提升传统产业，支持战略性新兴产业发展。要大力推进社会信息化，要推动财税、金融、医疗、教育、社会保障等领域重要信息系统建设，提高政府加强社会管理和公共服务的水平。

5.4.2 以城乡统筹和建设生态体系为重点促进新型城镇化

新型城镇化是指坚持以人为本，以新型工业化为动力，以统筹兼顾为原则，推动城市现代化、城市集群化、城市生态化、农村城镇化，全面提升城镇化质量和水平，走科学发展、集约高效、功能完善、环境友好、社会和谐、个性鲜明、城乡一体、大中小城市和小城镇协调发展的城镇化建设路子。与传统提法比较，新型城镇化更强调内在质量的全面提升，也就是要推动城镇化由偏重数量规模增加向注重质量内涵提升转变。

长期以来，我们习惯于粗放式用地、用能，现在必须从思想上明确走资源节约、环境友好之路的重要性；过去我们主要依靠中心城市带动，现在更应该强调城市群、大中小城市和小城镇协调配合发展的必然性。新型城镇化的"新"就是要由过去片面注重追求城市规模扩大、空间扩张，改变为以提升城市的文化、公共服务等内涵为中心，真正使我们的城镇成为具有较高品质的适宜人居之所。建设资源节约型、环境友好型社会的目标是构建经济、社会、环境协调发展的经济社会体系，探索中国特色城镇化道路和生态文明基础上的发展是重要内容。因此，建设"两型社会"必须把新型城镇化作为基本载体，着力构建生态、高效、协调的城镇体系。

（1）构建城市化战略格局。按照统筹规划、合理布局、完善功能、以大带小的原则，以大城市为依托，以中小城市为重点，逐步形成辐射作用大的城市群，促进大中小城市和小城镇协调发展。构建以陆桥通道、沿长江通道为两条横轴，以沿海、京哈京广、包昆通道为三条纵轴，以轴线上若干城市群为依托、其他城市化地区和城市为重要组成部分的城市化战略格局，促进经济增长和市场空间由东向西、由南向北拓展。在东部地区逐步打造更具国际竞争力的城市群，在中西部有条件的地区培育壮大若干城市群。强化中小城市产业功能，增强小城镇公共服务和居住功能，推进大中小城市基础设施一体化建设和网络化发展。

（2）促进城乡统筹发展。按照以工促农、以城带乡的原则，大力调整经济社会发展的战略，重新构建国民收入分配格局，消除制约城乡协调发展的体制性障碍，增强工业反哺农业的能力，推进城乡互动，促进工农互补，实现城乡经济和社会协调发展。加快建立有利于逐步改变城乡二元结构的体制，建立健全与经济发展水平相适应的多种形式的农村社会保障制度，推进征地、户籍等制度改革，逐步形成城乡统一的要素市场，增强农村经济发展活力。深化城乡投资建设体制改革，建立城乡一体化的基础设施体系。构建有利于农村发展的公共财政体制，坚持"多予、少取、放活"的方针，将农村公共产品的供给纳入各级财政负担的范围，完善农村公共财政体制，支持农村、农业的发展。积极推进农村土地制度改革，明确土地承包经营权属于物权，使农村土地产权制度化、法制化。

（3）构建城乡生态体系。合理确定城市开发边界，规范新城新区建设，提高建成区人口密度，调整优化建设用地结构，防止特大城市面积过度扩张，预防和治理"城市病"。充分利用自然生态基础，以山脉、水系为骨架，以山、林、江、田、湖等为要素，综合自然、历史、人文等的空间分布，构建城乡网状生态结构，形成多层次、多功能、复合型区域生态网络。突出保护城乡接合处敞开式绿地，依托原有的生态资源，串联城镇绿化隔离带、农田等，形成网络状生态廊道，加上主要交通干道和铁路两侧的绿化带建设及山水廊道的构筑，促进生态"斑块"间、"斑块"与"种源"间的生态联系，维护区域生态系统的稳定和健康。

5.4.3 以资源节约和生态环境建设为重点提高生态文明水平

生态文明是指人类遵循人、自然、社会和谐发展这一客观规律而取得的物质与精神成果的总和，是指人与自然、人与人、人与社会和谐共生、良性循环、全面发展、持续繁荣为基本宗旨的文化伦理形态。生态文明与"野蛮"相对，指的是在工业文明已经取得成果的基础上，用更文明的态度对待自然，拒绝对大自然进行野蛮与粗暴的掠夺，积极建设和认真保护良好的生态环境，改善与优化人与自然的关系，从而实现经济社会可持续发展的长远目标。生态文明是人类文明的一种形态，它以尊重和维护自然为前提，以引导人们走上持续、和谐的发展道路为着眼点，以建立可持续的生产方式和消费方式为内涵，强调人与自然环境的相互依存、相互促进、共处共融，既追求人与生态的和谐，也追求人与人的和谐。生态文明是人类对传统文明形态，特别是工业文明进行深刻反思的成果，是人类文明形态和文明发展理念、道路和模式的重大进步。

随着气候变化、资源过度消耗、环境破坏严重等生态危机的凸显，生态文明成为全球共识，提高生态文明水平成为世界各国共同努力的目标。改革开放以来，我国经济社会发展取得重大进展，但是主要依赖增加投资和物质投入的粗放型经济增长方式没有改变，能源和其他资源的消耗增长很快，生态环境恶化的问题也日益突出，已经成为世界资源消耗、污染排放最大的国家。面对日趋强化的资源环境约束，必须树立绿色、低碳发展理念，加快构建资源节约、环境友好的生产方式和消费模式，增强可持续发展能力，提高生态文明水平。

（1）强化资源能源节约。实行总量控制、供需双向调节、差别化管理，大幅度提高能源资源利用效率，提升各类资源保障程度。推进节能降耗，抑制高耗能产业过快增长，加强重点用能单位节能管理，完善节能法规和标准，完善能效标识、节能产品认证和节能产品政府强制采购制度，推广先进节能技术和产品，推进节能减排全民行动。实行最严格的水资源管理制度，加强用水总量控制与定额管理，严格水资源保护，推进农业节水增效，加强城市节约用水，提高工业用水效率，大力推进再生水回用，全面提高节约用水水平。坚持最严格的耕地保护制度，从严控制建设用地总规模，按照节约集约和总量控制的原则，合理确定新增建设用地规模、结构、时序，加大闲置土地清理处置力度，加强用地节地责任和考核，全面促进土地节约集约利用。实行矿山最低开采规模标准，推进规模化开采；发展绿色矿业，强化矿产资源节约与综合利用，提高矿产资源开采回采率、选矿回收率和综合利用率，不断加强矿产资源勘查、保护和合理开发。

（2）加强环境保护和治理。以解决饮用水不安全和空气、土壤污染等损害群众健康的突出环境问题为重点,加强综合治理,明显改善环境质量。强化污染物减排和治理,实施主要污染物排放总量控制,实行严格的饮用水水源地保护制度,提高集中式饮用水水源地水质达标率,推进重点流域和区域水污染防治,加强重点湖库及河流环境保护和生态治理,加大重点跨界河流环境管理和污染防治力度,控制区域复合型大气污染,地级以上城市空气质量达到二级标准以上的比例达到80%,城市污水处理率和生活垃圾无害化处理率分别达到85%和80%。防范环境风险,开展重金属污染治理与修复试点示范,开展持久性有机物、危险废物、危险化学品污染治理与修复试点示范,确保核与辐射安全,推进历史遗留的重大环境隐患治理,加强对重大环境风险源的动态监测与风险预警及控制,提高环境与健康风险评估能力。

(3)促进生态建设和修复。坚持保护优先和自然修复为主,加大生态保护和建设力度,从源头上扭转生态环境恶化趋势。加强重点生态功能区保护和管理,增强涵养水源、保持水土、防风固沙能力,保护生物多样性,构建以青藏高原生态屏障、黄土高原—川滇生态屏障、东北森林带、北方防沙带和南方丘陵山地带以及大江大河重要水系为骨架,以其他国家重点生态功能区为重要支撑,以点状分布的国家禁止开发区域为重要组成的生态安全战略格局。强化生态保护与治理,继续实施天然林资源保护工程,巩固和扩大退耕还林还草、退牧还草等成果,推进荒漠化、石漠化和水土流失综合治理,保护好林草植被和河湖、湿地,强化自然保护区建设监管,加强生物安全管理,有效防范物种资源丧失与流失,积极防治外来物种入侵。按照谁开发谁保护、谁受益谁补偿的原则,加快建立生态补偿机制,鼓励、引导和探索实施下游地区对上游地区、开发地区对保护地区、生态受益地区对生态保护地区的生态补偿。

5.4.4 以提高绿色创新水平为重点加快建设创新型国家

尽管绿色创新的理论和实践出现相对较早,但直到20世纪90年代以后可持续发展观念的日益普及,与可持续发展相关的创新理念才逐渐受到重视,其中包括绿色或环境创新、生态创新、可持续性创新等,这些概念实质上没有太大差异,可以统称为绿色创新。绿色创新作为创新与可持续发展的重要结合点,目前尚没有统一定义,可以认为绿色创新是相关行为者(包括公司、政治家、联盟、协会、教会、家庭等)关注环境、经济、社会协调发展,发展、应用或引入新思想、新行为、新产品和新过程,实现减少环境负担或者实现具体的生态可持续发展目标的所有措施。绿色创新既包括过程和产品创新,也包括企业管理、社会和政治层面上的组织、不利于环境的管制或立法以及消费行为或生活方式的变化,绿色创新的本质可能是技术的、组织的、社会的和制度的，判断绿色创新成功的标志是以更低的环境代价获取相同的使用价值。

工业革命以来，人类社会先后经历了以水力、蒸汽动力、电力、电子、信息技术为代表的五次创新波，近年来，随着环境污染的日益严重和环境危机的出现，人们的环境意识逐渐觉醒，引领人类未来发展的以绿色、低碳、可持续为特征的第六次创新波正在加快形成，可持续性技术创新正在初步展示出勃勃生机和魅力，资源生产率的大幅度提升很有可能引发或创造新一轮的国家竞争优势，成为未来经济和科技竞争的制高点。

"两型社会"作为一种新的发展模式，是对传统发展模式的革命性的或根本性的变革和创新，这种创新是全方位的，涉及技术、制度、组织、文化等多个维度。资源环境绩效是"两型社会"建设的核心，而促进绿色创新则是建设"两型社会"的关键，由于资源环境绩效更多地受到技术、结构、制度的影响，因此围绕资源环境绩效提高的绿色创新必然涉及技术创新、结构创新和制度创新。中国为了加速建成"两型社会"，抢占未来国际竞争的制高点和发展主动权，就必须以绿色创新为引领，建设创新型国家。

（1）加快推进"两型"技术创新。树立绿色创新理念，重新定向和定位国家创新系统，把具有广泛带动性的、渗透性的、一旦突破对实现绿色发展具有关键作用的技术群作为重点和突破口，着力打造重点环节、关键领域绿色技术平台，建立起"两型"导向明显的技术创新体系。继续加大绿色科技研发的财政投入和政策倾斜力度，鼓励和吸引企业投资绿色技术和产品的研发和推广，加强绿色技术与设备的引进、消化、吸收、再创新以及节能、节水、节材等方面的技术改造。广泛吸纳社会力量参与绿色科技的研发，促进形成政府、企业、社会多元化、多渠道的绿色科技投入格局。加强绿色政策与创新政策的协调，创造有利于绿色科技创新的政策环境，充分发挥绿色政策对绿色科技创新的激励作用等。

（2）提升技术创新支撑能力。加强科技基础设施建设，围绕增强原始创新、集成创新和引进消化吸收再创新能力，强化基础性、前沿性技术和共性技术研究平台建设，建设和完善国家重大科技基础设施，加强相互配套、开放共享和高效利用；在重点学科和战略高技术领域新建若干国家科学中心、国家（重点）实验室，构建国家科技基础条件平台，在关键产业技术领域建设一批国家工程实验室，优化国家工程中心建设布局。强化支持企业创新和科研成果产业化的财税金融政策，加大政府对基础研究投入，保持财政科技经费投入稳定增长，全面落实企业研发费用加计扣除等促进技术进步的税收激励政策，实施知识产权质押等鼓励创新的金融政策，建立健全技术产权交易市场，加强知识产权的创造、运用、保护和管理，鼓励采用和推广具有自主知识产权的技术标准。

（3）增强企业自主创新能力。深化科技体制改革，促进全社会科技资源高效配置和综合集成。重点引导和支持创新要素向企业集聚，加大政府科技资源对企业的支持力度，加快建立以企业为主体、市场为导向、产学研相结合的技术创新体系，使企业真正成为研究开发投入、技术创新活动、创新成果应用的主体。增强科研院所和高校创新动力，鼓励大型企业加大研发投入，激发中小企业创新活力，推动建立企业、科研院所和高校共同参与的创新战略联盟，发挥企业家和科技领军人才在科技创新中的重要作用。加强军民科技资源集成融合，鼓励发展科技中介服务，提高服务企业能力。发挥国家创新型城市、自主创新示范区、高新区的集聚辐射带动作用，加快形成若干区域创新中心，把北京中关村逐步建设成为具有全球影响力的科技创新中心。

5.4.5 以规划和宣传为重点加快培育和发展"两型"文化

文化涉及一套支配性的价值或主题，并影响它的许多组成部分，文化价值观念包括世界观、价值观和伦理道德，它通过影响人类的行为方式或者行为选择包括消费方式、生产方式和思维方式乃至人类社会系统的制度安排、社会的组织管理方式与科技的发展，进而对环境产生间接而又深远的影响。它也是影响人与自然相互作用关系的最深层、最本质的部分，每一个国家环境问题的形成都有其独特的文化背景，即环境问题的产生和演变在一定程度上受到传统习俗、文化等因素的影响。

"两型"文化包括三个层面：一是采用生态技术和生态工艺，创造出新的技术形式、能源形式和产品形式的物质层面生态文化；二是以生态和绿色为原则的价值观念、思想意识、理论研究、文学艺术等精神层面生态文化；三是围绕生态价值而形成的制度规范、组织体系和社会调节机制的制度层面生态文化。作为以生态文明为显著特征的"两型社会"的价值取向和必然选择，"两型"文化是适应自然、社会和经济发展的系统性文化，是能对自然、社会、人文等各类资源进行有机协调与整合的文化。从一定意义上说，重视"两型"文化，建设生态文明，既关涉每一个人的切身利益，也关涉全人类的共同利益、长远利益。因而，"两型"文化从本质上能最大限度地得到人民群众的认同、接受和拥护，容易生发出巨大的向心力，有利于在全社会范围内形成团结、合作的精神，在实践中形成求同存异的精神支柱，将广大人民群众凝聚在"两型社会"建设的主阵地，切实推动"两型社会"的建设和发展。我国总体上还处于工业化中期阶段，在工业化思想主导的时期，应当更加注重弘扬"两型"文化，加快形成"两型社会"的价值观和意识形态。

（1）构筑"两型社会"的规划引导体系。按照资源节约型和环境友好型的基本要求，编制"两型社会"建设的总体规划、各类专项规划、下位规划，在经济社会发展总体规划和部门专业规划中突出资源节约和环境保护主题，突出"两型"规划与经济社会发展规划、各市规划与城市群规划、专项规划与总体规划相对接，形成全覆盖、科学指导和推进"两型社会"建设的规划体系。创新规划立法，确立"两型社会"建设规划法定地位，强化规划的管理实施，加强规划实施监督和纠错，全面增强规划引导力。

（2）形成"两型社会"的宣传传播体系。综合运用广播、电视、网、报刊等现代宣传手段，构筑综合性"两型社会"宣传平台，强化宣传渠道，加大"两型社会"建设的日常宣传教育工作，突出重要活动、重点项目、重点工作宣传，突出对"两型社会"建设综合配套改革试验区的宣传推介，扩大试验区影响力和辐射力，形成国内外聚焦、全社会参与的浓厚氛围。将"两型"教育纳入义务教育、职业教育和在职教育体系，纳入各级党委中心组学习内容和干部培训机构教学计划。在弘扬传统资源环境文化的基础上大力创造新的"两型"文化精品，将"两型社会"理念以群众喜闻乐见的形式展现出来。开展"两型"技术产品示范推广，选取一批"两型"技术和产品，在"两型社会"建设试验区推广，以"两型"技术产品示范推广为抓手，全面推广和集中示范相结合，提高城乡建设"两型"化水平。加强行为规范教育，引导群众以规范的行为来实践"两型社会"理念，形成浓厚的、规范的行为文化氛围。

（3）建设"两型社会"评价考核体系。推进"两型"评价指标体系和标准化建设，建立完善"两型社会"建设评价指标体系，建立"两型社会"建设统计体系，发布相关指数，形成"两型社会"建设评价机制，引导各级各部门推进"两型社会"建设。围绕"两型"机关、学校、医院、家庭、社区、村庄等建设建立标准体系，适时纳入国家标准系列，积极开展"两型"企业等认证工作。积极探索和建立与科学发展观相适应的、包括资源环境内容的经济社会发展指标考核体系和领导干部政绩考核体系，探索建立领导干部资源环境离任审计制度和企业"两型"审计制度，建立科学的考核体系，确立可考核的客观标准，形成正确的评价导向，引导干部树立正确的政绩观。

5.4.6 以改革创新为动力构建"两型社会"保障体系

"两型社会"建设本身是一项开创性的事业，尤其是在我国这样一个总体处于工业化中期，加快发展和转型发展双重压力都比较大的历史时期，推进"两型社会"建设压力更大、难度更大、困难更多。中国改革开放的历史经验证明，面临新的课题、新的难题,坚持改革开放是最有效的法宝。面对建设资源节约型和环境友好型社会这一个具有重大历史意义的难题,必须进一步解放思想、转变观念,增强责任感和忧患意识,努力开拓创新,不等不靠,大胆改革创新,把体制机制改革作为重要保障,深化重点领域和关键环节的改革,构建有利于发展方式转变和"两型社会"建设的体制机制。

（1）建立资源节约、环境友好的体制机制。探索建立环境资源综合管理机制,推进环境资源管理体制改革,构建职能统一的大部门环境资源管理体制,建立环境保护和资源利用的统筹协调机制,实现统一规划、统一建设、统一标准,优化环境资源配置。建立资源节约和环境友好的激励约束机制,建立反映市场供求状况、资源稀缺程度和环境损害成本的资源价格形成机制,健全资源有偿使用制度和生态环境补偿机制,完善节约水、电、煤、油、气等的价格激励机制。积极发展低碳经济,推动实施"绿色信贷"、"绿色贸易"和"绿色保险"等环保经济政策。完善节约集约用地评价指标体系,建立节约集约利用土地的长效机制。探索适应经济增长的生态发展模式,建立政府、企业和社会的多元化投入机制,吸引和鼓励社会资本及外资参与环境基础设施建设,加强产业政策、环境准入和污染物排放标准的约束机制,从源头防止环境污染和生态破坏。

（2）推进土地管理体制机制创新。以创新节约集约用地的体制机制为重点,优化土地利用结构,形成耕地资源得到切实保护、土地资产效益得到充分发挥的节约集约用地新格局。探索土地节约集约利用机制,实施集约用地评价考核办法,评价结果与建设用地计划指标奖惩挂钩,创新产业用地模式,实行产业用地出让年期弹性化,探索产业用地租售并举的多元化供应方式。创新土地利用规划和计划管理模式,实行土地利用总体规划的动态管理,推进土地集约利用和市场化配置,积极稳妥开展城镇建设用地规模增加与农村建设用地减少挂钩试点。深化农村土地管理改革,开展土地征收和农用地转用分离试点,建立农村集体建设用地流转交易平台,探索建立集体建设用地合理流转的新机制,探索对农村建设用地（含宅基地）进行市场化交易。

（3）促进金融改革与创新。积极推进金融改革和制度创新,逐步形成金融资源高度集聚、金融体系基本完备、经营机制灵活高效的金融市场。推进投融资主体建设,鼓励在做大做强城市群城市商业银行的基础上,通过重组设立区域性商业银行,并积极推动上市;支持整合金融资源,组建大型金融控股集团;支持设立金融租赁公司、汽车金融公司等非银行金融机构。完善金融市场体系,支持设立促进"两型社会"建设的产业投资基金;支持发行服务"两型社会"建设的项目收益债券,扩大企业债券发行规模;支持保险资金参与"两型社会"建设,开展环境污染责任保险等新型保险业务的试点;推动有条件的高新技术园区进入证监会代办股份转让系统试点；鼓励发展风险投资基金和私募股权基金；建立碳交易市场，探索建立低碳金融体系。改善金融生态环境，搭建银企合作平台，积极开展银行产品和服务创新，扩大"绿色信贷"规模，重点扶持符合"两型"要求的企业和项目。推进农村金融改革，支持以农村信用社为基础，组建区域性农村合作银行或农村商业银行，培育发展村镇银行、贷款公司、农村资金互助社等新型农村金融机构，扩大农贷规模和覆盖面；创新抵押担保方式，探索开展农村集体建设用地使用权、林权抵押融资服务；扩大农业政策性保险试点范围，建立农业大灾风险转移分散机制。

（4）深化行政管理体制改革。建设服务型政府，实现政府职能向创造良好发展环境、提供优质公共服务、维护社会公平正义转变，实现行政运行机制和政府管理方式向规范有序、公开透明、廉洁高效转变。转变政府职能，优化政务流程，整合政府机构，完善大部门管理体制，按照职能有机统一的原则，实现政府职能、机构与人员的合理配置。建立健全决策、执行、监督既相互制约又相互协调的权力结构和运行机制。深化行政审批制度改革，清理、取消一批行政审批事项，规范审批行为，创新政府服务方式，优化审批流程，探索建立统一的行政审批服务平台，扩大和深化并联审批、网上审批。

5.5 "两型社会"建设的政策体系创新

"两型社会"建设是国家转变发展方式的重大战略举措，2005年以来，为推进全国"两型社会"建设，国务院、国家有关部委先后制定了一系列的专项政策、指导意见，并在武汉城市圈和长株潭城市群集中展开"两型社会"建设综合配套改革，通过改革试验，探索建立相关政策措施，检验一些政策的实际效果，总体看，以国家总体政策、部委专项政策和区域性政策为主的"两型社会"建设的政策体系正在逐渐形成。

5.5.1 中国现有"两型社会"建设相关政策

2003年以来，国家在政策层面逐步加大对循环发展、资源节约、环境保护等领域的支持、协调和管理力度，以国务院名义先后发布并实施了37个与资源节约型、环境友好型社会建设相关的政策，国家发改委、财政部、税务总局、建设部等部委单独或联合发布了51项"两型社会"建设的相关政策，这些政策既有综合性的指导意见，也有产业发展、交通节能、建筑节能等重点领域的专项政策，包括了节能促进、节水促进、土地管理、产业引导、财税支持、政府采购等各个方面。

5.5.1.1 国家层面政策分析

国务院、国务院办公厅从 2005 年到 2012 年先后发布并实施了 37 个引导、支持资源节约型、环境友好型社会建设的指导意见和政策措施（见表 5-2）。其中节能相关的政策或指导意见 12 项，大约占到 1/3，环保方面的政策 8 个，产业发展方面的引导性政策 5 个，节地和建筑方面的政策 3 个，节约用水方面的政策 2 个，资源综合利用方面的政策 2 个，综合性指导意见或规划 5 个。从国家政策层面看，国家把"两型社会"建设的工作重点放在了节能、环保和产业结构调整转型方面，同时注重通过综合性的政策指导、协调和统筹全国"两型社会"建设。

表 5-2　2003~2012 年国务院公布的"两型社会"相关政策

政策文件名称	文件号	文件所属领域
废弃电器电子产品回收处理管理条例	国务院令，第 551 号	资源综合利用
公共机构节能条例	国务院令，第 531 号	节能
民用建筑节能条例	国务院令，第 530 号	节能
清洁生产促进法	国家主席令，第 54 号	产业发展
国务院关于实行最严格水资源管理制度的意见	国发〔2012〕3 号	节水
国务院关于印发"十二五"控制温室气体排放工作方案的通知	国发〔2011〕41 号	环保
国务院关于加强环境保护重点工作的意见	国发〔2011〕35 号	环保
国务院关于印发"十二五"节能减排综合性工作方案的通知	国发〔2011〕26 号	节能
国务院关于印发全国主体功能区规划的通知	国发〔2010〕46 号	综合
国务院关于进一步加强淘汰落后产能工作的通知	国发〔2010〕7 号	产业发展
国务院批转发展改革委等部门关于抑制部分行业产能过剩和重复建设引导产业健康发展若干意见的通知	国发〔2009〕38 号	产业发展
国务院关于进一步加强节油节电工作的通知	国发〔2008〕23 号	节能
国务院关于促进节约集约用地的通知	国发〔2008〕3 号	节地

续表

政策文件名称	文件号	文件所属领域
国务院关于促进资源型城市可持续发展的若干意见	国发〔2007〕38号	综合
国务院批转节能减排统计监测及考核实施方案和办法的通知	国发〔2007〕36号	节能
国务院关于印发中国应对气候变化国家方案的通知	国发〔2007〕17号	环保
国务院关于印发节能减排综合性工作方案的通知	国发〔2007〕15号	节能
国务院关于加强节能工作的决定	国发〔2006〕28号	节能
国务院关于落实科学发展观加强环境保护的决定	国发〔2005〕39号	环保
国务院关于加快发展循环经济的若干意见	国发〔2005〕22号	综合
国务院关于做好建设节约型社会近期重点工作的通知	国发〔2005〕21号	综合
国务院关于印发中国21世纪初可持续发展行动纲要的通知	国发〔2003〕3号	综合
国务院办公厅关于建立完整的先进的废旧商品回收体系的意见	国办发〔2011〕49号	资源综合利用
国务院办公厅关于进一步加大节能减排力度加快钢铁工业结构调整的若干意见	国办发〔2010〕34号	节能
国务院办公厅转发环境保护部等部门关于推进大气污染联防联控工作改善区域空气质量指导意见的通知	国办发〔2010〕33号	环保
国务院办公厅转发发展改革委等部门关于加快推行合同能源管理促进节能服务产业发展意见的通知	国办发〔2010〕25号	节能
国务院办公厅转发环境保护部等部门关于实行"以奖促治"加快解决突出的农村环境问题实施方案的通知	国办发〔2009〕11号	环保
国务院办公厅关于深入开展全民节能行动的通知	国办发〔2008〕106号	节能
国务院办公厅转发环保总局等部门关于加强重点湖泊水环境保护工作意见的通知	国办发〔2008〕4号	环保
国务院办公厅关于限制生产销售使用塑料购物袋的通知	国办发〔2007〕72号	产业发展
国务院办公厅转发环保总局等部门关于加强农村环境保护工作意见的通知	国办发〔2007〕63号	环保

续表

政策文件名称	文件号	文件所属领域
国务院办公厅关于建立政府强制采购节能产品制度的通知	国办发〔2007〕51号	节能
国务院办公厅关于严格执行公共建筑空调温度控制标准的通知	国办发〔2007〕42号	建筑
国务院办公厅转发发展改革委关于完善差别电价政策意见的通知	国办发〔2006〕77号	节能
国务院办公厅转发发展改革委等部门关于鼓励发展节能环保型小排量汽车意见的通知	国办发〔2005〕61号	产业发展
国务院办公厅关于进一步推进墙体材料革新和推广节能建筑的通知	国办发〔2005〕33号	建筑
国务院办公厅关于推进水价改革促进节约用水保护水资源的通知	国办发〔2004〕36号	节水

在党中央、国务院的部署下，国务院各部委全面推动实施"两型社会"建设国家战略，通过政策杠杆，加大对"两型社会"建设的引导、管理和调控，国家发改委、财政部、税务总局、环保部、城乡建设部、工信部、能源局等相关部委，2004～2012年，制定和发布了51项与资源节约型、环境友好型社会建设相关的政策措施（见表5-3）。国家部委制定的政策更加具体化和专门化，主要是针对各项具体的工作或任务，配套制定的引导性、支持性、约束性政策。总体看，51项部门专门政策中，关系到"两型"产业发展的有15个，节能减排相关的14个，试点示范方面的政策8个，表面部门政策更加注重于通过引导产业发展、强化节能减排等政策，促进"两型社会"建设。

表5-3　2004～2012年国务院相关部委公布的"两型社会"相关政策

政策文件名称	文件号	文件所属领域
国家发展改革委、财政部关于推进园区循环化改造的意见	发改环资〔2012〕765号	产业发展
国家发展改革委关于完善垃圾焚烧发电价格政策的通知	发改价格〔2012〕801号	产业发展
国家发展改革委办公厅关于开展资源综合利用"双百工程"建设的通知	发改办环资〔2012〕726号	资源综合利用

续表

政策文件名称	文件号	文件所属领域
财政部、国家发展改革委关于开展"节能产品惠民工程"的通知	财建〔2009〕213号	节能
财政部、国家发展改革委关于印发"节能产品惠民工程"高效电机推广实施细则的通知	财建〔2010〕232号	节能
财政部、国家发展改革委关于调整公布第十一期节能产品政府采购清单的通知	财库〔2012〕9号	节能
关于印发节能减排全民行动实施方案的通知	发改环资〔2012〕194号	节能
国家发展改革委办公厅关于开展碳排放权交易试点工作的通知	发改办气候〔2011〕2601号	环保
国家发展改革委关于印发"十二五"资源综合利用指导意见和大宗固体废物综合利用实施方案的通知	发改环资〔2011〕2919号	资源综合利用
国家发展改革委关于印发万家企业节能低碳行动实施方案的通知	发改环资〔2011〕2873号	节能
国家发展改革委关于组织申报2012年节能技术改造财政奖励备选项目的通知	发改办环资〔2011〕3174号	节能
国家发展改革委关于居民生活用电试行阶梯电价的指导意见的通知	发改价格〔2011〕2617号	节能
国家发展改革委关于印发"十二五"墙体材料革新指导意见的通知	发改环资〔2011〕2437号	建筑
国家发展改革委关于加强重点流域水污染治理项目管理的通知	发改办地区〔2011〕73号	环保
财政部、国家发展改革委、工业和信息化部关于调整节能汽车推广补贴政策的通知	财建〔2011〕754号	产业发展
国家发展改革委关于完善太阳能光伏发电上网电价政策的通知	发改价格〔2011〕1594号	产业发展
财政部、国家发展改革委关于印发节能技术改造财政奖励资金管理办法的通知	财建〔2011〕367号	节能
国家发展改革委办公厅、财政部办公厅关于印发循环经济发展专项资金支持餐厨废弃物资源化利用和无害化处理试点城市建设实施方案的通知	发改办环资〔2011〕1111号	资源综合利用

续表

政策文件名称	文件号	文件所属领域
国家发展改革委、国家电监会关于2010年1~9月可再生能源电价补贴和配额交易方案的通知	发改价格〔2011〕122号	资源综合利用
国家发展改革委关于设立山西省国家资源型经济转型综合配套改革试验区的通知	发改经体〔2010〕2836号	试点
国家发展改革委关于开展低碳省区和低碳城市试点工作的通知	发改气候〔2010〕1587号	试点
财政部、科技部、工业和信息化部、国家发展改革委关于开展私人购买新能源汽车补贴试点的通知	财建〔2010〕230号	产业发展
财政部、科技部、工业和信息化部、国家发展改革委关于扩大公共服务领域节能与新能源汽车示范推广有关工作的通知	财建〔2010〕227号	产业发展
财政部、国家发展改革委、工业和信息化部关于印发《"节能产品惠民工程"节能汽车（1.6升及以下乘用车）推广实施细则》的通知	财建〔2010〕219号	产业发展
国家发改委等关于推进再制造产业发展的意见	发改环资〔2010〕991号	产业发展
关于组织开展城市餐厨废弃物资源化利用和无害化处理试点工作的通知	发改办环资〔2010〕1020号	试点
国家发改委、电监委、能源局关于清理对高耗能企业优惠电价等问题的通知	发改价格〔2010〕978号	产业发展
财政部、国家发展改革委关于调整高效节能空调推广财政补贴政策的通知	财建〔2010〕119号	节能
《国家鼓励发展的环保产业设备（产品）目录（2010年版）》	国家发改委、环保部公告，2010年第6号	环保
国家发改委、人民银行、银监局、证监局关于支持循环经济发展的投融资政策措施意见的通知	发改环资〔2010〕801号	产业发展
《中华人民共和国实行能源效率标识的产品目录（第六批）》《电力变压器能源效率标识实施规则》《通风机能源效率标识实施规则》《房间空气调节器能源效率标识实施规则》（修订）	国家发展改革委、国家质检总局、国家认监委公告，2010年第3号	节能

续表

政策文件名称	文件号	文件所属领域
国家发展改革委办公厅关于支持武汉城市圈资源节约型和环境友好型社会综合配套改革试验区建设有关问题的复函	发改办经体［2009］2839号	试点
国家发展改革委关于印发黄河三角洲高效生态经济区发展规划的通知	发改地区［2009］3027号	试点
国家发改委、科技部、财政部等关于印发半导体照明节能产业发展意见的通知	发改环资［2009］2441号	产业发展
关于贯彻实施中华人民共和国节约能源法的通知	发改环资［2008］2306号	节能
财政部、国家税务总局、国家发展改革委关于公布节能节水专用设备企业所得税优惠目录（2008年版）和环境保护专用设备企业所得税优惠目录（2008年版）的通知	财税［2008］115号	产业发展
关于批准武汉城市圈和长株潭城市群为全国资源节约型和环境友好型社会建设综合配套改革试验区的通知	发改经体［2007］3428号	试点
财政部、住建部关于加快推动我国绿色建筑发展的实施意见	财建［2012］167号	建筑
财政部、国家发展改革委、国家能源局关于印发可再生能源电价附加补助资金管理暂行办法的通知	财建［2012］102号	产业发展
财政部、国家税务总局、工业和信息化部关于节约能源、使用新能源车船税政策的通知	财税［2012］19号	产业发展
财政部、国家税务总局关于公共基础设施项目和环境保护、节能节水项目企业所得税优惠政策问题的通知	财税［2012］10号	节水
财政部、国家税务总局关于调整完善资源综合利用产品及劳务增值税政策的通知	财税［2011］115号	资源综合利用
财政部、住房和城乡建设部关于进一步推进可再生能源建筑应用的通知	财建［2011］61号	建筑
财政部、科技部关于开展节能与新能源汽车示范推广试点工作的通知	财建［2009］6号	试点

续表

政策文件名称	文件号	文件所属领域
财政部关于在中关村国家自主创新示范区进行中央级事业单位科技成果处置权改革试点的通知	财教〔2011〕18号	试点
财政部、国家税务总局关于对利用废弃的动植物油生产纯生物柴油免征消费税的通知	财税〔2010〕118号	节能
财政部、工业和信息化部、海关总署、国家税务总局关于调整大型环保及资源综合利用设备等重大技术装备进口税收政策的通知	财关税〔2010〕50号	环保
住建部、财政部关于推进夏热冬冷地区既有居住建筑节能改造的实施意见	建科〔2012〕55号	建筑
国土资源部关于大力推进节约集约用地制度建设的意见	国土资发〔2012〕47号	节地
可再生能源发电价格和费用分摊管理试行办法	发改价格〔2006〕7号	节地
可再生能源电价附加收入调配暂行办法	发改价格〔2007〕44号	节能
节能产品政府采购实施意见	财库〔2004〕185号	节能

5.5.1.2 典型区域性政策分析

随着国家"两型社会"建设的稳步推进,各省、市和直辖区都先后加大了资源节约型、环境友好型社会建设力度,结合各地区自身特点,提出了一些代表性的指导性规划、政策文件。尤其是在武汉城市圈和长株潭城市群两个国家"两型社会"建设综合配套改革试验区,所在的省委、省政府都把建设"两型社会"作为全省的重大战略,"两型社会"改革建设的任务和要求在全省的党代会报告、省的五年发展规划和政府工作报告中都占有十分重要的地位。以下对典型地区的地方性"两型社会"政策进行分析。

(1) 武汉城市圈的"两型社会"改革建设政策体系。湖北省十分重视"两型社会"改革建设的政策支持,2007年国家批准成立武汉城市圈"两型社会"建设综合配套改革试验区后,为贯彻落实国务院批复的《武汉城市圈资源节约型和环境友好型社会建设综合配套改革试验总体方案》,湖北省围绕资源节约、环境保护、生态建设和区域发展加快研究制定并实施了土地、财税、金融、人才等方面的一系列政策,同时,紧密依托国家有关部委,以部省合作形式争取落实了有关专项政策支持,基本形成了包括法律法规、指导意见、专项政策等在内的引导、支持武汉城市圈"两型社会"改革建设的政策体系(见表5-4)。

表5-4　　　　湖北省武汉城市圈"两型社会"改革建设政策

政策文件名称	文件号	文件所属领域
武汉城市圈资源节约型和环境友好型社会建设综合配套改革试验促进条例	2009年7月31日湖北省第十一届人民代表大会常务委员会第十一次会议通过	综合
湖北省国家税务局关于支持武汉城市圈"两型社会"建设综合配套改革试验区发展的意见	鄂国税发〔2008〕74号	综合
湖北省人民政府关于推进金融创新支持武汉城市圈"两型社会"建设的意见	鄂政发〔2009〕5号	金融
湖北省人民政府关于推进土地管理改革促进武汉城市圈"两型社会"建设的意见	鄂政发〔2009〕041号	土地
中共湖北省委、湖北省人民政府关于大力加强生态文明建设的意见	鄂发〔2009〕25号	综合
中共湖北省委办公厅、湖北省人民政府办公厅关于支持武汉城市圈"两型社会"建设人才政策的意见	鄂办发〔2009〕13号	人才
湖北省人民政府关于加强部省合作共建推进武汉城市圈综合配套改革试验的指导意见	鄂政发〔2009〕38号	综合
工业和信息化部关于支持武汉城市圈"两型社会"建设的实施意见	工信部规〔2009〕572号	综合
湖北省人民政府关于加强环境保护促进武汉城市圈"两型社会"建设的意见	鄂政发〔2010〕62号	环保
教育部、卫生部、铁道部、交通运输部、人民银行等40家部委和单位与湖北省签署合作协议或备忘录	2008~2010年	专项

（2）长株潭城市群的"两型社会"改革建设政策体系。长期以来，湖南省一直把绿色作为自身最大的优势、最大的竞争力、最大的吸引力，在推进省域发展时，也比较注重生态环境保护。早在2006年，湖南省第九次党代会明确把生态环境保护作为科学发展必须坚守的一条重要底线；2007年12月，经国务院批准，长株潭城市群率先开展"两型社会"建设综合配套改革试验；着眼全球绿色发展新态势，2010年8月，湖南省委、省政府把打造"绿色湖南"提升为湖南

的总体发展战略；2011年11月湖南省第十次党代会上，进一步把"四化两型"作为全省新时期的发展战略。为了进一步落实中央科学发展的有关精神，湖南全面推进"两型社会"改革建设，省委、省政府围绕资源节约、环境友好这两大主线，颁布了试验区改革建设实施意见、政策法规等70多个，形成了比较系统的省域"两型社会"改革建设引导、支持政策体系（见表5-5）。

表5-5　　　　湖南省"两型社会"改革建设主要政策

政策文件名称	文件号	文件所属领域
湖南省人民代表大会常务委员会关于保障和促进长株潭城市群资源节约型和环境友好型社会建设综合配套改革试验区工作的决定	2008年7月31日湖南省第十一届人民代表大会常务委员会第三次会议通过	综合
中共湖南省委、湖南省人民政府关于全面推进长株潭城市群"两型社会"建设改革试验区改革建设的实施意见	湘发〔2009〕25号	综合
湖南省人民政府关于印发《长株潭城市群资源节约型和环境友好型社会建设综合配套改革试验总体方案》的通知	湘政发〔2009〕4号	综合
湖南省长株潭城市群区域规划条例	2009年9月27日经湖南省第十一届人民代表大会常务委员会第十次会议通过	综合
湖南省实施《中华人民共和国清洁生产促进法》办法	湖南省第十一届人民代表大会常务委员会公告第24号	产业发展
中共湖南省委、湖南省人民政府关于加快经济发展方式转变推进"两型社会"建设的决定	湘发〔2010〕13号	综合
工业和信息化部关于支持长株潭城市群"两型社会"建设加速推进新型工业化进程的意见	2010年3月	产业发展
湖南省人民政府关于加强土地利用总体规划和计划管理的通知	湘政发〔2011〕29号	土地
湖南省人民政府办公厅转发省监察厅等单位关于支持湘潭九华示范区行使市级部分行政审批权的通知	湘政办发〔2011〕57号	试点

续表

政策文件名称	文件号	文件所属领域
湖南省人民政府办公厅转发省监察厅等单位关于支持株洲云龙示范区行使市级部分行政审批权的通知	湘政办发〔2011〕58号	试点
中共湖南省委、湖南省人民政府关于加快长株潭试验区改革建设全面推进全省"两型社会"建设的实施意见	湖南省政府，2011年11月16日	综合
工业和信息化部关于湘江流域工业企业清洁生产实施方案的意见	工信厅节函〔2012〕144号	产业发展
湖南省人民政府关于支持两型示范区改革建设的若干意见	湘政发〔2012〕12号	综合
湖南省人民政府关于促进资源型城市可持续发展的实施意见	湘政发〔2012〕20号	综合
关于发布长株潭城市群改革试验区"两型社会""两型"机关、"两型"学校等第二批试行标准的通知	湘两型改革〔2011〕11号	综合

5.5.1.3 对现有"两型社会"建设政策的评述

已有一些与"两型社会"建设相关的政策，但是总体上还没有形成专门的保障和促进"两型社会"建设的政策体系，主要问题突出表现在四个方面：

（1）没有权威性、综合性的国家层面的专门针对"两型社会"建设的指导性政策。国务院围绕节能、节地、节水、生态环保、产业结构调整等"两型社会"建设关键领域，提出了一系列专项政策，有力促进了全国"两型社会"建设。但是，作为事关国家长远发展的重大战略，目前在国家最高层面还没有形成一个"两型社会"建设的综合性指导意见或政策文件。

（2）政策不均衡。制定和发布的政策在总量上不少，但是主要表现为由上而下的形态，政策分布不均衡。一是层次不均衡，国家政策多，配套的省级层面的地方政策相对较少。二是区域分布不均衡，不同地区，特别是突出"两型社会"建设的地区政策多，其他地区相关政策少。三是所属领域分布不均衡。节能方面的政策多，但节水、节地、生态建设、环境保护等方面的政策相对较少。

（3）政策衔接不理想。受部门、区域管理板块分割、条块分割的影响，一些重点领域不同部门都涉及，部分政策出现重复，但一些领域，如水资源的节约、水环境保护、绿色消费、宣传、教育等方面的政策相对不足，甚至缺失。不同层面的政策还有不一致的地方，国家部委的政策之间需要衔接，地区政策与国家部委有关政策也需要进一步衔接。

（4）政策的实施效果不理想。提出了一些好的政策，但是进一步配套、强化政策实施的监管、考评政策没有及时跟进，同时，政策内容上也客观存在灵活有余、刚性不足的问题，导致政策的执行和落实还没有达到预期目的，需要加强管理、监督，促进政策的落地。

5.5.2 完善中国"两型社会"政策体系的总体思路

当前，我国正进入到发展方式转型的关键时期，在通过近五年的"两型社会"综合配套改革试验后，在推进区域发展方式转型、结构调整方面已经积累了重要的经验，为全面落实国家"十二五"确定的"两型社会"战略目标，促进我国经济社会可持续发展，实现生态文明，必须进一步加快构建能够有效引导、统筹、支持全国"两型社会"建设的系统性、综合性的政策体系。

5.5.2.1 构建中国"两型社会"政策体系的指导思想

"两型社会"建设是一项复杂的系统性工程，推进资源节约、环境生态建设，不仅涉及经济领域，也涵括了社会领域，而且它所包含的资源、环境、生态等许多方面的内容属于"公共产品"，因此促进"两型社会"建设，不仅需要充分发挥市场机制自身的调节功能，也要充分发挥政府政策的引导、激励和约束作用，通过行政管理的手段弥补市场机制的失灵。因此，构建中国"两型社会"建设的政策体系，应当坚持以科学发展观为指导，以推动经济发展方式根本性转变、提高生态文明水平和促进经济、社会、资源、环境协调发展为目标，突出资源节约、生态环保两个关键领域，融合行政管理和经济调控双重功能，借鉴国内外政策制定的经验，加快修订、整合现有法律法规和政策措施，推进"两型社会"经济政策的研究、制定和实施，加快形成覆盖产业、财政金融、公众参与、科技、消费、人力资源管理等各方面，包括"两型社会"法规、"两型社会"规划、"两型社会"经济政策的比较完善的、促进生态文明建设的政策体系，为推进中国"两型社会"建设提供有力保障。

5.5.2.2 构建中国"两型社会"政策体系的基本原则

（1）健全法规，完善政策。加快"两型社会"法规建设进程，切实提高

"两型社会"法规质量，形成覆盖各个领域、门类齐全、功能完备、措施有力的"两型社会"法规体系。继续拓展、深化"两型社会"经济政策体系，进一步充分发挥"两型社会"经济政策在调整产业结构、转变发展方式中的重要作用。

(2) 统筹规划，系统协调。"两型社会"法规和各项经济政策的制定和实施，要放在国民经济可持续发展的整体框架内综合考虑，避免冲突和矛盾，充分发挥法律、政策之间的协同效应。

(3) 联系实际，注重创新。各项"两型社会"法律规章的制定、修订以及"两型社会"经济政策体系的建设，都要紧密结合我国资源、环境方面的具体情况和转方式、调结构的管理实际需求，高度重视法规及经济政策的创新，确保制定的法规和政策具有针对性、前瞻性和有效性。

(4) 突出重点，整体推进。结合"十二五"时期国家推进"两型社会"建设的重点任务，以资源节约、生态环保等重点领域和武汉城市圈、长株潭城市群等重点地区为重点，不断完善"两型社会"的政策法规体系，争取在总结改革试验经验的基础上出台权威性、全局性、综合性的指导意见、规划方案和政策文件，推动"两型社会"政策建设工作的全面提升。

5.5.2.3 中国"两型社会"政策体系的主要内容

在构建中国"两型社会"政策体系的时候必须推动从主要用行政办法促进资源节约和环境保护到综合运用法律、经济、技术和必要的行政办法解决发展中面临资源和环境问题的历史性转变。因此，着力于推进行政管理手段与市场机制相融合，中国"两型社会"政策体系的主要内容应当包括以下10个方面。

(1) 资源和环境价格改革。研究制定对可再生能源发电、余热发电和垃圾焚烧发电实行优先上网等政策支持，推动制定对能耗大、污染重的落实生产、生活设施的回收和无害化处置补贴政策，推动制定限制类和淘汰类高耗水企业惩罚性水价，完善鼓励再生水、海洋淡水、微咸水、矿井水和雨水开发利用的价格政策，推动制定高耗能、高污染行业差别电价和生态环保行业企业的价格优惠政策，研究基于环境成本考虑的资源性产品定价政策，逐步将资源开采过程中的生态环境破坏成本，纳入煤炭、石油、天然气、稀缺资源等资源定价体系中。

(2) 产业"两型"化。制定产业"两型"化约束政策，核心是提高资源集约利用水平、环保水平等"两型"门槛，禁止高污染、高能耗、高排放的新企业进入试验区，对现有的必须淘汰的落后产能逐步分期淘汰，对不符合"两型"要求但是污染相对较小且具有较大规模的企业，采取税前提取"两型"基金、增收环保税费等措施，促使其技术改造和转型。完善产业"两型"化激励政策，支持和鼓励体现绿色发展方向的产业发展，建立"两型"产业名录，对列入名录的生态型、环保型的新产业项目,放低立项门槛,优先列入各类重点项目库,在财税、土地政策方面给予优惠和支持,在排污权指标方面予以倾斜。对试验区具有重大影响的战略性新兴产业要重点扶持,加快做大做强。

(3) 现有税制"绿色化"。将严重污染环境、大量消耗资源的商品纳入消费税征收范围,对生产符合绿色发展标准车用燃油的企业在消费税政策上予以优惠,修订《环境保护、节能节水项目企业所得税优惠目录(试行)》、《环境保护专用设备企业所得税优惠目录(2008年版)》和《资源综合利用企业所得税优惠目录(2008年版)》,选择防治任务重、技术标准成熟的税目开征环境保护税。

(4) "两型"金融服务创新。健全绿色信贷政策,以国家确定的节能减排、淘汰落后产能的重点行业、涉重金属行业、对土壤造成严重污染的行业,以及环境风险高、环境污染事故发生次数较多、损害较大的行业为重点,研究制定绿色信贷行业指南,建立绿色信贷政策效果评估制度,建立企业环境行为信用评价制度。深化环境污染责任保险政策,以有关文件规定的高环境风险行业为重点领域,健全环境污染责任保险制度,开展环境污染责任保险,开展环境污染强制责任保险试点,提出对环境污染责任投保企业和承保公司给予保费补贴和政策优惠的措施建议。完善绿色证券政策,进一步规范上市公司环境保护核查和后督察制度,推动上市公司持续改进环境行为,建立和完善上市公司环境信息披露机制,推进在部分地区开展上市公司环境绩效评估试点,积极支持符合条件的企业发行债券用于"两型社会"建设项目。

(5) 公共财政支持政策。研究提出将资源节约、环境保护成效作为一般性转移支付重要因素的政策建议,将"两型社会"基本公共服务均等化建设作为财政专项转移支付的重点。完善中央财政转移支付制度,加大对中西部地区、民族自治地方、革命老区、重点生态功能区和"两型社会"综合配套改革实验区节能环保事业的转移支付力度。优化"两型"投资统计体系和绩效评价体系,并研究"两型"专项资金的支出方式,提高资金使用效率。加强政府绿色采购制度建设,强化产品生产、流通、消费全过程的节能环保要求,定期调整、优化政府绿色采购清单,研究将环境服务纳入绿色采购清单,支持环境服务业的发展。

(6) 生态补偿机制。针对流域、重要生态功能区、自然保护区、矿产资源开发、资源枯竭型城市五大领域,开展生态系统有偿服务与生物多样性经济价值评估研究,合理确定补偿标准,拟定补偿技术指南,逐步构建生态补偿机制和政策体系,推动建立国家生态补偿专项资金。选择自然保护区、重要生态功能区等典型地区开展生态补偿试点,鼓励、引导和探索实施下游地区对上游地区、开发地区对保护地区、生态受益地区对生态保护地区的生态补偿。推进矿产资源开发和资源型城市发展转型基金试点,并实行补偿绩效考核,研究制定低、中放射性固体废物区域处置补偿机制问题。

(7) 排污权有偿使用和交易。研究制定主要污染物排污权有偿使用和交易指导意见及有关技术指南。扩大排污权有偿使用和交易试点范围，研究将二氧化硫、氮氧化物排污权有偿使用和交易试点适当扩展到排放份额比重大、监测条件好的行业，继续拓展化学需氧量、氨氮排污权有偿使用和排污交易试点区域。

(8) 集约节约用地政策。建立土地集约节约利用水平与地方用地指标相挂钩的约束机制。对试验区内各市建立集约节约用地评价指标，逐年考核，下年度用地指标与评价结构挂钩，不达标的减少甚至停止用地审批，超过标准的予以奖励。建立新增建设用地投入产出水平与财政支持挂钩机制。对新增建设用地投入产出水平进行逐年评价，试验区改革建设专项资金根据各市新增建设用地投入产出水平进行分配。

(9) 行政管理创新。创新行政审批机制，开辟"两型社会"审批绿色通道，创新"两型社会"改革建设项目审批机制，推进审批流程再造，简化审批程序，缩短审批时限，推行并联审批、网上审批等新形式，提高审批效率。下放部分权限，对各类"两型社会"建设试验、试点地区予以政策支持。建立鼓励先行先试的纠偏机制，促进对改革试验的行政管理理念由管理向引导转变，建立鼓励先行先试、试错免责的激励机制和改革试验动态纠偏机制，有效保证改革的效率和方向。

(10) 绿色贸易政策。推动修订取消出口退税的商品清单和加工贸易禁止类商品目录，配合有关部门，采取禁止、限制、允许、鼓励等手段，减少由于贸易导致的环境污染和生态破坏。研究充分利用WTO框架下的环境保护条款，积极应对国外起诉我国限制稀缺性矿产资源产品出口的贸易纠纷。研究制定既充分考虑我国自身的贸易利益，又尽可能地拓展出口市场的环境服务和产品清单，积极参与WTO相关标准的制定。积极参与WTO对华贸易政策的环境议题审议，以及中国对WTO其他成员方贸易政策的环境议题评议，并开展国内环境政策和措施的贸易影响分析。推动对外投资和对外援助的环境保护工作。研究制定中国企业境外投资环境行为指南，强化境外中资企业和对外援助机构的社会责任。

5.5.3 "两型社会"建设的政策体系重构

从内容构成看，中国"两型社会"政策体系主要包括综合性的"两型社会"建设指导意见、"两型社会"建设法律法规、"两型社会"建设规划、"两型社会"专项政策文件。

(1) 综合性的"两型社会"建设指导意见。"两型社会"建设不仅仅是简单的保护环境和节约资源，而是要在发展中实现资源的节约利用和生态环境的保护建设，因此，"两型社会"建设是转方式、调结构的重要途径，是事关我国可持续发展和未来综合竞争力的重大战略任务。党的十七大报告、2005年以来的政府工作报告和近两个五年规划都把"两型社会"建设放在十分重要的位置。为全面高效推进"两型社会"建设，应当以中共中央和国务院的名义，制定和发布国家最高权威、综合性的关于推进"两型社会"建设的意见，进一步明确推进"两型社会"建设的重大意义、指导思想、基本原则、总体目标、主要任务、组织实施措施，对全国"两型社会"建设起到总纲性的指导作用。

（2）"两型社会"建设法律法规。加强立法是保障和提高"两型社会"建设地位的关键举措，要加快"两型社会"建设立法进程，积极参与资源节约、环境保护、生态建设、产业发展等相关领域立法，大力支持地方"两型"立法，积极推动经济政策法制化，逐步形成包括全国性的"两型社会"建设条例、专项法律法规、部门规章、地方规章等在内的法律体系，并要不断推进"两型"立法后评估，探索"两型"司法保障机制，创新"两型"立法模式，强化"两型社会"建设法律法规的执行。

（3）"两型社会"建设规划。建立科学的发展规划是有效引导"两型社会"建设的重要措施，应当按照综合性指导意见和有关法律法规要求，突出规划引领，加强顶层设计，高起点编制包括全国性的"两型社会"建设规划、规划实施年度方案、重点领域专项规划、重点区域发展规划等在内的全方位、多层次的"两型社会"建设规划体系，同时，加强规划衔接，"两型社会"发展理念和规划的重点内容进入到国民经济发展规划、城乡规划、土地规划和其他相关规划，为"两型社会"建设明确了系统性好、创新性强的行动路线图。

（4）"两型社会"专项政策。全面、系统构建"两型社会"专项支出政策，是实现重点突破、保障"两型社会"取得实效的有效举措。应当按照综合性指导意见和有关法律法规要求，立足引导、协调和支持"两型社会"建设，依托国家发改委、财政部、国土资源部、环保部、工信部、城乡建设部等相关部委，采取单独或联合发文的形式，形成包括产业、财税、金融、科技等多领域的专项政策措施。具体应当包括促进"两型社会"建设的产业引导政策、促进"两型社会"建设的财税政策、促进"两型社会"建设的土地管理政策、促进"两型社会"建设的金融支持政策、促进"两型社会"建设的科技人才政策、促进"两型社会"建设的宣传教育政策等。

（5）区域性重点支持政策。"两型社会"建设是项全新的、长期的战略任务，国家在推进"两型社会"建设时采取了因地制宜、试点示范、分步实施的发展策略，并通过设立综合配套改革试验区、专项试点区和试点的方式先行积累"两型社会"建设经验。因此，应当在总体部署下，根据改革试验的要求，对武汉城市圈、长株潭城市群等试点区域和生态敏感流域地区，制定专门的区域性重点支持政策，在产业结构调整、财政转移、税费优惠、金融、科技人才等方面给予重点支持。

附录 "两型社会"建设评价实证应用精简指标体系目标值来源说明

一、经济发展指标

1. GDP（元）：参考《全面建设小康社会的十项基本标准》，这十项基本标准出自 2002 年人民出版社出版的《党员干部学习十六大报告讲座》一书，在此基础上借鉴李培林、朱庆芳（2003）和蒋祺、段宁（2009）对我国在 2020 年人均 GDP 目标值的设定。

2. 全社会劳动生产率（元/人）：参考借鉴陈黎明、欧文（2009）。

3. 全社会固定资产投资额占 GDP 比重（%）：参考借鉴胡敏红（2009）。

4. 第三产业增加值占 GDP 的比重（%）：参考国家环境保护总局文件，环发［2007］195 号《生态县、生态市、生态省建设指标（修订稿）》，并参考借鉴朱顺娟（2010）。

5. 城镇化率（%）：参考《全面建设小康社会的十项基本标准》，并参考借鉴陈黎明（2009）。

二、资源节约指标

1. 单位 GDP 能耗（吨标煤/万元）：参考国家环境保护总局文件，环发［2007］195 号《生态县、生态市、生态省建设指标（修订稿）》，并参考借鉴蒋祺（2009）。

2. 单位 GDP 电耗（千瓦时/万元）：参考借鉴龚曙明（2009）。

3. 单位 GDP 水耗（吨/万元）：参考借鉴蒋祺（2009）。

4. "三废"综合利用产值占工业总产值比重（%）：参考借鉴曾翔旻（2008）。

5. 工业固体废物综合利用率（%）：参考借鉴陈黎明（2009）。

三、环境友好指标

1. 城市生活污水集中处理率（%）：参考"十一五"国家环境保护模范城市考核指标及其实施细则（修订）。

2. 互联网用户入户率（%）：参考借鉴陈黎明（2009）。

3. 城市人均公园绿地面积（平方米）：参考国家环境保护总局文件，环发［2007］195号《生态县、生态市、生态省建设指标（修订稿）》，并参考借鉴朱顺娟（2010）。

4. 建成区绿化覆盖率（%）：参考"十一五"国家环境保护模范城市考核指标及其实施细则（修订），并参考借鉴陈黎明（2009）。

5. 空气质量良好天数达标率（%）：参考国家环境保护总局文件环发［2007］195号《生态县、生态市、生态省建设指标（修订稿）》，并参考借鉴朱顺娟（2010）。

6. C7功能区域噪声达标率（%）：参考借鉴朱顺娟（2010）。

7. 二氧化硫排放强度（千克/万元）：参考国家环境保护总局文件，环发［2007］195号《生态县、生态市、生态省建设指标（修订稿）》。

8. 环境保护投资占GDP比重（%）：参考借鉴朱顺娟（2010）。

四、创新能力指标

1. 研究与试验发展（R&D）经费投入强度（%）：参考借鉴蒋祺（2009）。

2. 政府科技投入占GDP的比例（%）：参考国外发达国家先进城市水平。

3. 万人发明专利申请权数（个/万人）：参考借鉴曾翔旻（2008）。

4. 高新技术产业增加值占地区内生产总值比率（%）：参考借鉴陈黎明（2009）。

5. 拥有技术中心或研究所的企业比例（%）：根据国内先进省份做趋势外推。

6. 每万人口中全时R&D人员数（人）：根据国内先进城市做趋势外推。

五、社会和谐指标

1. 城市居民人均可支配收入（万元/人）：参考《全面建设小康社会的十项基本标准》，并参考借鉴蒋祺（2009）。

2. 农村居民人均纯收入（万元/人）：参考国家环境保护总局文件，环发［2007］195号《生态县、生态市、生态省建设指标（修订稿）》，并借鉴蒋祺（2009）。

3. 恩格尔系数（%）：参考《全面建设小康社会的十项基本标准》，并参考借鉴蒋祺（2009）。

4. 万人拥有医院床位数（张/万人）：参考借鉴蒋祺（2009）。

5. 科技教育经费占GDP的比重（%）：参考借鉴曾翔旻（2008）。

6. 城镇登记失业率（%）：参考借鉴蒋祺（2009）。

第 2 篇

"两型社会"经济发展标准及指标体系

第6章

"两型"产业建设标准及指标体系

6.1 "两型"产业建设的现实背景与基本意义

6.1.1 建设的现实背景

2005年,党的十六届五中全会首次明确提出要加快建设资源节约型、环境友好型社会,促进经济发展与人口、资源、环境相协调。党的十七大报告指出:"加强能源资源节约和生态环境保护,增强可持续发展能力。坚持节约资源和保护环境的基本国策,关系人民群众切身利益和中华民族生存发展。必须把建设资源节约型、环境友好型社会放在工业化、现代化发展战略的突出位置,落实到每个单位、每个产业"。

产业是经济社会运行的主要内容,是形成有利于能源资源节约和生态环境保护体制机制的经济支撑。"两型"产业是指以资源节约型和环境友好型为发展目标,以环保型、低消耗、循环型、高科技为主要生产方式的产业,主要包括高新技术产业、先进制造业、文化创意产业、现代服务业等。发展"两型"产业是节约资源、保护环境、实现经济发展方式转变的重要内容,是推动区域经济社会又好又快发展的根本途径。

建设"两型社会"应大力发展"两型"产业,以支撑经济又好又快发展,促进"两型社会"建设。要坚持走新型工业化道路,以新型工业化带动产业"两型"化;要大力推进循环经济建设,以产业"两型"化促进新型工业化。要以积极改造传统产业、努力推进高新技术产业、战略性新兴产业为抓手,进一步促进"两型"产业发展,构建起能够支撑"两型社会"建设,实现可持续发展的"两型"产业体系。

6.1.2 建设的基本意义

产业是区域经济和社会可持续发展的重要基石,要转变高消耗、低产出、高污染的粗放式经济发展方式,构建节约型经济社会发展模式,最大限度地减轻经济快速发展、城市化加速推进、消费迅速升级带来的巨大环境资源压力,构建经济环境资源协调发展的"两型社会"体系,实现可持续发展必须有强大的产业支撑,否则,"两型社会"建设就会成为空中楼阁。

发展"两型"产业,通过生产方式的集约式转变带动生活消费方式和整个发展方式的转变,将有利于促进产业转型升级和构建现代产业体系,是转变经济发展方式和加速推进"四化两型"(即新型工业化、农业现代化、新型城镇化和信息化,资源节约型和环境友好型)建设的重要途径,对于落实科学发展观、实现经济社会的可持续发展具有重要意义。

本课题将从"两型"产业的内涵与基本特征入手,围绕"两型"产业发展的基本要求,以国民经济行业分类为基本依据,提出"两型"产业的分类思路与方法,在此基础上,根据资源节约和环境友好的具体要求,构建产业"两型"化发展的评价指标体系,提出产业"两型"化发展的评价模型与方法,并以长株潭城市群"两型社会"建设改革试验区为实例,进一步探讨长株潭城市群"两型"产业发展路径,提出促进"两型"产业发展的政策建议。

6.2 "两型"产业建设的理论研究

6.2.1 建设的理论基础

自20世纪60年代以来,人们不仅从经济学的视角关注资源环境与经济发展问题，希望从经济发展的自身规律中找到解决资源环境问题的最优解，还在努力尝试从其他学科领域来探寻产业与经济的可持续发展。同期，生态学尤其是仿生学的突飞猛进，激发了人们模仿自然生态系统物质循环原理来改造人类生产系统，从而将其构筑成一个物质闭路循环系统的想法，即将生态学原理应用到产业系统。伴随着这一思维的变迁，在80年代末90年代初，产业生态学诞生了。产业生态学的发展历程分为4个阶段：孕育阶段、萌芽阶段、诞生阶段和快速发展阶段。

随着产业生态学理论的快速发展，有关产业生态的实践研究也蓬勃发展起来，这方面的研究主要集中在生态产业园区建设方面，内容涉及生态产业园区生态系统的性质、能量传递、物质循环和协同机制、生态产业园区的设计与操作、生态产业网络模型、案例研究等。20世纪70年代以来，丹麦卡伦堡工业共生体的出现与所取得的进展，为产业生态理论的实践提供了现实模型。

目前，产业生态学和生态产业研究已经在全球范围内广泛开展起来，产业生态的思想受到了美国、日本、德国、比利时、丹麦、荷兰、瑞士、瑞典等国政府、企业和国际组织的高度重视。国外各种领域的学者针对其不同方向开展了广泛的研究。归纳起来，可以概括为以下几个方面：

6.2.1.1 产业生态学的概念界定

产业生态学（化）的研究，一般认为起源于通用汽车公司研究部副总裁罗伯特·福布什和该公司发动机研究专家尼古拉斯·加罗布劳斯于1989年9月在美国科普月刊《科学美国人》上发表的一篇题为"制造业发展战略"的文章。两位作者提出：工业可以运用新的生产方式来大大减少对环境的影响。这个命题引导他们推出了产业生态学的概念。

随后有关产业生态学的定义达二十几种，但迄今为止尚无普遍接受的定义。这些定义多从以下几方面表述：模仿生态学的定义，从其学科产生和发展的角度提出产业生态学是一门集多学科的理论和方法来研究经济系统和环境系统协调发展的综合性交叉学科；从系统思想在产业生态学研究中的重要性出发提出系统思想是产业生态学的核心；从产业生态学存在的意义及其与可持续发展的关系角度提出产业生态学是实现可持续发展的重要手段；从产业生态学的研究对象和研究目标出发，提出产业生态学是研究实现产业生态化技术和方法的一门学科。

6.2.1.2 产业生态系统

（1）工业代谢。20世纪70年代，美国的艾尔斯等对经济运行中原料与能量流动对环境的影响进行了开拓性的研究，提出了工业代谢的概念。"代谢"一词起源于生物学，指的是一个生命体的内在发展过程。工业代谢理论通过对企业与生物个体、工业系统与生物系统进行类比分析，认为经济系统是一些企业通过管理制度、工人、消费者以及货币、政策等结合在一起的集合。

（2）产业生态系统的三级进化理论。关于产业系统与自然生态系统关系的研究中，最著名的莫过于产业生态理论的主要探索者勃拉登·阿伦比提出的产业生态系统的三级进化理论。一级产业生态系统是线性模型，从无限资源到无限废料；二级产业生态系统是从有限的资源到有限的废料，系统内部资源和废物的进出量受到资源数量与环境容量的共同制约；三级产业生态系统是封闭循环模型，资源与废物只是不同生产环节的相对概念，一个过程的代谢废物是另一个过程的资源，整个生态系统与外部的联系就只有吸取外部的太阳能，这是理想的产业生态系统。该理想的产业系统包括四类主要行为者：资源开采者、处理者（制造商）、消费者和废料处理者。

6.2.1.3 产业生态学的研究方法

国际产业生态学将其研究方法分为环境设计、生命周期评价、生命周期设计、物质流能量流分析等12项；托马斯·格雷德尔和勃拉登·阿伦比在《产业生态学》（第2版）中对产业生态学的研究内容、研究方法做了系统论述，该书提出产业生态学的研究范畴不仅包括产业经济系统，还包括生活消费系统。

归纳总结主要有以下几种方法：物质减量化、生命周期评价、为环境而设计、延伸生产者责任政策等。

6.2.1.4 产业生态学与企业竞争力的关系

从国家乃至世界范围内来看，环境保护可以提高人类生活质量这是环境学家和经济学家普遍认可的结论。但是在产业生态与微观主体企业之间的关系上一直存在争论。传统的新古典经济学家认为，生态化所产生的社会效益必然会以增加厂商的私人成本、降低其竞争力为代价，其中隐含的抵消关系会对一国的经济发展带来负面的影响。例如，美国经济学家提夫指出，美国经济之所以经历了十多年的贸易赤字，就是因为美国政府施行的环境管制政策、环境保护造成经济上过高的成本，严重妨碍了厂商生产力的增长及在国际市场上的竞争力。但是，丹尼尔·艾斯提和迈克·波特提出了捍卫环保的主张，就有关产业生态学和企业竞争力的关系提出了一种基本的分析框架。

6.2.2 "两型"产业的概念内涵

"两型"产业是以技术创新和管理创新为手段,以提高经济、社会、生态环境效益为目的,能有效促进人与自然和谐相处,符合新型工业化和产业结构优化升级的要求,且具有可持续发展能力的资源消耗低、环境污染少或有利于改善环境、防治污染、节约资源、循环利用的产业。

6.2.3 "两型"产业的基本特征

(1) 资源消耗低。其生产经营活动能做到资源的高效利用,投入的各类资源较少,主要依靠劳动、技术、资金等其他要素的投入,且能够使有限的资源投入获得最大的产出。

(2) 环境污染少。其生产经营活动"三废"排放较少,且对环境影响程度轻,采用清洁生产、节能降耗和循环经济生产、技术和管理方式,减少污染物排放和有效降低排放物对环境的影响。

(3) 综合效益好。其生产经营活动注重新技术研究开发和应用,采用先进的生产工艺和方法,并具有较高的管理水平,减少资源消耗、降低环境影响的同时产品更加符合消费者的需求,人们生活质量和社会总福利得以提高,因而具有更好的经济、社会、生态环境效益。

(4) 可持续发展。其生产经营活动既适应当前资源和环境的承载能力,又满足将来人与自然和谐发展的要求,通过技术创新和管理创新,不断朝"低消耗、低投入、低污染、高产出"的方向发展,符合新型工业化和产业结构优化升级的要求,具有较强的持续发展能力。

6.2.4 "两型"产业分类

6.2.4.1 "两型"产业分类依据

我们依据"两型"产业的内涵,从国民经济行业门类中筛选符合资源消耗低、环境污染少、综合效益好和可持续发展要求的行业,并将其按生产过程、产品或服务、生产技术分为三大类,分别是:

(1) "两型"服务业:即从生产过程看环境污染较低、资源耗费较少的生产经营活动所在的服务业,共有 27 个行业大类 247 个行业小类。

(2)"两型"制造业:即产品或服务能直接应用于改善环境、防治污染、节约资源和循环利用的制造业,共有 10 个行业大类 67 个行业小类。

(3)"两型"高新技术产业:指在生产过程中采取有利于改善环境、防治污染、节约资源和循环利用的高新技术开展的生产经营活动。

6.2.4.2 "两型"产业分类目录

"两型"产业划分为三个大类,用汉字数字一、二、三表示,具体见表 6-1。

表 6-1　　　　　　　　"两型"产业分类表

类别	行业代码	备注
一、"两型"服务业		
农、林、牧、渔服务业	05	
灌溉服务	0511	
农产品初加工服务	0512	
其他种植业服务林业服务业	0519	
兽医服务	0520	
其他畜牧服务	0531	
渔业服务业	0539	
其他农林牧渔服务	0540	
电信和其他信息传输服务业	60	
固定电信服务	6011	
移动电信服务	6012	
其他电信服务	6019	
互联网信息服务	6020	
有线广播电视传输服务	6031	
无线广播电视传输服务	6032	
卫星传输服务	6040	
计算机服务业	61	
计算机系统服务	6110	
数据处理	6120	
计算机维修	6130	
其他计算机服务	6190	

续表

类别	行业代码	备注
软件业	62	
基础软件服务	6211	
应用软件服务	6212	
其他软件服务	6290	
批发业	63	
谷物、豆及薯类批发	6311	
种子、饲料批发	6312	
棉、麻批发	6313	
牲畜批发	6314	
其他农畜产品批发	6319	
米、面制品及食用油批发	6321	
糕点、糖果及糖批发	6322	
果品、蔬菜批发	6323	
肉、禽、蛋及水产品批发	6324	
盐及调味品批发	6325	
饮料及茶叶批发	6326	
烟草制品批发	6327	
其他食品批发	6329	
纺织品、针织品及原料批发	6331	
服装批发	6332	
鞋帽批发	6333	
厨房、卫生间用具及日用杂货批发	6334	
化妆品及卫生用品批发	6335	
其他日用品批发	6339	
文具用品批发	6341	
体育用品批发	6342	
图书批发	6343	
报刊批发	6344	
音像制品及电子出版物批发	6345	
首饰、工艺品及收藏品批发	6346	

续表

类别	行业代码	备注
其他文化用品批发	6349	
西药批发	6351	
中药材及中成药批发	6352	
医疗用品及器材批发	6353	
煤炭及制品批发	6361	
石油及制品批发	6362	
非金属矿及制品批发	6363	
金属及金属矿批发	6364	
建材批发	6365	
化肥批发	6366	
农药批发	6367	
农用薄膜批发	6368	
其他化工产品批发	6369	
农业机械批发	6371	
汽车、摩托车及零配件批发	6372	
五金、交电批发	6373	
家用电器批发	6374	
计算机、软件及辅助设备批发	6375	
通信及广播电视设备批发	6376	
其他机械设备及电子产品批发	6379	
贸易经纪与代理	6380	
再生物资回收与批发	6391	
其他未列明的批发	6399	
零售业	65	
百货零售	6511	
超级市场零售	6512	
其他综合零售	6519	
粮油零售	6521	
糕点、面包零售	6522	
果品、蔬菜零售	6523	

续表

类别	行业代码	备注
肉、禽、蛋及水产品零售	6524	
饮料及茶叶零售	6525	
烟草制品零售	6526	
其他食品零售	6529	
纺织品及针织品零售	6531	
服装零售	6532	
鞋帽零售	6533	
钟表、眼镜零售	6534	
化妆品及卫生用品零售	6535	
其他日用品零售	6539	
文具用品零售	6541	
体育用品零售	6542	
图书零售	6543	
报刊零售	6544	
音像制品及电子出版物零售	6545	
珠宝首饰零售	6546	
工艺美术品及收藏品零售	6547	
照相器材零售	6548	
其他文化用品零售	6549	
药品零售	6551	
医疗用品及器材零售	6552	
汽车零售	6561	
汽车零配件零售	6562	
摩托车及零配件零售	6563	
机动车燃料零售	6564	
家用电器零售	6571	
计算机、软件及辅助设备零售	6572	
通信设备零售	6573	
其他电子产品零售	6579	
五金零售	6581	

续表

类别	行业代码	备注
家具零售	6582	
涂料零售	6583	
其他室内装修材料零售	6589	
流动货摊零售	6591	
邮购及电子销售	6592	
生活用燃料零售	6593	
花卉零售	6594	
旧货零售	6595	
其他未列明的零售	6599	
银行业	68	
中央银行	6810	
商业银行	6820	
其他银行	6890	
证券业	69	
证券市场管理	6910	
证券经纪与交易	6920	
证券投资	6930	
证券分析与咨询	6940	
保险业	70	
人寿保险	7010	
非人寿保险	7020	
保险辅助服务	7030	
其他金融业	71	
金融信托与管理	7110	
金融租赁	7120	
财务公司	7130	
邮政储蓄	7140	
典当	7150	
其他未列明的金融活动	7190	
房地产业	72	

续表

类别	行业代码	备注
房地产开发经营	7210	
物业管理	7220	
房地产中介服务	7230	
其他房地产活动	7290	
租赁业	73	
汽车租赁	7311	
农业机械租赁	7312	
建筑工程机械与设备租赁	7313	
计算机及通信设备租赁	7314	
其他机械与设备租赁	7319	
图书及音像制品出租	7321	
其他文化及日用品出租	7329	
商务服务业	74	
企业管理机构	7411	
投资与资产管理	7412	
其他企业管理服务	7419	
律师及相关的法律服务	7421	
公证服务	7422	
其他法律服务	7429	
会计、审计及税务服务	7431	
市场调查	7432	
社会经济咨询	7433	
其他专业咨询	7439	
广告业	7440	
知识产权服务	7450	
职业中介服务	7460	
市场管理	7470	
旅行社	7480	
会议及展览服务	7491	
包装服务	7492	

续表

类别	行业代码	备注
保安服务	7493	
办公服务	7494	
其他未列明的商务服务	7499	
研究与试验发展	75	
自然科学研究与试验发展	7510	
工程和技术研究与试验发展	7520	
农业科学研究与试验发展	7530	
医学研究与试验发展	7540	
社会人文科学研究与试验发展	7550	
专业技术服务业	76	
气象服务	7610	
地震服务	7620	
海洋服务	7630	
测绘服务	7640	
技术检测	7650	
环境监测	7660	
工程管理服务	7671	
工程勘察设计	7672	
规划管理	7673	
其他专业技术服务	7690	
科技交流和推广服务业	77	
技术推广服务	7710	
科技中介服务	7720	
其他科技服务	7790	
地质勘查业	78	
能源矿产地质勘查	7811	
固体矿产地质勘查	7812	
其他矿产地质勘查	7819	
基础地质勘查	7820	
地质勘查技术服务	7830	

续表

类别	行业代码	备注
水利管理业	79	
防洪管理	7910	
水库管理	7921	
调水、引水管理	7922	
其他水资源管理	7929	
其他水利管理	7990	
环境管理业	80	
自然保护区管理	8011	
野生动植物保护	8012	
其他自然保护	8019	
城市市容管理	8021	
城市环境卫生管理	8022	
水污染治理	8023	
危险废物治理	8024	
其他环境治理	8029	
公共设施管理业	81	
市政公共设施管理	8110	
城市绿化管理	8120	
风景名胜区管理	8131	
公园管理	8132	
其他游览景区管理	8139	
居民服务业	82	
家庭服务	8210	
托儿所	8220	
洗染服务	8230	
理发及美容保健服务	8240	
洗浴服务	8250	
婚姻服务	8260	
殡葬服务	8270	
摄影扩印服务	8280	

续表

类别	行业代码	备注
其他居民服务	8290	
其他服务业	83	
汽车、摩托车维护与保养	8311	
办公设备维修	8312	
家用电器修理	8313	
其他日用品修理	8319	
建筑物清洁服务	8321	
其他清洁服务	8329	
其他未列明的服务	8390	
新闻出版业	88	
新闻业	8810	
图书出版	8821	
报纸出版	8822	
期刊出版	8823	
音像制品出版	8824	
电子出版物出版	8825	
其他出版	8829	
广播、电视、电影和音像业	89	
广播	8910	
电视	8920	
电影制作与发行	8931	
电影放映	8932	
音像制作	8940	
文化艺术业	90	
文艺创作与表演	9010	
艺术表演场馆	9020	
图书馆	9031	
档案馆	9032	
文物及文化保护	9040	
博物馆	9050	

续表

类别	行业代码	备注
烈士陵园、纪念馆	9060	
群众文化活动	9070	
文化艺术经纪代理	9080	
其他文化艺术	9090	
体育	91	
体育组织	9110	
体育场馆	9120	
其他体育	9190	
娱乐业	92	
室内娱乐活动	9210	
游乐园	9220	
休闲健身娱乐活动	9230	
其他娱乐活动	9290	
二、"两型"制造业		
石油加工、炼焦及核燃料加工业	25	
核燃料加工	2530	
化学原料及化学制品制造业	26	
信息化学品制造	2665	
环境污染处理专用药剂材料制造	2666	
医药制造业	27	
化学药品原药制造	2710	
化学药品制剂制造业	2720	
中药饮片加工	2730	
中成药制造	2740	
兽用药品制造	2750	
生物、生化制品的制造	2760	
卫生材料及医药用品制造	2770	
专用设备制造业	36	
建筑工程用机械制造（省定行业）	3613	
纺织专用设备制造（省定行业）	3651	

续表

类别	行业代码	备注
医疗诊断、监护及治疗设备制造	3681	
口腔科用设备及器具制造	3682	
实验室及医用消毒设备和器具的制造	3683	
医疗、外科及兽医用器械制造	3684	
机械治疗及病房护理设备制造	3685	
假肢、人工器官及植（介）入器械制造	3686	
其他医疗设备及器械制造	3689	
环境污染防治专用设备制造	3691	
交通运输设备制造业	37	
飞机制造及修理	3761	
航天器制造	3762	
其他飞行器制造	3769	
电气机械及器材制造业	39	
电力电子元器件制造（省定行业）	3924	
通信设备、计算机及其他电子设备制造业	40	
通信传输设备制造	4011	
通信交换设备制造	4012	
通信终端设备制造	4013	
移动通信及终端设备制造	4014	
其他通信设备制造	4019	
雷达及配套设备制造	4020	
广播电视节目制作及发射设备制造	4031	
广播电视接收设备及器材制造	4032	
应用电视设备及其他广播电视设备制造	4039	
电子计算机整机制造	4041	
计算机网络设备制造	4042	
电子计算机外部设备制造	4043	
电子真空器件制造	4051	
半导体分立器件制造	4052	
集成电路制造	4053	

续表

类别	行业代码	备注
光电子器件及其他电子器件制造	4059	
电子元件及组件制造	4061	
印制电路板制造	4062	
家用影视设备制造	4071	
家用音响设备制造	4072	
其他电子设备制造	4090	
仪器仪表及文化、办公用机械制造业	41	
工业自动控制系统装置制造	4111	
电工仪器仪表制造	4112	
绘图、计算及测量仪器制造	4113	
实验分析仪器制造	4114	
试验机制造	4115	
供应用仪表及其他通用仪器制造	4119	
环境监测专用仪器仪表制造	4121	
汽车及其他用计数仪表制造	4122	
导航、气象及海洋专用仪器制造	4123	
农林牧渔专用仪器仪表制造	4124	
地质勘探和地震专用仪器制造	4125	
教学专用仪器制造	4126	
核子及核辐射测量仪器制造	4127	
电子测量仪器制造	4128	
其他专用仪器制造	4129	
光学仪器制造	4141	
复印和胶印设备制造	4154	
计算器及货币专用设备制造	4155	
其他仪器仪表的制造及修理	4190	
废弃资源和废旧材料回收加工业	43	
金属废料和碎屑的加工处理	4310	
非金属废料和碎屑的加工处理	4320	
水的生产和供应业	46	

续表

类别	行业代码	备注
污水处理及其再生利用	4620	
三、"两型"高新技术产业		
电子信息设备制造		
医药生物		
中药与天然药物		
化学药物		
新剂型及制剂		
医疗仪器与设备		
轻工和化工生物		
现代农业		
航空航天		
新材料		
新能源		
可再生清洁能源		
核能及氢能		
新型高效能量转换与贮存		
高效节能		
水污染控制		
大气污染控制		
固体废弃物的处理和综合利用		
环境监测		
生态环境建设与保护		
清洁生产与循环经济		
资源高效开发和综合利用		
工业生产过程控制系统		
高性能智能化仪器仪表		
先进制造		
新型机械		
电力系统信息化和自动化		
汽车关键零部件和汽车电子		
其他		

6.3 "两型"产业建设指标体系设计及评价模型构建

6.3.1 产业"两型"化评价指标体系

确定资源节约、环境友好、产业构成、创新能力等四个一级指标,每个指标之下包含若干指标,总共 12 个指标,见表 6-2。

表 6-2　　　　产业"两型"化发展评价指标体系

一级指标	序号	二级指标	计量单位
资源节约	1	单位 GDP 能耗	吨标煤/万元
	2	单位工业增加值能耗	吨标煤/万元
	3	单位工业总产值取水量	立方米/万元
	4	工业固体废弃物综合利用率	%
环境友好	5	单位二氧化硫排放量的工业增加值	万元/吨
	6	单位化学需氧量排放量的工业增加值	万元/吨
	7	单位固体废物产生量的工业增加值	万元/吨
产业构成	8	第三产业增加值占 GDP 比重	%
	9	高新技术产业增加值占 GDP 比重	%
创新能力	10	工业企业科技活动人员占年平均从业人员比重	%
	11	工业企业新产品销售收入占全部销售收入比重	%
	12	工业企业 R&D 经费投入占销售收入的比重	%

6.3.2 评价方法

多元统计分析的主成分法是一种综合评价方法,不需要人为确定各因素的权重,主要由样本数据通过计算确定。它将原来的众多变量转化为相互独立的几个综合变量即主成分,主成分可以反映原有众多变量的大部分信息。在几何意义上,主成分分析相当于将坐标轴旋转,使新坐标轴的方向成为数据点变差最大的方向。

其数据处理过程大体是:按正态分布对原始数据进行标准化,以消除不同因素的量纲影响;计算各因素两两相关矩阵以及相关矩阵的特征根和特征向量,以各个特征根来计算各主成分的方差贡献,按累计方差贡献不小于85%选取主成分个数;列出选取的各主成分和各因素的关系方程,计算各样本的主成分得分。最后,以方差贡献所占比例为权数,计算各样本的综合得分。

6.4 "两型"产业典型案例分析

6.4.1 典型的"两型"产业——文化产业

文化产业是典型的"两型"产业,大力发展文化产业对于调整产业结构、提升产业"两型"化水平具有重要的现实意义。

2006~2010年,湖南文化产业年均增长20%左右,2008年总产出突破千亿元大关,成为全省重要支柱产业之一。2010年湖南文化产业总产出达1 868.49亿元,增加值达827.56亿元,占GDP比重5.2%,对经济增长的贡献率为7.8%。

传统产业做大做强。9月16日晚,2011年"快乐女声"上演冠军争夺战,上千万观众通过电视、网络观看了直播。从2004年"超级女声"开始,湖南卫视创造了娱乐选秀新模式并风靡全国。以湖南卫视为龙头的湖南广播电视台一直保持良好的发展势头,湖南卫视收视率连续多年居省级卫视之首。2010年,湖南广电总收入首次突破100亿元,成为年总收入过百亿的两家省级广电媒体之一。2011年前8个月,湖南广电累计收入87.39亿元,同比增长54.9%;广告收入41.47亿元,同比增长40.5%。由湖南电视台与青海电视台合作运营的青海卫视,以全新的包装、内容和模式运转,渐入佳境。

"广电湘军"屡创佳绩,"出版湘军"也毫不逊色。湘版图书在全国同类市场占有率保持领先地位,其中古典名著、科普图书、艺术收藏、作文图书排名第一。近3年来,中南传媒输出版权400多项,位居全国前列。2010年湖南出版投资控股集团总资产达127亿元,实现销售收入91.7亿元,综合实力居全国出版集团第二。中南传媒跻身中国最大企业集团500强,湖南日报进入全国省级党报第一方阵。

活跃的文化市场让一批企业成长为参天大树。全省营收过亿元文化企业达110家,利润逾千万元的企业达235家,上市文化企业4家,电广传媒、出版集团、中南传媒、拓维信息先后进入全国文化企业30强。

新兴产业活力迸发。2010年,湖南省把文化创意产业纳入全省七大战略性新兴产业之一,进行重点培育,为创意设计、数字出版、数字媒体、动漫游戏等新兴产业插上了腾飞的翅膀。

青苹果数据中心是国内最主要的数字化产品制作商和内容供应商,完成了100多项国内外大型数字化工程。该公司从2010年开始创建《华文报刊文献数据库》,从清朝嘉庆年间至今的报刊中,挑选400种实施数字化,建立拥有4 000亿汉字和4亿篇文章的海量历史文献库。目前《申报》《光明日报》已进入销售渠道,现已有14家国际图书馆订购"华文库",20余家图书馆正在试用中。2011年"华文库"销售额可达100万美元。

新兴产业中文化与科技的融合日益紧密。拓维信息将传统动漫与手机新媒体技术相结合,在手机动漫领域先发制人,正是借着文化与科技相结合的东风,快速发展,并成功上市,成为中国动漫第一股。该公司承建并运营了国家级手机动漫公共技术服务平台,打造了完整的手机动漫产业链。该公司参与举办的中国原创手机动漫游戏大赛,2011年已是第六届,产生了良好的社会效益和经济效益,2010年各方总收入超过3亿元。

产业转型升级后,湖南动漫重焕生机。蓝猫、山猫系列衍生产品走进36个国家和地区。由湖南出版集团和宏梦卡通创办的《虹猫蓝兔》动漫杂志,期发行量突破35万册。2010年,全国认定的18家重点动漫企业,湖南占6家;全国首批认定的35个重点动漫产品,湖南有13个。至2010年,湖南省有较大规模动漫企业150家,原创人员1.36万人,年原创动漫生产能力近4万分钟,衍生产品种类17 975种,动漫总产值达46.55亿元,排名全国第三。

6.4.2 传统产业"两型"化改造——有色金属行业

"十一五"期间,有色金属行业以长株潭"两型社会"建设及湘江流域重金属污染治理为契机,大力推进资源节约与综合利用,严格控制和治理污染,全面推行清洁生产,减少和避免对环境和生态的破坏。加快"三废"治理和资源化步伐,从源头削减固体废弃物、废水、废气的产生量和排放量。加大对重点地区、重点污染企业的整治力度,逐个落实污染物排放的总量控制和削减目标。

坚持资源节约与综合利用并举,把节约放在首位,推进资源利用方式从粗放向集约转变,促进产业与资源、环境的协调发展。加快各种资源节约与综合利用技术的研究开发,大力推广先进的资源节约与综合利用技术、工艺和设备,积极组织实施重大资源节约与综合利用示范工程,加快企业资源节约与综合利用技术改造。开展尾矿二次资源综合利用关键技术研发,提高二氧化硫利用率、工业用水循环利用率、尾矿及冶炼渣综合利用率。以低碳理念改造提升有色金属产业,促进有色金属产业节能减排和资源综合利用。加大淘汰落后产能工作力度，坚决淘汰资源综合利用率低、能耗大、污染严重的落后工艺技术、装备和产能。"十一五"期间，湖南省有色金属工业综合能耗和主要污染物的排放量不断下降。万元产值综合能耗下降20％，单位粗铅综合能耗、单位铅冶炼综合能耗、单位精锌（电锌）综合能耗、吨铝加工材能耗分别比"十一五"初下降5.7％、13.0％、37.8％、17％。主要污染物化学需氧量、二氧化硫排放总量分别较2005年削减10.1％和10％，砷、镉排放量均削减25％，有色金属矿产资源利用率、共伴生有价金属回收率、冶炼废渣综合利用率、有色金属废弃物回收率分别达到65％、45％、80％和90％，"两型"产品总产值已达400亿元以上。

大力发展有色金属循环经济，努力打造"两型"产业。重点开展废金属等再生资源分拣、拆解、分离、无害化处理等再生技术研发和应用，大力推动废铜、废铝、废铅等废杂金属回收及再生，率先发展再生铜、铅、铝等再生金属产品及其高附加值下游制品，大力支持废铜等资源精加工项目，废铅酸蓄电池资源化的城市矿产示范工程，建立一批"城市矿产"集散与处理区域中心，再造多座"城市矿山"，形成废有色金属再加工利用的产业链。在全省建成几家技术先进、环保达标、管理规范、利用规模化、辐射作用强的金属"城市矿产"示范基地，推动"城市矿产"资源的循环利用、规模利用和高值利用。

6.4.3 产业"两型"化建设的实证评价——化工产业

6.4.3.1 化工产业对环境的影响

化工产业是我国国民经济中极其重要的基础产业，与国民经济和社会发展有着极为密切的关系。在国民经济中，化工产业已经形成了一组庞大的工业群，无机与有机化工原料、合成材料、化肥、染料、原油加工、农药及农用化学品、催化材料、微电子化工材料和新型化工材料等工业均形成了一定的规模。

我国已进入化工产业高速发展时期，随之而来的是能源短缺、环境污染、生态破坏等严重的化工负外部性问题。我国化工行业企业数量多、资源能源利用率低、污染物排放数量大，近年来已有超过环境承载能力迹象。以钛白粉为例，每万元产值工业废水排放量国内和国外分别约15吨和67吨，是国外的4倍多。目前国内一些低附加值、高资源消耗、高污染的产品产能仍然过剩，而高附加值、高技术含量的低污染产品还需要进口。

据环保部统计数据显示，2011年，化学原料和化学制品业排放工业废水31.2亿吨、工业废气约3万亿立方米、产生工业固体废弃物14万吨，分别占全国工业"三废"排放总量的 13.5%、4.4% 和 3.5%，居第 2、4、5 位。其中，排放化学需氧量 32.8 万吨、氨氮 9.3 万吨、二氧化硫 97.5 万吨、氮氧化物 54.0 万吨，分别居工业领域的第 4、1、4、4 位。一些特征污染物如氨氮、氰化物、危险废物更是高居首位。在环保部公布的废气、废水污染源国家重点监控企业中，石油和化工企业分别有 482 家和 803 家，合计占重点监控企业数量的 39.2%。由于产业、产品结构和能源消耗结构不合理，造成了资源能源的浪费和环境压力，加剧了行业发展与资源环境的矛盾。由于我国化工业持续高速发展的状况将有可能会持续很长时间，因此化工产业未来的发展问题不容忽视。为此，本书开展对化工产业"两型"化的实证研究，设计化工产业"两型"化的评价体系，并阐述化工产业"两型"化的评价方法，为推动化工产业"两型"化发展提供实证支撑。

6.4.3.2 化工产业"两型"化评价体系设计

（1）化工产业"两型"化评价指标体系构建。化工产业属于流程性行业，产品结构比较简单，工艺流程采用专用设备或装置，流程和能力都相对固定，各生产环节直接相互依存。生产过程是靠调节工艺操作参数实现，控制信息要求及时、稳定、可靠。据上述特征，本书从输入输出视角设计符合化工产业"两型"化的评价指标体系。

化工产业"两型"化发展效率的度量中"产出"是指企业提供的产品和服务的价值；"投入"是指企业资源能源利用和污染排放所造成的环境影响。根据已有的相关研究并考虑到数据可得性，本书选取新鲜水总量（X_1）、建设用地面积（X_2）、能源消费总量（X_3）、工业固体废物量（X_4）、废水排放量（X_5）、COD 排放量（X_6）6 个指标作为投入指标，选取企业总产值（Y_1）作为产出指标。企业主要输入、输出指标的统计值见表 6-3。

表 6-3　　　　化工产业"两型"化评价指标体系

类别	指标	单位
输入	新鲜水总量（X_1）	万立方米
	建设用地面积（X_2）	平方米
	能源消费总量（X_3）	吨标煤
	工业固体废物量（X_4）	吨
	废水排放量（X_5）	万立方米
	COD 排放量（X_6）	吨
输出	企业总产值（Y_1）	万元

（2）模型的选择。对微观个体的效率度量通常用 DEA 方法，然而传统 DEA 模型评价决策单元效率时，结果可能出现多个评价单元同处于前沿面而都相对有效的情况，从而对这些相对有效的单元无法做出进一步评价，为了弥补这一缺陷，Andersen 等建立了超效率 DEA 模型，是相对有效决策单元之间也能进行效率高低的比较。本书选取基于超效率 DEA 模型度量化工产业的"两型"化发展效率。

假定有 K 个评价企业，每个评价企业有 N 种投入要素和 M 种产出，将任意一个评价企业的投入集、产出集分别表示为：$x_k = (x_{1k}, x_{2k}, \cdots, x_{nk})$、$y_k = (y_{1k}, y_{2k}, \cdots, y_{nk})$，则超效率 DEA 模型为：

$$\begin{cases} \theta^* = \min\theta, \\ s.t. \sum \lambda_k x_{nk} \leq \theta x_n ; \sum \lambda_k x_{mk} \leq \theta y_m \end{cases}$$

$(n = 1, 2, \cdots, N; m = 1, 2, \cdots, M; k = 1, 2, \cdots, K)$

（3）数据来源。本书研究的范围为湖南省内长沙、株洲、衡阳、常德和益阳等市的化工行业企业，课题组通过走访当地化工行业协会与多家企业实地调研发放《湖南省化工行业企业两型化发展研究》调查问卷获取相关数据。之所以选择湖南化工行业企业作为样本，主要基于以下两点考虑：一是该行业资源消耗较大、污染排放较多，具有典型意义。二是湖南长株潭城市群是国家"两型社会"综合配套改革试验区，区域内企业的"两型"化发展理念和实践应该走在其他地区的前列，具有一定代表性。本书以上述城市调研企业为研究对象。调查问卷主要包括企业"两型"化发展效率度量所需的"投入"、"产出"指标数据、影响企业"两型"化发展效率的相关指标数据填写和企业两型文化测量三部分内容。调研共发放 400 份问卷，回收 308 份有效问卷，问卷回收率为 77%，其中各项指标数据完备的问卷为 247 份。样本区间为 2008~2011 年。

6.4.3.3 化工产业"两型"化水平评价

利用基于超效率 DEA 模型，根据调研获得的数据，采用分析软件计算出样本企业 2008~2011 年的"两型"化发展效率，计算结果统计描述见表 6-4 和图 6-1。

表 6-4　　　　　化工产业"两型"化发展效率结果统计

		长沙	株洲	衡阳	常德	益阳	长株潭	非长株潭	其他
样本数		70	59	53	37	28	129	118	247
2008 年"两型"化效率	最大	4.1782	2.112	1.4185	1.5144	0.5417	4.1782	1.5144	4.1782
	最小	0.3147	0.2551	0.3202	0.2706	0.2206	0.2551	0.2206	0.2206
	均值	0.7524	0.4211	0.2871	0.3052	0.2752	0.6009	0.2899	0.4524

续表

		长沙	株洲	衡阳	常德	益阳	长株潭	非长株潭	其他
样本数		70	59	53	37	28	129	118	247
2009年"两型"化效率	最大	3.9719	1.9748	1.5528	0.8917	0.5358	3.9719	1.5528	3.9719
	最小	0.2905	0.2653	0.3105	0.2681	0.2317	0.2653	0.2317	0.2317
	均值	0.7310	0.4236	0.2919	0.3201	0.2415	0.5904	0.2888	0.4464
2010年"两型"化效率	最大	4.2455	2.2851	1.6592	0.8662	0.5622	4.2455	1.6592	4.2455
	最小	0.3014	0.2596	0.3227	0.3409	0.2514	0.2596	0.2514	0.2514
	均值	0.7811	0.4502	0.2854	0.3242	0.2901	0.6298	0.2987	0.4717
2011年"两型"化效率	最大	4.1053	2.2594	1.7014	0.9053	0.5593	4.1053	1.7014	4.1053
	最小	0.3491	0.2675	0.3220	0.3492	0.2811	0.2675	0.2811	0.2675
	均值	0.7972	0.4638	0.2896	0.3474	0.2892	0.6448	0.3077	0.4838

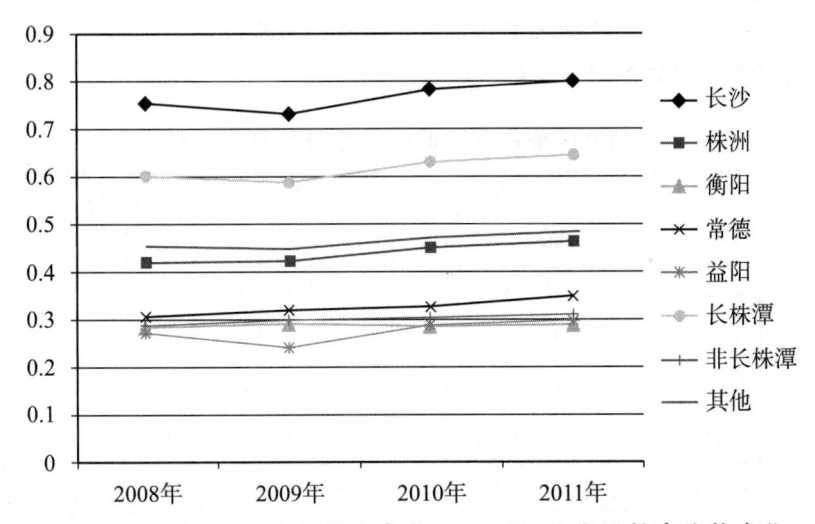

图 6-1　2008~2011 年样本企业"两型"化发展效率均值变化

从计算结果可以看出：①长沙的化工产业"两型"化发展效率均值明显高于同期其他地区，4 年均值都在 0.7 以上；同时，长株潭地区的化工产业"两型"化发展效率均值也明显高于同期非长株潭地区。②从产业"两型"化发展效率值分布来看，效率值在 0.5~1 区间的企业是最多的，其次是 0~0.5 区间的企业，效率值大于 1 的企业数最少，不到 10%；同时，同时期长株潭地区"两型"化发展效率值大于 1 的企业家数也明显多于非长株潭地区。③2008~2011 年的 4 年间，化工产业"两型"化发展效率均值呈上升趋势，由 2008 年的 0.4524 上升到 2011 年的 0.4838。其中，长株潭地区化工产业的"两型"化发展效率由 0.6009

上升到 0.6448，非长株潭地区化工产业的"两型"化发展效率由 0.2899 上升到 0.3077。这表明长株潭"两型社会"建设综合配套改革试验区成立以来，在长株潭城市群的大力推动下，长株潭地区，尤其是长沙的化工产业"两型"化水平得到了较大提高。

6.5 长株潭城市群产业"两型"化建设的实证评估与政策建议

6.5.1 长株潭产业"两型"化建设评价的数据收集

选取"两型社会"试验区重镇长沙、株洲、湘潭共 3 个区域，采用 2006～2011 年的数据，原始数据见表 6-5。

表 6-5　　　　长株潭区域产业"两型"化指标原始数据

	X_1	X_2	X_3	X_4	X_5	X_6	X_7	X_8	X_9	X_{10}	X_{11}	X_{12}
长沙 2006 年	0.990	1.20	48.68	90.3	115	1 230	6.82	44.3	11.0	3.7	20.3	1.65
长沙 2007 年	0.943	1.10	41.82	93.0	130	1 607	7.14	48.7	12.4	4.3	26.0	1.88
长沙 2008 年	0.890	0.74	34.96	88.6	217	2 639	7.69	42.0	11.1	5.8	19.8	1.93
长沙 2009 年	0.846	0.60	29.10	90.6	183	1 934	6.14	44.6	12.1	4.6	20.6	1.53
长沙 2010 年	0.826	0.48	20.19	100.0	231	2 579	8.49	42.0	15.3	5.2	20.2	1.09
长沙 2011 年	0.640	0.41	15.73	98.3	606	1 058	8.85	39.6	18.2	10.1	25.0	1.31
株洲 2006 年	1.576	2.93	113.41	67.6	32.8	121	0.97	32.5	13.4	6.3	20.5	1.10
株洲 2007 年	1.496	2.47	87.51	70.4	40.4	181	1.21	34.4	14.9	4.4	22.6	1.12
株洲 2008 年	1.390	1.54	73.19	79.4	63.8	289	1.72	33.3	17.4	4.7	24.0	1.17
株洲 2009 年	1.315	1.23	48.89	81.0	66.1	315	1.55	34.6	19.9	2.9	19.3	1.65
株洲 2010 年	1.272	0.99	32.78	90.8	97.1	570	2.07	31.8	21.4	4.0	18.8	0.88
株洲 2011 年	0.964	0.67	27.23	90.6	164.1	1 162	1.66	31.0	21.3	5.5	19.2	0.99
湘潭 2006 年	2.061	4.24	127.81	92.2	20.5	74	0.30	35.7	15.0	6.3	13.4	1.20
湘潭 2007 年	1.969	3.60	97.44	95.8	25.7	92	0.39	37.7	16.1	7.2	15.6	1.30

续表

	X_1	X_2	X_3	X_4	X_5	X_6	X_7	X_8	X_9	X_{10}	X_{11}	X_{12}
湘潭 2008 年	1.820	2.88	68.56	95.1	47.5	141	0.55	35.2	18.8	6.1	13.6	1.48
湘潭 2009 年	1.718	2.32	52.34	95.6	48.5	159	0.50	35.5	21.0	6.4	11.6	1.78
湘潭 2010 年	1.669	1.95	38.70	95.7	69.0	235	0.70	33.4	22.6	5.3	12.0	0.66
湘潭 2011 年	1.301	1.36	30.13	100.0	105.1	1 274	0.81	31.4	28.3	7.7	13.2	0.81

资料来源：各区域各年度统计年鉴。

6.5.2 长株潭产业"两型"化建设的综合评价

运用前述方法进行评价，计算工具采用统计软件 SPSS20.0 实现。软件运算结果，第一主成分的方差贡献为 47.8%，第二主成分的方差贡献为 21.7%，第三主成分的方差贡献为 12.3%，第四主成分的方差贡献为 9.7%，累计方差贡献为 91.5%，故选取四个主成分 F_1、F_2、F_3 和 F_4。

$$F = 0.522 \times F_1 + 0.237 \times F_2 + 0.134 \times F_3 + 0.106 \times F_4$$

各区域的评价结果见表 6-6。从纵向比较来看，6 个年度各区域产业"两型"化发展水平均有提高，特别是长沙产业"两型"化发展水平提高较快。从横向比较来看，长沙产业"两型"化发展水平大于株洲，而株洲又大于湘潭，长沙的水平远远高于株洲和湘潭。从实际情况来考察，2006 年以来，3 个区域注重走新型工业道路，注重发展高新技术产业和以高新技术改造传统产业，努力降低资源消耗和减轻环境污染，所以产业"两型"化发展水平均有不同程度的提高。长沙创新资源比较丰富，科技教育力量较强，高新技术产业和服务业占比较大，所以产业"两型"化发展水平较高，提升也较快，而株洲和湘潭以重化工业为主，故产业"两型"化发展水平远远不如长沙，它们还需要作出较大的努力。总之，评价结果比较切合实际情况。

表 6-6　　　　　　　　各区域的主成分得分

	F_1	F_2	F_3	F_4	F
长沙 2006 年	2.009	1.703	-0.222	0.865	1.514
长沙 2007 年	3.066	1.954	-0.517	0.629	2.061
长沙 2008 年	3.237	1.031	-0.754	0.343	1.870
长沙 2009 年	2.821	0.838	-0.041	0.666	1.736
长沙 2010 年	3.255	-0.773	-0.082	0.575	1.566

续表

	F_1	F_2	F_3	F_4	F
长沙 2011 年	3.864	-2.267	-0.994	-3.030	1.025
株洲 2006 年	-2.369	1.887	0.788	-1.877	-0.883
株洲 2007 年	-1.601	1.842	1.509	-0.989	-0.302
株洲 2008 年	-0.852	0.849	1.559	-0.727	-0.112
株洲 2009 年	-0.509	0.772	1.475	0.957	0.216
株洲 2010 年	-0.485	-1.175	1.697	0.558	-0.245
株洲 2011 年	0.325	-1.662	1.499	0.002	-0.023
湘潭 2006 年	-3.435	0.953	-1.861	-0.367	-1.856
湘潭 2007 年	-2.550	0.377	-1.913	-0.329	-1.533
湘潭 2008 年	-2.098	-0.218	-1.214	0.523	-1.254
湘潭 2009 年	-1.711	-0.640	-1.359	1.028	-1.118
湘潭 2010 年	-1.984	-1.976	0.332	0.797	-1.375
湘潭 2011 年	-0.982	-3.494	0.099	0.377	-1.288

6.5.3 促进产业"两型"化发展的政策建议

（1）树立"两型"消费和"两型"生产理念。加大宣传力度，让资源节约、环境友好的理念深入每个家庭、企业和行政事业单位。倡导绿色消费，引导合理消费，反对盲目消费、过度消费和奢侈消费。鼓励消费者购买节能、节水、节材产品以及环境友好产品，形成对企业的倒逼机制。引导企业在生产经营过程中，承担起社会责任，走资源节约和环境友好之路。

（2）建立资源价格合理形成机制。资源价格合理是经济主体对其节约使用的前提。要推进土地规划利用、征收征用、供应调节、市场监管等制度创新，探索农村集体建设用地流转制度，规范发展土地市场，对各类土地要合理定价。推进电力、石油、水资源、矿产等资源性产品价格改革，完善价格形成机制，建立反映资源稀缺程度、资源枯竭后退出成本和环境治理成本的资源性产品价格体系，以价格引导对资源的节约和合理利用。

（3）推进环境治理和保护。科学制定各类环境标准，建立环境执法检查、监测预警、公共参与及社会监督机制。实行干部环保政绩考核与问责制，完善区域开发环境评价，严格环境准入。建立生态补偿机制，对各类区域实行分类指导，统筹发展。推广清洁生产，对重点污染企业实行强制清洁生产审核。开展产品绿色认证，发展循环经济和低碳经济。

（4）淘汰落后产业。单纯依靠市场机制，落后产业退出缓慢，故要大力发挥政府的引导推动作用。对于国家已经公布的落后产品、工艺、设备、生产能力，坚决进行淘汰；同时，根据"两型社会"建设要求，根据实际调查结果和专家意见，公布区域需要淘汰的产品、工艺设备、生产能力，定期调整，分步实施，为产业"两型"化发展腾出空间。若不淘汰一批落后产业，新产业的成长空间就会受到挤压，产业就会被锁定在低端。产业退出需要成本，政府对企业要给予奖励以及多方面的扶持。

（5）提高科技创新支撑能力。政府应加大科技投入，加强对资源节约、环境友好方面的基础研究和应用基础研究，结合区域发展实际，围绕产业"两型"化发展共同面对的重大科技问题，组建专家咨询团队，策划并设立重大科技专项，集中力量，联合攻关。支持企业对于产业"两型"化发展的技术创新，加快建立产学研结合的技术创新战略联盟，搭建产业"两型"化发展共性技术研究平台。对企业开发研究"两型"技术、生产"两型"产品，经过认定可享受高新技术产品同等待遇。

第 7 章

"两型"园区建设标准及指标体系

7.1 "两型"园区建设的背景与意义

我国园区建设经过 20 多年的探索和发展，已经成为地方经济发展的核心动力和主增长极。随着中国建设资源节约型和环境友好型社会的推进，我国产业园区的建设面临新的要求和机遇。作为地方经济发展的引擎，我国产业园区的建设也必然要符合"两型"的要求。特别是在当前环境下，我国部分园区正在成为高能耗、高污染的"重灾区"，正在走"污染—治理—污染"的老路。很显然，这是与我国经济走"又好又快"的发展道路和"两型社会"的建设目标背道而驰的。

当前，建设"两型"园区的理念已经得到政府、企业及学术等各界的广泛认同和重视。社会各界已积极开展了什么是"两型"园区、如何建设"两型"园区的讨论和探索，然而，作为一个新的园区建设理念，仍有必要对其进行进一步系统深入的理论探讨和实践摸索。作为"两型社会"建设系列标准的重要组成部分，对"两型"园区建设标准及指标体系的研究不仅很好地回答了什么是"两型"园区的问题，而且有利于找出建设"两型"园区的方向和路径，了解园区的现状水平和主要问题，从而切切实实地实现"两型"园区建设的目标。

本子课题通过对传统园区理论进行梳理，结合循环经济、"两型社会"建设的最新理论成果，从内涵、特征、发展模式和路径等几方面进行分析和界定，首先，建立了"两型"园区研究的理论基础；其次，建立我国"两型"园区建设指标体系，构建"两型"园区评价模型，确定"两型"园区建设各指标的标准值；最后，通过运用以上建设标准及评价指标和模型对我国长株潭地区"两型"园区建设的现状水平进行实证研究，并由此针对性提出促进长株潭地区"两型"园区建设的政策建议。

7.2 "两型"园区建设的理论研究

7.2.1 "两型"园区建设的理论基础

7.2.1.1 现代产业园区的起源与发展

现代工业园区起源于"二战"后的日本。日本战败后，国内政治、经济均告破产，民众陷于水深火热之中。美国为了今后在东亚的利益，帮助日本重建，于是把日本原来的钢铁制造、化工等重型企业迁往海岸沿线的某个区域，集中发展，这一模式始于20世纪50年代。

工业园区（Industrial Park），日本和韩国称工业团地，中国香港称工业村。它是"二战"后一些发达国家为发展经济、改善城市布局结构，所采取的一种重要的企业地理集中的建设方式。在很多国家和地区，工业园区起到了引进外资、促进工业发展、解决就业、扩大出口和增加外汇收入的作用。特别是20世纪60年代以来，兴办各类工业园区对一些新兴工业化国家和地区的新技术研发、振兴出口导向工业发挥了重要作用。

国际上早期建设的工业园区中，美国硅谷、中国台湾新竹、印度班加罗尔、英国剑桥、法国索菲亚·安蒂波里斯、韩国大德、以色列拉马特-霍瓦乌和爱尔兰国家科技园等八大工业园区的成功都得到了世界的普遍认可，被公认为世界一流园区的代表。它们共同的特征就是发展迅速，拥有在全球处于领先地位的产业领域，关注技术创新和产业升级，同时建立了一套适合园区自身发展的模式，例如硅谷，它通过技术创新、高新技术产业发展来应对当地经济衰退，最终成为美国甚至全球经济发展的引擎之地。

我国工业园区（国家级经济技术开发区）建设起步于1979年的深圳蛇口工

业区，到 2000 年底，蛇口工业区有限公司已经成为拥有总资产 111 亿元，净资产由开发时的 2 亿元人民币滚动发展到 56.3 亿元，年销售收入 47 亿元，税后利润近 4 亿元，连续 8 年取得 AAA 级信用评级，有下属全资和合资企业 70 多家的大型综合性企业集团。经过 20 多年的创业，现在蛇口工业区有限公司已经发展成为一个集金融、证券、旅游文化娱乐、商贸、港口、房地产、石化储运与销售、供水供电及通信、电子、软件、信息技术等现代高科技产业于一体的现代综合性企业集团。蛇口工业集团以改革促进经济发展，创造出中国改革和经济建设的一个又一个奇迹，在这里诞生了全国第一家企业银行——招商银行；全国第一家保险公司——平安保险公司，成为中国改革的"试管"、对外开放的"窗口"，并以经济建设的"蛇口模式"为世人关注。

近 30 年来，随着党中央、国务院对工业园区各项政策的不断完善，工业园区发展不断加快，其作用日益显现。工业园区的建设直接促进了我国区域经济发展和传统产业的升级换代。如今，全国已经建立 54 个国家级经济技术开发区（含享受国家级经济技术开发区政策的苏州工业园区、上海金桥出口加工区、宁波大榭开发区、厦门海沧台商投资区、海南洋浦经济开发区）。长期以来，54 个国家级经济开发区都保持了良好发展势头，主要经济指标保持年均 20% 以上的增长速度，成为中国经济发展的重要"助推器"。据商务部提供的数据显示，2006 年，中国 54 个国家级经济技术开发区共实现工业增加值 7 414 亿元，工业总产值 30 219 亿元，税收收入 1 570 亿元，出口 1 492 亿美元，进口 1 339 亿美元。工业园区作为现代产业快速发展不可或缺的载体，其重要性愈加凸显。

首先，工业园区是带动区域经济发展的发动机，是拉动 GDP 和地方财政收入增长的火车头。以新加坡裕廊工业园区为例，该工业园区是亚洲最早成立的开发区之一。"二战"后，新加坡是一个缺乏资源、工业基础落后、失业率极高的弹丸之地。为了改变这种面貌，新加坡建立了开发区，选择了以吸引跨国公司投资为主的发展道路。裕廊位于新加坡岛西南部的海滨地带，距市区 10 多公里，面积为 60 平方公里。此地区原本为荒芜之地，大部分地貌是沼泽和丘陵，但是具有建设现代化工业区的良好自然地理条件。1961 年政府计划在裕廊划定 6 480 公顷土地发展工业园区，并拨出 1 亿新元进行基础设施建设。1968 年园区内的厂房、港口、码头、铁路、公路、电力、供水等各种基础设施建设基本完成，同年 6 月新加坡政府成立裕廊镇管理局（JTC），专门负责经营管理裕廊工业区和全国其他各工业区。截至 2003 年底，新加坡岛内已建立了 30 多个工业园区，共占地 8 025 公顷，已开发 5 069 平方公里，包含了 7 000 多家跨国公司和本地的高技术制造业公司，对新加坡 GDP 的直接贡献率为 25%，雇用了全国 1/3 以上的劳动力。裕廊工业园区的成功建立使新加坡实现了快速工业化，且时至今日依然保持发展活力。其开发模式一直是亚洲其他发展中国家借鉴和模仿的对象。

又如,江苏省的苏州工业园区是中新两国政府间重要的合作项目,1994年2月经国务院批准成立,同年5月实施启动。十三年来,园区的开发建设一直保持着持续、快速、健康的发展态势,主要经济指标年均增幅达40%左右,累计上缴中央和省市各类税收460亿元。2006年,全区实现地区生产总值680亿元,增长19%,超过了青海全省GDP总额;地方一般预算收入52.5亿元,增长26%;固定资产投资395亿元,增长11%;进出口总额500亿美元,其中出口251亿美元,分别增长23%和31%;新增注册外资38亿美元,实际利用外资16亿美元,在较高平台上继续稳步增长。目前,园区以占苏州市4%的土地和人口、7%的工业用电量,创造了全市15%的GDP、地方一般预算收入和固定资产投资,26%的注册外资、到账外资和30%的进出口总额。

其次,工业园区在产业集群化发展中扮演着越来越重要的角色。产业集群化是21世纪产业发展的一大趋势,工业园区专业化开发建设是推动产业集群化发展最主要的力量。工业园区在依托一定的区域条件和资源禀赋基础上,对产业链下的各个产业聚集能力越高,园区的核心竞争力就越强,也就越容易形成自己的特色和品牌,进而吸引更多的投资者聚至麾下。有"亚洲硅谷"之称的印度班加罗尔软件园就是一个突出的范例。经过20年的发展,目前该园已经成为世界闻名的IT产业集群,英特尔、微软、惠普等IT巨头在此均设有研发中心和生产基地。又如,国内珠江三角洲各工业园的专业化发展形成了以计算机、家电为主的产业集群,百公里内即可完成90%以上计算机零部件、80%以上的手机部件以及100%的彩电部件的采购。工业园推进产业集群化发展,不仅可以形成资源高地、技术高地、人才高地,还可以大幅提高辅助产业的专业协作程度和产出效率。

再次,工业园区已成为产业升级与和谐发展的孵化器。园区经济的发展,必将在一定程度上带动周边区域逐步走向城市化,工业园区随之也由单一工业化的经济功能区逐渐向多元功能的新城区发展,这是工业园区发展的大趋势。近年来一些优秀工业园区的实际情况已印证了这种转变。昆山工业园区已经与昆山市融为一体,无锡高新技术工业园已与无锡新区融为一体,营口沿海产业基地甚至直接将市政府等行政中心机构及商务区、生活区规划在工业园一期的核心地带。

最后,工业园区的发展对周边地区经济、社会的发展有着巨大的辐射和带动作用。1955年法国发展经济学家佩鲁提出了"增长极"理论,其核心观点是:在经济增长中,由于某些主导部门或有创新能力企业或行业在一些地区或大城市的聚集形成一种资本与技术高度集中、具有规模经济效益、自身增长迅速并能对邻近地区产生强大辐射作用的"增长极",通过具有"增长极"的地区优先增长,可以带动相邻地区的共同发展。如我国在改革开放初期以政府推动型的发展模式设立若干个经济特区，从而改变了我国传统产业在地理上的分布特征，建立了以新兴城市为圆心、以新兴产业链的边界为半径的动态的"增长极"。由于这种"增长极"的形成有着显著的偶然性，所以在后发优势地区内利用以政府为主的开发区建设模式，可以在资金、土地、劳动力要素供给方面提供低成本的流动，从而加速本区域内"增长极"的形成。"增长极"往往也会带来很大的技术溢出，从而改变区域产业结构和建立区域竞争优势。

显而易见，工业园区的发展绝不是仅仅实现资源转换、循环利用、增加GDP、增加税收和解决就业，更重要的是工业园区能通过引进和发展高新技术，提升本地区的科学技术水平和装备水平，培育一批高素质的科技和管理人才，成为当地今后可持续发展的重要工业基地。

7.2.1.2 产业集群理论

（1）产业集群形成的原因。经济上的自利性（Self-interest）是集群内企业捆绑在一起的最终黏合剂。企业最终会聚集在一起的主要原因是"集群"这种组织所存在的专业化分工而产生的报酬递增过程的结果。杨小凯用超边际分析法分析集群形成过程，认为集群的形成是报酬递增而不是报酬递减过程。从经济因素来看，集群形成的主要原因可以归纳为四个因素，即外部经济性、集聚经济、交易成本和柔性专业化。

集群形成的另一个重要前提是企业选择了同一个区位。德国学者 W. Launhardt、A. Weber 以及 E. Hoover 等认为，劳动生产率高低是形成区域优势的主要原因。韦伯认为区域的集聚因素（agglomerative factors）和分散因素（deglomerative factors）是影响区位选择和形成的重要因素。上述理论对企业在地理上的接近即集群的形成和"集群度"提供了某种解释。

就经济地理学方面的研究而言，克鲁格曼（Krugman）从生产、技术角度研究了产业本地化形成的原因，即专业化劳动集中、辅助工业聚集和知识信息交流的频繁。他认为如果在某一区域形成集聚，就会产生报酬递增。信息溢出使整体的生产函数优于单个企业的生产函数，而区域报酬递增使产业在空间上产生差异分布。Pacione 认为，新产业、非标准化、为顾客定制的制造业以及生产过程连续性的产业更需要地方上的联系和地理上接近，这种联系和接近增加了企业之间合作机会。格兰诺维特（Granovettor）从"根植性"的概念，即交易行为偏离利润最大化目标进行解释，他的理论不仅是对克鲁格曼理论的修正，而且对正确全面地理解集群形成机制也起到了积极的作用。

从社会学的角度对企业集聚进行解释的代表是美国社会学家福山。他认为群体是以相互信任为基础而产生的，最有效的组织建立在共同的道德价值观基础之上。通向社群（网络）的道路有三条：家庭和血缘、自发社团以及国家。

这里必须说明的是，事实上集群产生的最初原因往往是一个偶然事件。Arthur 提出集聚产生的偶然性，但他又认为集群形成往往是技术创新所导致的报酬递增结果。

另外，Doeringer 和 Tenkla 提出了产业聚集的三个主要动因：企业之间联盟驱动的战略机会、区域要素市场优势（劳动力市场、本地化知识外溢）和非业务制度的因素（如工会、协会等）。Feser、Bergman 认为，外部经济性、创新环境、合作、企业之间竞争和路径依赖是集群形成的基本原因。

综上所述，早期的研究主要是从运输成本和自然资源等角度解释产业的地理集中，而随着新产业区的出现，新产业区理论则更多的是从交易费用、知识、社会文化等方面进行解释。总体来说，产业集群的产生来自两大类因素：内因和外因，也可以说是产业集群形成的内生性和外生性。内生性是指在产业发展过程中，由于产业的聚集所带来的一些优势，如运输成本、中间投入品成本降低和知识外溢等，使得产业进一步聚集从而形成产业集群。外生性是指由于一些外部的因素而推动产业的地理集中，如福特式生产方式的困境、共同的社会文化背景等导致的交易费用较低等。

（2）产业集群发展的条件。产业集群形成原因的分析只是为产业集群的形成提供了理论依据，在现实中，一个地区某种产业集群的形成需要具备许多现实条件。研究集群形成条件的目的并非是要准确预测在哪些地方会出现产业集群，而只是分析哪些产业在哪些地方更有可能形成集群。

从经济学角度来看，赫—俄的资源禀赋理论和弗能（Vernon R.）的产品生命周期理论认为，资源对集群的发展有着影响作用，不同的资源条件对集群发展的不同阶段起着很大的影响。法国经济学家佩鲁（Francois Perrour）提出了"增长极"（growth pole）及"推动性单位"（propulsive unit）的概念，而保德威尔（Boudeville）首次将"增长极"概念用于空间集聚，并用里昂惕夫乘数效应和极化效应进行分析。柯拉基奥（Coraggio）首次提出实施增长极可能会产生"飞地"现象，即乘数效应发生在区域外部，以解释集群转移现象。瑞典社会学家、经济学家缪尔达尔（Gunnar Myrdal）分别用循环积累因果原理（circular and cumulative causation）、扩散效应（spread effect）和回流效应（backwash effect）阐述区域经济发展不平衡性以及集群发展的过程。美国发展经济学家赫希曼（Hirshman）研究了区域发展不平衡的两种效应：极化效应（polarized effect）和渭流效应（trickling-down effect）。英国创新经济学家 Friedmann 认为创新通常由中心从里到外地向创新潜能较低地域扩散。Richardson 认为，空间集聚对区域发展有重要的影响，大部分区域的活力来源于空间集聚。

在经济地理学方面,Storper、Walker 首先提出了区位规格和区位能力概念,他的理论提供了解释某个区域集群发展成功性的方法。而值得一提的是,Ratti 认为集群(产业区)发展需要经济空间、社会空间、地理空间这三种空间支撑。

在管理学领域,Adylot 首先指出,区域创新环境对区域内企业集聚有强大推动作用,特定的社会文化环境有利于促进企业诞生、成长和推动区域经济的增长。欧洲创新研究小组(GREMI)认为,集群发展更多地依赖于区域创新环境的改善。Saxenian 认为,美国硅谷发展可归功于区域创新网络的发展,因为网络有助于隐含知识扩散,隐含知识越多,区域集聚作用越强。Harrison 认为创新网络的根植性对产业区来说是很重要的。Grabher 认为,新产业区发展正是企业在区域内与其他企业结成网络的过程,并根植于特殊的社会文化环境。Capello 认为,个体在网络中不断学习,促进区域网络与区域创新环境互动,从而推动集聚和新产业区持续发展。盖文启认为网络建立一般需要两年,并提出了 RIS(区域创新系统)分析模型。Audretsch、David 和 Feldman 等认为,地理上的集聚活动是知识(组织)创新活动的一个平台。波特(Porter)在对产业集群竞争优势进行系统研究后认为,区域竞争优势关键在于产业的竞争优势,产业集群在生产率、创新方向和创新速度等方面进一步影响竞争。

在社会学方面,社会学家 Burt 认为,弱联系是学习和创新的重要渠道,它对于集群发展有着重要的影响。美国哈佛大学教授 Putnam 首先关注集群与社会资本的关系,在对意大利研究后发现,第三意大利由于存在丰富的社会资本而导致集群的发展。社会学家 Fountain 认为,社会资本一个最关键的特征是信任的可传递性,而信任的可传递性建立在网络基础之上,信任的可传递性导致知识沟通、传递以及组织的知识学习。

这里特别要提到的是 Steinle 和 Schiele 这两位学者,他们在对产业集群案例综合分析的基础上,提出产业集群形成需具备一些必要条件和补充条件。他们认为,必要条件是由产品生产的特性所决定的,主要包括生产过程可分割性和最终产品的可运输性。生产过程可分割才有可能形成很长的价值链,从而实现集群内各个企业的专业分工。如果最终产品不能够运输,制造商就会靠近消费市场,也就不会形成集群(除非这个市场非常巨大),而如果中间品较难运输而最终产品容易运输,这有可能形成集群。但仅仅具备产品特性是不够的,为了实现不同角色之间的灵活协调,还需具备四个补充条件:产品或服务具有较长的价值链、竞争优势的多元化、网络创新模式的重要性以及变化多端的市场。产业集群实际上是用空间弥补时间。另外,市场变化越快,越会削弱某个制造商对需求的控制,越有可能形成集群。国内也有学者对集群产生条件进行了分析,他们认为企业集群的产生需要具备一定的经济与社会历史条件,其中经济条件包括供给和需求两个方面。供给方面包括集群产品的技术可分性、存在产品差异化机会、低成本运输、竞争环境的动态变化、知识的缄默性等；需求方面包括集群产品的时尚性和艺术性、消费行为上瘾性、营销信息沟通的口传性等。但总体说来，这些条件基本上是在 Steinle 和 Schiele 的分析框架之内。笔者认为，上述所提到的企业集群形成条件大体可以归为产品、技术、市场、环境等几个方面。

（3）集群发展的形态：产业区和新产业区。产业区概念是由新古典经济学家马歇尔提出来的。艾萨德（Isard）、费里克森和林德马克（Fredriksson & Lindmark）进一步提出了产业综合体模型和"生产系统"等相应的概念。马库森（Markusen）提出了四种典型的产业区类型：马歇尔式产业区、轮轴式产业区、卫星平台式产业区和国家力量依赖型产业区。Dicken 用生产链概念分析了全球生产系统的地域结构。Hayter 从协作程度和所有权集中程度划分为 9 类产业区。

意大利社会学家巴格那斯科（Bagnasco）首先提出了新产业区概念，他认为新产业区就是在产业区上面加上一定的社会文化，他在研究第三意大利后认为新产业区本质上就是柔性专业化（Flexibility Plus Specialization）。Scott 和 Storper 以及 Piore 和 Sabel 都认为，新产业区是一种"柔性生产综合体"（Flexible Production Complex），是一种后福特制（Post-Fordism）。Pyke 和 Sengenberger 认为新产业区是地理边界的生产系统。韩国朴杉沃（Park. S. O）提出了 9 种类型的新产业区，并认为产业区内柔性生产系统和大宗生产系统并存，地方网络和全球网络并存。我国学者王缉慈和仇保兴各自从经济地理学和经济学的角度对产业区和新产业区进行了研究。

（4）集群形成和发展的路径。综上所述，个体经济主体由于交易费用的节省和自身的资源和优势形成了单个企业。单个企业的发展有三条途径：一是单个企业内部联结加强，即向一体化方向发展；二是单个企业外部联结加强，但是通过市场的方式进行；三是单个企业外部联结加强，但不完全通过市场方式，而是在生产、技术、市场和文化等因素的作用和诱惑下进行的，即集群现象开始形成。集群现象形成后又有两种可能的发展路径：一是在集群内部具有竞争优势的企业采用并购等手段，将其他企业合并成为本企业的一部分，从而又产生"一体化"的现象；二是由于企业之间不断进行专业化分工产生了报酬递增的正反馈过程，再加上产业转移、市场吸引和政府行为等因素的影响，使企业在某个具体的区域产生集聚。这个时候的集群，可能主要由大量的中小企业所构成，它们基本上是基于经济上考虑的，因为相互集聚能够产生报酬递增效应，可以称之为"产业区"。其实"产业区"应该视为集群组织在发展过程中的一种形式。产业区的发展又有两条路径：其一，如果缺乏相似的文化和信任等因素，有可能使集群分化为纯粹的市场；其二，产业区在三种空间的支撑下进一步发展成为"新产业区",这三个空间是地理空间、经济空间和社会空间,其中地理空间是基础。完全离开地理的因素是危险的,Feser & Bergman 批评 Perroux 和 Darwent 没有理解以地理为基础的集聚是其他两个空间的基础,以及在此基础上所实施的增长中心政策(growth center policy)而导致的失败。在地理空间的进一步扩张中,加上相似文化和信任基础之上的社会空间所产生的动态的学习和创新活动、报酬递增效应、"极化效应",从而使集群组织得到进一步发展。需要一提的是,如果在实施增长极政策时,其作用的效果发生在区域外部,即产生"飞地"效应,集群的一个重要基础——相互集聚能够产生报酬递增效应就可能不存在,从而可能使集群再次分化为纯粹的市场。

7.2.1.3 循环经济理论

(1)起源发展。循环经济思想萌芽可以追溯到环境保护思潮兴起的 20 世纪 60 年代时代。1962 年美国生态学家卡尔逊发表了《寂静的春天》,指出生物界以及人类所面临的危险。"循环经济"一词,首先由美国经济学家 K·波尔丁提出,主要指在人、自然资源和科学技术的大系统内,在资源投入、企业生产、产品消费及其废弃的全过程中,把传统的依赖资源消耗的线形增长经济,转变为依靠生态型资源循环来发展的经济。其"宇宙飞船理论"可以作为循环经济的早期代表。在 70 年代,循环经济的思想只是一种理念,当时人们关心的主要是对污染物的无害化处理。80 年代,人们认识到应采用资源化的方式处理废弃物。90 年代,特别是可持续发展战略成为世界潮流的近些年,环境保护、清洁生产、绿色消费和废弃物的再生利用等才整合为一套系统的以资源循环利用、避免废物产生为特征的循环经济战略。循环经济是与线性经济相对的,是以物质资源的循环使用为特征的。中国从 90 年代起引入了关于循环经济的思想。此后对于循环经济的理论研究和实践不断深入。1998 年引入德国循环经济概念,确立"3R"原理的中心地位;1999 年从可持续生产的角度对循环经济发展模式进行整合;2002 年从新兴工业化的角度认识循环经济的发展意义;2003 年将循环经济纳入科学发展观,确立物质减量化的发展战略;2004 年,提出从不同的空间规模:城市、区域、国家层面大力发展循环经济。

(2)理论本质。循环经济理论的本质是生态经济理论。生态经济学是以生态学原理为基础,经济学原理为主导,以人类经济活动为中心,运用系统工程方法,从最广泛的范围研究生态和经济的结合,从整体上去研究生态系统和生产力系统的相互影响、相互制约和相互作用,揭示自然和社会之间的本质联系和规律,改变生产和消费方式,高效合理利用一切可用资源。简言之,生态经济就是一种尊重生态原理和经济规律的经济。它要求把人类经济社会发展与其依托的生态环境作为一个统一体，经济社会发展一定要遵循生态学理论。生态经济所强调的就是要把经济系统与生态系统的多种组成要素联系起来进行综合考察与实施，要求经济社会与生态发展全面协调，达到生态经济的最优目标。

生态经济与循环经济的主要区别在于：生态经济强调的核心是经济与生态的协调，注重经济系统与生态系统的有机结合，强调宏观经济发展模式的转变；循环经济侧重于整个社会物质循环应用，强调的是循环和生态效率，资源被多次重复利用，并注重生产、流通、消费全过程的资源节约。生态经济与循环经济本质上是相一致的，都是要使经济活动生态化，都是要坚持可持续发展。物质循环不仅是自然作用过程，而且是经济社会过程，实质是人类通过社会生产与自然界进行物质交换，也就是自然过程和经济过程相互作用的生态经济发展过程。确切地说，生态经济原理体现着循环经济的要求，正是构建循环经济的理论基础。

生态经济、循环经济理念的产生和发展，是人类对人与自然关系深刻认识和反思的结果，也是人类在社会经济高速发展中陷入资源危机、环境危机、生存危机深刻反省自身发展模式的产物。由传统的经济向生态经济、循环经济转变，是在全球人口剧增、资源短缺和生态蜕变的严峻形势下的必然选择。客观的物质世界，是处在周而复始的循环运动之中，物质循环是推行一种与自然和谐发展、与新型工业化道路要求相适应的一种新的生产方式和生态经济的基本功能。物质循环和能量流动是自然生态系统和经济社会系统的两大基本功能，是处于不断的转换中。循环经济则要求遵循生态规律和经济规律，合理利用自然资源与优化环境，在物质不断循环利用的基础上发展经济，使生态经济原则体现在不同层次的循环经济形式上。

循环经济在发展理念上就是要改变重开发、轻节约，片面追求 GDP 增长；重速度、轻效益；重外延扩张、轻内涵提高的传统的经济发展模式。把传统的依赖资源消耗的线形增长的经济，转变为依靠生态型资源循环来发展的经济。既是一种新的经济增长方式，也是一种新的污染治理模式，同时又是经济发展、资源节约与环境保护的一体化战略。循环经济本质上是一种生态经济，它要求运用生态学规律而不是机械论规律来指导人类社会的经济活动。与传统经济相比，循环经济的不同之处在于：传统经济是一种由"资源—产品—污染排放"单向流动的线性经济，其特征是高开采、低利用、高排放。在这种经济中，人们高强度地把地球上的物质和能源提取出来，然后又把污染和废物大量地排放到水系、空气和土壤中，对资源的利用是粗放的和一次性的，通过把资源持续不断地变成为废物来实现经济的数量型增长。与此不同，循环经济倡导的是一种与环境和谐的经济发展模式。它要求把经济活动组织成一个"资源—产品—再生资源"的反馈式流程，其特征是低开采、高利用、低排放。所有的物质和能源要能在这个不断进行的经济循环中得到合理和持久的利用，以把经济活动对自然环境的影响降低到尽可能小的程度。

（3）主要理念。循环经济与生态经济都是由人、自然资源和科学技术等要素构成的大系统。要求人类在考虑生产和消费时不能把自身置于这个大系统之外，而是将自己作为这个大系统中的一部分来研究符合客观规律的经济原则。要从自然——经济大系统出发，对物质转化的全过程采取战略性、综合性、预防性措施，降低经济活动对资源环境的过度使用及对人类所造成的负面影响，使人类经济社会的循环与自然循环更好地融合起来，实现区域物质流、能量流、资金流的系统优化配置。

新的经济观就是用生态学和生态经济学规律来指导生产活动。经济活动要在生态可承受范围内进行，超过资源承载能力的循环是恶性循环，会造成生态系统退化。只有在资源承载能力之内的良性循环，才能使生态系统平衡地发展。循环经济是用先进生产技术、替代技术、减量技术和共生链接技术以及废旧资源利用技术、"零排放"技术等支撑的经济，不是传统的低水平物质循环利用方式下的经济。要求在建立循环经济的支撑技术体系上下功夫。

新的价值观在考虑自然资源时，不仅要视为可利用的资源，而且是需要维持良性循环的生态系统；在考虑科学技术时，不仅考虑其对自然的开发能力，而且要充分考虑到它对生态系统的维系和修复能力，使之成为有益于环境的技术；在考虑人自身发展时，不仅考虑人对自然的改造能力，而且更重视人与自然和谐相处的能力，促进人的全面发展。

新的生产观就是要从循环意义上发展经济，用清洁生产、环保要求从事生产。它的生产观念是要充分考虑自然生态系统的承载能力，尽可能地节约自然资源，不断提高自然资源的利用效率，并且是从生产的源头和全过程充分利用资源，使每个企业在生产过程中少投入、少排放、高利用，达到废物最小化、资源化、无害化。上游企业的废物成为下游企业的原料，实现区域或企业群的资源最有效利用，并且用生态链条把工业与农业、生产与消费、城区与郊区、行业与行业有机结合起来，实现可持续生产和消费，逐步建成循环型社会。

7.2.2 "两型"园区建设理论研究

7.2.2.1 "两型"园区的内涵

符合"两型社会"发展要求的园区，是从生产方式到生活方式上有所创新的园区，它们首先要符合能源、水、土地、材料等资源综合利用效率较高，对环境影响较小，低污染、低排放的要求，还可能包含环境友好型技术、环境友好型产品、环境友好型企业、环境友好型产业等内容。具体内容包括：有利于环境的生产和消费方式；无污染或低污染的技术、工艺和产品；对环境和人体健康无不利影响的各种开发建设活动；符合生态条件的生产力布局；少污染与低损耗的产业结构；持续发展的绿色产业；功能健全、便捷享受的社会服务等。

7.2.2.2 "两型"园区的主要特征

从园区建设与发展的层面来看，"两型"园区应当具备以下特点：

一是经济发展以实现社会可持续发展为前提。根据区域发展基础、可持续发展能力和发展要求及承载能力等先决条件，对土地资源进行合理规划开发，按优化开发区、重点开发区、限制开发区和禁止开发区进行分类管理，科学指导区域合理发展。

二是土地利用和开发要实现土地利用效率的最大化。加大土地的集约利用力度。摒弃以往以GDP增长为导向的开发利用方式，以充分利用土地资源，最大限度解决就业问题为土地开发利用的指标标准，科学规划城市布局，使城市土地利用的综合效率最大化。

三是满足人与社会、自然的和谐统一。城市化和工业化过程中要充分体现城乡统筹、人地协调的和谐理念，突出了城市生态和城市环保，最大限度地节能减排，消除经济增长与环境保护之间的矛盾对立，实现人与社会、人与自然的和谐统一。

7.2.2.3 国内外"两型"园区建设经验和模式

（1）我国建设"两型"园区的探索。近年以来，我国各类特色园区兴起，其中在国家发改委、环保部指导下建设的循环经济试点园区和国家生态工业示范园等两类园区较接近"两型"园区建设的要求，具备"两型"园区的雏形。与此同时，湖南省两型办、长沙市工信委等地方政府职能部门已进行了制定"两型"园区标准和创建"两型"示范园区的探索。

①循环经济试点园区。2005年12月，国家发改委、环保总局等6部委联合下发了《关于组织开展循环经济试点工作的通知》，在全国选定河北省曹妃甸等一批产业园区进行试点，试点工作重点是围绕核心资源发展相关产业，其目标是在钢铁、有色、化工、建材等行业探索循环经济发展模式，树立一批循环经济的典型企业，在重点领域完善再生资源回收利用体系，建立资源循环利用机制，提高资源利用率，降低废物最终处置量。目前我国已确定了国家和省级开发区、重

化工业集中地区和农业示范区中的 13 个循环经济试点产业园区。天津市出台小城镇及园区企业循环经济指导意见，计划建成 10 个市级循环经济试点园区和一批市级循环经济试点企业。比较典型的还有如大连开发区，目前与循环经济相关的基础设施总投资为近 19 亿元，占全区基础设施和公共服务设施投资的 12%；蒙西高新园区，其煤矸石综合利用产业链是循环经济的典型范例，形成了零排放、零污染、低成本的循环产业链。

②国家生态工业示范园。2003 年，国家环保总局颁布了《生态工业示范园区规划指南（试行）》，指出生态工业示范园是依据清洁生产要求、循环经济理念和工业生态学原理而设计建立的一种新型工业园区。建立生态工业园的目标是使参与企业对环境影响最小且治理环境成本、代价最小。2000 年，国家环保总局就在全国范围内开始了对建设生态工业园的探索，在辽宁、江苏、山东、天津、新疆、内蒙古、浙江、广东等省市自治区分别开展了生态工业园区建设的试点，截至 2008 年已批准建设的国家生态示范园区达 26 个。涉及行业有制糖、造纸、化工、水泥、冶金等传统行业，也有电子、环保、汽车、生物化工等高科技行业。在已批准建设的 26 个国家生态工业示范园区中，综合类园区占 63%，行业类园区占 33%，静脉类园区占 4%（所谓"静脉产业"是相对于"动脉产业"而言，指围绕废物资源化形成的产业，而"动脉产业"是指开发利用自然资源形成的产业）。

值得一提的是，在国家生态工业示范园建设的过程中，国家环保部（环保总局）注重使用以标准化的手段，2006 年颁布了《综合类生态工业园区标准（试行）》（HJ274 - 2006）、《行业类生态工业园区标准（试行）》（HJ/T273 - 2006）、《静脉产业类生态工业园区标准（试行）》（HJ/T275 - 2006）三项国家环境保护标准指导示范园区建设；通过进一步总结和完善，2009 年又颁布了《综合类生态工业园区标准（试行）》（HJ274 - 2009），这为我们研究制定"两型"园区建设标准提供了重要的实践和理论参考。

③"两型"示范园区。长株潭城市群作为国家"两型社会"建设改革试验区，在"两型"示范园区建设方面较早开展了探索。2010 年，湖南省两型办以政府文件的形式发布了《"两型"园区建设标准（试行）》；2011 年，长沙市工信委等部门联合开展了"两型"园区创建活动，发布了长沙市"两型"园区创建标准和评价办法。对申报后经认定达标的园区给予奖励补贴。

(2) 国外"两型"园区建设的案例与经验。

①丹麦卡伦堡生态工业园区。丹麦卡伦堡生态工业园区是目前国际上工业生态系统运行最为典型的代表。该园区采取面向共生企业的循环经济发展模式，即把不同的工厂连接起来形成共享资源和互换副产品的产业共生组合，使得一家工

厂的废气、废热、废水、废物成为另一家工厂的原料和能源，从而在更大范围内实现物料循环，减少废弃物排放。

卡伦堡生态工业园以燃煤电厂、炼油厂、制药厂和石膏制板厂4个厂为核心，通过贸易的方式把其他企业的废弃物或副产品作为本企业的生产原料，建立工业横生和代谢生态链关系，最终实现园区的污染"零排放"。其中，燃煤电厂位于工业生态系统的核心，对热能进行多级使用，对副产品和废物进行综合利用。电厂向炼油厂和制药厂供应发电过程中产生的蒸汽，使炼油厂和制药厂分别获得生产所需热能的40%和100%；通过地下管道向卡伦堡全镇居民供热，由此关闭了镇上3 500座家庭锅炉，减少了大量的烟尘排放；剩余热量还用于渔业养殖，鱼池淤泥又用来制作有机肥料出售，使电厂的热能效应得到最大限度地发挥。电厂还投资115万美元安装除尘脱硫设备，每年产出的8万吨硫酸钙全部出售给石膏板厂，使该厂从西班牙进口原料减少50%；将粉煤灰出售，供铺路和生产水泥之用。炼油厂则将产生的火焰气通过管道供石膏厂用于石膏板生产的干燥，减少火焰气的排空；进行酸气脱硫生产的稀硫酸供给附近的一家硫酸厂，脱硫气供给电厂燃烧；将废水经生物净化处理，通过管道向电厂输送，每年输送电厂70万立方米的冷却水，占电厂淡水需求量的25%。目前，该园区已发展成为一个包括发电厂、炼油厂、制药厂、石膏厂、硫酸厂、水泥厂以及种植业、养殖业、园艺业和卡伦堡镇供热系统在内的生态经济社会复合系统。通过能量物质在各企业间梯级开发和循环利用，极大地提高了资源利用效率，降低了生产成本，消除了环境污染。整个系统每年可节省4.5万吨石油、1.5万吨煤炭、60万立方米淡水，减排17.5万吨二氧化碳和1.02万吨二氧化硫，还使13万吨炉灰、4 500吨硫、9万吨石膏、1 440吨氮和600吨磷实现资源化重新利用。据统计，卡伦堡生态工业园区由此产生的经济效益约1 000万美元/年；可节约资金150万美元/年，目前已累计节约资金1亿美元左右。

②加拿大伯恩赛德生态工业园。加拿大伯恩赛德生态工业园建立于1975年，于1995年开始按照生态工业园区的模式进行设计改造。园区占地约1 200公顷，拥有涉及制造业以及零售业等服务业在内的数十个行业的1 200多家企业和1.8万人口。园区为了鼓励企业生产、使用和出售环境友好产品，专门成立清洁生产中心为园区内企业提供技术服务，包括信息共享平台；废物排放最小化、资源利用效率最大化等预防污染与清洁生产方案；监督企业执行生态保护措施；进行废物评价；鼓励企业合作，相互利用产品和废物等。

清洁生产中心采取产学研合作模式，由加拿大达尔胡西大学环境学院负责园区内部的生态效率中心的维护和管理，当地政府和园区企业负责提供融资支持，在大学科研力量的帮助下开展物流和能流的优化工作，促进企业之间的副产品交换及其他合作，实现园区内 1 200 多家企业的"绿色化"生产。

③美国切塔努嘎生态工业园。美国田纳西州小城切塔努嘎生态工业园是全球节能降耗与效益增进的典型代表。切塔努嘎曾经是一个以污染严重闻名全美的制造业中心。在该园区，以杜邦公司的尼龙线头回收为核心推行企业"零排放"改革，不仅减少了污染，而且还带动了环保产业的发展，形成了园区新的经济增长点。

该园区突出的特点是通过重新利用老工业企业的工业废弃物，以减少污染和增加效益。原有的旧钢铁铸造车间改造成一个用太阳能处理废水的生态车间，而旁边是利用循环废水的肥皂厂，紧临的是急需肥皂厂副产物做原料的另一家工厂，通过企业间物料能量循环，达到少排放甚至"零排放"目标。

④日本北九州生态工业园。北九州工业区是日本的重化工业基地，也是世界著名的老工业基地。"二战"后，九州工业区主导产业逐步衰退，区域环境污染严重。政府将"产业振兴"和"环境保护"两大政策有机结合在一起，通过建设生态工业园区实现了成功转型。

北九州生态工业园由中心区、环保企业聚集区、响滩再生利用区和环保研发中心 4 个功能区组成。中心区是开展环境教育的基地，如举办环保知识讲座，举办环保技术相关研修、讲座，推广环保技术。环保企业聚集区为开展环保产业化项目的区域，通过各企业的相互合作，推进区域内零排放型产业联合企业化，成为资源循环基地。特别是建立了复合设施项目，将生态工业园中企业排放出的残渣、汽车的碎屑等主要工业废物进行合理处理，并将处理过程中的熔解物质再资源化，同时，利用产生的热量进行发电，提供给园区内的各家企业。响滩再生利用区是市政府开辟的专用土地，长期出租给企业，扶持中小型企业在环保领域内发展，由汽车再生区域和新技术开发区域组成。汽车再生区域是由分散在城区内的 7 家汽车拆解工厂集中在一起，以更合理、更有效的方式开展汽车再生使用产业活动。新技术开发区域有食用油再生项目、清洗剂和有机溶剂再生项目、塑料油化再生项目等。

环保研发中心是专门从事实验研究的区域。企业、政府、大学联合起来进行尖端的废物处理技术、再生利用技术和环境污染物质合理控制技术的研发，如该中心已经进行了废纸再利用、填埋再生系统的开发、封闭型最终处理场、完全无排放型最终处理场、最终处理场早期稳定化技术开发、废弃物无毒化处理系统，以及食品垃圾生物质塑料化等多项实验研究。

7.3 "两型"园区建设指标体系设计及评价模型构建

7.3.1 "两型"园区建设指标体系构建的基本思路和原则

园区的评价指标体系的建立是一项涉及多方面以及多种因素的系统工程，为了准确反映这个系统的运行状况，必须甄选出各种影响因素，通过建立不同方面的评价指标，从多个侧面科学和客观地反映其运行状况。本书构建的评价指标体系主要依赖于以下几个原则：

(1) 结合"两型社会"和可持续发展的要求。不仅所设计的各项评价指标要反映、评价和分析园区产业的"两型社会"建设的状况及实现的程度，还要能体现园区产业发展的综合水平，覆盖面要广。

(2) 园区产业的科技发展与经济发展有机结合。园区产业发展的目的之一是带动相应区域经济的发展，最终实现国民经济的发展，所以指标体系要体现园区相关经济关系指标和效益指标。同时园区是经济体制改革的试验田，是促进科技产业化的有效实现方式，园区在大力发展经济的同时，还要着重科技创新，所以园区的评价指标体系要反映相关的科研成果，体现园区产业中的创新。

(3) 评价指标应体现园区的基础设施、发展状况、发展潜力等方面。园区评价指标的设计无疑是反映园区发展状况、发展前景的窗口，通过指标分析园区的情况，会更有针对性，更有说服力，这就要求谨慎地选择评价指标，其选择的标准是精而细，并非多而杂。

7.3.2 "两型"园区建设指标体系

7.3.2.1 指标体系构成

以《综合类生态工业园区标准》（HJ274 - 2009）、《行业类生态工业园区标准》（HJ/T 273 - 2006）、《生活垃圾焚烧污染控制标准》（GB18485 - 2001）、《生活垃圾填埋污染控制标准》（GB16889 - 2008）、《国家园林城市标准》（建城〔2005〕43号）、《清洁生产审核暂行办法》（国家发展和改革委员会、国家环保总局16号令）等标准和政策文件为依据，针对达到以下基本条件的园区构建

"两型"园区评价指标体系：

（1）国家和地方有关法律、法规、制度及各项政策在园区得到有效的贯彻执行。

（2）园区环境质量达到国家和地方规定的环境功能区环境质量标准，近三年连续完成国家和地方节能减排分解目标。

（3）制定的《"两型"园区建设规划》已经通过相关部门的评审论证，并由当地人民政府或人大批准实施。

（4）园区主要产业形成集群并具备较为显著的生态工业链条。

（5）园区经济发展速度较快，能对区域经济起一定的示范带动作用。

根据"两型"园区建设的内容与要求，标准指标体系框架包括：资源节约、环境友好、创新能力、经济发展和园区建设与管理五个一级指标，具体定量与定性指标如表7-1所示。

表7-1　　　　　"两型"园区建设指标与要求

项目	序号	指标	单位	指标值或要求	2020年预期值
资源节约	1	单位工业增加值综合能耗	吨标准煤/万元	≤0.5	≤0.25
	2	单位工业增加值新鲜水耗	m^3/万元	≤9	≤4
	3	单位工业用地工业产值	亿元/km^2	≥40	≥150
	4	主要矿产资源产出率	万元/吨	≥6.2	≥15
	5	工业用水重复利用率		≥75%	≥95%
	6	工业固体废物综合利用率		≥85%	≥95%
	7	资源消耗标准执行		①企业单位产品能耗满足定额国家标准要求；②使用的用能产品和设备满足国家能效标准要求；③园区内特定行业符合取水定额国家标准GB18916的要求；④区内企业没有使用国家明令淘汰的高耗低效设备和器具；⑤工业项目建设占用土地符合国家规定的"建设用地定额标准"	

续表

项目	序号	指标	单位	指标值或要求	2020年预期值
环境友好	8	单位工业增加值 COD 排放量	kg/万元	≤1	≤0.3
	9	单位工业增加值 SO_2 排放量	kg/万元	≤1	≤0.3
	10	单位工业增加值固废产生量	吨/万元	≤0.1	≤0.05
	11	工业废水排放达标率		100%	100%
	12	危险废物处理处置率		100%	100%
	13	生活污水集中处置率		≥85%	100%
	14	生活垃圾无害化处理率		100%	100%
	15	污染物排放标准执行		污染物排放满足相关国家标准	
创新能力	16	R&D 占 GDP 的比重		≥2.5%	≥5%
	17	高新技术产品（服务）收入占企业总收入的比例		≥70%	≥90%
	18	科技活动人员占从业人员比例		≥10%	≥40%
	19	每万人专利授权量	项/万人	≥50	≥100
经济发展	20	"两型"企业销售收入占全部企业销售收入比		≥50%（未开展认定前不作要求）	≥85%
	21	人均工业增加值	万元/人	≥15	≥50
	22	园区工业增加值增速		≥20%	≥20%

续表

项目	序号	指标	单位	指标值或要求	2020年预期值
园区建设与管理	23	园区管理		①"两型"园区发展规划通过相关部门评审；②招商引资政策体现"两型化"导向；③投融资、财税等政策有利于"两型"产业的发展；④制订了开展资源节约的年度工作实施方案；⑤建立了资源节约工作责任制和绩效考核制度；⑥建立了适用的资源节约的日常管理制度；⑦具备完善的环境监管制度；⑧定期编写园区环境报告书	
	24	基础设施		①建立了各项固体废物的分类收集及转运系统；②建立了污水集中处理设施；③建立了完善的信息平台；④园区生产生活基础设施建设综合评价，包括园区的社会治安、文化、教育、卫生、居住、三产业等；⑤公众对园区生态环境的综合评价	

7.3.2.2 指标说明和计算方法

（1）单位工业增加值综合能耗。

指标解释：指报告期内园区万元工业增加值能源消耗量。能源消耗总量指用于生产和生活的煤、电、油等能源消耗（包括生产取暖、降温用能）。各种能源均按国家统计局规定的折合系数折成标准煤计算。

计算公式：

$$\text{单位工业增加值能耗（吨标准煤/万元）} = \frac{\text{园区工业能耗总量（吨标准煤）}}{\text{园区工业增加值（万元）}} \times 100\%$$

（2）单位工业增加值新鲜水耗。

指标解释：指报告期内园区万元工业增加值消耗新鲜水量。工业用水总量指报告期内企业厂区内用于生产和生活的新鲜水量（生活用水单独计量且生活污水不与工业废水混排的除外），它等于企业从城市自来水取用的水量和企业自备水用量之和。

计算公式：

$$\text{万元工业增加值新鲜水耗}(\text{m}^3/\text{万元}) = \frac{\text{园区工业用新鲜水耗量}(\text{m}^3)}{\text{园区工业增加值}(\text{万元})}$$

(3) 单位工业用地工业产值。

指标解释：指报告期内园区单位工业用地面积产生的工业产值。工业用地面积指园区规划建设范围内按照土地规划作为工业用地并已投入生产的土地面积。工业用地包括工矿企业的生产车间、库房及其附属设施等用地，包括专用的铁路、码头和园区道路等用地，不包括露天矿用地。

计算公式：

$$\text{单位工业用地工业产值}(\text{亿元}/\text{km}^2) = \frac{\text{园区工业产值}(\text{亿元})}{\text{园区工业用地面积}(\text{km}^2)}$$

(4) 主要矿产资源产出率。

指标解释：指消耗一次主要矿产资源（包括煤、石油、铁矿石、十种有色金属矿、稀土矿、磷矿、硫矿、石灰石、沙石等）所产出的生产总值（按不变价计算）。该项指标的比率越高，表明自然资源利用效益越好。

计算公式：

$$\text{主要矿产资源产出率}(\text{万元}/\text{吨}) = \frac{\text{生产总值}(\text{万元})}{\text{主要矿产资源消费总量}(\text{吨})}$$

(5) 工业用水重复利用率。

指标解释：指报告期内园区工业重复用水量占工业用水总量的百分比。

工业重复用水量：指报告期内企业生产用水中重复再利用的水量，包括循环使用、一水多用和串级使用的水量（含经处理后回用量）。

工业用水总量：指报告期内企业厂区内用于生产和生活的水量，它等于工业用新鲜水量与工业重复用水量之和。

计算公式：

$$\text{工业用水重复利用率}(\%) = \frac{\text{工业重复用水量}(\text{m}^3)}{\text{工业用水总量}(\text{m}^3)} \times 100\%$$

(6) 工业固体废物综合利用率。

指标解释：指报告期内园区工业废物综合利用量占工业固体废物产生量（包括综合利用往年储存量）的百分比。

工业固体废物综合利用量：指报告期内企业通过回收、加工、循环、交换等方式，从固体废物中提取或者使其转化为可以利用的资源、能源和其他原材料的固体废物量（包括当年利用往年的工业固体废物储存量），如用作农业肥料、生产建筑材料、筑路等。

计算公式：

$$\text{工业固体废物综合利用率}(\%) = \frac{\text{工业固体废物综合利用量（吨）}}{\text{工业固体废物产生量（吨）} + \text{综合利用往年储存量（吨）}} \times 100\%$$

(7) 资源消耗标准执行。

指标解释：指园区内企业资源消耗是否满足相关国家标准，包括：园区内企业单位产品能耗是否满足定额国家标准要求；园区内企业使用的用能产品和设备是否满足国家能效标准要求；园区内特定行业是否符合取水定额国家标准GB18916的要求；园区内企业有没有使用国家明令淘汰的高耗低效设备和器具；工业项目建设占用土地符合国家规定的"建设用地定额标准"。

其中在园区内特定行业符合取水定额国家标准GB18916的要求中，所指特定行业按GB18916规定，包括火力发电、钢铁、石油、印染、造纸、啤酒、酒精七个行业。

(8) 单位工业增加值COD排放量。

指标解释：指园区万元工业增加值排放的废水中污染物所需化学需氧量。包括直排废水和经企业或城市污水处理厂处理后排放的废水。

计算公式：

$$\text{单位工业增加值COD排放量}(\text{kg/万元}) = \frac{\text{园区万元COD排放量（kg）}}{\text{园区工业增加值（万元）}}$$

(9) 单位工业增加值SO_2排放量。

指标解释：指园区万元工业增加值向大气中排放的SO_2量。

计算公式：

$$\text{单位工业增加值}SO_2\text{排放量}(\text{kg/万元}) = \frac{\text{园区工业}SO_2\text{排放量（kg）}}{\text{园区工业增加值（万元）}}$$

(10) 单位工业增加值固废产生量。

指标解释：指园区万元工业增加值产生的工业固体废物总量。工业固体废物产生量：指工业企业在生产过程中产生的固体、半固体和高浓度液体状的废弃物的总量，包括冶炼废渣、粉煤灰、炉渣、煤矸石、危险废物、尾矿和其他废物等。不包括矿山开采的剥离废石和掘进废石（煤矸石和呈酸、碱性废石除外，酸性和碱性废石是指采掘的废石，其流经水、雨淋水pH值小于4或pH值大于10.5）。其他废物包括污泥、工业垃圾等工业固体废物。工业垃圾包括机械工业切削碎屑、研磨碎屑、废沙型等；食品工业的活性渣；硅酸盐工业和建材工业的砖、瓦、碎砾、混凝土碎块等。污泥是指工业废水处理中所排出的固体沉淀物（以干泥量计）。

计算公式：

$$\text{单位工业增加值固废产生量}(\text{吨/万元}) = \frac{\text{园区工业固体废物产生量（吨）}}{\text{园区工业增加值（万元）}}$$

（11）工业废水排放达标率。

指标解释：指园区工业废水排放达标量占其工业废水排放总量的百分比。

计算公式：

$$\text{工业废水排放达标率（\%）} = \frac{\text{工业废水排放达标量（吨）}}{\text{工业废水排放总量（吨）}} \times 100\%$$

（12）危险废物处理处置率。

指标解释：危险废物指列入国家危险废物名录或者根据国家规定的危险废物鉴别标准和鉴别方法认定的具有危险特性的废物。危险废物的处理处置指依国家相关的法律、法规、标准对园区产生的危险废物进行处理处置的行为。

计算公式：

$$\text{危险废物处理处置率（\%）} = \frac{\text{危险废物处理处置量（吨）}}{\text{危险废物产生量（吨）} - \text{贮存量（吨）} + \text{上年贮存量（吨）}} \times 100\%$$

（13）生活污水集中处置率。

指标解释：指经过污水处理厂二级或二级以上处理，或其他处理设施处理（相当于二级处理），且达到排放标准的居民产生的生活污水量占园区建成区居民生活污水排放总量的百分比。

计算公式：

$$\text{生活污水集中处置率（\%）} = \frac{\text{二级污水处理厂达标排放污水量（万吨）}}{\text{建成区居民生活污水排放量（万吨）}} \times 100\%$$

（14）生活垃圾无害化处理率。

指标解释：指报告期内生活垃圾无害化处理量与生活垃圾产生量之比。因统计上生活垃圾产生量不易取得，在此用清运量代替。有关标准目前采用《生活垃圾焚烧污染控制标准》（GB18485-2001）和《生活垃圾填埋污染控制标准》（GB16889-2008）。

计算公式：

$$\text{生活垃圾无害化处理率（\%）} = \frac{\text{生活垃圾无害化处理量（万吨）}}{\text{生活垃圾清运量（万吨）}} \times 100\%$$

（15）污染物排放标准执行。

指标解释：指园区内污染物排放是否满足相关国家标准。

（16）R&D占GDP的比重。

指标解释：指园区研发经费支出占GDP的百分比，衡量园区研发投入的强度。

计算公式：

$$\text{R\&D占GDP的比重} = \frac{\text{园区R\&D经费支出额（万元）}}{\text{园区生产总值（万元）}} \times 100\%$$

(17) 高新技术产品（服务）收入占企业总收入的比例。

指标解释：指报告期内园区企业高新技术产品（服务）收入占企业总收入的百分比，评价企业创新成果。

计算公式：

$$\text{高新技术产品（服务）收入占企业总收入的比重（\%）} = \frac{\text{高新技术产品（服务）收入（万元）}}{\text{企业总收入（万元）}} \times 100\%$$

(18) 科技活动人员占从业人员比例。

指标解释：指园区科技活动人员占全部从业人员的百分比，评价园区科技创新的人才基础。科技活动人员占从业人员比例越高，表明科技创新的人才基础越好。

计算公式：

$$\text{科技人员占从业人员比例（\%）} = \frac{\text{园区科技人员数量（人）}}{\text{园区从业人员数量（人）}} \times 100\%$$

(19) 每万人专利授权量。

指标解释：指报告期内园区每万人口专利授权数量，是评价一个园区知识创新能力的重要指标。

计算公式：

$$\text{每万人专利授权量（项／万人）} = \frac{\text{园区企业专利授权数}}{\text{园区人口总数（万人）}}$$

(20) "两型"企业销售收入占全部企业销售收入比。

指标解释：指"两型"企业实现的销售收入占整个园区企业销售收入的比重。该比例衡量"两型"企业对园区全部企业实现的销售收入的贡献程度。

计算公式：

$$\text{"两型"企业销售收入占全部企业销售收入比（\%）} = \frac{\text{"两型"企业的销售收入（万元）}}{\text{全部企业的销售收入（万元）}} \times 100\%$$

(21) 人均工业增加值。

指标解释：指报告期内园区从业人员人均创造的工业增加值。工业增加值是工业企业在报告期内以货币形式表现的工业生产活动的最终成果，是工业企业全部生产活动的总成果扣除了在生产过程中消耗或转移的物质产品和劳务价值后的余额，是企业生产过程中新增加的价值。

计算公式：

$$\text{人均工业增加值（万元／人）} = \frac{\text{园区工业增加值（万元）}}{\text{园区年末从业人员数（人）}}$$

(22) 园区工业增加值增速。

指标解释：园区工业企业考察年度工业生产活动新创造的价值，即工业总产值（生产量×销售价格）扣除物质消耗（包括外购原材料、燃料、动力的价值；

提取的折旧费和大修理基金；订货者来料价值和生产销售中的其他一些物质消耗价值）以后的价值，相对于上一年的增长率。

计算公式：

$$\text{园区工业增加值增速（\%）} = \frac{\text{当年工业增加值（万元）} - \text{上年工业增加值（万元）}}{\text{上年工业增加值（万元）}} \times 100\%$$

（23）园区管理。

指标解释：定性指标，主要包括"两型"园区发展规划是否通过相关部门评审；园区招商引资政策是否体现"两型"化导向；园区投融资、财税等政策是否有利于"两型"产业发展；园区是否制订了开展资源节约的年度工作实施方案；园区是否建立了资源节约工作责任制和绩效考核制度；园区是否建立了适用的资源节约的日常管理制度；园区是否具备完善的环境监管制度和园区是否定期编写了园区环境报告书八个方面。

其中：园区是否建立了适用的资源节约的日常管理制度，指包括能源资源消耗统计报告制度、计量统计制度、监测管理制度等在内的资源节约日常管理制度。

（24）基础设施。

指标解释：定性指标，主要包括园区是否建立了各项固体废物的分类收集及转运系统；园区是否建立了污水集中处理设施；园区是否建立了完善的信息平台；对园区生产生活基础设施建设完善程度的综合评价；公众对园区生态环境的综合评价等。

其中：生产生活公共基础设施指园区内水、电、气热、通信、道路、生活休闲配套设施等生产生活公共基础设施。

信息平台的完善度主要考核是否创建局域网；是否定期在园区管委会网站、局域网或相关网站上发布园区污染物排放情况，固体废物产生、供需和流向信息；是否在园区局域网上有园区主导行业清洁生产技术信息（包括原材料选择、节水、节能等）三个方面。

7.3.3 "两型"园区评价模型构建

将上述评价指标体系组成一个二级三层模糊评价模型，二级指标对一级指标的评价为一级评价，一级评价对总指标是二级评价，模型遵循以下几点：

评价集合为：

$$U = \{U_1, U_2, U_3, U_4\}$$

$$U_1 = \{U_{11}, U_{12}, U_{13}, U_{14}, U_{15}, U_{16}, U_{17}\}$$

$$U_2 = \{U_{21}, U_{22}, U_{23}, U_{24}, U_{25}\}$$
$$U_3 = \{U_{31}, U_{32}, U_{33}, U_{34}, U_{35}, U_{36}\}$$
$$U_4 = \{U_{41}, U_{42}, U_{43}, U_{44}, U_{45}\}$$

对于一级评价，计算公式为：$z_j = \sum r_i \times w_i$，其中，$j = 1, 2, 3, 4$，是一级指标，$W$ 为各指标对应的权重。

r 为第 i 个园区模糊评价矩阵，是根据专家实地调查后给出的，不同的园区判断标准不一样，所以给出的评价矩阵也有不同。

$$R_{in} = \begin{vmatrix} r_{i11} & r_{i12} & r_{i13} & r_{i1m} \\ r_{i21} & r_{i22} & r_{i23} & r_{i2m} \\ \cdots & \cdots & \cdots & \cdots \\ r_{in1} & r_{in2} & r_{in3} & r_{inm} \end{vmatrix}$$

评语集为 $H = [H_1, H_2, H_3, H_4]$。所以上述矩阵 R_{in} 中的 $m = 4$，设 H_1，H_2，H_3，H_4 分别代表优、良、中、差，在对模型进行综合评判前，还有一个步骤，就是计算目标层的综合评价。

$$\tilde{Z} = W \times R = (W_{U1}, W_{U2}, W_{U3}, W_{U4}) \begin{vmatrix} W_1 \times R_1 \\ W_2 \times R_2 \\ W_3 \times R_3 \\ W_4 \times R_4 \end{vmatrix} = (Z_1, Z_2, Z_3, Z_4)$$

将 $\tilde{Z}$ 一归一为 z，z 就是 U 对 H 的隶属向量，即为总的评价结果。如果 $Zk = \max\{Z_1, Z_2, Z_3, Z_4\}$，那么模型的综合评判就是 H_k。

7.4 "两型"园区评价的实证研究及政策建议

7.4.1 长株潭"两型"园区实证评价

九华经济工业园位于长株潭城市群中心腹地，地理条件优越，境内有上瑞高速公路横贯东西，长潭西线高速公路连接南北，区位优势明显，水陆交通便利，是实施中部崛起战略、加快长株潭经济一体化进程、打造湖南先进制造业中心、加快湘潭老工业基地提质改造的黄金宝地。其产业定位主要是汽车产业、机电产业、现代物流，主要的龙头企业有吉利汽车、湘电重装、三星、鼎盛石油、永达机械等，总体规划面积为 138 平方公里，以产业新区、滨江新城为主要发展目标，致力于打造一个经济发达、人居环境优美的长株潭城区群"两型社会"建设的示范区。目前已有 6 家企业和 13 个产品获得了专利技术证书。2008 年上半年，该工业园区的总企业达 127 家，完成工业总产值 105 878 万元，完成规模工业增加值 33 881 万元，完成高新技术产值 39 991 万元，实现财税收入 12 063 万元，其中：国税入库 4 568 万元，地税入库 4 474 万元，财政入库 3 021 万元，完成固定资产投资 79 630 万元，招商引资到位外资 2 200 万美元，到位内资 65 000 万元，完成出口创汇 230 万美元，上缴税收 9 042 万元，完成工业企业投资 39 084 万元，完成基础设施建设投入 13 754 万元，引进高级技术人才 564 名，共筹集资金 55 349 万元，总支出 58 711 万元，规模以上企业研发（R&D）经费占主营业务收入的比例达到 2%。

根据上一节提出的指标体系模糊评价模型，结合专家对九华园区实地考察后给出的可计算出各二级指标对评价语集 $H = [H_1, H_2, H_3, H_4]$ 中四个级别的隶属度矩阵分别为：

$$R_1 = \begin{vmatrix} 0.35 & 0.25 & 0.25 & 0.15 \\ 0.27 & 0.28 & 0.34 & 0.11 \\ 0.24 & 0.20 & 0.25 & 0.31 \\ 0.30 & 0.25 & 0.23 & 0.22 \\ 0.31 & 0.30 & 0.25 & 0.14 \\ 0.25 & 0.30 & 0.27 & 0.18 \\ 0.30 & 0.20 & 0.25 & 0.25 \end{vmatrix} \quad R_3 = \begin{vmatrix} 0.38 & 0.21 & 0.17 & 0.24 \\ 0.30 & 0.26 & 0.30 & 0.14 \\ 0.25 & 0.30 & 0.20 & 0.25 \\ 0.24 & 0.26 & 0.30 & 0.20 \\ 0.35 & 0.26 & 0.30 & 0.09 \\ 0.29 & 0.25 & 0.24 & 0.22 \end{vmatrix}$$

$$R_2 = \begin{vmatrix} 0.27 & 0.20 & 0.28 & 0.25 \\ 0.30 & 0.20 & 0.24 & 0.26 \\ 0.30 & 0.23 & 0.25 & 0.22 \\ 0.24 & 0.16 & 0.30 & 0.30 \\ 0.34 & 0.27 & 0.22 & 0.17 \end{vmatrix} \quad R_4 = \begin{vmatrix} 0.30 & 0.17 & 0.28 & 0.25 \\ 0.35 & 0.25 & 0.21 & 0.19 \\ 0.26 & 0.25 & 0.30 & 0.19 \\ 0.35 & 0.25 & 0.25 & 0.15 \\ 0.22 & 0.31 & 0.24 & 0.23 \end{vmatrix}$$

根据上面提到的目标层综合评价的公式 $Z^\sim = W \times R$，并将综合指标体系中的相关权重代入其中，则有：

$W_1 \times R_1 = 0.296286 \quad 0.260857 \quad 0.264857 \quad 0.186571$

$W_2 \times R_2 = 0.285217 \quad 0.203043 \quad 0.261739 \quad 0.248261$

$W_3 \times R_3 = 0.305652 \quad 0.254783 \quad 0.23913 \quad 0.200435$

$W_4 \times R_4 = 0.302105 \quad 0.238421 \quad 0.272105 \quad 0.201579$

则：

$$Z^{\sim} = (0.35 \quad 0.23 \quad 0.23 \quad 0.19) \times \begin{vmatrix} 0.296286 & 0.260857 & 0.264857 & 0.186571 \\ 0.285217 & 0.203043 & 0.261739 & 0.248261 \\ 0.305652 & 0.254783 & 0.23913 & 0.200435 \\ 0.302105 & 0.238421 & 0.272105 & 0.201579 \end{vmatrix}$$

最后的计算结果经过四舍五入后是：

$$(Z_1, Z_2, Z_3, Z_4) = (0.297, 0.241, 0.255, 0.205),$$

$\max(Z_1, Z_2, Z_3, Z_4) = 0.297$，出现在 Z_1 的位置上，评价结果对 Z_1 的隶属度最大，因此湘潭九华工业园区评价结果为优。实证证明九华工业园区经过这些年的建设，已成为具有一定规模的工业基地，经济发展相关指标显著增长，在"两型社会"建设要求下，九华工业园完全可以利用现有的基础设施、开放的市场环境和集群优势，发展循环经济。

7.4.2　长株潭"两型"园区发展中存在的问题

尽管长株潭园区各项经济指标增长迅速，园区经济整体运行状况良好，但由于缺乏科学的、整体的园区规划，在入园企业上没有一个明确的标准，园区产业的发展与"两型社会"建设要求还存在很大的差距。本节主要结合上述构建的评价体系中的相关指标，以及"两型社会"建设的要求，分析长株潭"两型"园区产业发展中存在的主要问题。

(1) 园区中高耗能、高污染现象仍然存在。2008 年长株潭园区每万元工业增加值综合能耗为 0.61 吨标准煤，2007 年国家级开发区万元 GDP 综合能耗排名前三的漕河泾、北京、烟台分别只有 0.1 吨标准煤、0.14 吨标准煤、0.14 吨标准煤，只有长株潭的 1/5 和 1/4。长株潭三市的 SO_2、烟尘、料尘排放量分别占全省的 27%、28%、27.2%。在湖南全省 14 个市州中，株洲、长沙、湘潭分别居全省环境污染第一、二、三名。株洲曾于 2003 年和 2004 年连续进入"全国十大污染最严重的城市"的名单中。株洲的清水塘工业园是株洲园区中高污染、高耗能的代表，这主要是因为清水塘工业园区重化工比重过高，骨干企业产业链较短，生产工艺和技术准备比较落后，"资源—产品—废弃物"仍是该园区的主体经济模式。据统计，清水塘工业园区年排放工业废气 425 亿立方米，年排放工业废水 3 486 万吨，年产生工业固体废物 186 万吨。另外长株潭园区中涵盖了工业 39 个行业中的 31 个，其中以工程机械为代表的专用设备制造业工业总产值占园区工业总产值的比重达 22.83%，这种偏重型的产业结构，使园区现实的污染和潜在的环境风险很大。

(2) 缺乏整体规划，产业同构现象严重。长株潭城市群中的园区和我国绝大部分园区一样，企业都是因为政府提供的一些优惠政策才入园的，在入园企业的标准上没有明确的界定，所以就难免出现园区中企业随意堆积的现象。企业间关系性不强，没有形成相互依存的专业化分工协作产业网络，园区内更多的是企业的"堆积"而不是集聚。长株潭园区属于政府管理型园区，在园区发展过程中，考虑最多的就是园区绩效，对整个城市群的贡献值，在多大程度上促进区域经济的发展。但是过分强调经济效益，容易使长株潭园区间发生恶性竞争，产业结构趋同。例如湘潭的八大园区，其中三个园区以机械制造为主导产业，三个以机电为主导产业，还有两个以生物医药为主导，不仅如此，园区和园区间距离太近，仅湘潭城区就有五个。

（3）园区内土地利用率低。资料显示，2008年长株潭园区每平方公里地区生产总值为10.84亿元，仅为2007年全国国家级经济技术开发区平均值的75%。园区土地实际利用率不到一半，仅为全国国家级经济技术开发区2007年平均值的60%。园区规划单位土地面积利用效率过低依然是长株潭园区经济发展中很严重的问题，园区一些企业土地利用效率不高，导致闲置用地过多，资源产生严重浪费，再加上园区内一些企业因土地划拨不够的问题出现在外购地扩产的现象，特别是高新区更是出现了企业岛状分部的现象，不利于园区管委会进行协调管理。还有土地报批程序非常复杂、报批难度大，导致土地迟迟不能挂牌，园区内许多小企业只有土地挂牌后资金才到位，对园区整体发展产生了不利的影响。

（4）产业关联性不强，集聚效应没有得到充分发挥。长株潭园区企业之间的分工与协作效果不明显，这除了企业之间在技术与产品方面相互提防外，客观上也由于入园企业从外部植入，相互关系较弱，每个企业都处于独立运行的状态。园区内企业间的关联性不足，没能形成很强的前向拉动和后向推动的作用，产业链上的协作或者没有，或者只是在低层面、低水平上进行，那种相互需求、相互推动、相互渗透的局面尚未形成。另外不少园区考虑较多的是发展规模和效益目标，而较少考虑园区立足之本的产业定位，较少考虑培育特色产业和引导产业集群，因此对入驻企业的产业方面缺乏必要的引导和控制，致使园区内产业零散，优势产业难以形成，企业根植性差，发展后劲不足。有的园区虽然在建园之初对产业定位有明确的要求，但在实际操作中，却没有充分考虑行业取向、产业链、上下游结合等因素，造成园区集聚效应不明显，发展特色不鲜明。由于缺乏产业集聚，园区产业无法转化为产业竞争优势，园区也无法获取产业集聚所带来的外部规模效应。

（5）企业对政策依赖性强，根植性不够。长株潭园区大多都是靠提供土地和优惠政策来吸引企业入园。随着地区政策上的差距日益缩小，这种空间上的"集聚"，势必表现出相当的脆弱性。且长株潭园区基本上采用的是政府管理体制，这种准政府式的管理体制也面临着许多亟待解决或尚需逐步完善的问题，如城市之间的功能衔接和管理职能划分问题、财政职权的划分问题、区域的功能划分问题等。

7.4.3 长株潭"两型"园区发展对策建议

长株潭园区要在"两型社会"建设试验区和湖南经济发展中发挥主增长极作用，必须要求园区解决上述一系列的问题，合适选取园区的"两型"化发展模式，以建设"两型"园区为核心，园区间、产业间形成密切的互动关系，在经济上实现资源节约，在生态环境上实现人与自然的和谐发展。

（1）鼓励循环经济，积极建设生态型园区。长株潭园区可以依据长株潭城市群独特的区位优势，构建"企业小循环、产业链中循环、区域大循环"的资源回收利用良性发展模式，鼓励发展循环经济，重点从以下几个方面入手：一是整体优化、区域分异。在对入园企业的选择上，首先要求入园企业本身生产的产品是低消耗、低污染的，其次要与已入园企业产业关联度要强，可以吸收相互的废弃物作为生产产品的投入品。按自然条件和企业特点合理选择规划企业，如重污染型的企业（钢铁、冶金、电力）建在循环产业链的下风位，而那些污染低、排放少的以食品、纺织等为主企业建在上风位；二是建立生态工业技术支撑体系。主要可从政府扶持方面入手，政府对园区的发展影响是很大的，不仅仅是生态园区，其他类型的园区也是一样。从长期看，政府在园区建设与发展中起到宏观调节、管理的作用；从短期看，政府有助于园区的形成。在生态园区发展的初期阶段，政府要在组织、规划、改善环境方面发挥指导作用，并提供相关的政策支持，比如，对入园的企业减免一些地方性的规费、配套费，对跨区域进入园区的企业采取税费分流的方法，在园区征地过程中，对征用的土地进行一定的限制，从而减轻企业负担、加大财政资金的投入等。三是长株潭园区可以以回收利用电子垃圾和城市垃圾、工业"三废"循环使用为突破口来尝试建立循环经济。

着重加强长株潭城市群"两型社会"的建设，建立区域生态型园区。区域生态工业园不是仅局限于某一个园区，也不仅仅限于园区经济，而是针对某一区域而言，长株潭城市群为建立区域生态工业园提供了良好的地理优势，可以从更大的空间上实现产品、副产品间的交换利用，以及废物之间的回收利用，将长株潭经济一体化中的潜在企业群和相关行业集聚在一起，从而放大集聚的经济效应，使整个长株潭区域实现对资源的节约和对环境的保护。具体而言，构建长株潭区域生态园区主要从区域防调机制、资源和环境的产权制度、区域生态补偿机制、区域整合体制、区域服务体系以及交易成本几个方面着重考虑。

（2）推进园区的规模产业"两型"化和"两型"产业规模化。园区规模产业"两型"化，要求加强对传统产业的改造，长株潭园区内不能一味地要求发展机械制造、化工冶炼等对环境破坏较强的产业，在以后的园区发展中，引进工业项目要有一定的门槛，要着重抓高端产品、新兴环保产业，园区建设更要搞好规划，园区定位要明确，要突出一定的特色。园区必须要从"污染—治理—再污染—再治理"的传统园区发展模式中走出来，实行"源头治理、全面监控"，即在企业生产过程刚开始的时候就注意防止污染，并进行全面监控，形成"治理—监控—环境改善—持续监控"的"两型"化园区环境治理模式，保护园区的环境，节省治污成本，形成清洁设计、清洁生产、清洁流通的发展方式。长株潭园区要抓住产业转移的机遇，发展自己的地区经济优势，推动传统产业升级的同时，大力发展高新技术产业和"两型"产业，主要以新能源、新材料的研发为重点，系统地开发利用的能源：如太阳能、风能等。在现有的优势产业上，长株潭园区要大力发展交通机械、新型材料、循环经济型冶炼化工等极品产业，同时整合旅游资源，在长株潭园区中大力发展红色旅游产业链。

另外在"两型社会"试验区的建设工作中，不断创新体制，争取早日形成内生经济增长动力，力争在资源节约、基础设施、产业发展、行政管理等重点领域和关键环节取得突破。集中力量突破重点技术，支持"两型"技术领域关键技术的研究开发，支持节能环保新设备、新工艺、新技术的采购、研发和应用，在低碳产业的发展以及低碳技术的研发、推广和运用上，起到规模化的示范效应，构建长株潭园区节能型产业体系。突出重大基础设施和产业发展项目建设，在交通同网、能源同体、信息同享、生态同建、环境同治建设上要有实质性的进展。加大长株潭城市群内的交通、通信信息等重大基础设施方面的合作力度，尽快实现相关资源共享，最大限度地节约投资，提高基础设施的利用率。

（3）提高园区的土地资源利用效率。完善长株潭园区土地利用政策，严格控制用地。要坚持开发一块、建设一块、成功一块的滚动开发模式。从规划角度调整、优化园区用地结构，能够依托城镇基础设施和服务体系的园区，要减少相应设施的投入，促进土地合理开发利用，达到优化资源配置的目的，推动土地的集约利用。不能够依托城镇或者距离城镇较远的园区，要按照新型工业镇的模式，规划建设相应的配套生活设施和生产生活公共服务设施。根据园区总体规划，合理安排园区用地，并做到园区建设用地征地、规划、建设过程的公正性和透明性。鼓励企业进园区，实现集约化发展。对已有的工业企业，要鼓励其进园区，对于拟发展的工业企业，要严格控制用地范围。对园区内的道路等基础设施实行统一规划，分步实施，防止因配套基础设施过度超前建设而造成控制区域内土地撂荒现象。通过在园区内集中规划配套设施，控制工业企业非生产性建设规模，提高资源的共享率和土地的利用率。在园区的发展过程中,要避免长株潭各园区间单纯以低价作为招商条件的恶性发展道路。出台一系列规范土地运作的法律法规,约束土地出让行为,严禁以各种形式实行零地价。制定土地集约利用评价指标体系,以单位面积土地投资额、利税额等为主,对重点园区进行土地集约利用情况综合评估,并根据评估结果,协调长株潭各园区的用地指标。

(4) 优化园区的人才和服务支撑体系。相关资料显示,长株潭园区中基本存在人才队伍结构不合理的现状,中专以上文化程度的人占不到50%,具有博士学位和留学回国人员数占不到园区人才总数5%,这样的人才结构不利于园区的长远发展,要积极改善园区企业中不合理的人才队伍结构状况。从发展的角度看,要调整人才结构,需大力引进高级技术人才和管理人才,人才战略是长株潭园区中的重点发展战略。人才战略可以重点从下列几点考虑:一是提供像个人所得税优惠措施、户籍开放政策等相关的人才政策,吸引优秀人才入园;二是以企业为主体、科研院校为依托,加快科技、研发、创业等方面人才资源的集聚。一方面,要加大与周边重点院校和科研机构的合作,实现产学研一体化的发展,园区企业直接委托高校培养相关方面的人才,也可以在园区内直接设立相关高校的分院或科研机构;另一方面,要努力创造人才继续教育的条件,鼓励工作中表现良好的员工继续深造,增加员工的技能培训,开展多层次、多领域的人才创新教育;同时充分运用长株潭城市群中已有的人力资源和研究机构,如长株潭城市群集聚了全省90%以上的科研人员和80%以上的重点高校、科研院所,拥有"杂交水稻之父"袁隆平、遗传学家卢光锈、"新材料专家"黄伯云等世界知名科学家,拥有高等院校62所,省级及省级以上科研事业机构970家,大中型工业企业办科技机构167家,拥有两院院士45人,科学家和工程师6.54万人,拥有国家级重点实验室4家、省(部)级重点实验室70家,国家级工程(技术)研究中心7家、省(部)级工程(技术)研究中心46家,国家级企业技术中心14家、省级企业技术中心60家,49个博士后流动工作站。

(5) 整合园区资源,提高园区竞争力。整合现有园区资源,对于一些发展过于缓慢的园区可以跨行政区划合并到现有重点园区。而一些发展情况不错的小规模专业性园区也可根据地域和产业的关联性,采用"一区多园"的模式跨行政区划合并,培育成为重点园区的配套园区。整合招商引资资源,在园区分散招商的状态下,其人力、物力、财力等招商资源都很有限,无序竞争的形势下不易打造出具有影响力的品牌。长株潭城市群内的园区可以整合招商资源,统一策划宣传,实现联合招商。进一步加大园区招商引资的力度,确保园区发展的资金支持,要形成多元化的投融资渠道,形成"政府引导,银行贷款,企业筹资,上市融资"的投融资格局。对于长株潭"两型社会"试点的园区来说,要扩大投融渠道，单靠政府的政策引导是不行的，主要还从三方面入手：一是争取大企业资金的支持。大企业的技术、资本实力、运作能力、管理水平和抗风险能力都比较强，对园区产业投资不仅有利于园区内的企业发展，园区整体水平提高，有利于产业间相互渗透，信息技术等方面的交流，也有利于大企业自身的发展。二是争取社会机构资金的支持。主要包括保险基金、养老基金等社会机构资金，社会机构的资金规模大，保值增值欲望强烈，适当拿一部分进行风险投资，一方面不会危及自身资金的安全；另一方面这部分资金作为长期资金，正好满足风险投资周期长的特点。三是大力引进国外及省外风险投资，特别是国外风险投资。由于国外风险投资发展比较早，资金实力雄厚，投资经验丰富，如果政府能给予适当的优惠政策，将成为园区发展的重要融资渠道。通过对长株潭现在园区的资源整合和融资方面的整合，可以优化园区内产业结构，扩大融资渠道，提高资金的利用率，从而在某种程度上提高园区的竞争力。

第 8 章

"两型"企业建设标准及指标体系

8.1 "两型"企业建设的背景与意义

中国经济经过近三十多年的高速发展,已经取得了举世瞩目的成就,然而,在我国经济发展过程中,高消耗、高污染的问题依然严重,我国的经济发展不能走国外其他国家先污染后治理的老路,而必须正确处理好经济发展与资源、环境、自然之间的关系。党的十七大报告提出:必须把建设资源节约型、环境友好型社会放在工业化、现代化发展战略的突出位置。

"两型"企业是"两型社会"建设和新型工业化建设的必然产物,无论是在"两型社会"建设中,还是新型工业化的道路上,"两型"企业的发展都起到无可替代的作用,也是切实贯彻科学发展观的必然选择。"两型"企业的建设,是企业承担社会责任、促进社会可持续发展的外在要求,也是企业增强竞争力、实现永续发展的内在要求。在人类追求社会、经济可持续发展的大背景下,企业必然要率先利用各种方法以节约有限的资源,提高资源利用率,保护人类赖以生存的自然环境,与企业的外部环境和谐相处、共同发展。

本子课题将系统地研究"两型"企业评价体系,通过对"两型"企业的内涵与本质进行界定,揭示了"两型"企业评价体系构建的基本思路,并对如何建立一套科学有效的"两型"企业评价体系以及运用到实践中去进行探索性的研究，从而为我国"两型"企业建设的评价提供指南与依据。首先，建立我国"两型"企业建设水平的评价指标体系；其次，结合各指标评价标准，构建出基于系统综合评价法的"两型"企业建设水平评价模型；最后，分别选取主要行业的企业数据，根据实证数据结果，对企业的"两型"建设水平进行整体评价，引导工业行业和大多数企业走节约发展、清洁发展之路，加快转变工业发展方式，真正实现科学发展。

8.1.1 建设的现实背景

近三十多年，我国经济的发展已经取得了举世瞩目的成就，但是，在经济发展的过程中，由于种种原因，使得高消耗、高污染的问题依然非常严重。社会经济发展与资源环境的矛盾日益加剧，这一系列的问题将严重影响我国经济社会的可持续发展。与国外其他国家先污染后治理的经济发展方式相比较，我国必须正确处理好经济发展与资源、环境、自然之间的关系，不能一味地跟随其他国家的发展模式来发展我们自己的经济。

胡锦涛总书记 2004 年指出，要将循环经济的发展理念贯穿到城乡建设、区域经济发展和产品生产中，要加快转变经济增长方式，减少资源浪费，有效利用资源。通过减少废弃物排放，逐步使整个社会的生态步入良性循环。总书记非常强调做好人口资源环境工作，认为人口资源环境工作是落实科学发展观的必然要求。

2004 年 3 月 5 日，温家宝总理在第十届全国人大二次会议上指出，各行各业都要杜绝浪费，降低消耗，必须切实转变经济增长方式，提高资源利用效率，要形成有利于资源节约的生产模式和消费方式，努力建设成资源节约型社会。2004 年 4 月，国务院办公厅发出《关于开展资源节约活动的通知》，决定在 2004～2006 年两年时间在全国范围内组织开展资源节约活动，全面推进能源、原材料、水、土地等资源的节约和综合利用工作，同时用 3 年左右时间使建设资源节约型社会工作迈出实质性步伐。至此，建设"两型社会"的战略要求在我国第一次浮出水面。

2005 年 10 月召开的十六届五中全会提出，要加快在我国"建设资源节约型、环境友好型社会"，这一要求的提出，其目的其实就是为了在我国构建以生产发展、生活富裕、生态良好为标志的人与自然和谐相处的社会环境。"建设资源节约、环境友好型社会"，这是落实科学发展观，实现可持续发展的内在需要。"建设资源节约型、环境友好型社会"作为基本国策，被提到前所未有的高度。

温总理 2007 年在政府工作报告中提出，"要在全社会大力倡导节约、环保、文明的生产方式和消费模式，让节约资源、保护环境成为每个企业、村庄、单位和每个社会成员的自觉行动,努力建设资源节约型和环境友好型社会。"也就是说,在我国,追求经济的高速发展非常重要,但是环境保护和资源的合理利用也非常重要,我们必须提倡可持续发展的道路,实现人与自然的和谐发展,我们不能以牺牲高昂的环境破坏为代价来追求经济的发展,必须建立在优化结构、提高效益、降低消耗和保护环境的基础之上。

党的十七大报告指出,必须把建设资源节约型、环境友好型社会放在现代化、工业化发展战略的重要位置,要把坚持节约资源和保护环境作为基本国策落实到每个单位、每个家庭。并把"建设资源节约型、环境友好型社会"作为党的意志写入了党章。

2007年12月,国务院批准长株潭城市群和武汉城市圈为资源节约型和环境友好型社会建设改革试验区,从此以后,长株潭"两型社会"建设全线启动。

温家宝总理2008年在第十一届一次会议政府工作报告中指出,要"增强全社会生态文明观念,动员全体人民更加积极投身于资源节约型、环境友好型社会建设。节约资源和环境保护要一代人持之以恒地进行下去,让我们的祖国山更绿,水更清,天更蓝"。

2010年4月,工业和信息化部、财政部和科学技术部联合下发组织开展资源节约型和环境友好型企业(即"两型"企业)创建工作的通知,加快推进这些企业的创建试点工作,进一步落实党的十七大"建设资源节约型和环境友好型社会"的要求。

随着国家和政府对于"两型社会"建设和新型工业化建设的日益重视,"两型"企业建设也被摆在了突出的位置。无论是在"两型社会"建设中,还是新型工业化的道路上,"两型"企业的发展都起到无可替代的作用,也是切实贯彻科学发展观的必然选择。"两型"企业的建设,是促进社会可持续发展的外在要求,也是企业必须承担的社会责任,同时,通过建设"两型"企业,企业才能增强竞争力,实现永续发展。目前社会、经济、资源和环境都要求可持续发展,企业在这种背景下必然要通过各种方法来提高有限的资源的利用效率,只有这样才能保护我们人类赖以生存的自然环境,实现企业与环境的和谐相处、共同发展。

8.1.2 建设的基本意义

企业是"两型社会"建设的微观主体,是实施资源节约和环境友好的执行主体。"两型"企业的建设,将会影响到整个"两型社会"的建设和发展。开展"两型"企业的建设评价工作具有重要意义。

(1)创建"两型"企业是加快工业发展方式转变的必然要求。近些年来我国工业规模迅速扩大，综合实力不断增强，但工业发展方式仍然以粗放型、外延式为主，自主创新能力低、资源能源消耗高、污染排放重、产出效率低、产业结构不合理等矛盾和问题非常突出，主要依靠投资和物质资源消耗拉动。实现工业持续发展要求必须加快转变工业发展方式，促进工业由大变强。建设"两型"企业对于促进工业转型升级和整体企业素质的提升具有非常重要的意义。

（2）创建"两型"企业是走新型工业化道路战略决策的重要抓手。工业企业是走新型工业化道路的载体。党中央、国务院做出的战略决策提出要走一条资源消耗低、污染排放少、科技含量高、经济效益好、使人力资源得到充分发挥的新型工业化道路。创建"两型"企业，明确资源节约和环境友好的内涵，在实践上有所突破和创新，坚持节约发展和清洁发展的发展方向，是落实新型工业化战略的重要抓手。

（3）创建"两型"企业是应对金融危机的重要措施。历史经验表明，经济危机发生时往往是加快结构调整、催生新技术的有利时机。党中央、国务院也把调整结构作为保持经济增长、应对金融危机的重要举措。通过使企业降低能源资源消耗、减少污染排放，加快"两型"企业建设步伐，对促进企业技术进步、产品结构调整升级和提升企业竞争优势等具有重要推动作用，对后金融危机时期的企业竞争力具有重要意义。

（4）创建"两型"企业是建设"两型社会"的实际行动。建设"两型社会"是党中央面向新时期作出的重大战略决策。党的十七大明确要求，必须把建设资源节约型、环境友好型社会放在现代化、工业化发展战略的重要位置，要把坚持节约资源和保护环境作为基本国策落实到每个单位、每个家庭。工业是耗费能源资源、产生环境污染的主要产业，创建"两型"企业是建设"两型社会"的重要内容，也是在工业领域具体落实党的十七大精神的重要举措。

8.2 "两型"企业建设的理论研究

8.2.1 "两型"企业建设的理论基础

8.2.1.1 企业循环经济理论

从现有文献研究的基本思路来看，企业循环经济理论可以从循环经济价值链、生产责任延伸制理论以及产品生命周期理论三个方面来说明。

（1）循环经济价值链。1985年，哈佛大学迈克尔·波特教授在《竞争优势》一书中首次提出价值链的概念。波特认为，企业所从事的各种活动构成的集合体就是企业的价值链，其本质是增值链，其中包括生产、储运、产品设计、销售以及售后服务等。价值链上每项活动或环节能否增值、增值的程度都会成为影响企业竞争力的关键。循环经济价值链着重对某一产业的转换过程与阶段功能进行描述。所以，产业的竞争强度、竞争力的优劣势、内外部环境的影响、企业的定位与潜在发展趋势等各个产业链上的各环节都要做到价值增值，只有这样才能使循环经济价值链能够有效运行。同时必须加强对经济系统的控制，通过逐步减少剩余物质的数量，降低处理成本，并且追求利润最大化，以实现社会经济和生态的价值统一。

在工业生产过程中，必然会产生大量的废弃物，而实际上有些废弃物是可以回收再利用的，此举既可以节约能源消耗，也能够使生产过程中废弃物的产生减少。这也是价值增加的过程。通过技术的改进来发展循环经济，在既定的资源投入量下，能在显著增加制成品的同时，使废弃物产生减少，从而形成价值链，具体价值函数表达方式为：

$$W = W_{资源} + W_{再生资源} - W_{废物}$$

由此价值函数可以看出，在既定的资源投入量下，增加回收再生资源和减少产生废弃物来形成价值链。实施循环经济生产，企业还要实现价值链的延伸，注重技术进步，使得循环利用的成本降低，增加回收利用资源经过再生产后的价值，夯实企业发展循环经济的基础。

（2）生产责任延伸制理论。

①生产责任延伸制的发展。所谓生产者责任延伸制（EPR）是指在整个生命周期内，生产者要承担产品从生产到废弃整个过程的全部责任，特别是在废弃之后的回收、再利用阶段。也就是说在产品的整个生命周期，生产者都要承担起责任。一般而言，生产者的责任和义务被限定在产品生命周期的制造、销售和消费阶段，而生产者责任延伸制则把这一责任扩展到废弃物产生的管理环节，规定了生产者在产品的回收、利用和最终处置各个阶段的责任，这样就使得生产者要承担产品从生产到废弃对环境影响的全部责任，不仅仅是对产品的性能负责。这一制度的实施考虑到产品的整个生命周期，相比其他环境政策手段更为优越，对整个社会的环境治理水平的提高有促进作用，使其朝最优化的方向发展。

②生产责任延伸制的内涵。通常来讲，产品的生命周期包括产品的制造、销售、消费以及废弃物产生的管理等环节，而生产者的责任和义务则仅仅被限定在产品生命周期的制造、销售和消费这3个阶段，生产责任延伸制把这一责任扩展

到产品生命周期的最后一个阶段,使得生产者不仅对产品的性能负责,还必须承担产品从生产出来到废弃对环境产生影响的全部责任。

生产者责任延伸的实质是要求生产者内部化原来由社会所负担的产品回收、处置的费用,以减少环境的污染。通过推行生产者责任延伸制度,可以激励生产者对原材料的选择、生产过程的确定以及废弃等各个环节进行评估,明确对环境的影响,将环境资源计入生产者消耗的经营总成本,为降低其环境成本,可以采取相关措施减少污染的产生,以实现环境保护成本与环境污染损失的平衡,从而达到最优环境治理水平。

要把废弃产品管理的责任从消费者和政府转移到生产者身上,这才是实施生产者责任延伸制。通过这些费用的转移,可以创造一种"追溯效应",从产品的设计和生产阶段就重视环保观念中,提倡生态设计、面向回收的设计和资源的循环再利用,要综合考虑耐用性、可回收性、可修复性、材料可降解性等方面因素,从根本上减少和降低废弃物进入环境并造成污染的可能性。

谢芳、李慧明(2006)指出,生产者责任延伸制度是可持续发展系统变革思路的体现,能够促进循环经济型企业的构建。强调了从"末端治理"到"源头控制"转变,改变了传统的"先污染,后治理"的模式,使环境保护的重点不再是生产阶段控制,而是把降低产品整个生命周期环境影响作为新的全过程控制中心,通过利用各种法律和经济手段,促使生产者开发进行绿色设计,以实现对产品或服务整个过程的优化。生产者责任延伸制度是循环经济原则的重要制度保证,对于促进循环型企业的发展将起到积极的作用。

(3)产品生命周期理论。1965年,美国经济学家西奥多·李维特最早提出产品生命周期理论。产品生命周期理论认为,导入期、成长期、成熟期和衰退期四个阶段是产品在其从进入市场到退出市场的生命周期过程划分。而随着环境管理的要求越来越深入,Paul S. Segerstrom、T. C. A. Anant 和 Elias Dinopoulos 等人从可持续发展的角度出发,把产品的生命周期划分为四个阶段:产品开发、产品制造、产品使用和产品最后的处置。

基于可持续发展的要求,从环境保护的基本点出发,提出了产品生命周期理论。产品生命周期理论以可持续产品的研制、生产和消费为研究对象,以环境与生态保护为基准,在"满足当代人需要同时不损害未来各代人需要"的发展观的指导下,应用生态经济学方法来覆盖产品生命周期,能够明确能量和物质的再生系统的内涵及其运行过程。

8.2.1.2 生态经济理论

著名生态经济学家 Robert Costanza 指出,生态经济学是一门阐述经济系统和生态系统之间关系的学科，生态经济理论的重点在于探讨人类社会的经济行为与资源和环境之间的关系。生态经济学认为经济系统是生物圈里开放的一个子系统，而不是把经济系统看成一个孤立的系统。从目前的研究来看，生态经济的内涵可以表述为以下几个方面：

第一，生态经济学是一种新型的经济形态，保证经济增长的可持续性是首要的目标；

第二，要保证生态环境的可持续性，使经济增长在生态系统的承载力范围内；

第三，生态系统和经济系统构成一个生态经济复合系统，主要通过物质、能量、信息的转化来实现。

生态经济学理论揭示出生态经济系统这一复杂系统的客观实体运动发展规律。它的基本原理可阐述为：

第一，结构原理。任何系统的要素都按照特定的顺序排列和组合，才能成为一定的结构。系统结构是指系统内部各组成要素之间存在的有机联系及其相互作用的方式。生态经济系统结构以社会需求为动力，是指生态经济系统内部的人口、资源和环境等要素通过投入产出渠道相互联系、相互作用，在空间或时间上所构成的有序、立体的网络关系。

第二，功能原理。结构是功能的基础，功能是结构的表现。生态经济系统的结构与功能是统一的。社会物质生产和再生产是物流、信息流、能量流以及价值流的交换和融合，是在生态经济系统中进行的。所以，要从根本上认识生态经济系统的运动发展规律，就必须深入研究其功能作用机理，对物质、能量、信息和价值的循环和增值都要深入分析。

第三，平衡与效益原理。生态经济系统功能的优劣一般体现在生态经济平衡与否和效益的高低上，一般来讲，生态经济系统功能的优劣是由生态经济系统的结构合理性决定的，生态经济系统的功能表现为生态经济系统的平衡和效益。因此，研究生态经济系统的运动发展规律，必须从生态经济平衡和效益角度出发，这也是生态经济学基本原理的非常重要的组成部分。

第四，调控原理。人们都希望运用一定的政策手段来调控生态经济系统的物流、能流、价值流和信息流，进而研究整个生态经济系统，以实现生态经济系统的良性循环，因而，生态经济学基本原理不可或缺的重要内容便是生态经济系统调控。生态经济系统调控的基本原理包括目的调控、目标调控、途径调控、切入点调控和对策调控。

生态经济系统的运行同时受到经济规律和相关生态平衡规律的制约，生态经济学理论研究的是由生态系统和经济系统建立的生态经济学理论依据及其对实践所起的指导作用。

8.2.1.3 清洁生产模式

清洁生产是循环经济在微观层面的具体表现模式。即以微观循环经济为主体,使循环经济产业体系在企业内部形成。大力推行清洁生产,充分利用资源,进而推进废物最小化、无害化与资源化。

1989年,联合国环境规划署给出了清洁生产的定义,将环境战略持续应用于生产过程、产品和服务中,减少对人类和环境的风险,以期增加生态效率。清洁生产体现在推行绿色产品设计、绿色原料选择、绿色能源选用、绿色工艺规划、绿色包装设计和绿色回收再利用等符合技术经济可行性方面,它要求在整个产品生命周期都考虑污染防治,降低产品或工艺过程中对人体健康及环境的短期或长期风险。

清洁生产通过对资源的综合利用达到了节能、省料、节水的目的,从而能够合理利用自然资源;清洁生产降低了工业活动的环境风险,通过减少废料的生成和污染物排放,能够使得产品的生产过程、消费过程与环境相匹配。这极大地体现了工业生产的经济、社会和环境三方效益的有机统一,促进了经济、社会和环境的可持续发展。

与传统的污染末端治理相比,清洁生产体现了预防为主的思想,并具体表现为集约型的增长方式。清洁生产的思想,包括经济上的可营利性和技术上的可行性,是一种将经济和环境双方效益有机结合的最优生产方式,在一定程度上体现了发展循环经济在环境与发展问题上具有的双重意义。

8.2.1.4 工业生态学理论

工业生态学是融合了生态学、仿生学、环境学以及经济学等多种理论和方法,经过学科间相互交叉逐渐发展起来的,通过仿照生态系统的结构,模拟生物新陈代谢过程与生态系统的功能(Frosch R. Gallopoulos N, 1992),最终形成一个相对独立的理论和方法体系。

工业生态学仿照自然生态系的结构来看待工业体系,按照自然共生系统的运作模式,综合运用经济规律、生态规律和现代科学技术,构建企业内部物质循环的链条,通常包括资源开采者、产品制造者、资源消费者和废物处理者(段宁,2001)。以资源节约、清洁生产和废弃物的循环再利用等为特征,使系统内各因子能够相互依赖、作用和影响,建立工业体系中的系统融合,使资源能够共享,从而使物质和能源的多级传递、高效产出和持续不断利用得以实现,使社会效益和生态效益能够同步提高(冯久田,2005)。

生态工业不同于传统生产低投入、低消耗的特点,而是一种高产出、高质量和高效益的工业生产模式，总的来说就是生态化在生产过程和消费过程的具体实施，具有纵向闭合、横向融合、区域融合等特点。归纳工业生态学的三大基本要素为：其一，工业生态学全面的、一体化的分析视角，基础是关于工业体系的所有组成部分及其同生物圈的关系。其二，非物质化的价值单位成为工业生态学主要运用来考察经济的观点。其三，科技的动力是工业体系的决定性因素，对从生物系统的循环中获得知识非常有利，把现有的工业体系转换为可持续发展的体系。

当前人类面临的主要问题是实现人类社会的可持续发展。工业生态学通过模拟生态产业链为实现这一目标提供了理论和实践依据。工业生态学在企业内构建物质闭路循环网络，实现企业内循环，提高企业或生产工艺代谢效率并使废弃物排放减少，通过研究物质流的类型与模式，从而建立基于循环经济思想的企业生产系统。

8.2.1.5 社会责任理论

管理大师德鲁克曾指出企业的社会责任包含两个层次的含义，企业对社会所产生的影响和社会本身所具有的问题。Risako（2005）认为，企业的社会责任是指企业在追求自身利润最大化的同时，需要对整个社会福利的增加承担相应的责任。管理学者斯罗宾斯和坎特则认为企业的社会责任在一定意义上超过法律和经济要求，企业必须为谋求对社会有利的长远目标承担相应的责任。还有一些学者认为，所谓企业的社会责任，就要求企业必须认真考虑本公司一举一动可能对社会的影响。戴维斯与布洛姆斯特斯则指出所谓的企业社会责任是企业决策者们采取行动的责任或义务，保护和改善整个社会的福利，实现个人、企业社会的利益一致。Tricker认为，企业的社会责任就是力求使资本、劳动、土地、技术和企业家才能等生产要素达到最佳的组合配置，通过降低成本、增加效用来创造经济利润，以此来促进社会利益的实现。

卡罗尔认为，企业的社会责任可分为四个方面。即企业有生产、盈利和满足消费者需求的经济责任；企业有符合社会准则、规范和价值观的伦理责任；企业还具有法律责任，必须在法律范围内履行其经济责任；企业必须具有坚定意志和慈爱心怀的自愿责任。并按照四部分权数的不同，提出了著名的"卡罗尔结构"，即经济责任、法律责任、伦理责任和自愿责任的权数依次为4、3、2、1。"卡罗尔结构"突出了经济因素在企业社会责任中的重要地位，进一步明确了企业的社会责任的内容。Howard R. Bowen则认为企业制定政策、做出决定以及采取行动都有义务按照社会的目标和价值观的要求来实现。Epstein指出企业社会责任主要关注企业行为结果的规范性、正确性。

我国学者高尚全将企业的社会责任通过研究划分为两类：第一类是基础责任，企业自身的良性发展是企业的社会责任基础。第二类是由基础责任所附加产生的其他责任，通常指从外围提升企业的影响力等。常凯认为在社会主义市场经济体制下，企业应该考虑影响和受影响于企业行为的各方的利益，同时再承担为股东追求利润，各方利益包括雇员利益和上下游的利益，这也是企业社会责任的最主要、最直接的内容。刘俊海认为，企业社会责任应当最大限度地增加除了股东利益之外的所有社会利益。企业不能把为股东们营利或赚钱作为自己唯一存在的目的，这是从公司法学角度阐述的。这种利益包括雇员利益、债权人利益、中小竞争者利益、消费者利益、当地社区利益以及整个社会公共利益等内容。

随着可持续发展理念的深入人心，在企业的社会责任领域融合可持续发展的思想已经成为一个共识。许多学者认为强化企业的社会责任，能够显著提高企业的声誉和竞争力，是加快实现可持续发展的重要途径。企业的责任不仅仅在于追求利润，它要走可持续发展之路离不开社会的支持，则必须承担合理的社会责任。朱贵平（2005）认为，企业社会责任运动对环境保护和资源永续利用的要求与可持续发展理念的一致性、企业社会责任运动与企业自身可持续发展的一致性、企业社会责任运动与可持续发展理念对企业生存压力的一致性，推动企业承担社会责任，有助于促进企业与社会、环境的协调可持续发展，企业社会责任运动与可持续发展理念是具有一致性的。

8.2.2 "两型"企业的概念内涵

"两型"企业即资源节约型和环境友好型企业。

在资源节约方面，建立由替代、减量、资源化、再利用和系统化等技术构成的技术支撑体系，以可持续发展为目标，利用科技创新和管理创新，形成有利于节约资源的产品结构、生产模式和企业组织结构，不断提高资源生产率，最大限度地节约或替代资源，全面降低能耗、水耗、物耗指标。

在环境友好方面，能够主动承担社会责任，通过采用新技术、新工艺，把生态环境保护的观念贯彻到企业的经营管理之中，积极主动地改进管理方式，并使生产经营方式转变，最大限度地减少或消除企业生产经营整个过程对环境和社会造成的有害影响，建立完善的环境保护监控机制，实现企业与自然、社会和谐友好相处。

总的来说，"两型"企业指遵循可持续发展理念，以清洁生产、循环经济为基础，以先进的生产技术和经营管理方式为手段，在追求持续创新与绩效发展的同时，促进资源节约与生态环境保护，实现自身与自然、社会和谐发展的企业。

8.2.3 "两型"企业的基本特征

(1)"资源节约"与"环境友好"是对"两型"企业的核心理解。"两型"企业的基本要求是企业在运作过程中始终贯彻资源节约和环境友好的思想,通过各种综合手段最大限度地利用资源、节约资源,最大限度地减污减排,突出以人为本,实现可持续发展,建设资源节约和环境友好的新型企业,最终促进社会形成一种可持续发展的经济增长模式,实现全社会的和谐。

(2)"两型"企业应发挥资源优势,实现环境保护。在"两型"企业建设中,应该以提高资源利用效率为核心,以节能、节地、节水、节材和发展循环经济以及大力推进可再生能源使用为重点。企业发展不能以环境污染为代价,要减少环境污染必须以低污染或零污染为目标,提高对清洁能源的利用率,达到保护环境的要求。

(3)"两型"企业应该表现出较强的市场竞争能力与创新能力。低效率、低效益的企业不是"两型"企业。"两型"企业必须在持续有效地向市场提供产品或服务的同时,不断进行创新,具备一定的竞争优势,能实现自身的持续发展。

(4)"两型"企业体现了企业的社会责任心。企业是一个社会生存、发展乃至与其他国家进行竞争的核心单元。因此,衡量一个企业是否成功不能只考虑其自身的技术指标。"两型"企业不仅仅代表一种新生的示范标准,它更是一个企业社会责任心的体现。企业通过走"两型"化道路也在回馈社会。

(5)"两型"企业要体现出"两型"的企业文化。"两型"企业不仅仅只作为一个评价标准,它还要贯穿到企业的文化里面。要把"两型"化作为一个企业生产运作的基本理念。

8.3 "两型"企业建设指标体系设计及评价模型构建

8.3.1 "两型"企业建设评价指标体系研究综述

每一个企业都在"两型社会"建设中扮演着重要角色和承担着重任,面对当今世界资源短缺和环境恶化的困境和危机,不仅政府要采取行动加快"两型社会"的建设,企业也要加快"两型"企业建设的步伐。

各国在建设资源节约型与环境友好型企业上进行了多方面探索,很多国家制定了鼓励节约资源的政策,从企业层次鼓励资源节约。美国1976年通过了《资源保护和恢复法》,这是在更早的《固体废弃物处理法》基础上产生的;德国从1996年开始就颁布了一系列法律政策,以此推动循环经济的发展,如《循环经济与废物管理法》《限制废车条例》《包装条例》《循环经济法》等;2000年以来日本制定和修改了《促进资源有效利用法》《推进形成循环经济型社会基本法》《建筑材料再生法》《车辆再生法》等多项法规,走在了实践的前列;1984年我国编制了《节能技术政策大纲》,并在1997年颁布了《节约能源法》,2002年国家还出台了《清洁生产促进法》,力争在资源节约和清洁生产的基础上,建设新型的产业结构,实现资源节约和环境友好。

从世界范围来讲,企业伦理、企业社会责任逐渐成为企业的评价标准。美国1991年颁布《联邦判决指南》,允许法官根据企业所采取的承担社会责任方面的措施状况,对其经理人员的罚款和监禁时间酌情减少。1993年开始制定的环境管理国际标准 ISO14000 认证,被称为通往国际市场的"绿卡",在世界范围内得以广泛应用。目前如德国西门子公司、芬兰诺基亚公司等世界上许多著名跨国公司不仅自己取得了 ISO14000 认证,还对其合作伙伴的认证也提出了要求。美国能源部也要求其合约商都必须通过 ISO14001 认证;克莱斯勒、福特、施贵宝、通用等公司都要求其在全球的生产厂商通过 ISO14001 认证。

在我国,具体针对"两型"企业的理论研究现状还较少,还处于研究的初级阶段。

王建军(2007)提出了资源节约型企业、环境友好型企业的定义,梳理了建设"两型"企业的代表性理论以及国外企业相关的实践活动,在此基础上总结分析传统企业经营管理理论及其实践后果,并对我国近年来部分优秀企业的实践进行了述评,这是国内较早的系统针对"两型"企业的研究。

李旭东(2009)在分析"两型社会"建设对企业评价指标体系的建立的要求的基础上,建立了"两型社会"建设中企业评价指标体系,对企业评价方法的选择进行了说明。

刘青松、马勤(2009)从"两型社会"建设的基本要求出发,对市场经济的重要主体——企业的成长理念作了初步的探讨。认为企业在其成长过程中需要树立"经纪人"、"社会人"、"两型"企业的全新的理念,使企业实现由"经济人"向具有生态理性的"社会人"的转变,成长为"两型"企业,与环境、社会和谐共进。

目前更多的学者是从社会责任的角度研究"两型"企业。李瑞兰、黄珍文(2009)先探讨了企业在建设"两型社会"中的主要社会责任,然后在充分吸收国内外研究成果的基础上，利用企业相关者理论建立了一套与国际接轨并满足行业管理需要的企业社会责任评价指标体系。程伟（2008）对企业社会责任分别进行结构性和对象性的具体分析，明确了构建"两型社会"时期企业的主要社会责任。类似的研究还有陈东升、阳秋林（2008），刘茂盛、黄生妙（2009）等。

8.3.2 "两型"企业建设评价指标体系构建的功能、原则与步骤

每一个企业都在"两型社会"建设中扮演着重要角色和承担着重任，"两型"企业建设水平评价指标体系是评价"两型社会"发展状况的基础，建立"两型"企业建设水平的评价指标体系可以为企业的规划设计及长远发展提供具有全面性、强针对性和可操作性的建议，而企业落实指标体系标准，也是建设"两型社会"迫在眉睫的要求。

8.3.2.1 评价指标体系的功能要求

为了能够全面了解企业"两型"建设水平的发展现状，为各级政府、企业等各个方面制定政策提供科学的判断依据，"两型"企业建设水平评价指标体系的建立需要获取量化的指标信息。同时，"两型"企业建设水平评价指标体系要能够对企业在"两型"化时各个方面的变化程度以及变化趋势进行反应，能够发现阻碍或影响建设"两型"企业的不利因素，以便采取相应的应对措施。在本研究中，"两型"建设水平评价指标体系应具备以下方面的功能：

（1）信息收集功能。"两型"企业建设水平评价指标体系要对有关评价企业的各方面信息进行不断收集，这也是其正常运作的前提。如企业的财务、生产能力、产生的社会效益等，通过在此基础上的比较分析，进而判断出企业的"两型"化建设的状态与程度。企业决策者和有关主管部门通过对信息的收集的这一过程，能及时、全面地了解企业的实际运作状况，对企业的发展进行动态调控。

（2）描述功能。"两型"企业建设水平评价指标体系的基本功能便是描述企业的基本状况，如企业当前的经济效益、社会效益、循环再利用等。

（3）解释功能。"两型"企业建设水平评价指标体系要能够提供和分析"两型"企业建设过程中的企业发展状态和变化程度，依据相关数据能够提供产生原因的逻辑线索，能对评价结果做出科学合理的解释。

（4）评价功能。评价指标创造了在所有行动与企业"两型"化建设的目标之间的联系：通过指标这一必不可少的工具，判断过去的努力是否满足目标，综

合判断"两型"企业的建设状况,从而从整体上对企业的"两型"建设水平做出较为客观的评价。

(5) 监测功能。要能够监测企业"两型"化建设过程中出现的问题,能够为企业或政府做出相关决策提供科学的依据。

(6) 预测功能。通过对"两型"企业建设水平的评价,监测企业运行各个方面的情况,并对新的变化进行预测。当出现破坏或违反企业"两型"化目标的趋势时,评价系统能适时做出反应,可以提早采取应对措施避免出现重大问题,使得企业的发展和企业预期的目标保持一致。

8.3.2.2 评价指标体系的设计原则

科学合理的指标体系是准确、全面评价"两型"企业建设水平的基础和保证。面向"两型"企业建设水平评价的指标体系应采用多层次指标体系,内容要全面,重点要突出,操作要简便,要使定量分析与定性分析相结合。"两型"企业建设水平的评价指标体系的设计遵循以下5个原则:

(1) 科学性原则。构建"两型"企业建设水平评价指标体系必须建立在科学的认识"两型"企业的含义和内涵的基础上,要具有一定的科学内涵,且指标的概念必须明确,从而能够客观地反映"两型"企业的发展特征。所选取的计算方法和模型也必须科学、规范,指标数值来源也应该是准确的,用科学合理的方法对数据进行处理。

(2) 系统性原则。指标体系的设置应系统、全面,能够客观地反映工业企业"两型"化建设的状况。为此,企业必须将企业的内外环境作为一个大系统来看,做到从各个不同的角度综合对企业的各个层面有所反映。各个指标之间既有相对独立的一面,又有相互联系的一面,整个指标体系具有层次性,具有层次高、涵盖广、系统性强的特点。

(3) 稳定性原则。"两型"企业建设水平评价指标体系应充分考虑系统动态变化的特点,能综合反映企业"两型"化的现状和未来企业发展趋势,能够为预测和决策提供依据。"两型"企业建设水平的状况既是目标又是过程。指标体系还应保持其相对的稳定性,在一定时期内,指标体系内容不能够频繁地变动,既要有静态指标,又要有动态指标。

(4) 可操作性原则。数据的可获得性是选取评价指标的重要考虑因素,同时要明确指标量化的难易程度及其可靠性。"两型"企业建设水平评价指标体系不能太简单,简单的话不能充分反映出"两型"企业的内涵,从而造成评价结果的精确度降低;也不能过于复杂,复杂的指标体系会造成评价效率低下,增加评价的工作难度,指标体系的构建要注意到简单与复杂的平衡。因此指标的选取应尽可能选择指标内容容易获取、具有代表性、简单明了、可比性强、容易理解的一些重点指标。

（5）目的性原则。每一个指标都是目标的体现，在确定指标体系之前一定要有明确的目标，要明确评价的最终目标和阶段目标，这样才能使评价指标的选取更加科学合理有效。指标体系的建立是为最终的评价服务的，指标体系设计的目标要与"两型"企业建设水平评价的目标保持一致，所以彼此之间的目标也要保持一致性。

8.3.2.3 评价指标体系的设计步骤

指标体系的设计过程复杂，按照一定的程序逐步分析，必须秉承认真负责、科学严谨的态度。影响指标体系设计的因素很多，在设计指标体系的时候不能按自己的想法、自己的经验确定，这样确定的指标体系理论基础和说服力不足，具有太大的主观性。

"两型"企业建设水平评价指标体系的确定同样需要按照严格的步骤进行，本研究"两型"企业建设水平评价指标体系设计的步骤分为：

（1）准备工作。在确定评价指标体系之前需要做一些目标分析、资料信息收集及整理等准备工作，这也是确定评价工作进行的基础。

（2）确定指标体系结构。要确定评价指标体系的层次结构，这是建立在准备阶段基础上进行的，依据是所搜集的资料及目标要求。

（3）评价指标的初选。对搜集的资料信息进行完整分析和整理之后要对评价指标，以及评价指标体系的层次结构按照前面提出的设定原则选取，每个评价指标都代表评价的某一方面，指标代表的意义及程度需明确。

（4）评价指标的筛选与简化。要对初选得到的评价指标进行筛选与简化，使每个指标都要尽可能为评价目标服务，简化的时候也要避免出现漏选的情况，评价指标从初选到最终确定可能要经过很多次增减。

（5）指标体系有效性分析。为确保评价指标的科学有效，必须采取一定的措施来对指标体系的有效性进行分析，发现并解决那些在主观分析时遗漏的问题。

（6）确定评价指标体系。根据以上步骤，确定最终的评价指标体系。

8.3.3 "两型"企业建设评价指标体系的构建

8.3.3.1 评价指标体系框架

"两型"企业建设是一项系统工程，它不仅仅是单纯的经济问题，强调的是企业的经济效益与社会的发展和生态的保护之间的协调相统一。企业作为"两型"企业建设的主体，其生产的目的没有改变，生产过程中关心的是如何使企业的经济效益得到提高，这也是企业最关注的问题。因此"两型"企业建设水平评价指标体系首先要体现出企业的经济效益。其次，"资源节约"与"环境友好"是对"两型"企业的核心理解，因此"两型"企业建设水平评价指标体系还应包括资源节约和环境友好部分。再次，指标体系还需体现出企业的技术创新能力，"两型"企业必须在持续有效地向市场提供产品或服务的同时，具备一定的竞争优势，能够不断进行创新，才能实现自身的持续发展。最后，指标体系还需要体现出企业的社会效益方面，对"两型"企业建设水平评价，必须要求企业不断提升其生态环境保护意识和企业的社会责任感、荣誉感。企业将不仅要有良好的经济效益，还能在公众面前树立良好的社会形象，使企业的生产与生态环境保护协调发展。企业社会效益的优劣会对企业的健康发展产生直接影响。

（1）经济效益方面的指标。"两型"企业的建设是在保证企业经济效益的基础上建立的。企业目标是不断提高经济效益，企业作为营利性的经济组织性质不会改变，当企业的经济效益提高了，企业才有财力和物力进行"两型"企业的建设，可以说经济效益是企业进行"两型"企业建设的基础，是实现企业生产与生态环境保护协调发展的前提。基于此，对于"两型"企业建设水平的评价必须对其进行经济运行的能力进行衡量。很多财务指标都能反映企业经济运行的能力，因此，在评价企业经济效益方面，本研究选取销售净资产收益率、总资产报酬率、销售增长率和企业的销售利润率这几个定量经济指标来体现企业的经济效益。此外，由于"两型"企业的建设，在某些方面会使企业的生产成本降低，进而造成收益增加，所以本研究还确立了"'两型'企业建设获得的经济收益指标"。

净资产收益率：指企业净利润（即税后利润）与所有者权益（即资产总额减负债总额后的净资产）的比率，这个指标用以反映企业运用资本获得收益的能力。

计算公式：

$$净资产收益率（\%）=\frac{企业税后净利润}{资产总额-负债总额}\times100\%$$

总资产报酬率：是指企业一定时期内获得的报酬总额与资产平均总额的比率。用以评价企业运用全部资产的总体获利能力，它表示企业包括净资产和负债在内的全部资产的总体获利能力，是评价企业资产运营效益的重要指标。

计算公式：

$$总资产报酬（\%）= \frac{利润总额+利息支出}{平均资产总额} \times 100\%$$

销售增长率：是指企业本年销售增长额与上年销售额之间的比率，指标能够反映销售的增减变动情况，是用以评价企业成长状况和发展能力的重要指标。

计算公式：

$$销售增长率（\%）= \frac{本年销售增长额}{上年销售额} \times 100\%$$

企业的销售利润率：是指企业一定时期的销售利润额占同期该企业的销售额之比。

计算公式：

$$企业的销售利润率（\%）= \frac{企业的销售利润}{企业的销售总额} \times 100\%$$

"两型"企业建设获得的经济收益：企业在"两型"企业建设过程中，企业会因为资源的节约、废弃物的循环再利用等使企业的生产成本降低，进而获得额外的经济收益。因此，必须设立"'两型'企业建设获得的经济收益指标"，这一指标不可缺少。

另外，还选取了几个定性指标对企业的经济效益方面进行评价：

战略规划的科学性：战略规划符合企业实际；员工对战略规划高度认同；战略规划得到有效保障与执行；战略规划的实施效果良好。

经营决策措施及效果：企业在决策管理、决策程序、决策方法、决策执行、决策监督、责任追究等方面采取的措施及实施效果。

人力资源评价：企业人才结构、人才引进、人才培养、人才储备、人事调配、员工绩效管理、分配与激励、企业文化建设、员工工作热情等方面的情况。

（2）资源节约方面指标。"两型"企业的重要特征之一是减少生产过程的资源和能源的消耗，提高企业的资源利用效率。通常来说，资源节约指标能够反映企业对各种资源、能源的综合利用效率乃至企业的减量化水平。基于此，"两型"企业建设水平评价指标体系应包括能源水平、原材料和水资源的利用效率等。在这里，本研究选择万元工业增加值能耗、工业用水重复利用率、万元工业增加值新鲜水消耗量、工业固体废物综合利用率以及单位工业用地投资强度。

万元工业增加值能耗：指企业万元工业增加值能源消耗量。在这里各种能源均按国家统计局规定的折合系数折成标准煤计算。能源消耗总量指用于生产和生活的煤、电、油等能源消耗，包括企业用于生产取暖、降温等的能源消耗。

计算公式：

$$\frac{万元工业增加值能耗}{（吨标准煤/万元）} = \frac{企业工业增加值能耗总量（吨标准煤）}{企业工业增加值（万元）}$$

工业用水重复利用率：指企业工业重复用水量占工业用水总量的百分比。工业重复用水量是企业生产用水中重复再利用的水量，包括循环使用、串级使用和一水多用的水量（含经处理后回用量）。企业工业用水总量等于企业工业用新鲜水量与工业重复用水量之和，是指企业厂区内用于生产和生活的水量。

计算公式：

$$\text{工业用水重复利用率}(\%) = \frac{\text{工业重复用水量}(m^3)}{\text{工业用水总量}(m^3)} \times 100\%$$

万元工业增加值新鲜水消耗量：指企业新鲜水消耗总量占同期该企业工业增加值的比重。新鲜水是指不包括回用水和重复用水的自来水。这个指标反映一个企业水资源减量利用程度。

计算公式：

$$\text{万元工业增加值新鲜水消耗量}(m^3/\text{万元}) = \frac{\text{园区工业用新鲜水耗量}(m^3)}{\text{园区工业增加值}(\text{万元})}$$

工业固体废物综合利用率：指企业工业废物综合利用量占工业固体废物产生量的百分比，包括综合利用往年储存量。工业固体废物综合利用量是指企业通过回收、循环、加工、交换等方式，从固体废物中提取或者使其转化为可以利用的资源、能源和其他原材料的固体废物量（包括当年利用往年的工业固体废物储存量），如用作农业肥料、生产建筑材料、筑路等。

计算公式：

$$\text{工业固体废物综合利用率}(\%) = \frac{\text{工业固体废物综合利用量}(\text{吨})}{\text{工业固体废物产生量}(\text{吨}) + \text{综合利用往年储存量}(\text{吨})} \times 100\%$$

单位工业用地投资强度：指企业单位工业用地面积固定资产投资额。工业用地是指企业的库房、生产车间及其附属设施等用地，不包括露天矿用地，包括专用的铁路、码头和道路等用地。

计算公式：

$$\text{单位工业用地投资强度}(\text{万元}/\text{公顷}) = \frac{\text{企业固定资产投资额}(\text{万元})}{\text{企业工业用地面积}(\text{公顷})}$$

评价资源节约方面的定性指标如下：

节能工作组织和领导情况：建立由企业主要负责人为组长的节能工作领导小组并定期研究部署企业节能工作；设立或指定节能管理专门机构并提供工作保障。

节能目标分解和落实情况：按年度将节能目标分解到车间、班组或个人；对节能目标落实情况进行考评；实施节能奖惩制度。

节能技术进步和节能技改实施情况：主要产品单耗同比下降；实施并完成年度节能技改计划；安排节能研发专项资金并逐年增加；按规定淘汰落后耗能工

艺、设备和产品。

节能法律法规执行情况：执行高耗能产品能耗限额标准；贯彻执行节约能源法及配套法律法规及地方性法规与政府规章；实施主要耗能设备能耗定额管理制度；新、改、扩建项目按节能设计规范和用能标准建设。

（3）环境友好方面的指标。"两型"企业要求企业与环境协调发展，环境清洁优美，要充分发挥企业保护环境的能动性，促进企业开展清洁生产，深化工业污染防治。在这里，环境友好方面的指标本研究选择万元工业增加值COD排放量、万元工业增加值SO_2排放量、万元工业增加值废渣排放量、万元工业增加值烟尘排放量、危险废物处理处置率以及工业废水排放达标率这几个指标。

万元工业增加值COD排放量：指企业万元工业增加值排放的废水中污染物所需化学需氧量。包括直排废水和经企业或城市污水处理厂处理后排放的废水。

计算公式：

$$万元工业增加值COD排放量（kg/万元）=\frac{企业工业COD排放量（kg）}{企业工业增加值（万元）}$$

万元工业增加值SO_2排放量：指企业万元工业增加值向大气中排放的量。

计算公式：

$$万元工业增加值SO_2排放量（kg/万元）=\frac{企业工业SO_2排放量（kg）}{企业工业增加值（万元）}$$

万元工业增加值废渣排放量：企业万元工业增加值排放的废渣总量。

计算公式：

$$万元工业增加值废渣排放量（t/万元）=\frac{企业工业废渣排放总量（t）}{企业工业增加值（万元）}$$

万元工业增加值烟尘排放量：企业万元工业增加值排放的烟尘总量。

计算公式：

$$万元工业增加值烟尘排放量（kg/万元）=\frac{企业工业烟尘排放总量（kg）}{企业工业增加值（万元）}$$

危险废物处理处置率：危险废物的处理处置是指依国家相关的法律、法规和标准对企业产生的危险废物进行处理处置的行为。危险废物指列入国家危险废物名录，或者根据国家规定的危险废物鉴别方法和标准认定的具有危险特性的废物。

计算公式：

$$危险废物处理处置率（\%）=\frac{危险废物处理处置量（吨）}{危险废物产生量（吨）-储存量（吨）+上年储存量（吨）}\times100\%$$

工业废水排放达标率：指企业工业废水排放达标量占其工业废水排放总量的百分比。

计算公式：

$$工业废水排放达标率（\%）= \frac{工业废水排放达标量（吨）}{工业废水排放总量（吨）} \times 100\%$$

评价企业环境友好方面的定性指标如下：

环境管理机构和人员组织情况：建立健全专门环境管理机构和专职管理人员，开展环境保护有关工作。

环境管理体系：按照 ISO14001 建立并有效运行环境管理体系，环境管理手册、程序文件及作业文件齐备。

污染源监测系统：符合国家环保总局和当地环保局对主要污染物在线检测要求，同时具有主要污染物分析条件。

污染物排放达标情况：符合国家和地方有关环境法律、法规，污染物排放达到国家和地方排放标准，总量控制和排污许可证管理要求。

排污口符合规范：排污口符合规范化整治要求，主要排污口按规定安装主要污染物在线监控装置并保证正常运行。

（4）技术创新能力方面的指标。技术创新是衡量企业发展潜力的一项重要指标，是企业可持续发展的一个重要保障，它是决定"两型"企业建设的基本条件。该指标中设置了 R&D 经费占销售收入的比重、千名研发人员拥有的授权发明专利量、新产品销售收入占总销售收入比重、科技人员占从业人员比重。

R&D 经费占销售收入的比重：指企业研发经费支出占销售收入的百分比，该指标衡量企业从事技术研究和产品开发投入的强度。

计算公式：

$$R\&D 经费占销售收入的比重 = \frac{企业 R\&D 经费支出（万元）}{企业销售收入（万元）} \times 100\%$$

千名研发人员拥有的授权发明专利量：主要是指企业拥有的授权发明专利数与企业千名研发人员数量的比。

计算公式：

$$千名研发人员拥有的授权发明专利量（个）= \frac{企业拥有的授权发明专利数（个）}{企业千名研发人员}$$

新产品销售收入占总销售收入比重：指报告期内企业销售新产品实现的收入占总销售收入的百分比，衡量企业开发的新产品对总销售收入的贡献程度，评价企业创新成果。

计算公式：

$$\frac{新产品销售收入占}{总销售收入比重（\%）} = \frac{企业新产品的销售收入（万元）}{企业的总销售收入（万元）} \times 100\%$$

科技人员占从业人员比重：指企业科技人员占全部从业人员的百分比，评价企业科技创新的人才基础。科技人员占从业人员比例越高，表明科技创新的人才基础越好。

计算公式：

$$科技人员占从业人员比重（\%）=\frac{企业科技人员数量（人）}{企业从业人员数量（人）}\times 100\%$$

评价企业技术创新能力方面的定性指标如下：

研发体系建设：企业研发机构建设情况（包括与外单位联合建立研发机构情况）；企业开展产学研合作情况；创新团队建设情况；企业研发设备条件建设与共享情况等。

创新战略的制定与实施：企业创新战略规划的制定情况；企业创新战略规划的实施情况。

创新管理与制度建设：企业创新管理与制度的制定与实施情况；内部激励创新的制度与措施；知识产权的管理情况。

创新文化建设：企业的核心创新理念等；职工合理化建议情况（包括近三年的每百名员工年均提出合理化建议数）；群众性技术创新活动情况（如技能大赛、技术培训、职工技术革新、岗位练兵情况等）。

（5）体现社会效益方面的指标。目前整个社会都在强调社会形象工作。企业的社会效益就是指企业在公众面前的社会形象，包括企业的环保意识、社会责任等。社会形象的提升对于提高企业的知名度、增强企业的市场竞争力具有重要意义，而"两型"企业的实施，可以帮助企业不断提高其社会责任度和环境保护的意识。基于此，在这里本研究选取企业的企业品牌价值、企业荣誉获得以及企业公众形象这三个指标作为衡量企业社会效益方面的指标。

企业品牌价值：通常，品牌价值是品牌区别于同类竞争品牌的重要标志，也是品牌管理要素中最为核心的部分。"两型"企业建设提升广大社会对生态环境的保护意识，能够有助于培育和塑造产业和企业的品牌形象和价值。因此，将企业品牌价值列入"两型"企业建设水平评价指标体系当中非常必要。

企业荣誉获得：建设"两型"企业，企业自身在取得良好的经济效益的同时，企业的社会责任感得到了充分体现，也实现了良好的生态效益和社会效益。当企业拥有良好的责任感和社会认可度，其获得的社会荣誉就会增加，企业荣誉获得是企业被社会认可的表现，因此将企业荣誉获得列入"两型"企业建设水平评价指标体系当中也有其合理性。

企业公众形象：企业的可持续发展要求企业具有良好的公众形象，这也是企业在社会中的一种认可度。建设"两型"企业，明确要求企业进行清洁生产和资源高效利用，将使广大公众从中受益，也提高了公众对企业形象的认识。因此，

"两型"企业建设水平评价过程中也要加入企业公众形象的评价。

8.3.3.2 评价指标的筛选

现有的文献资料对评价指标的取舍没有严格科学的标准，指标的选取多是凭经验和主观判断进行。这样，一方面会使一些影响很小的指标被选入，另一方面容易造成一些重要指标的漏选或者信息量有较大重复的多个指标同时被选入的结果，从而使综合评价的计算趋于复杂，造成评价结果的不合理。论文在确定"两型"企业建设评价指标体系的时候应该避免这种缺陷。本研究采用两步法避免这种缺陷：首先对评价指标体系初选，然后根据入选的指标对"两型"企业建设水平贡献的大小进行再次筛选，使指标体系完善（见图8-1）。

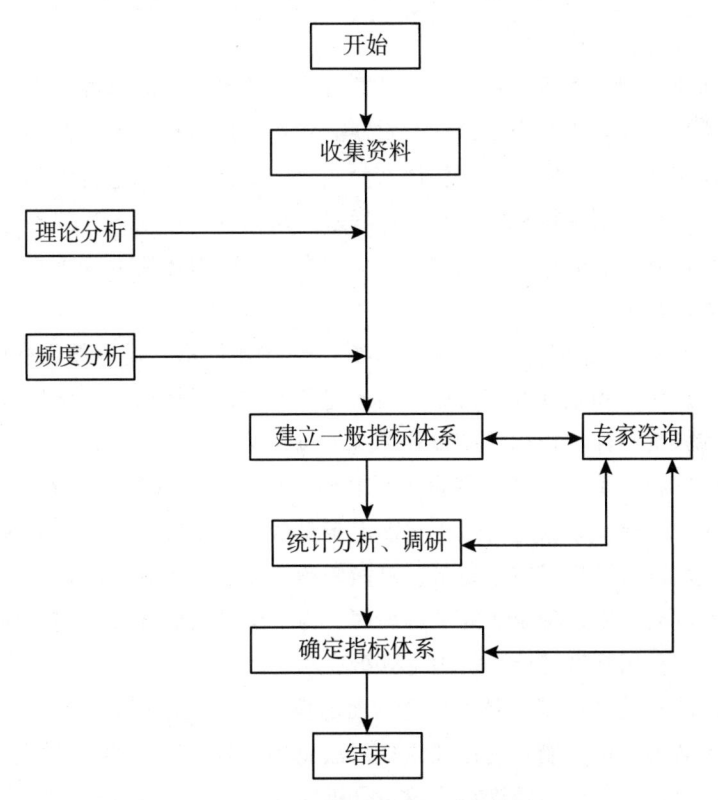

图 8-1 指标筛选程序框图

（1）指标体系的筛选原则。评价指标的筛选要注意全面性、可操作性和可比性，能够处理好定性与定量、客体评估与社会评价、成果指标与过程指标之间的关系。指标筛选过程中要充分考虑到指标的可操作性和数据获取的难易程度。根据实际情况，具体的筛选原则有以下几个方面：

①灵敏性原则。指标进行选择的依据应该是对评价结果有重大的影响。对"两型"企业建设水平评价指标集进行筛选,必须删除那些对评价目标不重要的指标。

②独立性原则。如果评价指标体系各指标之间相关关系较大,将会导致观测数据所反映的信息出现重叠。为避免影响评价结果的客观性,指标体系中不能存在高度相关的指标。因此,须对指标进行相关分析,从中选择独立性较大的指标。

③简明性原则。评价指标体系的大小应有一定的科学性也必须适宜。如果指标体系太大,会导致评价者的注意力集中在细小的问题上;相反,如果指标体系太小,则难以充分反映实际情况。

④可观测性原则。那些无法进行测量或统计的指标,不宜入选指标体系。所选评价指标要能运用一定的统计计算得出其指标值,指标必须具有明确的含义,有统一的统计计算口径。

⑤协调性原则。矛盾指标的处理是评价指标体系建立的过程中经常遇到的问题,所谓矛盾指标是指两个难以同时实现的指标。通常可以通过两种方法解决这类矛盾指标情况:一是在保证指标体系的相对完备性的基础上将引起矛盾的指标删除;二是使两矛盾指标相互并存,这样就要求是两矛盾指标之间不是绝对的相斥关系,要具有一定的相容性。在实际应用中,经常对矛盾的一方指标的值限定在某一值域范围内。

(2)指标体系的初选。从技术角度看,选择评价指标需遵循指标的完备性、主成分性、针对性和独立性。指标体系的完备性和针对性原则是指标体系的初选主要考虑的因素。评价指标的完备性在这里包含两层含义:一是所要求选择的指标能够全面反映"两型"企业建设水平的相关状况;二是明确评价的目的,并以此来决定评价指标体系的完备性。目前由于受认识水平限制,对于评价指标的针对性,比较难以对其进行定量衡量,只能依赖于相关评价者对"两型"企业内涵的理解程度以其对所评价企业的了解程度。为了满足指标选择的完备性和针对性原则,本研究采用频度统计法、理论分析法和专家咨询法。所谓的频度统计法主要是指对目前有关"两型"评价研究方面的报告和论文进行频度统计,只有那些使用频度较高的指标才能入选;理论分析法主要是通过对"两型"企业的内涵、特征、基本要素等主要问题进行比较、分析和综合,依此选择能体现"两型"企业建设水平并具有针对性的指标;专家咨询法是在初步选择出评价指标的基础上进行,通过咨询有关专家的意见,对之前选择的指标进行调整。

(3)信息量重复指标的剔除。建立评价指标体系时,经常性地会使很强相关性的几个指标同时被选入,甚至某些指标所提供的信息可能完全包含于其他指标之中,这些具有很强相关性的指标提供的信息存在着较大的重复。因此,通过相关分析,剔除具有较大相关性的指标,从方法论上对指标的优化选择采用多元统计方法等客观方法,即这样才能避免指标的不必要重复。需要通过删除信息量重复的指标。使最终的指标具有较大的独立性。一般通过主成分分析方法,剔除对总体方差贡献率很小的指标,也可以对某一类指标都选取一个作因变量,把其余的作自变量进行回归分析,通过计算出每一个回归方程,得到样本决定系数 R^2,删除该方程中作为因变量的指标。若其中某个指标方程的 R^2 大于 95%,则说明该指标提供的信息被其他指标所包括。如果出现多个样本决定系数大于 95% 的指标,应该删除决定系数大的那个方程中作为因变量的指标,然后对剩余的指标重新重复上一步操作,不停地进行回归、比较和删除,直到剩下样本决定系数均低于 95% 为止。最终要使得剩余的指标之间信息重复出现的情况较少。

但是采用多元统计方法等客观方法有很大的缺陷,多元统计的工作量较大,同时要求样本具有较大的原始数据集。客观来讲会造成资源和时间的浪费,采用此种方法不大可行。

因此,"两型"企业建设评价指标体系的设计应考虑多方面的因素,根据对"两型"企业内涵、特征的分析理解,对相关文献的梳理,充分利用查到的资料,对其中有关"两型"企业的论述作归纳、统计和分析。在此基础上,再对相关领域的专家、教授进行访谈,咨询他们对于"两型"企业建设水平评价指标体系的看法。另外,还要进行企业调研,和企业中的相关人员进行访谈。剔除相关性较强的指标和明显重复指标,做好指标筛选工作,最后确定入选指标。

8.3.3.3 评价指标体系的确定

由以上方法,确定了相应的评价指标体系结构。经过评价指标的筛选最终留下了 30 个评价指标。具体指标体系如表 8-1 所示。

表 8-1　　　　"两型"企业建设水平评价指标体系

一级指标	二级指标	三级指标
"两型"企业建设水平评价指标体系	经济效益	净资产收益率
		总资产报酬率
		销售增长率
		企业销售利润率
		"两型"企业建设获得的经济收益
		经营决策措施及效果
		人力资源评价

续表

一级指标	二级指标	三级指标
"两型"企业建设水平评价指标体系	资源节约	万元工业增加值能耗
		单位工业用地投资强度
		工业固体废物综合利用率
		万元工业增加值新鲜水耗量
		工业用水重复利用率
		节能工作组织和领导情况
		节能技术进步和节能技改实施情况
	环境友好	万元工业增加值 COD 排放量
		万元工业增加值 SO_2 排放量
		万元工业增加值废渣排放量
		万元工业增加值烟尘排放量
		工业废水排放达标率
		环境管理机构和人员组织情况
		环境管理体系
	技术创新	R&D 经费占销售收入的比重
		千名研究开发人员拥有的授权发明专利量
		新产品销售收入占总销售收入比重
		科技人员占从业人员比重
		研发体系建设
		创新战略的制定与实施
	社会效益	企业品牌价值
		企业荣誉获得
		企业公众形象

8.3.4 "两型"企业建设水平的评价模型构建

8.3.4.1 "两型"企业发展评价方法选择

综合评价方法很多，这里仅仅列出几个常见的方法，并根据分析选择适合本研究的方法。

（1）层次分析法。层次分析法，是指将一个复杂的多目标决策问题作为一个系统，将目标分解为多个目标或准则，进而分解为多指标（或准则、约束）的若干层次，通过定性指标模糊量化方法算出层次单排序（权数）和总排序，以作为目标（多指标）、多方案优化决策的系统方法。层次分析法能通过少的定量信息有效地识别复杂决策问题的本质，并深入分析问题的影响因素及其内在关系，比较适合于结果难以直接、准确计量的情形。该方法充分融合了归纳法和演绎法的形式，是一种不完全定量的方法，在学术界应用广泛。层次分析法作为一种能将定性和定量分析相结合的系统分析方法，具有思路清晰、方法简单、适用面广、系统性强等特点，便于普及与推广。其缺点是权重的获取仍然带有主观性。

（2）数据包络分析法。数据包络分析是通过构造一个线性规划模型，来进行相对效率评价。表示为产出对投入的比率。该方法可以用来对具有相同类型的部门或单位（即决策单元）的效率进行排序。通过对一个特定单位的效率和一组提供相同服务的类似单位的绩效的比较，它试图使服务单位的效率最大化。在这个过程中，获得100%效率的一些单位被称为相对有效率单位，而另外的效率评分低于100%的单位被称为无效率单位。该方法还可以结合分析的数据进行规模经济分析与效益分析。在这种方法的计算过程中，各指标的优先权重都是由计算机计算，能有效避免评价过程的主观性。

（3）模糊评价法。模糊数学在综合评价中得到了广泛应用。模糊评价法是以模糊数学为基础，通过模糊关系合成，将一些不确定性的或是不易简单量化的因素定量化，进而通过数学方法进行综合评价的方法。它与概率、统计的方法是不同的，因为客观事物的不确定性包括事物对象本身不明确以及事物对象是明确的，但出现的规律有不确定性两大类。而分类的不确定性往往会导致事物对象的不确定性，也就是说一个对象可以属于也可以不属于某一类，所以要解决分类不确定的问题，首先要拓宽集合的概念，引入模糊集合，引入隶属函数，即可以描绘一个元素 X 可以属于 A 集合，也可以不属于 A 集合，在此基础上进行模糊评价。模糊评价法可以较大程度地控制主观因素的影响，适合对具有多层次指标的主体进行评价。

（4）因子分析法。因子分析法通过研究变量内部的相关关系，寻找原有变量的主成分，并在此基础上构筑若干意义较为明确的公因子，以它们为框架分解原变量，以此考察原变量间的联系与区别。因子分析的基本目的就是用少数几个因子去描述许多指标或因素之间的联系，即将相关比较密切的几个变量归在同一类中，每一类变量就成为一个因子（之所以称其为因子，是因为它是不可观测的，即不是具体的变量），以较少的几个因子反映原有变量的大部分信息。

(5) 投影寻踪方法。投影寻踪是一种处理多因素复杂问题的统计方法,该方法通过将高维数据投影到低维空间,对投影特性的分析来研究高维数据的特征。投影寻踪模型的基本思想是:通过一定的组合,将高维数据投影到低维空间上,采用投影目标函数来描述投影值,这样就能够暴露原系统综合评价问题中分类排序结构的可能性,如果能够寻找出使投影指标函数达到最优的投影值,就得到了评价方法的权重。投影寻踪方法能最大限度地保存样本的信息量,并且有效避免评价过程中权重值确认的主观性,以得到更加贴近实际的结果。

鉴于投影寻踪方法所具有的特点,本研究尝试运用该方法对"两型"企业建设水平进行评价,以求得更好的评价结果。同时还运用常见的因子分析方法对"两型"企业建设水平进行综合评价,并把投影寻踪方法的综合评价结果和因子分析方法的综合评价结果进行对比,验证评价的有效性。

8.3.4.2 "两型"企业发展评价模型构建

(1) 寻踪模型的建立。本节主要研究"两型"企业建设水平的评价,其中涉及多个指标,且各指标的权重学术界尚没有一种统一的结论。为了避免主观判断的偏误,尽可能地反映各个指标的协同度,采用投影寻踪模型来确定各指标权重,过程如下:

设通过标准化后评价系统的标准矩阵为 X,即第 i 家企业的第 j 个指标的属性值标准化结果为 $x(i, j)$,投影寻踪模型就是把 p 维数据 $\{x(i,j) | j = 1 \sim p\}$ 综合成以 $a = (a(1), a(2), \cdots, a(p))$ 为投影方向的一维投影值 $z(i)$:

$$z(i) = \sum_{j=1}^{p} a(j)x(i,j), \quad i = 1, 2, \cdots, n$$

然后根据 $\{z(i) | i = 1 \sim n\}$ 的一维散布图进行分类。上式中的 a 为单位长度向量,即 $\sum_{j=1}^{p} a^2(j) = 1$。

综合投影值时要求投影值 $z(i)$ 的散布特征应为:局部投影点非常密集,如果凝聚成若干个点团最好;而在整体上投影点团之间又必须尽可能分散开。基于这个原理,投影指标函数通常构造为:

$$Q(a) = S_z D_z$$

上式中,S_z 为投影值 $z(i)$ 的标准差,D_z 为投影值 $z(i)$ 的局部密度,也即

$$S_z = \sqrt{\frac{\sum_{i=1}^{n}(z(i) - \bar{z})^2}{n-1}}$$

$$D_z = \sum_{i=1}^{n} \sum_{j=1}^{n} (R - r_{ij}) u(R - r_{ij})$$

上式中，$\bar{z}$ 为序列 $\{z(i) | i = 1 \sim n\}$ 的均值；R 为求局部密度的窗口半径，R 的选取要求包含在窗口内的投影点的平均个数不能太少，要避免滑动平均偏差过大，同时也不能使它随着 n 的增大太快，R 一般可取值为 $0.1S_z$；距离 $r_{ij} = |z(i) - z(j)|$，$u(t)$ 为单位阶跃函数，当 $t \geq 0$ 时其函数值为 1。

确定各指标值的样本集后，投影指标函数 $Q(a)$ 将只随投影方向 a 的变化而变化。不同的投影方向反映不同的数据结构特征，可以看出最佳投影方向就是最大可能暴露高维度数据特征结构的投影方向。可以通过求解投影指标函数最大化问题来估计最佳投影方向，即

$$\max Q(a) = S_z D_z$$

$$\text{s.t.} \sum_{j=1}^{p} a^2(j) = 1, \ a^2(j) \in [0, 1]$$

这是一个以 $\{a^2(j) | j = 1 \sim p\}$ 为优化变量的优化问题，其最优解 $a = [a(1), a(2), \cdots, a(p)]$ 即为评价系统各指标的权重。

（2）基于实码的加速遗传算法。上述优化问题是一个复杂的非线性优化问题，常规优化方法不适合处理这类问题。可以考虑基于模拟生物优胜劣汰规则与群体内部染色体信息交换机制的加速遗传算法，使用这种方法求解这个问题非常简便有效。但是传统的遗传算法的编码方式通常采用二进制，存在很多弊端，可采用基于实码的加速遗传算法进行改进。

加速遗传算法的实际搜索范围越广，得到全局最优点的机会也越大，而基于实码加速遗传算法的选择、交叉和变异行为是并行处理，因此。加速遗传算时循环可逐步调整，通过缩小优化变量的寻优区间，这样解的精度将随着循环次数的增加而逐步提高。

基于实码的加速遗传算法是分别在父代群体的基础上进行选择、交叉和变异，在此基础上得到 3 个子代群体，选择群体规模为 N 的优秀个体作为下一代父代群体。分别将 M 次演化迭代的 S 个优秀个体共 $M \times S$ 个体的变化区间作为下一次加速遗传的变量区间，这样经过有限次运算后进行加速遗传，缩小优秀个体选择的区间。演化迭代与加速遗传的反复交替可使优秀个体区间将逐渐缩小，与最优点的距离越来越近，个体的密度加大，这样可以减少早熟收敛的概率。具体的步骤如下：

①在各个决策变量的取值变化区间 $[a_j, b_j]$，生成 N 组均匀分布的随机变量 $V_i^{(0)}(x_1, x_2, \cdots, x_j, \cdots, x_p)$，简记为 $V_i^{(0)}$，$i = 1 \sim N$，$j = 1 \sim p$，N 为种群规模，p 为优化变量的个数；

②计算目标函数值。将第一步中随机生成的初始染色体 $V_i^{(0)}$ 代入目标函数,通过求解,可以得到所对应的函数值,并将染色体根据函数值的 2 排序,得到 $V_i^{(1)}$;

③计算基于序的评价函数。为使该染色体被选择的可能性与其种群中其他染色体的适应性比例,评价函数用来对种群中的每个染色体 V 设定一个概率。染色体的适应性越强,被选择的可能性也应越大。设参数 $\alpha \in (0, 1)$,定义基于序的评价函数为:$eval\ (V_i) = \alpha(1-\alpha)^{i-1}$,$i = 1, 2, \cdots, N$;

④通过选择操作生成第 1 个子代群体。选择过程是以旋转赌轮 N 次为基础的。赌轮按每个染色体的适应度来选择染色体。每次旋转都为新的种群选择一个染色体。经过相应的选择操作,得到一个新的种群 $V_i^{(2)}$;

⑤对上一步产生的新种群进行交叉操作。为确定交叉操作的父代,首先定义参数 P_c 作为交叉操作的概率。从 $i = 1 \sim N$ 重复以下过程:从 [0, 1] 中产生随机数 r,如果 $r < P_c$,则选择 V_i 作为一个父代。用 V_1'、V_2' 等表示选择的父代,并把它们随机分成下面的对:(V_1', V_2'),(V_3', V_4'),(V_5', V_6'),采用算术交叉法,首先从开区间 (0, 1) 中产生一个随机数 c,然后,在 V_1' 和 V_2' 之间进行交叉操作,生成新的种群 V_i^3;

⑥对产生的新种群进行变异操作。定义参数 Pm 作为变异概率。按下面方法进行变异。在 R^n 中随机选择变异方向 d,如果 $V + Md$ 是不可行的,其中 M 是一个足够大的数,那么,置 M 为 $0 \sim M$ 之间的随机数,直到其可行为止。如果在预先给定的迭代次数之内没有找到可行解,则置 $M = 0$,不管 M 为何值,总用 $X = V + Md$ 代替 V。通过变异操作后,生成新的种数 V_i^4;

⑦进化迭代。由得到的子代染色体 V_i^4,按其适应度函数值从大到小进行排序,算法转入步骤③,进入下一轮进化过程,重新对父代群体进行评价、选择、交叉变异,反复循环进化,直到最后;

⑧上述步骤构成标准遗传算法。但标准遗传算法不能保证全局收敛性。可以采用第 1 次、第 2 次或第 3 次、第 4 次进化迭代所产生的优秀个体的变量变化区间作为变量新的初始变化区间,算法进入步骤①,重新运行标准遗传算法,形成加速运行,与最优点的距离越来越近,则优秀个体区间将逐渐缩小。直到算法运行达到预定加速次数,结束整个算法运行。

加速遗传算法的流程如图 8-2 所示。运行上述 8 个步骤,即可求得最佳投影值,从而求得排序结果。

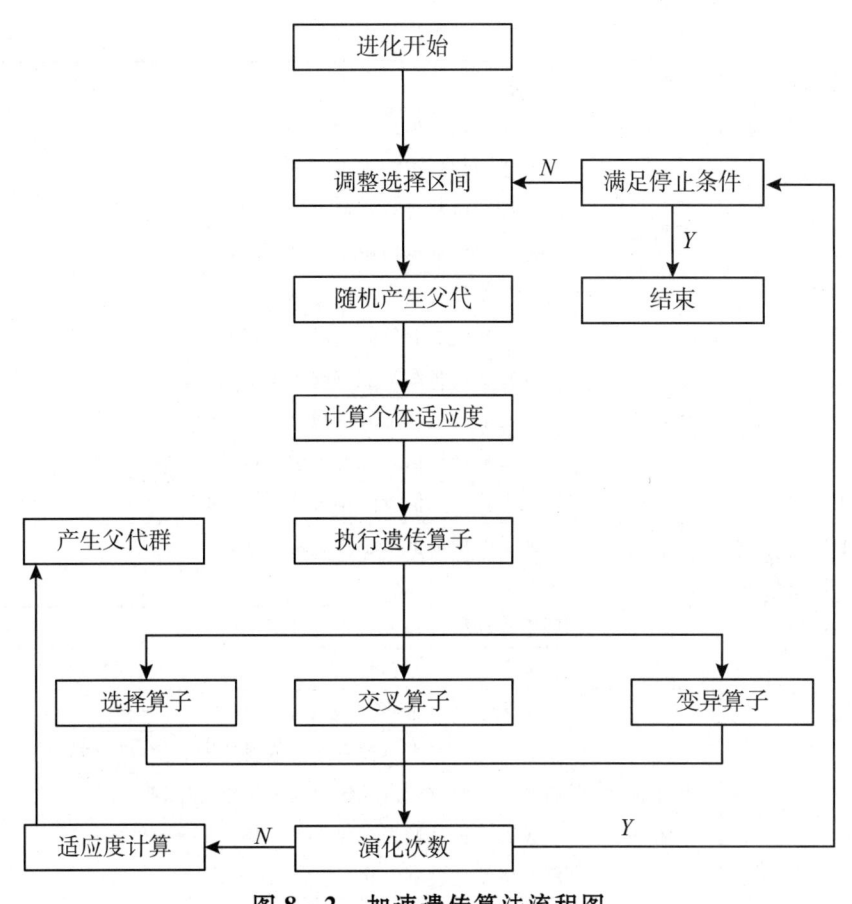

图 8-2 加速遗传算法流程图

（3）评价指标的权重。采用上述算法求解投影寻踪函数，运用 DPS8.01 得到"两型"企业建设水平评价指标权重，如表 8-2 所示。

表 8-2 用投影寻踪模型确定的"两型"企业建设水平评价指标权重

一级指标	二级指标	三级指标
"两型"企业建设水平评价指标体系	经济效益（0.23）	净资产收益率（0.13）
		总资产报酬率（0.14）
		销售增长率（0.14）
		企业销售利润率（0.15）
		"两型"企业建设获得的经济收益（0.14）
		经营决策措施及效果（0.17）
		人力资源评价（0.13）

续表

一级指标	二级指标	三级指标
"两型"企业建设水平评价指标体系	资源节约（0.21）	万元工业增加值能耗（0.13）
		单位工业用地投资强度（0.17）
		工业固体废物综合利用率（0.12）
		万元工业增加值新鲜水耗量（0.18）
		工业用水重复利用率（0.14）
		节能工作组织和领导情况（0.12）
		节能技术进步和节能技改实施情况（0.14）
	环境友好（0.22）	万元工业增加值 COD 排放量（0.18）
		万元工业增加值 SO_2 排放量（0.12）
		万元工业增加值废渣排放量（0.15）
		万元工业增加值烟尘排放量（0.12）
		工业废水排放达标率（0.13）
		环境管理机构和人员组织情况（0.14）
		环境管理体系（0.16）
	技术创新（0.18）	R&D 经费占销售收入的比重（0.21）
		千名研究开发人员拥有的授权发明专利量（0.19）
		新产品销售收入占总销售收入比重（0.17）
		科技人员占从业人员比重（0.13）
		研发体系建设（0.14）
		创新战略的制定与实施（0.16）
	社会效益（0.16）	企业品牌价值（0.31）
		企业荣誉获得（0.28）
		企业公众形象（0.41）

8.4 "两型"企业创建典型案例分析

8.4.1 株冶绿色冶炼理念的提出背景

株洲冶炼集团股份有限公司由 1956 年建厂的株洲冶炼厂改制而成，2004 年在上海证券交易所上市，拥有资产总额 60 亿元，员工近 6 000 人。该公司主要生产铅、锌及其合金产品,并综合回收铅锌原料中的铜、金、银、铋、镉、铟、锗等多种稀有和贵重金属和硫酸等附产品,公司铅锌年生产能力达到55万吨,其中铅10万吨、锌45万吨。该公司是中国主要的铅锌生产和出口基地,产品畅销世界20多个国家和地区。该公司是国家级高新技术企业、国家第一批循环经济试点和"两型"建设试点企业。2011年,该公司完成铅锌总产量57.8万吨,实现销售收入116亿元。

铅锌冶炼企业是我国国民经济基础产业之一,在其传统生产模式中,资源消耗大,能源消耗高,环境污染严重。株冶地处环境容量基本饱和的"长株潭"融城规划中心地带的株洲市清水塘地区,属于"高投入、高消耗、高排放"的典型的铅锌冶炼龙头企业。在环境压力与资源制约日益严峻的情况下,以下问题显得尤为突出:

第一,高排污生产与外部环境压力的矛盾。株冶作为传统的铅锌冶炼企业,具有高排污的特点。但该公司又处于环境容量基本饱和的株洲市清水塘地区,是"长株潭"融城规划的中心地带,环境压力十分巨大。

第二,资源浪费与资源短缺的矛盾。作为大型的铅锌冶炼企业,株冶上游没有任何矿山资源可言,资源短缺制约了株冶的发展,影响了其获利能力。另外,株冶对资源的利用率不高,在金属回收水平、资源再利用水平、能耗水平等与国外先进水平相比有较大的差距。如株冶采用回转挥发窑处理锌浸出渣后,产出的窑渣中含有很多有价金属元素,如铟、金、银、铜、铁等。该窑渣无法进行再回收处理,只能进行低价外销,造成资源浪费。

第三,工艺劣势与铅锌联合冶炼优势的矛盾。作为国内铅锌联合冶炼的代表企业,株冶本应在铅锌联合冶炼所特有的工艺流程一体化、资源综合利用率高等方面具有较强的优势,但株冶传统落后的工艺环节使这一优势不能得到充分的体现,主要表现在:锌浸出渣处理工艺落后,金属回收水平低、部分有价金属不能得到回收。在烧结—鼓风炉炼铅工艺方面,存在现场环境差、能耗高、烟气制酸成本高,对锌系统的二次物料处理能力非常有限,无法充分发挥铅锌联合冶炼的优势等缺点。

总之,株冶目前采用的铅锌主流工艺从环保、资源综合利用等方面都不能满足"两型社会"的要求。

株冶作为一家毗邻湘江的大型铅锌冶炼企业,特别是地处长株潭"两型社会"创建的中心地带,环境容量十分有限,政府和周边社区对改善环境质量的要求更高。在这种巨大的外部环境压力下,株冶必须在污染减排和清洁生产方面做出更大的成绩,消除资源和环保的发展"瓶颈",把株冶创建成资源节约型和环境友好型企业,才能实现企业的可持续发展。

近几年来,株冶集团以绿色冶炼推动"两型"发展为己任,以科技进步和创新作为支撑,以节能减排与发展循环经济为着力点,在做好铅锌总产量"加法"的同时,积极主动做好"减法",将绿色冶炼的思路全面贯彻到公司生产经营管理全过程,在"两型"创建和科学发展的实践卓有成效(见图8-3)。

图8-3 株冶"两型"企业创建

8.4.2 株冶绿色冶炼和"两型"创建的主要举措与成效

(1)精细管理助推能源效率提升。2005年以来,株冶集团快速发展,资源消耗量持续增加。株冶积极强化社会责任,以精细管理发挥"调控之手"的力量,能源效率提升工作扎实推进。株冶从建章立制开始,夯实节能基础。成立了能源管理委员会,下设三级能源管理网,实行能委会例会制度,定期分析公司能源消耗状况,及时制定、决策公司重大的能源政策和措施。建立了以吨产品综合能耗、工序节能、重点耗能设备为重点的三级考核体系,对每个生产厂、车间、工序都细划了能耗和排放指标,明确了奖惩措施。公司建立健全了能源消耗的原始记录和统计台账,定期报送能源利用状况报告,开展能源审计,强化用能监测,提出切实可行的节能措施。充分利用价格引导作用,调动各单位节能减排的积极性。为实现热、电联产和热能循环梯级利用,株冶相继建成了一、二期余热发电工程。目前,余热发电量已连续多年在3 000万千瓦时以上,每年实现经济效益1 000万元以上。目前,株冶集团主要产品电铅、电锌综合能耗在千家企业同行中排名第三位。

"十一五"期间,株冶大力加强用水、节水管理,通过15个大、中、小循环水利用系统，共节约新水用量 300 余万吨。2010 年，株冶集团被株洲市政府评为"节水型示范企业"建设单位。对各生产厂用水量，集团一方面进行定额管理，实行超标准惩罚性梯级水价成本核算制度；另一方面，积极优化用水结构，鼓励内部循环，扩大二回水使用范围。锌浸出厂通过实施"劳氏废水回用做干燥窑溜子水、浮选泡沫水"项目，每月减少外排水 1.2 万立方米；完善厂区用水管道网络图，对 123 个用水点普查水情标识，在 11 个生产工段建立用水电子档案，全面杜绝了无计量水进入系统。铅锌产品单位新水耗用小于 9.15 吨，居国内铅锌冶炼行业先进水平。2010 年，株冶集团被株洲市政府评为"节水型示范企业"建设单位。

强化合同能源管理，做好"减法"。公司运用合同能源管理模式对动力厂二回水热水泵进行节能改造试点，节能效果达 35%，该管理模式已在公司其他各循环水系统推广。指标到人、责任明确、奖罚分明、考核严格，节能管理越来越规范，节能效益越来越明显。伴随铅锌总产量逐年上升，"十一五"公司铅锌产品综合能耗却逐年下降。

（2）严格"三废"管理提升环境效益。加快废水"零排放"步伐。对生产废水实行"零排放"工程，通过引进开发废水膜处理工艺和实施在线监测，有力地实现了对工业废水的综合回收利用。株冶生产区的工业废水全部汇集进入总废水处理厂，目前采用氢氧化钠—生物制剂中和沉淀、反渗透膜过滤深度净化两段处理工艺进行处理，氢氧化钠—生物制剂中和沉淀处理后的净化水达到了 GB8978-1996《污水综合排放标准》中的一级标准，而进一步通过反渗透膜过滤深度净化处理后的淡水水质其主要指标优于 CJ3020-93《生活饮用水水源水质标准》，净化水大部分回用于生产系统，反渗透膜过滤产出的淡水与生产水管网并网，实现替代新水使用。为了不断减少对湘江的污染物排放总量，从 2006 年开始实施了工业废水"零排放"工程，该工程由 13 个子项目组成，总投资 1.05 亿元，目前工程各子项目已全部竣工投入试运行。这些项目投运后取得了显著的环境效益，与工程实施前比，实现了废水（经处理达标后）年排放总量减少约 500 万吨、废水中主要污染物减排幅度达 90% 以上，实现水型污染负荷的大幅度削减。2010 年以来，反渗透膜处理系统项目已实现满负荷连续稳定运行，标志着株冶工业重金属废水回用率将逐步达到 95% 以上。2010 年，株冶废水处理率、总外排水达标率均保持 100%；工业废水排放总量与 2005 年比下降幅度达 90%。COD、重金属排污总量等指标提前两年完成省环保局规定的减排目标。

持续削减气型污染负荷。近几年来，株冶集团先后完成了"锌Ⅰ系统沸腾炉烟气制酸汞污染治理"、"锌Ⅰ系统沸腾炉二氧化硫低空污染治理"、"锌Ⅰ和锌Ⅱ沸腾炉开停炉烟气治理"、"锌Ⅱ制酸尾气治理"、"锌Ⅰ浸出干燥窑拆除采用自动箱式压滤机替代"、"1至3号挥发窑烟气脱硫"、"铅鼓风炉烟气脱硫"、"铜渣综合利用技术改造"等一批重点气型污染治理项目，这些项目均已投产或投入稳定运行，实现了二氧化硫、粉尘等气型污染物排放量的大幅度削减，改善了大气环境，取得了显著的环境效益和社会效益。

废渣利用变"废"为"宝"。株冶集团生产过程产生的废渣主要是挥发窑渣、水淬渣、污酸渣等。通过前几年的技术攻关和市场开发，目前挥发窑渣、水淬渣在建材和钢铁行业得到了综合利用。目前只有污酸渣和系统处理不完的浸出渣堆存在做了"三防"处理的新渣场里。该公司对新渣场的固废进行分类管理，并按照"三防"要求规范堆存，在渣场修建沉淀池和集水池，同时在渣场四周修筑防渗墙，实现了新渣场的环境治理。2006年，公司投资2 200万元，对新渣场的固体渣料进行分类管理，同时加快对老渣的处理进程和挥发窑渣综合利用步伐。公司投资500多万元，先后建成了两条综合利用老渣场窑渣生产线。2010年底，公司老窑渣全部完成综合利用，实现冶炼废渣零堆存，既实现了变废为宝，又完成了渣山治理、生态修复目标。目前株冶集团有价元素综合回收率已达到73%，居行业领先水平。

（3）技术创新助力产品结构调整。"十一五"以来，株冶坚持依靠科技发展企业，积极探索发展循环经济路径，在充分论证和科学决策基础上，最终决定投资47亿元，通过"分步走"建立循环经济发展模式，提升工艺技术水平和设备装备水平，打造铅锌绿色联合冶炼，从源头上实现污染物资源化和减量化，各类技术经济指标均在国内处于领先水平，部分已达国际先进水平。

改变粗放型发展模式，利用新技术、新工艺改造传统技术、设备，从而实现企业产业升级，以此来推动企业发展方式的转变，是株冶集团调整产品结构、打造绿色冶炼的"关键钥匙"。近年来，随着铅锌产品市场竞争日益激烈，株冶集团提出实施产品深加工战略，通过调整产品结构，加大合金深加工比例，延伸产业链条，增加产品附加值，提高企业经济效益。株冶锌合金生产能力由2003年的5万吨提升到2009年的40万吨，锌合金占锌产品比例由不足40%上升至目前75%以上。同时，铅产品合金比例也由20%上升至现在的50%。

"十一五"期间，公司将电解阴极反射炉改造成快速节能熔炼炉，煤气单耗下降50%以上，年节约煤气约40万立方米；利用高压变频技术分步对现有烟化炉鼓风机高压电动机进行改造，节电率可达35%，年节电145万千瓦时。同时，公司还对风机、水泵的控制进行低压变频器的推广运用，节电率达25%；用自动带压榨压滤机取代锌系统干燥窑，节约煤气2 600万立方米；对熔铅锅进行蓄热式改造，节约煤气40%。

2007年初，公司从芬兰引进奥图泰常压富氧直接浸出和砷盐净化技术、从日本引进机械剥锌和阳极平板技术，新建一套年处理硫化锌精矿 10 万吨金属量、搭配处理株冶常规湿法炼锌 13 万吨锌浸出渣系统。该技术有望解决株冶挥发窑工艺存在的能耗高、低空 SO_2 污染和有价金属综合回收率低等问题，能真正实现污染减排与清洁生产。该项目已于 2009 年 9 月实现全流程接通，2010 年实现达产 70%。2009 年 10 月，公司与哈萨克斯坦正式签订技术引进协议，采用基夫赛特直接炼铅替代烧结鼓风炉工艺，2012 年有望建成投产。

株冶锌一系统浸出渣干燥原是采用木耳圆盘过滤后再进干燥窑干燥，干燥窑所需的热源由煤气供给，需要消耗大量的二次能源压缩风和煤气。公司斥资从芬兰进口劳氏压滤机，将浸出渣压滤后直接送下道工序，全年节约煤气 1 425 万立方米。同时，公司还将浸出槽搅拌工艺由原来压缩风搅拌改为机械搅拌，改造后动力空压机站停开一台 550 千瓦的空压机，机械搅拌增加负荷 260 千瓦，年节电 200 万千瓦时。近几年，株冶集团完成了绿色照明工程，总改造负荷达 1 500 千瓦以上，改造后年节电可达 400 万千瓦时。

2008 年 10 月，国际金融危机蔓延至实体经济，企业危机重重。在这种情况下，株冶集团 2009 年仍比上年增加了 1 450 万元专项节能资金，积极实施节能技改，进一步淘汰落后耗能工艺、设备，年创经济效益在 1 200 万元以上。

开发低碳产品，拓展低碳渠道。近几年来，株冶先后有"RA 热镀合金的研制及其工业应用"等 20 多项成果获国家、省（部）、市级科技进步奖，先后开发出 ITO 靶材、高纯材料、钢系列产品、无汞锌粉等产品并实现产业化。据了解，针对公司有较好的铅酸蓄电池用合金及高纯系列金属的研制生产等基础，而这些产品的应用直接辐射到低碳产品的部分产业，目前，公司已着手开发相关低碳产品。

（4）"两型"创建提升经济效益。株冶集团通过"两型"创建项目的实施，将实现冶炼工艺技术和设备的升级，现场环境得到大幅改善，污染物排放总量实现了大幅减排，环境效益和社会效益显著。

该公司的"火炬"牌铅锭、锌锭、银锭先后在伦敦金属交易所认证注册，金锭通过上海黄金交易所铸锭企业认证，锌及锌合金产品属国家出口免验产品，"火炬牌"商标多次荣获"中国驰名商标"称号，"火炬牌"热镀锌合金荣获"全国用户满意产品"称号，该公司多次荣获"全国用户满意企业"称号。该公司通过了 ISO9001 质量体系、ISO14001 国际环境管理体系和 OHSMS 18001 职业健康安全体系认证，是中国铅锌业首家通过三大管理体系认证的企业。2005 年 10 月，公司被国家发改委等 6 部委确定为全国首批循环经济试点单位。2010 年 12 月，又被工信部、财政部和科技部认定为首批"两型"试点企业。

环境保护是关乎企业生存与发展的生命线，株冶集团积极践行企业公民的社会责任，严格执行国家的环保法律法规，不断加大环保投入，落实各项措施，大力提高资源综合利用率。截至目前，株冶基本实现资源综合高效利用，废水"零排放"、废渣"零堆放"、废气达标减量排放，技术和装备水平先进，一个资源节约型和环境友好型的"绿色冶炼"企业正在初具雏形。

8.4.3 对我国企业"两型"创建的启示

一是加强组织领导。公司成立了"两型"创建试点工作领导小组，明确了试点工作具体负责部门，研究确定各项任务分工，落实责任。

二是精心编制试点方案。试点方案要明确"两型"企业建设的标志性目标，明确产品结构调整、企业发展以及能源、水、原材料节约，清洁生产、"三废"资源综合利用等各方面的具体计划和措施。

三是抓好组织实施。试点方案审查通过后，公司要按照试点方案确定的目标、重点任务和工程，积极部署落实，加快推进"两型"企业创建有关工作，确保目标任务按期完成，力争通过3年的工作，达到"两型"示范企业基本要求。

四是加强日常管理。公司将切实加强基础工作，建立资源消耗、环境排放在线监测系统，完善资源环境统计和核算制度，健全节能降耗、清洁生产等管理体系，强化管理岗位和人员队伍建设，确保企业"两型"建设形成长效机制。

8.5 长株潭城市群"两型"企业建设的实证评估与政策建议

8.5.1 长株潭地区"两型"企业发展现状数据选取

本研究以长株潭制造业企业为例，对"两型"企业建设水平评价指标体系进行实证研究。这里选择制造业企业为样本是因为长株潭地区的制造业较为发达，又是建设"两型社会"的重点行业，样本企业具有代表性。

考虑到数据的可获取性，本研究通过设计调查问卷获取数据，问卷的设计遵循简单明了的原则。发放问卷对象是企业的中高层管理人员，原因在于中高层管理人员熟悉企业日常运作，积累了足够的工作经验和知识，可以全面回答问卷中的问题。从回收的问卷中选择制造业行业企业做研究样本。

本研究中调查问卷的发放与回收主要通过以下三种途径进行：第一，在中南大学商学院 EMBA、MBA 班学员中发放纸质问卷，要求参与人员进行现场填写，并负责对问卷中较难理解的题项进行解释，此类回收的数据资料具有较高的可信度；第二，利用中南大学商学院中小企业发展研究中心及"'两型社会'与低碳经济"研究中心成员参与"长株潭"课题实地调研的机会，由研究中心成员代为在长沙、株洲以及湘潭的高新技术开发区发放纸质问卷，研究中心成员都具有良好的学术素养，可以合理解释问卷题项，因此，此类问卷也具有一定的可信度；第三，由于其他客观条件限制，对于无法实地调研的企业，采用发送电子邮件方式进行调研，被调研企业一般是由朋友推荐，因此问卷的可信度得到保证。

8.5.2 长株潭城市群"两型"企业发展现状评估

8.5.2.1 基于寻踪模型评价的结果

根据第9章评估模型，经综合加权计算，得到基于投影寻踪方法的综合评价结果，见表8-3。

表8-3 基于投影寻踪的"两型"企业建设水平评价得分及排序

	得分	排序		得分	排序		得分	排序
企业1	4.284	4	企业7	3.812	12	企业13	3.802	13
企业2	4.131	8	企业8	2.902	16	企业14	3.192	15
企业3	4.212	6	企业9	4.012	9	企业15	3.821	11
企业4	4.724	1	企业10	4.143	7	企业16	4.282	5
企业5	4.418	2	企业11	3.307	14			
企业6	4.372	3	企业12	3.903	10			

从16家制造业企业的排序结果，可以看出，16家企业的平均得分为3.957，整体较高，当然这和打分的主观性有一定关系。我们把排在前5名的企业看成"两型"企业建设水平高的企业，其平均分值为4.416，把排在后5名的企业看成"两型"企业建设水平低的企业，其平均分值为3.403。可见，同一行业不同企业在"两型"企业建设方面差异较大。

8.5.2.2 因子分析方法的验证

（1）经济效益的因子分析。根据因子分析方法的原理，应用SPSS13.0软件对搜集到的数据进行因子分析。本研究中"两型"企业建设水平测度的指标体系共5个维度，由于组指标下的初级指标也能间接反映对应的类指标，所以为简化计算过程直接用初级指标对类指标做出分析。首先需要对经济效益、资源节约、环境友好、技术创新和社会效益各进行一次因子分析，由于这五项类指标可直接作为"两型"企业建设水平的五个主因子，因此对总指标再进行一次因子分析，从而达到对样本"两型"企业建设水平评价的目的。整个评价过程共需使用六次因子分析法。由于经济效益、资源节约、环境友好、技术创新、社会效益和总体系评价的因子分析过程与步骤基本一致，篇幅所限，在此仅对经济效益的因子分析过程进行详细描述。

①主因子的提取。从表8-4中可以看出，按照设定的特征值大于1原则，SPSS13.0提取1个公共因子替代原来7个指标，方差贡献率为64.219%，由于第二个公因子的方差贡献率为64.219%，下降得很快，第一个因子作为公共因子能够对大多数数据给出概括。还进行了KMO检验，KMO值为0.777，检验通过，所以认为该方法合理可行，最后结果确定提取1个公共因子。

表8-4　　　　　　　　　　提取后的总方差分解表

公共因子	特征值	方差贡献率（%）	累计方差贡献率（%）
1	4.495	64.219	64.219
2	0.821	11.729	75.948

②因子分析模型的建立。计算出因子载荷矩阵，见表8-5。

表8-5　　　　　　　　　　因子负荷矩阵

	Component
	1
净资产收益率	0.875
总资产报酬率	0.784
销售增长率	0.839
企业的销售利润率	0.846
"两型"企业建设获得的经济收益	0.672
经营决策措施及效果	0.831
人力资源评价	0.743

③生成因子得分系数矩阵，即有表8-6。

表8-6　　　　　　　　　　因子得分系数矩阵

	Component
	1
净资产收益率	0.195
总资产报酬率	0.174
销售增长率	0.187
企业的销售利润率	0.188
"两型"企业建设获得的经济收益	0.149
经营决策措施及效果	0.185
人力资源评价	0.165

④因子评价得分。计算因子得分，先对表8-6得出的权重归一化，再计算，可得到样本企业经济效益的评价得分值，如表8-7所示。

表8-7　　　　　　　经济效益的评价得分及排序

	得分	排序		得分	排序		得分	排序
企业1	4.150	6	企业7	3.591	10	企业13	3.723	9
企业2	4.273	5	企业8	2.545	16	企业14	3.253	15
企业3	4.393	3	企业9	3.422	13	企业15	3.427	12
企业4	4.879	1	企业10	3.422	13	企业16	4.007	8
企业5	4.392	4	企业11	3.573	11			
企业6	4.402	2	企业12	4.140	7			

（2）总指标体系的因子分析。与经济效益的因子分析类似，分别对资源节约、环境友好、技术创新和社会效益进行因子分析，假如因子分析过程中出现超过1个公因子的情况，则通过方差贡献率的比值进行加权，合为1个公因子，这里不再详细说明。对资源节约、环境友好、技术创新和社会效益提出的5个公因子再进行因子分析，可得到最终的样本企业的"两型"企业建设水平评价得分及排序，如表8-8所示。

表8-8　基于因子分析的"两型"企业建设水平评价得分及排序

	得分	排序		得分	排序		得分	排序
企业1	4.306	4	企业7	3.687	13	企业13	3.695	12
企业2	4.138	7	企业8	2.893	16	企业14	3.179	15

续表

	得分	排序		得分	排序		得分	排序
企业3	4.234	5	企业9	3.947	9	企业15	3.836	11
企业4	4.828	1	企业10	4.074	8	企业16	4.218	6
企业5	4.39	3	企业11	3.308	14			
企业6	4.3989	2	企业12	3.889	10			

对比表8-3和表8-7，可以发现，基于投影寻踪的"两型"企业建设水平评价得分及排序结果和基于因子分析的"两型"企业建设水平评价得分及排序非常相似，评价结果一致，从而验证了我们得到的"两型"企业建设水平值和排序是合理的，投影寻踪方法在"两型"企业建设水平的评价上是具有可操作性的。

8.5.3 促进"两型"企业发展的政策建议

政府、企业、消费者等各类主体都应在"两型"企业的建设中发挥积极作用，形成"政府主导、企业主体、公众参与"的合力模式。只有在全社会的共同努力和相互合作的情况下，才能加快"两型"企业的建设步伐。

8.5.3.1 企业加快"两型"建设的对策

（1）加大"两型"企业理念的宣传力度，提高员工"两型"意识。"两型"企业在我国还是一个较新的名词，企业往往是被动地来实施"两型"化建设的。应提高企业在"两型"建设中的能动性，明确企业有义务建设"两型"企业，做到资源节约和环境友好。建设"两型"企业是我国经济可持续发展的重要保障，建设"两型"企业作为建设"两型社会"的重要一环，应当不断地提高广大员工的环保意识和节约意识，以"两型"思想指导职工进行生产活动。

（2）加大技术投入力度，通过技术创新促进"两型"企业的建设。"两型"企业的建设离不开技术水平的提高，企业的技术进步为"两型"企业的建设提供重要保障。旧的生产工艺往往具有高消耗、高污染等特点，因此，建设"两型"企业，必须从改造原有落后的生产技术上入手，"两型"企业的建设要求企业在生产技术上不断创新、不断进取。对于实力一般的企业可以广开渠道，要积极争取政府对其建设"两型"企业技术上的支持，同时自身也要进行一些科研投入，实力雄厚的企业应通过加大技术上的投资力度进行技术革新，提高企业的竞争力。

(3) 加强"两型"理念人才培养工作，为"两型"企业的建设做到智力保障。"两型"企业的建设需要智力的支持，这也是企业进行生产技术创新的必要条件。企业要加强对技术型人才的培训，增强其"两型"意识，能够不断掌握新方法来提高技术研发水平。而对于管理型人才而言，必须对国内外先进企业在循环经济、可持续发展方面的实践经验有所了解，并以此来不断增加自身的管理水平。此外，必须要加强对"两型"理念人才的引进，不断重视"两型"理念人才的培养，这样可以有效扩大企业"两型"理念人才队伍，带动整个企业人才队伍素质的提高。

8.5.3.2 政府引导建设"两型"企业的措施

政府的引导作用对"两型"企业的建设非常重要。政府一方面要引导企业的产业结构优化和升级，促进"两型"企业的建设；另一方面，要对建设"两型"企业的企业给予技术和财政支持。因此本研究简单提出政府引导"两型"企业建设的主要措施。

(1) 建立和完善政府鼓励建设"两型"企业的政策体系，为"两型"企业的建设提供政策保障。政府可以采用经济和行政双重手段，引导企业采取节能环保措施，建设"两型"企业。这样能够提高企业的经济成本，促使企业获得降低成本和创造价值的内部动力。对污染型企业要施加外部压力，对其资源浪费和环境污染行为予以一定的行政惩罚，促进企业治理污染，节约降耗，减少浪费。还可以建立生态恢复和环境保护的经济补偿机制，制定贷款优惠政策和激励、引导企业进行生产模式的转换，采取适当的财政补贴和税收优惠，保证"两型"企业的产品具有价格优势。

(2) 加快推进产业结构优化和升级，以产业升级带动"两型"企业的建设。我国的具体国情要求必须走新型工业化道路，带动"两型"企业的快速发展。要以建设"两型"企业为理念，产业结构调整要朝资源消耗低、环境污染少、科技含量高、经济效益好的高技术和新兴产业方向发展。对一些高耗能、高耗水、高污染产业进行限制发展，对于传统产业要利用先进的清洁生产技术加以改造提升，抬高高耗能产业产品的市场准入门槛，淘汰浪费资源、污染环境的产品和技术。对于产业园区的建设，要以建设"两型"企业的要求进行规划和建设，为"两型"企业形成产业服务。

(3) 加大对企业财政、技术的支持力度，支持"两型"企业的建设。

①要出台相应的融资政策、税收政策对"两型"企业的创建工作做好资金保障。拥有先进的生产工艺和技术是建设"两型"企业的重要前提，出台对企业融资的优惠政策和税收政策能够减轻企业的负担，有利于增强企业对"两型"建设

的研究力度。对于发展绿色产业的企业，政府应给予大力的产业扶持，如对再生资源产业的融资补贴，对"两型"服务产业的相对宽松的土地审批政策等。

②加强对企业的技术支持服务力度，从技术层面保证"两型"企业的建设顺利进行。要积极地帮助企业做好技术与科技成果转化的对接工作，同时政府还需做好企业技术中介服务工作。在人才培养方面，要不断地做好技术人才的储备工作，为建设"两型"企业做到技术和智力支持。同时，还要积极引进国外先进的技术成果，向国内企业进行推广。

（4）通过政策引导消费，以公众绿色消费推动"两型"企业的建设。要加强对"两型"企业的宣传，鼓励大众对企业和政府的环境行为进行监督，建立和完善信息公开制度，提高政府、企业和公众对"两型"企业的认识，使"两型"理念变成政府、企业、公众的自觉行动。通过宣传教育，提倡绿色消费，提高全民环境意识，使消费者优先采购通过环境标志认证的企业产品，以消费者不断提高对环保产品的需求来拉动企业的"两型"建设。通过实施政府绿色采购计划推动"两型"企业的发展需求。

附录：资源节约型与环境友好型企业建设水平状况

调 查 问 卷

问卷编号：

尊敬的先生/女士：

您好！本次调查是为了全面了解"两型"企业建设水平现状，更好地促进"资源节约、环境保护"社会的建设。本问卷用于学术研究，我们保证遵守调查道德，决不泄漏贵公司的秘密。恳请您能抽出宝贵的时间，配合我们完成此次调查任务。

衷心感谢您对我们的支持和帮助！

中南大学商学院

提示：※ 请熟悉企业全面情况的高层管理人员填写。

※ 您在选择时，请在认同的"□"或数字处打"√"。

一、企业基本情况

公司所在地区_____省_____市

公司成立时间：

□0～2 年　　□3～5 年　　□6～10 年　　□11～25 年　　□25 年以上

公司主营业务所属的行业类别：
□农林牧渔业　　　　　　　　□采掘业　　　　　　　□制造业
□电力、煤气及水的生产和供应业　　　　　　　　　□建筑业
□交通运输、仓储和邮政业　　□信息传输、计算机服务和软件业
□批发和零售业　　　　　　　□住宿和餐饮业　　　　□房地产业
□租赁和商务服务业　　　　　□其他行业（请说明_____）

公司主营业务所属的制造业分行业（公司主营业务所属行业非制造业的跳过）：
□食品，饮料　　　　□纺织，服装，皮毛　　　　□木材，家具
□造纸，印刷　　　　□石油，化学，塑胶，塑料　　□电子
□金属，非金属　　　□机械，设备，仪表　　　　　□医药，生物制品
□其他制造业（请说明_____）

公司大约有多少在职员工：
□100 人以下　　　　　□101～200 人　　　　　□201～300 人
□301～400 人　　　　 □401～500 人　　　　　□501～600 人
□601～800 人　　　　 □801～1 000 人　　　　□1 001～2 000 人
□2 001～3 000 人　　 □3 000 人以上

公司所有制性质：
□国有（或国有控股）　□民营　□外资　□集体　□其他（请注明_____）

二、定量指标

与国内同行一般企业相比，本企业的……	很低	较低	一般	较高	很高
净资产收益率	1	2	3	4	5
总资产报酬率	1	2	3	4	5
销售增长率	1	2	3	4	5
企业的销售利润率	1	2	3	4	5
"两型"企业建设获得的经济收益	1	2	3	4	5
单位工业用地投资强度	1	2	3	4	5
工业固体废物综合利用率	1	2	3	4	5
工业用水重复利用率	1	2	3	4	5
工业废水排放达标率	1	2	3	4	5
R&D 经费占销售收入的比重	1	2	3	4	5
千名研究开发人员拥有的授权发明专利量	1	2	3	4	5

续表

与国内同行一般企业相比，本企业的……	很低	较低	一般	较高	很高
新产品销售收入占总销售收入比重	1	2	3	4	5
科技人员占从业人员比重	1	2	3	4	5
根据企业的实际符合程度打分，请在数字上打"√"。	极不符合	较不符合	一般	比较符合	完全符合
相比同行业企业，本企业万元工业增加值能耗较低	1	2	3	4	5
相比同行业企业，本企业万元工业增加值新鲜水耗量较低	1	2	3	4	5
相比同行业企业，本企业万元工业增加值COD排放量较低	1	2	3	4	5
相比同行业企业，本企业万元工业增加值SO_2排放量较低	1	2	3	4	5
相比同行业企业，本企业万元工业增加值废渣排放量较低	1	2	3	4	5
相比同行业企业，本企业万元工业增加值烟尘排放量较低	1	2	3	4	5

三、定性指标

根据企业的实际符合程度打分，请在数字上打"√"。	极不符合	较不符合	一般	比较符合	完全符合
企业在决策管理、决策程序、决策方法、决策执行、决策监督、责任追究等方面采取积极的措施	1	2	3	4	5
企业有合理完善的人才结构，并注意培养和引进人才，有良好的企业文化建设	1	2	3	4	5
有明确的资源节约目标和考核体系、完善的资源节约管理体系、周详的应急预案	1	2	3	4	5
安排节能研发专项资金并逐年增加，实施并完成年度节能技改计划	1	2	3	4	5
建立健全专门环境管理机构和专职管理人员，开展环境保护有关工作	1	2	3	4	5

续表

根据企业的实际符合程度打分，请在数字上打"√"。	极不符合	较不符合	一般	比较符合	完全符合
按照ISO14001建立并有效运行环境管理体系，环境管理手册、程序文件及作业文件齐备	1	2	3	4	5
建立了完善的研发机构并拥有创新团队，开展产学研合作	1	2	3	4	5
制定企业创新战略规划，积极实施	1	2	3	4	5
有良好的企业品牌价值	1	2	3	4	5
企业荣誉受到社会认可	1	2	3	4	5
企业有很好的公众形象	1	2	3	4	5

第9章

"两型"技术与产品建设标准及指标体系

9.1 "两型"技术与产品建设的背景与意义

随着经济全球化和国际社会的发展，资源环境问题日益成为国家安全的突出问题。大气污染、水污染、森林面积锐减、土地退化、垃圾泛滥、资源短缺等已成为制约地区社会经济发展的重大"瓶颈"问题。伴随着2007年蔓延开来的全球金融危机，使全世界陷入越来越尖锐的资源环境与发展的矛盾。据国际能源署发布的《世界能源展望：2008》，预计从2008年到2050年，全球经济预计将增长四倍，而像中国这样的发展中国家，预计增速将接近十倍。虽然增长带来巨大的经济效益，并使人民生活水平得到巨大提高，但也带来更大的能源消费，如到2050年石油需求将增长70%。如果无法消除经济增长与能源需求之间相互影响的关系并且减少对化石燃料的需求，资源和环境必将面临无法承受的巨大压力。

2003年中央人口资源环境工作座谈会上，胡锦涛同志明确指出："要加快转变经济增长方式，将循环经济的发展理念贯穿到区域经济发展、城乡建设和产品生产中，使资源得到最有效的利用，最大限度地减少废弃物排放，逐步使生态步入良性循环"。中共十六届五中全会上胡锦涛同志首次提出"建设资源节约型和环境友好型社会"，中央正式将其确定为国民经济与社会发展中长期规划的一项战略任务，并频繁出台一系列相关的政策、措施加快"两型社会"的建设步伐，发展循环经济、建设"两型社会"已成为全社会的共识。2007年12月7日，国家发展改革委员会批准武汉城市圈和长株潭城市群为全国资源节约型和环境友好型社会建设综合配套改革试验区，把"两型社会"建设提到更高的阶段。党的十八大报告中又提出"把生态文明建设放在突出地位"和"建设美丽中国"的构想，进一步明确了推进"两型社会"建设的决心，湘鄂两省的"两型社会"建设实践都对经济社会发展方式产生了深远的影响。

"两型社会"是一个系统性工程，其中"两型"技术和产品是其中的关键环节。"两型"技术指服务于资源节约和环境友好的技术，是一种致力于减少污染、降低消耗、治理污染或改善生态的技术，可从以下几个方面理解：①技术应用过程中减少对能源资源材料等各类要素的投入，尤其是不可再生资源的投入，提高各类要素利用率。②用于开发新能源，包括风能、太阳能、核能、生物能等新型可再生清洁能源。③用于监测和控制污染有害物质的排放，有效保护生态环境。④用于治理环境污染和生态破坏，改善人类与自然的相处状态。"两型"技术创新的结果即为"两型"产品，该产品从概念、设计、制造、包装、运输、使用到报废处理的整个产品生命周期中，资源消耗和对生态的负价值尽可能小，可以从以下几个方面理解：①不包含国家明令淘汰的用能设备和产品，且不包含国际公约中明令禁用的设备和产品。②最大限度减少环境危害，从生产到使用直至废弃、回收处理的各个环节都对环境无害或危害最小，即不产生二次污染。③最大限度地提高材料资源的利用率。④最大限度地节约能源，在产品生命周期的各个环节所消耗的能源最少，并提高回收再利用率。依据"两型"技术与产品的概念和特点，产品多生命周期理论、循环经济理论与可持续发展理论、低碳经济理论和环境保护与治理理论等理论是"两型"技术与产品的创新的重要理论基础（见图9-1），以下将以这些理论为基础分析"两型"技术与产品创新的特点。

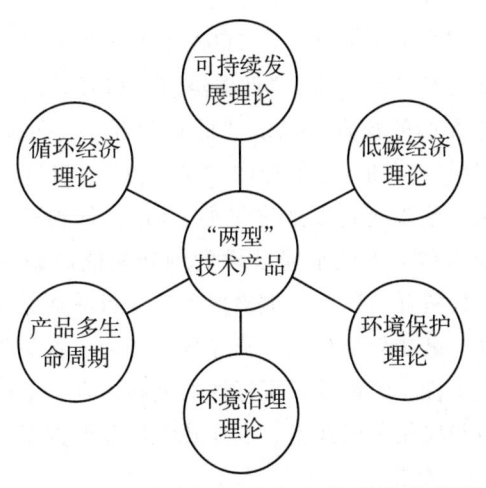

图9-1 "两型"技术和产品理论支撑图

9.2 "两型"技术与产品建设的理论研究

根据"两型社会"建设的要求,"两型"技术与产品具有与一般技术不同的研发特征。建设"两型社会"必须通过"两型"技术与产品的整体性突破,使得在充分利用资源和保护环境的前提下,实现效率和利润的最大化。推进"两型"技术和产品的研发,需要依据其特殊性对其生成机制和培育体制进行系统性分析。

9.2.1 "两型"技术与产品概述

9.2.1.1 "两型"技术与产品的类型

现有研究中直接对"两型"技术的研究还比较少,易先忠等(2010)分析了"两型"技术供给和需求生成机理,并构建了其政策环境保障体制、需求培育体制、供给能力培育体制及其推广与运用体制;肖皓等(2012)通过设计"资源节约型"模块和"环境友好型"模块研究节能行业技术进步对"两型社会"建设的影响,实证结果发现节能技术进步可全面促进经济发展。由于"两型"产品为"两型"技术的最终成果,所以分类可以按照"两型"技术的分类标准来进行,按技术作用对象和实施效果进行划分。

(1) 低碳技术与节能促效技术。自 2003 年英国政府发表能源白皮书《我们能源的未来:创造低碳经济》以来,"低碳经济"以及其他冠以"低碳"的词汇以罕见的高频数见诸人们的视野,尤以"低碳能源""低碳能源技术"引人注目。中共中央制定国民经济和社会发展的"十二五"规划建议明确提出:"加快低碳技术研发和应用,逐步建立碳排放交易市场"。低碳技术与节能促销技术是发展低碳经济的必要条件。低碳能源技术的创新是能源领域一项巨大的系统工程,技术涉及面广,耗资耗力巨大,欲确保创新项目筛选科学、定位准确,需综合考虑创新技术难度、减排效果预测、资金投入能力、相关创新成果的积累等因素,制定一个兼顾科学性、经济性、可行性的创新原则。节能促销技术主要包括工业节能技术、城市与民用节能技术、农业及农村节能技术、建筑节能技术和交通运输节能技术等。

(2) 新能源技术与资源替代技术。新能源技术包括可再生清洁能源利用技术,如太阳能技术、水电技术、风电技术、生物质能技术、海洋能技术、地热能技术等;高效能源开发与利用技术,如天然气水合物开发技术、分布式供能技术、氢能及燃料电池技术等。"资源替代技术"是工业化的基本路线,人类工业化历史就是运用已成熟的和共有的通用技术开发地球上储量丰富且容易开发的自然资源的历史。资源替代技术可分为短缺资源替代技术和非环境友好工艺与产品的替代技术。非环境友好工艺与产品的替代技术源自于近年来提出的"全生命周期"清洁生产技术的理念,要求从产品化学组成的筛选→原料、助剂、催化剂筛选→工艺过程→产品使用→产品废弃→回归自然的全过程都是清洁的环境友好的,由此发展了许多新产品、新技术。

(3) 可持续技术与循环技术。可持续技术是一个综合的技术体系,是指为了预防污染和节约资源,考虑产品生命周期过程(包括资源获取和原料制备、产品制造、产品流通与使用、产品报废后的处置),旨在实现资源利用率最高、环境影响最小的多层次技术。它是缓解资源环境压力,实现可持续发展的重要基础,也是"两型"技术的重要组成部分。从生命周期的角度,按照可持续技术的特点,可以将可持续技术分为五类(见图9-2)。

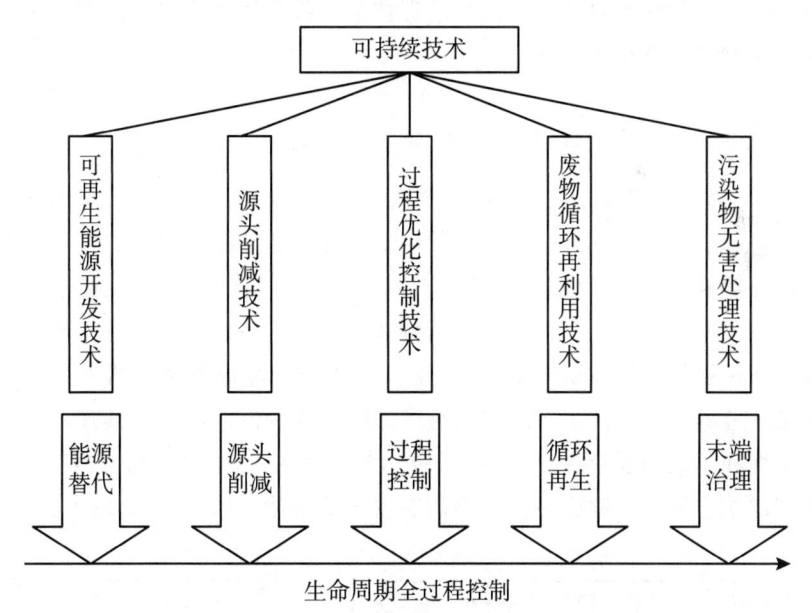

图 9-2 可持续技术分类图

循环经济也称为资源闭环利用型经济,它指通过建立"资源→生产→产品→消费→废弃物再资源化"的物质全生命周期清洁闭环流动,在保持生产扩大和经济增长的同时把清洁生产、资源综合利用、可再生能源开发、灵巧产品的生态设计和生态消费等融为一体，运用生态学规律指导人类社会经济活动的模式，可以分为初级资源循环利用型、简单分解循环利用型、产业链循环利用型和"物理—化学—生物"耦合循环利用型等。国内对循环经济技术创新的系统研究，是在循环经济作为国家的发展战略之后。

（4）环境检测技术与环境保护和治理技术。我国经济既存在早期工业化国家环境污染、资源耗竭的贫困病，又有后工业化国家资源浪费、消费过度的富裕病，各种新老环境问题正威胁国家和民族的生态安全。倡导建设"两型社会"，实现国民经济"又快又好"发展，正是基于我国生态安全的重大国策，其中发展环境检测技术与环境保护和治理技术是建设"两型社会"的重要组成部分。与传统技术效率不同，偏重工业的结构和较低产业层次会产生较多的污染排放和较少的增加值，环境技术效率相对较低。生态环境建设与保护技术包括农作物生物多样性应用技术、水土流失防治技术、沙漠化防治技术、天然林、植被恢复和重建技术、矿山生态恢复技术、生态功能区恢复与重建技术、国家生物多样性预警监测和评价技术、污染土壤修复技术、生态恢复工程技术、其他生态环境建设与保护相关技术。环境污染控制与治理技术包括水污染控制与治理技术、大气污染控制与治理技术、固体废物污染控制与治理技术、物理污染控制与治理技术和其他环境污染控制与治理相关技术。

9.2.1.2 "两型"技术与产品的基本特征

"两型"技术与产品突出体现了资源节约和环境友好的特性，更多地强调公共利益和企业的社会责任。"两型"技术与产品研发目标强调公共利益问题，面临更强的外部性问题；"两型"技术与产品研发体系是涉及多个层面主体的系统，研发主体除了研发企业外，还要涉及消费者、政府、高校、研究机构和相关中介机构等，强调更好的研发协同性；"两型"技术与产品研发强调研发过程中的多层次和多环节的协调，才能实现技术与产品的市场价值，加剧了其技术与产品研发的系统性和工艺的复杂性。"两型"技术与产品的这些特性使其研发成本更高、研发难度加大、研发风险更高，需要政府政策的扶持，如图9-3所示。

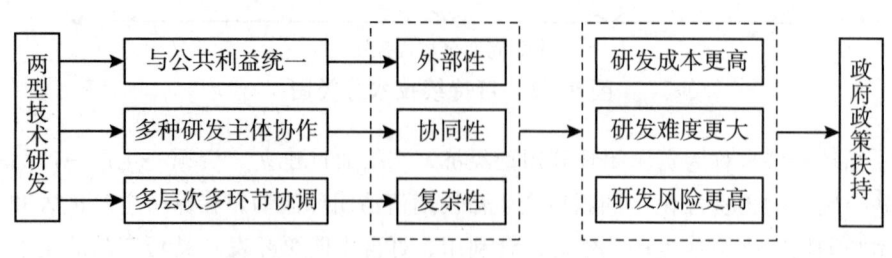

图9-3 "两型"技术与产品研发特征

（1）研发目标必须与公共利益有机统一。"两型社会"模式下的技术与产品创新增加了环境和资源方面的目标指向，强调实现技术与产品研发与公共利益的有机统一，导致"两型"技术与产品创新具有更强的外部性，公共收益远高于企业的个体收益。从表现形式上看，"两型"技术与产品的经济效益表现为能源的减耗、原材料的替代、废物的循环利用和清洁技术等，社会效益表现为污染物的防治与控制。传统技术与产品创新通过开发新产品或提升质量满足市场需求，而进行"两型"技术与产品研发需更加重视社会的整体效益，且企业进行"两型"技术与产品研发的成本往往难以通过市场手段得到补偿，创新成本偏高。

（2）研发体系强调更多组织和主体的协作。"两型"技术与产品创新面向循环链上的各种技术，要求把所有能节约资源和环境保护的各种技术作为系统化的考虑对象，要求相关的组织和主体，包括企业、政府、消费者、其他组织等必须实现密切的配合才能使技术与产品顺利实现市场价值；重大和关键"两型"技术与产品研发活动往往是跨工艺、跨流程、跨行业、跨部门甚至是跨区域的，涉及更多的创新组织和主体，更加强调不同主体之间的协同创新，形成了协同性更强的创新体系，导致其研发的难度更大。

（3）研发过程涉及更多层次和环节的协调。"两型"技术与产品研发是一个系统工程，其创新的对象已扩展到社会生产的各个环节，研发过程涉及更多的层次和环节。"两型"技术与产品创新贯穿了社会生产的各个环节，如微观层次上的清洁生产、中观层次上的生态产业园区、宏观层次上的循环型社会，贯穿了整个经济活动的全过程，包括技术与产品的研究、开发、生产、消费、后处理过程，体现出更加复杂的创新过程，企业在创新中难以从整体上把握创新的过程和绩效，因此企业进行"两型"技术与产品研发的风险偏高，实现的经济效益十分有限。

（4）市场需求动力不足。由于我国整体的经济发展模式还比较粗放，消费者对于"两型"技术和产品的认识有限，同时多数"两型"技术和产品，特别是环保类技术和产品，对于企业和消费者来说完全属于成本支出，且运行过程中的支出数额也比较大，企业缺乏采购和使用的动力。目前，"两型"技术和产品的需求主要还是在政府环保部门的强制标准要求下衍生出来的需求，"两型"技术和产品研发的需求动力不足，需要得到政府支持。

（5）企业创新动力不足。传统技术创新的目的是推出创新的产品和服务满足市场的要求以实现经济价值，而"两型"技术和产品创新的目标体系还包括环境友好和资源节约的要求，更加关注社会效益；由于投资和收益的严重的不对称，导致企业对"两型"技术与产品的创新动力不足。当前，我国"两型"技术与产品的研发尚处于开始阶段，各种制度性的安排还没有得到完善，制度的缺失导致"两型"技术与产品的研发主体无法得到补偿,"两型"技术与产品创新动力往往不足。

(6)需要政府政策的扶持。考虑到"两型"技术与产品的外部性,依靠市场进行调节常常失效,企业主动研发的动力不足,所以必须通过政府的有效介入,利用强制性的制度安排,降低"两型"技术与产品研发企业的成本,提高其收益,推动企业进行"两型"技术创新;同时政府还要通过宣传来引导消费者对"两型"技术和产品的需求,并通过一定的法律强制等手段保障"两型"技术和产品的市场需求,提升"两型"技术与产品的市场影响力和占有率。

9.2.1.3 "两型"技术与产品创新的特色

"两型"技术与传统技术相比具有截然不同的发展思路和技术体系,是一种新的技术范式,"两型"技术与产品创新应符合"两型社会"发展的要求,即体现出节约资源能源、改善环境质量、保护自然资源和提高经济效益的特征。

(1)遵循循环经济理念,实现资源节约。提高能源和资源利用效率,以及拓展其利用的深度和广度,强调资源的回收循环利用,或者通过先进技术开发新的能源资源,用新能源和再生资源代替传统不可再生资源,具有很强的资源节约性。

(2)服务于清洁生产,保护自然环境。可以通过用安全无毒的、不损害环境的原材料和资源代替有毒和损害环境的原材料和资源;有效减少废水、废气和废渣等产生和排放,使得环境污染控制由末端治理向全过程转变,从直接排放向循环利用转变;有效处理"三废"等排放物,减轻甚至消除对环境的影响。

(3)能够产生显著的经济效应,推动经济发展与绩效提高。以节能降耗环保为目的,大幅降低生产成本和治理成本,增强行业和企业技术水平,提高竞争力和发展潜力。"两型"产品附加值较高,能够带来强大的经济效益,做到节能环保与经济发展相协调。

(4)具有较强的创新性、适用性和应用前景。以节能环保为指导思想,在传统技术和产品工艺的基础上进行创新,甚至摆脱传统束缚,实现技术突破和产品革新,形成"两型"技术与产品创新体系,提高自主创新能力。渗透生产消费的各个环节,充分发挥支持生产、优化消费结构的作用,适用于各个产业和行业,尤其是高耗能、高污染产业以及服务性行业。

9.2.1.4 "两型"技术与产品的发展方向

(1)向人类智能方向发展的"两型"技术。信息科技、计算机科技、脑与认知科学、智能传感技术、复杂系统科学等学科的发展,将创造出智能网络与计算、智能机器与运载工具、智能制造、过程控制与管理、智能医疗诊断、治疗与监护、智能军事与安全技术、智能生态环境保护与灾害预测、预警、减灾、防灾等。智能技术与传统技术的结合将使"两型"技术走向个性化、柔性化、智能化，提高生产效益和生活质量，既能有效地节约资源，又能很好地实现环境友好。

（2）实现可再生、可持续发展的"两型"技术。这样的技术，将进一步认知人类社会与自然协同进化的规律；将以知识和智力投入代替资本与自然资源的投入；将致力发展资源节约、循环利用技术；将致力发展节能、清洁高效石化能源的开发利用、创新先进可再生能源、先进安全核能技术等，建立可持续能源体系。

（3）关注生态友好和安全的"两型"技术。进一步认知地球生态系统演化规律；深入认知生态安全的规律；致力发展生态环境监测、评估、保护、修复技术；致力发展生态环境友好的绿色技术、绿色产品、绿色制造，发展生态环境友好的生活方式；致力发展生态环境安全技术，自然灾害预测、预报和防治方面的技术。

（4）关注生命健康的"两型"技术。人类将更加重视发展自主控制人口增长，提高人口素质的优生优育技术；致力发展清洁安全饮用水和食品安全技术；致力发展科学的营养与保健技术；致力发展面向公众的卫生、医药医疗技术；致力发展有利促进人类文明成果的共同创造和公平分享的技术。

（5）进一步探索利用空间与海洋的"两型"技术。主要包括：人类进一步创新空间运载、测控、通信技术，探索宇宙的技术；人类进一步保障国家安全、保护生态环境的技术；人类进一步探索海洋，合理开发可持续利用海洋矿物、能源、水和生物资源，保护海洋生态，维护海洋权益的技术；人类进一步探索和合理开发地球深部资源等方面的技术。

9.2.2 "两型"技术与产品创新的生成机制

"两型"技术具有外部性强、创新动力不足、生成机制复杂等特征，这就需要政府的有效介入。通过有效的制度安排，一方面，尽可能地缩小技术创新主体的个人收益与整个社会收益之间的差距，推动企业进行"两型"技术创新；另一方面，培育消费者对"两型"产品的需求，从而产生对"两型"技术的需求。最后，通过技术中介，使得"两型"技术得到推广和运用。与传统技术创新相比，"两型"技术与产品创新的生成机制的特殊性主要体现在对其需求和供给的特殊性两个方面，如图9-4所示。

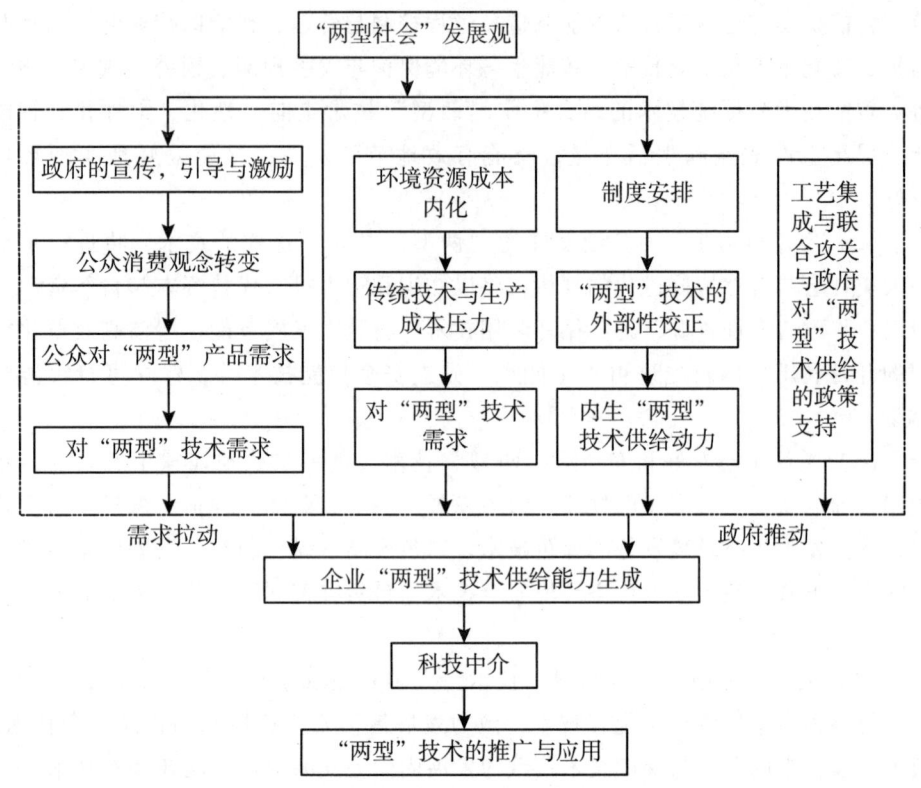

```
                    "两型社会"发展观
                           │
      ┌────────────────────┼────────────────────┐
      │                    │                    │
┌───────────┐  ┌───────────┐  ┌───────────┐  ┌───────────┐
│政府的宣传,│  │环境资源成本│  │ 制度安排  │  │工艺集成与 │
│引导与激励 │  │   内化    │  │           │  │联合攻关  │
└─────┬─────┘  └─────┬─────┘  └─────┬─────┘  │与政府对  │
      │              │              │        │"两型"技 │
┌───────────┐  ┌───────────┐  ┌───────────┐  │术供给的  │
│公众消费观 │  │传统技术与 │  │"两型"技术│  │政策支持  │
│念转变     │  │生产成本压力│  │的外部性校正│ │          │
└─────┬─────┘  └─────┬─────┘  └─────┬─────┘  └─────┬─────┘
      │              │              │              │
┌───────────┐        │        ┌───────────┐        │
│公众对"两型"│       │        │内生"两型"│        │
│产品需求   │  ┌───────────┐  │技术供给动力│        │
└─────┬─────┘  │对"两型" │  └─────┬─────┘        │
      │        │技术需求  │        │              │
┌───────────┐  └─────┬─────┘        │              │
│对"两型"  │        │              │              │
│技术需求   │        │              │              │
└─────┬─────┘        │              │              │
      │              │              │              │
    需求拉动                      政府推动
      └──────────────┬──────────────┘
                     ▼
           ┌───────────────────┐
           │企业"两型"技术供给│
           │     能力生成      │
           └─────────┬─────────┘
                     ▼
              ┌───────────┐
              │ 科技中介  │
              └─────┬─────┘
                    ▼
           ┌───────────────────┐
           │"两型"技术的推广│
           │     与应用      │
           └───────────────────┘
```

图9-4 "两型"技术与产品的生成机理

9.2.2.1 "两型"技术与产品的需求生成机制

(1) 公众对"两型"技术与产品的需求遵循"舆论宣传与激励—消费观念转变—对'两型'产品的需求—对'两型'技术的需求"的机制。对"两型"产品的需求是实现"两型"技术创新前提,要实现"两型社会"发展观指引下的技术创新,应该在整个社会创造有利于创新的"资源节约,环境友好"的社会文化氛围。这就需要政府和媒体的舆论宣传,增强民众的生态意识和环境危机感,引导和动员整个社会关注资源和环境问题,从而激发对公众对"两型"产品的需求,转变消费观念。构建出有利于实现"两项"技术创新良好文化氛围,是培育"两型"技术创新的基本市场需求,可以"拉动""两型"技术创新。

(2) 企业对"两型"技术与产品创新遵循"环境资源价格信号的失真—环境资源损益的内化—传统技术与生产成本压力增大—对'两型'技术的需求"的机制。因资源环境的价格信号缺少或失真会导致市场机制的失效。在市场失灵条件下,环境资源不能通过市场实现最优配置,出现无效率的浪费和滥用,从而导致环境的污染和破坏。传统技术创新，以其对技术异化的扩散效应和内在生态价值观的缺失，放大了环境资源市场失灵的负面作用，使得环境资源市场失灵所导致的环境污染和破坏发展为宏观的资源短缺和环境危机。因此，必须扬弃传统技术创新，实现技术创新"两型"化转向，使技术创新朝有利于可持续发展的方向发展。资源环境损益的内化，将环境资源运用过程中的社会损益计入技术创新的损益中去，纠正环境资源在市场中失真的价格信号，使得传统技术与生产成本压力增大，这样就迫使企业对"两型"技术的需求增加。

（3）企业对"两型"技术与产品的需求遵循"政策激励—生产方式转变—对两型技术的需求"的机制。"两型"技术创新因附加资源与环境目标而具有较强的外部性，这就需要发挥政府在解决"两型"技术创新这类准公共产品供给不足中的作用。政府运用经济杠杆，通过反映资源本身价值和资源稀缺程度的价格政策从外部约束并激励"两型"技术创新。通过财税、金融和政府采购等政策支持体系，最大可能地使外部性内部化，营造一个支持创新、激励创新、保护创新的氛围和环境，"推动"其创新动力。

9.2.2.2 "两型"技术与产品的供给生成机制

与传统技术相比，"两型"技术与产品创新的复杂性增加，而且技术创新的动力机制更加复杂。并且技术创新具有更强的外部经济性，使得技术创新更多地体现出其公共产品特性。"两型"技术的生成遵循如下机制：

（1）"两型"技术与产品的外部性—制度安排—校正外部性—内生"两型"技术供给动力。由于"两型"技术的强外部性特征，作为"两型"技术创新主体的企业，面临着个体收益与社会收益不一致的情况，使得企业进行"两型"技术创新的内生动力不足。这就需要对符合"两型"要求的新产品、新技术、新工艺、新设备的研发和产业化实行补贴和政策激励，缩小技术创新主体的个人收益与整个社会收益之间的差距，创新企业才有持续"两型"技术创新的动力。

（2）"两型"技术与产品创新的综合性与复杂性—工艺集成与联合攻关—"两型"技术供给。"两型"技术创新需要能源综合利用技术、清洁生产技术、废物回收和再循环技术、资源重复利用和替代技术、污染治理技术以及预防污染的工艺技术等技术支持。因此，要实现"两型"技术创新必须集中科技力量研究以上各类技术，进行技术创新。"两型"技术是涉及多行业、多环节和多工艺的相互关联、相互制约的综合系统，单项技术是很难突破的。因此，工艺集成就成为"两型"技术的关键。而联合攻关平台的搭建可以促进产学研结合，做到科技资源的合理优化配置、优势互补、知识共享，提升"两型"技术创新能力。

9.2.3 "两型"技术与产品的相关基础理论

9.2.3.1 产品多生命周期理论

(1) 产品多生命周期工程的体系结构。产品多生命周期不仅包括本代产品生命周期的全部时间,而且还包括本代产品报废或停止使用后,产品或其有关零部件在换代—下一代、再下一代等多代—产品中的循环使用和循环利用的时间。基于产品多生命周期理论,不同的学者作了不同的研究:黄丽娟、徐国华(2005)提出了多生命周期制造这一新的制造模式,该制造模式在产品设计的过程中就已经考虑了产品寿命结束后,在投入二次制造时应具有的二次功能,使设计的产品具有两个甚至两个以上不同的生命周期;陈翔宇等(2007)在研究产品多生命周期循环规律的基础上,提出了持续质量改进的方法,分析了质量信息割裂问题并提出了解决方案;江志刚等(2006)从产品多生命周期延展的技术角度,提出了一种集成绿色再制造各个环节的体系结构,讨论了绿色再制造管理的实施策略。产品多生命周期工程是产品多生命周期理论的具体体现,是指从产品多生命周期的时间范围来综合考虑环境影响与资源综合利用问题和产品寿命问题的有关理论和工程技术的总称,其目标是在产品多生命周期时间范围内,使产品回收时间最长,对环境的负影响最小,资源综合利用率最高,其体系结构如图9-5所示。

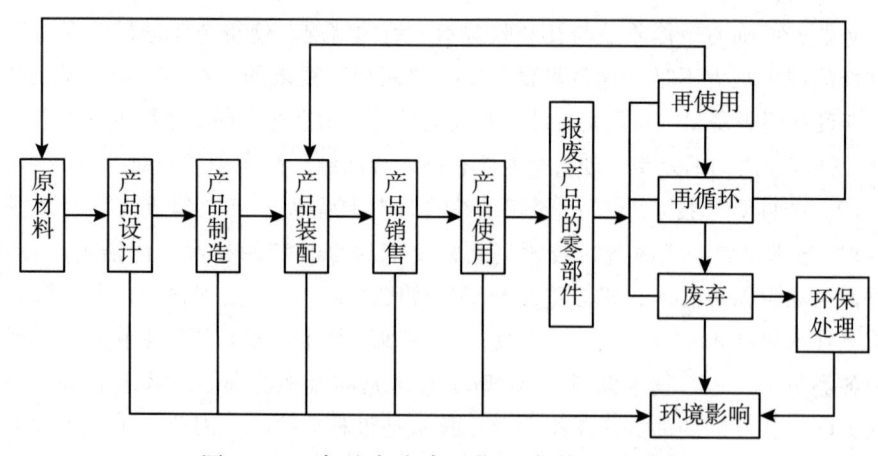

图9-5 产品多生命周期工程体系结构图

(2) 产品多生命周期与"两型"的关系。产品多生命周期工程的最终目标是使资源的综合利用率最大以及对环境的负影响最小,这与"两型"技术、"两型"产品的本质目标完全一致。因此可以认为,产品多生命周期理论是评定"两型"技术、"两型"产品的重要基础之一。

首先,"两型"技术、"两型"产品要求该技术或该产品能够有利于资源节约,而这也是产品多生命周期的目标。产品在一个生命周期完成后,即从原材料、产品设计、产品制造、产品装配、产品销售、产品使用到产品报废后,对报废的产品进行再使用或者再循环,使得报废产品能作为新的原材料或新的零部件重新回到产品的生命周期中,形成第二个生命周期,循环往复。这样一来,随着这些资源不断地被再使用、再循环,资源的综合利用率大幅度地提升,有效地节约了资源。

其次,"两型"技术与产品要求对环境友好,即对生态环境的副作用要最小,而产品多生命周期也是如此。一方面,产品多生命周期使得资源的重复利用率得以大幅度提升,从而使得对于一次性资源的使用,如煤炭、石油等,就会在一定程度上有所减少,甚至较大幅度的减少,这样对生态环境的破坏也就能得到进一步的控制;另一方面,对于那些在经历了一次或多次生命周期后,无法再进行使用或循环的废弃产品,产品多生命周期也要求对其进行环保处理,从而减少甚至消除对环境的负影响。

依据以上内容,将产品多生命周期工程理论与"两型"技术和产品联系,关系如图9-6所示。产品多生命周期是评定"两型"技术与产品的重要依据之一,"两型"技术与产品应符合产品多生命周期理论的相关要求;如果一项技术或一个产品不能满足产品多生命周期,将其称作为"两型"技术与产品无法令人信服。因此,在评定"两型"技术与产品时,要充分考虑其是否满足产品多生命周期的条件。

9.2.3.2 循环经济理论和可持续发展理论

(1) 循环经济理论的基本概念。循环经济是对物质闭环流动型经济的简称。循环经济要求以"减量化(reduce)、再利用(reuse)、再循环(recycle)"的3R原则作为社会经济活动的行为准则。减量化(reduce)原则属于输入端方法,旨在减少进入生产和消费过程的物质数量,从源头节约资源使用和减少污染物的排放。再利用(reuse)原则属于过程性控制方法,目的是提高产品和服务的利用效率,减少一次性用品的污染。再循环(recycle)原则属于输出端方法,要求物品完成使用功能后重新变成再生资源。循环经济发展模式表现为低消耗、低污染、高利用率和高循环率,使物质资源得到充分、合理的利用,把经济活动对自然环境的影响降到尽可能小的程度,是符合可持续发展原则的经济发展模式,要

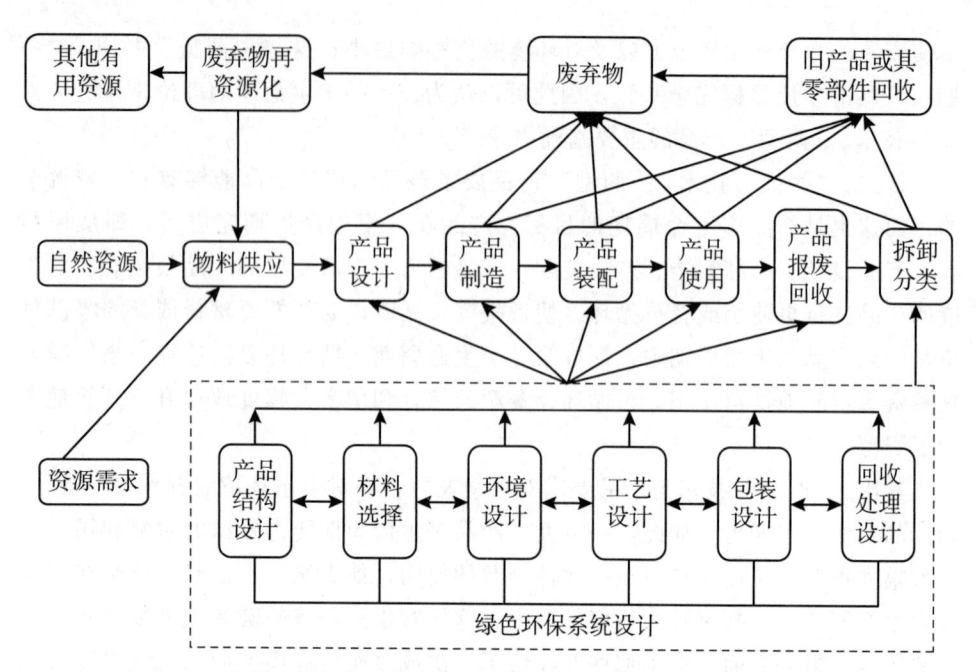

图 9-6　产品多生命周期工程理论对"两型"产品的作用结构图

求符合生态效率，提高环境资源的配置效率，要求产业发展的集群化和生态化。对于循环技术的研发，王军生（2008）认为循环经济技术创新体系构建必须充分考虑其创新特征，通过政府和市场的共同作用形成循环经济技术创新的动力和体系；刘颖琦、高宏伟（2011）认为搭建有效率的合作研发平台是中国新能源汽车产业联盟技术创新发展的基础；陈晓红等（2012）提出应通过使传统企业承担相应的社会环境责任，促使其逐步向循环经济型企业转变；Zhou 等（2012）认为不平等的技术能力、有限合作的深度及企业对利润的偏好都影响了中国企业在新能源技术合作开发中的创新能力。

（2）可持续发展理论的基本概念。国际上对可持续发展的含义探讨始于 20 世纪 80 年代，在诸多的定义中，以下几种具有一定的代表性。Robert Allen （1980）认为可持续发展意味着满足人类需求耐久性发展和生活质量的提高。M. Tolba（1987）认为可持续发展包含以下内容：①帮助贫困的人，因为他们除了破坏环境维持生存，别无选择；②在自然资源有限的情况下，是自我依赖的发展观念；③与传统方法不同的经济标准的成本收益的发展观念，发展既不能破坏环境质量，长期内又不能降低生产效率；④是关于维持健康、适用技术、食物自给自足、洁净的水和居所的话题；⑤提倡以自然资源为中心的观念。Michael Redclift（1987）则认为，可持续发展意味着生态的经验教训同样也应该适用于经济发展进程。R. K. Tumer（1988）提出原则上的最优战略应该是寻找能维持一个既不耗竭自然资源又不会损害自然环境的可接受的真实人均收入的增长率。1987年，挪威首相布伦特兰夫人向 WCED 提交了题为《我们共同的未来》（Our Common Wealth）的报告，提出了已经被普遍接受的定义："可持续发展是既满足当代人需要，又不对后代人满足其需要的能力构成危害的发展"，经济、社会和环境三个因素构成可持续发展的基本框架。

（3）循环经济理论和可持续发展理论与"两型"技术与产品的关系。"两型社会"建设以环境资源承载力为基础，以自然规律为准则，以可持续发展政策调控为手段，倡导建立科学发展的社会经济体系，从根本上解决资源浪费和环境破坏问题；循环经济要求按照生态规律组织整个生产、消费和废物处理过程，其本质是一种生态经济，发展循环经济是建立"两型社会"的重要途径。具有以下三个重要特点：

首先，循环经济理论和可持续发展要求最大限度地减少了废物排放，提高资源利用率，保护生态环境，体现了"两型"技术与产品发展的直接目的。循环经济理论和可持续发展理论倡导建立在物质循环利用基础上的经济模式，根据资源输入减量化、延长产品和服务使用寿命、废物再生资源等原则，把经济活动组织成一个"资源—产品—再生资源—再生产品"的循环流动过程，形成一种可持续发展的经济模式，这也是"两型"技术与产品发展的本质特征。

其次，循环经济理论和可持续发展理论可以实现社会、经济和环境的和谐发展，这是"两型社会"建设的本质特征。传统工业经济通常忽视了经济结构内部各产业之间的有机联系和共生关系，导致资源短枯竭，产生严重的环境污染，循环经济理论和可持续发展理论以协调人与自然关系为准则，模拟生态系统运行规律，实现资源的可持续利用，并推动环保产业和其他新型产业的发展，这也是"两型"技术与产品发展的本质要求。

最后，循环经济理论和可持续发展理论在不同层面上将生产和消费形成有机联系，也是"两型"技术与产品研发的重要思路。传统工业经济发展模式形成大量生产、大量消费和大量废弃的恶性循环，发达国家在循环经济理论和可持续发展理论中的经济实践已在三个层面上将生产（包括资源消耗）和消费（包括废物排放）有机地联系起来，包括企业内部的清洁生产和资源循环利用，共生企业间的生态工业网络，以及区域的废物回收和再利用体系，这种新的技术范式，对于推动环境友好型和资源节约型社会建设具有决定性意义，更是"两型"技术和产品的重要研发思路（见图9-7）。

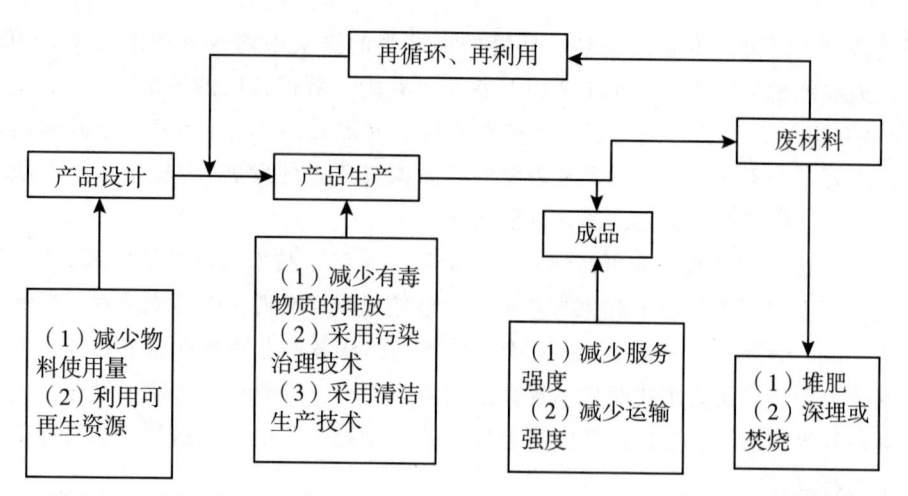

```
                  ┌──────────────────┐
         ┌────────│  再循环、再利用  │◄────────┐
         │        └──────────────────┘         │
         │                                     │
         ▼                                     │
   ┌──────────┐                          ┌──────────┐
   │ 产品设计 │──►┌──────────┐────────►  │  废材料  │
   └──────────┘   │ 产品生产 │           └──────────┘
                  └──────────┘                ▲
                       │                      │
                       ▼                      │
                  ┌──────────┐────────────────┘
                  │  成品    │
                  └──────────┘
```

| （1）减少物料使用量 （2）利用可再生资源 | （1）减少有毒物质的排放 （2）采用污染治理技术 （3）采用清洁生产技术 | （1）减少服务强度 （2）减少运输强度 | （1）堆肥 （2）深埋或焚烧 |

图9-7　基于循环经济理论和可持续发展理论的"两型"产品结构图

9.2.3.3　低碳经济理论

（1）低碳经济理论的诠释。2003年2月24日，英国政府发表了《能源白皮书》（U K Government 2003），题为《我们未来的能源——创建低碳经济》，首次提出"低碳经济"的概念，指出低碳经济是通过更少的自然资源消耗和更少的环境污染，获得更多的经济产出，是创造更高的生活标准和更好的生活质量的途径和机会。这一概念的提出，立即引起了国际社会的广泛关注，但对低碳经济还没有很明确的规定。对于低碳经济理论内涵的诠释，不同的学者从不同的角度进行了研究，提出了各自的观点（见表9-1）。

表9-1　　　　　　　　　低碳经济内涵的诠释

研究角度	学者	内涵
能源技术革命的角度	庄贵阳	低碳经济的实质是能源效率和清洁能源结构问题，核心是能源技术创新和制度创新，目标是减缓气候变化和促进人类的可持续发展
宏观、中观、微观的角度	付允等	低碳经济是以三低三高为基础，以低碳发展为发展方向，以节能减排为发展方式，以碳中和技术为发展方法的绿色经济发展模式
全球碳库及碳循环角度	金涌等	低碳经济就是合理调整产业与能源结构，开发有利于节能和降低CO_2排放的技术与产品，制定配套的政策，以实现节约能源和经济可持续发展

续表

研究角度	学者	内涵
经济形态的角度	冯之浚等	低碳经济的实质在于提升能效技术、节能技术、可再生能源技术和温室气体减排技术，促进产品的低碳开发和维持全球的生态平衡
	金乐琴等	低碳经济与可持续发展理念和资源节约型、环境友好型社会的要求是一致的，强调以较少的温室气体排放获得较大的经济产出
	任力	低碳经济实质是保持经济社会发展的同时，实现资源高效利用，实现能源低碳或无碳开发
价值观念的角度	潘家华	发展低碳经济是在保护环境气候的前提下走向富裕；低碳经济绝不应该排斥高能耗、高排放的产业和产品，而应该想办法尽量提高碳效率
	刘细良	低碳经济的实质是经济发展方式、能源消耗方式、人类生活方式的一次新变革，是人类社会由现代工业文明向生态经济和生态文明的转变
概念比较的角度	吴晓青	低碳经济强调的是以较低的碳排放实现经济的发展，是资源节约和循环利用活动的总称
	杨美蓉	循环经济、绿色经济、生态经济和低碳经济相同点体现在：相同的价值观念和消费观念、都以绿色科技和生态经济伦理为支撑、追求可持续发展和环境友好，区别为：侧重点不同、突破口不同、核心不同

（2）低碳经济理论与"两型"技术和产品的关系。不少研究专门涉及了低碳技术的研究。Ockwell 和 Watson 等（2008）从转让障碍和政策、技术转让安排、公司能力、知识产权和其他因素等方面分析了如何促进低碳技术向发展中国家转移；Liu 和 Liang（2011）从技术本身、进入机制、能力建设和监测机制提出了技术转移的策略；Torvanger 和 Meadowcroft（2011）提出政府在制定低碳技术支持政策中要考虑各种政治和经济因素；Qi 和 Wu（2011）认为模块化设计是快速整合全球低碳技术和应对市场动态需求的有效方法；周五七、聂鸣（2011）提出低碳技术创新的公共政策驱动机制构建中要纳入政府采购，改进低碳技术专利授权程序，减少命令控制型政策，加强市场主导政策创新；华锦阳（2011）提出推进低碳技术创新除了采取传统、直接和强制措施以外，更应发挥"市场"的作用，并应致力于发挥非政府组织的作用；王文军等（2011）针对我国低碳技术发展的障碍，认为要调整扶持政策扩大技术创新空间，加强配套和共生技术的发

展，优选低碳技术发展的切入点。"两型"社会是指"资源节约型、环境友好型"的社会，它要求以"资源节约"与"环境友好"为标准，淘汰产能落后的企业，改造升级传统产业，发展高科技、环保和节能型产业，最终实现资源的节约以及环境的协调。低碳技术作为现阶段许多国家的发展重点，对"两型"技术与产品研发有着举足轻重的作用。

首先，"两型社会"建设的一个标准是"资源节约型"，要求努力减少含碳资源的使用，而低碳经济就是要求保持经济增长的同时要大幅度地降低碳排放，两者在一定程度上具有相似性。低碳经济是实现"资源节约型"社会的基础和保障。低碳经济的评价标准，即碳排放，也可以作为评价资源是否节约的标准。碳排放的减少意味着对于含碳资源的使用有所减少，从而表明资源有所节约。碳排放减少的程度可以反映出资源节约的程度。

其次，"两型社会"建设的另一个标准是"环境友好型"，要求在社会建设过程中，不得以破坏环境为代价，要对环境进行保护，与环境相协调，低碳经济的意义与"环境友好型"一致。低碳一方面意味着减少对含碳资源的使用，对于含碳资源的开采等也会相应有所减少，从而对于地质、地貌本身的破坏也会在一定程度有所缓解，进而起到保护环境的作用；另一方面，低碳也意味着减少碳的排放，由于碳排放过多而造成的自然灾害，如温室效应等也会大幅度地减少，进而环境也会得以保护、改善。

从以上两点可以看出，低碳经济与"两型社会"的建设密不可分。推行低碳经济，能在很大程度上推动"两型社会"的建设；低碳经济无论是在"两型社会"的评价上，还是在"两型社会"的建设上，都可以为其提供支撑与保障。"两型"社会与低碳有着必然的联系。

9.2.3.4 环境保护与治理理论

（1）环境保护理论的内涵。环境保护理论主要分为以保护环境为主的生态伦理学理论、以关爱动物为主的动物保护理论以及生态平衡理论。罗尔斯顿（2000）认为，自然生态系统是一个具有创造性的系统，这个系统也有其发展倾向，这就是增加生态系统的多样性、复杂性、相互依赖性和稳定性。生态伦理理论反对狭隘的"人类中心主义"对人的至上的迷恋，主张人类道德义务的范围应向人类之外的其他存在物扩展。泰勒（1986）主张人们应该公平地对待所有种类的生物，因为"不存在比它们的价值更高的东西"。彼得·辛格（1994）强调动物像人具有道德地位，有资格获得人类的道德关怀，不管一个存在物的本性如何，平等原则都要求我们把它的苦乐看得和其他存在物的苦乐同样重要。施韦泽（2007）要求"敬畏所有的生命意志"，要求人们"在自己的生命中体验到其他的生命"。在自然界中，每一个成分都并非是孤立存在的，而是相互联系、相互制约的统一综合体。它们之间通过相互作用达到一个相对稳定的平衡状态，称为生态平衡，这是整个生物圈保持正常的生命维持系统的重要条件，为人类提供适宜的环境条件和稳定的物质资源。

（2）治理理论的内涵。张宝峰（2006）总结治理理论主要观点发现，自下而上的参与、政府与公民社会的合作均衡是治理理论的重要内容。治理理论尚没有一个统一的定义，俞可平（1995）在分析"治理"的政治学意义时认为，治理是指政治管理的过程，它包括政治权威的规范基础，处理政治事务的方式和对公共资源的管理。而乔治·弗雷德里克森（2003）则从公共管理的角度强调了治理作为一种公共行政的多元、合作、民主的特征。全球治理委员会在1995年发表了一份题为《我们的全球之家》的研究报告，其中对治理的定义进行了阐述，提出治理是一个过程，治理过程的本质不是控制而是协调，治理涉及公共部门和私人部门；治理不是正式的制度而是持续的互动。

（3）环境保护与治理理论与"两型"技术和产品的关系。生态环境是环境中重要的一环，生态环境是城市居民和其周围环境组成的一种特殊的人工环境，是人们创造的经济、社会、自然的复合系统。同时，它也是经济社会可持续发展的核心和基础。因此，生态环境的质量是衡量社会经济可持续发展的能力的标准之一，并且也是衡量社会生产以及人居环境稳定可协调程度的标准之一。发展"两型"技术与产品倡导环境文化与生态文明，即以使用最少的资源消耗，并且利用尽可能小的环境代价，实现最大经济产出与最少废物排放，从而达到经济、环境、社会的协调发展。为实现这种协调发展，对环境进行保护以及治理是十分有必要的，因此可以说环境保护与治理是实现"两型"技术与产品的一个具体的、重要的实践活动。

环境保护与治理是推动"两型"技术与产品的重要价值取向与重大战略方针，如今已纳入政府规划、决策、立法、考核、管理的各个环节，全面渗透到政府公共服务和城市管理的各个领域。发展"两型"技术与产品必须牢固树立以及落实科学发展观，以统筹人与自然和谐发展为目标，以环境对经济社会的承载能力为基础，以遵循自然规律为核心，来创造并维持良好的环境。进而要求将环境保护与治理的理论融入城市规模、建筑设计以及社会发展中去，建立以现代环境理论为基础和依据的准则，强调人与自然的相互关联与相互作用，保持并且维护人类社会和自然界间的和谐关系。因此，"两型"技术与产品的研发是环境保护与治理的动力与保障。

9.2.4 "两型"技术与产品创新的实现路径

经济发展方式的改变,直接推动技术研发体系的生态化转向,不少研究开始涉及"两型社会"的技术创新问题,Barahona 和 Zou(2006)分析了资源节约技术在实现经济增长和能源储存权衡之间的作用,认为只有节能技术进步率高于能源减少率才能实现积极的增长;Fu 等(2012)分析了推进"两型"能源技术对"两型社会"建设的重要性,并提出了相应的对策;操小娟、李和中(2011)认为"两型"技术创新激励政策是否有效,关键在于激励的强度与该企业的成本、利润和绩效之间的关系;杨平(2011)认为实现"两型社会"建设技术创新必须在构建系统生态循环体系、科技创新体系、文明消费体系,以及推进行政管理制度生态化、深化投资体制改革、加大财税政策支持等方面入手。"两型"技术与产品发展的核心问题是提高"两型"技术与产品创新的可持续发展能力,"两型"技术与产品的可持续发展能力体现的是政府行为、企业行为、市场行为等多种因素综合作用的结果,这就需要结合"两型"技术与产品创新的生成机制以及整个创新系统的作用机理,寻求建立与之相适应的、健全的、灵活的、有效地实现路径,以保证"两型"技术与产品创新活动的顺利开展,不断提升"两型"技术与产品的可持续发展能力,"两型"技术与产品创新实现路径如图 9-8 所示。

9.2.4.1 构建"两型"技术与产品创新的环境保障体制

(1)创新体制机制。体制机制创新是最根本、最有效、最长远的促进因素和保障体系,因此,必须努力形成分级管理、部门协调、上下联动、良性互动的制度体系。要大力推进资源利用方面的体制创新,消除资源可持续利用的体制"瓶颈";要完善鼓励技术创新和科技成果产业化的制度,加快建立以企业为主体、市场为导向、产学研相结合的技术创新体系,进一步营造鼓励创新的环境;尽快建立绿色 GDP 核算体系,逐步尝试建立环境税、排污权交易、押金退款等制度;建立和完善法律制度体系,尤其是规制产业发展与资源环境关系的立法和执法;科学设计产业调整和升级中的利益共享和损失补偿制度,协调各方面的利益关系。形成科学的决策部署和合理的机构设置,构建高效的运行机制和良好的协调体系,不仅要发挥行政、法律、技术等手段调节干预和监督管理的作用,还要充分发挥经济、财税、金融等机制市场引导和价格形成的作用。

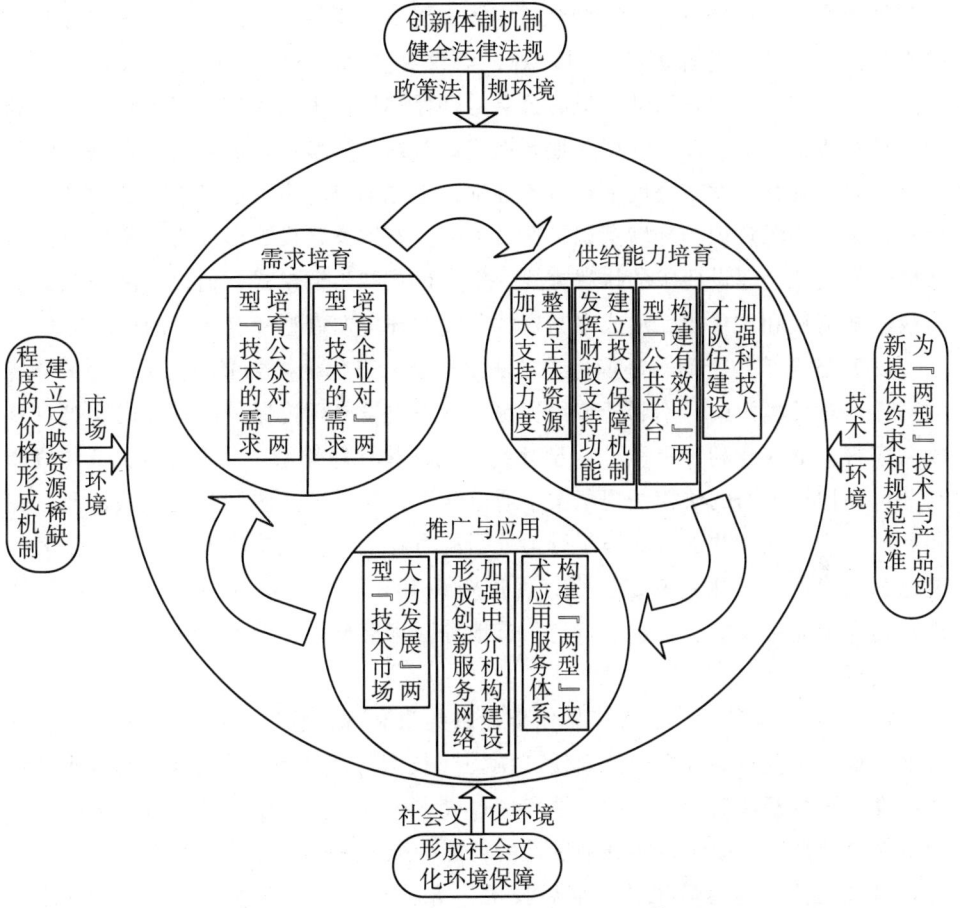

图 9-8 "两型"技术与产品创新实现路径图

（2）建立反映资源稀缺程度的价格形成机制。自然资源无价或者价格偏低是我国自然资源利用过程中普遍存在的问题，缺乏对投资者、经营者和消费者的激励和约束作用，这是造成自然资源浪费、加重环境污染的一个重要原因。对此，要充分发挥市场机制的作用，稳步推进资源性产品价格的市场化进程，建立资源节约型产品的市场准入制度、资源节约产业的扶持制度以及合理的价格形成机制，纠正环境资源市场失灵使得价格形成机制和价格结构能够反映资源稀缺程度，促进"两型"技术与产品的生成。

（3）形成社会文化环境保障。建设"两型社会"不仅需要政府的倡导和企业的自律，更需要提高广大社会公众的参与意识和参与能力。公众参与既包括法学家和经济学家对政策、法规、规划等的参与，也包括民间环保组织在"两型社会"创建中角色功能的发挥。在生态文明教育方面，关键是要转变人们的传统发展观、消费观，树立"两型"观和生态文明观。充分发挥政府强有力的引导、组织和推动作用,充分发挥广大群众的主体作用,广泛发动群众,形成全民参与的强大合力,引导人们树立"两型"观,培育对"两型"产品的需求。通过持续有效的环境宣传和教育活动,提高公众的环保知识水平和生态环境意识。可以利用各种媒体,广泛、深入、持久地开展资源节约与环境友好的宣传,开展国情和节约资源的教育,发布公民节约行为准则,引导消费行为。通过教育强化公众的生态知识、资源意识、环境意识;通过加强生态道德建设,形成符合资源节约与环境友好型社会建设要求的执政方式、生产模式和生活模式;通过保障公众的参与权、知情权和监督权,形成参与资源节约与环境友好型社会建设的广泛途径。

(4) 健全节约资源与环境保护的法律法规。强化全社会节约资源、保护环境的责任。对环境污染、不利于节约资源、生态建设与环境保护的有关内容进行修改和完善,形成有利于建设"两型社会"的法律保障体系。要拟订有关节约资源与环境保护等方面的法律法规草案,通过认真评估环境立法和各地执法情况,完善环境法律法规。并加大对违法行为处罚的力度,对环境执法人员行政不作为的要追究法律责任。抓紧制定、修订促进资源有效利用和发展循环经济的法律法规;建立和完善节能、节水、节材、节地等国家标准;完善重点耗能产品的市场准入制度。

(5) 为"两型"技术与产品创新提供约束和规范标准。制定"两型"技术规范、框架以及行为准则,从而使"两型"技术与产品创新的实现具有行为度量的标准,减少经济活动的不确定性和信息成本,减少技术创新的障碍。尽快研究制定循环经济产业政策,实施强制性的耗能标准,促进产业结构重组。明确取缔对环境破坏较大的落后工艺、落后技术、落后产品,用清洁生产技术改造能耗高、污染重的传统产业,支持发展节能、降耗、减污的高新技术产业。积极开展清洁生产审计、ISO14000 环境管理体系认证。按照"减量化、再使用、再循环"的原则,要求在产品的设计、生产过程中推行生态化理念。

9.2.4.2 构建"两型"技术与产品创新的需求培育体制

(1) 培育公众对"两型"技术与产品的需求。以政策激励培育公众对"两型"技术与产品的需求。政府通过消费补贴政策鼓励购买经过生态设计或通过环境标志认证的产品,鼓励节约使用、反复使用或多次使用所购买的物品,把与发展"两型社会"密切相关的生态环保和资源节约活动逐步变成全体公民的责任意识和自觉行为,使节约资源成为每一个公民的自觉行动。

环境标志激励政策。通过在产品或其包装上印贴宣传产品环境品质或特征的用语和象征符号的环境标志,来引导消费者选择优质的环境安全产品并激发其环保主体意识。同时也可以促进产品生产者将环保因素贯穿于整个商品生产过程,努力改变其产品的环保形象，生产出符合资源节约和环境保护要求的产品。

舆论宣传引导"两型"消费潮流。一方面，加大舆论宣传力度，通过报刊、电视、电台、网络等传媒，大张旗鼓地开展建设节约型城市的舆论宣传工作，形成强大的舆论声势。要充分发挥企业、学校、社会团体、社区等组织的作用，调动一切社会力量，为建设节约型城市提供良好的文化氛围。另一方面，普及资源节约的知识，传授资源节约的技能，通过出版科普读物、举办展览会、现场示范等方式，加强对节约资源知识的普及和推广，将节约的文化和社会环境的建设相结合。政府通过舆论宣传引导提高全民族的资源节约意识，引导消费潮流，转变消费方式。

（2）培育企业对"两型"技术与产品的需求。企业是"两型"技术与产品创新的主体，通过有效制度安排促使企业积极开发采用"两型"技术，形成低投入、低消耗、低排放和高效率的节约型增长方式。

政策激励与企业对"两型"技术与产品需求培育。一是财政激励政策，主要通过投资补贴与产业补贴等财政补贴措施，来引导和促进企业对"两型"技术的需求；二是税收激励政策，主要通过实施差别税率、优惠税率、税收返还等税收激励政策，来强化企业对"两型"技术的需求。如与"两型"技术有关的固定资产加速折旧，对于使用的先进设备，或专供研究开发用的设备实行加速折旧；对"两型"技术进口所需的自用设备，可免征关税和进口环节增值税等。

政府引导与企业对"两型"技术与产品技术需求培育。政府是最大的"两型"消费品的推动者。因此，应切实推进政府"两型"产品采购制度的贯彻实施，发挥对"两型"产品消费的推动和示范作用。例如在政府采购中，优先采购经过生态设计或通过环境标志认证的产品，优先采购经过清洁生产审计或通过ISO14001认证的企业的产品等。通过绿色采购引导企业节约资源能源，减少污染物排放，提高产品质量和降低其对环境和人体的负面影响；通过制定相应的产业政策，限制资源浪费型行业、企业的发展，鼓励符合"两型社会"要求的行业发展。

9.2.4.3 构建"两型"技术与产品的供给能力培育体制

（1）加大对重点"两型"技术与产品的支持力度。以资源节约、环境友好、资源循环利用领域的关键共性技术需求为重点，整合科教资源、鼓励社会各个产业和公众等层面建立多层次的科技创新体系，集中力量、重点突破，支持一批关键或共性技术的科技攻关和推广应用项目。加强企业技术创新中心建设，鼓励企业自主研发与技术联合相结合，积极与高校、科研单位开展多种形式的产学研联合，帮助企业解决具体的技术问题。重点支持循环经济生产模式，改变具有共性的关键技术、循环型消费模式的废品回收利用体系和技术。

（2）建立发展"两型"技术与产品投入保障机制。首先，建立权威的科技投融资平台的协调机制，着力解决科技企业融资难的问题，充分发挥科技企业借款平台、担保平台和企业诚信自律会的作用，与金融投资机构建立通畅的交流与沟通渠道；其次，设立发展"两型"技术与产品的专项资金，对重大共生技术、技术开发和产业化项目，给予直接投资或资金补助、贷款贴息等支持，充分发挥政府投资对社会投资的引导作用；再次，金融机构对重点项目和突出企业应给予积极的金融支持，积极支持"两型"技术与产品项目申请银行信贷和国家专项资金，进行设备租赁融资，发行企业债券和上市融资。在投资方向上，政府应向有利于"两型"产业发展的行业和项目投资，完善配套的公共设施建设；创新财税金融体制机制，充分发挥财政支持的主导功能，促进形成节约能源资源和保护生态环境的产业结构、增长方式和消费模式以及人文理念，共同建立经济、环境和社会效益共赢的社会发展环境。

（3）构建有效的"两型"公共技术平台。由政府、企业、高校、行业组织等多元主体接入、市场化机制运作、研究开发产业共性与关键性技术的区域创新公共技术平台。极力打造"产业自主创新集群"，推进创新集约化。在"两型社会"试验区内可结合域内优势创新资源，重点发展电子信息、先进制造、新材料、节能环保、生物医药、光伏产业、航空航天、汽车制造等产业中科技含量高、资源消耗少且符合产业导向、环保要求和对经济贡献大的项目，努力促使它们形成产业集群，并逐步将区域内的产业政策转变为产业集群和区域创新政策。同时，可逐步建立以产业集群为基础的科技创新平台，形成具有较强创新能力的科技创新网络。

（4）加强科技人才队伍建设。技术创新的核心资源是人才，而不像传统制造业那样依靠能源和设备，科技人力资源是"两型"技术与产品创新的核心要素。拥有专业知识和技术的人才，是"两型"技术与产品创新的关键要素；实施人才战略，激发人才的积极性、创造性是推动"两型"技术创新的一项重要内容。因此要加强创新人才和管理人才队伍建设，加快技术经纪人、风险投资管理人等复合型人才的培养步伐。

9.2.4.4 构建"两型"技术与产品的推广与应用体制

（1）大力发展"两型"技术与产品市场。鼓励发展网上专业"两型"技术与产品市场，强化中介服务，吸引科技中介机构和商业网站承办经营或参与信息咨询、资信调查、技术论证、市场撮合、技术经纪、技术评估、资产评估、信息咨询等中介服务，努力实现网上与网下、无形与有形、政府推动与市场运作相结合，技术市场与商品市场、资本市场、人才市场良性互动，加快"两型"技术创新与"两型"技术产业化。

（2）加强中介机构建设，形成"两型"技术与产品创新服务网络。针对"两型社会"试验区目前大量的科研机构独立于企业之外、科技成果产业化的机制不健全、成果转化率不高的状况，区域技术创新中介服务机构的建设主要应抓好技术市场、创业中心、生产力促进中心等的建设。此外，还应积极鼓励和支持各种相关服务和媒介机构的建立和进入，加大有形和无形的人才、资本、信息市场建设，形成以区域中心城市为核心的各级各类中介机构分工明确又紧密结合的区域技术创新中介服务网络。通过免税、给予补贴、注入财政资金等手段大力发展资金中介；通过给予特殊政策来扶持人才中介；通过政府牵头，引入市场机制来建设信息中介；通过加大改革力度并与其他鼓励技术创新的政策相配套来建设技术中介。

（3）构建"两型"技术应用服务体系。培育"两型"技术与产品服务机构，如建立清洁生产中心，开展技术咨询服务、清洁生产审核服务、组织指导循环经济试点等服务，及时向社会发布有关"两型"技术、管理和政策方面的信息；设立专门机构制定发布"两型"技术、产品、工艺和设备导向目录，引导社会推广应用先进适用的"两型"技术、工艺和设备。强化共性和关键技术的推广应用，加速"两型"技术成果转化；根据"两型"技术创新特色鼓励"两型"技术转化，特别是鼓励和支持"两型社会"试验区内重点高校自主研发成果的市场转化。使高校、科研院所与相关企业紧密对接，实现技术研发、成果转化、企业孵化和项目产业化"一条龙"服务。

9.2.5 "两型"技术与产品创新系统构成要素

从能源、环保技术经济变迁可以看出，技术变迁并不仅仅是一个单纯的工程技术变化的过程，而是与社会经济、市场结构、制度安排等密切相关，而又相互影响作用的一个复杂过程。根据学者们对技术创新影响因素研究的文献回顾，结合实证调查研究，将"两型"技术与产品创新的主要影响因素归纳为政府作用、市场环境和需求、技术能力、信息和网络能力、"两型"素养等因素，这些因素构成一个动力系统共同促进"两型"技术和产品的创新，要素之间是相互联系、相互影响和相互制约的，在其相互作用过程中实现系统的整体功能，促进"两型"技术与产品创新过程的良性循环。

9.2.5.1 创新系统主体要素

"两型"技术与产品创新系统以企业、科研院所、大学作为创新系统的主体要素,技术创新的实践表明在"两型"技术与产品创新体系中,企业应该是技术创新的主体,是技术创新的主要投入者、风险承担者、利益分享者。但是,与传统技术创新相比,"两型"技术与产品创新的重要性和复杂性增加,动力机制更加复杂,具有更强的外部经济性,使得"两型"技术与产品创新更多地体现出其公共产品特性。根据一般技术创新的特点和规律以及我国"两型"技术与产品创新的实际情况,"两型"技术与产品创新系统的演化过程导致系统战略主体和3个子系统的演化,如图9-9所示。

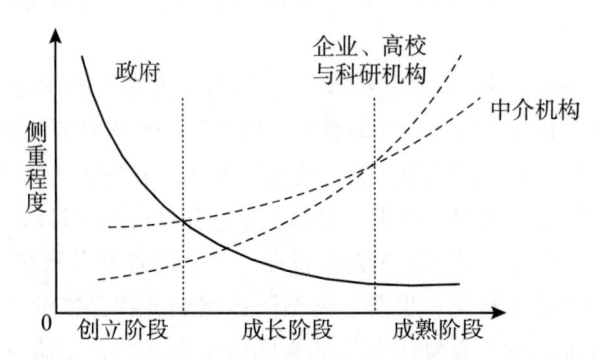

图9-9 "两型"技术与产品创新主体的发展

(1)政府。在"两型"技术与产品创新系统的最初阶段,政府是战略主体,政府的主要任务是进行相关制度和政策环境的建设,并进行基础设施软硬件的建设。在这些政策和制度颁布实施、基础设施投入使用后,技术创新系统进入成长阶段。这一阶段,政府的推动作用除了体现在对企业的扶持上,同样要重视对中介机构的培养,完善创新系统辅助子系统的结构和功能建设,政府的作用逐渐由直接参与转换到间接参与,即系统完善上。到系统的成熟阶段,政府的作用将被淡化。

(2)中介机构与金融机构。金融机构是创新项目资金的重要来源,"两型"技术与产品创新合作需要通过金融机构如银行等进行贷款、融资。现在,风险投资已经成为技术创新,尤其是高新技术创新领域的必由之路。系统进入成长阶段后,中介机构和企业成为战略主体。在"两型"技术与产品创新体系建设过程中,要使技术创新的成果得到应用并充分发挥作用,技术创新的扩散功能必须得到保证,中介机构的作用日益突出。良好的中介结构可为技术创新成果的转移搭桥引线,从需求的角度拉动技术创新的整个链条的运行,为科研机构和企业的技术创新成果的供给多样化提供有效的途径。而且，发达的中介机构能够加快科技成果转化难的问题。

（3）企业与科研机构。企业和科研机构经过创立和成长阶段，到达成熟阶段后，已具备了技术创新的环境和能力，战略主体便转移到企业和科研机构上。在成长阶段，企业作为"两型"技术与产品创新系统主体的作用开始凸显，企业逐步利用系统在创立阶段所积累的资源进行独立自主的创新活动。创新活动的本质决定了科研机构的科研创新活动同样应具有责任和风险、风险和收益、收益和生存相一致的原则。为了实现这一点，科研机构的企业化将是一条有效途径。企业与科研机构和辅助系统与环境系统之间的良好资源循环将保证系统的正常运行，使得科技优势逐步转化为经济优势，系统目标得以最终实现。

（4）供应商、销售商、客户。供应商提供设备和原材料；销售商既包括创新合作主体自设的直接对外销售部门，也包括独立的专业厂商；客户指广大消费者或其他团体。这些群体都对创新合作过程施加着间接影响。与供应商、销售商和客户保持密切联系，能获得准确的市场信息，降低市场风险，同时其合理化建议也是创新构思的重要来源。从这个意义上来说，它们也应该是"两型"技术与产品创新主体中的组成要素。

综上所述，战略主体的演化，实际上反映企业、科研机构、政府和中介机构在"两型"技术与产品创新系统不同发展阶段的重要程度，如图 9-10 所示。

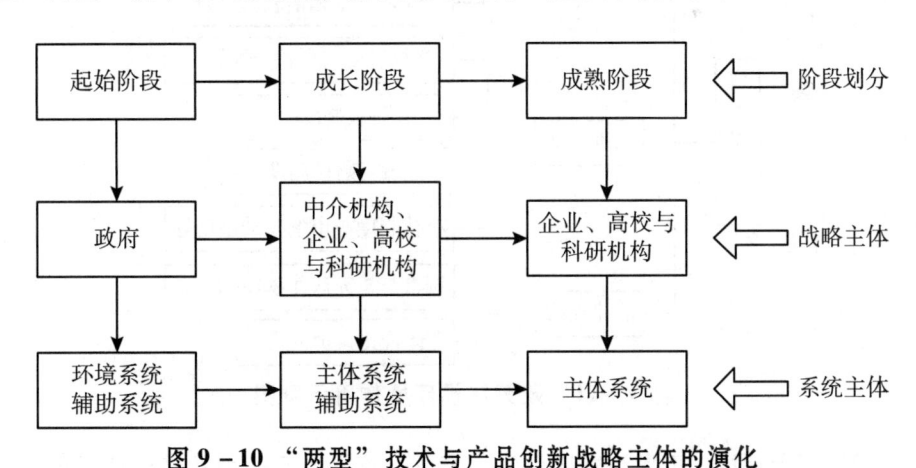

图 9-10 "两型"技术与产品创新战略主体的演化

9.2.5.2 创新系统环境要素

（1）政策法规环境。①政策引导。"两型"技术与产品创新过程仅靠企业和市场竞争是不够的，还需要政府的支持，技术创新水平高低在很大程度上取决于政府对创新活动的支持。政府需要在创新中发挥积极作用，政府有时要直接参与一些创新活动，如新能源的开发和利用，更重要的是，政府需要努力营造一个鼓励技术创新的环境。②制度创新。在"两型"战略之下，政府应对相关制度进行调适和创新。我国"两型"技术与产品创新的实施应注重增强"两型"技术研究的联合攻关能力和技术扩散能力，促进产权制度与利益分配制度、科技制度、金融与财税制度、市场拉动制度等一系列制度创新。通过制度创新为"两型"技术发展提供激励机制，为"两型"技术创新提供良好的发展环境和氛围，为科技转化提供稳定性。③法律保障。"两型"法制是"两型社会"建设的重要保障，是"两型"技术与产品创新的核心内容和关键要素。"两型"法制具有重要的保障和促进作用，对各类环境资源违法行为作出详尽惩罚和制裁规定，最大限度地保护资源环境；"两型"法制通过为保障环境资源的可持续利用提供合法性根据，实现社会整合，实现"两型社会"资源的优化配置。

综上所述，通过政策引导、制度创新、法律保障为着力点，制定一系列促进"两型"技术与产品创新的政策法规与管理体制，营造良好的政策法规环境（见图9-11）。

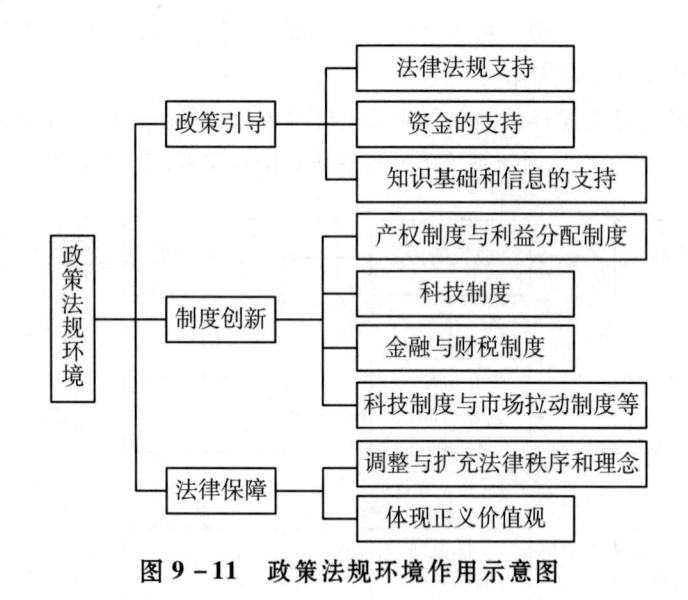

图9-11 政策法规环境作用示意图

（2）市场环境。市场环境具有对"两型"技术与产品创新进行自组织的机制，是一个实施费用低、效率高的激励制度。通过强调市场导向，满足用户需求，尽可能地使潜在的用户融入"两型"技术与产品的创新过程，从而提高产品质量和市场竞争力。它的作用体现在以下几个方面，如图9-12所示。

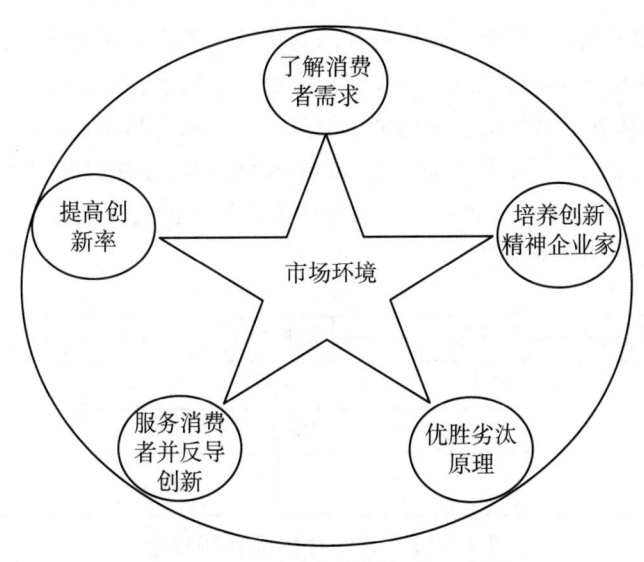

图 9–12　市场环境作用示意图

（3）社会文化环境——"两型"素养。"两型"素养是"两型社会"之魂魄，是"两型"技术与产品创新社会文化环境的集中体现。"两型"素养，是指人经过先天的感化和后天的教育培养后，在现实活动中所表现出来的节约资源和爱护保护环境的人文素质与消费习惯。从具体内容上看，"两型"素养是指以"两型"为主题的道德文化素养、知识制度素养、行为素养、技术素养、审美素养等的总称，如图 9–13 所示。"两型"素养为"两型"技术与产品创新提供可靠的环境依托，催化产品的创新进程，为"两型"技术与产品创新提供丰富的营养供给。首先，为"两型"技术与产品创新提供优质的人才。其次，为"两型"技术与产品创新提供丰富的科技资源。最后，为"两型"技术与产品创新提供优良的人文环境。

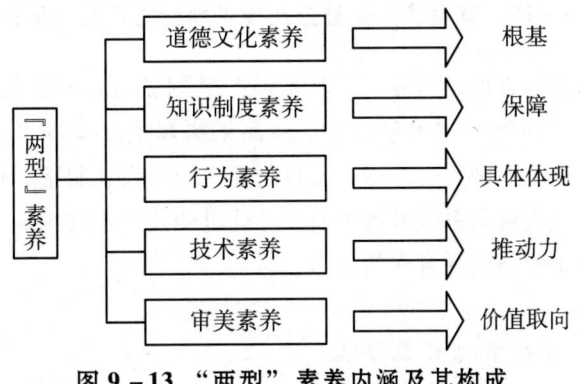

图 9–13　"两型"素养内涵及其构成

(4) 技术环境。"两型"技术与产品的创新依赖于其研发能力、营销能力和信息网络能力等技术环境要素。研发能力方面,于成永、施建军(2006)认为选择不同的研发模式,会影响企业的创新绩效。曹永峰(2006)以环杭州湾为研究对象,指出跨国公司研发投资对区域技术创新能力有显著影响。Audretsch(1998)指出,研发是技术创新生产函数中不可缺少的投入要素。研发对技术创新的作用如图9-14所示。

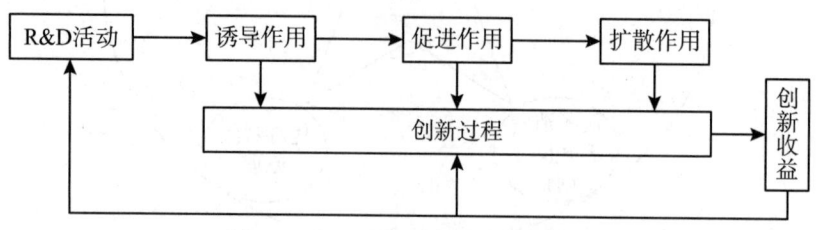

图9-14 研发对技术创新作用

营销能力方面,企业创新意愿增强,创新努力程度提高(Nelson, 2002),营销能力会直接营销到企业技术创新的意愿;营销能力会降低企业技术创新的风险预期,企业营销能力直接制约与影响创新实现商业化的能力和速度以及创新的盈利前景(Kotler et al., 2006);企业创新绩效的大小取决于创新能否成功实现商业化,而营销能力在创新商业化过程中发挥着重要作用(见图9-15)。

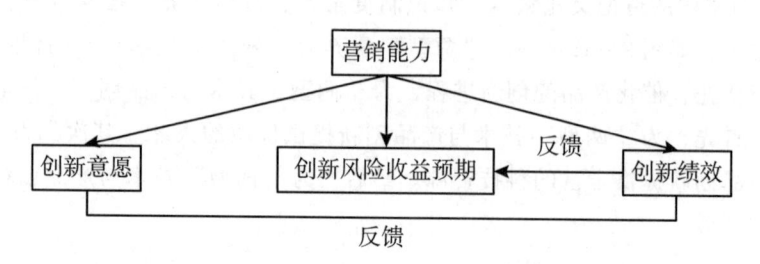

图9-15 营销能力促进企业技术创新能力的作用机理

信息与网络能力方面,"两型"技术与产品创新需要实施信息化带动战略。信息化可以加快"两型"技术创新企业产品结构调整,提高"两型"技术产品的技术含量,促进企业现代化管理,支持行业协同的设计制造,优化资源配置和利用,支持企业现代营销系统及电子商务,促进企业产业结构调整,形成新的经济增长点,增强企业与国际合作的能力。

9.2.5.3 创新系统目标要素

"两型"技术与产品创新充分体现了科学发展观和建设"两型社会"的要

求，其创新系统的目标要素主要归纳为资源节约、环境友好、经济收益、科技成果转化这四个子要素。

（1）资源节约。资源节约是指在生产、流通、消费等各领域各环节，通过采取技术和管理等综合措施，厉行节约，不断提高资源利用效率，尽可能地减少资源消耗和环境代价满足人们日益增长的物质文化需求的发展模式。"两型社会"建设要求以最少的资源消耗获得最大的经济和社会收益，要建成一个高效和谐的经济—社会—自然复合生态创新系统。使其内部的物质代谢、能量流动和信息传递形成一个环环相扣的网络，从而使系统的功能、结构充分协调，资源利用率最高，社会经济效益最好。要实现这样的目标，必须要有符合节约型社会的设计，必须依靠生态技术，提高资源利用效率，减少生产过程的资源和能源消耗。这是提高经济效益的重要基础，也是污染排放减量化的前提。"两型"技术与产品创新应符合建设"两型社会"的要求，追求实现资源节约目标，具体体现：促使资源从生产到消费的各个环节中得到合理配置和高效、综合、循环利用，提高资源利用率；促使不可再生资源、能源得到有效的保护和替代，减少污染物的排放，促进经济社会可持续发展。

（2）环境友好。环境友好的核心内涵是人类的生产和消费活动与自然生态系统协调可持续发展，具体主要包括：有利于环境的生产和消费方式；无污染或低污染的技术、工艺和产品；对环境和人体健康无不利影响的各种开发建设活动；符合生态条件的生产力布局；少污染与低损耗的产业结构；持续发展的绿色产业；人人关爱环境的社会风尚和文化氛围。"环境友好"的概念是动态的和分层次的。在现阶段，"环境友好"首先应该是社会经济活动对环境的负荷和影响要达到现有技术经济条件下的最小化；最终这种负荷和影响要控制在生态系统的资源供给能力和环境自净容量之内，形成社会经济活动与生态系统之间的良性循环。"两型"技术与产品创新活动所追求的环境友好目标的核心内容是将生产和消费活动规制在生态承载力、环境容量限度之内，通过生态环境要素的质态变化形成对生产和消费活动进入有效调控的关键性反馈机制，特别是通过分析代谢废物流的产生和排放机理与途径，对生产和消费全过程进行有效监控，并采取多种措施降低污染产生量、实现污染无害化，最终降低社会经济系统对生态环境系统的不利影响。

（3）经济收益。经济收益是企业所有行为中最根本和核心的目标，企业通过进行"两型"技术与产品创新，生产出来新型的产品或者服务，满足市场的绿色产品需求，占领市场从而获得更多的利润，在与其他企业的竞争中凭借技术上的优势而占有优势地位。这一切的实现都需要经济基础的支撑，也就是说只有获利的企业才能够生存和发展，才能够进行"两型"技术与产品创新。在全世界发展循环经济的背景下，面对消费者消费意识的绿色化趋势，企业需要对环境生态因素进行考查，根据市场需求制定技术创新、生产、销售等一系列活动的计划，这与传统企业只关注自身获得的经济收益有明显的区别。短期内企业可能无法获得最大化的经济利润，但是随着企业的系列绿色化行为的开展，企业把自身先进的环保理念与良好的企业形象展现给消费者，从而提升了品牌的知名度、扩大了市场。另外，从长远来看，企业的此类行为完全符合"两型"技术与产品创新的要求，因而率先实行绿色行为的企业往往能在未来的竞争中占据更有利的地位，这便是企业开展"两型"技术与产品创新产生的长久利润。

（4）科技成果转化。根据《中华人民共和国促进科技成果转化法》，科技成果转化是指为提高生产力水平而对科学研究与技术开发所产生的具有实用价值的科技成果所进行的后续实验、开发、应用、推广直至形成新产品、新工艺、新材料，发展新产业等活动。科技成果转化是一个人才、技术、设备、资金、信息、管理等多要素共同作用的过程，是新产品、新技术形成和实现的过程，必须合理有效地发挥各要素综合与协调的作用，才能产生最佳的效果。科技成果转化涉及成果完成单位、使用单位以及中介服务等单位，涉及研究、开发、市场等多个环节，涉及各种支撑条件，是一个多元大集成系统。"两型"技术与产品创新的科技成果转化过程是一项动态变化发展的复杂的系统工程，从选题或科研立项的准备工作开始到产生效益的每一个阶段或步骤，每一个内部或外部因素，都对转化的成功与否产生影响，因而只有对整个系统过程加以研究、管理和控制，才能够确保科技成果转化目标的顺利实现。通过科技成果转化，将基础研究的理论成果转化为可应用的技术（技术发明），把技术发明的新观念转变为生产过程的经济行为，最终卓有成效地将"两型"科学技术与成果转化为社会生产力。

9.2.5.4 创新系统作用机理

"两型"技术与产品创新不是孤立的行为，而是各组成要素在一个完善的创新系统内相互作用下进行的。"两型"技术与产品创新系统以政府、企业、科研院所、大学等作为创新系统的主体要素，以政策法规环境、市场环境、技术环境、社会文化环境等作为创新环境要素，以资源节约、环境友好、经济收益、成果推广应用作为创新系统的目标要素。

在"两型"技术与产品创新系统中，创新的主体要素、环境要素与目标要素之间是一种相互依存、相互制约的作用关系。这些创新要素通过系统的交互作用，特别是创新主体在既定的创新环境下，利用创新的基础设施，通过交互式学习、知识创造和分享，加之在特定城市区域范围内创新主体进行创新活动所具有的邻近性和社会根植性，使得创新要素相互结合、相互作用，构成"两型"技术与产品创新的组织结构和空间结构。组织结构通过系统的自身组织，以及系统与环境的物质、信息和能量的交换，实现系统的创新功能和目标。

图 9-16 是对"两型"技术与产品创新系统架构与作用机理模型，系统由组织和空间结构模块、功能与目标模块这两大模块构成。组织和空间结构模块最中心的区域由"两型"技术与产品创新的核心主体——企业、高等院校和科研院所构成，参与创新合作的个体还会对临近的相似属性的个体传播正面信息；政府紧贴于中心区域的外层，它对中心内部的各个实施环节发挥统筹管理的作用；供应商、中介机构、金融机构、销售商等在外围，补充"两型"技术与产品创新各方面的条件；外部环境要素则在不同层次对"两型"技术与产品创新提供动力和支持。组织和空间结构模块通过系统的交互作用，即一方面通过系统的自身组织，另一方面通过系统与环境的物质、信息和能量的交换，来实现系统的创新功能和目标——资源节约、环境友好、经济收益、科技成果转化 4 大目标要素。并通过寻求建立科学的实现路径来最终实现"两型"技术与产品的可持续发展。"两型"技术与产品的评价指标应紧密结合创新系统的组成要素和作用机理进行设置，充分反映"两型"技术与产品创新的功能与目标，并体现"两型"技术与产品创新的特色。

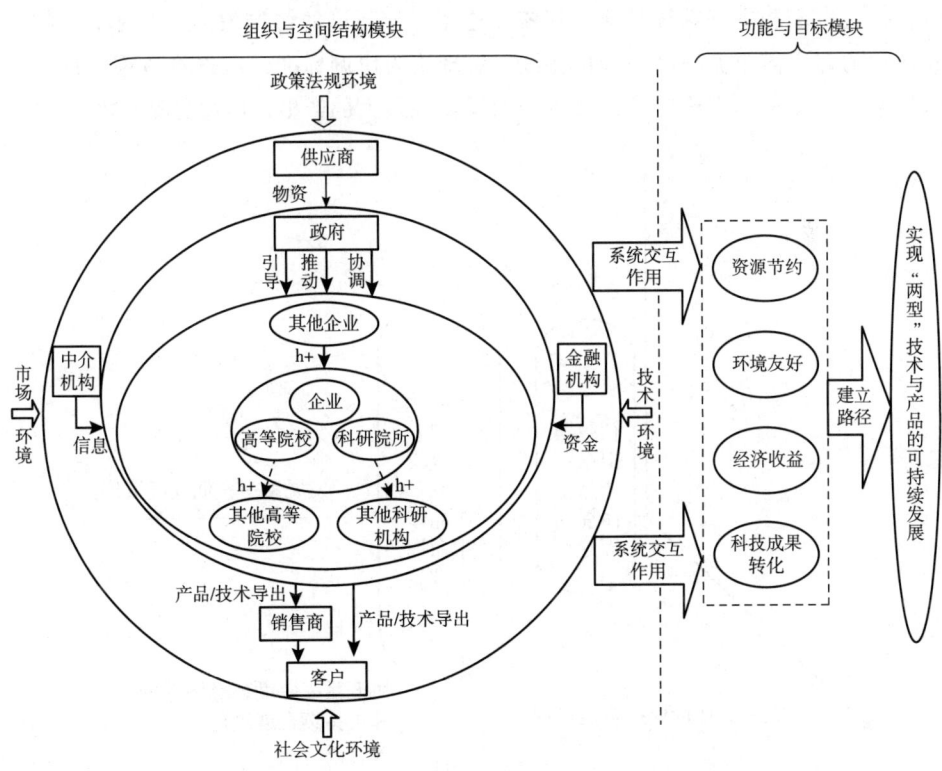

图 9-16 "两型"技术与产品创新目标

9.2.6 小结

根据以上可以发现,"两型"技术和产品的相关基础理论为其发展奠定了重要的基础。产品多生命周期理论,从产品的生命周期各个过程对产品进行改进;循环经济与可持续发展理论,从技术和产品的持续性和再造性进行分析;低碳经济理论,从能耗方面实现"三低三高"的目标,规范"两型"技术和产品;环境保护和治理理论,从人与自然的和谐相处分析技术和产品的性质,只有充分掌握产品多生命周期理论、循环经济和可持续发展理论、低碳经济理论、环境保护和治理理论等多种理论,才能更加系统、有效地构建"两型"技术和产品的相关评价体系。

产品多生命周期理论系统分析产品的各个环节,通过对产品各个生命周期的模拟,设计在每个环节中产品和技术评定标准,所以可以将产品多生命周期理论作为"两型"技术和产品评价的模拟系,具体体系结构如图 9-17 所示。循环经济和可持续发展理论要求既满足当前需求,又不损害子孙后代利益,实现紧急发展,社会进步和生态系统平衡,其核心是经济与环境的协调发展,"两型"技术和产品的评定需要循环经济和可持续发展理论为协调标准,所以将该理论认定为协调系。低碳经济理论要求以最少的消耗实现最大的产出,通过资源的效益分析,

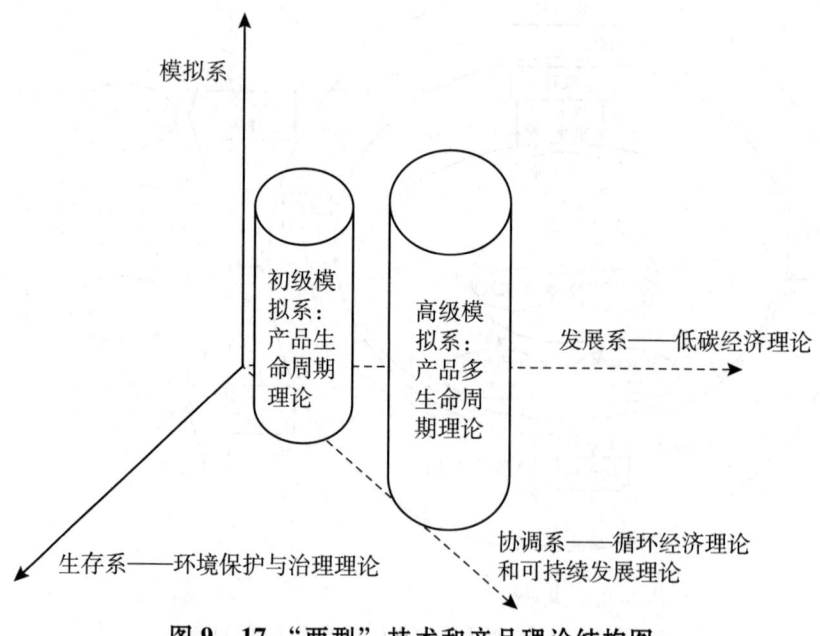

图 9-17 "两型"技术和产品理论结构图

判定以该理论为基础的"两型"技术和产品的评价标准是发展的需要，所以将低碳经济理论视为"两型"技术和产品评价的发展系。环境保护和治理理论从人与自然和谐相处的角度分析人的行为，要求在保护的基础上利用好自然生态系统，这是社会发展的需要也是生存发展的需要，因此将该理论作为"两型"技术和产品评价的生存系。

"两型"技术和产品的认定是基于多重理论，"两型"产品是从其存在的各个生命周期判定，而生命周期理论正是从产品的整个过程以及产品的循环使用中进行分析。目前，循环经济与可持续发展、低碳经济、环境保护与治理是构建"两型"技术与产品的重要价值取向与重大战略方针，如今已纳入政府规划、决策、立法、考核、管理的各个环节，全面渗透到政府公共服务和城市管理的各个领域。

9.3 "两型"技术与产品指标体系设计及评价模型构建

9.3.1 "两型"技术与产品评价指标体系设计

9.3.1.1 "两型"技术与产品评价指标的研究文献综述

随着资源节约型和环境友好型社会的提出，关于"两型社会"的评价、监测指标方面的研究日益成为人们关注的热点，其中"两型"技术和产品的评价是其中的重要内容。

（1）国外研究现状。国外对资源节约和环境友好技术评价研究主要集中在可持续发展、循环经济、资源节约和环境友好等方面。

①环境指标体系的研究。国外关于环境指标体系的研究较早，经历了从单一层次、单一要素向多层次、综合性的方向发展，从考虑狭义的环境保护与污染控制转向全面考虑环境、经济、社会和人口所构成的复合生态系统过程，并越来越多地引入环境友好的生态建设和可持续发展的思想和理念。单一层次环境指标有格林大气污染综合指数、水质指数和内梅罗水污染指数等大气污染评价指标和水污染评价指标。日本在 1974 年构建了城市环境指标体系并对大阪进行了评价，其指标体系由飘尘、SO_2、SO_2 与飘尘的乘积、噪声、BOD 及交通量强度 6 个因子构成。

随着21世纪可持续发展的提出，近年出现了许多关于可持续发展的综合评价指标体系，比较典型的有：联合国的可持续发展指标体系，该指标体系共包含58项核心指标，其中环境指标包括大气、土地、海洋、淡水和多样性5个主题，主要的基础指标有：水体BOD排放量、森林面积覆盖率、温室气体排放量、城市大气污染物浓度、人均地区生产总值、人均能源消耗、资源使用强度、可再生能源消费比例、工业固体废物排放量、废物再利用水平等。环境问题科学委员会可持续发展指标体系：该指标体系提出了人类活动和环境相互作用的概念模型，阐述了人类活动和环境存在的相互作用，根据指标的当前值和今后希望达到的目标值之间的差距赋予不同的权重，赋予那些当前值和目标值差距较大的指标以较大的权重。德国可持续发展指标体系：主题指标的选取以人类社会圈、环境圈为框架来确定。新西兰玛努卡市可持续发展指标体系：从城市环境、经济和社会3个领域来衡量城市的可持续发展能力，充分考虑了城市的特殊性，其具体指标包括：当地经济增长、归属感、安全的社区、建筑环境的质量、健康的社区、教育和就业、健康的环境7个方面。该指标体系能够体现现代发达城市的特点及其发展方向，对发达城市的可持续发展评价有很好的借鉴作用。但是其中的一些指标仅适于发达城市的可持续发展评价，对中国这样的发展中国家来说有些超前，相关部门还未作相关的统计持续发展评价。

②资源节约指标体系的研究。国外资源节约型社会指标的研究始于20世纪90年代，对资源节约型经济社会评价体系的研究处于在起步阶段，至今还没有一套较为系统的资源节约型经济的评价指标体系，已有评价多为针对某个产业或某种资源的节约评价研究。近年来，国际上在资源节约的应用领域取得很大成就，比如日本在能源节约方面，以色列、土耳其等缺水国家在节水方面做得很好；Giles Atkinson、Ragnar Torvik 及 Eric Neumayer 等对资源节约利用与经济增长、社会福利、生态环境关系的研究上取得不少成果；加拿大学者 William Ree 和 Mathis Wackemagel（1996）提出了生态足迹（ecological footprint）分析法，用需求方的生态占用面积与供给方的生态承载力大小进行比较，衡量研究对象的可持续发展状况，探讨如何促进和实现人类与自然的协调发展。资源节约型社会指标体系作为衡量一个地区资源节约、资源综合利用和环境保护治理现状的主要工具，已经成为国内外学者和相关机构的重要研究课题。

一些欧盟成员国和欧洲自由贸易联盟成员国就将资源节约指标和评价指标列为国家统计体系的一部分，代表组织有1992年奥地利成立了Steurer，美国成立了Rogichetal，日本成立了Environment Agency Japan，1995年德国成立了German

Federal Statistical Office。随着经济的发展和环境的不断恶化,许多发展中国家也开始致力于本国经济系统的资源节约和评价指标体系分析。目前已经对本国经济系统进行过完整分析的国家有意大利、丹麦、芬兰、瑞典、英国、法国和澳大利亚等。另外,波兰、匈牙利和智利等国对输入本国经济系统的资源进行了分析。巴西、玻利维亚和哥伦比亚等南美洲国家在欧洲委员会的资助和欧洲一些科研机构的努力下也进行了分析,已有了分析结果。泰国、越南和菲律宾等东南亚国家的资源节约分析正在进行中。

③可持续发展指标体系研究。从1992年联合国召开环境与发展大会以来,可持续发展战略在世界各国得到确立。各个国家、国际组织以及学者从不同角度、不同尺度和不同国情出发,相继开展了可持续发展评价指标体系的研究,提出了各种类型的指数。联合国可持续发展委员会、联合国环境规划署、联合国统计局、环境问题科学委员会、世界银行、欧盟委员会、美国和英国等组织和国家建立的可持续发展评价指标体系就是其中的杰出代表。

从可持续发展评价指数的发展历程来看,大体可以分为以下三个阶段:其一,20世纪70~80年代,萌芽期。这一时期的指数主要是基于经济学理论建立起来的,如Nordhaus和Tobin(1973)建立的经济福利测度指数,Estes(1974)年建立的社会进步指数,Morris(1979)建立的物质生活质量指数,Daly等1989年建立的可持续经济福利指数等。其二,20世纪90年代,发展期。在这个时期可持续发展评价指数如雨后春笋般出现,各国组织学者纷纷从不同角度和尺度构建了各自的可持续发展评价指数,如联合国开发计划署1990年建立的人类发展指数,Wackernagel等1996年建立的著名的生态足迹,道琼斯公司和SAM集团1999年共同建立了一个很有影响力的道琼斯企业可持续发展指数组,欧盟委员会1999年建立的环境压力指数和国际可持续发展工商理事会1999年建立的生态效率指数等。其三,21世纪初期,成熟期。此时可持续发展评价指标体系研究已经趋于成熟,在这一时期建立的指数更多的是注重环境、发展、经济和社会的某一个领域,研究的对象也更为具体,如世界经济论坛2002年建立的环境可持续发展指数和环境表现指数,南太平洋地球科学委员会2005年建立的环境脆弱性指数以及Kerk和Manuel在2008年建立的可持续社会指数等。

尽管当前可持续发展评价指数很多,但是这些指数因为测度的准确性、权重赋予的科学性和指标选择的合理性等问题并没有得到广泛应用。但有一些指数如HDI、生态足迹、ISEW、GPI和道琼斯企业可持续发展指数等在研究人员的努力下已经在一些国家和地区得到了广泛应用。

(2)国内研究现状。国内对资源节约型和环境友好型社会评价研究起步较晚，随着国家政策的不断关注，近年来有关资源节约型和环境友好型技术评价的研究成果不断涌现。

①环境友好型、资源节约型指标体系的研究。进入20世纪以来，国内关于环境友好、资源节约的指标研究较为丰富。任继勤、孙茂龙（2006）从不同的维度表现北京重点行业循环经济的关键性指标，把北京重点行业循环经济建设和发展满意度作为综合指标，包括物质再利用技术、废物资源化技术、环境工程技术、减量化技术、工业生态园区技术五项。张新端（2007）在《环境友好型城市建设环境指标体系研究》中，把环境友好型城市的评价体系分为环境质量层、环境污染控制层、社会环境协调层、自然生态环境层、环境建设与管理层，为全面建设环境友好城市指明方向。罗勒勤、陈翠翠（2007）在《资源节约型社会的评价方法研究》中，把资源节约型社会评价为总目标层，以生产节约指标、生活节约指标，节约支持指标和环境保护指标4个分项为子目标层，共构建了35个指标，该指标体系为定量描述和分析评价一个地区资源节约的现状与程度，为横向和纵向比较它的节约水平与发展态势提供了一个手段。曾翔曼、赵曼、聂佩进（2008）等在《"两型社会"综合评价指标体系建设和实证分析——基于武汉市的实证研究》中，提出了两级指标体系，一级指标有经济水平指标、创新能力指标、资源利用指标、环境保护指标、城市魅力指标5个，二级指标共有29个。李同宁、陈昕（2010）在《基于主成分分析的资源节约型评价指标体系及应用》构建的资源节约综合评价指标体系中，包含资源消耗支持系统、经济发展支持系统、人年均资源支持系统、生态环境支持系统、资源综合利用系统、环境治理投资系统六大系统，共37个指标，采用主成分分析法确定指标权重。王辉、刘茂松（2011）构建了包括经济功能、生态功能、社会功能、现代化水平的"两型社会"都市农业评价体系。除以上研究以外，对环境友好、资源节约做区域性研究主要有湖南和湖北，湖南省制定了《"两型"产业分类及核算标准》《"两型"园区建设标准》《"两型"技术与产品建设要求》《"两型"示范企业标准》等一系列"两型"标准，并已由湖南省两型办向全社会公布。湖北省统计局初步制定了《武汉城市圈"两型社会"建设统计监测评价方案》，建立了一套由资源利用、环境友好、科技创新、经济发展和社会进步等5个一级指标和35个二级指标组成的武汉城市圈"两型社会"建设统计监测评价指标体系。

目前对"两型社会"评价研究正处在起步阶段，还不能完整准确和清晰地理解"两型社会"的各个方面，所以某些指标就很难得以提出和设定，或者这些指标的提出和设计并不具有坚实的理论基础；"两型社会"指标体系与经济发展水平的关系，"两型社会"措施与资金制约、市场调节、政府领导、生态环境的关系没有理顺，迄今没有一套较为系统的"两型社会"评价指标体系，实证分析很少，缺乏可操作性和系统性。

②低碳经济评价指标体系研究。低碳经济综合评价方面，追溯较早的研究，松江敏、陈庄等（1999）从产品多生命周期的角度，从资源消耗，水污染、大气污染、固体废弃物和其他指标五个方面建立待评价产品的指标体系。朱有志、周少华、袁男优（2009）在《发展低碳经济应对气候变化——低碳经济及其评价指标》中从碳排放、碳源控制、碳汇建设、低碳产业、碳交易与合作等五个方面构建了低碳经济评价指标体系。区域低碳经济评价方面，李晓燕（2010）在《基于模糊层次分析法的省区低碳经济评价探索》中分经济发展系统、低碳技术系统、低碳能耗排放系统、低碳社会系统、低碳环境系统、低碳理念系统等六方面，选取30个指标建立了身躯低碳经济评价指标体系，并采用模糊层次分析法确定了个指标的权重。李晓燕、邓玲（2010）《城市低碳经济综合评价探索》中，从经济系统、社会系统、科技系统、环境系统四个方面建立了城市低碳经济综合评价指标体系，并对北京、上海、天津、重庆四个直辖市进行了实证分析。付加锋、庄贵阳等（2010）在《低碳经济的概念识别及评价指标体系构建》中认为，衡量一个国家是否达到低碳经济的核心是发展阶段、资源禀赋、技术水平及消费方式。胡大立、丁帅（2010）在《低碳经济评价指标体系研究》中，从产业链初始资源到最终消费市场这一路径，提出低碳经济评价逻辑结构框架，其评价指标有低碳能源指标、低碳产业指标、低碳消费指标、低碳废物处理、低碳社会环境以及低碳科学技术六个。

③可持续指标体系的研究。国内有关可持续发展的评价指标研究较多。1999年中科院可持续发展战略研究组将可持续发展指标体系分为五个子系统：生存支持系统、发展支持系统、社会支持系统、智力支持系统、环境支持系统，并采用了可测的、可比的、可以获得的指标，首次对中国各省市区可持续发展进行了全面而系统的评价，具有重要的理论意义和应用价值；但由于其指标数量过于庞大，指标的选取人为因素影响明显，且有些指标相关密切，同时一些指标的计算出现重复，影响到评价结果的客观性和准确性。国家环境保护总局提出了城市环境综合整治定量考核指标体系和环境保护模范城市考核指标体系，从经济建设、污染控制、环境质量、环境建设与管理四方面建立了指标体系，两套指标体系分别设定了标准数值来衡量城市环境综合发展水平。山东省从经济增长、社会进步、资源环境支持及可持续发展能力建设四个方面来衡量山东省的可持续发展状况，实证发现其经济的持续增长是建立在大量投入资金、劳动力和资源的基础之

上，并以付出巨大的生态环境代价换取的。

综上所述，国内外的专家学者已经在建设资源节约型、环境友好型社会指标体系方面做出大量的探索和研究，研究思路基本都是从经济、社会、科技创新、资源利用和环境友好等方面对区域的资源节约、环境友好现状进行综合评价。这些研究中不少涉及了"两型"技术与产品的评价问题，对"两型"技术评价具有重要的参考价值。

9.3.1.2 "两型"技术与产品评价指标体系设计的思路与原则

（1）"两型"技术与产品评价指标体系设计的思路。对"两型"技术与产品的评价指标体系进行设计应充分体现"两型"技术与产品创新的特色，必须根据其特点和影响要素出发，立足"两型"技术与产品的评价标准入手分析。同时在评价指标体系的设计中必须考虑以下几个问题：

①考虑"两型"技术的具体差异。"两型"技术分类主要按技术作用对象和实施效果进行划分，即包括基于不同资源类型、不同能源类别、不同污染物类别的"两型"技术以及清洁生产技术、循环经济发展技术、低碳经济技术、环境保护技术等构成。不同的类型，其指标的要求是具有很大差异的，标准体系的设计必须考虑到这种差异，使标准体系具有一定的通用性。

②考虑"两型"产品的具体差异。"两型"产品的分类主要是按照产品使用过程中耗能低、污染少，符合"两型"产品认定指南，或者是与同类产品相比，节能效率高、环保性能强并且达到"两型"产品认定指南的要求这两类标准来进行分类的。不同的类型必然会使用不同的标准和指标，在指标体系的设计中必须注意全面。

③遵守国家的相关政策文件规定。在指标体系的设计中，要参考国家建设"两型社会"的相关政策文件要求，并结合湖南省"两型社会"建设实际情况确定最终的指标体系。

④注重调查和研究。指标体系的设计中，要不断地尽心修改和完善。初步设计好问卷后，要深入相关的企业进行访谈和调查，以对指标体系进行修订，最终确定指标。

（2）"两型"技术与产品评价指标体系设计的基本原则。科学设计技术与产品评价指标体系是进行科学评价与建设"两型社会"的关键和保障，所以必须遵循一定的原则。

①科学性原则。"两型"技术和产品的认定必须具有理论上的科学性与合理性，所选取的指标既能够客观地从定量和定性两个方面反映"两型"技术与产品认定的现实要求，又尽量避免了指标间的重复与自相关。

②系统性原则。认定指南体系具有设计上的系统性。概念明确，保证指标的完整，避免遗漏，能够客观全面地反映资源节约、环境友好、经济发展和创新应用等诸多方面。

③动态性原则。一项新的技术或一种新的产品是与当前的技术或产品相比较而言的，因此，对它的评价，主要在于与它所替代的现有技术或产品进行相应的比较。随着长株潭"两型社会"综合配套改革试验区改革推进，技术水平和产品工艺处在不断创新发展之中，应适时对"两型"技术与产品的认定指南进行修订和补充。

④可行性原则。指标的设置具有可测性和对比性。指标的选择尽可能与现行计划口径、统计口径、会计核算口径相一致。保证所需数据容易获取，能够充分利用已经形成制度的统计数据报表或企业信息报表，既节约数据采集成本，又便于操作分析。

9.3.1.3 "两型"技术和产品发展评价指标体系构建

"两型"技术与产品具有符合"两型社会"发展要求的特点，所以"两型"技术与产品应体现节约资源能源、改善环境质量、保护自然资源和提高经济效益的特征。参考已有的研究文献，并根据"两型"产品和技术的特点和属性，构建"两型"技术与产品的评价指标体系。

（1）"两型"技术和产品发展指标体系框架。在指标的构建过程中，尽可能地包含了有关环境保护、低碳经济、可持续发展等经典文献中的主要方面，指标的选取也与其主要指标保持一致，并尽可能充分考虑长株潭的"两型社会"建设情况。指标体系的构建首先纳入了资源节约型的分析，资源节约是"两型"技术与产品的基本特点；许多学者已发现，环境质量、环境污染、环境协调、自然环境和环境建设与管理能为友好型城市建设指明方向。因此，环境友好纳入"两型"技术与产品的衡量标准；保持和促进经济绩效是建立"两型社会"的最终目标。因此，经济绩效也是评定"两型"技术与产品的标准之一；创新是经济发展和原动力，对以往不可再生资源的依赖的改变和利用创新型能源是"两型"技术与产品的基本特点，因此本研究将创新应用作为"两型"技术与产品的考核标准之一。确定这四个二级指标之后，对其进行了细化，最后形成完整的"两型"技术与产品评价指标体系。"两型"技术与产品的发展评价指标体系框架包括：资源节约、环境友好、经济绩效和创新应用四个分体系，如图9-18所示。

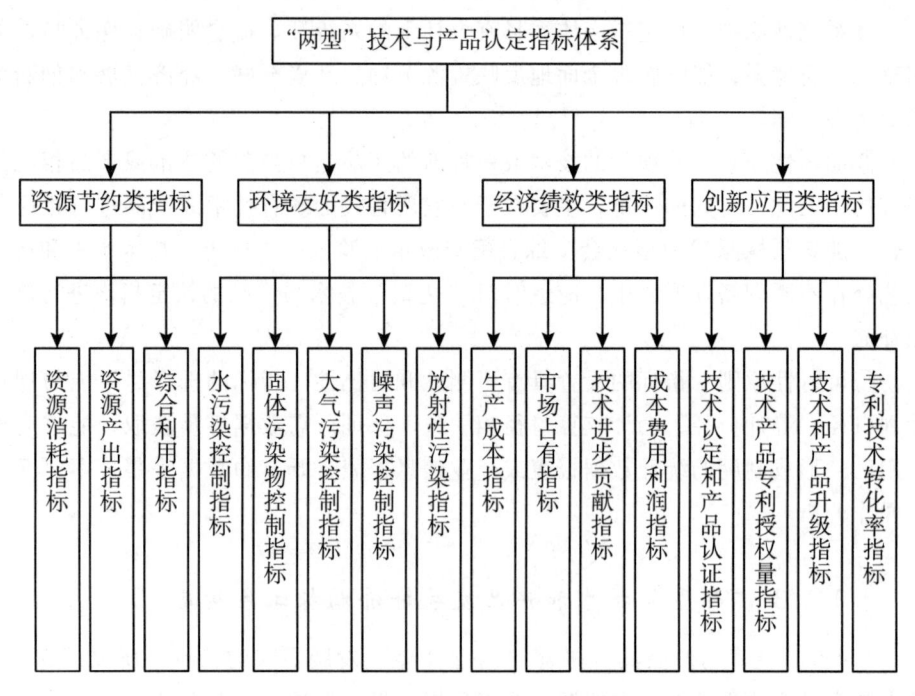

```
                    "两型"技术与产品认定指标体系
                              │
        ┌─────────────┬───────┴───────┬─────────────┐
   资源节约类指标   环境友好类指标   经济绩效类指标   创新应用类指标
        │               │               │               │
   ┌──┬─┼──┐      ┌──┬──┼──┬──┐    ┌──┬─┼──┬──┐    ┌──┬─┼──┬──┐
   资  资  综     水  固  大  噪  放   生  市  技  成   技  技  技  专
   源  源  合     污  体  气  声  射   产  场  术  本   术  术  术  利
   消  产  利     染  污  污  污  性   成  占  进  费   认  产  和  技
   耗  出  用     控  染  染  染  污   本  有  步  用   定  品  产  术
   指  指  指     制  物  控  控  染   指  指  贡  利   和  专  品  转
   标  标  标     指  控  制  制  指   标  标  献  润   产  利  升  化
                  标  制  指  指  标           指  指   品  授  级  率
                      指  标  标               标  标   认  权  指  指
                      标                                证  量  标  标
                                                       指  指
                                                       标  标
```

图 9-18　"两型"技术与产品认定指标体系框架

根据国家的相关政策和文件，结合调查和研究的结果，每项分体系包括若干个指标。资源节约指标主要体现技术和产品是否能够实现节约能源和资源，如生产单位产品消耗资源的更少，单位能源的产出量更多，或者资源可以实现循环综合利用而减少浪费，包括资源消耗指标、资源产出指标和综合利用指标；环境友好指标主要体现在技术和产品对环境的危害和影响能够降低或者减少，如对水体、空气、生态和居住环境的影响降低，包括放射性污染指标、水污染控制指标、固体污染物控制指标、大气污染控制指标和噪声污染控制指标；经济绩效主要体现在技术和产品的产业化可行性，这种技术和产品是否可以为消费者接受，并形成市场效益和创造利润，包括生产成本指标、市场占有指标、技术进步贡献指标和成本费用利润指标；创新应用主要体现在这种技术和产品的技术进步和创新性能，包括技术认定和产品认证指标、技术或产品专利授权量指标、技术和产品升级指标和专利技术转化率指标。

（2）"两型"技术和产品发展评价指标体系表。将指标体系框架中的相关指标结合企业的技术和产品实际进行细化，可以构建"两型"技术和产品发展指标体系（见图 9-18）。此指标体系共分为三级，其中一级指标为"两型"技术和产品的四个本质特征构成，二级指标则为一级指标的具体化，三级指标则是在评价中直接用于评估和比较的指标。另外，三级指标中既有定量指标也有定性指标。为了增强指标的说服力，表中对每个指标都对其来源和依据进行了解释和说明。

（3）"两型"技术与产品发展评价指标属性。考虑到"两型"技术或产品必须同时满足四个方面才能达到标准，所以课题将这些指标划分为硬约束指标和参考性约束指标。每项技术和产品必须同时满足所有的硬约束指标才能进行进一步的评估，确定发展水平（见表9-2）。

表9-2　　　　　　　　　评估等级划分标准

等级	约束性要求	参考性要求
不达标	未满足所有的硬约束	无要求
达标	满足所有的硬约束	达到基本要求或一般水平
高等级	满足所有的硬约束	综合评估得分确定最终等级

由于不同类型"两型"技术或产品的巨大差异性，如有些产品不涉及噪声和空气污染，有些技术和产品基本不涉及固体废物的问题，所以对于指标体系中单个评价指标的属性难以直接确定。为了增强可操作性，每项技术和产品的评估过程中，资源节约和环境友好一级指标必须在备选的指标中选择一个定性指标和一个定量指标作为硬性约束指标，经济绩效和创新应用指标则必须满足一个定性或者定量作为硬性约束指标，共计六个约束性指标，其他指标只需要达到基本要求，最后在评价中作为参考性指标。在基本条件的评估中，要求同时满足以下条件：资源节约、环境友好标准满足定性指标1条以上，定量指标1条以上达到同行业领先水平；经济绩效、创新应用标准满足定性指标1条以上或定量指标1条以上达到同行业领先水平。对于已经满足基本条件的技术和产品，则利用模糊综合评价方法和相应的权重，计算各个其他指标的得分，并最终确定某项技术或者产品的整体发展水平（见表9-3）。

9.3.1.4 "两型"技术和产品发展评价指标解释

考虑到评价指标在不同的情况下有不同的含义，所以有必要对这些指标的含义进行界定和解释。一级指标和二级指标都是对"两型"技术和产品特征与属性的描述，难以直接评价，所以主要是对可以直接进行数据搜集或者比较的三级指标进行解释。

表9-3 "两型"技术与产品认定指标体系

一级指标	二级指标	三级指标	单位	指标来源与依据	说明
资源节约	资源消耗指标	满足行业取水定额国家标准要求	定性指标	《循环经济评价指标体系》和关于《循环经济和社会发展第十一个五年规划纲要》(发改环资[2007]1815号)的说明	
		满足单位产品能耗定额国家标准要求	定性指标	《循环经济评价指标体系》和关于《循环经济和社会发展第十一个五年规划纲要》(发改环资[2007]1815号)的说明	
		满足国家能效技术标准要求	定性指标	《循环经济评价指标体系》和关于《循环经济和社会发展第十一个五年规划纲要》(发改环资[2007]1815号)的说明	必选一个作为约束性指标
		万元生产总值综合能耗	吨标准煤/万元	《循环经济评价指标体系》和关于《循环经济和社会发展第十一个五年规划纲要》(发改环资[2007]1815号)的说明	
		万元生产总值新鲜水耗	吨/万元	《循环经济评价指标体系》和关于《循环经济和社会发展第十一个五年规划纲要》(发改环资[2007]1815号)的说明	
		万元生产总值土地消耗	公顷/万元	《循环经济评价指标体系》和关于《循环经济和社会发展第十一个五年规划纲要》(发改环资[2007]1815号)的说明	

续表

一级指标	二级指标	三级指标	单位	指标来源与依据	说明
资源节约	资源产出指标	能源产出率	%	《循环经济评价指标体系》和关于《循环经济评价指标体系》的说明（发改环资[2007]1815号）、《中华人民共和国节约能源法》（主席令[2007]77号）、《循环经济促进法》	
		主要矿产资源产出率	万元/吨	《循环经济评价指标体系》和关于《循环经济评价指标体系》的说明（发改环资[2007]1815号）、《中华人民共和国节约能源法》（主席令[2007]77号）、《循环经济促进法》	
	综合利用指标	工业废水再生率	%	《循环经济评价指标体系》和关于《循环经济评价指标体系》的说明（发改环资[2007]1815号）、《中华人民共和国可再生能源法》（主席令[2005]33号）、《可再生能源产业发展指导目录》[2005]2517号）	必选一个作为约束性指标
		工业固体废物综合利用率	%	《循环经济评价指标体系》和关于《循环经济评价指标体系》的说明（发改环资[2007]1815号）、《中华人民共和国可再生能源法》（主席令[2005]33号）、《可再生能源产业发展指导目录》[2005]2517号）	
		再生资源回收利用率	%	《循环经济评价指标体系》和关于《循环经济评价指标体系》的说明（发改环资[2007]1815号）、《中华人民共和国可再生能源法》（主席令[2005]33号）、《可再生能源产业发展指导目录》[2005]2517号）	

续表

一级指标	二级指标	三级指标	单位	指标来源与依据	说明
	噪声污染指标	满足污染物排放国家标准要求	定性指标	《中华人民共和国环境保护法》《湖南省环境保护条例》	
		满足国家噪音标准要求	定性指标	《噪声污染防治条例》《环境噪声污染防治法》	
	放射性污染指标	满足核辐射与电磁辐射环境保护标准要求	定性指标	《辐射环境保护导则——电磁辐射环境影响评价方法与标准》（HJ/T10.3-1996）、《放射性污染防治法》	必选一个作为约束性指标
环境友好	水污染控制指标	工业废水排放量	立方米	《循环经济评价指标体系》和关于《循环经济评价指标体系》的说明（发改环资[2007]1815号）、《主要污染物总量减排核算细则》（环发[2007]183号）	
		COD排放量	毫克/升	《循环经济评价指标体系》和关于《循环经济评价指标体系》的说明（发改环资[2007]1815号）、《主要污染物总量减排核算细则》（环发[2007]183号）	
		工业废水排放达标率	%	《循环经济评价指标体系》和关于《循环经济评价指标体系》的说明（发改环资[2007]1815号）、《主要污染物总量减排核算细则》（环发[2007]183号）	

续表

一级指标	二级指标	三级指标	单位	指标来源与依据	说明
环境友好	大气污染控制指标	SO₂排放量	毫克/立方米	《循环经济评价指标体系》（发改环资[2007]1815号）、《主要污染物总量减排核算细则》（环发[2007]183号）	必选一个作为约束性指标
	固体污染物控制指标	危险废物集中处置率	%	《全国危险废物和医疗废物处置设施建设规划》（环发[2004]16号）	
		工业固体废弃物排放量	吨	《循环经济评价指标体系》（发改环资[2007]1815号）、《主要污染物总量减排核算细则》（环发[2007]183号）	
经济绩效	成本费用利润指标	成本费用利润率	%	《中国统计年鉴》《湖南省统计年鉴》	必选一个作为约束性指标
	生产成本指标	生产成本降低率	%	《中国统计年鉴》《湖南省统计年鉴》	
	市场占有指标	产品的市场占有情况	定性指标	企业绩效评价标准相关指标	
	技术进步贡献指标	技术对经济发展贡献情况	定性指标	党的十七大报告、科技部规划和技术创新文献	

续表

一级指标	二级指标	三级指标	单位	指标来源与依据	说明
创新应用	技术认定和产品认证指标	通过相关行业部门技术鉴定或产品质量认证	定性指标	国家节能产品认证、节水产品认证或环保产品认证CQC标志认证、CCC标志认证以及ISO9000系列标准认证和ISO14000系列标准认证等	必选一个作为约束性指标
		符合国家重点支持高新技术和产品认定	定性指标	关于编制《中国高新技术产品指导目录2009》的通知(国科办计[2009] 61号)、《国家重点支持的高新技术领域》(国科发火[2008] 172号)、《高新技术产品出口目录》(2006年版)	
	技术和产品升级指标	技术和产品升级换代情况	定性指标	《国家明令淘汰用能设备、产品目录》(国家发改委[2005] 40号)	
	技术或产品专利授权量指标	技术或产品专利授权量	件	《关于开展第二批创新型企业评价工作的通知》(国科办政[2009] 1号)	
	专利技术转化率指标	专利技术转化率	%	《关于开展第二批创新型企业评价工作的通知》(国科办政[2009] 1号)	

注：在实际评价中，考虑到不同类型"两型"技术或产品的独特性，如有些产品不涉及噪声和空气污染、固体废物的问题，所以这些评价指标需要根据实际进行灵活处理，约束性指标的具体特性进行选择；但是根据指标体系的设计，必须选择共计6个指标作为约束性指标，其他指标则作为参考性指标，但是必须达到一般水平才能达到"两型"技术与产品的要求。

(1) 资源节约指标。

①定性指标。三个定性指标主要按照国家和行业的标准来确定。节水指标，要求满足行业取水定额国家标准要求，参照国家质检总局、国家标准委 2005 年 1 月 1 日发布实施的行业取水定额国家标准（GB18916.1-6）进行评价，根据达标的情况进行打分；节能指标，要求满足单位产品能耗定额国家标准要求，主要参照国家质检总局、国家标准委 2008 年 2 月 3 日发布的《产品单位产量能源消耗定额编制通则》（GB12723-2008）进行评价，根据达标的情况进行打分；技能效率，要求满足国家能效技术标准要求，参照已经颁布实施的相关国家能效标准，例如：国家质检总局、国家标准委 2008 年 4 月 1 日发布的《计算机显示器能效限定值及能效等级》（GB21520-2008）进行评价，根据达标的情况进行打分。

②定量指标。定量指标需要根据企业的具体情况和统计局的相关数据，通过计算公式来实现。

——万元生产总值综合能耗，指每产出万元生产总值综合能耗总量。其中，综合能耗是指用于生产和生活的煤、电、油等能源消耗，在具体以的计算中各种能源均按国家统计局规定的折合系数折成标准煤计算。计算公式为：

$$\frac{\text{万元生产总值综合能耗}}{(\text{吨标准煤／万元})} = \frac{\text{综合能耗总量（吨标准煤）}}{\text{生产总值（万元）}} \quad (\text{式}9-1)$$

——万元生产总值新鲜水耗，指每产出万元生产总值所消耗的新鲜水资源。计算公式为：

$$\frac{\text{万元生产总值新鲜水耗}}{(\text{立方米／万元})} = \frac{\text{新鲜水资源消费总量（立方米）}}{\text{生产总值（万元）}} \quad (\text{式}9-2)$$

——万元生产总值土地消耗，指每产出万元生产总值所消耗的土地资源。计算公式为：

$$\frac{\text{万元生产总值土地消耗}}{(\text{公顷／万元})} = \frac{\text{土地资源消耗总量（公顷）}}{\text{生产总值（万元）}} \quad (\text{式}9-3)$$

——能源产出率，主要是指消耗单位能源所产出的生产总值。该项指标的比率越高，表明能源利用效益越好。考虑不同能源种类的计量单位不同，单位在此略去，该指标的设计参考了国家发改委印发的《循环经济指标体系说明》。计算公式为：

$$\text{能源产出率} = \frac{\text{生产总值}}{\text{能源消耗总量}} \times 100\% \quad (\text{式}9-4)$$

——主要矿产资源产出率，消耗主要矿产资源（包括煤、石油、铁矿石、十种有色金属矿、稀土矿、磷矿、硫矿、石灰石、沙石等）所产出的生产总值（按不变价计算）。该项指标的比率越高，表明自然资源利用效益越好。计算公式：

$$\text{主要矿产资源产出率（万元/吨）} = \frac{\text{生产总值（万元）}}{\text{主要矿产资源消费总量（吨）}} \times 100\% \quad \text{（式9-5）}$$

——工业废水再生率，指再生水量与工业废水总量的比重。计算公式为：

$$\text{工业废水再生率（\%）} = \frac{\text{再生水量（吨）}}{\text{工业废水总量（吨）}} \times 100\% \quad \text{（式9-6）}$$

——工业固体废物综合利用率，指工业固体废物综合利用量占固体废物产生量的比重。计算公式为：

$$\text{工业固体废物综合利用率（\%）} = \frac{\text{工业固体废物综合利用量（吨）}}{\text{工业固体废物产生量（吨）}} \times 100\% \quad \text{（式9-7）}$$

——再生资源回收利用率，指包括废钢铁、废有色金属、废纸、废玻璃、废塑料、废橡胶等回收利用量占生产量的比率。计算公式为：废钢铁、废有色金属、废纸、废玻璃、废塑料、废橡胶的回收量与生产量之比。

$$\text{可再生资源回收利用率（\%）} = \frac{\text{可再生资源回收利用量（吨）}}{\text{生产量（吨）}} \times 100\% \quad \text{（式9-8）}$$

（2）环境友好指标。

①定性指标。三个定性指标主要按照国家和行业的标准来确定。排污指标，要求满足污染物排放国家标准要求，参照国家环境保护部发布的国家污染物排放标准公告（［2008］26号）进行评价，根据排污达标的情况进行打分。噪声指标，要求满足噪音国家标准要求，参照国家环保部、质检总局联合发布的关于发布《工业企业厂界环境噪声排放标准》《社会生活环境噪声排放标准》两项国家污染物排放标准的公告（［2008］44号）进行评价，根据噪声情况进行打分；辐射指标，要求满足核辐射与电磁辐射环境保护标准要求，参照国家环保部于2009年4月23日颁布实施的《核辐射与电磁辐射环境保护标准目录》进行评价，根据辐射情况进行打分。

②定量指标。定量指标需要根据企业的具体情况和统计局的相关数据，通过计算公式来实现。

——工业废水排放量，指经过企业厂区所有排放口排到企业外部的工业废水量，包括生产废水、外排的直接冷却水、超标排放的矿井地下水和与工业废水混排的厂区生活污水，不包括外排的间接冷却水（清污不分流的间接冷却水应计算在内）。属于绝对指标，需要进行搜集和计算。

——工业固体废物排放量，指将所产生的固体废物排到固体废物污染防治设施、场所以外的数量，不包括矿山开采的剥离废石和掘进废石（煤矸石和呈酸性或碱性的废石除外）。属于绝对指标，需要进行搜集和计算。

——工业废水排放达标率，指工业废水排放达标量占工业废水排放量的百分率。计算公式为：

$$\text{工业废水排放达标率（\%）} = \frac{\text{工业废水排放达标量（吨）}}{\text{工业废水排放量（吨）}} \times 100\% \quad （式9-9）$$

——危险废物集中处置率，危险废物指列入国家危险废物名录或者根据国家规定的危险废物鉴别标准和鉴别方法认定的具有危险特性的废物。危险废物的处理处置指依据国家相关的法律、法规、标准对产生的危险废物进行处理处置的行为。

（3）经济绩效指标。

①定性指标。其中产品的市场占有情况，要求能够符合社会消费需求偏好，处于同类产品的国际或国内领先水平，将根据实际占有情况进行综合评分；技术对经济发展贡献情况，要求能够增加产品的技术含量、提高产品附加值及加大技术对经济发展的贡献，将根据实际占有情况进行综合评分。

②定量指标。需要根据企业的具体情况和统计局的相关数据，通过计算公式来实现。

——成本费用利润率。成本费用利润率是企业一定期间的利润总额与成本、费用总额的比率。成本费用利润率指标表明每付出一元成本费用可获得多少利润，体现了经营耗费所带来的经营成果。该项指标越高，反映企业的经济效益越好。计算公式为：成本费用利润率＝利润总额/成本费用总额×100%（式中利润总额和成本费用总额来自企业的损益表，成本费用一般指主营业务成本和三项期间费用）。

——生产成本降低率。生产成本亦称制造成本，是企业生产活动发生的成本，即生产过程中各种资源利用情况的货币表示。生产成本是衡量企业技术水平重要指标，随着生产的技术水平提高，单位产出所需生产成本将降低。生产成本降低率用产值成本率的降低情况来衡量。计算公式为：

$$\text{产值成本率（\%）} = \frac{\text{生产成本总额（万元）}}{\text{工业增加值总额（万元）}} \times 100\% \quad （式9-10）$$

（4）创新应用指标。

①定性指标。技术认定和产品认证指标，主要体现在两个方面。首先，通过相关行业部门技术鉴定或产品质量认证的情况，要求能通过如国家节能产品认证、节水产品认证或环保产品认证或CQC标志认证、CCC标志认证以及ISO9000系列标准认证和ISO14000系列标准认证等，根据通过情况进行打分；其次，国家重点支持高新技术和产品认定的情况，参照《关于编制〈中国高新技术产品指导目录2009〉的通知》（国科办计［2009］61号）、《国家重点支持的高新技术领域》（国科发火［2008］172号）进行评价，根据认定情况进行打分。技术和产品升级指标，主要参照《国家明令淘汰用能设备、产品目录》（国家发改委

[2005] 40号),评价其能否及时淘汰高耗能、高污染的设备、产品工艺,能否及时运用先进节能减排技术替代传统技术和实现技术升级,根据升级情况进行评价。

②定量指标。需要根据企业的具体情况和统计局的相关数据,通过计算公式来实现。

——技术或产品专利授权量。专利授权量是衡量技术或产品发明创新程度的重要指标。"两型"专利技术的数量和质量是衡量"两型"技术与产品的重要标准。"两型"技术或产品应该能够通过相关部门或行业鉴定,至少包含1件发明专利,或2件实用新型专利,或3件外观设计或软件著作权或集成电路布图设计。

——专利技术转化率。"两型"专利技术是指符合"资源节约型"或"环境友好型"要求的专利技术。"两型"专利技术转化率是"两型"授权专利实际向生产力转化的数量与"两型"专利授权件数之比率。计算公式为:

$$\text{"两型"专利技术转化率(\%)} = \frac{\text{"两型"授权专利实际转化数量(件)}}{\text{"两型"专利授权数量(件)}} \times 100\% \quad (\text{式}9-11)$$

9.3.2 "两型"技术与产品评价模型构建

9.3.2.1 "两型"技术和产品发展评价思路与步骤

根据"两型"技术和产品的要求和评价实际,构建"两型"技术和产品发展水平的评价模型,按照资源节约、环境友好、创新应用、经济效益等四方面的要求,对"两型"技术和产品的发展水平进行综合评估。

(1)"两型"技术和产品发展评价思路。根据调研,"两型"技术与产品的评价目前还存在很多的难点,主要包括以下几个问题:

①"两型"技术与产品本身的界定仍然存在一些争议。虽然"两型"技术与产品的概念已经得到认同,但是在具体的界定过程中还存在不少的问题。"两型"技术与产品代表了资源节约和环境友好的产业,但是这个概念缺乏量化的标准,遭到了不少实物部门的质疑。

②"两型"技术与产品不同行业的差异问题。"两型"技术与产品的种类繁多,不同的技术又归属于不同的政府职能部门管辖,不同的技术和产品在具体的评价中标准可能会差异很大,所以在执行中存在操作性难的问题,难以用一个相对比较完善和固定的模型进行评价。

③不同规模和特征企业的问题。由于"两型"技术与产品评价是针对企业

的，这就涉及实用性和针对性的问题。不同规模的企业，在标准上需要体现出差异，不同性质的企业在评价中也需要体现出差异。

针对这些问题，本课题确定以下几个评价的原则。

第一，评价方法掌握灵活性。对指标体系进行简化，权重体系也进行简化，只确定一级和二级指标的权重；评价中分项目进行比较，每个项目都达标的话再进行综合比较，只要有一个项目不达标的就不参与综合比较。

第二，评价的全面性。在实际的操作中，可能会出现部分特性的优势特别明显，但是在某些环节却出现了严重的缺陷，所以在评价中需要对评价指标分为必须满足要求的硬约束指标和可以满足要求的参考性指标。对于在"两型"技术和产品认定指南和文件里中要求必须同时满足的条件属于硬性指标，必须同时满足，对参考性指标因素则可作为评价结果的重要参考。

第三，评价的动态性。考虑到"两型"技术和产品是一个不断发展变化的过程，所以评价方法要具有动态性，特别是相关指标的标准值要具有动态性和调整性，可以根据需要进行调整。

（2）"两型"技术和产品发展评价步骤。根据"两型"技术与产品的具体特性和评估要求，可以按照达标评估和等级评估两个部分进行，具体可按照以下的步骤进行（见图9-19）。

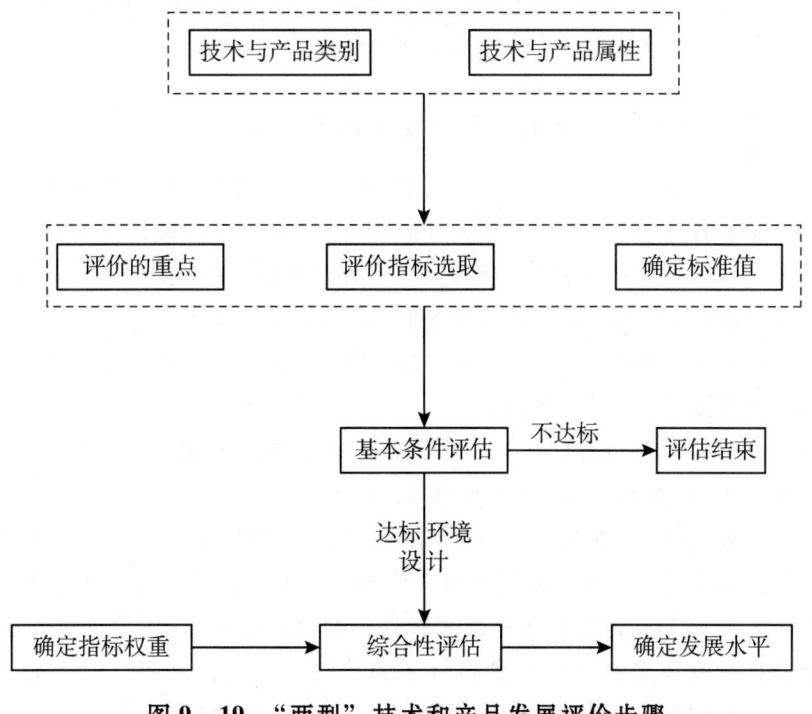

图9-19 "两型"技术和产品发展评价步骤

①明确"两型"技术与产品所处的行业和各种特性。这是对"两型"技术与产品发展进行评价的基础,不同的行业在资源节约和环境友好方面有巨大的差异,所以必须对企业属于那种行业进行明确的界定。同时,要对企业的特性进行分析,如企业的规模、所处的区域等特性进行分析,这对企业的评价也有巨大的影响。

②明确"两型"技术与产品评价的硬约束指标和参考性指标。根据技术和产品的特点,分析其最可能无法达标的方面,作为实际评价的重点,并决定此"两型"技术与产品所适用的指标和标准值。

③对"两型"技术与产品涉及的硬约束指标进行评价,这是基础性的达标评价。如果某项"两型"技术与产品硬约束中有一项未达标,评价即结束,此"两型"技术与产品未达到"两型"技术与产品的基本要求。若某项技术和产品满足全部的硬约束指标,且其他方面达到一般水平,则进行下一步的发展水平档次评价。

④确定"两型"技术与产品每项指标的权重。利用德尔菲法,根据专家的意见,确定各个指标的权重。

⑤对"两型"技术与产品的参考性指标进行综合评估。按照参考性指标的标准值,结合相应的评价权重,对"两型"技术与产品的发展水平进行评估,确定此项技术与产品的发展档次,并针对企业的技术和产品发展提出有价值的建议。对于未达标的企业,分析其主要的不足和缺陷。

9.3.2.2 "两型"技术和产品发展水平的评价方法

由于在"两型"技术和产品的具体评价过程中,首先要根据具体的技术和产品进行指标的满足选择六个硬指标,其他的只要满足基本要求或者一般水平即可达标。对于"两型"技术和产品的发展水平评价问题,首先必须确定具体的技术和产品是否达标,达标之后才会涉及评价方法和权重的确定问题。因此,本书研究必须说明的是:评价方法和权重确定的问题,都是针对已经达到"两型"技术和产品标准的技术和产品来进行的。

(1) 指标体系评价方法比较。为了更好地反映出"两型社会"建设程度,很多学者将研究重点聚焦于指标体系评价方法研究上。许俊杰、宋仁霞(2008)选择主成分分析法作为资源节约型社会的评价方法,先得出各子系统的综合评价得分值,再在此基础上计算资源节约型社会总指数。张良强、刘香旭(2008)对各指标的原始数据采用级差标准化方法进行标准化处理,然后根据各层指标的权重系数计算得到目标层和控制层的评价结果。李宝瑜、李丽(2008)借鉴了我国股票市场价格指数形式,综合考虑各种因素,设计的资源节约型社会进程指数，设定 2000 年指数为 1 000，以后各年度资源节约则该指数下降，资源浪费则该指数上升。臧志彭、崔维军（2008）通过提取公因子，运用方差最大化正交旋转法进行因子旋转，并采用回归法计算因子得分系数矩阵，得到中国 30 个制造行业的环境友好因子综合得分。吕洁华、安云芳（2009）采用主客观赋权相结合的方法，运用因子分析对区域循环经济总系统和各子系统发展水平进行综合评价。曾翔旻、赵曼、聂佩（2008）参考中国香港、中国台湾先进地区，以及日本、韩国、美国等发达国家在相关指标上达到的现有水平，利用 2001～2006 年武汉市统计数据，考察了武汉市"两型社会"建设状况及其目标实现程度。苏建平（2009）利用层次分析法确定各目标层相关因素的权重，运用线性量化值加权函数的方法计算综合评估结果。李新平、申益美（2011）利用熵值法对长株潭和武汉"两型社会"建设情况进行综合评价；王茜茜等（2011）引入加速遗传算法优化投影指标函数寻求最佳投影方向；刘翔、曹裕（2011）构建了区域协调发展的评价指标体系，选择主成分分析法进行综合评价；邓旋、杨青（2011）运用主成分分析法发掘"两型社会"各层次指标的适配关系。为使"两型"技术与产品发展能够实现特定的评估目标，有必要简要地分析这几种评估方法的优劣。

①加权评分法。是目前经济评价中应用最多的一种方法，根据各具体指标在评价总目标中的不同地位，给出或设定其标准权数；同时确定各具体指标的标准值（通常为该指标的行业平均值）。然后比较指标的实际数值与标准值得到级别指标分值，最后汇总指标分值求得加权评估总分。加权评分法的最大优点是简便易算，但也有明显的缺点。第一，未能区分指标的不同性质，会导致计算出的综合指数不尽科学，考虑到某些指标如资产负债率并不是越大越好，也不是越小越好，而是越接近标准水平越好，对此类指标的评价利用加权评分法很容易得出错误的结果。第二，不能动态地反映企业技术和产品的变动状况，只能反映企业评价当时的技术和产品状态。

②隶属函数评估法。这种方法是根据模糊数学的原理，利用隶属函数进行综合评估。一般步骤为：首先利用隶属函数给定各项指标在闭区间（0，1）内相应的数值，称为"单因素隶属度"，对各指标作出单项评估。然后对各单因素隶属度进行加权算术平均，计算综合隶属度，得出综合评估的指标值。其结果越接近 0 越差，越接近 1 越好。隶属函数评估方法比加权评分法具有更大的合理性，但必须有可操作性强的评分标准，否则会直接影响评价结果的准确性。

③功效系数法。功效系数法是根据多目标规划原理，对每一个评估指标分别确定满意值和不允许值。然后以不允许值为下限，计算各指标实现满意

值的程度,并转化为相应的评估分数。最后加权计算综合指数。由于各项指标的满意值与不允许值一般均取自行业的最优值与最差值,因此,功效系数法的优点是能反映企业某一时点的情况。但是功效系数法同样既没能区别对待不同性质的指标,也没有充分反映技术与产品发展动态,使得评估结论不尽合理。

综上所述,现有的企业综合评估模型(方法)都具有一定的优势,但是也有各自的缺点,故将结合"两型"技术和产品标准体系的实际,综合这些方法的优势,利用一个综合性的方法进行评估。定性指标的评估中需要借助于隶属度等模糊评估方法,对定量指标的评估则需要借助功效系数法,最后还要借助加权综合的方法进行综合评估。

(2)"两型"技术和产品发展评价方法选择。模糊理论(Fuzzy Theory)是由美国自动专家、加利福尼亚大学教授 L. A. Zadeh 于 1965 年创建的,其用数学方法研究和处理具有"模糊性"现象的数学,故通常称为模糊数学。模糊综合评估在确定了企业综合能力指标体系之后,对各因素指标标准不做定量处理,而是由评估专家对各因素指标标准进行模糊选择,然后统计出专家群体对评估因素指标体系的选择结果,再按照所建立的数学模型进行最后计算。"两型"技术与产品的评价属于模糊性的评价,所以可以用模糊综合评价法来完成。模糊综合评价是对受多种因素影响的事物做出全面评价的一种十分有效的多因素决策方法,其特点是评价结果不是绝对地肯定或否定,而是以一个模糊集合来表示。

结合相关文献,采用模糊评价法建立综合评价模型公式(9-12),这也是目前应用比较广泛的评价模型。

$$P = \sum_{i=1}^{m} w_i \sum_{j=1}^{n} w_{ij} X_{ij} \qquad (式9-12)$$

其中,P 为最终的评价结果,w_i 为一级评价指标权重,w_{ij} 为第 i 个一级指标中的第 j 个二级指标的权重,X_{ij} 为第 i 个一级指标中的第 j 个二级指标的指标评价值。可以发现,评价模型的关键是权重的确定和指标值的确定。

主要的步骤如下:

①建立因素集 U:$U = \{U1,U2,U3,U4\}$。综合前面建立的评价指标体系,本课题选取 $U1$ 环境友好 $U2$ 资源节约 $U3$ 经济效益和 $U4$ 创新应用四个一级指标因素。由于本指标体系比较复杂,所以每个一级指标下还有若干个二级指标。

②建立评价集 $V = \{v1,v2,v3,v4,v5\}$,即等级集合。每一个等级可对应一个模糊子集。简便起见,设 $v1$:优秀;$v2$:良好;$v3$:一般;$v4$:较差;$v5$:

很差。

③确定评价因素的实际值矩阵 R。构造了评价等级模糊子集后,要逐个对被评事物从每个因素进行量化,即确定从单因素来看被评事物对等级模糊子集的隶属度 $X_{ij} = (R \mid U_{ij})$,进而得到模糊值矩阵:$R = [X_{ij}]_{mn}$。

④确定评价因素的权向量。在模糊综合评价中,确定各级评价因素的权向量 W,如一级权重 $W = (W1, W2, W3, W4)$。使用德尔菲法来确定评价指标间的相对重要性次序。从而确定权系数,并且在合成之前归一化,有 $\sum Wi = 1$。

⑤合成模糊综合评价结果向量。利用最初确定的模型,得到各被评事物的模糊综合评价结果向量 P。

⑥对模糊综合评价结果向量进行分析。实际中最常用的方法是最大隶属度原则,但在某些情况下使用会有些勉强,损失信息很多,甚至得出不合理的评价结果。提出使用加权平均求隶属等级的方法,对于多个被评事物并可以依据其等级位置进行排序。

9.3.2.3 "两型"技术和产品发展评价指标权重确定方法

(1) 指标权重确定方法比较。指标权重的确定在评价问题的求解过程中具有举足轻重的地位,如何科学、合理地确定指标权重,直接关系到评价结果的可靠性与正确性。权重是以某种数量形式权衡被评价事务总体中相对重要程度的量值。同一组指标数值,不同的权重系数,将导致截然不同甚至相反的结论。因此,合理确定权重对评价有着重要意义。根据计算权数时数据来源不同,可分为主观赋权法和客观赋权法。

客观赋权法需要有大量的数据作为基础来进行。其一,多元统计综合评价法中的主成分分析法、因子分析法在综合评价中应用比较广,都是在大量数据的基础上,通过对指标体系的"降维",形成一种加权算术平均合成模型,实现评价对象的排序。其二,灰色综合评价法中的关联度分析方法,关联度反映各评价对象对理想(标准)对象的接近次序,即评价对象的优劣次序,其中灰色关联度最大的评价对象为最佳。

主观赋权法是根据评价者主观上对各指标的重要程度来确定权重的方法,其原始数据由专家根据经验主观判断得到。主观赋权法的优点是专家可根据实际的评价问题和自身的经验,按重要程度合理有效地确定指标的权重排序,不会出现指标权重与实际重要程度相悖的情况。常见的有专家调查法、最小平方法和 AHP 法等。其一,德尔菲法,又称为专家咨询法,特点在于集中专家的经验与意见,确定各指标的权数,并在不断的反馈与修改中得到比较满意的结果。德尔菲法同常见的召集专家开会、通过集体讨论、得出一致意见的专家会议法既有联系又有区别。德尔菲法能充分发挥各位专家的作用，集思广益，还能把各位专家意见的分歧点表达出来，取各家之长，避各家之短。其二，层次分析（AHP）法，是一种定量与定性相结合的多准则决策方法；将决策问题的有关元素分解成目标、准则、方案等层次，利用层次结构图，进行指标之间两两的重要性比较，建立成对比矩阵，将成对比矩阵最大特征值对应的特征向量转化为权向量，在此基础上逐层排序。

（2）"两型"技术和产品发展评价指标确定过程。对于本书来说，利用客观赋权法面临数据收集的困境，而主观赋权法具有很强的可操作性，所以本书将选择主观赋权法。由于对于"两型"技术与产品的界定还存在一定的争议，所以利用 AHP 法还存在一些操作的困难，故采用德尔菲专家调研法来确定权重。本书进行指标权重确定的主要的步骤和过程如下：

①确定专家小组成员。按照课题所需要的知识范围，本课题选择政府相关部门领导 4 人、高校和科研机构专家 6 人、企业相关领域的负责人 4 人共计 16 人，组成专家小组。

②向所有专家提出本书有关问题及有关要求，并附上有关本书的相关背景材料，同时请专家提出还需要什么材料。然后，由专家做书面答复。

③各个专家根据他们所收到的材料，提出自己的预测意见，并说明自己是怎样利用这些材料并提出进行判断的，由各位专家独立作出判断。

④将各位专家第一次判断意见汇总，对各专家意见进行统计分析，综合成新的图表，进行对比，再分发给各位专家，让专家比较自己同他人的不同意见，修改自己的意见和判断。也可以把各位专家的意见加以整理，或请身份更高的其他专家加以评论，然后把这些意见再分送给各位专家，以便他们参考后修改自己的意见。

⑤将所有专家的修改意见收集起来，汇总，再次分发给各位专家，以便做第二次修改。在向专家进行反馈的时候，只给出各种意见，但并不说明发表各种意见的专家的具体姓名。这一过程重复进行，直到每一个专家不再改变自己的意见为止。本书收集意见和信息反馈共经过三轮。

⑥对专家的意见进行综合处理。把经过几轮专家意见而形成的结果如表 9-4 所示。调研开始时间为 2011 年 9 月 10 日，结束时间为 2011 年 10 月 30 日。

（3）"两型"技术和产品发展评价指标权重值。对于已经达标"两型"技术与产品的发展水平的评价，考虑到每项具体技术和产品的二级指标一般只对应一个三级指标，故在实际评价中只需要确定到二级指标的权重即可，所以本书在确定权重的过程中都是针对一级和二级指标展开的。根据前面所确定的方法，结合表 9-4 所示中的调查得分，可以得到各指标的权重值如表 9-5 所示。

表 9-4　专家三轮指标重要性打分结果

		一级指标				二级指标资源节约			二级指标环境友好					二级指标经济绩效				二级指标创新应用			
		A	B	C	D	A_1	A_2	A_3	B_1	B_2	B_3	B_4	B_5	C_1	C_2	C_3	C_4	D_1	D_2	D_3	D_4
第一轮	平均值	4.57	4	4.57	4.43	3.86	4	4	4.14	4.14	4.57	4.57	4.57	4.14	4.14	4.43	4.43	4.43	4.14	4.43	4.43
	最高值	5	5	5	5	5	5	5	5	5	5	5	5	5	5	5	5	5	5	5	5
	最低值	4	3	4	3	3	3	3	4	4	4	4	4	4	4	3	3	3	3	3	3
第二轮	平均值	4.57	4.14	4.57	4.57	4.57	4.14	4.14	4.14	4.14	4.43	4.29	4.29	4	3.86	3.86	4.57	4.29	4.43	4.43	4.43
	最高值	5	5	5	5	5	5	5	5	5	5	5	5	5	5	5	5	5	5	5	5
	最低值	4	3	4	4	4	3	3	3	3	4	4	4	3	3	3	4	4	4	4	4
第三轮	平均值	4.50	4.06	4.50	4.56	4.25	4.13	4.13	4.13	4.06	4.50	4.38	4.31	4.19	4.06	4.06	4.44	4.44	4.25	4.31	4.38
	最高值	5	5	5	5	5	5	5	5	5	5	5	5	5	5	5	5	5	5	5	5
	最低值	4	3	4	3	3	3	3	3	3	4	4	4	3	3	3	4	4	3	3	3
	最终分	4.5	4.1	4.5	4.6	4.3	4.1	4.1	4.1	4.1	4.5	4.4	4.3	4.2	4.1	4.1	4.4	4.4	4.3	4.3	4.4

表 9-5　　　　"两型"技术与产品认定指标体系权重

一级指标		二级指标	权重
资源节约	0.26	资源消耗指标	0.34
		资源产出指标	0.33
		综合利用指标	0.33
环境友好	0.23	噪声污染指标	0.19
		放射性污染指标	0.19
		水污染控制指标	0.21
		大气污染控制指标	0.20
		固体污染物控制指标	0.20
经济绩效	0.26	成本费用利润指标	0.25
		生产成本指标	0.24
		市场占有指标	0.24
		技术进步贡献指标	0.26
创新应用	0.26	技术认定和产品认证指标	0.26
		技术和产品升级指标	0.24
		技术或产品专利授权量指标	0.25
		专利技术转化率指标	0.25

9.3.2.4 "两型"技术与产品发展评价指标评估值确定方法

（1）评价指标标准值的确定。在实际评价研究中，用表示"两型"技术和产品发展各指标的实际值，与各指标的理论值或预期要达到的标准值进行比较，就可以得到某企业"两型"技术和产品发展的程度。由于某些指标的理论值目前还不能获得，因而以国家统一颁布的标准值、公认的科学研究成果或国际以及国内平均水平值等来替代，间接地表示各评价指标的标准值。

"两型"技术和产品评价指标标准值的确定是评价研究中非常重要的环节，参考标准确定是否科学合理，将直接影响到评价结果的合理性与可靠性。"两型"技术和产品发展评价指标标准值的确定可以考虑以下几个方法：第一，规划目标值法，根据国家、地区、各部门制定的规划，如"十一五"规划、节能中长期专项规划等确定的目标。第二，理论目标值法，以理论上或经验上可以达到的水平作为目标,即对于采用科学的研究方法进行可持续发展和生态环境质量评价研究,并已经获得公认的科研成果。第三,国际、省际对比目标值法,即权威机构统计的国际以及国内平均水平值。对于已有国家标准或国际标准的,尽量采用规定的标准,对没有标准的一些指标,参考同类发展水平国家、发达国家的平均水平、世界平均水平、国内发达地区的平均水平作为标准值。第四,实际最高增减量替代目标值法,有些指标可以用历史最高(最低)水平或现阶段实际最高(最低)的增长速度作为参照,定为年度目标。第五,实际平均增减量替代目标值法,有些指标的目标值无法确定,以其实际的平均增长(减少)量或平均增长(减少)速度来代替目标值。

参考这些取值方法,在具体的目标值确定过程中,本书主要通过以下步骤最终确定标准值。首先,利用实地调研、问卷调查、技术发展的相关规划和统计年鉴等资料作为评估的支撑,通过对长株潭地区技术与产品发展的现状进行宏观性的整体评估,大致判断发展的水平,并结合相关的标准与技术发展案例对未来的确实进行预测,确定标准值的取值范围。其次,对比通用的国家标准、国际标准和国内的相关文献研究,参考先进地区的当前水平,确定定量指标的合理水平。最后,对标准值的可行性进行技术经济型论证,通过对技术先进程度、经济合理性和条件可能性的分析,最终确定指标的标准值。

根据上述标准,本书确定"两型"技术和产品各评价指标的参考值,依据了现有的国家、湖南省和地区的政府文件和政策规章,确定各评价指标参考值见表9-6。在具体的指标值确定过程中,定性指标主要依据国家、地区的各种规章制度和规范,其中有不少指标已经具有固定的标准值,在确定指标值的过程中主要依据这些要求;对于定量指标,由于缺乏实际的统一指标,且这些指标值还不断地随着时间发生变化,所以主要以行业领先水平和平均水平作为标准依据。同时,需要指出的是,这些指标参考值是随着不同时期、不同区域的科技水平和经济发展规模变化而变化的,这也正体现了"两型"技术和产品发展程度的动态性。指标评判值的确定是进行评价和度量的基础,以下将按照定性和定量两类评价指标分别进行分析。

(2) 定性指标评估分值确定方法。

①打分规则的确定。为了防止主观判断所引起的误差,增加指标评价的准确性,采用隶属度赋值方法。经验表明,评判等级一般不宜划分得过粗或过细,通常可分为5~7个等级,评判标准的含义则随评判等级的划分而相应得到确定。根据各个指标的含义,将每一个指标分成5个档次,并对每个档次内容反映指标的趋向程度提出明确、具体的要求,建立各档次与隶属度之间的对应关系,具体见表9-7。根据这个表,可以得到评价等级集 $V_{1\times 4} = [5, 4, 3, 2, 1]^T$,很明显此处的 $T=5$。

表9-6　"两型"技术与产品认定指标值

一级指标	序号	三级指标	单位	指标值或要求	指标值来源
资源节约	1	满足行业取水定额国家标准要求	定性指标	符合国家质检总局、国家标准委相关标准	2005年1月1日行业取水定额国家标准(GB18916.1—6)
	2	满足单位产品能耗定额国家标准要求	定性指标	符合国家质检总局、国家标准委相关标准	2008年2月3日《产品单位产量能源消耗定额编制通则》(GB12723—2008)
	3	满足国家能效技术标准要求	定性指标	符合已经颁布实施的相关国家能效标准	国家质检总局、国家标准委2008年4月1日发布的《计算机显示器能效限定值及能效等级》(GB21520—2008)等
	4	万元生产总值综合能耗率	吨标准煤/万元	逆指标,国内同行业领先水平或与一般水平相比降低20%以上	《湖南省单位GDP能耗考核体系实施方案》(湘政发[2008]11号)、《节能产品评价工作导则》(GB/T15320—2001)、《节能减排综合性工作方案》(国发[2007]15号)、"十二五"规划纲要
	5	万元生产总值新鲜水耗率	吨/万元	逆指标,国内同行业领先水平或与一般水平相比降低20%以上	《湖南省单位GDP能耗考核体系实施方案》(湘政发[2008]11号)、《节能产品评价工作导则》(GB/T15320—2001)、《节能减排综合性工作方案》(国发[2007]15号)、"十二五"规划纲要
	6	万元生产总值土地消耗率	公顷/万元	逆指标,国内同行业领先水平或与一般水平相比降低20%以上	《湖南省单位GDP能耗考核体系实施方案》(湘政发[2008]11号)、《节能产品评价工作导则》(GB/T15320—2001)、《节能减排综合性工作方案》(国发[2007]15号)、"十二五"规划纲要

续表

一级指标	序号	三级指标	单位	指标值或要求	指标值来源
资源节约	7	能源产出率	%	正指标，国内同行业领先水平或与一般水平相比提高20%以上	《企业能源审计通则》（GB/T17166）
	8	主要矿产资源产出率	万元/吨	正指标，国内同行业领先水平或与一般水平相比提高20%以上	《企业能源审计通则》（GB/T17166）
	9	工业废水再生率	%	正指标，国内同行业领先水平或与一般水平相比提高20%以上	《节能减排综合性工作方案》（国发[2007] 15号）、"十二五"规划纲要
	10	工业固体废物综合利用率	%	正指标，国内同行业领先水平或与一般水平相比提高20%以上	《节能减排综合性工作方案》（国发[2007] 15号）、"十二五"规划纲要
	11	再生资源回收利用率	%	正指标，国内同行业领先水平或与一般水平相比提高20%以上	《节能减排综合性工作方案》（国发[2007] 15号）、"十二五"规划纲要
环境友好	12	满足污染物排放国家标准要求	定性指标	符合国家环境保护部相关标准	国家污染物排放标准公告（[2008] 26号）
	13	满足噪声国家标准要求	定性指标	符合国家环保部、质检总局相关标准	《工业企业厂界环境噪声排放标准》（GB12348—2008）、《社会生活环境噪声排放标准》（[2008] 44号）
	14	满足核辐射与电磁辐射环境保护标准要求	定性指标	符合国家环保部相关标准	2009年4月23日颁布实施的《核辐射与电磁辐射环境保护标准目录》

续表

一级指标	序号	三级指标	单位	指标值或要求	指标来源
环境友好	15	工业废水排放量	立方米	逆指标，国内同行业领先水平或与一般水平相比降低20%以上	《节能减排综合性工作方案》（国发〔2007〕15号）、"十二五"节能减排综合性工作方案》（国发〔2011〕26号）
	16	COD排放量	毫克/升	逆指标，国内同行业领先水平或与一般水平相比降低20%以上	《节能减排综合性工作方案》（国发〔2007〕15号）、"十二五"节能减排综合性工作方案》（国发〔2011〕26号）
	17	工业废水排放达标率	%	正指标，国内同行业领先水平或与一般水平相比提高20%以上	《节能减排综合性工作方案》（国发〔2007〕15号）、"十二五"节能减排综合性工作方案》（国发〔2011〕26号）
	18	SO_2排放量	毫克/立方米	逆指标，国内同行业领先水平或与使用前相比降低20%以上	《节能减排综合性工作方案》（国发〔2007〕15号）、"十二五"节能减排综合性工作方案》（国发〔2011〕26号）
	19	危险废物集中处置率	%	达到100%	《节能减排"十二五"规划纲要》，《"十二五"节能减排综合性工作方案》（国发〔2011〕26号）
	20	工业固体废弃物排放量	吨	逆指标，国内同行业领先水平或与使用前相比降低20%以上	《节能减排"十二五"规划纲要》，《"十二五"节能减排综合性工作方案》（国发〔2011〕26号）

续表

一级指标	序号	三级指标	单位	指标值或要求	指标值来源
经济绩效	21	成本费用利润率	%	正指标，国内同行业领先水平或与一般水平相比提高20%以上	《企业绩效评价标准值2011》
经济绩效	22	生产成本降低率	%	正指标，国内同行业领先水平或与一般水平相比提高20%以上	《企业绩效评价标准值2011》
经济绩效	23	产品的市场占有情况	定性指标	能够符合社会消费需求偏好，处于同类产品的国内或国际领先水平	参考《企业绩效评价标准值2011》
经济绩效	24	技术对经济发展贡献情况	定性指标	增加产品的技术含量，提高产品附加值，加大技术对经济发展的贡献	"十二五"规划纲要、发达国家科技进步贡献率在80%左右
创新应用	25	通过相关行业部门技术鉴定或产品质量认证	定性指标	通过国家相关认证	国家节能产品认证、节水产品认证或环保产品认证或CQC标志认证，CCC标志认证以及ISO9000系列标准认证和ISO14000系列标准认证等
创新应用	26	符合国家重点支持高新技术和产品认定	定性指标	通过国家相关认定	关于编制《中国高新技术产品指导目录2009》的通知（国科办计〔2009〕61号）、《国家重点支持的高新技术领域》（国科发火〔2008〕172号）、《高新技术产品出口目录》（2006年版）

续表

一级指标	序号	三级指标	单位	指标值或要求	指标值来源
创新应用	27	技术和产品升级换代情况	定性指标	及时淘汰高耗能、高污染的设备、产品工艺,并及时运用先进节能减排技术替代传统技术,实现技术升级	《国家明令淘汰用能设备、产品目录》(国家发改委[2005]40号)
	28	技术或产品专利授权量	件	至少包含1件发明专利,或2件实用新型专利,或3件外观设计、或软件著作权或集成电路布图设计	"十二五"规划纲要、发达国家相关数据
	29	专利技术转化率	%	≥70%	"十二五"规划纲要、发达国家科技成果转化率在70%~80%

注:此标准的确定主要依据了以下文件:(1)国家发展改革委关于批准武汉城市圈和长株潭城市群为全国资源节约型和环境友好型社会建设综合配套改革试验区的通知(发改经体[2007]3428号);(2)《国家中长期科学和技术发展规划纲要(2006~2020年)》(国发[2005]44号);(3)《中华人民共和国节约能源法》(主席令[2007]77号);(4)《中华人民共和国可再生能源法》(主席令[2005]33号)(2007年修订);(5)《当前国家鼓励发展的环保产业设备(产品)目录(2007年修订)》(国家发改委[2007]27号);(6)《可再生能源产业发展指导目录》(发改能源[2005]2517号);(7)《国家发展改革委关于印发节能中长期专项规划的通知》(发改环资[2004]2505号);(8)《综合类生态工业园区标准》(HJ274-2009);(9)《循环经济评价指标体系》和关于《循环经济评价指标体系》的说明(发改环资[2007]1815号);(10)国际标准为国际相关组织与部门发布的标准,如世界卫生组织、世界粮农组织、经济合作与发展组织颁布的标准等。

表 9 – 7　　　　　　　　　定性指标量化赋值规则

评估等级（分数）	含义
优秀（5）	接近或达到该指标的最高水平
良好（4）	明显超过该指标的国家标准要求或者一般水平
一般（3）	达到该指标的国家标准要求或者一般水平
较差（2）	接近（但未达到）该指标的国家标准要求或者一般水平
很差（1）	明显未达到该指标的国家标准要求或者一般水平

②确定评估值的等级。结合企业的具体情况，计算出企业在相关方面是否达到国家的标准，并根据达标的情况确定企业所属的评估值等级。

③指标值的最终确定。根据表 9 – 6 所建立的赋值规则，最终确定企业相关评估指标的评估值。

（3）定量指标评估分值确定方法。对于定量评价指标，不需要请专家进行打分，可以根据收集的资料直接计算每个指标的值。但是在整个标准体系中，既有定量的评价指标，还有定性评价指标，所以必须将定性评价指标和定量评价指标进行统一。步骤如下：

①定量评价值的计算。根据搜集的资料，按照第三章中确定的指标值计算公式直接进行计算，可以得到定量评估指标值 $X_{ij}(i=1,2,\cdots,m;j=1,2,\cdots,n)$，其表示第 i 个一级指标的第 j 个二级指标的指标值。

②对评估值的归一化处理。考虑到量化指标包括正指标和负指标，正指标为越大越好的指标，而负指标则是越小越好的指标，为了进行比较必须进行统一化处理。

设定每个指标的最大值 MAX_{ij} 和最小值 MIN_{ij}，假设某定量指标的数值为 X_{ij}，最后可得到的归一化的值为 X'_{ij}。指标分为正指标和负指标。

$$\text{正指标：} X'_{ij} = \frac{X_{ij} - MIN_{ij}}{MAX_{ij} - MIN_{ij}} \quad\quad （式 9 – 13）$$

$$\text{负指标：} X'_{ij} = \frac{MAX_{ij} - X_{ij}}{MAX_{ij} - MIN_{ij}} \quad\quad （式 9 – 14）$$

③定量与定性指标的统一。根据归一化处理的方法，得到的定量评价指标的范围为 [0，1]，而根据定性指标的评价方法，其指标值的范围为 [1，5]，由于建立的评价指标体系大多数指标为定性指标，所以可以将定量指标采用一定的方式和定性指标进行统一。本书根据定性指标的标准，建立了定量指标评分表 9 – 7，根据归一化后的评估值，按照定量指标的赋值规则，可以对定量指标进行赋值（见表 9 – 8）。

表 9-8　　　　　　　　　定量指标赋值规则

评估等级（分数）	含义
优秀（5）	指标归一化得分 0.9 以上
良好（4）	指标归一化得分 0.7~0.9
一般（3）	指标归一化得分 0.5~0.7
较差（2）	指标归一化得分 0.3~0.5
很差（1）	指标归一化得分 0.3 以下

9.4　长株潭地区"两型"技术与产品发展水平研究与政策建议

9.4.1　长株潭地区"两型"技术和产品发展的必要性与基础条件

湖南省的"两型社会"建设是在老工业区和老城市群的基础上，建设全国资源节约型和环境友好型社会示范区的，在此基础上进行"两型"技术与产品的发展。

9.4.1.1　必要性

（1）时代发展要求。经济活动与生态环境之间的矛盾日益激化，资源短缺、环境污染、生态失衡等一系列问题已成为我国经济社会发展的"瓶颈"。针对我国资源与环境面临的严峻形势，中共中央关于构建社会主义和谐社会若干重大问题的决定：把资源利用效率显著提高，生态环境明显好转作为构建社会主义和谐社会的九大目标任务之一，专门提出了建设"资源节约型、环境友好型社会"。此后，国家批准武汉城市圈和长株潭城市群为"两型社会"建设综合配套改革试验区。在这样的背景下，湖南省开展"两型"技术和产品发展是符合时代发展需要。

（2）保护环境、节约资源的需要。2012 年湖南规模工业综合能源消费量 6 708.6 万吨标准煤，六大高耗能行业综合能源消费量 5 197.9 万吨标准煤，而在油、气、煤、电这四大重要的能源中，湖南省有 50% 左右的能源需要从外省购入,如煤炭是湖南省稍显丰富的资源,但其保有储量也仅为30.45亿吨,只占全国总储量的0.2%。恶劣的生态环境和紧缺的能源资源要求必须要有新能源、新技术的产生和环境承载能力的最大化。这些环境污染以及能源的缺乏严重制约着湖南省的经济、社会以及人民生活水平的提高,为实现湖南省经济社会的可持续发展、保护环境、实现资源的高效利用需要加大力度进行"两型"技术和产品发展。

(3)实现经济又快又好发展的要求。"两型"技术指服务于资源节约和环境友好的技术,是一种致力于减少污染、降低消耗、治理污染或改善生态的技术。"两型"技术创新的结果即为"两型"产品,该产品从概念、设计、制造、包装、运输、使用到报废处理的整个产品生命周期中,资源消耗和对生态的负价值尽可能小。在湖南省推行"两型"技术和产品是以创新的手段,利用科学技术的发展,在大力发展经济的同时,也非常严格的保护生态环境,亦要求经济社会发展不是以自然资源的牺牲为代价,非但不损害自然资源,更是能保护自然资源,促进自然资源的良性循环,为经济社会更好地发展储备资源。

9.4.1.2 区域基础条件支撑

(1)基本条件保障。2012年,全省地区生产总值22 154.2亿元,比上年增长11.3%,增速明显快于全国平均速度(7.8%),排名在全国10位;按常住人口计算,人均地区生产总值33 480元,增长10.7%,人均GDP超过了5 000美元的水平。2012年,湖南省省全部工业增加值9 140亿元,比上年增长13.5%,其中七大战略性新兴产业增加值增长20.2%。规模以上高加工度工业和高技术产业增加值分别增长18.1%和32%,增速比全省平均水平分别高3.5个和17.4个百分点,增加值分别占规模工业的34.6%和7.5%,比上年分别提高0.9个和2.2个百分点。

湖南省拥有长沙高新技术产业开发区、株洲高新技术产业开发区、湘潭高新技术产业开发区和益阳高新技术产业开发区4个国家高新区,长沙经济技术开发区、岳阳经济技术开发区、常德经济技术开发区、湘潭经济技术开发区、浏阳经济技术开发区和宁乡经济技术开发区6个国家经济技术开发区。2012年末全省有11个国家工程(技术)研究中心,国家工程研究中心9个,国家工程实验室11个,国家认定企业技术中心29个。承担国家各类科技计划项目792项,其中承担国家科技支撑计划项目48项,国家"863"计划项目45项。签订技术合同6 373项,技术合同成交金额44.2亿元,获得国家科技进步奖励成果15项、国家技术发明奖励4项、国家自然科学奖1项。专利申请量35 709件,授权量

23 212 件，分别比上年增长 21% 和 44.5%。2012 年末全省有普通高校 106 所，其中中南大学、湖南大学和国防科技大学为国家"985"工程重点建设高校，中南大学、湖南大学、湖南师范大学和国防科技大学为国家"211"工程重点建设高校，湘潭大学为省部共建重点大学。普通高等教育本专科毕业生 30.7 万人，研究生毕业生 1.6 万人。

在经济发展、人才培育和科技创新等方面，湖南省都具备研发"两型"技术和产品的基本条件，为推动湖南省"两型社会"发展的步伐奠定了坚实的基础，同时也为探索"两型"技术和产品的发展提供了有利的保障。

（2）国家政策的保障。首先，国家发展改革委关于批准武汉城市圈和"长株潭"城市群为全国资源节约型和环境友好型社会建设综合配套改革试验区的通知（发改经体〔2007〕3428 号）。"长株潭"城市群作为湖南省发展的核心地区，以长株潭"两型社会"综合配套改革实验区的建设为契机，坚持改进湖南省产业结构，调整空间布局，优化成长机制，利用"两型社会"建设的机会可带动湖南省的发展。2013 年 1 月出台的《循环经济发展战略及近期行动计划》明确提出了工业循环经济实施的路径。《湖南省"十二五"节能规划》明确"十二五"期间全省单位 GDP 能耗下降到 0.983 吨标准煤，比 2010 年下降 16%，实现节约能源 3 100 万吨标准煤以上。

同时，其他的相关法规和政策，如《国家中长期科学和技术发展规划纲要（2006~2020 年）》（国发〔2005〕44 号）、《中华人民共和国节约能源法》（主席令〔2007〕77 号）、《中华人民共和国可再生能源法》（主席令〔2005〕33 号）、《当前国家鼓励发展的环保产业设备（产品）目录（2007 年修订）》（国家发改委〔2007〕27 号）、《可再生能源产业发展指导目录》（发改能源〔2005〕2517 号）、《国家发展改革委关于印发节能中长期专项规划的通知》（发改环资〔2004〕2505 号）、《综合类生态工业园区标准》（HJ274-2009）、《循环经济评价指标体系》和关于《循环经济评价指标体系》的说明（发改环资〔2007〕1815 号）等多条政策、规划、法律、法规的发布推动和保护了湖南省"两型社会"发展，进而促进了"两型"技术和产品的发展。2012 年发布的《创新型湖南建设纲要》，明确提出了必须依靠科技创新，突破资源节约、环境治理和生态建设等一系列关键技术，为绿色湖南提供科技支撑。

9.4.1.3 区域"两型社会"建设成就支持

湖南省已形成的"两型"共识、推进试验区建设的力度以及"长株潭"地区的辐射带动效应前所未有。长沙地铁、城际铁路长株潭线和湘江长沙综合枢纽工程开工建设，湘江风光带建设加快，"三网融合"试点启动，国家超级计算长沙中心、航天科技城开工建设,五大示范区建设全面启动,为"两型"技术和产品发展提供经济和技术基础。

(1)资源节约。从2008以来,湖南地区在能耗方面的各项指标都有了很大的改善。从图9-20中可以清楚地看到,2008～2011年,湖南地区的单位GDP能耗在逐年降低,其中相较2008年湖南的单位GDP能耗在2011年有0.3吨标准煤/万元的降低,可见湖南地区在采用"两型社会"建设的效果是十分明显的。

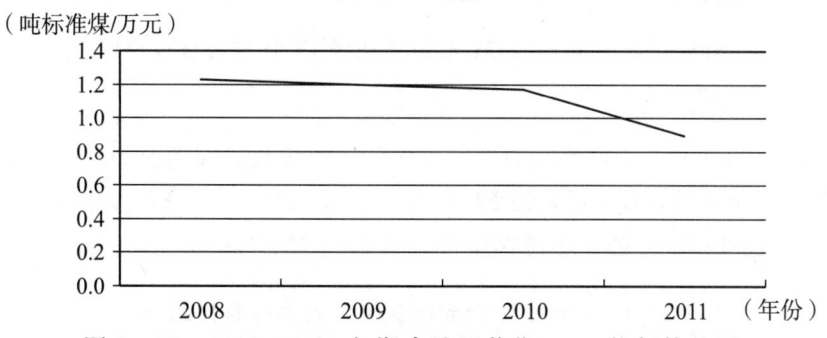

图9-20　2008～2011年湖南地区单位GDP能耗趋势图

资料来源:《湖南省统计年鉴》。

此外,湖南地区单位规模工业增加值能耗量从2008～2010年连续三年都呈现明显的下降趋势(见图9-21),单位规模工业增加值能耗由2008年的1.98吨标准煤/万元降低至2011年的不足1吨标准煤/万元。

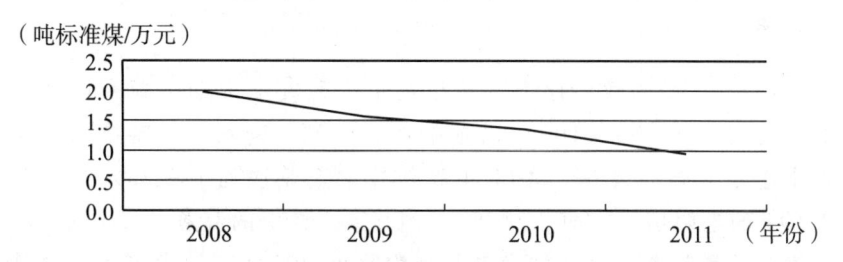

图9-21　2008～2011年湖南地区单位规模工业增加值能耗趋势图

资料来源:《湖南省统计年鉴》。

(2)环境友好。自2008～2010年的三年间,湖南地区COD排放量逐年递减(见图9-22),与2008年相比,湖南省2010年的COD排放量减少了近10亿吨,但是2011年COD排放量又有了显著的提高。

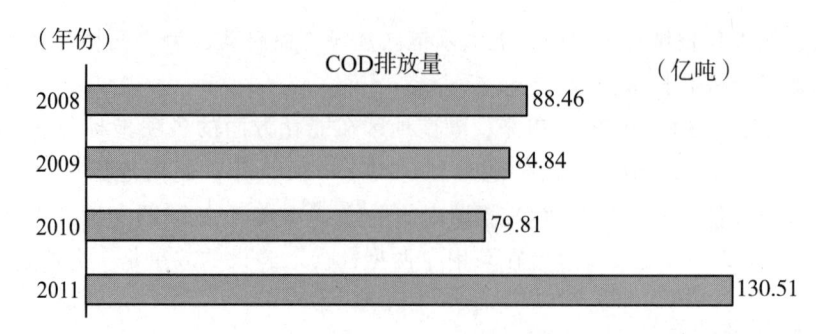

```
(年份)              COD排放量                    (亿吨)
2008  ████████████████████████████ 88.46
2009  ███████████████████████████  84.84
2010  ██████████████████████████   79.81
2011  ██████████████████████████████████████ 130.51
```

图 9-22　2008~2011 年湖南地区 COD 排放量情况图

资料来源：《湖南省统计年鉴》。

2008~2011 年，湖南地区的工业固体废弃物排放量和工业 SO_2 排放量两项指标从整体上都具有较为明显的下降趋势（见表 9-9），工业固体废弃物排放量由 2008 年的 26.53 万吨下降到 2011 年的 9.32 万吨，只有原来的三分之一。

表 9-9　2008~2011 年湖南地区工业固体废弃物和工业 SO_2 排放情况

		2008 年	2009 年	2010 年	2011 年
工业固体废弃物排放量	湖南	26.53	18.60	16.37	9.32
	全国	781.75	710.45	498.20	433.31
工业 SO_2 排放量	湖南	67.48	64.94	62.74	63.62
	全国	1 991.40	1 865.90	1 864.40	2 217.91

资料来源：《湖南省统计年鉴》和《中国统计年鉴》。

（3）创新应用。"两型社会"建设在很大程度上推动了湖南地区高新技术产业的发展（见表 9-10）。以湖南地区为例，近几年高新技术企业的数量呈现出逐年上升的势头，2011 年高新技术企业达到了 2 269 个，是 2006 年的 1 194 的近两倍。同时，2008~2011 年，湖南的高新技术产业总产值、高新技术产业增加值、高新技术产业销售收入以及高新技术产业利税总额四项指标，从整体上都具有明显的上升。

表 9-10　2008~2011 年湖南地区高新技术产业总产值情况

	2008 年	2009 年	2010 年	2011 年
高新技术产业总产值变化情况	—	27.51%	43.02%	51.81%
高新技术产业增加值变化情况		29.87%	36.72%	48.03%
高新技术产业销售收入变化情况		24.77%	41.21%	55.75%
高新技术产业利税总额变化情况		40.99%	40.52%	42.57%

资料来源：《湖南省统计年鉴》和《中国科技统计年鉴》。

湖南地区"两型社会"建设也促进了大中型工业企业新产品以及专利发明的发展。从表9-11中可以看出,企业专利申请书增幅较大,特别是2009年和2011年,增幅都在50%以上,而专利拥有数在2010年达到7 739项,增幅也十分明显。

表9-11 2008~2011年湖南地区专利情况　　　　　　　　单位:件

	2008年	2009年	2010年	2011年
大中型工业企业专利申请数	1 865	5 610	6 652	9 576
大中型工业企业拥有专利发明数	1 489	7 067	7 739	5 866

资料来源:《湖南省统计年鉴》。

(4)经济效益。湖南地区自2008~2011年,成本费用利润率的指标整体上呈逐年递增的趋势,从整体上具有较为明显的上升趋势(见图9-23)。2010年和2011年湖南的成本费用利润率都在8%以上,相较2008年有30%左右的增长。这从一定程度上说明"两型社会"建设有助于提高企业的经济效益,扩大企业的经营成果。

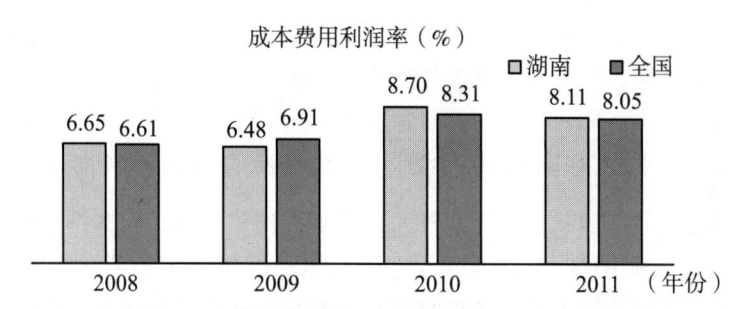

图9-23 2008~2011年湖南地区大中型工业企业成本费用利润率情况图
资料来源:《湖南省统计年鉴》和《中国科技统计年鉴》。

9.4.2 长株潭地区"两型"技术和产品发展的思路和目标

建设"两型社会"必须通过"两型"技术和产品的整体性突破,因此理清"两型"技术与产品的发展思路,明确"两型"技术与产品的发展目标,对于湖南省"两型"技术和产品的发展,显得尤为关键。

9.4.2.1 长株潭地区"两型"技术和产品的发展思路

在遵循"两型社会"建设基本思路的基础上,长株潭地区"两型"技术与产品的发展可遵循以下发展的思路。

（1）科学性。"两型"技术与产品的发展过程中，必须始终坚持科学性这一原则。首先，在界定"两型"技术与产品时，应根据相关的理论，例如可持续发展理论、循环经济理论、低碳理论等；其次，在设计"两型"技术与产品评价体系时，应选取合理、合适、全面的指标，并需通过实证检验；最后，在"两型"技术与产品的设计、生产过程中，应采用科学的方法，对其进行生产制造。

（2）成本效益。"两型"技术与产品的发展，在产生经济效益、推动地区经济发展的同时，也需要很大的成本投入，包括资金、人力、物力等各方面的投入。因此，"两型"技术与产品的发展需要运用科学的方法对其成本及产生的效益进行衡量，遵循成本效益的原则。

（3）统筹协调。"两型"技术和产品的发展不单是政府的事，也需要企事业单位和社会公众的大力支持；不单是经济领域相关部门的事，也涉及社会生活领域的各个方面。应加强对"两型"技术与产品的标准体系的宣传，加强部门联动，围绕标准体系出台一系列支持政策，推动各行各业积极向标准要求靠拢，进一步提高社会各界对标准体系的认知度、认可度、执行度。

（4）合理性。"两型"技术与产品的发展需要结合湖南省的实际情况而进行，在某些条件不足的情况下，应对"两型"技术与产品的发展做出相应调整，选择与实际情况相匹配的发展战略和方法，不能墨守成规，一意孤行。

9.4.2.2 长株潭地区"两型"技术和产品的发展目标

根据湖南省"两型社会"建设的总体要求和发展目标，长株潭地区要全面启动"两型"技术和产品标准体系建设，加快体制机制创新，到2015年初步建立有利于"两型"技术和产品发展的体制机制框架和政策法规体系，传统技术和产品改造升级取得明显进展，高新技术产业发展取得重要突破；建立和完善"两型"技术和产品支撑体系，基本实现传统技术和产品两型化、新兴技术和产品规模化、清洁生产无害化，到2020年，基本建成资源节约、环境友好、发展高效、特色鲜明、优势突出的现代"两型"技术和产品发展体系。具体包括以下几个方面：

（1）区域经济大幅提升。通过发展"两型"技术和产品，加速高技术产业的建设，提升湖南省企业的核心能力，促进其与其他地区企业甚至国际企业的竞争，带动湖南省经济建设。至2015年，使湖南省工业增加值年均增幅达到15%以上，人均GDP比2010年提升80%以上，高技术产业增加值占GDP比重相较2010年增加8%以上。

（2）资源、能源消耗大幅降低。通过发展"两型"技术和产品，改进设计、生产、制造工艺,减少原材料的使用和损耗,提升单位能源的利用率。至 2015 年,万元 GDP 能耗比 2010 年下降 15% 以上,规模以上工业万元增加值能耗比 2010 年下降 20%,工业固体废物综合利用率比 2010 年提高 5 个百分点。

(3) 环境污染大幅改善。通过发展"两型"技术和产品,研发低污染甚至无污染的技术和产品,采用低污染甚至无污染的能源,降低对环境的破坏。至 2015 年,主要污染物排放强度实现低于全国平均水平,城市空气质量达标率 93% 以上,饮用水源达标率达到 98%、水功能区水质达标率达到 95%,单位 GDP 二氧化碳排放量降低 15% 以上。

9.4.3 长株潭地区"两型"技术与产品发展评价案例分析

9.4.3.1 长株潭地区"两型"技术和产品调研概况

为了收集案例和数据的一手资料,进一步了解长株潭地区"两型"技术和产品发展的现状和问题,课题组分别对长沙、株洲和湘潭地区的企业进行了调研访谈。由于前期准备比较充分,且得到了相关部门和领导的大力支持和帮助,调研工作进展较为顺利。访谈内容除课题组之前准备的问题外,还在访谈过程中根据负责人的介绍和企业的实际情况,增加了相关的其他问题,并对问题的内容和顺序进行了灵活处理。

(1) 株洲、湘潭、长沙调研概况。课题组于 2011 年 10 月到 12 月分别赴株洲市天元区、湘潭市九华区及长沙市进行了调研走访。调查的主要行程安排如表 9-12 所示,访谈对象主要是企业的高级管理人员和相关的高级技术人员。通过与企业相关负责人的访谈,了解了长株潭地区"两型"技术和产品发展概况,同时获得了近 60 份调研问卷和若干的文件资料。

表 9-12　　　　　　长株潭地区调研的主要行程安排

地区	企业名称	调研时间	企业类型	访谈对象
株洲地区	株洲 A 切削	10 月 9 日上午 9:00~10:00	先进制造产业	生产部邓部长
	株洲 B 阀门	10 月 9 日上午 10:30~11:30	先进制造产业	技术部主任
	株洲 C 新材	10 月 9 日下午 2:30~3:30	新材料产业	技术部长、规划部长、许博士
	株洲 D 环保	10 月 10 日上午 9:00~10:00	节能环保产业	熊副总经理
	株洲 E 生物	10 月 10 日上午 10:30~11:30	生物医药	欧阳总经理

续表

地区	企业名称	调研时间	企业类型	访谈对象
湘潭地区	湘潭 A 机械	11 月 7 日下午 14：30～15：30	先进装备制造业	邓总经理
	湘潭 B 钢构	11 月 7 日下午 15：40～16：30	先进装备制造业	邓主任
	湘潭 C 太阳能	11 月 7 日下午 16：40～17：30	新能源产业	周副总、黄副总
	湘潭 D 高科	11 月 8 日上午 09：20～10：10	新材料产业	陈部长
	湘潭 E 机电	11 月 8 日上午 10：20～11：00	先进装备制造业	董事长
	湘潭 F 电气	11 月 8 日上午 11：10～11：50	先进装备制造业	副总经理
长沙地区	长沙 A 电能	11 月 24 日上午 9：30～10：00	先进装备制造业	总经理、李工程师
	长沙 B 环保	11 月 24 日下午 14：40～15：40	节能环保产业	技术副总、王主任
	长沙 C 新材料	11 月 24 日下午 17：00～18：00	新能源产业	技术总监
	长沙 D 钛业	11 月 25 日上午 10：30～11：30	新材料产业	黄总、卢工

注：根据被调研企业的要求，隐去了企业的真实名称。

（2）调研成果和不足。通过调研，了解了企业对"两型社会"构建中技术和产品标准的最新意见，明确课题研究的思路和方向。首先，调研进一步表明"两型社会"理念已经深入企业，从而坚定了课题研究的实践价值，同时通过资料的整理对研究构思的方向提供了更为明确的方向。其次，进一步丰富了案例研究的资料；课题组利用一切机会搜集企业经营、产品、规章、规划等方面的基本情况和基础数据，在对企业访谈过程中特别注意企业相关资料的索取；通过获取企业简介、企业规章、企业技术研发情况、企业的环保节能技术和研发情况等相关资料，分析企业在"两型"技术和产品研发与销售过程中的经验。同时，针对企业的具体情况提出了不少自己的看法和见解，其核心仍然是围绕"两型"技术研发、技术合作、相关的法规和实施的建议等方面展开，进一步提升了课题研究的深度。

但是，由于"两型"技术和产品的核心内容多数会涉及企业的商业机密问题，企业负责人对此相当的谨慎，会岔开话题，使得访谈问题难以深入；同时，对于企业内部的关于"两型"技术和产品的一些规章和制度文件等资料，企业也以各种理由表示无法对外提供，所以调研直接收集到的企业文件资料相对比较少。

9.4.3.2 长株潭地区企业"两型"技术与产品发展水平分析

考虑到"两型"技术与产品的发展主要体现在资源节约、环境友好、经济效益和创新应用四个方面，故以下将从这四个方面进行分析。为了分析的需要，以下只选择了调研中的四家公司进行分析，对确定的4家企业分别以A、B、C、D代表各个企业，选择的企业主要介绍如表9-13所示。

表9-13　　　　　　　　调研案例企业概况

研究对象	企业A	企业B	企业C	企业D
行业	新能源	环保产品	新型装备制造	新材料
技术员工比例	10%以上	10%以上	10%以上	10%以上
企业性质	民营	民营	民营	民营
主要技术	节能和新能源技术	治污环保技术	钢结构建筑技术	高分子新材料技术
主要产品	太阳能产品、节能产品、薄膜产品和铝合金产品	工业厂房室内环境治理、大气污染治理、重金属污染治理	大型钢结构工程	减振降噪产品、复合改性材料和特种涂料及新型绝缘材料

A太阳能公司是某香港上市公司的子公司，专注于节能和新能源应用系统解决方案，致力于节能幕墙工程、太阳能建筑、智能微电网、能源自给小屋的方案设计、加工装配和系统集成，主要产品包括太阳能产品、节能产品、薄膜产品和铝合金产品，如光伏路灯、光伏水泵、太阳能集热器等。

B环保科技公司是一家集环境规划、评价、运营、检测，环保产品研发、设计、制造、销售及安装服务于一体的高新技术环保企业，其主要技术与产品涉及工业厂房室内环境治理、大气污染治理、重金属污染治理、垃圾焚烧治理、固体废弃物处理、淤泥治理、除尘脱硫脱硝脱汞、有机废气处理等方面。

C钢结构公司已取得钢结构专业承包壹级资质，钢结构专项设计乙级资质，并通过了ISO9001质量管理体系认证，是中国建筑钢结构协会理事单位和建筑钢结构定点制作与安装企业，公司承建了远大铃木、涟钢焦炉山河智能、冷水江天宝等200余项中、大型钢结构工程的设计、制造和安装。

D新材料公司主要从事高分子减振降噪产品、高分子复合改性材料和特种涂料及新型绝缘材料三大系列产品的研制开发、生产、销售和服务。产品应用于铁路机车车辆、铁路桥梁、城市轨道交通、风力发电、工程机械、工业装备等行业。现已建成高分子减振降噪弹性元件生产基地、风电叶片专业化生产基地和特种密封件产品生产基地等。

（1）资源节约方面。"两型"技术和产品考核的资源节约关注的是单位产品资源消耗、单位资源的产品产出效能以及废物（水、气）的综合回收再利用率。调研发现企业在资源节约方面都采取了具体的措施，将这种思想融入了企业管理和运营的各个层面。

A 太阳能公司。首先，太阳能作为完全无污染的可再生能源，公司主要的技术和产品本身都能在很大程度上提高太阳能的吸收及利用效率，这变相地降低了其他一些不可再生能源的消耗，如煤炭、石油等；其次，公司产品在设计过程中，就充分考虑资源的充分利用问题，采用先进的设计理念与方法，使产品在设计这一环节就达到了资源的有效节约；再者，公司产品在生产制造过程中，也使用了一整套先进的质量控制方法，从而有效地降低了产品不合格率，对于不合格产品及废气原料进行专门收集及再回收处理，提高原料的综合利用率；最后，就长远来看，公司产品在使用寿命到期后，还能进行十分有效地回收，对产品进行拆分处理后，还能用于其他产品的生产制造过程中，这样可以更好地节约资源。

B 环保科技公司。公司在生产制造过程中，消耗的资源主要是原材料和电能。在原材料的消耗方面，第一，公司采取严格的质量控制，在设计、生产制造的各个环节中严把质量关，提高产品的合格率，以最优的资源制造最多的产品；第二，公司对于产生的不合格产品，首先会对其进行重新设计、改造，以改造为合格品，对无法改造的也会对废料回收处理，进行二次利用。在电能的使用方面，公司主要对办公室用电及生产用电进行严格控制，实施每月考核，年终统计，从而降低单位产品能耗，提高单位能耗产出。

C 钢结构公司。钢材建筑利用钢材料作为建筑材料，其最大特点就在于它的材料可以循环利用，其单位产品消耗量取决于建筑设计图纸。C 钢结构公司建设过程中，在裁定、焊接的过程中通过各种方式提高钢材的利用程度，首先是精确的材料设计和测量，使每一段钢材得到充分的利用，减少无用寸头；其次是对于无法再利用的寸头进行回收利用，提高综合利用率。

D 新材料公司。D 公司实现资源节约通过两条途径实现：加强原材料的充分利用，关注产品在生命周期终结时的处理。以桥梁支柱为例，承重用螺旋管是桥梁支柱的主要材料，在工程师设计桥梁支柱的过程中，通过精确的计算、设计、裁定、利用每一寸螺旋管，实在无法再利用的零碎寸头则回收，再融化铸造；以风电叶片为例，主要材料是环氧乙烯基酯树脂，通过在设计产品生产时考虑风电叶片在拆卸回收时的处理，使其尽可能地在自然环境中自动化解，减少产品带来的二次垃圾。

但是调研同时发现，企业在进行资源节约方面的积极性很高，主要原因在于这对于提高企业经济效益非常重要，但是资源节约的关键还是技术创新。企业在日常管理中基本都已经建立了比较完善的节能降耗的规章和制度，但是技术创新方面的技术和人才的制约成为企业在生产中节约资源的主要障碍。

(2) 环境友好方面。环境友好主要考虑的是噪声、核辐射与电磁辐射、废水、废气以及固体垃圾的排放，使得环境污染控制由末端治理向全过程转变，从直接排放向循环利用转变；强调可以通过用安全无毒的、不损害环境的原材料和资源代替有毒和损害环境的原材料和资源。调研发现，企业在环境友好方面都按照国家的相关规定采取了具体的措施。

A 太阳能公司。首先，太阳能是一种无污染的能源，公司产品能够有效地提高太阳能的吸收利用效率，客观上减少了其他污染能源的使用量，从而减少对环境的污染和破坏。再者，在生产制造过程中，原材料都是无污染的，使用到期后还能进行回收，避免了在报废过程中产生污染，而且公司已顺利通过了环保14000 的认证，每年都投入 1 000 多万用于环保治理，严格控制"三废"的排放。此外，公司还每年制定环境保护目标，评估业务活动对环境的影响并不断地监察和改善，同时对公司全体员工进行环保知识的培训和普及，也积极地与客户、供应商及其他人士分享环保经验，共同做好环境保护的工作。

B 环保科技公司。公司主要从事环保产品的设计与研发，以及环保器材的装配，这些都是为保护环境的。产品生产环节并不会对环境造成特别大的污染，废水以及噪声污染都基本不存在，最大的污染主要集中于对环保器材的涂漆过程中产生的废气污染。在涂漆过程中，主要是油漆等会产生相对较重的刺激性气体，对环境产生影响。对此公司主要采取的措施有：第一，将涂漆工作集中安排在一个工作车间内，这样可以有效地减少废气的扩散范围；第二，公司采用了一套先进的空气处理装置，能够将涂漆过程中产生的废气进行净化处理，达到环境保护的标准后再排放至室外。

C 钢结构公司。钢结构行业有抗震性能好、符合绿色环保可持续发展战略等特点。钢结构中大多数构件需要现场安装，属于劳动密集型行业，现场焊接量较大，在安装建筑期间产生大量的噪声，然而由于一般的施工场地有各种机械声音混合，目前并没有采取有力措施减轻施工过程的噪声污染。企业提出，如果想让钢结构行业向产业化方向发展、向精品工程发展，就应改变构件之间的连接方式，如采用螺栓或暗扣等能够体现先进生产力的连接方式。

D 新材料公司。公司产品是处理污水、废气等设备的原件。例如反渗透膜是实现水资源循环利用的工具，通过过滤、净化污水，使这些水资源在工业生产的过程中可以被再次利用。从产品生产过程来看，D 新材料公司通过必要手段实现生产环节污染物排放控制在可承受范围之内。企业通过凝练废气、将工业废水采用"化学沉淀＋混凝沉降＋气浮"组合处理工艺进行处理后与生活污水一并进行生化处理，以及噪声和固体排放物的综合处理手段，实现生产过程的环境友好。

但调研同时发现，企业在进行环境友好方面的积极性实际上并不高，基本上完全按照政府环保部门的要求进行，并没有高于政府要求的更加严格的环保手段。分析发现，主要原因在于这对于提高企业经济效益没有巨大的影响，基本是完全的成本投入，且治污的设备购置成本和运行成本都比较高。从专业从事环保技术和产品开发的企业调研中发现，产品的销售面临较大的挑战，政府的支持力度不足，这也印证了环境友好方面的问题。

（3）经济绩效方面。环境友好主要是企业研发和使用"两型"技术和产品的实际经济收益，强调大幅度降低生产成本和治理成本，提高技术竞争力和发展潜力，做到节能环保与经济发展相协调。调研发现企业在经济效益的实现基本都强调的是在节能和降耗方面，在环保方面体现的并不明显。

A 太阳能公司。随着能源及环保问题日益受到世界各国的关注，太阳能作为无污染的可再生能源，越来越得到全世界的青睐，而公司在国内是这个朝阳行业的领先者，具有先发优势，很多国家标准和行业标准都是根据公司的标准来制定的；政府政策对公司也有一定的扶持，因此，公司在行业中市场占有率相对比较高，收益也比较不错。公司还未上市，以其总公司 2010 年的报表来看，其中反映负债能力的流动比率和资产负债率分别为 2.89% 和 38.8%，反映投资回报能力的总资产报酬率、净资产收益率和总资产收益率则分别达到了 20.65%、22.77% 和 15.12%，反映盈利能力的每股收益、销售净利率和税前利润率分别是 51.83 港元、12.15% 和 15.72%。从以上指标都可以看出，公司在生产制造太阳能相关产品过程中能获得较高的经济效益，促进公司的发展。

B 环保科技公司。其他企业对于环保的意识虽然有了一定的增强，但是由于环保产品的投入成本较高，短期内没有收益甚至是亏损的，很多企业不太愿意购买和使用节能环保产品，只是出于政府政策的要求而购买使用，现阶段主要依靠政府对于购买使用节能环保产品的企业进行补贴等鼓励政策来达到更多企业购买和使用环保产品的目的。据调研了解，目前公司的效益相对不是特别理想，只是处在一个基本利润水平上；同时，由于环保行业的投入成本较高，费用利润率相对较低，这也在很大程度上限制了公司的发展。

C 钢结构公司。2010 年 C 钢结构公司实现工业产值 5.24 亿元，预计 2011 年可实现产值 7 亿元，且在湖南已经具有一定的市场占有率，发展前景广阔。但是公司在产品销售上还面临很大困难，最大的障碍是客户观念，很多人认为钢材结构的建筑不安全,因此不敢大规模地应用钢材建筑,如果这种观念不改变,对钢材结构的推广产生很大的困难;同时,由于公司处于内陆城市,与沿海城市的钢构公司相比,人员和资金上都存在很大弱势,很多情况下甚至会因为不能满足客户的时限要求而无能为力。公司高层认为,在中国,要改变这种观念的有效措施是政府采购,通过建构大量的政府采购让市场相信钢材结构的安全性。

D新材料公司。D公司是上市企业,其经济效益在年度财务报表中有充分显示。由于与新能源利用产品有关,公司有着巨大的经济增长空间,但这也需要大量的研发资金投入。公司的相关负责人提出,希望得到政府的更大支持,具体支持途径主要有降低税率、加大政府采购力度支持朝阳产业发展;另外,给企业提供更多的展示平台,例如在株洲政府打造"东方莱茵河"工程上,给予公司更多的扶持。

调研同时发现,不同的企业在经济绩效上有明显的差异。节能类的企业基本都实现了较好的效益,这已经得到了多数企业的认同;但是以环保为主要产品的企业则面临巨大的发展难题,主要的推动力量在于政府的环保政策执行力度。

(4) 创新应用方面。创新应用方面强调在传统技术和产品工艺的基础上进行创新实现技术突破和产品革新,形成"两型"技术与产品创新体系,提高自主创新能力。调研发现企业在创新应用方面都采取了许多措施,但是发现掌握核心技术的企业不多。

A太阳能公司。公司能够成为太阳能行业的领先者,首先是政府相关政策的扶持,最主要的还是公司在技术方面不断进行创新。公司设立有专门的研发部门,负责技术与产品的研发工作,公司每年都投入大量的人力、物力、财力用于新技术的引进与研发,在技术上不断领先,做到真正的"领头羊";公司拥有20多项国家级、省级专利。此外,公司也经常与国内外著名高校和研究机构合作,除了合作共同研发太阳能领域的先进技术外,还将公司员工派往高校和科研机构深造,提高员工的技术创新能力,从而增强公司的技术创新能力。

B环保科技公司。公司一直坚持以技术创新作为公司发展的主要途径,拥有自己的新产品研发院,是新产品开发、国际技术合作、人才服务辐射的支撑平台,同时公司还参与了湖南省火炬计划项目,拥有多项国家级、省级专利技术。公司也积极与国内外知名大学进行产学研合作:与清华大学联合研究了应用低温等离子体净化有机废气的产品,与湖南大学联合开发了新型脱硫脱氮技术。

C钢结构公司。目前钢构行业的主要创新在于连接方式的创新,组装式的连接方式不仅不会产生焊接过程的噪声污染,同时拆卸更便捷,拆卸之后的材料更便于二次利用。为了提高企业的技术能力,公司在注重硬件设施建设的同时,更加注重对企业人才团队的培养与建设,现已聘请国内知名专家为顾问,并与国内著名大学建立了校企合作关系，成立钢结构产业研发中心，为不断培养高素质的专业化人才搭建平台。集团公司现有员工 400 余人，其中 40% 以上为专业工程技术人员，中高级职称人员占 30% 以上。

D 新材料公司。公司核心技术是高分子技术、工艺装备技术、系统与结构技术以及检测分析技术，共取得专利 142 项。这些成果来源于公司在设施、人才方面的实力以及与高校开展的广泛合作。设施方面，D 新材料公司技术中心于 2004 年获批升级为国家认定企业技术中心；人员配备方面，技术中心集聚了一批结构合理、经验丰富、锐意创新的高素质科技人才队伍，现有博士 37 人、教授级高工 4 人、高级工程师 9 人、工程师 21 人。D 新材料公司与多所国内高等院校合作成立工程硕士培养基地，并被批准为"湖南省研究生培养创新基地"，共培养出优秀博士、硕士研究生 20 余人，2003 年获准设立企业博士后工作站。

虽然调研中，公司高管都积极展示了公司在技术和产品研发方面的成就，但是掌握核心技术和核心能力的企业较少，多数企业都处于引进和改造国外先进技术进行的二次创新阶段，原创性的极少。究其原因，主要是技术人才和资金的制约，但是企业却因为利益问题并未与其他企业进行实质性的合作。

9.4.3.3 长株潭地区"两型"技术和产品发展案例启示

调研发现，不同规模和行业的企业，"两型"技术和产品发展的因素不同，企业对长株潭地区发展"两型"技术和产品也都提出了期望。

（1）"两型"技术与产品发展的主要制约因素。根据"两型"技术和产品的内涵特征，可以将其分为两种类型，资源节约为主型和环境友好为主型。资源节约为主的技术与产品强调通过开发和使用新型可再生清洁能源、新材料、新产品、新工艺，提高资源利用效率；环境友好为主的技术与产品强调从生产到使用直至废弃、回收处理的各个环节都对环境无害或危害最小，也包括用于监测和治理环境污染的相关技术和产品。由于强调的重点不同，所以在研发中受到的制约因素也存在较大的差异。

对于资源节约型技术与产品，由于其有助于提高经济效益，所以消费者在进行资源节约方面的积极性较高。多数节能技术与产品初始投入成本偏高，短期内没有收益甚至是亏损的，企业迫于资金压力不太愿意购买和使用，限制了技术更广泛的推广。所以，资源节约型技术与产品的研发仍然需要借助于政府的政策扶持，现阶段的市场推动力主要是政府的补贴和鼓励政策。调查显示，即使通过 EMC（合同能源管理）工程进行节能技术与产品推广的企业也面临市场开发的难题，企业的接受度明显偏低。我国 2010 年专门出台《关于加快推行合同能源管理促进节能服务产业发展意见的通知》，对合同能源管理的实施进行财政支持，湖南省也出台了《合同能源管理财政奖励资金管理暂行办法》，鼓励企业积极参与和实施合同能源管理，推进此模式在节能环保领域的发展。在国家共公布的四批备案节能服务公司中，湖南省达到125家，在中部五省中排名第一，其中80%的备案企业位于长株潭"两型"实验区，成为资源节约型技术与产品发展的重要平台。因此，资源节约型技术与产品的市场接受不是问题，关键是企业的自主创新能力，如何通过降价和提质来扩大市场需求，如图9-24所示。因此，企业要根据自身实际特点制定知识存量增长战略，通过知识吸收、知识创造等方式促进技术核心能力的形成和提升。

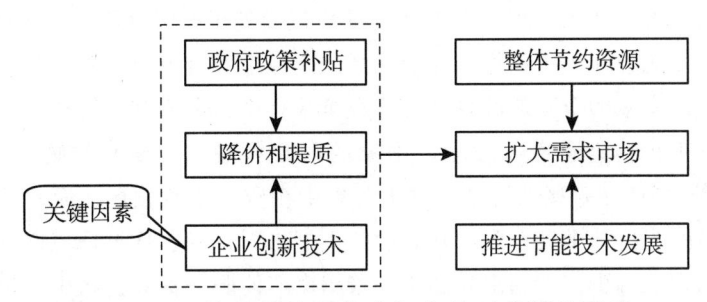

图9-24　资源节约型技术与产品研发制约要素

对于环境友好型技术与产品，市场接受度则成为一个关键问题。按照相关政策，"十二五"期间我国有3.5万亿的环保市场，由于环保技术与产品的使用对于企业来说，多属于完全的成本支出，对于企业来说没有经济效益，且设备购置成本和运行成本都比较高，从根本上企业缺乏采用环保技术与产品的动力，其市场接受程度明显偏低，市场主要依赖于政府在环保领域的强力执法。调研中企业提出，解决市场需求问题主要有两种途径：一种途径是研发企业通过技术创新实现节能与环保的统一，如通过对废气二氧化硫的处理回收制成亚硫酸钠，不仅可以治理污染还可为企业带来经济效益，但环境友好型技术与产品研发企业的自主创新能力有限，研发资金和高端人才都十分匮乏。另一种途径是通过法律强制手段，强制企业按照已有的废水废气等的污染物排放标准进行生产经营，并对企业的违法行为进行重罚，但目前地方政府由于经济效益和地方保护主义的考虑，环保法律的执行难以落实。同时，政府财政政策给予环保技术与产品应用的补贴力度有限，如电厂可以得到治污减排的电价补贴，但是其他的厂商，如钢铁厂则无法得到政府补贴。环境友好型技术与产品的研发企业虽然可以通过技术与产品研发降低技术与产品的成本和价格，但关键是政府的环保执法落实力度，只有环保法律得到落实才能保障环保类技术与产品的市场，如图9-25所示。

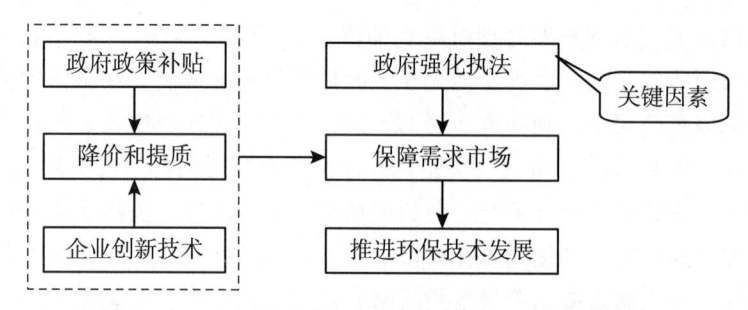

图 9-25　环境友好型技术与产品研发制约要素

从目前来看，整个"两型"技术行业发展尚处于初级阶段，企业规模整体偏小，技术研发能力和水平偏低，行业发展缺乏标准和规范，无序竞争现象比较明显，如在我国实施的合同能源管理支持政策执行中，由于合同能源定额的计算缺乏标准，不少小企业通过造假套取国家的财政补贴。从现有的政策导向来看，"两型"技术与产品直接的财政补贴主要集中在资源节约领域，而对环境友好型技术与产品的支持却十分有限。从企业的类型来看，专业从事环境友好型技术与产品研究的企业偏少，从湖南省的 125 家国家节能服务备案公司中可以发现，绝大部分属于专业的资源节约服务企业，主要业务涉及环境友好的只有 22 家。对参与合同能源管理的资源友好型技术与产品企业的调查发现，多数需要通过循环经济模式，即进行治污的同时实现节能，可以说资源节约与环境友好业务实现统一发展是环境友好企业发展的重要途径，但这种技术的综合性对企业的研发能力和水平具有更高的要求，多数中小企业都难以实施。"两型"技术与产品研发的制约因素之间是相互影响和密切相关的，如政府政策和企业的研发能力制约市场需求，市场需求又可制约企业的研发，并最终影响到政府政策。这些因素的相互强化，最终使得"两型"技术与产品研发的市场效益实现困难，企业难以承受其外部性带来的成本压力。

整体来看，虽然"两型"技术和产品研发中市场需求、企业自身和政府政策都很重要，但是这些因素的重要性不仅在行业存在差异，因素之间也存在差异。从重要性上来看，决定性的因素是政府，其次是企业自身的技术创新能力，而市场的接受程度则重要性相对较低，因为市场能否接受的关键是"两型"技术和产品本身的适用性和政府的相关规章制度。因此，"两型"技术与产品研发的复杂性和系统性要求其研发必须实现协同创新，必须通过强化企业、政府、消费者、其他组织等相关主体的协作，整合各种创新资源，建立协同创新体系，才能更好地推进"两型"技术与产品的研发。

（2）企业对发展"两型"技术与产品的主要期望。对于未来"两型"技术和产品的发展，不少企业都提出了产业政策、规划等对"两型"技术和产品发展的影响，认为政府整体的经济发展思路和方式非常重要。

企业希望政府在节能环保支持方面的政策和措施要落实，能够切实地给企业带来益处，特别是在技术改进财政补贴的配套和税收优惠的落实方面。政府的"两型"办要加强与其他部门的协调和实质联合，要整合好区域资源，对先导性的技术和企业要有实质的支持。在企业申报节能环保技术与产品的研发项目等对节能环保技术与产品发展有促进的事的过程中，政府相关部门应该加快审批制度，为节能环保技术与产品的发展提供后援保证。

政府要做好产业布局和空间布局。对于某些污染比较严重的产业应在区域内进行集中处理，比如电镀、油漆涂层和铸造等产业，通过专业化生产和集中处理实现节能环保。政府应重点从大企业着手，鼓励大企业进行节能环保技术与产品的研发、使用，再由大企业带动中小企业发展。政府要完善在减排方面的配套政策支持，制定"三废"排放标准，不断落实环保检查，对达不到要求的企业重罚；重视整体规划，在建立企业的初期就已经规划好能源获取、"三废"处理等问题。

资金上的支持，包括直接资金支持和间接资金支持。直接资金支持主要指在节能环保技术与产品方面多给予直接的补贴、设立研发课题项目供企业申报等。间接资金支持则主要指变相地让企业获得资金，比如在征收所得税时给予一定的优惠，政府出面担保银行贷款或者在贷款利率方面给予一定的优惠；政府应该对节能环保技术与产品生产企业有关的整个上下游的企业都给予一定的资金补贴，现阶段就对主要生产制造的企业有补贴，而对于上下游的配套企业却没有补贴。

技术研发上的支持。政府在技术引进、先进设备购买等方面应放宽限制，鼓励国内企业引进和购买国外先进技术与产品，如降低进口关税等；对研发和生产节能环保产品的企业，应从政府角度与国外企业洽谈，消除技术壁垒，降低技术获取的难度。同时，应加大企业周边基础公共设施的建设力度，创造一个适合人才居住的环境。发改委、科技处等部门在公司科研项目的审批过程中能给予支持，整个项目的审核过程应该更加公平、公正、公开，评估系统也有待改进。

政府应让节能环保意识深入人心。政府应在全社会范围内加大节能环保技术与产品知识的宣传力度，让更多的人从本质上认识到节能环保的重要性，愿意去生产、消费节能环保产品。在产业规划、"两型"技术产品宣传和鼓励等方面，政府能有更多的实质性措施出台，通过免税、政府采购等行为鼓励环保节能产品；强化立法，制定强调企业社会责任的相关法律，比如环保税的问题。

9.4.4 长株潭地区"两型"技术与产品发展的问题和障碍

9.4.4.1 区域技术研发整体水平较低

科技是解决生态环境污染和自然资源紧缺问题的最有力的手段,也是促进经济增长方式转变的根本保证,但湖南省科技发展现状与建设"两型社会"的要求有一定差距。

(1) 企业技术开发能力低。湖南省企业技术开发能力普遍偏低,从规模以上工业企业科技活动看,2011年的研发经费、研发人员等只有全国的3%左右,而新产品销售收入和有效发明专利数也不足全国的4%。同时湖南省专利申请主要集中于"长株潭"地区,其他地区所占比例很低。湖南省大中型企业科技活动情况也不容乐观(见表9-14),大部分企业靠传统的做法和生产工艺进行生产制造。

表9-14　　2011年湖南省规模以上工业企业科技活动基本情况

指标	湖南	全国	占比
R&D人员当量(万人年)	5.75	193.9	2.96
R&D经费(亿元)	181.78	5 993.8	3.03
新产品销售收入(亿元)	3 759.23	100 582.7	3.74
有效发明专利数(件)	7 432	201 089	3.69

资料来源:《湖南省统计年鉴(2012)》和《中国统计年鉴(2012)》。

(2) 科技对经济增长的贡献低。湖南的高新技术产业增长比较迅速,高新技术增值占工业增加值的比重也在逐年的上升,但是到2011年也只有35%,对经济的贡献不足30%。湖南省高新技术产业对经济发展的贡献仍然有待提高(见表9-15),而且数据显示"长株潭"地区的贡献度就接近或超过了湖南省的50%,地区发展不平衡。

表9-15　　2008~2011年湖南省高新技术产业发展情况

指标	2008年	2009年	2010年	2011年
高新技术企业数(个)	1 400	1 580	1 805	2 269
高新技术产业总产值(亿元)	3 529.86	4 500.9	6 437.01	9 771.76
高新技术产品增加值(亿元)	1 098.84	1 427.09	1 951.08	2 888.21

续表

指标	2008 年	2009 年	2010 年	2011 年
高新技术增加值占工业比重（%）	25.67	29.61	30.94	35.73
高新技术对经济贡献率（%）	13.2	17.25	17.59	25.8
高新技术产业销售收入（亿元）	3 433.53	4 283.99	6 049.6	9 422.57
高新技术产品利税总额（亿元）	334.52	471.66	662.8	944.95

资料来源：《湖南省统计年鉴（2012）》和《中国统计年鉴（2012）》。

（3）科研投入水平低。数据显示，湖南省在科技投入方面不断增加，但水平仍然偏低，R&D 经费占 GDP 比重不高，到 2011 年还不到 GDP 的 1.2%，不仅低于全国平均水平，也低于中部地区的湖北和安徽地区（见表 9-16）。另外，从投入主体看，政府的投入也比较低，远低于全国的平均水平，在中部地区也仅高于河南。科研经费投入低是企业技术开发能力低的直接原因，并导致科技对经济发展贡献低下。

表 9-16　2011 年全国及中部地区研发投入及资金来源情况

指标	湖南	湖北	河南	山西	江西	安徽	全国
R&D 经费（亿元）	233.2	323.01	264.49	113.39	96.75	214.64	8 687.01
R&D 经费占 GDP 比重（%）	1.19	1.65	0.98	1.01	0.83	1.4	1.84
R&D 人员（万人）	12.76	16.64	16.74	6.78	5.69	12.26	401.8
R&D 人员全时当量（万人·年）	8.58	11.39	11.8	3.75	4.74	6.42	288.29
政府资金比重（%）	13.36	22.36	12.83	13.80	19.29	21.84	21.68
企业资金比重（%）	82.67	74.02	83.71	82.43	77.96	74.38	73.91
国外资金比重（%）	0.21	0.25	0.07	0.10	0.16	0.24	1.34
其他资金比重（%）	3.77	3.36	3.39	3.67	2.6	3.54	3.08

资料来源：《中国科技统计年鉴（2012）》。

9.4.4.2　产业结构不利于"两型"技术与产品创新

新型工业化要减少能耗和增加能效，必须要走"低碳"之路；发展第三产业是达到"低碳"目标的可行之路。发达国家第三产业比重都在 70% 左右，我国先进地区如北京、上海、广东第三产业占国内生产总值比重分别达到 75.11%、57.28%、45.01% 左右，对 GDP 增长的贡献率都在 45% 以上。湖南第三产额的比重近年来还有一定的下降，到 2011 年尚不足 39%，年对 GDP 的贡献率也不足 35%，第三产业对经济的带动作用相对较弱（见表 9-17）。在工业领域，拥有的核心技术不多，重化工业比重太大，2012年高技术产业增加值只有规模工业的7.5%，而六大高耗能行业增加值则占规模工业的31.5%，产业结构调整势在必行。

表9-17　　　　2008~2011年湖南省第三产业贡献情况

指标	2008年	2009年	2010年	2011年
第三产业生产总值（亿元）	4 633.67	5 402.81	6 369.27	7 539.54
第三产业占GDP的比重（%）	40.1	41.4	39.7	38.3
第三产业单位从业人员比重（%）	33.6	34.2	34.6	34.8
第三产业对GDP增长贡献率（%）	48.5	36.4	34.6	34.2
第三产业对GDP增长拉动率（%）	6.8	5.0	5.1	4.4

资料来源：《湖南省统计年鉴（2012）》。

9.4.4.3　法律体系不利于"两型"技术与产品发展

"两型社会"建设主要靠新技术新产品，减少不可再生资源和环境危害大的能源消耗，形成可持续发展。因此，需要有合理的体制促进新技术的市场化。但是目前湖南省法律体制对于科技成果的转化存在明显不足。

（1）法律对科技成果认识上滞后。科技成果大多是大学的职务技术成果，如果没有法律保障，他们长期以来所形成的大量职务技术成果许多没有进入市场，这笔潜在的宝贵财富既没有为所在单位发展发挥应有的作用，也没有为国民经济和社会发展做出应有的贡献，而且许多技术随着时间的推移逐渐失去了其原有价值。加快促进技术成果转化，对国民经济的发展、产业结构调整、科研水平的提升、创新人才的培养等方面具有十分的重要意义。

（2）法律不健全。在经济领域和知识产权保护方面，湖南省的法律和法规距离经济全球化发展的要求还有一定差距。科技体制还未理顺，科技成果转化率低。由于体制和机制的原因，湖南省的技术开发成果不足，特别是产业化的速度比较缓慢。湖南省的科技体制还不适应市场的要求，科技和经济的结合不紧密。

（3）法律的指导性强过操作性。较长一段时间以来，湖南省科技政策是在相对封闭环境下通过行政或准行政手段强制运行的，法律过程较少引入公民参与，法律办公室的社会各利益群体博弈效果并没有充分考虑，法律缺少效率评定机制。因此，法律总体表现是指导性强过操作性。在法律效力没有得到认可，同时其他具有法律效率的文本广泛存在的情况下，一些操作性强的内容就处在两难的境地。

9.4.4.4 "两型"技术和产品研发面临难题

（1）政府的政策的落实力度十分有限。政府虽然在政策等方面都有了很大的进步，但仍有待提高，企业在申请享有优惠政策时程序繁多，不仅技术研发的资金支持难以到位，相关强制性政策执行不力，进一步加剧了"两型"技术与产品研发的难度。

（2）"两型"技术和产品市场难题。企业在环保方面的主动性并不强，仅仅满足于达到政府的要求。人们的节能环保意识还不够，很多企业只注重短期的成本效益问题，而对于使用节能环保产品能带来的长期效益关注不够。由于国内的节能环保意识还不够，加上初始投资巨大，特别是环保产品不能直接为企业带来经济效益，企业使用和研发"两型"技术与产品的积极性较低。

（3）"两型"技术和产品研发难题。国内节能环保技术和产品的研发基础较为薄弱，与国外存在很大差距，"两型"技术和产品的研发主要为引进技术的改进，或者工艺的优化设计，基本没有自主研发的核心技术；技术的获取也存在一定的困难，核心技术主要还是由国外企业所掌握，国内自主研发的数量和质量都还远不如国外，受到了很大的制约。与国外企业的技术合作过程中，国内企业都相对处于弱势，无法获取最新的核心技术；企业在技术方面与国外企业以及与其他竞争对手的合作较少，但是多数与高校和研究机构有密切的联系，但实质性的技术研发并不多。

（4）"两型"技术和产品资金难题。要研发、购买、使用节能环保产品往往都需要大量的资金、人力、物力投入，而且在短期内这些能够给企业带来的效益十分有限，甚至很多企业是以亏本的状况在进行的，因此成本效益问题是造成企业不愿意研发、购买、使用节能环保产品的最大障碍。企业缺乏资金，但是对于风险投资的介入却很谨慎，担心控制权的丧失。

（5）"两型"技术和产品人才难题。由于"两型"技术与产品的研发投入巨大，企业往往面临巨大的资金压力，高级的技术型人才更是极为匮乏；由于交通、购物等基本设施很不成熟，难以吸引不到高水平人才。

9.4.5 促进长株潭地区"两型"技术和产品发展的政策建议

9.4.5.1 推进"两型"技术与产品技术创新水平提升

在旧的技术范式下，企业在产品创新战略、工艺创新战略、设备创新战略及材料创新战略等方面具有明显的锁定性和路径依赖性，往往忽视生态价值评价和整体利用效率的提高。当前，"两型"技术中的清洁能源等产业在西方国家已经成为次于信息和生物领域的第三大风险投资领域。发达国家越来越重视高端核能的开发和利用以及低端生物质能源的市场开发，长株潭地区要不断加大对"两型"技术创新的支持力度。

（1）要改变技术创新的思路。湖南省"两型"技术和产品的发展实践目前还基本停留在政府主导和企业试点阶段，只有"两型"技术范式变革过程中产生的一系列新的思维模式和方法体系迅速渗透到企业技术创新过程中，推动企业技术创新价值观、技术创新战略、技术创新模式以及技术创新组合范式的生态化转向，才能在实践层面上为推动"两型"技术和产品的发展提供强有力的技术支撑。大力发挥市场机制的基础性作用，推动企业成为发展"两型"技术和产品的主体，促进产学研的紧密结合。

（2）不断增加"两型"技术与产品的研发投入。"长株潭"试验区位于中部地区，经济基础、地理区位等都不具备竞争优势，所以在资金投入方面，要建立"两型"技术和产品创新财政预算机制，逐年增加对"两型"技术和产品创新发展相关科技工作的财政资金投入。探索建立"两型"技术和产品创新引导资金和风投资金，引导企业加大对"两型"技术和产品研发的投入。吸引区域内外的社会资金投入"两型"技术和产品研发和产业发展，积极利用国外政府、国际组织等双边和多变资金，支持区域"两型"技术和产品领域的科学研究和技术开发。

（3）要建立人才培养、激励与竞争的长效机制，形成有利于"两型"技术和产品的领军人物及其团队成长的环境和学术氛围。整合"两型"技术领域人才资源，实行"开放、流动、竞争、协作"的管理模式，积极利用外派培训交流等有效措施，构建有"长株潭"地区特色的"两型"技术和产品领域管理和研发队伍。加强"两型"技术和产品领域的相关学科建设和青年人才培养，鼓励青年人才深入基层、进入企业，自主创业。

9.4.5.2 围绕"两型"技术与产品创新调整地区产业结构

在新的发展环境条件下，以数量扩张为主和大量消耗能源为代价的传统工业化道路已难以为继，新型工业化道路必然要求在工业结构的调整中，必须更多地关注结构优化和产业升级，以形成技术先进、附加价值高、资源利用效率高的现代工业体系。"长株潭"地区要实现"两型社会"建设的跨越式发展，需要坚持可持续发展的战略取向，突出经济结构的战略性调整和经济发展方式转变，调整地区产业结构，走出一条发展"两型"技术和产品的新路。

同时，长株潭地区要跟踪"两型"技术和产品的研发方向，综合考虑"长株潭"地区的产业基础、经济环境和创新资源，政府联动，综合规划，尽快制定"长株潭"地区发展"两型"技术和产品的技术创新路线图，调整和明确相关高能耗工业部门等主要领域技术创新的阶段提升目标，布局互动、互补、互惠的"两型"技术和产品的区域分布，避免产业规划雷同和发展重复，实现"长株潭"地区产业结构的优化升级。

9.4.5.3 完善"两型"技术与产品创新环境建设

良好、健全的制度设计是理顺资源、经济、环境三者关系的基石与保障，也是促进长株潭地区"两型"技术和产品发展重要保障。

（1）进一步完善现有的促进"两型"技术和产品创新的科技政策，使其更具有可操作性和可行性，并尽量保持政策的长期稳定性。政府不仅要加大对节能环保技术和产品的支持力度，落实相关的政策，在整体的发展思路和观念上也要更新；政府在"两型"技术与产品的支持政策和措施要落实，特别是在技术改进财政补贴的配套和税收优惠的落实方面，政府的两型办要加强与其他部门的协调和实质联合，要整合好区域资源，特别是应对"两型"技术与产品生产企业有关的整个上下游的企业都给予一定的资金补贴。

（2）健全节约资源与环境保护的法律法规。长株潭地区要不断完善关于节约资源与环境保护的有关法律和规章，形成有利于"两型"技术和产品发展的法律保障体系。要通过认真评估环境立法，完善有关资源节约与环境保护的法律法规；加大对节能环保违法行为处罚的力度，特别是要重视对环境违法行为的制裁。充分发挥市场机制的作用，积极稳步地推进资源产品价格的市场化进程，建立资源节约技术和产品的市场准入制度、资源节约产业的扶持制度以及合理的价格形成机制，使得价格形成机制能够反映资源稀缺程度，促进"两型"技术和产品的发展。政府要严格地落实制定的工业"三废"排放标准，制定强调企业社会责任的相关法律，对不达标的企业要予以重罚。

（3）建立高效的投融资体制，为促进经济增长方式的转变提供资金支持。在投融资主体进一步多元化的基础上，开辟和拓宽投融资渠道，继续降低间接融资的比重，提高直接融资的比重和作用，并改革间接融资的体制，调整直接融资的方式和结构。此外，需要健全资源环境管理制度，一是进一步明晰资源产权问题，努力改变当前资源使用缺乏产权约束、资源占有缺乏公平性的现状。二是建立以绿色 GDP 为主要内容的国民经济核算体系，推行合同能源管理，并把资源节约利用与环境保护纳入企业评价与政绩考核体系。三是结合地方工业发展实际情况，逐步推进排污权交易制度，并积极探索环境税、环境责任保险制度等多种途径，力促经济、资源、环境的良性互动与协调发展。

(4) 构建"两型"技术和产品发展服务体系。首先，大力发展长株潭地区"两型"技术和产品中介服务组织。长株潭地区要不断强化中介服务，吸引科技中介机构承办经营或参与信息咨询、技术论证、市场撮合、技术评估、资产评估等中介服务，实现政府推动与市场运作相结合，两型技术市场与商品市场、资本市场、人才市场良性互动，加快"两型"长株潭地区"两型"技术和产品的产业化。其次，培育长株潭地区"两型"技术和产品服务机构，如建立清洁生产中心，开展清洁生产审核服务、组织指导循环经济试点等服务，及时向社会发布有关长株潭地区"两型"技术和产品在管理和政策方面的信息。设立专门机构制定发布两型技术、工艺和设备导向目录，引导"两型"技术和产品的推广应用，强化共性和关键技术的推广应用，加速"两型"技术成果转化为产品。

9.4.5.4 激发企业"两型"技术和产品研发积极性

"两型"技术与产品以最少的资源消耗和环境代价获得最大经济和社会效益为目标，与企业追求经济效益最大化的本质目的存在差异。所以，长株潭地区"两型"技术和产品的发展必须依靠国家和政府的策划和引导。

(1) 培育"两型"技术和产品的需求市场。需求是"两型"技术和产品发展的核心动力，所以长株潭地区"两型"技术和产品的发展必须要培育需求市场，树立"两型"技术和产品的消费和使用氛围，提升市场认同度。

首先，培育公众对"两型"技术和产品需求。其一，政府要通过消费补贴政策鼓励"两型"技术和产品的使用，把与发展"两型社会"密切相关的生态环保和资源节约活动逐步变成全体公民的责任意识和自觉行为，更快地推广"两型"技术和产品。其二，建立长株潭地区"两型"技术和产品标识识别机制，在产品包装上印贴"两型"技术和产品象征符号，引导消费者选择"两型"技术和产品的主体意识。其三，加大长株潭地区"两型"技术和产品宣传力度，引导消费潮流；政府需要利用各种媒体，在长株潭地区广泛深入持久地开展资源节约与环境友好的宣传，开展国情和节约资源的教育，发布公民节约行为准则，加强全民的资源和环境教育，强化公众的资源意识和环境意识。

其次，培育企业对"两型"技术和产品需求。企业是建设"两型"技术创新的主体，所以要通过有效制度安排推动长株潭地区各类企业形成低投入、低消耗、低排放和高效率的"两型"增长方式。其一，要落实政策激励，通过投资补贴、产业补贴、消费补贴等财政补贴措施，来引导和促进企业对"两型"技术和产品的需求；通过实施差别税率、优惠税率、税收返还等税收激励政策，来强化企业对"两型"技术和产品的需求，构建以所得税为主，以增值税、关税等为辅的复合税收支持政策体系。其二，长株潭地区政府要做好"两型"技术和产品发展的引导和规划，切实推进长株潭地区政府"两型"技术和产品采购制度的贯彻实施，发挥对"两型"技术和产品消费的推动和示范作用，优先采购经过生态设计或通过环境标志认证的产品，通过绿色采购引导企业对"两型"技术和产品的研发设计；政府要通过制定长株潭地区"两型"技术和产品发展政策，限制非"两型"企业的发展，鼓励长株潭地区"两型"技术和产品的发展。

（2）强化"两型"技术和产品的研发支持力度。长株潭地区要从资源整合、投入机制和技术平台打造等方面入手，进一步支持企业提升"两型"技术和产品的研发能力，创造适合企业研发"两型"技术与产品的大环境。

首先，整合各类资源，加大对长株潭地区重点"两型"技术和产品的支持力度。长株潭地区要以"两型"技术和产品的关键共性技术为重点，整合科教资源建立多层次的科技创新体系，集中力量支持一批关键或共性技术的科技攻关和推广应用项目，特别是支持循环经济生产模式、改变具有共性的关键技术。加强长株潭地区企业"两型"技术和产品技术创新中心建设，鼓励企业自主研发与技术联合相结合，积极与高校、科研单位开展多种形式的产学研联合，帮助企业解决具体的技术问题。

其次，建立长株潭地区"两型"技术和产品发展的资金投入机制。其一，建立科技投融资平台的协调机制，与金融投资机构建立通畅的交流与沟通渠道，着力解决长株潭地区"两型"技术和产品研发融资难的问题。其二，设立专项资金，充分发挥政府投资对社会投资的引导作用，对发展长株潭地区"两型"技术和产品的重大共生技术、技术开发和产业化项目，给予直接投资或资金补助、贷款贴息等支持。其三，金融机构对促进长株潭地区"两型"技术和产品发展的重点企业应给予积极的金融支持，积极支持其申请银行信贷和国家专项资金，进行设备租赁融资，发行企业债券和上市融资。

最后，构建长株潭地区"两型"技术和产品公共技术平台。构建以省级实验室为依托的长株潭地区"两型"技术和产品研发平台，以企业的行业平台为依托的长株潭地区"两型"技术和产品产品开发平台，以区域高新区和孵化器为依托的长株潭地区"两型"技术和产品服务平台，重点开发具有普遍推广意义的节能减耗技术、回收再用技术、替代技术、共生链技术和系统集成技术等实用技术。

第 3 篇

"两型社会"城乡建设标准体系及指标体系

第10章

"两型"城镇建设标准体系及指标体系

10.1 "两型"城市建设的背景和意义

10.1.1 研究背景

我国是一个自然资源总量大国,却也是一个人均资源小国,各类主要自然资源的人均占有量远低于世界平均水平。"人口密度高、人均资源稀缺、环境容量有限"的约束,使我国未来社会、经济发展的道路已经不再具备"先发展,后治理"的客观条件,决定了我国必须探索新的发展模式,从资源高消耗和污染高排放为特征的不可持续的发展模式转向追求经济增长与资源、环境相协调的发展模式,从过去那种"高投入、高能耗、高污染、低产出"的"三高一低"模式转向"低投入、低能耗、低污染、高产出"的"三低一高"模式,走一条资源充分利用和环境保护的道路,要以较少的资源和环境占用量支撑经济的快速增长,建设资源节约型和环境友好型社会。党的十六届五中全会把建设资源节约型、环境友好型社会作为我国国民经济和社会发展的战略目标,纳入"十一五"规划。2007年12月,国家发改委下发了《关于批准武汉城市圈和长株潭城市群为全国资源节约型和环境友好型社会建设综合配套改革试验区的通知》,正式拉开了

"两型社会"建设的序幕。

10.1.2 "两型"标准构建的必要性

第一,理论走向实践。"两型社会"从理论走向实践,面临着一个将抽象的内涵具体化的问题。"两型"标准构建的研究,是"两型社会"理论研究中不可回避的一个基础性的问题,是使用"数字化"的方式来描述"两型社会"。在"两型"发展战略中的实践过程中,只有进行理论论证,建立科学合理的标准体系,通过标准体系来反映哪些标准才是"两型社会"的特征表现,"两型社会"的发展是否是"两型"的,是否是朝着资源节约、环境友好的宏伟目标迈进的,使"两型"建设做到"心中有数"。

第二,"两型社会"建设成果的度量与纠偏。在"两型社会"的构建过程中,我们需要对"两型"的建设成果进行度量,考核"两型"发展的状态、水平、质量以及趋势,以便及时发现"两型"建设中出现的问题、薄弱环节和对"两型"建设的背离,并分析原因,从而进行纠偏,促进"两型社会"更好地发展。"两型"标准体系无疑是"两型"建设成果度量与纠偏的重要工具。

作为反映"两型"发展的状态、水平、质量、趋势的评价标准体系具有以下几方面的基本功能:一是描述和反映一个时点上或者一段时期内经济、社会、资源、环境等各方面发展的现实状况,从而对实际发展状况、政策、措施做出客观评价;二是反映一定时期内"两型"发展的变化趋势,监测发展过程中出现的问题及其程度;三是综合测度一个地区或区域"两型"发展各部分之间的协调性、和谐性,在整体上反映"两型"的发展状况,进而对其发展潜力作出宏观评价,对发展前景进行预测,为政府制定"两型"政策和预防措施提供服务和依据。

10.2 "两型"城市建设的理论研究

面对日趋强化的资源环境约束,"十二五"规划提出"绿色发展,建设资源节约型、环境友好型社会"的战略部署,这是统筹人与自然发展的重大举措,是增强中国可持续发展能力,提高生态文明水平的内在要求。然而,社会发展的核心在城市,城市构成人类社会文明的主要部分,建设"两型社会"必须以"两型"城市为突破点。目前学术界对"两型"城市的研究尚且不多,在概念上也存在模糊,没能实现"两型"与"城市特质"的完美结合。本书以城市文明为主线，尝试从城市共性层面开展"两型"与"城市特质"相关联的内涵式研究，并由此提出建设标准，以期为建设"两型"城市提供借鉴。

10.2.1 "两型"城市建设的理论基础

10.2.1.1 条件约束：当代城市资源、环境现状考察

伴随着当代城市工业化与城市化的快速推进，人类生活水平的提高与消费观念的变化，城市发展所面临的资源短缺、环境污染、生态破坏等问题日益突出，成为当代城市可持续发展的严重障碍。

（1）高消耗与资源需求量矛盾加剧。当代城市城市化发展的过程中，片面追求经济的发展和城市规模的扩大，因此世界大多城市出现不可再生资源和可再生资源枯竭问题。第一，城市化的快速发展与土地需求矛盾加剧。随着世界城市的规模与数量的空前增长，城市建设用地与农业用地、生态用地矛盾日益尖锐，这种粗放型盲目扩张城市空间外延的方法造成土地资源严重浪费，威胁人类生存；第二，当代城市发展面临能源资源短缺与能耗过高的双重矛盾。20世纪，人类共消耗了1 420亿吨石油、2 650亿吨煤，对地球的索取已经接近极限。欧美发达国家仅占世界人口的15%，却消费了世界56%的石油、60%以上的天然气和50%以上的重要矿产资源。美国目前以世界6%的人口消耗世界30%的能源。20世纪末，中国、印度、巴西等发展中国家经济起飞，其以大量资源消耗为主导的发展方式使城市本来就不足的能源资源更加捉襟见肘；第三，世界大多城市面临资源性缺水。以北京为例，目前北京每年的用水量是37亿至38亿立方米，而其水资源量却仅为17.5亿立方米，有一多半的水现在需要用长期储存的地下水来解决。根据联合国环境规划署的数据显示，如按当前的水资源消耗模式继续下去，到2025年，全世界将有35亿人口缺水，涉及的国家和地区将超过40个。水资源的缺乏成为当代城市发展的桎梏。

（2）高污染与环境承载力矛盾凸显。在当代城市化的推进中随着大都市区和城市带的扩展，都市环境问题影响所及早已超出了都市本身的地域界线。当代城市发展的历史证明，城市是人类作用于环境最集中、最深刻的区域，也是环境污染最严重的地区。第一，水污染严重。城市人类的活动会使大量的工业和生活废弃物排入水中，使水受到污染。截至2007年，全世界每年约有4 200多亿立方米的污水排入江河湖海，污染了5.5万亿立方米的淡水，这相当于全球径流总量的14%以上；第二，空气污染。由于工业生产、大量交通运输工具以及采暖设备的存在，使得城市空气污染异常严重。根据世界卫生组织公布的全球各城市空气污

染情况，伊朗、印度、巴基斯坦以及蒙古国的主要城市污染情况相当严重，如伊朗阿瓦士，该城市测得直径小于或等于10微米的可吸入颗粒物（PM10）水平最高达每立方米空气年平均含372微克，接近世卫组织20微克建议值的19倍。巴黎、东京的相关数据也达到了23和38，超出世卫组织建议值。而因室外空气污染每年就造成约134万人过早死亡；第三，固体废弃物污染。城市是产生工业垃圾、生活垃圾最集中的区域。在我国，城市人均年产生活垃圾为450千克。中国668个城市中有三分之二被垃圾山或带所包围，有200多个城市已没有合适场所堆放垃圾，而现在中国城市固体废弃物和生活垃圾处理率却只有30%，加上不合理的处理办法，城市垃圾对土壤、地下水、大气等城市生态环境造成极大的危害。

10.2.1.2　城市文明发展新阶段：生态文明与"两型"城市

（1）城市文明发展：四个阶段。

①人类文明进化背景下的城市文明变迁。城市文明作为人类文明的重要组成部分和显著标志，其发展史必然嵌入在人类文明史之中，一部城市文明的发展史也必然是一部人类文明的发展史。"城市的形式，无论过去还是将来，都始终是文明程度的标志"。因此，研究城市文明的历史变迁，也必然要在从原始文明、农业文明、工业文明到生态文明演变的框架下进行。

原始文明是人类完全处于自然控制的阶段。此时物质生产活动主要靠简单的采集渔猎，人们依赖集体的力量生存，四处漂泊且栖居于大地之上。这是种简单的生活，是所有人类的基本生活。简单的采集渔猎活动决定了人对自然界生物资源和生态环境的绝对依赖性。

农业文明是人类对自然进行积极探索的阶段。在该时代，主要的生产活动为农耕和畜牧，青铜器、铁器的出现增强了人改变自然的能力，人类劳动产品由"赐予接受"变为"主动索取"，这推动了社会分工与协作，出现了剩余产品和粮食，商业、手工业和贸易发展起来，"商业范式"的城市文明产生并在农业文明时代得到长足发展。由于此时生产力相对落后，对自然开发力度较小，因此虽然农业文明与资源环境破坏相联系，但这种破坏与农业文明的发展一样，是缓慢的、不易觉察的。

工业文明时代是人类对自然进行征服的阶段。随着生产力的发展，社会化大规模的集中式劳动取代了家庭作坊式的手工业劳动和农业生产体系，城市性质由农业社会的宗教性、行政性和消费性变为工业性、生产性与服务性，人口和经济要素在工业革命的推动下迅速向城镇聚集，城市真正成为国家或地区经济、政治和文化中心。但是，工业化给城市带来文明的同时，由于人对自然资源的肆意掠夺，又带来了严重的污染、贫困、拥挤、生态恶化等一系列问题，经济、社会与环境的发展已不具有可持续性。

正如人类历史上经历过原始文明、农业文明的先后更替一样，当工业文明否定农业文明而成为人类的辉煌时，工业文明自身也在酝酿着被扬弃的结局，人类需要迫切思考人与自然的基本关系以及人类文明转向问题。

②"物质需求与匮乏"矛盾揭示文明发展原动力。唯物辩证法认为，世界上的一切事物都是普遍联系和相互作用着的，并且由于事物内部所固有的矛盾而处于永恒发展的过程中。人类文明的发展过程也同样如此，其内部的肯定因素与否定因素既对立又同一，在对立面的统一与斗争中推动文明由低级向高级发展。

人类社会追求物质财富积累的无限性与自然界支撑能力有限之间的矛盾是推动人类文明发展的原动力。原始文明时代，人类"靠天吃饭"，将自然界提供的野生动植物作为劳动对象，然而这是一种不可持续的生产方式，总会遇到动植物资源匮乏的时候。因此，原始文明在维持几十万年后被农业文明所"演替"；农业文明时代，形成了更深层次的循环的物质生产方式，人类开始将土地作为劳动对象，通过不断开荒拓植种植农作物和养殖动物来满足需求。此时，社会物质财富迅速增加，人类对土地等自然资源的冲击亦越来越强，生态环境承载力被不断削弱。随着人类对"物质财富积累重要性"认识的不断强化以及土地资源的紧缺，其现有生产方式所触及的自然界已不能满足人类"无限"需求，农业文明到了"穷途末路"的地步；工业文明的出现表达了人类对农业文明时代"攫取自然界财富的能力有限"的不满，此时，科技发展所带来的机械化作业导致物质财富急剧增加，"控制自然界"、"征服自然界"的观念深入人心。然而，"物极必反"，空前的无与伦比的社会物质财富产生的同时，生态环境承载力却达到了崩溃的边缘，能源危机、生态危机此起彼伏，"物质需求与匮乏"的矛盾到达了不可调和的地步，并推动由新价值理念所主导的文明的诞生。

③资源稀缺、环境恶化下的城市文明发展："生态文明"。"物质需求与匮乏"矛盾下的城市文明面临新的发展方向，面临一场结构性和全局性的文明大转型运动。该文明必须抛弃工业文明的自然观，高扬涵盖天、地、人大生命意识的自然观，确立人与人、人与社会、人与自然全方位动态和谐的生命文明观。基于此，城市必然要坚持"生态文明"的发展理念：

该理念表现在人与自然的关系上，将是一种人与自然环境相互依存、相互促进、共处共融的关系，人的生命价值不能脱离作为其支撑系统的自然界，当自然界遭受灾难时，人类也不可幸免于难，应努力实现人的自然属性和社会属性在更高层次上与自然的统一；表现在人与社会上，个人与社会的关系是人类生活变迁的根本内容和重大现象的本质，人的需求是多方面的，社会的发展不但要强调物质需求,还要强调休养生息、享受自然美、健康、舒适愉快的需求,以促进人类精神文明的升华;表现在人与人的关系上是互补的,即彼此以对方的优化存在为自身优化存在的条件,以对方的人格自由为自己人格自由的环境,人人都成为人格互补的自由人。而实现人与人的和谐才是"生态观"理念指导下城市发展的目的和根本所在,即此时的城市不仅能"供养"自然,而且能满足人类自身生存、进化发展的需要,从而达到"人和"。

(2)"两型"城市凸显城市文明价值取向。"两型"城市,是指在城市规划、城市建设、城市产业发展以及城市消费等关键领域,一方面降低资源消耗强度,提高资源利用效率,实现城市社会经济发展与资源消耗的物质解耦;另一方面将城市中生产、流通、消费活动规制在生态承载力、环境容量限度之内,降低污染产生量,消除城市社会经济系统对生态环境的不利影响,从而形成经济发达、社会进步、生态保护三者高度和谐的城市复合系统。"两型"时代的城市第一次具有了城市的意义,"两型"城市揭开了"城市文明"的新篇章(见图 10 - 1)。

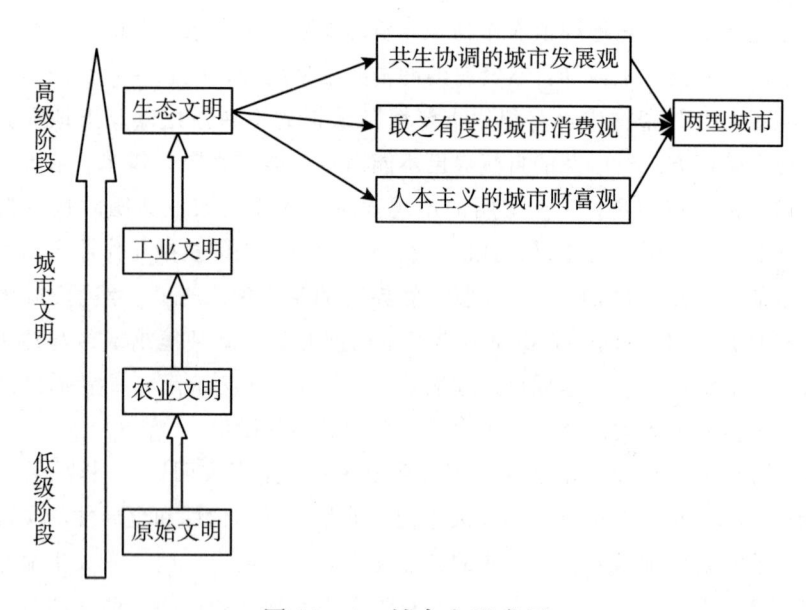

图 10 - 1 城市文明发展

① "共生协调"的城市发展观。关注人性,尊重自然,实现城市科技、经济、社会、文化、生态多层次的协调发展。工业革命促使现代城市走上了工业化的发展道路,诸多城市所特有的文化底蕴与建筑风格遭到前所未有的挑战,高楼大厦、高架桥、高速公路等冷冰冰的"现代主义"工业建筑成为城市发展的主旋律,当代城市风格呈现出"整齐划一的路网结构、机械的用地布局、巨大但功能

紊乱的钢筋水泥建筑、单调冷漠的城市景观"等趋势,"千城一面"成为普遍现象。然而在这种现象的背后,呈现出的却是土地浪费、生态恶化、能源紧缺、文化丧失等"城市病"。因此,未来城市建设必须注重对人性和文化的关怀,通过营造浓厚的人文气息,构建充满人情味和活力的城市空间;考虑城市人口规模、废物排放以及生产生活与城市生态系统的协调平衡问题,从哲学高度和人类文明进步的理性化目标出发,强调城市发展与资源承受能力、生态环境容量以及社会经济发展需求相适应,营造"城市,让生活更美好"的人文环境、生活环境、生态环境,实现城市要素的"共生共荣"。

②"取之有度"的城市消费观。量入为出,恰到好处,满足消费需求,抑制过度欲求。人们的消费观从根本上作为一种价值观而体现着人们的生活方式的价值认识和价值选择,从而也影响着人类社会发展观的价值选择。资本主义物质生产丰富性催生了"物欲横流"的"消费主义"时代,此时人们更多追求欲望的满足,崇尚奢侈性、铺张性以及炫耀性的消费,将消费看作是自我表达和社会认同的主要形式。然而,"消费主义"价值观所带来的是物质资源的极度浪费与匮乏,危及人类生存与发展。因此,必须以"统筹人与自然友好相处"为前提,强调与资源环境相协调、低能耗高质量的消费观念;摒弃传统意义上的"苦行僧"式消费,提倡与生产力发展和劳动生产率提高相联系,与人们生活息息相关的消费问题以及由此引发的财富积累和经济增长等现实问题相联系,甚至与人的自由而全面发展的实现与整个社会的和谐统一相联系的节约;强调"需求"的满足,而不是"欲望"的满足,不以获得某一具体的有形商品或服务为目的,追求获得一定量某种效用的精神消费。

③"人本主义"的城市财富观。财富应包括为了维持人类生存、享受和发展所需要的所有物质财富、生态财富和精神财富。不同的财富观使人类做出不同的行为选择,产生不同的后果。人类以往的财富观仅仅局限于以货币为标志的物质财富,注重物质生产所提供的有形产品和服务,因而崇尚在攫取自然和征服自然的过程中获取财富,忽视了环境生产和自然资源对人类生存和财富创造的贡献,其后果是资源不断被消耗、生态环境严重恶化、贫富差距加大,人类生存质量下降。因此,必须认识到自然环境是社会物质财富的重要源泉,是人类生存发展的物质载体,这就要培养人们"生态财富"观的养成,转变粗放型的生产方式为集约型,以实现"物质财富"有序增加的同时"生态财富"得到良好保护;而且人们在生产"物质财富"的同时,必须注重"精神财富"的积累,以从中获得以美感、知识、闲适为指向的精神升华;"生态财富"的增长意味着城市生活环境、自然环境更加美好,有利于人的身心健康和人们之间的和谐相处,增强人们对生活的热爱,因此也有利于"精神财富"的增长。

10.2.2 "两型"城市建设的内涵特征

10.2.2.1 "两型"城市注重城市运行中的资源减量

（1）集约高效的土地利用。土地是优化城市空间的基础，"用地数量""用地质量""用地位置"决定城市生产生活及其效益。目前许多城市盲目追求"做大做强"，耕地被大量占用，土地利用效率低下且利用结构不尽合理，这种城市化模式在造就一个个"国际化大都市"的同时，呈现的却是城市人口急剧膨胀、环境污染以及住房紧缺，中国一线城市高企的房价便是其"畸形"城市化的表现。基于此，土地资源的集约高效利用成为城市"两型"化的关键节点。一般认为，城市建设用地面积不能超过城市总面积的三分之一，否则会损害城市生态系统的服务功能，因此，"两型"城市建设应综合考虑城市规模及总体布局与城市土地资源、地质构造等自然承载力的匹配；强调城区综合功能开发与利用，就业区、生活区、休闲游憩区、商务区实现综合配套，推动城市有机发展；优化提升用地结构，减少工业用地，增加生活、绿色用地；地上空间复合式开发，地下空间有序开发，实现单位土地面积上的社会效益达到最大化。

（2）物质循环的经济模式。"生态财富"的积累要求城市必须实现物质代谢过程的良性循环。传统的城市社会经济系统通过社会生产活动把地球上物质和能源大量开发出来，然后又把废物与污染排放到水体、土壤以及大气中。这种"线性经济"通过不断的资源开采—废物排放—再开采—再排放的办法来实现经济增长，导致城市"生态财富"不断损耗。因此，加快发展以高科技、低消耗、环保型为主要生产方式的循环经济是建设"两型"城市、增加"生态财富"的重要途径。通过废弃物的循环，实现废水、废气、固体废弃物的资源化利用；通过旧部件的循环，报废的产品经过一系列修复或改造活动过后，产品性能得到有效恢复甚至提高，废旧产品得到了最大限度的重复利用；通过产品的循环利用，使一次性产品从此大大减少甚至"销声匿迹"。最终，"两型"城市建立起"资源—产品—再生资源"良性循环的曲线社会经济系统，城市所有物质和能源都在这个不断进行的循环系统中得到合理和持久地利用，实现城市物质代谢过程的良性循环。

（3）绿色环保的消费体系。"绿色生活"是实现消费领域资源减量的核心。高速发展中的中国城市，正在遭遇由无节制消费带来的"垃圾围城"之痛。据统计，中国城市人均垃圾年产量440公斤，且以每年超过10%的速度增长，全国600座城市已堆放或填埋各类垃圾80亿吨，垃圾堆存累计侵占土地5亿平方米，有 2/3 城市被垃圾群包围。"垃圾"背后是资源的大量无谓消耗，因此，推行绿色消费模式成为"两型"城市建设重中之重。从消费者层面看，消费者在消费时应选择未被污染或有助于公众健康的、生产时未造成大量消耗的"绿色产品"；在消费过程中，应更加注重对废弃物的合理处置，从而达到资源循环利用的目的；从社会层面看，"两型"城市全面推广并应用绿色消费技术，绿色消费团体、绿色消费社区以及绿色消费教育在推动绿色消费方面发挥重要作用；从政府层面看，政府应依法对产品进行质量监管，严格控制高能耗、高污染、质量低劣、不符合安全卫生标准的产品的生产消费，控制过度包装。

10.2.2.2 "两型"城市追求城市空间上的环境宜居

（1）无缝对接的交通运输。交通决定城市。当代城市有增无减的私人小汽车造成交通拥挤和阻塞问题日益严重，给人们出行带来相当不便。"他山之石可以攻玉"，"两型"城市交通发展应借鉴"北欧模式"，即通过多样化的绿色交通系统把整个城市联结为一个整体，实现出行的"零距离换乘"。区域内高效协调的交通体系应由机场、铁路、航道和港口、区域道路交通以及城市轨道交通构成；在城市内部，机场、火车站等应以轨道交通或公交、出租等交通方式与市区相链接，而且不同客运方式的换车地点应该整合在一个交通枢纽里，使乘客不出这个枢纽就能改乘其他的交通工具；在城市公交系统无法延伸的角落，借鉴株洲"公共自行车租赁模式"，"随用随骑，骑后速还"，以有效解决"公交最后一公里"问题。最终，城市居民的工作、购物等各种活动以"立体""无缝对接"的公交系统紧密联结，居民在不同交通工具换乘间所需的步行距离控制在合理范围内，实现了交通换乘的"空间无缝""时间无缝""经济无缝"，大大提高交通运输效率。

（2）天人合一的生活环境。城市居住和生活环境折射城市特色和对价值的认可。城市生活节奏的快步伐以及城市到处林立的钢筋混凝土建筑，使人们的视野日渐狭隘，精神处于极度紧张的状态，"两型"城市迫切需要为人们塑造一个回归自然、扩大视野的开敞空间，追求"天人一体"以提高城市的健康舒适度。"两型"城市应高度重视大气污染的治理，加强对工业、燃煤和机动车尾气污染的综合整治，追求"湛湛蓝天"、"碧空万里"的愿景；绿地系统是城市生态系统中具有自净能力的主要组成部分，对于改善生态环境质量、调节小气候、丰富与美化景观起着十分重要的作用。应根据城市的自然地貌、河湖水汽以及气候特征等，合理构建城市园林、绿地系统，形成"点线面"结合，与城市建筑环境浑然一体的城市生态系统。

（3）超越时空的信息交换。无处不在的网络空间给人们工作、生活带来时空的革命。"两型"城市必然是物质空间与数字空间相互依存、互相作用的共生体，数字信息的高速传递使得城市空间可达性大大提高。传统城市空间类型和时空模式将因数字时代的到来而趋于瓦解，城市空间结构重组，并将渗透虚拟空间的巨大作用和潜力。高度发达的通信网络缩短了城市中心区与郊区的空间距离感，人们的活动范围摆脱了时空的限制，生活交往方式大大改变，在家就可以实现读书、就医、开会、娱乐等活动，从而避免了人流过度聚集到市中心，造成交通拥堵；数字信息技术也将改变城市居民工作与居住的空间关系，相当一部分生产场所将实现家庭化或通过设立分散的分支机构使生产场所与生活场所再次相互混合、相互靠近；物联网的发展使人们以更加精细和动态的方式管理生产和生活，其生存方式达到"智能"状态，提高了人们的交往效率（见图 10 – 2）。

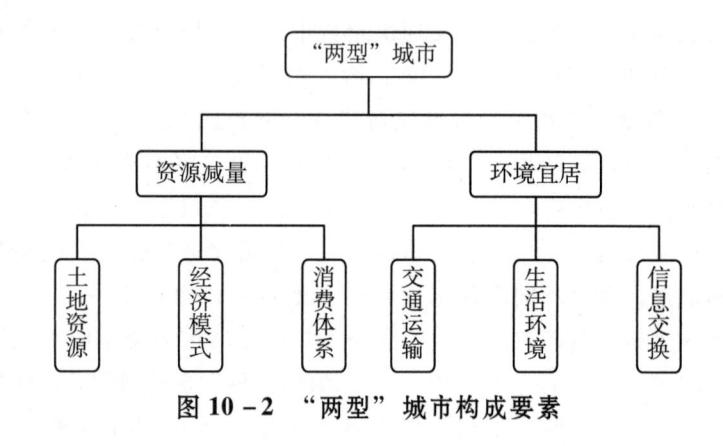

图 10 – 2 "两型"城市构成要素

10.3 "两型"城市指标体系及评价模型构建

10.3.1 标准化与建设"两型"城市的关系

标准是标准化的表现形式和最终结果，是"为了在一定范围内获得最佳秩序，经协商一致制定并由公认机构批准，共同使用的和重复使用的一种规范性文件"。标准作为一种普遍认知的技术形式，通过制定、发布和实施，从而使重复性的事物和概念达到统一，以获得最佳状态和社会效益，是建设与发展"两型"城市的重要技术途径。

标准体系是使用"数字化"的方式对"两型"城市进行的刻画。首先，标准体系是"两型"城市统计内涵的形象表现。利用标准体系，有利于从数据的变化层面分析城市发展现状，理解"两型"城市建设目标，揭示未来"两型"城市的具体形象和基本状态，做到建设"两型"城市"心中有数"，从而给政府、企业、社会等相关主体提供决策依据、执行方向和考核标准；其次，标准体系是对"两型"城市建设路径的高度概括。"两型"城市标准体系设计的基本流程能够在科学回答什么是"两型"城市的基础上，抽象出建设"两型"城市的具体内容，从而做到有的放矢；最后，标准通过相互间的内在联系呈现出既相互制约又相互合作，既相互协调又相互作用的系统网络效应。通过分析并监测影响"两型"城市建设的指标和指标之间的关系，研究其中的变迁模式，有利于对"两型"城市建设的薄弱环节采取针对性的强化措施，从而稳定、高效推进城市"两型"化建设（见图 10-3）。

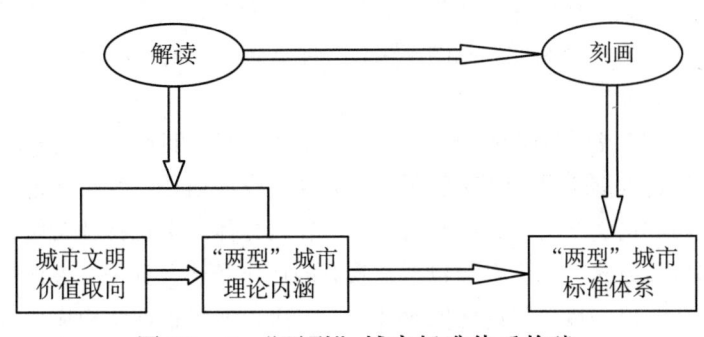

图 10-3　"两型"城市标准体系构建

10.3.2　"两型"城市评价指标体系

在对研究者们构建的"两型社会"指标体系进行总结发现，目前评价体系的构建中，指标选取的一个明显特点是数量较多、范围较广，研究者使用两类指标进行研究：一类是定性指标，另一类是定量指标，大多是将两类指标进行有机结合，建立二级或者更多层次指标体系，通过数据收集和整理来分析"两型"建设情况。研究者们对不同层面的区域（社会层面、城市层面、农村层面）的"两型社会"建设进行研究，本章及十二章以"两型"城市、"两型"农村为例进行综述。

（1）"两型社会"标准体系。从相关文献的指标体系设计来看，湖南省统计局（2008）在两湖地区"两型社会"研讨会中，从资源节约、环境友好、协调可持续发展3个方面建立监测考核指标；中国城市规划设计研究院、湖南省发改委（2008）制定了"两型社会"指引下的长株潭城市核心区经济社会发展指标体系，主要包括经济、社会人文、资源环境和人文建设4个方面共43个指标，其中重点在环境资源方面,指标达 22 个;简新华、叶林(2009)、李新平等(2011)从资源、环境两个角度构建了一级指标来评价"两型社会"建设情况;陈黎明等(2009)、刘振宇等(2009)、叶文忠等(2010)、龚曙明、朱海玲(2009)从经济、社会、资源、环境四方面构建一级指标;曾翔旻、赵曼等(2008)构建了经济、资源、环境、科技、城市魅力 5 个方面指标;董冉冉(2010)、许鞍铭(2010)从经济、社会、资源、环境、科技构建指标,强调了科技创新;李正辉(2009)从"两型社会"的科学内涵、意义入手,建立了以经济、环境、社会、制度四个方面为一级指标;澹台继康(2010)构建了社会发展、经济发展、生态环境三个一级指标。不同学者构建的"两型社会"指标体系归纳起来,包含了经济发展、科技进步、资源利用、环境保护、社会进步等。经济发展说明了经济发达的水平,科技进步说明了经济增长的途径,资源利用说明了经济增长的方式,环境保护说明了人与自然的和谐,社会进步说明了人与人关系以及与之对应的社会制度,总结起来,"两型社会"的指标设计包括经济、社会和制度三个方面。

"两型"的发展道路体现于经济发展、社会和谐、制度有效的建设上,经济发展包括了经济发展水平、经济发展方式和经济发展途径,社会和谐从内容上包括了人与人的和谐、人与自然的和谐,体现在指标体系中包括社会结构、人与自然的环境和生活方式,制度有效包括了政府的运作和社会责任。各评价指标体系的主要差异在于对一级指标的选取设计上,二级、三级指标的构成要素大同小异(见表 10-1)。

表 10-1　　　　　　　　"两型社会"标准体系

目标	指标类型		常用的具体指标
"两型社会"建设标准体系	经济发展	经济发展水平	人均 GDP、农村人均纯收入、城市人均可支配收入、人均地方财政收入、第三产业增加值占 GDP 比重、高新技术产业产值占 GDP 比重、规模以上全员劳动生产率
		经济发展方式	万元 GDP 能耗、万元 GDP 水耗、万元 GDP 钢材消耗、单位 GDP 碳排放强度、万元农业 GDP 化肥农药农膜使用量、人均耕地面积、单位能耗面积产出值、工业用水重复利用率、工业固废综合利用率、"三废"综合利用率、清洁能源占总能源的比重
		经济发展途径	万人申请专利人数、万人研究人员数、科技进步对 GDP 贡献率、外商投资占全社会固定资产投资比重、外资引进效率、人均教育经费支出、旅游收入占 GDP、金融业增加值占 GDP 比重、信息产业就业比重

续表

目标	指标类型		常用的具体指标
"两型社会"建设标准体系	社会和谐	社会结构	城镇化率、城乡居民收入比、人口增长率、贫困人口比重、失业率、基尼系数、城市与农村恩格尔系数比、每万人拥有在校大学生人数、城乡人均受教育年限比
		人与自然的环境	人均绿地面积、人均道路面积、建成区绿化覆盖率、城市空气质量优良率、环境噪声达标区覆盖率、森林覆盖率、生活污水集中处理率、生活垃圾无害化处理、清洁能源使用率、净迁移率
		社会生活方式	每万人医生数、公交出行率、互联网用户人数、社会保障覆盖率、人均居住面积、低收入家庭保障性住房人均居住用地面积、万人刑事案件数、万人福利设施数
	制度有效	政府运作	国家科技拨款占财政支出比、教育投入占财政支出比重、环境污染治理投资占GDP比重、城市建设维护费占地方财政收入比重、环境保护资源节约相关政策法规建设情况、群众对政府满意度
		社会责任	万人资源节约参与人数、公民对环保及资源节约的认识程度、公众对环境保护满意度、环保宣传教育普及率、对企业的社会责任评估、建设项目"环评"执行率、"三废"排放达标率、节水节能能效标识制度执行比例

"两型社会"是区别于传统的经济社会形态，它追求的是人与人、人与自然和谐的社会，"两型社会"在经济、社会和制度三个方面表现在哪些指标上，对建设"两型社会"的意义举足轻重。

(2) "两型"城市指标体系归纳。"两型"城市作为一种新的城市发展模式，是建设"两型社会"的必然要求，但是关于描述"两型"城市的文献并不多见，"两型社会"指标体系中大部分指标是用来评价"两型"城市的，本部分从"两型社会"指标体系中提取"两型"城市的指标体系，结合资源节约型城市、环境友好型城市评价体系进行"两型"城市指标体系的归纳总结（见表10-2）。

表10-2　　　　　　　　　"两型"城市指标体系归纳

指标类型		指标名称	"两型"城市							资源节约型城市			环境友好型城市		
			陈黎明	李文璇	董冉冉	许鞍铭	李新平	蒋祺	朱顺娟	王协斌	张保生	张新瑞	宁淼	殷辉	王风科
经济增长度	经济水平	人均GDP	√	√	√	√	√	√		√					√
		人均地方财政收入			√		√								
		城市居民可支配收入			√		√		√						
		恩格尔系数		√	√						√		√		
	经济结构	第三产业增加值占GDP比重	√	√	√	√	√	√	√				√	√	
		工业产值增加值占GDP比重	√	√											
		高新技术产业总产值	√		√		√						√	√	
资源承载力	资源消耗	单位GDP能/电/水耗	√	√	√	√	√	√	√	√	√	√	√	√	
		万元工业增加值能耗	√			√					√	√			
		清洁能源使用比率	√				√			√	√	√	√		
		社会劳动生产率	√			√									
	资源节约	工业固废综合利用率	√	√	√	√		√	√	√	√	√			
		工业用水重复利用率			√		√	√		√	√				
		"三废"综合利用贡献率	√											√	√
		可再生资源再利用率									√				
环境包容量	环境友好	城市垃圾/污水处理率		√	√		√	√		√	√	√			√
		空气质量优良率/天数	√	√				√					√		
		工业废水排放达标率					√			√	√		√		
		工业烟尘、粉尘去除率							√						
		环保投资占GDP比重	√			√	√	√							
	绿色规划	人均绿地面积	√	√				√		√					√
		人均道路面积		√				√			√				
		噪声达标区覆盖率	√	√						√	√				
		建成区绿化覆盖率	√	√	√		√	√		√	√				

续表

指标类型		指标名称	"两型"城市						资源节约型城市				环境友好型城市		
			陈黎明	李文璇	董冉冉	许鞍铭	李新平	蒋祺	朱顺娟	王协斌	张保生	张新瑞	宁淼	殷辉	王凤科
社会支持度	社会发展	人口增长率		√		√	√								
		城镇登记失业率	√	√		√	√	√	√						√
		城市化率		√					√		√				√
		社会保障覆盖率	√					√							√
	科技支持	万人申请专利/科研人数			√	√	√						√		√
		R&D经费占GDP比重			√	√	√						√		√
		科技进步对经济贡献率						√						√	√

从表 10-2 中可以看出：描述"两型"城市的指标大多集中在资源承载和环境容量方面，其中资源承载方面使用较多的指标有单位 GDP 的能耗、工业固体废弃物综合利用率、工业用水重复利用率、清洁能源使用比率等，环境容量方面注重城市生活垃圾污水处理率、工业废水排放达标率、人均绿地面积、建成区绿化覆盖率等城市规划的指标，体现了"两型"的资源节约和环境友好的要求。这些指标体系也强调了经济的增长，在追求经济增长的同时，讲求经济结构的变化，第三产业占 GDP 比重这个指标使用频率很高。

然而"两型"城市建设理论与实践，大多仍处于对"两型"城市的认识、建设意义、实现途径等方面进行初步的探讨，尚未进行深入系统的研究，在评价指标体系方面属较新的研究领域，需建立一套符合我国发展趋势的"两型"城市指标体系和评估方法来对各城市的"两型"建设进行评估和指导。

根据"两型"城市理论内涵，"两型"城市指标评价体系由土地资源、产业转型、绿色消费、交通运输、基础设施以及居住环境 6 部分组成（见表 10-3）。作为重要参考标准，本指标体系包括的所有指标已被"湖南省两型办"采纳，并将颁布实施。对于基准值，是在参考已经颁布的国家或省级标准的前提下，根据实际情况，充分考虑建设"两型"城市的高要求，并组织相关专家讨论论证所决定的。

表 10 – 3　　　　"两型"城市定量指标内容

指标类型	指标名称	基准值
土地资源	1. 单位 GDP 建设用地消耗降低率	≥6%
	2. 地下空间开发比例	≥2%
产业转型	3. 第三产业产值增长率	≥12%
	4. 战略性新兴产业产值在 GDP 中的比重	≥15%
	5. 万元 GDP 能耗	≤0.85 吨标准煤/万元
绿色消费	6. 节水节能产品普遍推广	是
	7. 一次性用品、过度包装产品减少使用	是
交通运输	8. 城市公共交通分担率	>25%
	9. 城市交通无拥堵日比重	≥80%
居住环境	10. 环境噪声达标区覆盖率	≥95%
	11. 空气污染指数小于等于 100 的天数	≥340 天/年
	12. 城市规划建成区绿化覆盖率	≥45%
基础设施	13. 基础设施智能化、信息化	是
	14. 社会管理信息化平台构建	是

10.4　中部地区"两型"城市实证评价及政策建议

10.4.1　研究背景

20 世纪 70 年代，由联合国教科文组织在"人与生物圈（MAB）"计划中提出的生态城市概念被广泛关注，2007 年，党的十七大提出建设"两型社会"的目标，"两型"城市是其重要突破点。中国生态城市水平较低，2010 年，世界城市生态城市排名中，仅有香港、上海、北京位列其中，且在 221 个城市中仅排名 71 位、98 位、114 位。"两型"城市与生态城市建设相一致，中国城市通过稳步改善其生产方式、生活方式，向生态化方向努力。

各地"两型"城市发展水平不可避免地存在差异性，中部地区有一定的发展基础，但实力上不及东部地区雄厚，速度上不及西部快速，且存在着产业结构畸形、生产方式粗放、资源利用不可持续、环境污染严重、亟待经济转型等一系列问题，2004年中部崛起战略提出，人们开始思考如何突破这些束缚，恰好与之后"两型"城市发展理念相适应，相比于东部的"早起步"与西部地区的"刚起步"，中部地区城市的两型化发展更复杂，遇到的障碍相对较多，其发展也就更具有典型性。另外，中部地区最能代表中国"两型"城市发展的均等水平。杨开忠（2009）给出了中国各省市的生态文明排名分布如表10-4所示，通过表中分布可以看出，中部六省——江西、河南、湖北、湖南、安徽、山西处于生态文明中等水平，最具有整体发展的代表性。因而本书将以中部六省的典型城市为研究对象，分析"两型"城市发展水平并初步窥探"两型"城市发展过程中存在的问题。

表 10-4　　　　　　　　各省市生态文明排名分布

	东部	中部	西部
最高水平组	北京		
高水平组	上海、广东、浙江、福建、江苏、天津		
中高水平组	广西、广东	江西、河南、湖南	重庆、四川
中低水平组	海南	湖北、安徽、陕西、黑龙江、吉林	
低水平组	河北、辽宁		青海、新疆、云南、甘肃
最低水平组		内蒙古、山西	贵州、宁夏

资料来源：《谁的生态最文明——中国各省区市生态文明大排名》。

10.4.2　"两型"城市发展研究综述

由于"两型"城市提出时间较短，已有文献较少涉及其发展水平，相关资料多为报纸报道，主要对一些地区的"两型"城市建设计划和进程进行描述。"两型"城市与生态城市具有共通性，且生态城市的研究文献丰富，通过对生态城市指标及评价体系方面的文献进行阅读，发现文献中的具体衡量指标具有很大的相似性，关键是不同指标进行组合后的侧重角度有所不同。对于生态城市发展状况的衡量主要有两种角度，一种是基于要素对象角度，另一种是基于性质角度。

基于要素对象角度是指在对城市发展水平进行衡量时，将城市分为几个要素对象，通过对各要素对象的发展程度及相互作用的衡量，来测度城市的生态化水平。其中一个主要的视角就将城市分为自然、经济、社会三个系统。如谢鹏飞等（2010）从生态环境健康、经济持续发展、社会和谐进步三个方面构建了生态城市指标体系的，并对生态城市示范案例进行评价；李峰等（2007）以江苏大丰市为例，从经济发展、生态建设、环境保护和社会进步方面构建指标体系，并进行评价，结果表明大丰市可持续发展能力逐年提高；杨根辉等（2007）在经济、自然、社会子系统基础上提出协调度与持续度的测度方法，进而从发展度、协调度、持续度方面评价南昌市的生态城市建设进程。另外，部分文献以单纯的资源要素角度进行衡量，如张思锋等（2009）将生态城市理解为循环经济的载体，从资源利用、废弃物减排、废弃物处置、废弃物综合利用、技术与资金投入等方面创立指标并对全国30个主要城市进行评价。

基于性质角度是指将城市作为一个整体，将其每个性质作为一个视角的衡量方法，各衡量子系统必须依存于城市这个整体存在，最常用的是结构、功能、协调度的分类方法。宋永昌等（1999）从城市生态系统结构、功能和协调度三方面构建了指标体系，并对上海、广州、深圳、天津、香港五个沿海城市进行了分析评价；常琳（2007）以结构、功能、协调度为出发点，涵盖经济、社会、自然三个系统进行指标体系构建，测得西安市发展水平不平衡；孙成慧等（2011）从城市生态系统的结构、功能和协调度角度构建指标体系，并对2003~2008年晋城市的生态化程度进行了分析，此外，吴琼等（2005）从发展状态、发展动态、发展实力等性质角度并结合自然、经济、社会等要素对象角度创立指标体系并进行评价；乔海曙等（2011）基于城市文明价值取向，从"共生协调"的城市发展观、"取之有度"的城市消费观、"人本主义"的城市财富观角度对"两型"城市内涵进行描述，并建立指标体系。

已有文献指标体系涵盖内容过于广泛细化，内容杂乱，缺乏依据与侧重点，易造成缺漏，且难以起到引导作用，另外，文献过度注重于工具技术层面，对数据结果缺乏深层次挖掘与分析，未能发挥指标体系应有的作用。

10.4.3 "两型"城市特征刻画

为促进"两型"城市发展，应首先确定"两型"城市发展的观念思想，从而为之后城市发展具体衡量指标的选取提供指导。"两型"城市的内涵不应止于"资源节约、环境友好"的表明理解，它包含了更深层次的观念内涵。乔海曙等（2011）基于市场价值视角从股东价值最大化、资本价值最大化、品牌价值最大化角度进行强银行特征刻画并进行指标设计和评价，本书模仿其逻辑思路，借鉴乔海曙等（2011）的城市内涵，认为"两型"城市的发展方式彰显城市文明的价值取向，"两型"城市的发展应遵循生态观的理念，以"共生协调"的城市发展观、"取之有度"的城市消费观、"人本主义"的城市财富观为指导，兼顾城市空间结构与运行，综合城市外在"硬件"布局与内在"软件"机制的发展。基于该内涵理解，本书从结构合理、消费理性、财富均衡三方面构建"两型"城市的发展指数。

（1）布局合理。布局合理反映"两型"城市硬件方面的发展。"两型"城市要求资源数量上低耗，效率上高效，环境上友好，人文上关怀，城市空间结构决定了各种要素的空间态势，最终影响社会发展、居民生活，其合理性能够协调城市各功能的步调，弥补运行不足，达到各功能集合出现"$1+1>2$"的效果，因而布局合理对"两型"城市发展至关重要，是城市实现两型化的硬件基础。工业文明时期，城市发展深陷城市病的痼疾中，环境污染、交通拥堵、土地浪费、城市规划的不合理性是造成这些现象的一个重要原因，"两型"城市的发展应当首先确保规划布局的合理性，绿地能起到美化环境、净化空气的作用，同时能给人带来精神上的愉悦，其结构体现了人造环境与自然环境的协调，因而"两型"城市的发展必须考虑绿地结构的合理性；交通出行是城市生活的一个重要方面，合理的交通结构是居民日常便利出行的基础，公共交通系统的不断发展完善可在一定程度上改善交通拥堵现象，是"两型"城市发展的一个重要方面；城市功能分区不合理易造成人流拥挤，时间浪费，导致日常生活不便，"两型"城市应从人文角度出发，在城市规划中考虑功能区的合理配置，为居民便利的生活提供硬件基础。因而本书通过绿地结构、交通结构、功能结构三个角度对城市的布局合理性进行衡量。

（2）消费理性。消费理性反映"两型"城市软件方面的发展。王敬等（2011）指出适度消费是与生态文明想适应的消费观，适度消费观倡导生态消费、均衡消费和综合消费，强调与自然承受力相适应，与生产力水平相适应，提倡精神消费。消费理念、结构及方式会对城市的环境、发展产生重大的影响，并对生产存在逆向引导作用，工业文明时期，人类过多追求产品数量，造成产品泛滥，边际效益降低，资源浪费严重。"两型"城市的发展，有必要对居民消费行为的合理性进行衡量和约束。抓住消费这个重要活动，从消费理念上对人们的消费的行为进行引导，注重消费规模上的适度性，与经济及收入水平相适应，减少不必要消费，避免浪费，同时注重消费结构的健康及科学合理性，重视精神需求，增加精神消费的比重。本书从消费规模和消费结构两个角度对两型城市的消费理性进行衡量，着重体现均衡消费和综合消费两个方面。

(3) 财富均衡。财富均衡同样反映"两型"城市软件方面的发展。根据性质将财富质分为三类，物质财富、精神财富和生态财富，其中生态财富指大自然赋予人类的、能够给人带来满足且具有稀缺性的东西，如空气、水、阳光、资源等。李海舰等（2008）指出，劳动财富、人文财富、自然财富三大财富之间的关系经历了由统一到对立的转变。工业文明时期，人流过多追求物质财富的增长，导致了生态的破坏，也给精神财富造成了负面影响。进入生态文明阶段，"两型"城市的发展要以人的发展为出发点，既注重经济增长所带来的物质财富的增长，也要注重知识、娱乐等精神财富的发展，同时重视空气、水等生态作为一种财富的价值，注重生活质量，追求物质财富，精神财富、生态财富的一种最优组合，实现三种财富的均衡发展，谋求效用价值的最大化。本书通过物质财富、精神财富、生态财富三个方面对"两型"城市的财富均衡性进行衡量。

10.4.4　"两型"城市发展指数的构建与实证分析

10.4.4.1　"两型"城市发展指数的构成及指标说明

（1）"两型"城市发展指数框架。本书从布局合理、消费理性、财富均衡三方面对"两型"发展指数进行衡量，包括绿地结构、交通结构、功能结构、消费规模、消费结构、物质财富、精神财富、生态财富八个角度的八个指标，其中物质财富、精神财富与生态财富的衡量指标分别为物质指标、文娱指标与环境指标，均为综合指标，需要由低层指标组合而成，具体指标如表 10 - 5 所示。

表 10 - 5　　　　　　　"两型"城市发展指标

目标层	准则层	衡量角度	指标层	备注
"两型"发展指数	布局合理	绿地结构	城市规划建成区绿化覆盖率	正指标
		交通结构	每万人拥有公共交通车辆	正指标
		功能结构	公共设施*用地与居住用地面积之比	正指标
	消费理性	消费规模	消费支出增长率与可支配收入增长率之比	适度指标
		消费结构	教育文化娱乐服务支出占消费比重	正指标

续表

目标层	准则层	衡量角度		指标层	备注
"两型"发展指数	财富均衡	物质财富	物质指标	第二产业占GDP比重	负指标
				GDP增长率	正指标
		精神财富	文娱指标	每万人拥有图书数	正指标
				每万人拥有体育场地、文化场馆数	正指标
				教育经费支出占GDP比重	正指标
		生态财富	环境指标	空气污染指数小于等于100天数	正指标
				城市污水处理率	正指标
				工业固体废物综合利用率	正指标

注：*公共设施是指由政府或其他社会组织提供的、属于社会公众使用或享用的公共建筑或设备，可分为教育、医疗卫生、文化娱乐、交通、体育、社会福利与保障、行政管理与社区服务、邮政电信和商业金融服务等。

（2）指标说明。各指标含义及选取理由如表10-6所示：

表10-6　　　　　　　　　指标说明表

指标	指标说明
城市规划建成区绿化覆盖率	从绿化土地占比来衡量城市布局中自然环境的保留与变化情况
每万人拥有公共交通车辆	从公交车角度衡量城市公共交通发展状况，进而反映城市交通的便利程度
公共设施用地与居住用地面积之比	通过各类土地的利用状况，衡量城市发展中各功能区域的结构合理性，进而反映城市生活方便性
消费支出增长率与可支配收入增长率之比	通过测度经济水平与消费水平的现状，衡量居民的适度消费观念

续表

指标		指标说明
教育文化娱乐服务支出占消费比重		通过测度教育文化娱乐服务的支出比重，衡量居民精神消费的支出状态，进而衡量消费结构的合理性
物质指标	第二产业占GDP比重	一正一负两指标对物质财富进行约束，一方面需要经济的增长，另一方面高耗能的第二产业比重需要下降，通过两者比重的变化，反映物质财富发展方式的调整及与其他财富的均衡性
	GDP增长率	
文娱指标	每百人拥有图书数	通过图书数、体育场馆、影院数、教育经费支出占比反映居民精神生活的状态，反映精神财富的发展情况
	每十万人拥有体育馆、影院数	
	教育经费支出占GDP比重	
环境指标	空气污染指数小于等于100天数	通过对空气、水、固体废物等方面的指标进行测度，衡量环境的质量，进而反映城市居民的生态财富发展状况
	城市污水处理率	
	工业固体废物综合利用率	

（3）数据来源及处理方法。

①目标城市选择及数据获取。本书目标城市从地级以上城市中选取。中部六省地区地级市以上城市（包括直辖市、副省级市、地级市）共80个，为使实证结果具有典型性，需要选取其中最能代表"两型"城市发展水平的城市作为研究对象，通过查找相关资料，以下17个城市在环境、资源、人文方面成绩突出，所获荣誉代表了城市的先进性，而这些荣誉与两型城市的内涵具有一致性，因而将这些城市挑选出来作为典型代表，表10-7是17个城市的荣誉称号汇总。另外，加入江西九江、安徽黄山、湖南张家界三处自然旅游胜地作为补充，共选取长沙、株洲、湘潭、张家界、武汉、黄石、十堰、宜昌、郑州、信阳、洛阳、合肥、淮南、马鞍山、黄山、太原、晋城、南昌、新余、九江20个城市作为目标城市。

表 10-7　目标城市荣誉汇总

省份	城市	环境				资源			人文			
		国家园林城市/国家森林城市	国家生态示范市/全国绿化模范城市	国家环保模范城市/中国低碳生态先进城市	国家卫生城市/中国城市环境综合整治优秀城市、规划示范城市	和谐可持续发展城市/经济转型示范城市	节能减排示范城市/国家节水型城市	全国人居环境范例奖/中国人居环境奖获得城市	中国优秀旅游城市/全国科技进步先进市	宜居城市/中国休闲（旅游）城市	中国魅力城市/最具幸福感城市	国家公共文化服务示范区城市/文明城市
湖南	长沙	√					√				√	
	株洲	√		√	√	√			√√	√		
	湘潭	√			√	√			√			
湖北	武汉	√		√			√		√			
	黄石	√		√	√	√	√			√√	√	√
	十堰	√√		√	√				√	√	√	
	宜昌	√					√		√	√√	√	
河南	郑州	√	√				√		√	√√	√	
	信阳	√						√			√	
	洛阳	√√							√	√	√	

续表

省份	城市	荣誉称号										
		环境				资源				人文		
		国家园林城市/国家森林城市	国家级生态示范市/全国绿化模范城市	国家环保模范城市/中国低碳生态先进城市	国家卫生城市/中国城市环境综合整治优秀城市、规划示范城市	和谐可持续发展城市/经济转型示范城市	节能减排示范城市/国家节水型城市	全国人居环境范例奖/中国人居环境奖获得城市	中国优秀旅游城市/全国科技进步示范市、先进市	宜居城市/中国休闲（旅游）城市	中国魅力城市/最具幸福感城市	国家公共文化服务示范区城市/文明城市
安徽	合肥	√			√√		√	√√			√	
	淮南	√		√	√		√		√√			
	马鞍山	√	√					√	√√		√	√
山西	太原	√	√	√			√		√	√		
	晋城	√			√						√	
江西	南昌	√	√		√							
	新余	√√	√									√

说明：相关数据来源于各年的《中国城市统计年鉴》《中国城市（镇）生活与价格年鉴》《中国城市统计年鉴》《河南统计年鉴》《江西统计年鉴》《山西统计年鉴》《安徽统计年鉴》《湖北统计年鉴》及中部各省各市统计局网。

②数据处理。因各指标取值大小、衡量单位等存在差异，具有不可比性，为了构建综合评价指数，需要对衡量指标的数据进行无量纲化处理，樊红艳等（2010）对七种无量纲化方法进行了比较，平均化无量纲化法保持了原始数据整体的一致性和关联系数一致性，并且受个别极值数据的影响较小，因而本书采用平均化无量纲化法。处理公式如下：

$$\overline{x_i} = \frac{1}{n}\sum_{i=1}^{n} x_{ij} \qquad (式10-1)$$

其中，x_{ij} 是指标数据无量化后的结果，i 表示城市，j 表示指标。同时，各指标性质不同，需要对指标进行趋势化处理，一般是将负指标和适度指标转化为正指标，因而也称为指标的正向化，本书采用的负指标正向化方法为：$x_{ij} = \max\{x_{ij}\} - x_{ij}$，适度指标的正向化方法为：$x_{ij} = \max|x_{ij} - k| - |x_{ij} - k|$，$k$ 是基准值。

10.4.4.2 "两型"城市发展水平的评价结果

（1）指标权重确定及计算。采用层次分析法，首先设计、发放调查问卷，回收整理后获得判断矩阵，之后利用 MATLAB 求解特征根和特征向量，并检验一致性，另外，由于消费科学的层次指标只有两个，故采用标准差加权的方法确定权重，表 10-8 说明了各层次的权重。

表 10-8　　　　　　　　　指标层权重

目标层	准则层	权重	衡量角度	指标层	权重
"两型"发展指数	布局合理	0.1884	绿地结构	城市规划建成区绿化覆盖率	0.6337
			交通结构	每万人拥有公共交通车辆	0.1919
			功能结构	公共设施用地与居住用地面积之比	0.1744
	消费理性	0.0810	消费规模	消费支出增长率占可支配收入增长率的比重	0.9610
			消费结构	教育文化娱乐服务支出占消费比重	0.039
	财富均衡	0.7306	物质财富	物质指标	0.0881
			精神财富	文娱指标	0.1947
			生态财富	环境指标	0.7172

两型发展指数 = α × 布局合理 + β × 消费科学 + γ × 财富均衡

其中 α = 0.1884，β = 0.0810，γ = 0.7306

（2）实证结果。利用所得权重及处理后的数据，得到"两型"发展指数及排名如表 10-9 所示。

表 10-9 "两型"发展指数排名

城市	2008年"两型"发展指数	2008年排名	2009年"两型"发展指数	2009年排名
长沙	1.146191	1	1.174616152	1
南昌	1.140742	2	1.033334033	5
郑州	1.07083	3	1.055095047	3
合肥	1.028857	4	1.014772676	6
武汉	1.023699	5	1.05590822	2
张家界	1.00646	6	0.922690255	10
黄山	0.989412	7	0.92768762	9
十堰	0.984451	8	1.03848058	4
信阳	0.980521	9	0.95829622	8
晋城	0.975364	10	0.974746203	7
湘潭	0.973551	11	0.907583865	11
黄石	0.94238	12	0.888010099	13
新余	0.935281	13	0.891220891	12
株洲	0.926487	14	0.853219708	16
洛阳	0.917814	15	0.846561703	17
九江	0.880962	16	0.843611573	18
马鞍山	0.877769	17	0.853687225	15
宜昌	0.871688	18	0.864928865	14
太原	0.763103	19	0.7634266	19
淮南	0.741571	20	0.761215861	20

长沙市"两型"发展指数位列第一，而太原市、淮南市"两型"发展指数最低；除太原市外，长沙、武汉、郑州、合肥、南昌等省会城市"两型"发展排名均在前六位；对比指数排名的第一位和最后一位可以发现，城市指数差异较大，参差不齐。

10.4.5 实证结果分析

10.4.5.1 评价结果总结

（1）城市个体分析。

① "两型"发展与 GDP 发展不完全一致。图 10-4、图 10-5 给出了 2008 年和 2009 年各市人均 GDP 排名与"两型"城市发展指数排名的对比情况：

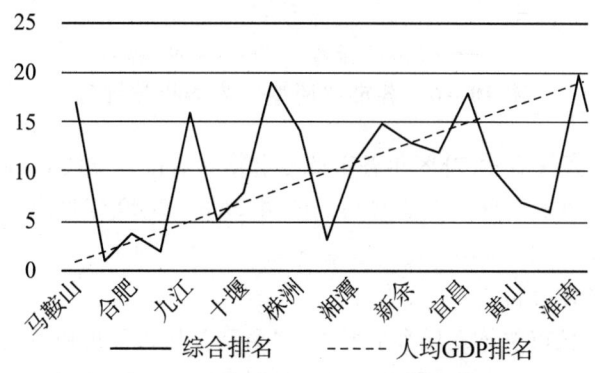

图 10-4 2008 年人均 GDP 与综合排名对比

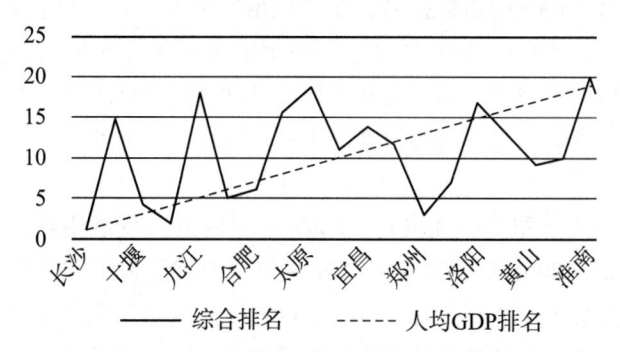

图 10-5 2009 年人均 GDP 与综合排名对比

由于纵轴表示的是排名，因而数值是越小越好。可以看出，两者差异性很大，人均 GDP 高的地区其城市"两型"化发展程度并不一定高，如图 10-4 的马鞍山市，反之亦然，如图 10-5 的郑州市。这与"两型"城市的内涵是一致的，"两型"城市要求人类反思过度的物质追求，反思人与自然的协调共存，GDP 崇拜是"两型"城市发展应当竭力避免的事情，GDP 所代表的经济发展仅是"两型"城市发展的一个方面，存在不一致性在情理之中。

②城市排名基本稳定。图10-6显示了2008年及2009年各市的"两型"发展指数排名对比：

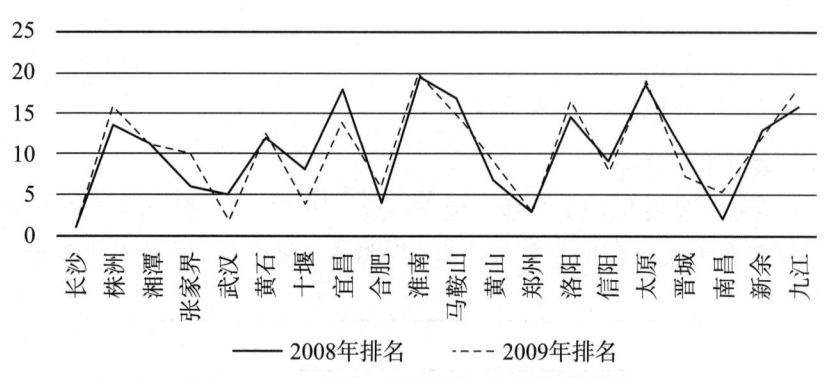

图10-6　各市"两型"发展指数排名

图10-6中实线表示2008年各市的综合排名居位，虚线表示2009年各市的综合排名居位，两条线重合率非常高，说明2008～2009年城市"两型"发展指数排名变化不大。

（2）城市整体分析。

①"两型"城市整体发展水平提高。"两型"城市发展协调性增强，"两型"化水平有所提高。图10-4、图10-5中实线表示"两型"城市发展指数排名，虚线表示衡量财富均衡的指数排名，在"两型"发展指数的权重分配中，财富均衡的比重占到了0.7306，说明"两型"城市的发展侧重于财富均衡方面，当一个城市在财富均衡上表现突出，且在布局合理和消费理性上表现与之协调时，该城市在两型发展指数上将表现为较高的水平，因而两条曲线的波动应该表现为较高的一致性。

对比图10-7与图10-8发现，2009年"两型"发展指数排名与财富均衡排名的一致性高于2008年，经计算，2008年"两型"发展指数排名偏离财富均衡排名的方差为9.89，2009年为5.05。2008年"两型"发展指数排名相较于财富均衡排名波动性较大，城市的"两型"化发展存在不均衡性，仅突出于布局合理、消费理性和财富均衡的某一方面，其他两方面的水平与之不相适应，表现为"两型"发展指数排名曲线与财富均衡排名曲线的不相协调，偏离波动较大。2009年两条曲线在波动一致性上有所改善，综合排名更多地接近于财富均衡的排名，说明城市发展在布局合理、消费理性、财富均衡三方面的协调性增强，不再限于仅突出于其中的某一方面，因而"两型"发展指数与财富均衡排名一致性增强，城市"两型"化一方突出的现象减弱，协调性加深，发展水平有所提高。

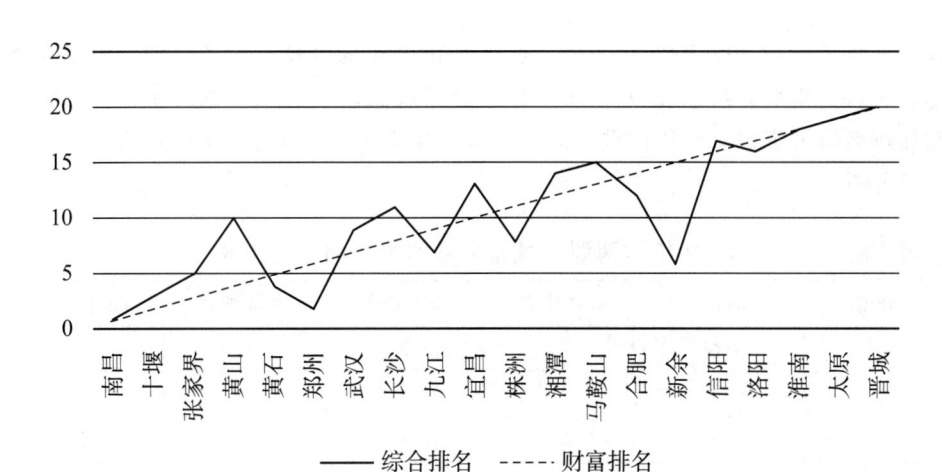

图 10-7　2008 年各市综合排名与财富排名

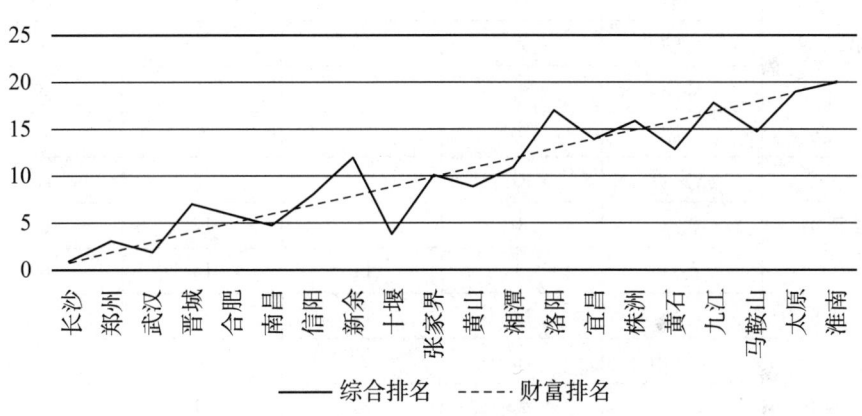

图 10-8　2009 年各市综合排名与财富排名

表 10-10 是补充的三个旅游城市 2008 年及 2009 年的"两型"发展指数排名，可以发现 2009 年三个城市的排名均有所下降，其依托自然环境的优势性减弱，城市发展更多地注重整体协调性，某一方面的突出性对城市的总体指数排名贡献降低，导致三个城市指数排名整体下滑。

表 10-10　　旅游城市"两型"发展指数排名

城市	2008 年"两型"发展指数排名	2009 年"两型"发展指数排名
张家界	6	10
黄山	7	9
九江	16	18

② "两型"城市发展呈现阶段性。城市"两型"发展水平地区差异很大，

各有其发展特点。以2009年为例,将各城市的布局合理、消费合理、财富均衡排名进行分析后分组如表10-11所示,处理时忽略了各指标的权重,仅以协调性和排名值为依据,弱化权重可能存在的不合理性对分析的影响,从各指标角度进行分析。

表10-11　　2009年"两型"城市发展水平空间分组比较

分组	城市	布局排名	消费排名	财富排名	综合排名
第一类	十堰	1	2	9	4
	南昌	3	9	6	5
	武汉	6	7	3	2
第二类	信阳	19	4	7	8
	黄石	5	1	16	13
	长沙	7	16	1	1
	郑州	4	13	2	3
	合肥	9	10	5	6
第三类	张家界	13	5	10	10
	湘潭	8	8	12	11
	宜昌	11	11	14	14
第四类	晋城	17	17	4	7
	马鞍山	10	3	18	15
	黄山	2	15	11	9
	株洲	16	6	15	16
	新余	14	18	8	12
第五类	洛阳	18	12	13	17
	淮南	15	20	20	20
	九江	12	14	17	18
	太原	20	19	19	19

对各城市的三大指标排名取方差,观察其差异性,结合具体排名,将城市按照且其"两型"发展的特点分为了五类:第一类城市三大指标排名较为均衡,且各指标排名均比较靠前。该类城市各方面发展都比较均衡,且水平较高,一般综合排名也比较靠前,代表了"两型"发展的较高水平,是"两型"城市发展应该借鉴保持的发展方式,具体城市包括十堰、南昌、武汉三市;第二类城市各指标排名差异性较大,且其差异性主要由于某一指标排名较低导致,这类城市综合

排名可高可低，单看排名较低的是哪一类指标，城市的"两型"发展会受其劣势指标的负面影响，劣势指标完善后，"两型"化水平将快速提高，具体城市包括信阳、黄石、长沙、郑州、合肥；第三类城市各指标排名较为均衡，且各指标均处于中等水平，因各方面平平，比较中庸，一般综合排名也处于中等水平，具体城市包括张家界、湘潭、宜昌；第四类城市各指标排名差异性较大，且存在一个指标表现比较突出，这类城市是城市刚刚进行"两型"化发展时容易出现的现象，一般从某个方面进行突破，希望以一个方面的发展带动其他方面的发展，具体城市包括晋城、马鞍山、黄山、株洲、新余；第五类城市各指标排名较为均衡，但是各指标水平均较低，一般综合指标排名也较低，这类城市处于一般处于"两型"发展的起步阶段，各方面成效还不是很明显，代表了"两型"城市发展的较低水平，具体城市包括洛阳、淮南、九江、太原。

五类城市分组中，第一类水平最高，第五类水平最差，但第一类城市仅包括三个城市，说明中部地区的"两型"发展仍处于较低水平，城市大多表现为个别方面的突出甚至整体的平庸。但五类城市的优劣势都是相对的，仅能反映各指标个体对"两型"发展可能产生的影响，具体效果需要考虑指标权重，因而与"两型"发展指数并不完全匹配。

10.4.5.2 症结分析

中部地区"两型"城市发展整体上处于较低水平，且各自具有不同的特点，而通过纵向时间上的比较发现，整体上"两型"城市发展水平有提升的趋势，但是各市"两型"发展指数排名并没有很大的变化，这说明各城市在"两型"城市的发展速度上是一致的，但是水平是不一致的，造成这种现象的原因可以归结为城市固有基础的影响和转变的时滞性影响两个方面。

（1）城市固有基础的影响。"两型"城市要在已有的城市基础上发展起来，因而不可避免的，其原有的城市布局、自然环境、经济结构、风俗人文等会对"两型"城市的起点水平产生影响，一般而言，省会城市因为其政治、经济、文化中心的地位，"两型"化基础会优于其他地级城市，同时在城市发展转变中，省会城市会受到更好的重视，因而其高起点造就的高水平也就不足为奇。同样，负面基础也会降低城市"两型"化的总体水平。由于资源优势，传统上马鞍山以钢铁业为重，太原以煤炭产业为重，两者均为高污染的产业，对环境冲击很大。故相比于其他城市而言，马鞍山、太原的环境基础会相对较差，而包含环境质量的生态财富指标所占比重又较高，所以马鞍山和太原两市在两型发展指数排名中很难占有优势。

（2）转变的时滞性影响。2007年10月，党的十七大第一次正式提出构建

"两型社会"，由于时间较短，"两型"城市的构建仍处于探索阶段，各市还未找到十分行之有效的手段，技术层面上难以实现"两型"城市大的进步，同时，各指标状态的实现并不是一蹴而就的，需要一定的推进过程，如人的消费理念的变化，以及随后消费行为的更改，如绿地、公共交通的增加等，各市情况类似，因受制于时间，故排名短时间内不会出现大的改变，各市"两型"化演进速度基本保持一致。

10.4.6 改进建议

中部地区"两型"城市发展受制于城市固有发展基础及"两型"城市的缓慢推动进程，"两型"化水平整体较低，且水平参差不齐，为加快其发展进程，提高"两型"城市发展水平，本书从以下三个方面给出建议。

（1）利用城市发展固有优势，弥补不足，协调城市整体发展。"两型"城市的发展需要布局合理、消费理性及财富均衡三方面的积极协调，仅依靠某一方面的优势地位，如自然环境所起作用有限，需要其他方面的均衡协助。根据实证结果，中部地区"两型"城市发展多表现为某一方面的突出性或者整体发展的平庸甚至低下，且城市原有基础会对城市"两型"化进展产生影响，为提高"两型"城市发展水平，城市要在保持其相对优势的情况下，对其劣势加大力度进行扭转，如长沙要提高消费理性程度，信阳要加快布局合理性发展，马鞍山要改善其财富均衡性，以期尽快改善城市发展基础状态，造就"两型"城市发展的高起点、高水平。

（2）积极探索"两型"城市发展的推动模式，加快技术层次上突破。"两型"城市提出时间短，实践经验少，因而其发展缺乏有效地推动手段，各地"两型"城市发展速度相当，进程缓慢，有变化无惊喜。在高发展起点的基础上，探讨加大助力的推动途径，为"两型"城市发展加速，使其达到更高的发展水平。

（3）加大"两型"城市的宣传力度，使居民了解"两型"城市内涵，尽快树立正确的"两型"城市观念，注重生活中的节能减排，尤其要指引居民树立理性消费观，规模上引导居民适度消费，结构上注重精神消费。

第 11 章

"两型"农村建设标准体系及指标体系

11.1 "两型"农村建设的背景与意义

11.1.1 农业资源利用效率不高

第一，农业生产效率降低，隐忧粮食危机。中国农业大学资环学院课题研究组的数据表明，过去 8 年，我国粮食单产几乎没有显著增长，但每亩化肥施用量却增长了近 40%，每公斤化肥生产的粮食不足 19 千克，并且这一生产效率正以每年 1 公斤的速度下降；化肥增长对粮食增产的贡献率降低到 10% 左右。此外，我国耕地总面积逐年降低，人均耕地面积逐年减少，截至 2010 年底，中国耕地总数不足 18.26 亿亩，已接近 "红线"，人均耕地不足 0.1 公顷，不到世界平均水平的一半。更为严峻的是，2011 年上半年全国发现违法用地行为 3 万多件，涉及土地面积 1.85 万公顷，其中耕地 0.63 万公顷。在粮食产出供应能力逐渐降低的现实下，专家预测到 20 年后，我国人口规模将达 16 亿，粮食需求量将大增。届时，我国粮食不够吃，必须依靠进口，而依据目前全球每年粮食的正常贸易量（约为 2.2 亿吨），我国纵使将这部分粮食全部买下，也只能满足我国粮食需求的 45%，我国的粮食危机明显。

第二,淡水资源利用效率低,将现淡水资源危机。农业耗水量约占社会用水总量的70%,是主要的水资源消耗者,但我国农业用水利用率低,灌溉水利用率不到50%,仅是发达国家的一半左右;有关研究表明,发达国家$1m^3$水生产2kg粮食,而我国产粮不足1kg。《2009年中国水资源及水价现状调研报告》显示,2000~2009年全国人均淡水资源为$2\ 160m^3$,扣除不能利用的淡水资源,可供利用的人均淡水资源仅为$900m^3$,已成为世界严重缺水国家之一。专家预测到2030年,我国人均淡水资源将下降到$1\ 760m^3$,逼近国际上公认的$1\ 700m^3$的严重缺水警戒线。

11.1.2 农村环境问题日趋严峻

第一,农村生态环境破坏严重。据统计,目前全国80%以上的河流受到不同程度的污染,我国农村近7亿人饮用水中大肠杆菌超标,1.7亿人的饮用水受到有机污染。而受特殊的自然地理和人为因素的影响,我国水土流失十分严重。根据全国第二次遥感调查结果,我国水土流失面积356万平方公里,占国土面积37.1%;近50年来,我国因水土流失而损失的耕地达5 000多万亩,平均每年100万亩。此外,中国农业科学院曾在北方五省20个县,800多个调查点对城郊集约化蔬菜种植区地下水硝酸盐污染情况进行调查,发现有45%的地下水$\rho(NO_3-N)$超过11.3mg/L,20%超过20mg/L,个别点超过70mg/L。我国农村生态环境遭到破坏,影响农业的正常生产,增加了农民的经济负担,严重制约着农村的可持续发展。

第二,城镇化污染蔓延农村。随着城市对重污染企业的发展限制越来越严格,这类企业逐渐转向农村,对农村环境造成了巨大的污染。调查显示,2005年,我国遭受不同程度大气污染的耕地达533.3万公顷以上,因固体废物堆存而被占用和毁损的农田面积达13.3万公顷以上,全国利用污水灌溉的面积占全国总灌溉面积7.3%,比20世纪80年代增加了1.6倍。此外,据国家统计局统计,2005年我国城市生活垃圾清运量为5 576.8万吨,生活垃圾无害化处理率仅为51.7%,大量未经无害化处理的生活垃圾转移到了农村,加上每年1亿吨的农村生活垃圾露天堆放,农村正面临严重的垃圾环境危害问题,一些地方甚至出现了"垃圾围村"问题。而随着我国城镇化的加速推进,在没有严格的制度规范、标准限定下,大城市被淘汰的技术设备将在乡镇企业中广泛使用,乡镇企业生产对农村环境负外部影响有进一步加深的趋势,农村这片净土将成为经济发展的牺牲品。

11.2 "两型"农村建设的理论研究

11.2.1 "两型"农村建设的理论基础

(1) 农村演进规律提出的理论基础：新财富观。经济学上对"什么是财富"并没有定论，但基本上承认亚当·斯密的物质财富观，即财富增长等同于物质产品的增加。然而，李海舰、原磊基于"以人为本"的思路框架，提出凡具备效用性、稀缺性两大特点的东西均可称其为财富，把亚当·斯密的物质财富观拓展成劳动财富、自然财富和人文财富新的三大财富观，认为在人类社会发展不同的阶段，三种财富的地位不同。其中，劳动财富是指那些需要人类劳动创造的，能够给人类带来某种物质上和精神上的满足，并且具有逆向稀缺性的东西，与传统经济学意义上的财富一致，可以 GDP 或 GNP 来衡量；自然财富是指那些大自然赋予人类的，能够给人带来物质上的满足或保障，并且具有正向稀缺性的东西，主要包括阳光空气、青山绿水及其他对人类生活造成影响的自然环境与石油、铁、铜、锌以及其他具有各种用途的矿产资源两大类资源；人文财富是在人类生活中自然产生的，或者历史上遗留下来的，能够给人带来精神上的满足，并且同时具有正向稀缺性和逆向稀缺性的东西，主要包括情感、安全、健康快乐、风俗文化及历史文物，一般以幸福指数和快乐指数用于对其进行衡量。因而，劳动财富的增加主要表现为 GDP 或者 GNP 的增加，自然财富、人文财富的增加分别表现为自然环境、人文环境的改善，其发展状况可以用环境质量来统一衡量。

(2) 农村演进规律：三阶段理论。人类社会由城市与农村二元社会构成，其发展最终由农村发展与城市发展来体现，因而在农村发展的不同阶段，三大财富的地位不同，由此导致环境质量与 GDP 增长水平不同，同时随着技术的进步，资源的利用效率不断提高。据此将农村发展历程分为"自然和谐"阶段、"理性破坏"阶段、"两型"发展阶段，如图 11-1 所示。

①"自然和谐"阶段。在农村发展的自然和谐阶段即人类社会发展的原始文明和农业文明阶段，人们依靠简单的、原始的生产工具利用自然物资创造劳动财富和人文财富，满足基本的生活需求，劳动财富和人文财富增加的速度较慢。在这种发展模式下，资源利用低效率、粗放型发展明显，但自然界自身存在的自我净化、更新能力，使得产生的环境破坏性影响几乎为零。该阶段的主要特征是追

求劳动财富和人文财富的基本供给且供给增加的速度较慢,自然财富的增加被忽略,处于一种低水平"天人合一"状态,且资源利用效率较低。

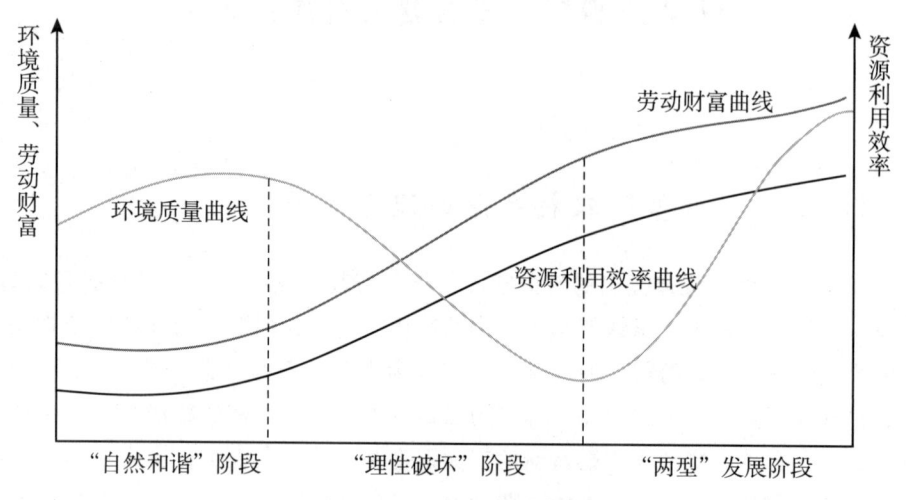

图 11-1　农村演进规律

② "理性破坏"阶段。在农村发展的理性破坏阶段即人类社会发展的工业文明阶段,人们对物资需要的要求提高,导致农村物质资源相对需求欲望严重不足,增加单位物质产品供给能够带来很大的效用。为满足人们的物质资源需求,快速发展经济,创造劳动财富成为第一要务,一定程度的自然财富和人文财富牺牲被忽略。尽管随着技术水平的提高,资源利用效率逐步提高,但过度地追求经济发展,造成农村的自然环境与人文环境遭到毁灭性破坏。该阶段的主要特征是经济发展与环境保护相脱节,单纯追求劳动财富即经济利益最大化,完全漠视自然财富和人文财富的价值且劳动财富增加的速度很快,并且资源利用效率逐步提高。

③ "两型"发展阶段。在"两型"农村发展阶段,由于人们在物质需求上已经基本得到满足,劳动财富的增加带来的效用满足边际递减规律,因而,对劳动财富的追求居于稍微次要位置(并不是忽略这个方面的发展);而环境问题造成的生存危机以及个人追求自我实现的需要,使得创造自然财富和人文财富成为第一要务,因而"两者"的增加速度较快。同时,随着技术水平的提高,资源利用效率处于一个较高水平。该阶段的主要特征是统筹三大财富增加,自然财富和人文财富增加居于主导地位,劳动财富增加居稍微次要地位,劳动财富增加的速度先放慢而后趋于零,而自然财富和人文财富增加的速度先是大幅增加,最后趋于平稳,并且资源利用效率较高。

以上分析不难看出,随着农村的不断演进,农村环境质量经历了类似库兹涅茨倒 U 型曲线发展过程，而劳动财富和资源利用效率则呈产业生命周期 S 型曲线发展。

（3）我国农村发展新阶段：向"两型"农村转变。显然，依靠高投入、低产出，牺牲环境和人民幸福，追求劳动财富最大化占据了我国农村发展的根本地位，我国农村正处于农村发展的"理性破坏"阶段。这种农村发展模式仅有经济的高速发展，忽略人文环境的建设，牺牲人的幸福感，导致我国付出了巨大的经济、社会、环境代价，是不可持续的发展，越来越为人们所诟病，我国农村迫切需要进入到一个新的发展阶段，即进入"两型"农村的发展阶段，经济发展的目标不再是追求单一的劳动财富最大化，而是要对三大财富进行综合衡量，统筹考虑，协调发展。

11.2.2 "两型"农村的内涵特征

（1）"两型"农村发展目标："物质财富"与"精神财富"耦合增长。农村是一个经济社会系统，其运转过程实质是物质消耗的过程。传统农村经济发展模式都是被称为"线性经济"模式，其经济社会系统运转的过程是一种由"自然资源—产品和用品—废物排放"流程组成的开放式系统，人们通过生产和消费把地球上的物质、能源大量提取出来，然后又把污染、废物大量地扔弃到大气、水体、土壤、植被中。这种线性经济追求劳动财富最大化，漠视自然财富和人文财富价值，通过不断地进行"资源开采—废物排放—再开采—再排放"的恶性循环与减少人的幸福感来实现经济增长。"两型"农村即"资源节约、环境友好"型农村发展，不同于传统农村的线性经济模式，追求农村经济发展与资源消耗排放的"脱钩式"发展，即实现农村经济发展的同时减少资源消耗和污染排放，走出一条新型的低物质化的农村发展道路，建立"资源—产品—再生资源"良性循环的社会经济系统，在追求劳动财富最大化的同时，注重自然财富的增加，实现"以物为本"的"物质财富"高效增长的目的。此外，在追求"物质财富"发展的同时，注重人文财富的增加，促进人的幸福感提高，人类社会和谐度的增强，达到"以人为本"的"精神财富"稳步增长的目的。

（2）"两型"农村实现途径：低物质化与高幸福感道路。"物质财富"与"精神财富"耦合增长是劳动财富、自然财富、人文财富统一增长的过程，生产方式是决定劳动财富与自然财富能否统一的根本因素，生活方式是决定自然财富与人文财富能否统一的根本因素，而发展方式是决定生产方式和生活方式能够统一的根本因素。因此，"物质财富"与"精神财富"耦合增长的关键在于促进生产方式由粗放式到集约式转变,生活方式由破坏浪费型到高水平的"天人合一"型转变,并由注重生产的发展方式过渡到注重生活的发展方式,既要注重经济的有效发展,更要注重人的幸福感,即要走低物质化、高幸福感道路。

(3)"两型"农村实现途径的内在要求:"四化"。走低物质化道路,破解资源环境约束,节能减排降耗,推进循环经济,发展静脉产业,建立资源节约型和环境友好型农村,需要基本形成节约能源资源和保护生态环境的农业生产方式和农村消费模式,谋求农村经济增长与资源节约一起实现、经济建设与生态建设一起推进、经济效益与环境效益一起提高的格局;在具体行动中要求,农村经济社会发展的过程体现资源节约、环境友好内在要求,实现"三化"即经济绿色化、资源集约化、环境生态化。走高幸福感道路,提高村民的幸福程度,关键在于提升人与人之间和谐相处水平,实现农村社会和谐化。"两型"农村的理论内涵如图 11 - 2 所示。

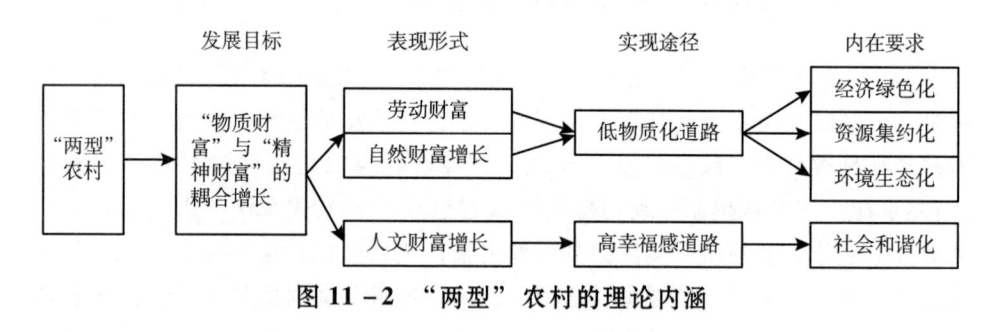

图 11 - 2 "两型"农村的理论内涵

11.3 "两型"农村指标体系及评价模型构建

党的十二大以来,环境保护和保护资源被确定为我国基本国策;"十二五"规划以绿色发展为主题,再次强调资源节约型、环境友好型社会建设。"三农"问题是我国经济社会可持续发展的核心问题,"改变农村,就是改变中国","微排乡村"是中国未来农村发展的必然趋势,与"两型社会"建设密切相关。"两型社会"建设是一个全新课题,目前专家、学者对它的研究才刚刚起步,对"两型"农村的研究鲜有涉及。因而,解读"两型"农村的理论内涵,构建"两型"农村评价标准,能为专家、学者们对"两型"农村的后续研究奠定基础,同时有利于加速"两型"农村建设进程。

"两型"农村的指标构建

（1）指标体系基本构成：基于"四化"。"两型"农村指标体系由经济绿色化、资源集约化、环境生态化、社会和谐化4个一级指标构成，下设经济水平、经济结构、资源节约、资源利用、生态破坏、污染控制、环境建设、乡风文明、社会保障共9个二级指标，而二级指标下设19个三级指标。其中，主要指标源自湖南省"两型"办公室颁布试行并在全省范围内推广的《"两型"农村建设标准》，具体指标体系构成见表11-1和表11-2。

表11-1　　　　　　　　　"两型"农村标准体系

一级指标	二级指标	三级指标	标准值
经济绿色化	经济水平	农民人均纯收入	≥6 500元/人
	经济结构	无公害、绿色和有机农业总产值占比	≥30%
资源集约化	资源节约	用水集约化	是
		土地流转集约经营率	≥50%
	资源利用	林业资源综合利用率	≥70%
		农作物秸秆综合利用率	≥95%
		畜禽养殖废弃物综合利用率	≥95%
环境生态化	生态破坏	自然灾害成灾率	5%
		水土流失率	4%
	污染控制	测土配方科学施肥	是
		农膜回收利用率	≥65%
		生活垃圾定点存放清运率	≥90%
		土壤养分、重金属、农药残留合格率	≥90%
	环境建设	村容整洁	是
		"三改"覆盖率	≥95%
		民生设施覆盖	≥1个组合
社会和谐化	乡风文明	文化娱乐活动丰富	是
		"四提倡"、"树三德"、"刹三风"*明显	是
	社会保障	新型农村合作医疗保险参保率	≥95%

注：*为"四提倡"即提倡助人为乐、尊老爱幼、遵纪守法、喜事新办和丧事简办；"刹三风"即刹赌博风、大操大办风、封建迷信风；"树三德"即树社会公德、家庭美德、个人道德。

表 11-2　　　　　　　　　"两型"农村指标体系

指标类型		指标名称	乔海曙、李正辉等	乔海曙、王桂良	周栋良	匡远配、罗荷花	彭艺、贺正楚、霍欢欢	湖南"两型"办"两型"农村	湖南"两型"办"两型"村庄
资源节约	资源利用	"三废"综合利用率	√	√	√		√	√	√
		太阳能普及率	√	√				√	√
		万元农业产值平均用水量	√		√				
		节水、节劳、节能指数		√		√		√	
	资源循环	耕地面积变动幅度/人均耕地面积	√				√	√	
		土地产出率	√		√				
环境友好	生态环境	人均碳汇量						√	
		森林（绿地）覆盖率	√		√	√	√		
		农村生活垃圾清理率	√	√			√		
		农村生活污水处理率	√		√		√		
	污染控制	农药化肥平均施用强度	√	√		√		√	√
		农用薄膜回收率	√	√	√	√			√
社会和谐	人民生活	高中普及率/受教育年限	√		√				
		农村最低社会保障程度	√				√		
		农村新型合作医疗参保率	√	√				√	√
		农村家庭信息化覆盖率	√	√			√		√

续表

指标类型		指标名称	乔海曙、李正辉等	乔海曙、王桂良	周栋良	匡远配、罗荷花	彭艺、贺正楚、霍欢欢	湖南"两型"办"两型"农村	湖南"两型"办"两型"村庄
社会和谐	民生建设	"三改"覆盖率	√	√	√		√	√	√
		医疗保健室、文体活动室、便民超市等民生设施	√	√				√	√
		道路硬化率	√	√	√		√	√	
	文化建设	文化中心户/文化娱乐			√				
		"两型"示范村	√						
经济发展	经济结构	无公害、绿色、有机农产品基地比例	√	√				√	√
		第三产业产值比重	√		√				
		农业科技进步贡献率			√	√			
		农业科研投入GDP占比	√		√		√		
	发展水平	农村人均纯收入	√	√	√	√	√		
		农村居民恩格尔系数	√		√		√		
		农村城镇化率			√		√		

①经济绿色化。经济绿色化即发展绿色经济，是实现农村经济社会可持续发展的内在要求，要求经济活动不仅仅追求经济效益，更要重视环境效益，在生产、流通、分配、消费的整个物质循环过程中体现"资源节约，环境友好"的特色，不损害环境与人的健康，重点是绿色产业发展和绿色产品、标准、交易、技

术及监管；在经济结构中，注重低碳环保、绿色产业的发展，在资源、环境、科技供给与应用推广的约束下，发展生态农业、绿色产业及生态观光休闲业。本指标体系从经济水平和经济结构两个方面来反映农村经济绿色化程度。

②资源集约化。资源集约化是实现资源有效利用和合理配置的有效方式，是衡量"两型"农村建设前进方向的主要指标，其核心是资源利用效率的提高。中国是农业自然资源约束型国家，人均资源量小，特别是人均耕地和水资源仅分别为世界平均值的1/3左右和1/4；农业资源浪费严重，农用水利用率只有30%~40%，有机废弃物如秸秆、藤蔓、树叶等，长期以来均未转化为资源被再次利用；物质能量转化率低，效益差，客观上要求我国农村以最少的资源消耗获取最大的经济、社会效益。本指标体系从资源节约和资源利用两个方面来反映农村资源集约化程度。

③环境生态化。环境生态化是反映人口、社会、经济、资源和环境协调发展的重要指标，其实质是建立一种人与自然和谐相处的环境，注重生态环境的保护与民生环境的建设，表现为开发建设活动要以保护自然为基础，与环境的承载能力相适应；以不破坏环境或以最小的环境代价为原则，创造更多的财富和舒适的生活，实现经济发展与环境保护的双赢。农村环境的生态化，应该使"农村具有现代城市的水平，原始农村的属性"，做到"猪羊上圈，牛马进栏"，改变农村脏乱差的面貌；村庄布局具体依据其大小和地理位置，形成自己的风格和特色，"宜分则分，宜联则联"，分与联各具特色；在农村基础设施上加大投入，道路和绿化分布合理，体现原始农村的现代风情。本指标体系从生态破坏、污染控制和环境建设3个方面来反映农村环境生态化程度。

④社会和谐化。社会和谐化即建设和谐社会，是衡量"两型社会"建设的重要指标，要求建立一个民主法治、公平正义、诚信友爱、充满活力、安定有序、人与自然和谐相处的社会，体现人与人、人与自然之间的和谐相处关系。其基础在于优化社会结构包括社会阶层结构、人口结构、城乡结构以及社区结构等多方面内容。其中，城乡公共服务供给存在明显不平等是导致城乡二元社会结构的重要原因，因而要加强农村民生建设，破解城乡二元社会结构。"十二五"规划纲要提出，要突出民生优先，重视民生建设，从收入分配、社会保障、公共服务体系的建设、医疗、教育、住房等诸多方面切实改善民生。此外，新农村建设提出了"生产发展、生活宽裕、乡风文明、村容整洁、管理民主"二十字方针，其中，乡风文明很好地体现了社会和谐的要求，为促进农村社会和谐化指明了方向。本指标体系从社会保障和乡风文明来反映农村社会和谐化程度。

"两型"农村建设是"两型社会"建设的重要组成部分，目前关于"两型"农村的研究学者涉足不多，在评价标准体系方面，"两型"农村的指标研究多是贯穿于"两型社会"综合指标体系之中。通过现有的几篇描述"两型"农村文献，结合湖南省长株潭"两型"办颁发的"两型"农村、"两型"村庄标准，总结常用的"两型"农村标准体系的指标，对"两型"农村的现状进行勾画（见表11-2）。

从表11-2可以看出：农村地区与城市存在较大的差别，指标的选取也体现了这种差异。农村资源节约主要表现在"三废"综合利用率、太阳能普及率以及农业资源的节约上，其表现在节水、节劳、节能上，强调提高土地、水的利用率。环境友好方面，由于农村的污染主要来源于生活垃圾和农药化肥农膜的污染，研究者从这些方面设置环境指标的较多。经济发展、社会和谐是农村地区"两型社会"建设的物质基础、思想动力和推动力量，经济发展主要测量了农民纯收入水平、产业结构调整，社会和谐涵盖了人民生活、民生建设，散见于指标：高中普及率/受教育年率、农村最低社会保障程度、新型合作医疗参保率、农村家庭信息化覆盖率、道路硬化率、民生设施建设等。

（2）评价指标标准值确定。我国农村地域辽阔，东、中、西部发展并不平衡，本指标体系标准值的确定主要针对中部地区农村，以长株潭地区为例。湖南省发改委在长株潭"两型社会"建设综合改革方案中提出，长株潭试验改革分"三个阶段"推进即2008~2010年为第一阶段，2011~2015年为第二阶段，2015~2020年为第三阶段。本书的研究目标定位于2011~2020年期间长株潭农村发展状态，指标标准值的设定以该目标为出发点。考虑到定性指标值难以具体量化，为了能使指标评价更客观，采用问卷调查或专家组集体评分确定并根据实践过程中反馈的结果进行调整。同时，考虑到定性指标考核的主观性较大，尽可能地将指标内涵进行分解，多维度、具体化指标内涵，量化考核标准。而对于定量指标标准值则通过以下两条原则进行确定：对已经存在国家标准或湖南省省级标准的指标，尽量采用规定的标准值并体现长株潭地区实情；对缺失国家或湖南省本省标准指标值，采用其他省制定的标准做类比，同时使用科学的统计方法进行必要的统计推算，适当进行修正。

11.4 中部地区"两型"农村发展水平评价与政策建议

11.4.1 研究背景

从党的十六届五中全会确立以"生产发展、生活富裕、乡风文明、村容整洁、管理民主"为要求建设社会主义新农村,并首次把建设资源集约型和环境友好型社会确定为我国国民经济和社会发展中长期规划的一项战略任务,到党的十六届六中全会以促进社会和谐、加大对社会主义新农村的建设,到党的十七大报告中的把建设资源节约型、环境友好型社会放在工业化、现代化发展战略的突出位置,到 2007 年批准武汉城市圈和长株潭城市群为全国资源节约型和环境友好型社会建设综合配套改革试验区,到"十二五"规划中强调绿色发展,建设资源节约型、环境友好型社会,"两型"建设以从开始襁褓婴儿慢慢成长,在神州大地上掀起了资源节约、环境友好、社会和谐的生态文明之风。不少学者开始走上了"两型"社会的研究之路,而相对学者侧重研究的两型城市,作为体现社会主义新农村建设、科学发展观全面落实和"三农"思想解决和城乡二元结构难题的破解的"两型"农村的研究屈指可数。在此背景下,对"两型"农村的发展水平研究具有重大的科研和战略意义,既能为专家、学者们对"两型"农村的后续研究和政策制定者提供可借鉴建议奠定基础,也有利于加速"两型"农村建设进程。

11.4.2 文献综述

目前,对于"两型"社会的研究的文章不论在深度上和广度上,在理论还是模型上都有长足发展,学者多站在一个国家、长株潭城市群和武汉城市圈的层面上,从经济、政治、生态、民生等角度对"两型"社会的发展提出建设性意见。而随着研究的深入,"两型"社会正在从面向点过渡,分割为"两型"城市、"两型"社区、"两型"农村、"两型"企业等。由于农村在中国经济转型的"两型"四化中发挥举足轻重的作用,可是在"两型"大改造如火如荼地进行过程中,农村的"两型"发展水平又到了什么程度,哪些地区的农村可以起到示范作用,而哪些地区的农村还没走上"两型"的道路,本书主要针对"两型"农村的发展水平进行研究。

"两型"农村发展水平研究视角很多,主要分为两类:单一视角谈"两型"农村一个维度的发展水平和综合性视角测度"两型"农村多个维度的各自发展水平,再计算一个发展总水平。前者多理论论述,后者多实证论证。

单一视角谈"两型"农村一个维度的发展水平的文章有从农业生产体系、农民、农业、制度等方面出发,张黎(2009)认为"两型"农业生产体系是社会主义新农村建设的应有之义和增强农业竞争力的重要途径,却面临重重发展障碍:激励机制缺失、支撑机制疲软、主体缺位,农业总体比重较低。李晓军(2009)认为现代化的高素质农民与"两型"农村的发展水平密切相关,是基石,针对目前"两型"农村与农民之间的不相适应,提出在科学发展观指导下培育新型农民。马德富（2009）分析了农业在"两型"社会建设中的重要地位和作用，探讨了"两型"农业的内涵、影响因素、构成体系，并设计了一套用来衡量"两型"农业发展程度的指标体系。赵阳（2009）指出虽然中国改革开放三十年来农业农村取得的巨大成就，但目前自然资源环境的约束和制度环境的约束成为"两型"农村建设的重要"瓶颈"，需要从耕地保护制度、节约用地制度、水资源管理制度上突破困难。

综合性视角测度"两型"农村多个维度的各自发展水平，再计算一个发展总水平涉及的文章不多，且多为对一个地区做分析评价。霍苗（2005）运用农业生态学、生态经济学、生态伦理学、可持续发展理论建立了经济、生态、社会系统的指标评价体系，在层次分析法基础上对京郊农村发展水平进行评估。但文章没有横向对比京郊各生态农村的发展水平，虽然列举了典型生态村——荆栗园村，与生态村——留民营村，地域辐射性不广导致可比性与说服性不强，而且没有在时间轴上进行纵向对比。刘菲（2008）在可持续发展理论、生态经济学理论与循环经济理论、复合生态系统理论基础上设计包含社会、经济、资源环境子系统的评价体系，运用主成分分析法对河北涿州农村评估。乔海曙、李正辉等（2009）认为"两型"农村指标设计应突出其与"三农"、社会主义新农村的密切联系及与"两型"城市的区别，创新性地设计了经济发展要素、社会和谐要素、资源节约要素、环境友好要素和附加要素为5个要素、14个子要素和62个具体指标。指标定位全国，具有很强的普遍适用性，可是少了与具体实际农村调研来考察当下农村的"两型"发展水平。陈钦华（2009）运用农业生态学、生态经济学原理、规划学、建筑学等交叉学科知识和农业农村可持续发展理论对湘西山区泸溪县多个村进行评价与政策建议。但只是停留在定性阶段。乔海曙、王桂良（2011）基于新财富观的农村发展规律，指出"两型"农村的理论内涵是追求"物质财富"与"精神财富"的耦合发展，并建立起经济绿色化、资源集约化、环境生态化、社会和谐化的四化评价指标体系，构建成"两型"农村的评价标准。虽然从新财富观新视角出发，建立四化指标体系，但仍然停留在工作目标性指标体系，没有起到评价比较作用，有一定局限性。

从上述文章可以看出，对"两型"农村的发展水平研究单一维度的研究已经很多，对北京发达地区的农村发展水平的研究也早已开始，可是对中部六省"两型"农村发展水平的研究还停留在定性研究上，定量的实证研究鲜有，虽然有建立相关的评价指标体系，但大部分基于经济—环境—社会—可持续视角，子系统也多是经济、资源、环境、社会，后学者少有创新，所以本书另辟蹊径，大胆创新，从三大财富观（劳动财富、自然财富、人文财富）出发设计指标体系，对中部地区两型农村发展水平研究，具有很强的实际意义和创新意义。

11.4.3 中部"两型"农村的评价标准：指数构建与实证

11.4.3.1 中部"两型"农村发展指数的构建及指标说明

(1) 中部"两型"农村发展指数框架如表 11-3 所示。

表 11-3　　　　　中部"两型"农村发展指数框架

目标层	准则层	领域层	指标层	指标说明
中部"两型"农村发展水平	劳动财富 X_1	发展速度 X_{11}	农村居民纯收入增速 X_{111}	正向指标
		发展结构 X_{12}	农林牧渔业净增长值占总产值比重 X_{121}	正向指标
	自然财富 X_2	资源集约 X_{21}	农用塑料膜、化肥、农药增长率 X_{211}	逆向指标
			可再生资源（沼气）利用情况 X_{212}	正向指标
		生态环境 X_{22}	单位地区生态足迹 X_{221}	正向指标
			水土流失治理面积占辖区农用地面积比重 X_{222}	正向指标
	人文财富 X_3	生活质量 X_{31}	恩格尔系数 X_{311}	逆向指标
		民生建设 X_{32}	每万人卫生院和文化站个数 X_{321}	正向指标

(2) 指标选择以及说明。"两型"农村的劳动财富用经济发展速度和农村经济发展结构来概括。其中经济发展速度用农村居民纯收入增速来表示，而不选用人均农村居民纯收入，主要是为了比照物价指数，农村居民收入增长是否真正跑赢了物价指数变动，与当前 CPI、通货膨胀、国进民退社会热议相结合，而"增速"这个动态指标来体现"速度"这个动态名词也很恰当。农村经济结构主要是农林牧副渔生产结构，农林牧副渔业之间基于农村特有的食物链关系，存在相互交叉联系，结构内部呈多方向的网络连接关系，用农林牧渔业增加值占总产值比重与中间消耗值占总产值比重的净增长值来反映经济结构内部相互之间的协调和关联度的强弱，很好地体现了循环开发利用、循环经济的特点，切合"两型"农村发展要求。

"两型"农村的自然财富用资源集约和生态环境来概括，具体结合土地财富的特点，细分为农用塑料膜、化肥、农药增长率、可再生资源（沼气）利用情况、单位地区生态足迹、水土流失治理面积占辖区农用地面积比重，其中农用塑料膜、化肥、农药增长率从土地的生产能力出发，可再生资源（沼气）利用情况是从提高土地的使用寿命出发，因为前者的使用不可避免会导致土壤肥力不断下降，致使土地增产不增效、增投不增收，后者的使用是新能源的开发与循环利用，能减少生产对土地的压榨和消耗，所以站在资源角度上，强调旧资源的节约和新能源的集中使用。而单位地区生态足迹、水土流失治理面积占辖区农用地面积比重分别从土地的利用效率与再生能力出发，因为单位地区生态足迹等于地区用电量/地区生态足迹，地区生态足迹等于生产所消费的所有资源和吸纳其废弃物所需要的有用土地的面积，这里用农用地的面积表示，反映农村土地对经济发展总体冲击的承载能力，是单位土地利用效率的体现，一个表示经济发展的综合生态环境程度的合适指标，水土流失治理面积占辖区农用地面积比重是退耕还田的趋势，是人类对土地保护的回归，所以站在生态环境的角度上，强调生态环境的承载与回归。

"两型"农村的人文财富用生活质量和民生建设来概括。其中生活质量用农村的恩格尔系数表示，民生建设用每万人卫生院和文化站个数。恩格尔系数是反映农村居民有多少消费用在食品支出上，系数越小，越富裕，那么农村居民消费支出可以投入到非食品消费上，可以提高穿着水平，可以改善居住条件，可以购买耐用消费品提高生活质量，可以用在教育学习方面提高自身素质，可以外出旅游开阔视野、增长见识等，很大程度上提升了农村居民的创造精神财富的可能性。而每万人卫生院和文化站个数则是直接关系到政府对"两型"农村建设的支持力度，少了政府支持，"两型"农村建设就失去了最强劲的动力，尤其是在经济落后、教育水平低的农村地区，政府推动起了决定性作用，农村卫生站和文化站对于"两型"农村直接关系到农民的生活安全和教育程度以及风俗文化的发扬继承，保障了农民的身心全面发展，赖作卿（2009）指出社会主义新农村充分发挥政府的主导作用，政府高效率地解决了农村基础设施、农村教育、农村医疗、农村社会保障等方面的问题，缩小农民享受公共服务与城市居民的差距，提升农民的综合素质和农业综合生产能力。所以站在人民生活角度上，强调精神财富创造的重要性。

以 2009 年指标为例，具体指标计算公式如下：

经济发展速度：

农村居民纯收入增速 =（2009 年纯收入 - 2008 年纯收入）/2008 年纯收入

经济发展结构：

$$\frac{农林牧渔业净增长值}{占总产值比重} = \frac{农林牧渔业增加值}{占总产值比重} - \frac{中间消耗值占}{总产值比重}$$

资源集约：

农用塑料膜、化肥、农药增长率 =（2009 年施用量 - 2008 年施用量）/2008 年施用量

人均沼气池产气 = 沼气池产气量/地区农村人口

生态环境：

单位生态足迹 = 地区用电量/地区生态足迹

水土流失治理面积与辖区农用地面积比重 = 水土流失治理面积/辖区农用地面积

生活质量：

恩格尔系数 = 食品消费支出/个人消费总支出

民生建设：

每万人卫生院和文化站个数 = (卫生院个数 + 文化站个数)×10 000/地区农村人口

(3) 数据来源及处理方法。

①数据来源。本书采用的数据全部来自公开的统计年鉴和相关部门公布的权威官方数据。原始数据主要来自《中国农村统计年鉴》《中国能源统计年鉴》《中国卫生统计年鉴》《中国环境统计年鉴》，以及各省统计年鉴和年度统计公告。

②数据处理。由于不同评价指标往往具有不同的量纲和量纲单位，为了消除由此带来的不可公度性，应将各评价指标作无量纲化，同时在"两型"农村发展水平的指标体系中有正指标和逆指标，所以做综合评价时，首先必须将指标作同趋势化处理，即指标正向化。

这里我们利用正态标准化和累积概率分布对各指标数值予以统一处理，将各指标原始数据化作 0～100 的数值。处理过程如下：首先对数据进行正态标准化，即对在同一年份的考核指标内，将指标 x_j 视为一个随机变量，服从均值为 μ_j，方差为 σ_j 的正态分布。设第 i 个"两型"农村在第 j 个考核指标 x_j 上的值为 x_{ij}，通过计算得出考核指标 x_j 在各"两型"农村之间的均值 μ_j 和标准差 σ_j，并进行标准正态化。进行标准正态化以后，第 j 个指标转化为了一个均值为 0，方差为 1 的标准正态分布。

其次，根据标准正态分布函数，求出"两型"农村 i 在指标 j 上的对应的累积分布值 P_{ij}，由于 P_{ij} 在 0～1，因此将累积概率值 P_{ij} 乘以 100 得到最后的标准化数值的范围为 0 到 100。

当所有的原始数据都化作 0～100 后，对一些逆指标进行正向化处理，方法为用最大值减去该值本身。

对劳动财富、自然财富和人文财富准则层指标权重的确定，本书采用层次分析法（Analytic Hierarchy Process，AHP），根据 T. L. Saaty 提出的比较标度法，设计两两比较问卷交由专家进行判断，然后构造两两比较的判断矩阵，利用 MAT-LAB7.0 求解判断矩阵的特征值和特征向量，并利用结果进行判断矩阵的一致性检验，最后将检验的最大特征值对应的特征向量进行归一化处理，得到劳动财富、自然财富和人文财富的权重值。

对于劳动财富、人文财富、资源集约和生态环境各个层次子指标权重的确定，由于判断矩阵无法进行一致性检验，因而采用标准差加权的方法确定各层指标的权重。标准差加权的原理为对标准差（用以衡量指标的变动幅度）较大的指标予以较高的权重，这样可以使得最后的"两型"农村的得分以及排名结果更趋明显。具体过程是：例如利用上面标准化的数据得出农村居民纯收入增速的标准差为 σ_1，农林牧渔业净增长值占总产值比重 X_{121} 的标准差为 σ_2，则对标准差归一化：即

$\omega_{111} = \sigma_1/(\sigma_1+\sigma_2)$，$\omega_{112} = \sigma_2/(\sigma_1+\sigma_2)$，$\omega_{111}$、$\omega_{112}$ 为农村居民纯收入增速、农林牧渔业净增长值占总产值在指标层所占的权重，那么可以得到这两个指标对应的劳动财富 X_1 的得分：

劳动财富（X_1）= 农村居民纯收入增速（X_{111}）* ω_{111} + 农林牧渔业净增长值占总产值比重（X_{121}）* ω_{112}。同理可以计算资源集约 X_{21}、生态环境 X_{22}、自然财富 X_2 以及人文财富 X_3 的得分。权重见表11-4。

表11-4　　　　　中部"两型"农村发展水平指数指标权重

指标名称	权重
劳动财富	0.1634
自然财富	0.297
人文财富	0.5396
发展速度	0.483
发展结构	0.517
资源集约	0.451
生态环境	0.549
生活质量	0.498
民生建设	0.502
农村居民纯收入增速	0.483
农林牧渔业净增长值占总产值比重	0.517
农用塑料膜、化肥、农药增长率	0.498
可再生资源（沼气）利用系数	0.502
单位地区生态足迹	0.474

续表

指标名称	权重
水土流失治理面积占辖区农用地面积比重	0.526
恩格尔系数	0.498
每万人卫生院和文化站个数	0.502

11.4.3.2 中部"两型"农村发展水平实证结果

(1)"两型"农村实证结果科学性分析。对中部"两型"农村发展水平排名结果除了在数据处理过程中具有很强的科学性，对比 2007～2009 年中国农村排行榜也再次证明了本书指标和排名具有一定的科学性与可信性。本书对中国农村的评价指标体系进行剖析并对 2007～2009 年中国农村前 300 名进行了筛选，统计了中部六省农村的排名情况。

首先，以 2009 年的中国农村评价指标体系来做对比，其评价指标体系由 6 类一级指标，22 个 2 级指标，75 个 3 级指标构成，分别从发展指数、民生指数、管理指数、魅力指数、绿色指数、口碑指数对村庄进行综合评价。这些指标涉及村庄发展的各个重要方面，强调了村庄发展的协调与均衡。而本书的评价指标体系的劳动财富、自然财富、人文财富虽在二级指标上有差别，如本书资源集约放在自然财富里，而农村评价指标体系放在了发展指数上，作为经济发展的基础，但实际上从三级指标上，可以看出农药、化肥和沼气其实都不同于农业、矿产资源，理应对应于绿色指数，所以如果从二级和三级指标上综合来看，本书的指标体系与农村的评价指标体系很大程度上都有交集、共同点，进一步说明了本书指标体系的合理性和科学性，具体来说，劳动财富对应发展指数，自然财富对应绿色指数，人文财富对应民生指数，间接上与管理指数、魅力指数和口碑指数相关，权重上，相关于去掉资源潜力后的发展指数权重，劳动财富权重大概在 20% 左右，相关于加上资源潜力的绿色指数权重，自然财富权重大概在 30% 左右，而人文财富从直接相关性和间接相关性而言则在 50% 左右。而本书通过专家问卷调查后的判断矩阵得出的权重劳动财富是 16.34%，自然财富权重是 29.7%，人文财富是 53.96%，基本与前面对比推断吻合。所以，在指标体系和权重基础上基本吻合的前提下，来看排名是否具有可信性就有了一定的科学基础。

其次，2007～2009 年的中部六省农村排名可以看出，山西省和河南省的农村排名不论在排名的结构上还是数量上都遥遥领先于其他四省，而湖南、湖北在农村的总数量上和三层次排名划分上基本属于一个层面上，落后于河南和山西，本书较农村排行榜出入较大的是江西省。特对江西省在各单项指标上的排名上来具体分析见表11-5。

表11-5　　　　江西省2007~2009年单项指标排名

单项前十入围数量	江西省		
	2007年	2008年	2009年
发展指数	0	0	0
民生指数	0	0	0
管理指数	1	1	1
魅力指数	0	0	0
绿色指数	0	0	0
口碑指数	1	1	1

除了安徽在2007年魅力指数上上过前10，其他如湖南和湖北从没进入过单项前10，占据最多的中部六省是河南和山西，而对于江西，虽然在民村数量上少于安徽、湖南和湖北，但由于在单项指标排名中与本书人文财富相关的管理指数和口碑指数上都有很好表现，且本书在人文财富上赋予了很大的权重，所以，江西就能在"两型"上得到较高的得分。

最后，中国农村排行榜是在研究农村影响力评价的过程中，对全国1 200个村庄进行筛选，确定500个农村作为首次研究评价对象，并按评价指标体系研究评价出中国具有较高影响力的300个村庄，而选取对象的局限性和除中部六省外其余省的农村占据了很大比例，排行榜只能说明点的问题。但如果一个省如果没有一个农村，那么这个省很大程度上可以认为是评价整体不达标的省。所以，中国农村排行榜能一定程度上解释本书中部六省"两型"农村整体发展水平排行的问题，是对本书数据处理后结果验证起了一定的参照作用。

（2）中部"两型"农村发展总水平分析。

中部"两型"农村发展水平排名见表11-6。

表11-6　　　　中部"两型"农村发展水平排名

2007年	总水平	排名	2008年	总水平	排名	2009年	总水平	排名
山西	63.09433	1	山西	62.10386	1	山西	57.64477	1
河南	48.2023	2	河南	49.93535	2	江西	53.60854	2
江西	46.14338	3	江西	48.69783	3	河南	52.59886	3
湖南	40.38617	4	湖南	42.91139	4	湖南	43.58599	4

续表

2007年	总水平	排名	2008年	总水平	排名	2009年	总水平	排名
安徽	37.32417	5	安徽	41.0693	5	湖北	37.81749	5
湖北	31.78246	6	湖北	34.55688	6	安徽	34.9173	6
平均值	44.4888		平均值	46.54544		平均值	46.69549	
标准差	10.88401		标准差	9.43499		标准差	9.270819	

基于本书科学性研究和中国农村排行榜的辅助验证作用，结合表11-6和图11-3将中部六省"两型"农村发展水平划分为两个层次："两型"发展水平高位层次的省（山西、河南、江西）和"两型"发展水平低位层次的省（湖南、湖北、安徽）。从表11-6和图11-3中可以看出中部六省"两型"农村发展水平随着时间推移整体在提高，其中2008年相对2007年提升幅度大，而2009年和2008年水平提升微小，基本持平。其次可以看出中部六省之间"两型"发展水平的差距在缩小，2007年第一名发展水平得分是第六名的2倍，2008年是1.8倍，2009年则是1.7倍，且从"标准差"一栏里可以看出发展水平离散越来越小。另外从各个层次上各个省的发展状况可以看出，高位层次上的山西在3年里发展水平不断下降，河南在3年里缓慢增长，江西则是快速增长；低位层次上的安徽在3年里发展水平先升后降，2008年最高，湖北增长明显，湖南则是缓慢增长。

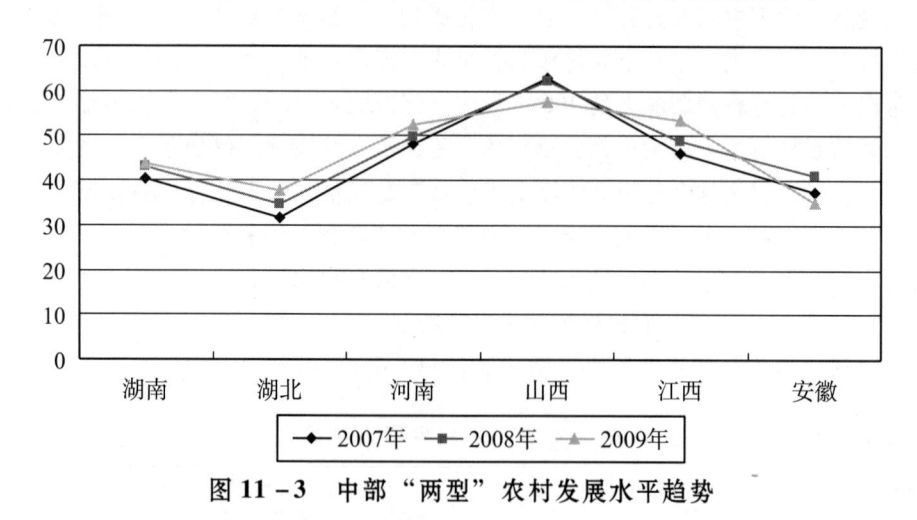

图11-3 中部"两型"农村发展水平趋势

（3）中部"两型"农村三要素发展水平分析。

①中部"两型"农村劳动财富水平分析。中部"两型"农村劳动财富水平排名见表11-7。

表 11-7　　　　　　　中部"两型"农村劳动财富水平排名

2007 年	劳动财富	排名	2008 年	劳动财富	排名	2009 年	劳动财富	排名
江西	69.49787	1	江西	74.49918	1	江西	77.42807	1
安徽	64.71209	2	湖北	68.12276	2	湖南	77.3737	2
湖北	54.15331	3	安徽	65.49092	3	湖北	66.03648	3
河南	50.08962	4	湖南	59.51415	4	河南	46.16628	4
湖南	48.06222	5	河南	40.45236	5	安徽	46.14588	5
山西	10.90543	6	山西	4.27237	6	山西	3.92692	6
平均值	49.57009		平均值	52.05862		平均值	52.84622	
标准差	20.71184		标准差	26.13763		标准差	27.79375	
标准差（除山西）	9.366895		标准差（除山西）	12.9966		标准差（除山西）	15.73804	

结合表 11-7 和图 11-4 可以看出，从 2007 年到 2009 年，中部六省"两型"农村劳动财富平均水平是逐步上升的，其中 2007 年到 2008 年提升幅度大，2008 年到 2009 年提升幅度小。其次，六省之间的劳动财富水平差距在扩大，离散程度变大，从"标准差" 20.71184 到 27.79375 可以看到劳动财富分布不均匀，而在除去数据特别最低的山西省外，其余五省之间的劳动财富水平仍然处于分布不均匀且差距扩大的表现，其中对比劳动财富第一名的江西和第六名的山西，差距从 6.37 倍到 17.44 倍再到 19.72 倍，可谓天差地别，虽然扩大增长幅度在缩小，但绝对差距还是非常明显。另外，从各个层次上各个省的发展状况可以看出，高位层次上的山西在 3 年里劳动财富水平不断下降，河南在 3 年里先降后升，但 2009 年劳动财富水平还是低于 2007 年，江西则是缓慢增长；低位层次上的湖北和安徽在 3 年里劳动财富水平先升后降，2008 年都达到最高，湖南则是快速增长。

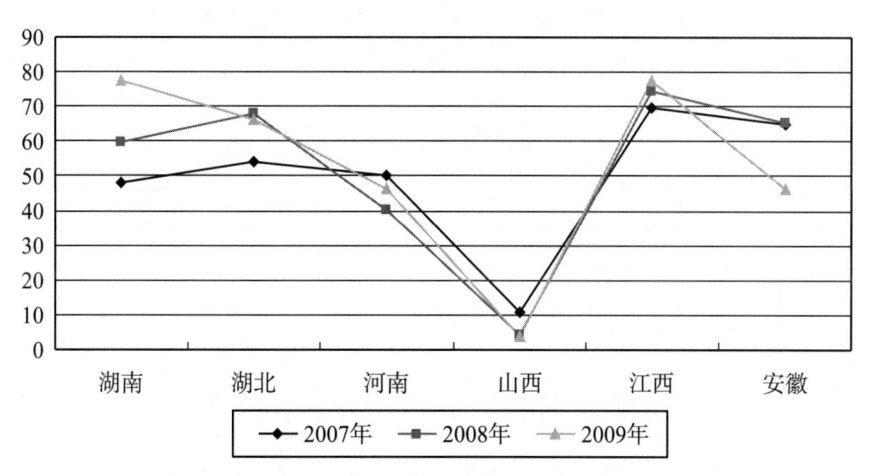

图 11-4　中部"两型"农村劳动财富水平趋势

②中部"两型"农村自然财富水平分析。中部"两型"农村自然财富水平排名见表11-8。

表11-8　　　　中部"两型"农村自然财富水平排名

2007年	自然财富	排名	2008年	自然财富	排名	2009年	自然财富	排名
山西	57.8949	1	河南	63.69115	1	河南	58.9388	1
河南	55.46996	2	山西	56.60738	2	江西	51.35216	2
江西	52.79331	3	江西	49.1794	3	湖北	49.36278	3
湖北	52.26479	4	湖南	43.46385	4	山西	47.24606	4
湖南	44.28814	5	湖北	42.91859	5	安徽	36.62961	5
安徽	25.45894	6	安徽	35.85839	6	湖南	31.01174	6
平均值	48.02834		平均值	48.61979		平均值	45.75686	
标准差	11.97285		标准差	10.13115		标准差	10.208	

结合表11-8和图11-5可以看出，从2007年到2009年，中部六省"两型"农村自然财富平均水平是先升后降的，2009年时平均自然财富水平降到了2007年以下。其次，六省之间的自然财富水平差距在缩小，离散程度变小，从"标准差"11.97285到10.13115再到10.208，可以看到自然财富分布虽不均匀但相对于劳动财富仍分布集中些，对比自然财富第一名和第六名，差距从2.27倍到1.78倍再到1.9倍，差距呈缩小趋势。另外，从各个层次上各个省的发展状况可以看出，高位层次上的山西在3年里劳动财富水平不断下降，尤其在2009年滑坡明显，河南在3年里先升后降，但2009年自然财富水平还是高于2007年，江西则是先降后升，2009年自然财富水平仍然没回到2007年；低位层次上的安徽在3年里自然财富水平一直增长，湖北则是先降后升，最后水平仍没回到2007年水平，湖南则是一直下降，2008年到2009年滑坡明显。

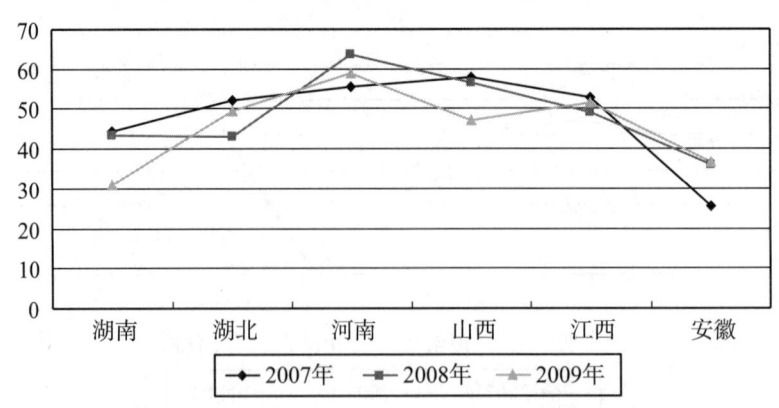

图11-5　中部"两型"农村自然财富水平趋势

③中部"两型"农村人文财富水平分析。中部"两型"农村人文财富水平排名见表11-9。

表11-9 "两型"农村人文财富水平排名

2007年	人文财富	排名	2008年	人文财富	排名	2009年	人文财富	排名
山西	81.75982	1	山西	82.64152	1	山西	79.63498	1
河南	43.63062	2	河南	45.23196	2	河南	51.0572	2
安徽	35.56136	3	江西	40.61968	3	江西	47.63752	3
江西	35.41108	4	湖南	37.57972	4	湖南	40.27546	4
湖南	34.91406	5	安徽	36.54214	5	安徽	30.57462	5
湖北	13.73456	6	湖北	19.79022	6	湖北	22.91768	6
平均值	40.83525		平均值	43.73421		平均值	45.34958	
标准差	22.40258		标准差	20.92195		标准差	19.8017	

结合表11-9和图11-6可以看出,从2007年到2009年,中部六省"两型"农村人文财富平均水平是上升的。其次,六省之间的人文财富水平差距在缩小,离散程度变小,从"标准差"22.40258到20.92195再到19.8017,对比人文财富第一名和第六名,差距从6.00倍到4.12倍再到3.47倍,差距呈缩小趋势。另外,从各个层次上各个省的发展状况可以看出,高位层次上的山西在3年里人文财富水平先升后降,一直处于人文财富排名第一名,河南在3年里一直上升,2008年到2009年增长快,江西则保持快速增长态势;低位层次上的安徽在3年里人文财富水平先升后降,2009年水平低于2007年,湖北则是一直上升,但增长缓慢而且一直排在中部六省最后一名,湖南则是平缓增长。

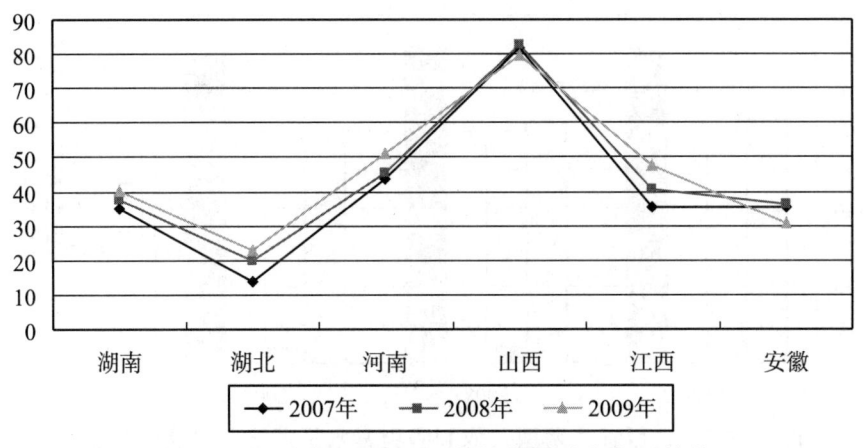

图11-6 中部"两型"农村自然财富水平趋势

11.4.3.3 中部"两型"农村发展水平症结分析

结合表 11-6、表 11-7、表 11-8、表 11-9 可以看出中部"两型"农村发展水平与劳动财富、自然财富、人文财富之间存在密切联系，劳动财富、自然财富和人文财富的发展水平和内部之间的协调耦合关系直接制约着农村"两型"的发展程度。具体来分析，三种财富发展路线值得我们思考。

（1）山西：倒三角式财富发展路线。倒三角式财富发展路线是指在发展过程中忽视了劳动财富的积累和结构的优化，过分强调自然财富和人文财富的创造和改善，结果是整体发展水平少了物质的稳固基石，精神的上层建筑时刻有倾斜垮掉的危险，头大身体小的不协调构造如同空中楼阁，虽然美好却是虚无缥缈。"两型"农村绝对不是那种画饼充饥、望梅止渴的、脱离物质生活营养不良的农村发展形态。

结合图 11-7，从山西的总发展水平、劳动财富、自然财富、人文财富的关系分析，可知：2007~2009 年的总水平和自然财富以及人文财富的比例协调，唯独劳动财富，明显在比例上严重失衡。可以假设，如果劳动财富、自然财富、人文财富是协调发展，那么山西总水平应该是稳步上升，而事实上总水平却在逐年下滑，"两型"农村发展本是实现人与自然、人与人、人与社会的和谐，可是在自然财富和人文财富高水平实现条件下，却忽略了劳动财富的创造与优化，结果就造成了"两型"大跃进式发展，以后的发展反而失去了劳动财富的源动力，不仅不会提升，反而还会起到副作用，阻碍发展，劳动财富"短板效应"会日加明显。而具体到影响劳动财富的元素来看，其中农、林、牧、渔业净增长值占总产值比重这个劳动财富结构成为主要制约因素，原因之一是山西多煤，工业倾斜重，而忽视了对农、林、牧、渔业产业结构的改造，仍然维持原来低效高投的粗放型生产模式。

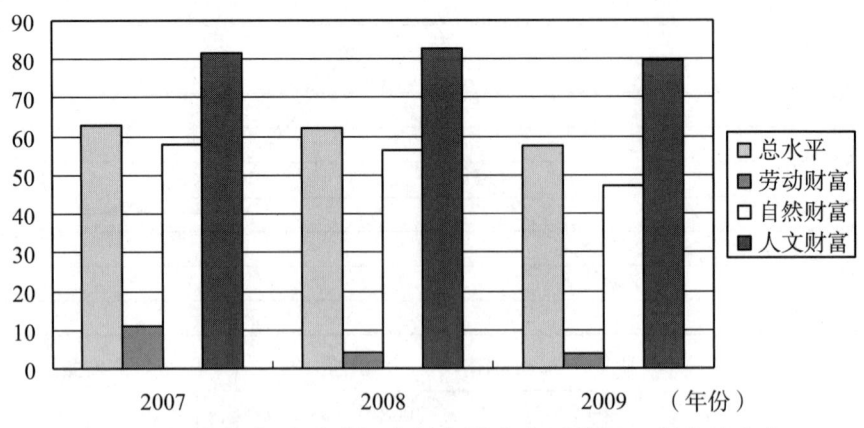

图 11-7 山西省"两型"农村各财富水平情况（财富未加权）

(2) 安徽：正三角式财富发展路线。正三角式财富发展路线是指发展过程中过于重视劳动财富的积累和结构的优化，忽视了自然财富和人文财富的创造和改善，结果是走回过去野蛮发展路线，先污染后治理，头小身体大的不协调构造使财富水平发展易走弯路甚至出现倒退。"两型"农村绝对不是那种过度强调物质财富而忽视精神财富创造的野蛮式农村发展形态。

从表 11-8 中部"两型"农村发展水平排名上可以发现，安徽省排名不是在第 5 名就是第 6 名，而且是"两型"水平低位层次中唯一一个 2009 年发展水平低于 2007 年的省份，而且在 2008 年到 2009 年出现水平急速下滑。结合图 11-8，可以发现安徽省并没有出现山西省劳动财富贫乏的情况，相反，劳动财富是相比自然财富和人文财富水平最高的，但结果是安徽的财富总水平逐年下降。过度强调创造劳动财富却忽略了自然财富和人文财富的创造和改善，一定程度上牺牲自然财富和人文财富换取劳动财富，虽然短期能使农村居民富裕起来，却不利于长期的发展。"两型"农村讲究的是可持续发展，"两型"农村是建立在土地为主的自然资源基础上的人与自然和谐的农村发展形态，如果自然环境破坏严重，只会使财富水平倒退甚至出现不可逆的恶化。安徽作为我国经济较为贫困落后的省份，根据资源禀赋规律，劳动财富稀缺是促使资源分配偏重创造劳动财富的主要原因。"城市人想回归自然，农村人向污染进军"一定程度上反映出上面的情况。

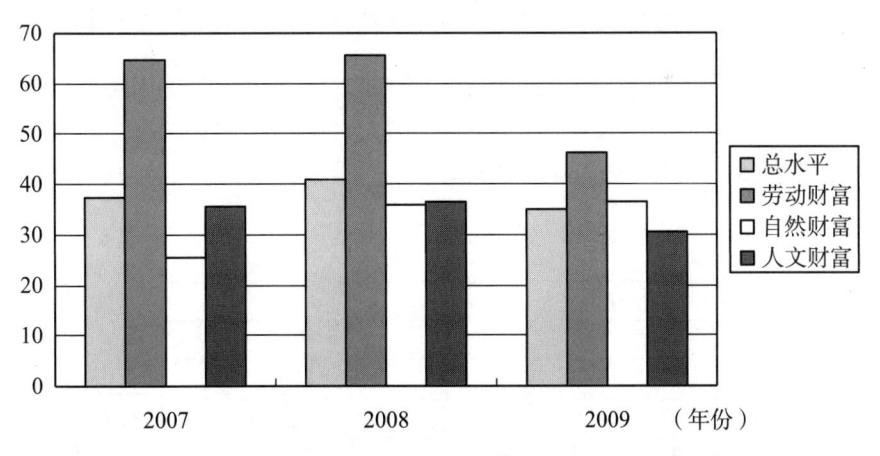

图 11-8 安徽省"两型"农村各财富水平情况（财富未加权）

(3) 湖北、江西：螺旋式财富发展路线。螺旋式财富发展路线是指三大财富互相促进，均衡发展，更高层次的发展是在较低层次基础上推进的，使得财富总水平、结构趋于一个更高、更稳定的水平，即类似螺旋式结构。"两型"农村发展应该走螺旋式财富发展路线，实现三大财富均衡稳定发展，财富积累量增大，财富结构趋于稳定。

在"两型"低位层次水平上的三个省中选出湖北省,在"两型"高位层次水平上的三个省中选出江西省,两者都表现出在各自层次水平上财富水平稳定上升,增长速度快于其他两省。

对 2007~2009 年湖北省三大财富,不做加权处理(见图 11-9),则劳动财富:自然财富:人文财富 = 3.34:2.56:1,加权后,劳动财富:自然财富:人文财富 = 1.01:1.41:1。所以本书认为"两型"低位水平层次上,实现三大财富均衡增长,最佳比例近似于 3.34:2.56:1(未加权)或者 1.01:1.41:1(加权)。

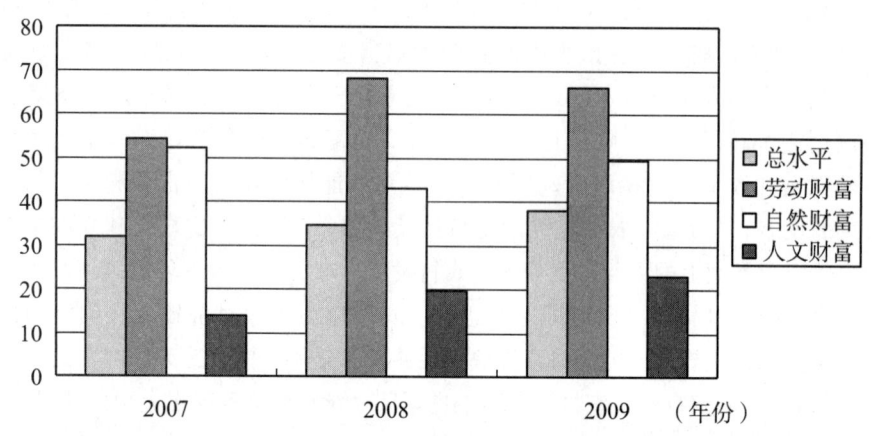

图 11-9 湖北省"两型"农村各财富水平情况(财富未加权)

对 2007~2009 年江西省三大财富水平平均化,不做加权处理(见图 11-10),则劳动财富:自然财富:人文财富 = 1.79:1.24:1,加权后,劳动财富:自然财富:人文财富 = 1:1.26:1.84。所以本书认为"两型"低位水平层次上,实现三大财富均衡增长,最佳比例近似于 1.79:1.24:1(未加权)或者 1:1.26:1.84(加权)。

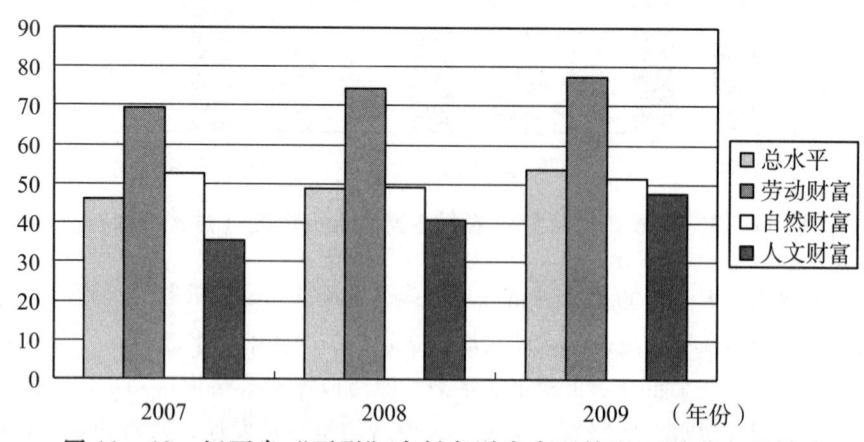

图 11-10 江西省"两型"农村各财富水平情况(财富未加权)

从以上两组不同层次上的比例关系，其实可以看出，在"两型"低位水平上，资源禀赋要求资源配置向稀缺的劳动财富倾斜，致使劳动财富的占比远高于高位水平上的劳动财富占比。在"两型"高位水平上，三大财富都不存在严重的稀缺性，都能在稳定的系统里和谐共生，反而自然财富和人文财富的发展要求使这两种财富相对于"两型"低位水平占有更大比重，资源配置向这两种财富集中。

11.4.4 中部"两型"农村优化发展的政策建议

（1）实现"两型"农业产业化经营，构建"两型"农业产业体系。劳动财富水平不高很大程度上是由于农林牧副渔业结构不合理，而不合理的农业结构往往违反了农业土地条件而使农业资源利用效率难以达到最大化，从而造成中间资源消耗过大，而增长值也受到限制。因此要根据中部六省的资源禀赋和农业结构特点，利用当地农业产业化的发展基础和优势，切实实施"两型"农业发展规划，构建以市场为导向，以产业为基础，以经济、生态和社会综合效益为目标的"两型"农业产业体系，实现"两型"农业产业化经营和科学化管理。在产业结构优化过程中，将分散的农户组织起来，走出一条"个体—规模，农户—基地"的发展道路，在遵循"两型"前提下，培育一批有基础、有优势、有特色、有前景的、规模大、起点高、科技力量强的绿色龙头企业，以点带面促进发展，同时加快绿色农业基地建设，在符合农业清洁生产标准的前提下，集中力量建设一批无公害农产品生产示范基地，并通过延伸产业化链条，牵动市场化经营，把"两型"农业与产业开发有机结合，实现农业资源利用在农业结构层次内的不断循环，提高农业资源转化效率。在产业结构布局中，大力推进清洁生产技术和废弃物资源化技术以及内部资源循环利用的产业化工作及其在农业中的广泛应用，构建如"四位一体"生态农业模式、胶—茶—鸡生态农业模式、基塘类型生态农业模式、种养加产业化生态农业模式、山水田园路综合治理生态农业模式、林地立体复合生态农业模式、小流域治理生态农业模式，从而实现经济和生态运行的良性循环。而对"两型"农业产业体系进行标准化科学管理，视生产、流通、消费、回收、环境保护为一个系统，实现从源头到过程再到源头的系统内部资源循环利用和系统外部零污染物排放，如国际标准组织制定的 ISO14000 系列环境管理体系、德国推出的"蓝色天使计划"、加拿大的"环境选择"、日本的"生态标记"、美国的"绿色印章"和我国 ISO14000 标准。

（2）实现"两型"农业资源集约化利用，绿色清洁化生产。"两型"农业研制、生产和推广出来的生产资源应该是根据不同的土壤、不同的作物设计出来作物专用缓释肥和高效低毒、低残留新型农药,生产过程中应严格遵循农业清洁生产标准和农业清洁生产管理办法,改变原有单靠化学肥料、农药、生长激素、塑料薄膜和农用机电设备的粗放型投入增长产量的耕作方式,科学平衡施肥,采用配方施肥技术,推行农作物病虫害生物综合防治技术,控制养殖规模,防止因过度养殖和过度捕捞引起的生物资源耗尽,加强对养殖场粪便污染的生态化治理,提高废弃物综合利用率,尽可能地做到农业资源多途径利用,实现循环利用,有节奏地科学实施退耕还林、退耕换草,采取有效措施严格保护耕地,深化土地利用机制改革,最终提高土地产出效率,实现土地增产增效的局面。此外,在对旧资源的改造中,也要不断拓宽农村自然资源的范围,开发新能源,形成沼气、秸秆气化、有机肥料、种苗供应产业化,以规模经营创造更高的效益。如农民过去视农作物秸秆为废物,往往烧掉,而"两型"产业可生产秸秆炭、木炭、木腊液、木焦油、燃气等多种产品,既缓解农村面源污染和空气污染,又满足了农民生活中的燃料要求,降低了农民生活成本,还产生了新的效益。

(3) 加大对"两型"农村的政策扶持,推进"两型"农村高速发展。制定发展"两型"农业的保障、激励约束和补偿政策与监督机制,在政策上倾斜、财政上支持、技术上指导,合理配置资源在"两型"农村建设的各方面,提高农民发展"两型"农业的积极性与主动性。建立健全"两型"农业的指标、监测、评估和管理体系,进一步建立和完善农村各项社会保障制度,加大对农村交通、通信、农田水利基础设施的投入,加大对文化、教育、卫生社会事业的投入,解决农民看病难、子女上学难的问题,加大对农村"一池五改"(改栏、改厕、改厨、改水、改浴)资金投资,为生态农业发展创造宽松的制度环境和政策环境。加强宣传教育,促进公共参与。利用各种媒介,采取多种方式,宣传国家建设"两型"农村、保护生态环境的重大决策和建设农村转型中脱贫致富的典型,使"两型"农村建设成为广大干部群众的共识和自觉行动,掀起建设高潮。此外尤其要提高农民发展和建设"两型"农村的自觉性和积极性,引导科技人员在农村搞试点,提高农业建设的技术水平,以先进的知识和技术武装农民,促使农民成为新型现代化农民。对"两型"高位水平层次的省,可以多以市场为主导,遵循市场规律,建立市场秩序的长效监管机制,依靠技术创新拓展监管职能,以维护公平竞争的市场秩序,提高市场竞争的效率实施产业拉动政策。"两型"农业建设应树立市场经济观念,以产业为动力拉动农业发展,为农村居民带来巨大的经济效益,吸引企业和农民的参与。

第 12 章

"两型"社区建设标准及指标体系

12.1 "两型"社区建设的背景与意义

城市生活社区作为我国城市居民生活居住的主要场所,不仅承担着保障社区内居民幸福安居的重要功能,同时,社区建设的程度与社区环境也将通过社区居民影响到整个社会的和谐。作为"两型社会"建设的重要微观主体,我国社区建设必然要符合"两型社会"建设的总体要求,从社区环境、设施布置、生活习惯、文化氛围等各方面均体现出"资源节约"和"环境友好"的理念和精神。

当前,建设"两型"社区的理念已逐渐得到政府、专家学者及社区居民的广泛认同。然而,对于什么是"两型"社区、如何建设"两型"社区等问题,社会各界还存在许多疑惑和困难,目前还没有系统、完整的"两型"社区建设理论。

本子课题即主要是为回答上述两方面的问题而设置的。通过对以往关于社区及"两型"社区的研究成果进行总结,本课题将明确提出"两型"社区的具体概念和内涵,分析其本质及特征,并着力研究影响"两型"社区建设的主要因素和建设的重点及难点。在此理论研究基础上,课题将进一步回答如何建设"两型"社区的问题,使之具有向导性和可操作性。具体我们将对"两型"社区建设指标体系进行设计和对评价方法进行研究,在调研基础上确定当前我国"两型"社区建设各指标的目标值。最后本子课题将通过在湖南省长株潭地区的具体实践为我国"两型"社区建设提供具体指导。

12.2 "两型"社区建设的理论研究

12.2.1 "两型"社区的概念、内涵

"两型"社区，类同于国外的"可持续社区""健康社区""可居性社区""生态村"。"两型"社区是在社区的基础上提出的概念。社区（community）的研究一般从"社会群体"和"空间"进行描述，社区在城市功能空间分区清晰，它所描述的社会群体幅度很大，地域范围可大可小。

众多学者对"两型"社区做了大量的理论研究，并从不同的侧重点提出了"两型"社区的概念，主要可归纳为以下几点。

以人为本，人与自然和谐共处。"两型"社区可看作一个开放式的复合生态系统，人是这个生态系统的活动主体。宋玉山等注重"以人为本"的思想，指出"两型社区是一个以人为主导、以自然环境系统为依托、人与自然和谐统一的复合系统"。两型社区要求在"以人为本"的基础上，利用自然条件和人工手段，创造一个舒适、健康的生活环境，同时又要控制对自然资源的使用，实现向自然索取与回报之间的平衡。

吴智刚等认为"两型"社区是指生态健康的社区，是一个能促使居民身心健康，提供居民优质生活，保护其赖以生存的生态系统和精神文化不断进步，是人与自然、人与人和谐共处的社区。"两型"社区不仅要求社区中人的意识和思维方式的改变，更强调人、生物和环境的共同行动或活动。从理论上讲，"两型"社区意味着以社区中人的生活过程为主导，以社区中人、生物和环境这一生态链网为物质基础，以社区中人的生态伦理、情感、思维、行为、意识、知识的形、质、象、式、景、态相融合的新型社区。

注重物质环境功能。"两型"社区是在社区的概念基础上，以生态性能为主旨，以整体的环境观来组合相关的建设和管理要素，建设成为具有现代化环境水准和生活水准，且持续发展的人类居住地。重视人类居住地各种物质构成环境的生态作用的认识，即重视住宅以及多层次生活活动区域的设施环境的作用。

强调物质能源的高效利用。杨芸、祝龙彪认为建设"两型"社区的目标就是

强化社区作为人类生存和发展的基地作用;加强社区的自组织自我调控能力,合理高效的利用物质能源和信息,提高生活质量的环境水准,充分适应社会再发展需要,最终从自然生态和社会心理两方面去创造一种能充分融合技术和自然的人类生活的最优环境的人类居住地。

总之,"两型"社区要实现人与自然共同演进、和谐发展、共生共荣。"两型"社区从构成上讲,与社区一致的,是由一定数量的人口和一定的地理区域以及作为一个特定社区群体的共同意识构成;从涵盖内容讲,"两型"社区作为开放式的复合生态系统是人居环境组成的细胞单元,也包含环境、社会、经济三方面,但由于社区功能以居住为主,经济在社区小尺度范围内体现不明显,因此社区只考虑环境与社会两个方面;从本质上讲,其"生态"不是简单的生态学含义而是广义的概念,包含"环境生态化和社会生态化",这需要"两型"社区的理念倡导"以人为本""人与自然和谐共生"的思想,寻求整合环境与社会两个方面的社区可持续发展之路。

因此,本课题认为"两型"社区是"具有适当的地域范围与人口规模,具备共同的生态文化意识,是环境宜人、社会和谐的可持续发展的宜居社区"。

12.2.2 "两型"社区的主要特征

(1)适度的规模。"两型"社区应具有适宜规模(包括适宜的地域空间和人口数量)。从人口数量角度看,社区作为一种生态系统必然受到环境容量的影响,若超过环境承载能力,将导致环境恶化,可持续发展也就无从谈起,因此"两型"社区应有适宜的居住人口数量,并具有合理的人均居住面积、道路、绿化以及人均能源的供给。从地域空间角度看社区的规模并非越大越好,因为心理上讲没有边界划分的社区会使居住者失去归属感,因为人的社会地位、行为方式和活动范围各有不同,社区的范围并无一定的界定;同时社区的地域空间步行半径太大将使社区内部相对于边缘地区的空间功能下降。

由于人口密度过高或过低都会带来不安全、社会问题、能源浪费等负面影响,一些学者对社区规模进行了探讨。徐观敏等从小社区管理、公共服务配套设施、社区开发、居民认知、社区建设、社区整合、城市建设七个层面分析得出居住区最佳用地规模宜在 $5\sim10hm^2$,最佳人口规模在 $4\,000\sim8\,000$ 人。杨芸等认为,一个 100 000 人左右的社区(面积在 $500hm^2$ 左右)既有城市型的便利,又有乡村型的环境,能提供全面的学校教育、齐全的文化设施和健全的医疗保障,基础设施完善,社区功能齐全,规模较为合理。

然而,从社区的划分角度而言,确定"两型"社区的适宜规模还需要考虑不同形式社区在内涵上的差异。

按行政划分的社区，一般为城市街道办事处所辖的范围，社区划分的大小不一，少到1 000人以下，大到10 000人以上，"两型"社区需考虑社区资源的合理利用，社区人口规模可参照相关的配套设施所服务的人口数量范围来确定。

地理位置较独立的社区，社区与其他居住形式相距一定的距离，并具有独立的整合功能。按配套服务设施如医院和中学服务半径判定，根据一般干道平均车速达到334m/min，较远的二级医院地区驱车15min到达，三级医院30min到达，因此独立的两型社区与三级医院最远相距10 000m。其中社区医院最远步行20min，按平均步速75m/min计算，社区适宜最远直线距离为1 500m，适宜面积为225hm^2。

(2) 具有以生态文化为主体的共同意识。建设"两型"社区关键的问题是要在全社会真正地树立起生态意识，把可持续发展的观点贯穿在社区环境建设的全过程中，并成为各级政府部门、社区自治组织和广大居民的自觉行为准则。这种生态意识可称为生态文化。生态文化是一种人与自然关系的新的价值取向，从过去人统治自然、征服自然的文化，转向尊重自然、寻求人与自然和谐发展的文化。生态文化中的"文"指人与环境关系的纹理、网络或规律；"化"指育化、教化或进化，包括自然的人化与社会的自然化；"生态"指人与环境间的物质代谢、能量转换、信息反馈等关系。

生态文化的核心是一种可持续发展的文化，其外延包括生态环境、生态经济、生态伦理和生态道德，内涵是人与自然协调发展的思想、观念和心理的总和。

社区生态文化是判断两型社区成熟度的一个重要标志，以"生态文化"为文化背景，在社区的策划中将产生与一般城市社区截然不同的策划思想、经营谋略和空间模式。通过全体成员的共同努力，在保证社区原有文化的基础形成维护生态、保护社区内外环境的生态意识；形成人与自然和谐共处、人与人和谐共处的生态行为；形成保护环境、节约资源的消费行为；形成强烈的社区认同感和归属感。只要社区都真正树立起这种意识，就能够充分调动起蕴藏在全社区建设生态环境的积极性和创造性，就能更好地推动"两型"社区建设的快速发展，使社会更加和谐。

(3) 以有益于健康、有益于节省能源和资源，方便生活为宗旨。即在"以人为本"的基础上，利用自然条件和人工手段创造一个有利于人们舒适、健康的生活环境，同时又要控制对自然资源的使用，实现向自然索取与回报之间的平衡。

①健康的居住环境。"两型"社区是提供给人较好的可持续的生活环境。如

清华大学栗德祥提出实现宜居环境有三个层次：第一个层次是宜居的室内环境；第二个层次是宜居的室外环境，要充分利用植被的多种生态功能确保一定的生态效益，同时强调环境清洁优美；第三个层次是宜居的区域环境，构建城市生态安全网络前提下，确保稳定的健康环境。实际上，在大环境、中环境、小环境这三个层次都是宜居时，才能创造真正的宜居环境。

②高效的资源和能源利用。"两型"社区要实现资源的高效循环使用，降低资源消耗，体现能源资源的高效利用，并尽量使用再生资源，满足"两型"社区可持续发展的需要；"两型"社区要采取各种节能措施，有效地减少能源的消耗，并尽可能采用如太阳能、地热、风能、生物能等自然能源。因此节能指要高效地利用一次性能源，同时积极地开发可再生能源；"两型"社区要尽量减少废水、废气、固体废物的排放，并采用各种生态技术实现废水、废物的无害化和资源化，使其得到再生利用。

③便利的生活设施。"两型"社区概念强调物质环境对人的养成作用和直接功能。重视人类居住地各种非自然物质构成环境的生态作用，即重视住宅以及多层次生活活动区域的设施环境的作用。便利包括社区与先进的内外交通、内外系统的关系，公共服务设施的配套和便捷的服务方式。

12.2.3 "两型"社区的定位

近年，为应对粗矿式经济发展带来的众多生态和社会问题，全国各地兴起了绿色、低碳、文明等各类社区的创建活动，"两型"社区与它们既有区别又有联系。"两型"社区与绿色社区不同，绿色社区创建必须满足绿色设计、绿色消费、绿色管理三个条件与环节，从社区布局、建筑选材到绿色产品、绿色文化，涵盖社区居民环保行为的各个方面。绿色社区侧重于社区周边环境和硬件设施的无毒、无害、无污染，以及人与社区环境之间的和谐共生，强调绿色建筑材料的使用和绿色生活方式的形成，落脚点是以社区环保促进居民的身心健康。"两型"社区的创建工作与绿色社区既有交叉点，即环境友好，又有创新之处。在"两型"社区中，资源节约与环境友好并重，居民的资源节约行为和意识也是建设过程中不可或缺的内容。此外，绿色社区要求建筑材料等硬件设施、污染防治的基础设施和居民日常行为都符合绿色理念的要求，对传统社区进行大换血；而"两型"社区着重关注居民"两型"生活方式的形成，以及在社区已有设施的基础上向资源节约、环境友好靠近，更加尊重社区的历史，可操作性更强。

"两型"社区与低碳社区一定程度上是包含与被包含的关系。低碳社区着重强调利用低碳技术或绿化措施将社区内所产生的碳排放降到最低；"两型"关注社区水、电、能等资源的节约与合理利用，以及社区污染源的有效控制，而碳排放只是社区生活污染源之一。"两型"社区建设过程中推广低碳理念，培养居民的低碳生活方式，这一过程不仅具有防治污染的作用，还有提高资源利用效率、节约资源的功能。因此，低碳社区的创建理念及创建活动有助于"两型"工作的推进。但是，低碳社区更强调低碳技术的应用，而"两型"社区更注重低碳理念的推广，从这一层面讲，二者的包含关系并不严整。

文明社区是"两型"社区的高级形式，也是和谐社会的重要组成部分。它不仅要求节约资源、保护环境，还要求居民整体素质高、精神文化生活丰富、社区公共服务优质、居民自治等。二者的侧重点各有不同，"两型"社区是为解决当前突出的资源紧缺、环境恶化问题服务的；而文明社区更重视居民的价值、信念等精神层面的建设，目的在于促进人的全面发展，形成进步、高尚、和谐和积极向上的精神风貌，它们是和谐社会建设过程中一前一后的两个阶段。

根据"两型"社区与绿色、低碳、文明社区的对比分析，可将"两型"社区理解为居民在日常生活中贯彻资源节约、环境友好的基本要求，它的核心在于推动"两型"生活方式的形成，最终目的是提高居民的生活质量和素质，途径是优化社区环境、完善社区服务、保障社区治安，基本原则是以人为本、注重人文关怀。

12.2.4 "两型"社区的蓝图勾勒

根据前文的理论分析，"两型"社区应该由四幅画面组成，即居民低碳、社区环境整洁、社区服务完善、生活和谐安康。对居民而言，低碳生活主要体现在低碳消费方面，包括低排消费，居民日常生活中应尽量减少温室气体排放；经济消费，居民应注重节电、节能；安全消费，居民日常消费结果应对社会环境的影响最小；可持续消费，消费过程中需注意维持资源等的长期稳定发展。环境是社区的外部形象，对居民的直观视觉感受产生重要影响。社区环境整洁主要表现在环境优美、整洁有序、空气清新、适合人居等方面。

社区服务完善是指居民的日常需求在社区内部可以得到满足。"两型"社区应提供社区利用自有资源可改变或改善的服务种类，主要为针对弱势群体的公益服务和主要面向非弱势群体的商业服务。此外，文体基础设施也是"两型"社区应提供的服务项目。

环境整洁、服务完善是生活和谐安康的外部条件，而内心愉悦、幸福感强、对社区的认可度高则是内在要求，也是"两型"的终极目标。因此，"两型"建设过程中应关注居民的内心感受，想居民之所想，从而构建一幅人居环境怡然自乐、邻里和睦、安居乐业的"两型"画面。

12.3 "两型"社区建设指标体系设计

12.3.1 "两型"社区建设标准的设计思路

"两型"社区建设是"两型"城市建设的拓展，是大框架下的精细描绘，属于"两型社会"微观层面的建设。为此，"两型"社区标准设计应贴近居民，从居民的角度考虑问题；多用软指标，以避免华美构架下毫无归属感的社区。

第一，"两型"不等于完美。"两型"社区建设着重强调居民节约资源及其周边环境的和谐共处，引导社区居民将"两型"融入生活。但是"两型"并没有涵盖经济生活的各个方面，它只是文明社区的早期形式，是和谐社会建设的前奏。因此，在建设"两型"社区的过程中应该着重突显资源节约、环境友好，不能"眉毛胡子一把抓"。

第二，注重人文关怀。以人为本、关注民生是"两型"社区标准构建的基本原则。社区由居民构成，"两型"建设最终需落实到个人，居民对社区"两型"的认同感是建设的关键，而认同感源自创建过程中所采取的便民、利民措施，如保持社区环境整洁、完善社区服务网络、保障社区治安等。

第三，突显社区个性。社区的"两型"标准应该具有针对性，体现社区的独特性，不能成为放之四海而皆准的规范。在标准设计过程中既要把握与"两型社会"的共性，更要寻求社区的个性。作为居民的基本生活单元，社区的资源节约主要体现在日常生活中节水、节电、节能，环境保护则表现在垃圾分类回收、使用清洁能源等方面，社区污染源主要是生活垃圾、污水及厨房油烟等。

第四，体现低碳理念。随着全球气候的持续恶化，发展低碳经济、倡导低碳生活已成为国际潮流，"两型社会"应紧跟时代潮流。而且，低碳社区一定程度上是"两型"社区的子集，倡导低碳是"两型"的内在要求。居民的低碳理念是指以一种最自然的方式开展日常生活，如居所自然通风、采光。

12.3.2 "两型"社区建设指标体系构建的原则

"两型"社区评价是一个综合分析和测量社区的自然生态环境、社会文化活动、基础设施和人类知识活动特点及它们之间相互影响过程的方法和措施。并且可以为政府管理部门对社区进行管理和改进提供依据。作为一个客观而具有指导性的活动，在建立"两型"社区综合评价系统和进行"两型"社区的综合评价中要遵循以下原则：

由于"两型"社区本身内涵的广泛性及其系统的复杂性，使得评价指标体系构建成为一个极其复杂的问题。为了使建立的指标体系能全面真实地反映"两型"社区的本质特征，设计综合评价指标时应遵循以下原则：

（1）功科学性和综合性原则。在科学理论基础上，指标涵义明确并有代表性并且能够综合地反映出人对环境的各种需求。

（2）可获得性和可操作性原则。由于社区尺度范围较小，许多社区缺少相关的统计数据，因此指标设计时选取比较容易获取的指标；"两型"社区的综合评价方法最终要被决策者甚至全体公民所使用，要为政策的制定和科学管理提供依据，因此要考虑实用性，要易于理解和接受，易于数据收集和量化，便于分析和比较。

（3）层次性原则。指标体系应根据研究系统的结构分出层次，由宏观到微观，由抽象到具体，从而使指标体系结构清晰，易于使用。

（4）时效性原则。可持续发展是一个动态过程，其评价标准也应该是一个相对、发展的过程。因此，选择的指标体系必须能够反映评价区域的发展的历史、现状、潜力以及演变趋势，揭示内在发展规律。体现静态与动态的统一，具有时间和空间变化的敏感性，从而指导可持续发展政策的制定、调整和实施。此外，指标体系应随着社会价值观念的变化不断调整，否则，可能会因不合时宜而导致决策失误或非优。

（5）定性与定量相结合的原则。社区的研究包含社会学的特点，人是"两型"社区建设的核心，因此指标不仅要反映出体现物质水平提高的客观因素，更应该考虑人们生活质量改善、精神愉悦和满意程度的主观判断，即要尽量反映居民对住所和环境的主观感受和需求，所以定性和定量要结合。

12.3.3 "两型"社区建设指标体系

12.3.3.1 指标体系构成

"两型"社区标准体系框架包括：资源节约、环境友好、社会和谐三个标准分体系。

其中资源节约标准分体系包括资源消耗和资源综合利用两个标准子体系；环境友好标准分体系包括生态环境、民生环境和污染控制三个标准子体系；社会和谐包括民生建设、生活状况和生活方式三个标准子体系。如图12－1所示。

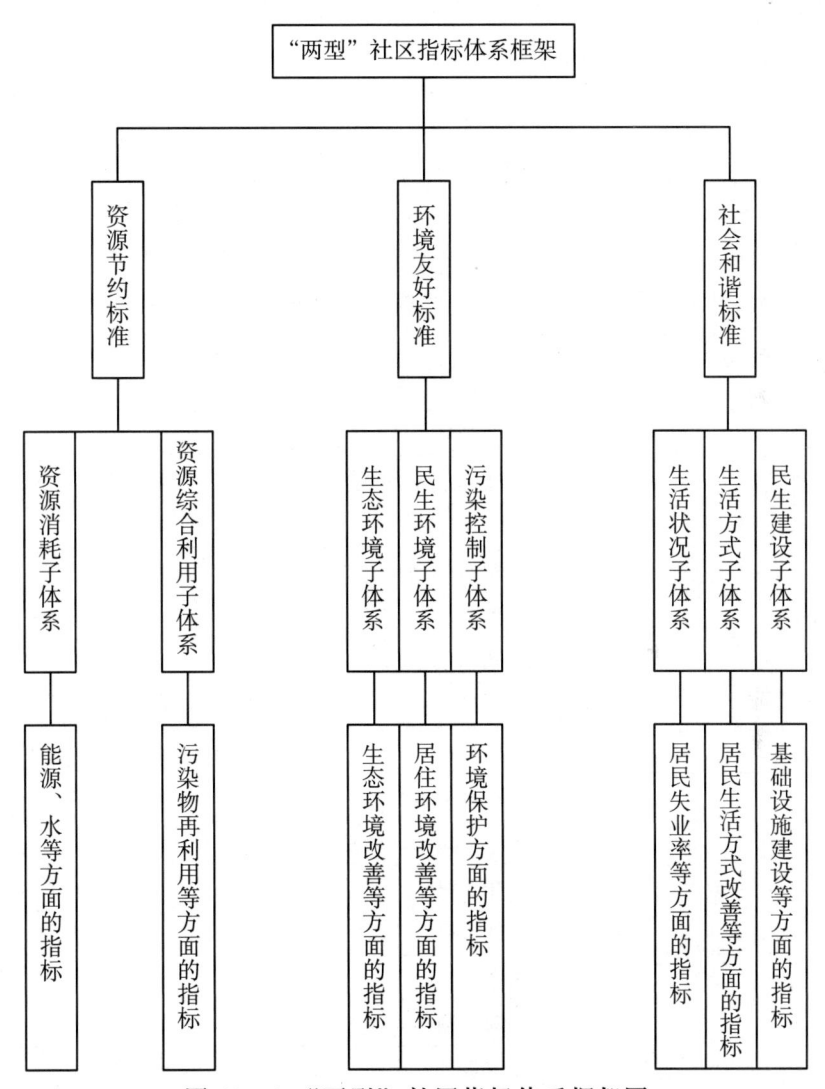

图12－1 "两型"社区指标体系框架图

（1）定性指标。"两型"社区创建以推动一种新的生活方式形成和提高居民的生活质量为最终目的。完善社区服务，倡导低碳技术的引进、低碳生活方式的形成，培养居民"两型"意识，提升居民幸福感，努力打造成适合人居、环境优美、人际关系和谐的现代社区。具体定性指标见表12－1。

表 12-1　　"两型"社区建设定性指标内容表

指标类型	指标名称	考核依据	衡量标准	备注
资源节约	1. 低碳生活方式推广度*	宣传节水、节电、节能知识	有	全部达到为合格
		宣传绿色低污染的低碳生活方式		
	2. 新能源技术应用	公共区域采用太阳能供电	是	达到为合格
	3. 节约用水	公共区域全部安装感应式节水阀	是	全部达到为合格
		有生活污水资源化处理设备		
环境友好	4. 社区环境整洁	绿化程度高	是	达到三项（含）以上为合格
		垃圾分类收集处理		
		输电线、通信线等各线路划分美观		
		无露天烧烤等现象		
	5. 环保公众参与机制	定期发布环境公报、公告	有	全部达到为合格
		专门设备接受居民关于环境问题的反馈		
	6. 环保激励机制	定期组织具有"两型"家庭特色的评选活动	有	达到为合格
	7. 居民"两型"意识	自觉使用清洁能源	是	达到两项（含）以上为合格
		自觉使用环保型日常用品①		
		绿色出行		
社会和谐	8. 社区服务网络	文体类基础设施②	有	达到两项（含）以上为合格
		停车场等利民基础设施		
		便民基础设施③		
	9. 人文关怀*	有固定的志愿者队伍	是	全部达到为合格
		幸福感较强		
	10. 社区治安	入室盗窃等刑事案件极少发生	是	达到两项（含）以上为合格
		灾害事故极少发生		
		打架斗殴等现象极少出现		

注：加*号的为原创指标。
①环保型日常用品是指非一次的环保型商品，如可重复使用的菜篮子、布袋子。
②文体类基础设施主要包括图书阅览室、文体活动室、健身活动场所、绿色网吧等。
③便民基础设施主要是指便利店、菜市场、理发店、医疗站等满足居民日常生活需要的设施。

（2）定量指标。资源、环境、社会是"两型"社区建设的核心要素，缺一不可。基于此，设置资源节约定量指标4个，环境友好定量指标6个，社会和谐定量指标2个。其中核心约束性指标8个。具体定量指标见表12-2。

表12-2　　　　　"两型"社区建设定量指标数据表

指标类型		指标名称	基准值	说明
资源节约	资源消耗	1. 室温控制	夏天：≥26℃ 冬天：≤20℃	约束性指标
		2. LED灯普及率	住户：≥60% 公共区域：100%	参考性指标
		3. 节能空调使用比例	≥50%	
	资源综合利用	4. 废弃电器电子产品回收处理点	≥1个	
环境友好	生态环境	5. 绿化率	≥38%	约束性指标
	民生环境	6. 居民对社区环境的满意率	≥90%	约束性指标
	污染控制	7. 噪声控制	昼间：≤55dB 夜间：≤45dB	参考性指标
		8. 清洁能源普及率	≥95%	
		9. 油烟净化装置安装率	新建餐饮单位：100% 已营业餐饮单位：≥80%	
		10. 保洁员	≥1个	
社会和谐	生活方式	11. "两型"家庭创建率	≥50%	约束性指标
	生活状态	12. 社区登记失业率	≤3.5%	参考性指标

注：约束性指标是政府在公共服务和涉及公共利益领域对有关部门提出的工作要求，而参考性指标是指用来参考但不属于政府文件中的要求。

12.3.3.2　指标计算方法

（1）LED灯饰普及率。LED节能灯普及率=LED节能灯总量/照明灯总量。

（2）节能空调使用比例。节能空调使用比例=在用节能空调数量/在用空调总数量。

(3) 社区绿化率。社区绿化率 = 区内各类绿地总面积/社区用地总面积。

(4) 清洁能源普及率。清洁能源普及率 = 社区天然气使用人口数/总人口数。

(5) 油烟净化装置安装率达。油烟净化装置安装率达 = 装有油烟净化装置的住户数/社区住户总数。

(6) "两型"家庭创建率。"两型"家庭创建率 = "两型"家庭总数/社区家庭总户数。

(7) 社区登记失业率。社区登记失业率 = 登记失业人数/(从业人数 + 登记失业人数) ×100%，在单位从业人员中，不包括使用的农村劳动力、聘用的离退休人员、港澳台及外方人员。登记失业人员是指有非农业户口，在一定的劳动年龄内（16岁以上及男50岁以下、女45岁以下），有劳动能力、无业且要求就业，并在当地就业服务机构进行求职登记的。

12.4 长株潭"两型"社区建设典型案例研究与政策建议

12.4.1 社区概况

新建的咸嘉湖社区与老城区的望月湖社区是长株潭城市群"两型社会"试验区中"两型"社区建设的两种典型模式，对两地的"两型"社区建设情况进行调查、总结和理论提炼具有代表意义，因此，课题组以咸嘉湖和望月湖社区作为调查对象。

咸嘉湖社区位于长沙市岳麓区中心地段。北靠岳麓大道，东接金星大道，南临枫林路，西靠319国道与望城坡街道交接，总面积4平方公里，常住人口3.5万人，辖1村5居委会，1个党总支，16个党支部，直管党员476人，驻街单位60多个。咸嘉湖社区原本是长沙市岳麓区的一个市郊农村，是在20世纪90年代随着城市化的进程而并入长沙市区，在进行了城中村的改造之后新建立的一个城市社区，因此又名咸嘉新村。其居民以原住村民为主，并吸收了大量的外来移民，是一个典型的新建社区。

望月湖社区位于麓山脚下、湘江之滨，占地面积1.57平方公里，辖湖东、湖中、涂湾镇、窑坡山、荣龙、岳龙、荣华、湘陵、中南村9个居委会，人口3.4万人，是一个核心区。与咸嘉湖街道相反，望月湖街道是长沙市的一片老城区，它在20世纪80~90年代就已经因为道德文明建设而享誉全国，是一个典型的城市老社区。

课题组采用了文献研究、实地研究的研究方法。一是收集湖南"两型社会"建设和"两型"社区建设的理论文献、政策文件以及咸嘉湖、望月湖社区在"两型"社区建设过程中形成的文本材料。二是到两个社区进行实地考察与体验。包括对社区环境的考察；对"两型"社区建设的重点项目、主要工作进展与成就的考察；对居民家居及其生活现场的考察；对社区主要产业的考察。三是到社区进行访谈，包括开代表座谈会、个人深度访谈两种形式。其中，每个社区组织了由岳麓区党政领导、社区领导和工作人员、居委会代表、社区辖区内各商业企业机关单位代表、社区居民代表共同参与的座谈一次；课题组还对各类相关人员进行了深度访谈，主要对象为社区工作人员和社区居民。

通过对3年来两个社区"两型"社区建设的情况进行回顾和总结，课题组试图对其成功经验进行综合梳理归纳，提炼出具有典型意义的"两型"社区建设模式。

12.4.2 "两型"社区建设的实践探索

咸嘉湖和望月湖街道坚持以人为本、服务居民的宗旨，按照统筹规划、分步实施，因地制宜、分类指导，政府主导、社会参与的方针，广泛动员人力、物力、财力投入"两型"社区建设，其主要做法包括：

（1）营造绿色生态环境。生态文明是人类文明的一种形式，它强调人与自然环境的相互依存、相互促进、共处共融，强调人类在改造自然的同时必须尊重和爱护自然。据此，咸嘉湖和望月湖将创建生态文明、营造绿色生态环境作为"两型"社区建设的一个重要内容：一是积极搞好社区绿化工程。社区大力倡导居民爱绿、种绿，组织居民参加义务植树活动。2009年，涂湾镇社区对红泥山、杜家塘、木渔山路等泥巴路进行了修建硬化，在社区新建了六个花坛，并提倡居民在屋顶、阳台种植花草。二是改造居民生活设施。在社区建设过程中，居民生活基础设施是影响社区整体环境，尤其是空气质量的重要因素，因此，在"两型"社区建设过程中，咸嘉湖和望月湖街道将改造居民基础生活设施作为提升社区环境的一个重要举措。2009年，荷叶塘社区的卫技新村小区花费300余万元对辖区内的830户居民家的抽油烟机和天然气管道、地下车库进行改造。涂湾镇社区基于社区地段复杂，学校、液化气站、网吧、茶室、休闲娱乐场所较多的状况，社区综治办人员与户籍工作者每月一起对这些重点场所进行一次安全检查和排查，对存在灭火器过期、电路老化、消防通道不畅的单位和门店限期进行整改，给流动人口集中的楼栋发放了防火、防盗温馨提示宣传单，有安全隐患地段做好公示牌，同时，社区还出资给每栋配备了灭火器、安装了楼道灯。在咸嘉新村，社区则斥资 100 万元对咸嘉花园的天然气管道进行了置换。三是开展节能环保主题活动。为凝聚居民的力量共同营造社区绿色生态环境，咸嘉湖和望月湖街道均举办了形式多样的环保主题活动。岳龙社区动员辖区单位、学校、居民成立绿色志愿者服务队伍，开展绿地、花坛、树木等绿色植物认养活动，有半数以上的家庭参与了绿色文明活动，辖区植物认养率达 80% 以上。咸嘉新村社区组织党员群众开展了"'两型'社区我先行，党群连心促和谐"义务植树活动，倡导绿色环保，号召居民群众投身"两型"社区建设。此外，街道和社区还加强了对户外广告和楼道牛皮癣的清理力度，加强了对辖区内摊担、夜市的整治和清理，并对社区宠物饲养等问题进行了严格规定，为社区群众营造了一个健康有序的生活环境。

（2）倡导"两型"生活方式。建设"两型"社区，需要着力倡导和培育居民节约、文明、适度、合理、环保的消费理念和生活理念，使居民自觉认同"两型"的要求，并将其内化为自觉行动。据此，咸嘉湖街道和望月湖街道积极倡导"两型"生活方式：一是倡导节能环保的生活方式。咸嘉湖街道和望月湖街道社区支居两委在居民中广泛征集推广符合资源节约和环境保护的生活小窍门、金点子。荷叶塘社区和咸嘉新村社区提倡居民买菜时拎布袋子、菜篮子，尽量不使用一次性碗筷、食品袋等，要求居民严格控制白色污染和资源浪费，尽量选购绿色环保的家庭日常用品和电器，如无磷洗涤剂、环保电池等；自觉节约水、电、油、汽等资源，提倡使用天然气等清洁能源。岳龙社区鼓励居民使用太阳能热水器，采用节能灯、节水龙头。咸嘉湖街道社区则通过向居民免费赠送环保宣传袋、举办"'两型'社区我先行、文明和谐伴成长"社区易物志愿活动、在社区设立分类垃圾箱等方式，引导居民形成节能环保的生活方式。社区大力提倡绿色出行，倡导有私车的家庭每周少开一次车，出门尽量选乘公共交通工具和自行车。此外，为了节水节电，社区还在居民中推广全新纳米洗车技术。二是倡导节能环保的工作方式。除居民生活区外，咸嘉湖街道和望月湖街道社区居委会在工作中同样大力倡导节约资源和保护环境的良好习惯，提倡办公室实行无纸化办公，推广电子政务，尽量减少纸张的浪费。咸嘉湖街道还制定了《"绿色机关"宣传手册》，该手册对办公室的饮水机、电脑、打印机、纸张、照明、用水等诸多细节问题都从环保节约的角度作了详细规定，旨在"推进绿色办公，促进资源节约"。三是树立节能环保典型。荷叶塘社区和岳龙社区积极总结提炼"两型"社区创建的成果和经验，宣传和表彰绿色环保门栋、家庭社区节能减排行动中的好做法、好经验、好典型，并让绿色环保门栋、家庭文明的先进代表在各社区进行经验交流，以指导社区居民树立绿色环保、节能减排科学观念，将循环经济理念贯穿于社区各项管理工作中，在社区营造浓厚的"学先进、比先进和赶先进"的氛围。银谷国际社区为每户居民建立起了"绿色消费档案"，居民每户的种树数和花草数、每月用电量和用水量均记录在档案中,依据统一标准评选出环保家庭,并在社区进行宣传推广。

(3) 推广使用"两型"材料。在新的环境和条件下建设"两型"社区,并不是简单的"节衣缩食",而是要运用现代科学技术、设施、方法和措施来实现资源节约和环境保护,对居民家庭生活设施和社区基础设施进行合理规划和改造。咸嘉湖街道和望月湖街道将"两型"材料的推广使用作为"两型"社区建设的一项重要工作来抓:一是推广使用太阳能节能灯。咸嘉新村社区委员会与湖南海狮电器有限公司共同着手研发太阳能照明系列产品,投入 50 万元先后共安装了 150 余盏太阳能环保节能灯具。继咸嘉新村后,太阳能节能灯在荷叶塘社区和白鹤嘴社区也得到了广泛使用。二是倡导建设节能环保型住宅。荷叶塘社区积极与辖区开发楼盘项目方沟通,推进节能型住宅建设。经协商,辖区内的"咸嘉官邸""西城龙庭"等高档住宅小区均采用保温材料建筑外墙,窗户和玻璃采用的也都是隔热和隔声材料,住宅冬暖夏凉,室内温度的稳定性和舒适性大大提高。三是积极规划中水回用。咸嘉新村携手湖南金州环保科技有限公司,投资 300 万元启动"社区生活污水净化回用"项目,社区将建设一个将社区部分生活污水净化并回用于社区景观水补充、绿化浇灌、道路冲洗等的减排节水系统。四是留地集中安置失地农民。我国土地资源虽然总量丰富,但是人均占有量小,而且各类土地所占的比例不尽合理,后备土地资源严重不足,当前,各地都在探索科学合理利用土地的有效模式。为了节约利用土地资源,咸嘉新村改传统的"一地一基"的安置模式为"集中安置、建高层"的模式,对失地农民进行集中安置。

(4) 完善"两型"社区服务体系。完善的社区服务体系是"两型"社区建设的重要标准,也是提高居民生活质量、扩大就业、化解社会矛盾、维护基层社会稳定的重要民生工程。在完善社区服务体系方面,咸嘉湖和望月湖所属社区均进行了积极探索:一是完善社区服务平台。在涂湾镇社区新建的 540 平方米的办公楼内设有党员服务、综治司法、城管爱卫、环境保护、计生服务、民政、低保、社保服务、住房保障、残疾人协会等服务平台,对居民进行一站式服务。社区还配有党员远程教育中心、人民调解室、人口学校、家长学校、绿色网吧、阅览室、老年人、残疾人活动室等一系列的服务设施。岳龙社区成立了社区居家养老服务中心,以实现老年人老有所养、老有所乐、老有所为的目标。咸嘉湖街道的每个社区都建立了"雷锋超市"和"道德银行",帮助弱势群体,鼓励有爱心的居民和企业家参与爱心事业。经过长期发展,社区形成了较为完善的帮扶弱势群体的体制机制。二是努力扩大居民就业。岳龙社区经常安排工作人员到居民家中走访,了解居民群众的实际困难及最新动态,组织志愿者配合工作人员一起到有困难的居民家中提供服务,并通过网络对下岗失业人员和低保金的发放实行动态管理。三是积极维护社区治安。社区治安是居民十分关心的问题,也是衡量一个社区是否和谐的重要指标之一。为了保障社区安全,望月湖街道岳龙社区组织社区党员、低保人员参加义务巡逻队,并每月组织培训,听取社区民警对社区治安情况的通报,警民互动,建立起强大的治安网络。咸嘉湖街道在每个社区都装备了视频监控系统,对社区进行24小时实时监控,组织党员、离退休人员和志愿者组成社区治安联防队,并于年终在各社区之间进行治安综合评比,社区治安状况明显改观。

(5)发展繁荣"两型"文化。文化软实力是国家的核心因素。党的十七大提出,要提高国家文化软实力,使社会文化生活更加丰富多彩,使人民精神风貌更加奋发向上。咸嘉湖街道和望月湖街道紧紧围绕"资源节约"和"环境保护"两大主题,充分发挥文化软实力在社会发展过程中的特殊地位和作用,着重铸造社区"两型"文化,为"两型"社区建设提供精神动力。一是引导形成节能环保的社区文化。为提高居民的文化涵养,咸嘉湖街道社区先后举办了"节水节电从我做起"手抄报评选、"树木认领"环保之星在行动、节能环保手工制作、广场文化、"夜市文化"等活动,并组建了"失地农民合唱队"。为在社区引导形成节能环保的文化,岳龙社区也开展了形式多样的活动,包括:积极发动居民开展"讲科学生活,建文明社会","爱生态、别陋习、强素质、树新风"为主题的文明创建活动;组织社区居民开展"什么是'两型'社区的标准,我为'两型'社区创建做什么"的大讨论;以"绿色·环保"为主题,开展丰富多彩的文体娱乐活动等。二是构建节能环保的办公文化。在咸嘉湖街道和望月湖街道,街道和社区办公场所是社区宣传营造"两型"社区文化的重要场所。进入办公场所,细心的人们定会发现,在空调、电脑等耗电的办公设备及洗漱间等公共场所均贴有设计精美的"温馨提示"。同时,街道社区还注意完善节能督查考评制度,严惩浪费现象。三是建立健全节能环保制度。各项制度的建立和健全是"两型"社区文化建设不可或缺的一部分。岳龙区支居两委以充分调研获得的资料为依据,以召开居民听证会等方式,在居民充分参与的前提下,相继制定了环保节能制度、环保明星评选制度、节能环保承诺书等一系列制度和规定,为"两型"社区建设提供了制度依据和保障。

12.4.3 "两型"社区建设的主要成效

通过积极探索和实践,咸嘉湖和望月湖街道"两型"社区建设初见成效,社区环境得到优化,居民节能环保意识和习惯逐渐形成,节能环保也初显成效。

（1）居民节能环保意识和习惯逐渐形成。通过多样化的宣传和活动的开展，咸嘉湖和望月湖街道社区形成了良好的文明氛围，社区居民环保节能意识有了大幅度提高，原有的社区精神文明建设的内涵得到进一步丰富和深化，大多数居民都懂得了环保和节能的重要性以及怎样才能做到人与环境的和谐相处。有很多居民不仅懂得了节约用水、用电、用气，不使用一次性筷子，且很少用塑料袋，许多居民都在用社区换置的环保袋和自备的布袋子买菜；居民自发把废旧电池集中存放在指定的地点，没有随意乱扔；有的家庭用淘米水、洗菜水浇花等，一个个生活细节凸显出当前节能减耗的文化正逐步渗透到居民生活的每一个环节中。受"两型"文化的熏陶，许多居民，包括中小学生都大大提高了节能环保的责任意识，并积极投入"两型"社区的创建活动中，成为"两型"社区建设的主力军。

（2）社区环境得到进一步优化。"两型"社区建设活动在营造社区环境方面也是成功的：一是社区的自然环境得到了明显改善，社区绿化面积得到充分利用，社区空气质量不断提高。自建成伊始，咸嘉新村就以其出色的社区绿化工程吸引了一批又一批购房者，2010年1月，咸嘉新村被评为长沙市"十佳绿化小区"。在跃龙社区，据统计，截至2009年4月26日，社区的绿化面积达到148 020平方米，绿化覆盖率达到48%，人均绿地面积超过3平方米。二是社区的人文环境得到有效提升，与开展创建活动之前相比，社区破坏环境的行为和现象明显减少，过去有很多居民习惯于随地吐痰、随手扔垃圾，自创建活动开展后，小区内再也看不到白色垃圾，随处可听见、看见保护环境的声音和行为，小区到处可见绿草、鲜花，一片生机盎然的景象。三是大大提升了社区的服务质量和水平。在岳龙社区，经社区居委会积极安排，仅2009年，全社区就新增就业岗位、安置就业困难对象、安置下岗失业人员59人，实现就业援助2人，免费职业介绍125人次，部分困难居民的生活得到了有效改善。而社区为居民提供的党员服务、综治司法、城管爱卫、计生服务、民政、低保、社保服务、残疾人协会、绿色网吧、阅览室、老年人活动室等服务平台，在为居民提供了各种休闲娱乐场所的同时，也方便和丰富了居民的日常生活。

（3）节能环保初显成效。"两型"社区建设活动开展后，社区和居民想出了许多节能环保的措施和方法，至今，这些方法的成效已经初步显现出来。在节水方面，社区提倡的纳米洗车技术洗好一辆车最快仅需5分钟左右的时间，洗一辆车耗水只有3升左右，比传统洗车法节水90%以上。又如咸嘉新村的中水回用项目，据估算，项目投入使用后，每年可减少10.95万立方米污水排放，减少30.66吨污染物排放量，节约7.665万立方米的自来水，节约水费63 622元。在节电方面，以咸嘉新村的太阳能节能灯为例。该节能灯不仅具有安装维护简便、无需铺设线路，可避免电路老化、电压不稳等安全隐患的优点，同时150余盏太阳能节能灯年均可节约 7 万余千瓦时电能，相当于 24.5 吨标准煤。又如办公室倡导节能环保的办公方式后，全年水、电开支同比下降 5%。在节约土地方面，咸嘉新村社区采用的留地集中安置模式，用 200 多亩土地安置了全村 600 多户安置户，直接节约用地 400 多亩，再用这些土地建成商品房，又可以提高社区的收入。此外，两街道积极倡导的环保型住宅在保证相同的室内热环境指标的前提下，还可以直接节约 30% 左右的空调能耗。

（4）居民自治功能得到加强。居民是"两型"社区建设的受益者，也是"两型"社区建设的一大主体，居民的积极参与，即是"两型"社区建设的一个重要内容，也是"两型"社区建设成功的重要保证。对于以实现和维护自身利益为宗旨的广大居民群众而言，从自身利益实现的角度，若能从切身经历中感受到"两型"社区建设符合自身的利益要求，确实能够提高社区生活质量和自身生活水平，那么参与社区建设的积极性和热情就会高涨。在"两型"社区的创建工作中，咸嘉湖和望月湖街道从实现和维护居民利益出发，在制定相关制度和规定的过程中，坚持"以人为本"，注意调动居民参与的积极性，集中民智民力，通过召开听证会让居民自己制定创建标准和措施、自己决定生活方式，充分发挥居民在社区建设过程中的自治功能，其结果，大大增强了社区工作的凝聚力，提高了社区工作的水平和服务质量，使社区工作形成了一种良性循环。

12.4.4 "两型"社区建设的典型模式总结

通过上述对调查个案的分析，我们已经对咸嘉湖和望月湖社区的两型社区建设情况、做法、经验与成就有了一个比较全面的了解，两个不同的典型模式已经跃然纸上。

（1）咸嘉湖社区——新区塑造模式。咸嘉湖社区作为新建的社区，在社区建设的起始阶段就已经具有两型社区的意蕴。一方面在原住村民的安置上，并不是采用许多地方惯用的"一地一基"、让居民自己建楼房的模式，而是采取由社区统一规划、统一改造建设，建立高层楼宅的集中改造模式；另一方面在社区基础建设上注重社区的环境保护和社区绿化，致力于建造长沙市环境优美的高品位宜居社区。咸嘉湖社区在 21 世纪初的时候就因为其别具一格的社区建设模式而受到各级政府和社会各界的好评。2003 年 10 月，胡锦涛总书记在长沙考察时就视察了咸嘉湖社区，并给予了"咸嘉农民安置模式好、居民安居乐业好、社区生活环境好、文化氛围浓"的高度评价。在 2008 年启动"两型"社区建设以来，社区首先是从基础设施的改造和硬件建设入手，连续推动了基础建设几个大的项目：如太阳能环保节能灯具项目、生活污水净化回用项目、岳麓 1 号楼盘节能住宅项目、居民住宅抽油烟机改造项目等。在推动基础设施工程的同时，开展各种"两型"社区建设活动，例如"两型"机关建设、"两型"家庭建设系列文化宣传活动等。正因为咸嘉湖社区在建造的初期就注重将"两型"理念贯穿在建设的过程中，充分利用了新建社区可塑性强的先天优势，才能够取得今天的突出成就。可以说，咸嘉湖社区"两型"社区建设遵循的是从建设规划与基础设施抓起到文化宣传引领这样一条由外到内的实践路径，我们从咸嘉湖社区看到了当代社区建设的一种典型模式：新区塑造模式。

（2）望月湖社区——老区改造模式。与咸嘉湖社区不同，望月湖社区在20世纪90年代已经因为其突出的道德文明建设成效而享誉全国，是一个典型的老社区，整个社区的基础设施在20世纪已经定型，包括住宅、街道、下水道等基础设施都难以进行大面积的改造。作为一个老社区，望月湖社区不可能采用咸嘉湖的建设模式，在社区建设规划和基础设施改造上下多大功夫，因此，在"两型"社区创建过程中，望月湖采取的是另一条建设路径。作为一个全国道德文明创建示范区，望月湖根据自身的特色，充分发挥社区文化氛围浓厚的传统社区优势，将社区建设的重点放在文化宣传、活动引领，提高居民环保意识、节能意识，促进居民两型生活方式与消费方式的养成方面，在社区开展了类型各异、丰富多彩的创建活动。例如："两型"生活为主题的文明创建活动；"两型"社区创建大讨论活动；"两型"社区主题的文化娱乐活动，绿色志愿者服务活动；绿色植物认养活动，社区"一站式"服务活动等。与此同时，宣传鼓励居民使用太阳能热水器、节能灯、节水龙头、生活用水重复使用等环保行为，向居民免费提供节能灯管、可重复使用购物袋，倡导尽量不使用一次性碗筷、食品袋，实行垃圾分类回收等。其活动的覆盖对象范围涵括了社区各个单位、学校和居委会，包括各个年龄层次、各种类型的居民都参与到了两型社区建设的创建活动中。可以说，望月湖社区在"两型"社区建设的过程中扬长避短，充分发挥文化的引领作用，在强内功上下功夫，遵循的是一条从文化宣传引领抓起，提升居民"两型"意识，养成"两型"生活方式与消费方式的一条由内到外的建设路径，我们从望月湖社区看到了当代社区建设的另一种典型模式——老区改造模式。

"两型"社区建设在长株潭试验区已经先行先试，"两型"社区建设过程中取得的成效与经验将随着试点成果的进一步推广而放大到全国各个地区。与此同时，全国各地的社区创建也正在如火如荼地进行，其中也不乏具有"两型"理念的社区建设。可以说，长株潭试验区"两型"社区建设的地方经验与典型模式将与全国其他地区的"两型"社区建设相互辉映，共同勾画出当代中国社区建设的美好蓝图。

12.4.5 加快"两型"社区建设的对策建议

总结长株潭试验区在"两型"社区建设中取得的成功经验,总结在此过程中遇到的问题及教训,我们认为加快"两型"社区的建设需要在以下几方面加大力度。

(1)要切实加强领导。"两型"社区建设关系到政府的各个部门和社会的各个层面,靠某一方面的力量是难以见到成效的,各级政府责无旁贷,必须加强组织和领导工作。我们设想,"两型"社区创建工作在市社区建设领导小组的统一领导和市"两型社会"建设创建活动办公室的指导下进行。成立"两型"社区建设创建活动专班,具体工作由市社区建设领导小组办公室组织、协调,成员为市发改委、建委、市政、城管、国土房产、规划、园林、环保、科技、水务、民政局、市综治办、文明办、开发办等部门。建立"两型"社区建设创建活动联席会议制度,负责协商确定每年开展示范创建的社区名单、创建项目,并集中各相关职能部门的资金投入拟创建的社区中。各区区委、区政府要切实加强对"两型"社区创建工作的组织领导,明确责任单位、责任人,制定和落实创建方案及年度工作目标。

(2)大力宣传发动。"两型"社区示范创建活动的宣传要尽量贴近居民群众,要开展形式多样、为群众喜闻乐见的各类宣传活动,将节约资源和保护环境的理念宣传到家喻户晓,提高居民节能环保意识,倡导"两型"生活方式,努力形成一种以争创"两型"社区为荣的良好氛围。一是开展"两型"社区的讲座,邀请相关专家举办节约资源和保护环境的公益讲座,宣讲节能、环保的重要意义和具体办法,指导居民群众树立"两型"理念。二是组织居民交流节能、环保方面的成功做法,加强节约、环保方法的宣传,通过居民之间的相互切磋,实现理念的更新。三是树立标兵和样板,发起"从我做起,从自己做起,减少使用一次性物品、节约一滴水、一度电、一粒粮"的倡议,在社区居民中广泛开展节约使用资源的活动,形成节约、环保的氛围。四是广泛发放节能、环保的宣传手册,指导居民开展节能、环保工作。

(3)保障经费投入。"两型"社区创建需要必要的经费做支持,社区内公共设施的改造和居民家庭设施的改造都需要我们投入一定数量的资金。我们对居民购买使用节能灯具、节水器具给予适当资金补贴,对低保户、特困户免费提供一定数量的节能灯具和节水器具,推广家庭中水利用,政府采用补助或免费等方式,鼓励市民设置家庭中水池,将洗脸水等储存起来用于冲洗马桶、浇花、洗地等。根据社区雨、污分流情况,因地制宜建设符合社区需要的污水处理设施。每个社区配备一定数量垃圾分类器具。建设适合于社区使用的垃圾处理设施。根据社区实际需求，有步骤地推广使用有机垃圾生化处理设施。市、区财政可采取以奖代补形式给予扶持。

（4）动员社会参与。社区建设的本质要求就是要全体社区居民的积极参与，在动员居民参与方面，社区党组织和社区自治组织的作用至关重要，社区党组织和社区居委会是不是有凝聚力、号召力和战斗力，直接影响到"两型"社区建设的成效，我们必须进一步切实加强社区党组织和社区居民自治组织建设，充分发挥社区党组织、居民自治组织的动员、组织功能，要在建设好社区服务站硬件设施的基础上，不断充实工作内容、完善工作机制，提升社区自我管理和自我服务的功能。

（5）积极开展经验交流与研讨。开展"两型社会"建设试验，推进"两型"社区建设，是一项开创性、探索性都很强的工作，需要从理论和实践上不断加强认识，理清思路、明确方向，因此要分阶段对"两型"社区示范创建活动进行探讨，我们将建立有公共管理学、资源与环境学、社会学等各方面专家参加的专家顾问团，为推进"两型"社区建设出谋划策。

第4篇

"两型社会"公共服务标准体系及指标体系

第 13 章

"两型"机关与事业单位建设标准及指标体系

13.1 "两型"机关与事业单位建设的背景与现实意义

机关在现代社会中经常被用来代指政府职能部门,是指国家为行使其职能而设立的各种机构,是专司国家权力和国家管理职能的组织,它包括各级权力机关、行政机关、审判机关、检察机关和军队中的各级机关。事业单位(Institutional Organization),是指国家为了社会公益目的,国家机关举办或者其他组织利用国有资产举办的,从事教育、科技、文化、卫生等活动的社会服务组织。

机关是正式的政府机构,事业单位一般是国家设置的带有一定的公益性质的机构,按照国家财政补助的力度分为全额拨款事业单位,如学校等,差额拨款事业单位,如医院等,还有一种是自主事业单位,是国家不拨款的事业单位。事业单位主要分布在教、科、文、卫等涉及人民群众公共利益的服务领域,一般不履行行政管理职能,是保障国家政治、经济、文化生活正常进行的社会服务支持系统。

事业单位是相对于企业单位而言的。事业单位包括一些参照公务员管理的单位,它们不是以盈利为目的,是一些国家机构的分支。其上级部门多为政府行政主管部门或者政府职能部门,其行为依据有关法律,所做出的决定多具有强制力,其人员工资和办公经费来源多为财政拨款。企业单位是以盈利为目的独立核算的法人或非法人单位。它的特点是自收自支，通过成本核算，进行盈亏配比，通过自身的盈利解决自身的人员供养、社会服务，创造财富价值。事业单位是以政府职能、公益服务为主要宗旨的一些公益性单位、非公益性职能部门等。它参与社会事物管理，履行管理和服务职能，宗旨是为社会服务。

各级机关和各个事业单位是政治、经济、文化建设和社会管理的领导者、组织者、参与者，是党委、政府联系基层和群众的桥梁与纽带，也是组织社会建设的核心力量。鉴于机关和事业单位工作人员的特殊身份（行政编制的公务人员和事业编制的公务人员），机关及事业单位的工作人员代表了国家的形象，其言行举止体现了国家的价值取向，在全社会具有较强的示范和导向作用。

在创建"两型社会"的宏观背景下，建设"两型"机关、"两型"学校和医院等事业单位都是"两型社会"建设的重要内容，是贯彻落实将"两型社会"建设落实到具体单位、个体的具体体现。开展创建"两型"机关和事业单位活动，不仅对控制和降低资源消费增长、促进环境保护有着直接的重要作用，而且有利于引导和推动全社会形成节约能源资源、保护环境的良好风气，能在"两型社会"的建设活动中发挥表率作用。

13.1.1 "两型"机关及事业单位建设的背景

人与自然的和谐是社会主义和谐社会的重要内容。我国正处于重化工业发展阶段和城市化加速发展时期。发达国家的经验表明，这一时期正是人与自然矛盾最为突出的时期。要在发展中努力实现人与自然的和谐，必须通过最严格的环境管理、最经济的环境保护手段、最高效的环境管理体系、最广泛的社会参与，建立资源节约和环境友好型社会，最大限度地减轻经济快速发展、城市化加速推进、消费迅速升级带来的巨大环境压力。温家宝总理 2007 年在政府工作报告中提出，"要在全社会大力倡导节约、环保、文明的生产方式和消费模式，让节约资源、保护环境成为每个企业、村庄、单位和每个社会成员的自觉行动，努力建设资源节约型和环境友好型社会。"党的十七大报告指出，必须把建设资源节约型、环境友好型社会放在现代化、工业化发展战略的重要位置，要把坚持节约资源和保护环境的作为基本国策落实到每个单位、每个家庭。

加快建设节约型社会是党中央、国务院在我国经济社会发展进入新的历史阶段、面对严峻的资源和环境形势提出的一项重大战略任务。政府工作报告及党的十七大工作报告正式指出，全国"两型社会"建设的重点任务需要"落实到每个单位"。自此，以国家党政机关及相关事业单位为核心，"节约型政府""节约型学校""绿色医院"等一批创建认证活动正式开启。

党中央、国务院历来高度重视节约型社会和节约型机关建设。近年来，胡锦涛总书记、温家宝总理等中央领导同志多次作出重要批示和指示，要求党政机关在建设节约型社会中发挥模范带头作用。各级党政机关认真贯彻落实中央要求，积极推进节约型机关建设，取得了成效。但必须清醒认识到，当前节约型机关建设与贯彻落实科学发展观的要求，与加强党的建设和政府自身建设的需要，与人民群众的期待还有差距。各级党政机关务必从政治和全局高度，充分认识新形势下建设节约型机关的重要意义。

党的十七届四中全会通过的《中共中央关于加强和改进新形势下党的建设若干重大问题的决定》（以下简称《决定》），强调要大兴艰苦奋斗之风，要求党政机关带头厉行节约，要大力推进节约型机关建设，切实把《决定》的要求落到实处。

建设节约型机关是建设节约型社会的重要内容，各级政府机关要充分发挥模范带头作用，以落实科学发展观、建设资源节约型社会为必然要求，以继承和发扬勤俭节约优良传统为具体体现，努力建设节约型机关。

"两型"机关是以"崇尚俭约办公、倡导绿色环保"为核心，以"办公资源使用节约、绿色环保争当表率、'两型'建设当仁不让、机关服务高效便民"为主要目标，实现自身作为单个组织和具有导向性的特殊社会成员都全面落实"资源节约、环境友好"的机关。建立资源节约型、环境友好型机关，是落实科学发展观，正确处理好人与自然关系的要求，也是切实贯彻科学发展观的必然选择。

13.1.2 "两型"机关与事业单位建设的现实意义

改革开放以来，中国经济经过近30多年的高速发展，取得了举世瞩目的成就，然而，经济的高速发展是以高消耗、高污染为代价的，这使得社会经济发展与资源环境的矛盾日益加剧，其带来一系列的问题将严重影响我国经济社会的可持续发展。我国的经济发展不能走其他国家先污染、后治理的老路，而必须正确处理好经济发展与资源、环境、自然之间的关系。

机关和事业单位不仅是"两型社会"建设的前沿阵地，也是资源占有和能源消耗大户，建设"两型社会"，倡导科学发展观，是机关与事业单位应担负的义不容辞的责任。在"两型社会"建设的宏观背景下，建设"两型"机关与事业单位具有重大意义。

（1）建设"两型"机关与事业单位是贯彻勤俭行政理念和弘扬艰苦奋斗优良传统的迫切任务。勤俭节约、艰苦奋斗是我们党的优良传统，不论经济发展到什么水平，这个优良传统都不能丢。近些年来，随着经济快速发展和各方面条件的逐步改善，一些党政机关及事业单位出现了奢侈浪费之风。讲排场、比阔气，公款消费大手大脚；学校建设贪图规模，奢侈病房层出不穷，楼堂馆所建设与当地经济发展和人民群众生活水平反差较大；超标超量配备使用公务用车，违规设立"小金库"等行为屡禁不止。据统计，在我国财政预算中，行政公务开支占到37.6%，公共服务和社会管理占25%，用于经济建设的支出占到11.6%。换句话说，在我国财政预算中，绝大部分开支用于行政公务、公共服务和社会管理，其中行政公务开支高于许多国家。在美国，行政公务开支只占12.5%，而公共服务和社会管理开支却占到75%。我国财政预算中，大量的开支变成了人头费，各级财政成为了吃饭财政和办公财政。据权威部门测算，我国年度的"三公"费用开支高达9 000亿元，政府机构包括（公共教育部门）的年能源费用超过800亿元。与高额的"三公"开支和能耗费用相对应的是各机关和事业单位不断反映的办公经费短缺，医院感叹医疗服务投入不足，部分高校债台高筑，濒临破产。经费投入结构与支出结构严重不合理，资源未能得到有效利用，严重制约了机关及事业单位的发展，这些行为不仅背离了我们党艰苦奋斗的优良传统，而且助长了奢侈享乐之风，腐蚀了党员干部的服务意识和进取意志，造成了人民群众的不满，严重影响了党和政府的形象。如果这些问题不能得到解决，就会严重损害党和政府信誉，损害党同人民群众的血肉联系，影响政府的公信力和执行力。因此，我们必须把"两型"机关与事业单位建设作为党风政风建设的重要内容，采取有力措施，不断抓出成效。

（2）建设"两型"机关与事业单位是应对当前国际经济形势低迷，支持我国经济稳步发展的现实需要。从国际形势来看，2008年下半年开始，国际宏观经济环境一直动荡不安，在因美国次贷危机引发的国际金融危机影响犹在的同时，2011年开始欧美又爆发新一轮的债务危机，宏观经济环境整体低迷。从国内形势来看，为应对2008年国际金融危机的不利影响，党中央、国务院及时出台并实施了的"一揽子"计划及相关政策措施，实施了四万亿的经济刺激计划，虽然在短期内扭转了经济增速下滑态势，但从长期来看也带来了通胀的隐忧。我国经济正处于企稳回升的关键时期，经济回升的基础还不稳定、不巩固、不平衡，为建设"两型社会"、社会主义和谐社会带来了严峻挑战。当前，我们既要看到经济社会发展的积极变化和有利条件，又要充分估计形势的复杂性和不确定性，切实增强忧患意识。应对低迷的国际宏观经济环境，促进经济平稳较快发展，实现保增长、保民生、保稳定的目标，各方面增加支出的压力很大，财政增收节支的任务很重。各级党政机关必须带头厉行节约，严格控制机关经费支出，把有限的资金和资源用在发展经济、改善民生上。此外，节能环保技术和产品的开发研制属于高新技术，技术创新与实施离不开政府所提供的财力和人力支持，必须有党政机关和科研院所等事业单位的支持,才能促进研制与开发以可再生能源利用为主的新型节能环保技术和产品,由此增加投资、扩大内需,拉动整个国民经济的增长。特别是党政机关及相关事业单位带头勤俭节约、艰苦奋斗,具有很强的示范和引导作用,能够更好地凝聚民心士气,团结带领广大群众,形成全社会共克时艰的合力。

(3) 建设"两型"机关与事业单位是推动党和政府充当"两型社会"建设表率和带头作用的必然要求。改革开放以来,经过30多年的高速稳定发展,我国国民经济与社会发展成就举世瞩目,国家统计局相关数据显示,2011年全国国内生产总值达47.16万亿元人民币,经济总量规模位居世界第二位,仅次于美国。但当前高消耗、高污染、高排放的经济发展模式导致资源短缺日益严重,环境质量日益下降,生态环境的承载负荷与日俱增,资源约束与环境保护的压力越来越大。2011年,我国以占世界GDP的9.5%,消耗了46.9%的煤、8.19%的石油、32%的钢和54%的水,每万元GDP消耗的钢材、铜、铝分别是世界平均水平的5.6倍、4.8倍、4.9倍,能源消耗强度是美国的3倍、日本的5倍、世界平均水平的3.28倍。2011年能源消费总量达34.8亿吨标准煤,是世界第一大能源消费国,其中一次能源消费量占世界总量比重近20%,位居世界第一位。石油对外依存度为54.8%,铁矿石对外依存度为53.6%。低端的经济发展导致了环境破坏严重,付出了沉重的代价。世界银行发展报告列举的世界污染最严重的20个城市,中国占了16个。全国200多个城市处于污染中,4亿多人呼吸不到洁净的空气;大约1/5的耕地受到重金属污染,粮食被污染达1 200万吨;环境损失(财产和健康损失)占中国GDP的比重达5%~6%。多年来粗放式的经济发展导致我国能源资源过度消耗、利用效率不高,人口、资源、环境制约经济社会发展的压力日益凸显。社会经济发展与资源环境日益加剧的矛盾,为国民经济实现长期可持续的发展带来了严峻的挑战。建设资源节约型和环境友好型社会是缓解能源资源环境压力、实现经济社会可持续发展的必由之路,是履行应对气候变化国际承诺的重要举措,是党和人民赋予的一项责无旁贷的工作,必须广泛动员,大力推进。机关和事业单位是"两型社会"建设的领导者、组织者和参与者,要充当"两型社会"建设的核心力量。一方面,我国庞大的党政机关及事业单位群体本身是能源资源消耗大户,机关及事业单位的"两型"水平,将会影响到整个"两型社会"的建设和发展;另一方面,政府机关及其公务员在建设"两型社会"中具有重要的示范和引导作用,党政机关及事业单位带头推进资源节约和环境友好,践行节约、保护环境的理念,有利于带动全社会改变生产、消费方式,形成勤俭节约的良好风尚,对加快"两型社会"建设具有特别重要的意义。政府官员如能保持艰苦奋斗的作风,就能带动全社会形成富而不奢的良好风气，进而对于推动节约型社会的建设具有积极影响。在西方的一些发达国家，节约能源的许多措施，都是从政府机关开始。以政府用车为例，许多发达国家，政府机关带头采用低排放和高效能的车辆以降低能耗。如加拿大由财政部、资源部和环境部协调确立了政府用车所要达到的环保标准，并通过"绿色采购"政策和其他配套措施来削减车队和其他领域的能源消耗。政府机关和事业单位的模范带头作用能有效激励和刺激全社会共同参与"两型社会"建设。

（4）建设"两型"机关与事业单位是加强政府自身建设、履行事业单位自身职责的重要举措。2005年温家宝总理在政府工作报告中指出，要加快政府自身改革和建设的步伐，创新政府管理方式，整合行政资源，降低行政成本，提高行政效率和服务水平。长期以来，我国一直没有统一的政府机构资源使用方面的定额限制、定额管理和能耗标准，没有建立有效的能耗统计报告制度，致使政府机构能耗水平居高不下，造成在办公大楼建设、办公设施配备、公务用车购置等方面都不同程度地存在浪费现象。加快节约型政府机关，既是建设节约型社会需要，也是加强自身建设的需要，更是改善政府形象，树立政府威信的需要。从以高校为代表的事业单位性质来看，高校是培养社会所需的高级人才的场所，也是传统文化与现代文明的传承和策源地，引领社会潮流。大学生是构建社会文明的中流砥柱，他们的人生观、价值观折射整个社会的主流意识，师生崇尚节俭、保护环境的意识，将直接感染周围社会的成员并形成一种文明态势。校园文化也对社会群众有着直接或间接的熏染。和谐校园的示范作用将通过各种渠道感染社会，从而提升社会群体的整体文明素质、促进符合时代要求的节约文化的形成与发展。同时，高校毕业生作为今后各行业的主要骨干力量，势必会成为建设"两型社会"的骨干人才，建设"两型"学校可以使大学生树立科学的发展观，增强使命感和责任感，为建设"两型社会"提供人才的保障。

总之，"两型"机关与事业单位建设是"两型社会"建设中的一项重要内容。作为社会的组织和管理者，各级机关与事业单位积极发挥自身在建设"两型社会"中的重要作用，努力开展"两型"机关与事业单位建设，能够有力地推动"两型社会"建设向深入发展。

13.2 "两型"机关与事业单位建设的研究与实践进展

我国党政机关一般是指政府职能机构，从事的是具体的职能工作，虽然所承担的职能在内容上有所不同，但执行职能所需要的基础性条件（如行政楼、公务车配置等）上具有一定的一致性。但我国的事业单位类型错综复杂，既有"全额拨款"类型（有政府财政保障基本运作，如学校等），也有"财政补贴"型（既有政府的部分财政补贴，也通过自营创造收入，如医院等），其类型的不同也导致了具体工作职能、工作环境、工作条件以及工作设施的差异，这种差异也体现在践行资源节约和环境友好在行为上的差异。为科学、规范的研究"两型"事业单位，本书拟选取学校和医院作为事业单位的代表深入开展研究。本章主要就两方面的内容开展研究，一方面，从学术探讨，即理论的角度来归结"两型"机关与事业单位建设的研究；另一方面，从实践领域，总结全国各地，尤其是以长株潭城市群和武汉城市圈为代表的"两型社会"试验区开展"两型"机关与事业单位示范创建的成果与经验。

13.2.1 "两型"机关的研究与实践进展

13.2.1.1 "两型"机关的研究现状

"两型"机关是在"两型社会"建设的宏观背景下提出的一个全新的概念，其实质是指打造节约资源和爱护环境的机关。从学术界的研究现状来看，直接对"两型"机关开展的研究比较少，但有大量的文章对与"两型"机关建设内涵相一致的"节约型政府（机关）"和"绿色机关（政府）"开展研究。

在建设意义、路径与建议上，国务院秘书长马凯（2010）指出，加快制定公共机构节能条例配套政策，以及机关资源消耗定额，确定节油、节电、节水、节气等指标；严格机关经费预算管理，从源头上控制行政成本；切实强化国有资产管理，提高资产使用效益；大力推进政府采购，降低采购支出、节约财政资金以及切实加强监督检查是推进节约型机关建设所必须采取的手段。张丹（2006）从树立节约意识、建立节约制度、体制和加强公务员队伍的建设等方面提出了构建节约型机关的建议。冯春（2007）认为建设节约型社会，首先要从建设节约型机关做起，政府机关应建立建设节约型机关的教育机制，应培养公务员的节约意识，制定规范的日常管理制度；在日常工作中厉行节约，建立政府机关的消费公开机制；加强对政府机关消费的监督，实行"阳光工资"制度，进行职务消费改革；建立能源资源消耗统计制度；建立新的后勤管理体制，建立健全创建节约型机关的长效机制。傅小随（2010）指出，建设节约型机关不仅是降低行政成本、提高行政效率的一大途径，也是形成资源节约和环境友好型社会的必然选择。节约型机关建设既能够带来直接的经济和管理工作效率，更能够带来无价的社会效益。作者提出了节约型机关建设的五大关键环节作为判断节约型机关建设实质和成效的根本点。薛鸣、赵汝周（2010）认为建设节约型机关是落实科学发展观的具体体现，是发展低碳经济的具体措施。建设节约型机关的路径是：加大宣传力度，营造建设节约型机关的氛围；建立内部监督机制，强化资源节约责任制；推行科学决策，避免决策失误造成的浪费；强化制度建设，规范不良行为；狠抓关键环节，制定具体措施。王澜明、李金芳等（2012）认为加强节约型机关建设是贯彻科学发展观、建设资源节约型和环境友好型社会的必然要求，是加强党风廉政建设的重要举措。陈晓春、冯恋（2011）基于低碳经济的视角，阐述了建设以低碳排放为特征的节约型机关的必然性和必要性，在此基础上进一步分析了高碳型机关的现状和产生原因，并提出建设以低碳排放为特征的节约型机关的一系列对策。张宝凤（2011）认为节约型机关建设是廉价政府题中应有之义，只有打造廉价政府才能得到人民的拥护。机关应通过走制度化之路，通过制度创新建设节约型政府。机关需要树立成本意识，在纳税人监督下阳光消费，杜绝奢侈浪费；机关应带头实施低碳绿色办公，形成低碳机关文化，为全社会做表率；把公众反映强烈的机关招待费、公车消费管住管好。胡仙芝、马敬萱（2011）认为管理体制问题是我国机关浪费严重、行政成本偏高的最深层次原因，建设节约型机关需要从体制改革抓起。重点要结合现有的机关事务管理格局，建立健全机关事务管理体制，抓住节约型机关建设中的关键环，不断完善机关事务管理的监督体系，并适时推出节约意识教育和奖惩措施。

在具体的建设方法上，不同学者探讨了合同能源管理等市场化节能方式、信息化技术手段在节约型机关建设中的作用。郑晓洁（2009）以深圳市南山区人民检察院为例，分析了运用合同能源管理的方式，推进机关办公楼节能节电，打造节约型机关的实例，认为加大合同能源管理等一系列市场化的节能减排方式能有效促进机关节能，有利于建设节约型政府。苏国良（2009）就办公用品信息化管理在推进节约型机关建设中的作用进行探讨。认为，电子政务是信息通信技术与当代政府创新理念相结合的产物，电子政务以现代信息技术作为改革的工具与媒介，以技术创新引发制度创新，带动管理创新，最终达到提高政府管理效能，实现政府服务的高效便捷。李少恒（2010）认为虚拟化技术是建设节约型机关的有效方法。虚拟化技术是当前IT领域最为热门的应用技术之一，它在管理和成本等方面的突出优势使其迅速成为流行趋势。特别是随着x86平台上虚拟化技术的成熟和稳定，极大地降低了虚拟化技术的进入门槛，使得中小型组织也能便捷地部署虚拟化应用，享受虚拟化的种种好处。

也有部分学者构建了节约型机关的评价考核体系，并通过部分实例对考核体系进行了验证分析。蒋硕亮（2012）从探析节约型机关的内涵与特征出发，运用"节约水平"和"保障服务水平"两大类指标，前者包括减量化指标、再使用、循环利用指标以及节约指标能力指标三类,保障服务水平包括保障指标、服务指标和资源环境系统承载指标三类,设计出包含 79 个具体指标的节约型机关评价指标体系,涵盖了节约型机关的各个方面,建立了节约型机关综合评价模型——通用矩阵综合评价方格图,将节约型政府划分为片面节约型(过分偏重资源和能源的节省,忽视机关保障服务作用的发挥,机关服务水平非常低,这种"节省"不是真正意义上的节约)、浪费型(尽管这种类型的机关保障和服务水平高,但它是建立在资源和能源粗放式利用和大肆挥霍的基础上。这种状况势必会损害机关的合法性,最终危及机关的保障服务功能)、中间型(机关的节约程度一般,功能发挥也一般,二者处于相对平衡状态)、贫乏型(这种机关既不关注资源的节约,也不关心机关作用的发挥,二者处于极端的水平状态,是一种最糟糕的状态)和理想型(资源高度节约,同时机关提供高水平的服务和保障,是真正意义上的节约型机关,也是节约型机关的最理想状态)五大类,以便于对节约型机关的发展状况进行比较和评价,并对机关未来的发展提供监控和预警。李臣、陈志田等(2007)设计了节约型机关认证评价指标体系,利用层次分析法确定出各指标的权重。并对相应的实测能源资源消耗数据与认证设定的评价基准进行单项比较,按 4 个评价指标分别计算,得出各自的单项评价指数,从而对节约型机关作出了定量的评价。钟荣丙(2009)认为建设节约型机关是建设节约型社会的重要组成部分。随着建设节约型机关活动不断深入和推进,体制和机制的完善势在必行,其中对节约型机关的量化和评价尤为迫切。周恩毅、付胜伟(2011)从理论的角度分析了 360 度绩效考评在节约型机关建设中的应用,认为通过该方法可以从多个角度对节约型机关进行评判,其评判的方式与节约型机关建设内容的多样性相匹配,是一种值得推广应用的考核评价方式。

13.2.1.2 "两型"机关的实践进展

湖南和湖北作为国家"两型社会"建设综合配套改革试验区,在"两型社会"建设的宏观要求下,掀起了"两型"示范创建的高潮,一大批"两型"机关、"两型"学校、"两型"医院等"两型"机关和事业单位纷纷涌现,探索并积累了"两型"机关与事业单位建设的经验。

2008 年,武汉市在市级党政机关、人民团体、事业单位启动实施"两型"机关创建三年行动计划,正式掀起了"两型"机关示范创建的大幕。各级机关及广大干部职工积极响应"建设生态宜居武汉"的号召,以建设"两型社会"和生态文明城市为己任,从我做起,从现在做起,从点滴做起,以实际行动留住碧水蓝天,踊跃参与"两型"机关建设,自觉践行"绿色环保"理念,资源节约成效显著,环境友好率先垂范。先后出台《武汉市"两型社会"建设示范创建活动实施方案》《武汉市"两型"机关建设实施方案》，发布《武汉市"两型"机关建设考核评定标准（试行）》规范和指引"两型"机关建设。

武汉市2011年拟定《践行"两型"机关建设机关工作人员行为公约》，制定多项规定，引导干部职工从点滴小事做起，培养厉行节约的生活、工作习惯，确保公用经费、水、电、油四项指标消耗"零增长"。发出《"'两型'机关建设从我做起"的倡议书》，引导广大机关干部培养随时随地节能的习惯，出门随手关灯和关水龙头，纸张正反打印，上下楼三层以内走步行梯，下班提前半小时关空调、尽量步行上下班等，合理设置办公区域空调温度，夏季楼层温度不低于26℃，冬季不高于20℃，做到无人时不开空调。严控公务长途用车，提倡拼车出行，双休和节假日公务车集中管理。结合全市公务用车整治行动，我市将建立机关能源消耗统计台账，分类汇集、整理水、电、油等消耗原始记录，坚持实行公用经费、水、电、油四项指标消耗每季度公示，分析掌握能耗增减规律，及时对四项重点指标消耗异常波动进行跟踪反馈，保持公用经费、水、电、油四项重点指标"零增长"。积极推行绿色低碳办公，在机关设立规范的垃圾分类回收设施，实施办公室"绿色计划"，增加办公楼院内的绿化率，鼓励干部职工在办公室内种植绿叶植物。通过加快转变政府职能、提高科学决策水平，降低行政消耗的"隐性成本"。进一步简化办事程序、减少审批环节，提高服务质量和服务水平，以"两型"理念指导决策的实施，积极追求公共服务效率最大化和成本最小化，防止由于决策、审批等因素造成的隐性浪费。

据初步统计，到2011年底，武汉市全市114家创建单位累计节水约28万吨、节电约255万度、节油约98万升、节约公用经费约8 684万元，四项重点指标消耗比创建之初分别下降了7.8%、7.2%、5.3%和5.6%，"两型"机关创建工作成效明显，为加快武汉城市圈"两型社会"建设充当了表率作用。

自2009年以来，湘潭市大力开展以"节能降耗环保、人文办公环境"为主题的"两型"机关创建活动，不断细分量化考核指标，完善相关工作机制，实现了创建工作的常态化、规范化、制度化。如今，在全市大小机关，节能降耗已入脑入心。颁布出台了《关于发布湘潭市"两型"机关建设试行标准的通知》，从节约资源、优化环境两方面，出台12项细化、量化"两型"机关考核标准，要求年度消耗总量必须实现"零增长"预算，并出台相关财政补助政策激励和推动"两型"机关建设，近3年的努力推动，全市"两型"机关创建蔚成风气。各单位不断探索，新机制、新办法层出不穷。市政府办公室系统采用喷灌等节水设备对绿地和盆景浇水，杜绝"跑、冒、滴、漏"和"长流水"等现象。九华示范区等单位运用ISO质量标准体系规范机关运行，将成熟的标准转化为机关工作的规范。天易示范区用好用活市、县53项行政授权，成立示范区政务服务中心，审批流程大大优化，审批时间节省70%以上，有效防止了职能的交叉和行政资源的浪费。湘潭县审计局加强机关公务用车管理，制订百公里耗油标准，坚持IC卡定点加油、定点维修和定期保养，私人确需用车，须按规定缴纳费用，用车及交款情况每季度公开一次，严格遵守车辆管理制度，仅审计局2011年就节约电费、水费、办公电话费用、交通费、公务经费等将近9万元。"两型"机关创建，有力推动了全市生态环境的改善。湘潭市环保局监测数据显示，到2011年底，该市空气质量达标天数较2010年同期增长3%，达标率为93.2%；马家河、五星、易家湾、涟水桥断面的水质状况明显改善，城市功能区水域水质达标。

13.2.2 "两型"学校的研究与实践进展

13.2.2.1 "两型"学校的研究现状

"两型"学校是在建设"两型社会"的宏观背景下提出来的概念，从国内外的实践和研究领域来看，自1996年国家教改委印发《全国环境宣传教育行动纲要》以来，学术界对"两型"学校的研究更多的是体现在"绿色学校（校园）""生态学校""节约型学校（校园）"等领域，研究的核心集中在"两型"学校的内涵和意义的研究、建设策略的研究以及现状评价的研究。

（1）内涵和意义的研究。游成龙（2000）对绿色学校的四个标志进行了论述，即学生切实掌握各科教材中有关环境保护的内容，师生环保意识较高，积极参与面向社会的环境监督和宣传教育活动，校园清洁优美。认为创建绿色学校的具体任务可概括为传授"绿色"科学知识，启迪"绿色"创新思维，培养"绿色"思想品德，灌输"绿色"价值观念，训练"绿色"劳动技能，养成"绿色"行为习惯。

陈康金（2002）认为绿色学校是指在实现学校基本教育功能的基础上，能以可持续发展思想为指导，在学校全面的日常管理工作中纳入有益于环境的管理措施，并持续不断地改进，充分利用学校内外的一切资源和机会，全面提高师生环境素养的学校。并对人们对绿色校园的认识误区做了总结，即把绿色学校等同于绿化学校，把创建绿色学校的对象仅仅局限于学生，认为创建绿色学校只是学校的事，认为环保教育是班主任、德育工作者的事，认为创建绿色学校只是上级部门的一项工作任务。

王华英（2005）对创建绿色学校所带来的意义进行了探讨，他认为在创建绿色学校的进程中以开展环境教育和环境实践为载体，学生的动手能力得到了提高，综合素质不断地提升，培养了学生对社会的参与意识、责任意识和相互协作意识，有利于优良环境意识和行为的形成与传承，为实施可持续发展和构建和谐社会夯实了思想道德和环境伦理基础。

黄清（2006）认为绿色学校是环境教育运动发展的产物，其内涵主要体现在保护生存环境、尊重生命价值、关注生活质量、维护和谐公正等基本理念上，发展绿色学校应着眼于学校环境、学校管理、学校课程、学校与社区关系等方面的建设。

何志军、柳肃（2009）指出资源节约型校园在节约领域上，不是特指消费领域的节约，而是覆盖校园生活的所有领域，其中最主要的是生产和消费领域的节约。另外，此处所指的"节约"是建立在满足校园各成员学习、工作和生活质量基础之上的，提倡一种更符合中国国情的合理健康的消费和节约模式。

李玉保（2012）认为节约型校园是一种全新的学校发展模式，它通过各种宣传活动将节约的理念贯穿于教学、行政、消费和师生生活的各个领域，综合运用经济、行政、管理、科技和教育等多种手段建设校园，从根本上改变学校不良的运行模式和浪费现象，最大限度地节约资源，提高资源利用率，以尽可能小的资源消耗和教学成本获取尽可能大的办学效益。

（2）创建策略的研究。

黄宇、仁青措（2005）将企业管理分析上通用的 SWOT 分析法引入绿色学校研究领域，对北京和陕西三所学校进行实地访谈，将获得的资料从内部积极因素（S）、内部消极因素（W）、外部积极因素（O）和外部消极因素（T）四个方面进行系统分析，解析了这三所学校在创建绿色学校过程中各自面对的积极因素和消极因素，以及它们普遍面对的机遇和威胁，并此基础上对中国绿色学校的发展提出了相应策略建议。

孙刚（2006）总结了绿色学校的特征，认为可以从五方面着手创建绿色学校，即将环境教育渗透到课堂教学中，开发绿色教育手段、教学技术和教学模式，在综合实践活动中拓展环境教育，创建绿色学校应与学生环境道德建设相结合，创建绿色学校必须强化绿色管理。

张凤昌、梁立军（2007）认为"建设节约型校园"有两层涵义：一是杜绝浪费和降低消耗，即要求师员工在日常工作和生活中减少对资源的浪费，用尽可能少的资源实现预期效果；二是加强管理，优化资源配置，即要求学校努力提高各种办学资源的使用效率。无论是减少浪费和降低消耗，还是优化资源配置和提高使用效率，都是对旧有落后的工作和生活方式的一种改进。改进离不开创新。创新是一个系统工程，既要有观念的创新，也要有制度、机制的创新，更要有文化、科技的创新。因此，创新成为建设节约型校园的关键。

郭延柱、王艳艳（2008）在分析了校园垃圾分类回收的必要性，并分别对垃圾的产生量和主要成分进行了研究；在分析对比三种垃圾源头分类方式后得出，学校适合采用"源头细分类"的方式；建立起了垃圾收集负荷的计算模型，并研究了教学区、宿舍区、食堂的垃圾回收模式；最后对校园垃圾分类回收体系的运行提出了建议。

王金明、郇延（2008）可以通过深入开展"节能减排学校行动"来推进节约型学校建设。具体措施有开展节能环保社会实践活动，从学院长远发展及日常运行管理的全局出发，对节能、节水、环保工作进行统筹规划，明确责任，奖罚分明，积极推进并建立长效机制等。

印卫东（2009）对我国绿色学校环境教育存在的问题进行了总结，并提出相应的对策，即学校应降低自身对环境的不良影响，在保护生物多样性上做出典范，参与全社会环境保护和可持续发展的行动，体现学生参与的普遍性和民主性，并在经济上获益。

朱伟（2010）可以通过提倡低碳概念来建设绿色学校。即引入低碳新概念，树立低碳减排意识；把低碳意识、环境教育融入课堂活动中，提高学生的低碳意识和保护环境的理念，提升综合能力。

周月蓉（2010）认为充分认识学校资产管理的重大意义，领导观念、作风转变是做好此项工作的前提，全员管理，明确职责，建立完善的组织管理系统，加强资产管理队伍建设是保证，进一步健全规章制度，加大各项制度的执行力是主要手段，科学管理方法及先进的管理手段是建设节约型校园的根本途径。

（3）现状评价的研究。

陈文荣、张秋根（2003）采用目标层、准则层、指标层三层结构，从绿色教育、绿色校园、绿色科研、绿色实践、绿色办学 5 个方面，构建了绿色大学的评价指标体系。提出了百分制权重加和评价方法，并将权重加和分值划分为 5 个等级。

杨华峰（2005）剖析了基于循环经济理念的绿色大学的科学内涵，研究了绿色大学评价指标体系的设计原则，构建了面向循环经济绿色大学评价指标体系的主要内容，对于科学评价绿色大学的建设水平具有重要意义。

刘丹平（2009）阐述了高等院校绿色大学评价的内容，从绿色办学、绿色管理、绿色校园、绿色科研、绿色人才等方面构建评价指标体系及层次结构模型，运用层次分析法计算指标权重和排序，为实施绿色大学评价提供了一种量化分析方法。

刘畅、林波荣（2009）通过对美国的 LEED，英国的 BREEAM 和日本的 CASBEE 三个绿色建筑评估体系学校版本或学校部分的评价项及分数分布同其他版本的比较分析，试图揭示三个学校评估体系对于绿色学校的评估侧重点，并在此基础上对我国建立绿色学校评估体系给出了建议。

宋凌、李宏军（2010）利用我国现行的《绿色建筑评价标准》和新近研究的绿色校园评价体系，对一灾后重建中学校园进行了评价，从控制项设置、指标体系分级、条文适应性、评价结果等方面对两种评价体系进行了比较。分析表明，对于我国中小学校园的绿色建筑评价，新的绿色校园评价体系比现行的《绿色建筑评价标准》更具针对性、条文设置更加明晰完整、条文内容更加契合我国国情，具备更好的适应性和可操作性。在此基础上，对建立我国的绿色校园评价体系提出了进一步的研究建议。

2008年5月，中华人民共和国住房和城乡建设部和中华人民共和国教育部发布了节约型校园建设的试行文件——《高等学校节约型校园建设管理与技术导则》，旨在切实完成国务院制定的节能减排目标，更好地开展节约型校园建设工作，在学习和借鉴国内外先进理念、管理经验及技术体系的基础上结合我国的国情，进一步指导节约型校园建设的开展。其主要适用于新建和既有学校校园建设的改建、扩建、运营、管理，以高等院校为主要适用对象，编委中汇集了同济大学、浙江大学、清华大学、天津大学、重庆大学等重点高校的优秀教师，提出主要从建设节约型校园的硬件条件、政策与制度、建设效果、专项措施等四方面进行节约型校园建设评价，其中，还具体规划了高等学校节约型校园考核评价办法，对高校的节约型建设提供了充分的理论支持和方法指导。

2009年，在美国能源基金会的资助下，住房和城乡建设部科技发展促进中心和清华大学建筑学院共同研究编制了针对我国校园建设的绿色校园评价体系，该体系借鉴了美国 LEED for School、英国 BREEAM Education 2008、日本 CASBEE 等国际主要绿色建筑评价体系的已有经验，并充分结合了我国的国情。该体系的主要特点是性能评价优先，措施评价优化；分数评价替代项数评价，定性指标定量化。目前该体系主要适用于新建和改扩建的中小学校园教学楼、办公楼、学生宿舍、教师住宅、图书馆和食堂等建筑的评价，对于高等学校校园或职业学校等其他校园建筑的评价，还需进一步的研究。

2010年7月，湖南省长株潭"两型社会"建设改革试验区领导协调委员会办公室（简称"长株潭两型办"）组织中南大学商学院成立联合课题组展开《"两型"学校建设标准及评价体系》（以下简称《标准体系》）编制工作。2011年5月长株潭两型办向社会发布了该《标准体系》，并决定在长株潭"两型"试验区试行。《标准体系》包括：资源节约、环境友好、办学绩效、"两型"管理与教育四个一级指标，23个专项指标。与绿色学校、节约型校园评价体系相比，在强调硬件设施节能环保的同时，更注重学校（特别是高校）教学科研的重要功能，通过在"两型"教育及管理中设置如："两型"宣传、科研与实践等指标，鼓励开展与"两型"相关的科学研究，并将研究成果应用于"两型社会"建设实践。

13.2.2.2 "两型"学校的实践进展

我国高校节约型校园建设有其自身发展历程。在20世纪90年代以前，没有节约型校园建设这个提法，少数学校只是潜意识的在试探进行这方面的工作。直至教育部2006年下发《关于建设节约型学校的通知》，节约型学校（校园）建设一词才正式出现在政府正式公文中。从"两型"学校的一般概念出发，本书认为我国高校以节约型校园建设为代表的"两型"学校建设的发展主要经历了以下三个阶段：

（1）概念宣传阶段。1996年，中国国家环保局、国家教育委员会、中共中央宣传部联合颁布了《全国环境宣传教育行动纲要（1996~2010年）》。并提出"到2000年，在全国逐步开展创建绿色学校活动"，这项活动主要是针对中小学校。

国际上关于绿色学校的理念起源于更早的时期，1972年斯德哥尔摩人类环境会议是全球环境教育运动的发端。会议强调要用跨学科的方式，在各级正规和非正规教育中、在校内和校外教育中进行环境教育。随后环境教育开始体现在各国政府工作中，并逐渐形成全球性的环境教育行动。1994年，联合国教科文组织（UNESCO）提出"为了可持续性的教育"（Education for Sustainability），要求把环境教育与发展教育、人口教育等相融合，建立了环境、人口和发展项目（EPD项目），开始将环境教育转向可持续发展的方向。1997年，联合国教科文组织在希腊的塞萨洛尼基召开会议，确定了"为了可持续性的教育"的理念。这标志着环境教育已不再是仅仅对应环境问题的教育，它与和平、发展及人口等教育相结合，形成了"可持续发展教育"理念。

（2）示范建设起步阶段。在国际环境问题的背景形势下，我国大学校园建设理念在21世纪开始了有益的探索，出现了绿色大学的办学理念，其核心是用可持续发展理念作指导，立足学校长远发展来组织和实施学校当前工作，保持学校持续发展潜力。

深受国外影响的香港大学、香港中文大学、香港理工大学最早接受欧美绿色理念，与国际接轨。而内陆知名大学如同济大学、浙江大学、清华大学等也在世纪之初更加关注校园建设。他们的建设模式各有特色，节能措施也有不同的侧重点。

清华大学为挖掘校园建筑节能潜力，全面掌握校内建筑的耗能情况，曾对全校做了一次系统的能耗调研。调研对象主要包括：校园内的公共建筑；教学、实验、办公和服务性建筑，共 62 栋建筑物。调研显示，清华大学高层的建筑逐年增加，分体空调和中央空调也越来越多，面积大于 5 000 平方米的新建建筑物的比例越来越高，以此降低单位面积对资源的占用比例。为有效控制能耗，清华大学对大耗能项目如大型电子实验室或计算中心等，进行能源消耗重点监控、能源统计和审计、分项计量和节能诊断，加强运行管理，改善系统运行调节。对一般校园公共建筑，注重设计的合理性，慎重选择高能耗设备，尽可能使用节能产品并加强管理，从多方面来实现节能。

天津大学的节水措施为各高校树立了榜样。该校为实现最大限度地节约用水设计了再生水回用系统。具体措施为以先进可靠的节水技术与节水器具的研究为依托，调整规划校园内的给排水系统布局，包括现有各建筑物内给排水管道调整；增设再生水管道；新建再生水处理站、再生水收水与供水管网。其中宿舍区的用水量是最大的，且其水源回收点相对集中，便于收集，因此各学生宿舍楼的盥洗水及厕所排水均可回收用作再生水水源，其总量占全部可回收水量的 60%～70%。

北京师范大学则全方位地开展节能校园的设计和管理。首先把推广使用节水效益好的用水器具和先进的节水技术作为节约用水的重要措施。如今，各类用水器具都采用节水型，90%以上的绿地灌溉安装了地理式喷灌系统或微喷，实现节水 50%。设备冷却水和冷凝水全部回收循环使用，提高了水的使用率。茶炉、浴室均安装了智能收费系统和节水装置，按实际用水量计价收费，节水 30%以上。自备井、供暖补水系统和高层供水均安装了变频设备，既节水又节电，效果显著。学校后勤管理部门对全校供水、供电、供暖管网和计量装置进行全面升级改造，安装远程传输监控系统，之后，学校水、电、暖三大耗能部位将全部集中于一个平台，实时动态远程在线监控，对采集的各类数据用计算机进行分类、分项统计及综合分析评估，达到远程全自动化管理。实施"雨水拦截工程"解决了教学区、家属区 10 万余平方米的绿化用水，与自来水浇灌相比，每年节约经费支出 25 万多元。

同济大学拥有国内建筑工程设计等强势学科，也是最早关注节能的国内高校之一。在校园改建、扩建过程中，该校将节约理念和节能环保技术应用于学校基本建设。学校对各类能源建立起相应的管控系统，如变频供水系统、BA 自动控制系统、智能照明控制系统、太阳能智能集中供热。学校所有用水设备设施全部采用节能型。浴室采用恒温淋水及射频卡计费系统，节水效果达 50%以上。高层楼及住宅塔楼大部分使用了无负压供水系统，节水节电效果显著。供暖系统引进了市政热力，拆除了学校自有锅炉房，节水率进一步提高。饮用开水大部分采用了即热水电开水器，加刷卡计费系统。厕所全部采用节水型器具，蹲便器采用脚踏式、红外感应式、延时自闭式等开关，小便斗采用红外式、延时式。全部各种红外用水器具 650 套。水龙头全部采用陶瓷芯水龙头。

（3）全面实施阶段。教育部 2005 年下发了《教育部关于贯彻落实国务院通知精神做好建设节约型社会近期重点工作的通知》（教发［2005］119 号），2006 年进入"十一五"国民经济发展关键时期，建设部加大建筑节能工作推进力度，校园基本建设备受关注。教育部 2006 年下发了《关于建设节约型学校的通知》（教发［2006］3 号），2007 年又下发了《关于节能减排学校行动的通知》（教发［2007］119 号），同年国家建设部在建筑节能专项计划中将同济大学列为全国节约型校园建设示范工程，同年，在教育部发展规划司和建设部科技司的联合主持下组织了同济大学（主编单位）、清华大学、天津大学、浙江大学、重庆大学、山东建筑大学国内六所大学的建筑节能及环境保护专家学者共同编制了《高等学校节约型校园建设管理与技术导则》。2008 年出台了在教育部发展规划司和原建设部科技司的联合主持下、由国内六所知名大学的建筑节能及环境保护专家学者共同编制的《高等学校节约型校园建设管理与技术导则（试行）》（建科［2005］59 号）。

2008 年 1 月，教育部在同济大学举办可持续发展校园论坛，参会的 30 所教育部直属高校共同发表了关于可持续发展校园的"同济宣言"。同年，同济大学作为中国大陆唯一受邀代表参加全球可持续发展校园联盟大会（苏黎世），同济大学创建节约型校园的经验受到国际社会热切关注，被列入 2008 年全球能源环境论坛典型案例数据库。

尤其这几年，全国各个省份都在大力推广"两型"学校建设。截至 2008 年底，武汉省级绿色学校已达 206 所，其中，国家级绿色学校 18 所，省级绿色学校 188 所。2010 年初，单北京市绿色学校的数量就已接近 50 所。2011 年底合肥共有 200 多所学校获"绿色学校"称号。时至 2012 年，山西省有 21 所国家级"绿色学校"、300 所省级"绿色学校"。同样，湖南在"两型"学校建设这块也取得了长足的发展，2009 年湖南省首家"国际生态学校"在株洲启动创建，"国际生态学校"项目是国际环境教育基金会（FEE）在全球推广的五个环境教育项目之一，是当今世界面向青少年开展的最大的环境教育项目；2010 年株洲市有 20 所学校获得绿色学校称号，长沙市已创建国家级绿色学校（幼儿园）8 所，省级绿色学校（幼儿园）39 所，市级绿色学校（幼儿园）121 所；2011 年，长沙市诞生了首批"两型"示范学校 10 所；2012 年长沙梅溪湖新城碳排放看齐北欧，将新建 7 所"两型"学校。

目前，国内已有一大批学校在节能节水方面取得了显著成绩，可持续发展理念逐步深入我国各种院校，"两型"校园建设活动蔚然成风。

13.2.3 "两型"医院的研究与实践进展

(1)"两型"医院的研究现状。国内外与"两型"医院相关的研究主要围绕绿色医院以及医院内部的绿色建筑等主题展开,研究现状具体表现为:

在医院内部的绿色建筑评价领域,1990 年由英国的建筑研究中心(BER)提出的《建筑研究中心环境评估法》(BREEAM),是国际上第一套实际应用于市场和管理之中的绿色建筑评价办法。1995 年,美国绿色建筑协会(USGBC)编写的《能源与环境设计先导》(LEEDTM)问世。1998 年 10 月,由加拿大自然资源部发起的多国"绿色建筑挑战 98"(GBC98)活动,开发了名为绿色建筑工具(GB Tool)的绿色建筑评估系统。21 世纪初,日本开发了建筑物综合环境评价方法(CASBEE)。此后,各国竞相开发自己的绿色建筑评估系统,不断地试图以本国理念影响他国的评价系统。

世界上第一个针对医疗建筑的量化绿色评价标准是 2003 年 12 月发布的《医疗建筑绿色指南》(Green Guidelines for Healthcare Construction,GGHC),这个可持续的设计工具是由美国医疗行业一群来自不同地区的专业人员组成的一个评审委员会(Steering Committee)所提出的。

当时发布的是 GGHC 的公众评议版本,也是其第一个版本。2004 年 11 月,该评审委员会根据反馈的公众意见发布了第二个版本——GGHC(Green Guide for Health Care)V2.0。此后,评审委员会又相继在 2005 年 9 月推出了 GGHC V2.1,2007 年 1 月发布了 V2.2。GGHC 基于 LEED 评估系统,是为医院度身定制的,添加了很多新的要点,这些要点是为医疗机构和建筑的业主设计的。2008 年,英国 BRE 发布专门针对医疗建筑的 BREEAM Healthcare 版本。2009 年秋,针对医疗建筑的评价标准 LEED Healthcare 第一阶段的公众评议征求意见业已结束,即将进入第二期的公众评议。

(2)"两型"医院的实践进展。20 世纪 90 年代末,国内已有学者提出医疗绿色化的构想,并对其做了有益的探讨。国内"绿色医院"的概念最早产生于 2003 年中华医院管理学会推出主题为"绿色医疗环境,创百姓放心医院"的全国性活动,之后医院管理学者依据我国国情,赋予"绿色医院"更为深刻的内涵。21 世纪初,浙江、广西、陕西、太原、深圳等省市提出了绿色医院评价的地方标准。如浙江省提出区县、市、省三级评价标准,提高了绿色医院的影响力,促进了当地绿色医院的发展。山西省太原市在全国首次审定通过地方标准《太原市绿色医院管理规范》(DB14/T 510-2008),该标准规定了绿色医院的术语和定义、原则、组织管理、医疗环境、急救通道、医疗服务、资源管理、评价与改进,是国内比较系统全面的地方标准之一。2006 年，原建设部颁布了《绿色建筑评价标准》《中国生态住宅技术评估手册》，主要适用于对住宅建筑和公共建筑中的办公建筑、商场建筑和旅馆建筑的评价，并没有专门针对医疗建筑的评价方法。

13.3 "两型"机关与事业单位的内涵与基本特征

13.3.1 "两型"机关建设的内涵与特征

13.3.1.1 "两型"机关的建设内容

"两型"机关即资源节约型和环境友好型机关。"两型"机关是以"崇尚俭约办公、倡导绿色环保"为核心，以"办公资源使用节约、绿色环保争当表率'两型'建设当仁不让、机关服务高效便民"为主要目标，实现自身作为单个组织和具有导向性的特殊社会成员都全面落实"资源节约、环境友好"的机关。

当前我国正处在十分重要的发展阶段，工业化、城市化进程加快，对资源能源的需求不断增加，这既是一个黄金发展时期，又是一个资源环境矛盾突出、"瓶颈"约束加剧的时期。我们为保持经济的较快增长付出了相当大的资源和环境代价。由于资源短缺和局部环境恶化制约经济社会发展的问题越来越明显，可持续发展已经受到了严峻挑战和直接影响。各级党政机关依法行使公共权力，提供公共产品并承担公共责任，理所当然应在"两型社会"建设中发挥示范作用。从一定意义上讲，建设"两型"机关是在新时期完善和改进党的执政运行机制的创新之举，在应对全球金融危机冲击的背景下，具有现实和长远的重大意义。

"两型"机关的核心内涵主要包括以下方面：

第一，节约资源。一是在行政机构运行中相对于浪费而言的节约，即机关各项日常消耗应当保持或低于社会同类消耗平均值；二是要求对行政机构运行中对资源、能源需求实行减量化，用尽可能少的资源、能源，提供尽可能多的公共产品；三是要求党政机关通过在发挥职能作用中贯彻节约理念，促进宏观经济运行和社会管理实现资源、能源需求减量化，即促进企业在生产过程中，用尽可能少的资源、能源，创造相同甚至更多的财富。

第二，生态环保。突出生态理念、促进环境保护，是建设"两型"机关的核心价值取向。各级党政机关在日常运行中，从内部管理到外部履责，都应贯彻生态理念。包括尊重自然规律、珍惜自然资源、重视循环经济、促进环境保护，以资源的高效利用和循环利用为导向，以"减量化、再利用"为原则，以低消耗、低排放、高效率为基本特征，努力提高机关内部事务管理的生态化水平，在谋划经济发展和管理社会事务中，大力倡导符合可持续发展理念的经济增长模式和社会管理模式，促使生态环保由个体具体行为聚集成社会共识，由感性认识上升到理性高度，从而孕育出既有丰厚内涵，又有丰富载体的生态文明。

第三，廉洁高效。廉洁高效是建设"两型"机关的必然价值取向。创建"两型"机关，必须牢固树立求真务实、艰苦奋斗、厉行节约、勤俭办事的思想观念，反对形式主义、官僚主义，反对奢侈浪费，弘扬清正廉洁的新风正气。同时，要积极推进政府部门职能转变，减少管理环节和办事程序，提高行政效能，通过建立和完善科学化、法制化、规范化的行政管理体制，从根本上保障降低行政成本、节约行政资源。

第四，以人为本。以人为本是建设"两型"机关的终极价值取向。科学发展观的核心是以人为本。在"两型"机关建设中，坚持以人为本，一是要使全部创建活动都体现我们党全心全意为人民服务的宗旨，一切创建工作都是为了造福人民；二是要以机关全体工作人员为创建主体，最大限度地激发广大工作人员的积极性和创造性，从而使建设"两型"机关成为各级党政机关从上到下广泛参与的创造性事业并葆有勃勃生机。

从资源节约和环境友好的角度来看，建设"两型"机关包括以下基本内容（见图13-1）。

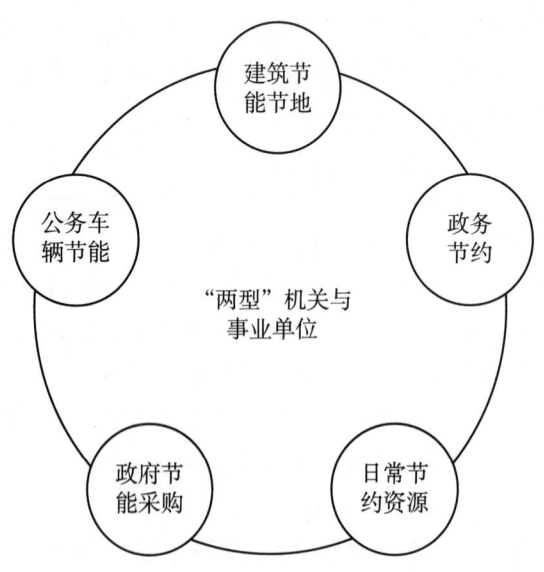

图13-1 "两型"机关与事业单位建设内容

（1）建筑节能节地。各级政府要加强对新建工程项目规划、设计、施工、监理、竣工验收和运行管理等环节的节能监督管理，严格执行建筑节能设计标准，积极采用节能新技术、新产品和新型墙体材料，建设节能、节水、节地、节材和利用新能源的低能耗绿色建筑。要加强办公楼、会议室的装修控制和管理，杜绝过度装修。严格控制办公用房建设。在2009年3月召开的国务院第二次廉政工作会议上，温家宝总理强调，"从现在起到2010年底，各级党政机关一律不得新建办公楼，不得建设培训中心、宾馆、招待所等楼堂馆所。已批准并开工建设的，要执行规定标准。严禁为领导干部超标准建造和装修住房。各级机关都不得借扩大内需之名，行大兴土木之实。"对此，各地区、各部门必须不折不扣地贯彻落实。要严格项目审批，一律不再批准党政机关新建、改扩建具有接待功能的建设项目。新增办公用房需求首先从存量房产中调剂解决。要从严控制机关办公楼建设标准，按照庄重、朴素、实用、节约的原则进行设计和建造。要加强统筹规划，集约用地，有条件的要实行集中办公，共享附属用房、设施设备等资源。要完善建设项目监督管理机制，坚决防止违规建设和超标准建设办公用房。努力提高机关项目投资效益。机关建设项目存在工程周期长、造价高、超概算、超预算等问题，很重要的原因是项目管理粗放、资金管理不严。各级党政机关要进一步加强投资管理，提高资金使用效益。要科学民主决策，认真做好项目建设前期论证，做到精打细算。要优化项目管理流程，提高项目运作效率，缩短建设周期，减少管理费用。要积极推行"代建制"，提高项目管理专业化水平。要强化项目资金管理，严格经费支出，提高资金利用效率。要严格执行招投标和政府采购有关法律规定，强化项目监督，推行"阳光工程"，预防腐败行为。

（2）政务节约。从严控制公务消费支出。党政机关的会议费、招待费、培训费等公务消费开支很大。各地区、各部门必须切实落实中央要求，严格执行有关规定，加强监督检查和责任追究，确保控制公务消费支出取得新成效。要强化会议费、差旅费和接待经费的预算控制，严格界定公务消费范围，认真执行公务消费标准，严格经费支出的审批，加强费用报销审核。要推进公务消费改革，强化公务消费监督，逐步将公务消费纳入政务公开的内容，推进公务消费的公开化和透明化。

（3）日常节约资源。要加强照明用电管理，办公室、会议室等要充分利用自然光照，不用或少用照明灯，缩短办公区内庭院灯的开启时间，走廊、通道等照明要求较低的场所尽量设定隔盏开灯并安装自动控制开关；新配置设备要选购待机能耗低的电子产品，尽量减少空调、计算机、传真机、复印机等办公设备的待机能耗，养成出门随手关灯的良好习惯；提倡三楼以下尽可能不搭乘电梯，尽量减少电梯使用次数。要重视节约用水，加强用水设备的日常维护和管理，及时更换已经老化的供水管线，防止跑冒滴漏，大力推广节水型卫生器具（设备），避免长流水现象的发生。办公室、会议室、楼道、卫生间等公共场所要设置节约用电、用水的明显标志。要推行无纸化办公，开展废旧电脑及各种办公用品耗材的回收利用，促进办公用品的高效利用和循环利用；推广使用再生纸，减少一次性办公用品的使用。深入推进机关节能减排。党政机关节能减排取得了初步成效，但还有很大潜力可挖。要切实抓住节能减排的重点环节，采取有力措施，进一步降低机关能耗。一是抓好建筑节能。加强新建建筑节能评审，采用节能设计，推广应用节能新材料、新产品，鼓励使用新能源和可再生能源。积极推进既有建筑节能诊断和改造，切实降低建筑能耗。二是抓好节油节气。要带头使用小排量、节能环保型汽车，继续推进燃气锅炉、供暖系统和机关食堂灶具的节能改造。三是抓好节约用电。推进设施设备节电改造，优化照明系统设计，推广应用先进照明技术。加强用电设备运行监控，严格执行空调温度控制标准，切实降低耗电量。四是抓好节水节材。推广使用节水设备，加强用水设备日常维护，杜绝跑冒滴漏。推广使用节能环保型和可再生办公耗材，积极推进无纸化办公和办公废弃物综合循环利用。

（4）政府节能采购。大力推行政府"绿色采购"，把好政府采购关，在技术、服务等指标同等条件下要优先采购列入《节能产品政府采购清单》中的产品，禁止采购国家明令淘汰的产品和设备。各级政府采购部门要加强节能产品政府采购活动的组织管理，政府采购监督管理部门要加强监督，提高节能产品政府采购的透明度和效能。

（5）公务车辆节能。各级政府要完善公务车辆配置标准与管理制度，核定各单位、各系统、各部门车辆编制，压缩配置规模；逐步将公务车辆纳入政府节能采购，鼓励采购小排量、低油耗、低排放车辆，并按规定及时淘汰环保不达标、油耗高的车辆；加强公务车辆的日常管理，严禁公车私用。切实加强公务用车管理。长期以来，公务用车运行成本远高于社会车辆，浪费严重，一些基层党政机关公务用车费用负担沉重，一直成为社会关注的热点。各地区、各部门对此务必高度重视，切实加强公务用车管理，积极探索改革。要强化公务用车编制管理，严格按编制配备公务用车，有效控制公务用车规模。探索实行公务用车标识制度，强化公务用车使用监督。根据汽车产业发展和市场价格变化情况，及时调整公务用车配备标准，切实降低购置费用。要加强公务用车改革研究，深入总结一些地方试点经验，积极稳妥地推进公务用车改革。

13.3.1.2 "两型"机关的特征

从"两型"机关的内涵以及建设"两型"机关的主要内容来看，"两型"机

关应该具备以下基本特征:

(1) 资源节约与环境友好是对"两型"机关的核心理解。"两型"机关的基本要求是以崇尚俭约办公、倡导绿色环保为核心。在机关广大职工中培养节约和保护资源的意识,树立低碳的健康生活方式,形成浪费可耻、节约光荣的良好风尚,让每一位机关工作人员在行为方式、价值取向上与"两型社会"建设倡导的价值观产生共鸣。建设"两型"机关的首要任务就是要降低行政成本、节约行政资源,实现马克思恩格斯提出的"廉价政府"的设想。

(2) "两型"机关应提高办事效率、行政效能,促成和谐机关。"两型"机关的建设以"办公资源使用节约、绿色环保争当表率、'两型'建设当仁不让、机关服务高效便民"为主要目标。"两型"机关应是实现自身作为单个组织和具有导向性的特殊社会成员都全面落实"资源节约、环境友好"的机关。在机关职工中培养人文环境友好,体现社会公共管理和公共服务的执政理念,服务广大民众,提高办事效率和行政效能,是提高执政能力的本质要求。

(3) "两型"机关应该表现出相应的"两型"文化。"两型"机关的建设不仅仅有其硬件要求,它还应贯穿到机关单位的文化里面。具体来说,每个机关单位都要有"两型"机关建设领导机制,并强调对职工进行"两型"知识培训,即要在机关广大职工中培养节约和保护资源的意识。深入推进机关作风的转变,提高机关的工作效率和工作质量。

13.3.2 "两型"学校的内涵与特征

13.3.2.1 "两型"学校的建设内容

"两型"学校是指遵循资源节约和环境友好理念,以提高学校资源利用效率为核心,以促进学生全面发展与社会的和谐发展为出发点,优化学校资源配置,提升学校办学效益,不断促进自身有效可持续发展;运用生态学的基本原理与方法规划、设计、建设、管理校园,校园布局结构合理,物质、能量、信息高效利用且环境优美的学校。

我国高校近十几年来发展迅速,尤其是扩招之后,高等教育毛入学规模已居世界第一位,全国高校在办学实力、办学规模和办学空间上普遍获得大发展。然而,我国高校发展在各方面均取得举世瞩目成就的同时,也造成了资源的过度消耗和生态环境的恶化。究其原因乃高校自扩招以来,仍受财政眷顾,市场意识欠缺,危机感不足。即使有部分高校竞争意识提高,也将精力投入到科研方面,以科研水平体现其竞争优势,提高知名度,为以后扩大招生规模打下基础。只注重创收而忽略有限资源的合理利用，从未把学校作为一个实体来经营。因此，尽管国家教育经费的投入年年增加，学费节节攀升，而办学条件却未见好转，高校节能节水成为一个重大问题。

有鉴于此，2006年教育部根据国务院《关于加强节能工作的决定》和《关于印发节能减排综合性工作方案的通知》，发布了《关于建设节约型学校的通知》，明确指出高等学校必须加强节能节水工作，建设节约型学校。2008年建设部和教育部联合发布了《关于推进高等学校节约型校园建设进一步加强高等学校节能节水工作的意见》，又提出高校加强节能节水监管，开展低成本节能节水改造，积极推进新技术和可再生能源的应用，新建建筑严格执行节能节水强制性标准等四项重要工作。随后，教育部考察清华大学、同济大学、天津大学等五院校创建节能校园的实践后，委托五院校制订了《高等学校节约型校园建设管理与技术导则》，其从技术层面较为详尽地确立了建设节约型校园的各项指标和要求，涉及节能、节水、节地、节材和环保五个方面的技术要点，节约理念贯穿于校园建设的规划、设计、施工、运营全过程。将用能设备技术革新与管理，以及行为节能作为校园节能日常管理活动的核心，确立了节能校园建设的要求和目标：校园选址和规划合理、资源利用高效、节能措施得当、环境健康舒适、废物排放减量无害、建筑功能灵活适宜。

尤其在党中央、国务院为应对我国经济社会的严峻资源和环境形势而确立加快建设节约型社会重大战略的背景下，高校作为一个用能大户，是建设节约型社会的重要内容，加快建设"两型"校园更是势在必行，各级政府学校要充分发挥模范带头作用，以落实科学发展观、建设资源节约型社会为必然要求，以继承和发扬勤俭节约优良传统为具体体现，努力建设"两型"学校。

13.3.2.2 "两型"学校的特征

从"两型"学校的内涵以及建设"两型"学校的主要内容来看，"两型"学校应该具备以下基本特征：

（1）实现资源节约是建设"两型"学校的价值目标。采用资源利用率高的先进技术，积极推广应用先进的节能、节水、资源综合利用等工艺、技术和设备，向技术进步要节约。

（2）实现环境友好是建设"两型"学校的环境目标。环境友好既包括环境美好又包括人与环境和谐共处、协调发展的关系。这就要求在建设"两型"学校过程中，既要重视对原生态自然环境的保护，又要合理配置和安排人工环境资源。在学校范围内还应该倡导有利于环境的生产和消费方式，形成人人关爱环境、人人保护环境的校园风尚和文化氛围，实现人与自然协调发展。

（3）培养高素质的人才是建设"两型"学校的根本目标。学校要把资源节约和生态保护理念贯穿于教育的全过程，通过向学生传授相关知识，让他们深刻了解建设生态文明的重要意义，增强他们的资源节约和生态保护意识，使他们建立起人与自然协调发展的价值观，引导和鼓励他们在自身的学习、生活、工作、实践中身体力行，并影响社会其他人群。

13.3.3 "两型"医院的内涵与特征

13.3.3.1 "两型"医院的建设内容

"两型"医院是坚持以病人为中心，以现代医疗技术和绿色医院人文关怀为基石，以打造良好医疗环境、畅通急救通道、提供优质医疗服务为主要内容，以实现医疗环境"零污染"、医患关系"零距离"、医疗保障"零障碍"为发展模式的现代医院。"两型"医院基本内涵要求：诊疗活动平稳高效，"三废"排放环保达标，外部环境和谐怡人，资源使用集约节约，医护人员素质整齐，医疗设备完备高效，管理制度完善有效。

13.3.3.2 "两型"医院的特征

根据建设"两型社会"的要求，从"两型"医院的内涵以及建设"两型"医院的主要内容来看，"两型"医院应该具备以下基本特征：

（1）"两型"医院应凸显节约型特色，提高资源利用效率。在"两型"医院建设中，应该以提高资源利用效率为核心，以节能、节水为核心，通过采取技术措施和建立管理制度取得实效。

（2）"两型"医院应突出污染控制与治理，实现环境友好。医疗活动产生的废水和固体废弃物具有致病性，处理要求严格。"两型"医院应严格按照国家法规和标准，实现医疗废水和废物的有效处理和高标准排放；同时积极治理大气、噪声污染，为医患人员的诊疗活动提供良好环境。

（3）"两型"医院应表现出较强的服务能力和较高的服务效率。"两型"医院必须在接诊人数、病床使用、治愈率、药品使用等方面表现出较强服务能力和较高效率，医患关系和谐、良好。

（4）"两型"医院应具备良好的基础条件。"两型"医院应在医护人员配备、专业人才素质和队伍建设，及基本接诊条件、大型医疗设备方面具备良好条件。

13.4 "两型"机关与事业单位建设的指标体系构建及评价方法选择

13.4.1 指标体系构建的原则

指标体系的合理构建奠定了评价顺利进行的基石,能够更好地指导各高校学习优点、改善不足,因此,想要建立一个科学、合理、有效的节约型校园建设综合评价指标体系,应当遵循下列原则:

(1) 整体性原则。要考虑反映节约型机关这个多方面、多层次的动态复合系统的整体发展情况,把各类资源作为一个整体来研究,使评价目标和评价指标有机地联系起来,组成一个层次分明的整体。

(2) 殊性原则。构建节约型机关的指标体系应针对我国特定发展阶段、面临特定的资源问题、不同地区、不同机关,使不同地区、不同机关的指标体系具有鲜明的特殊性。

(3) 应用性原则。构建节约型机关的指标体系应突出其应用性,选取的指标应为大多数人所理解和接受。

(4) 可操作性原则。指标应具有可测性和可比性,定性指标也应有一定的量化手段与之相对应,定量指标均可通过国家统计部门发布的数据直接或间接进行计算,尽可能减少难于量化或定性指标的数量。

(5) 动态性原则。应考虑系统可能出现的动态变化,所选得指标能够综合地反映出节约型机关建设的现状及发展趋势,便于进行预测和管理。

13.4.2 "两型"机关与事业单位建设指标体系的构建

13.4.2.1 "两型"机关的评价指标体系

依据"两型社会"和"两型"机关的核心内涵,及"两型"机关建设目标,按照标准体系设立的基本原则,"两型"机关建设标准体系由资源节约、环境友好、"两型"文化、机关和谐四个分系统组成(见图13-2)。

```
                    "两型"机关标准
                          │
     ┌────────────┬───────┴────────┬────────────┐
  资源节约      环境友好         "两型"        机关和谐
  分系统         分系统         文化分系统      分系统
     │            │                │             │
  ┌──┼──┐     ┌──┼──┐          ┌──┴──┐      ┌──┴──┐
 资 综 经    排 机 政          宣    职      服    综
 源 合 费    放 关 府          传    工      务    合
 消 利 管    控 环 采          教    参      效    治
 耗 用 理    制 境 购          育    与      能    理
```

图 13 - 2　"两型"机关标准框架

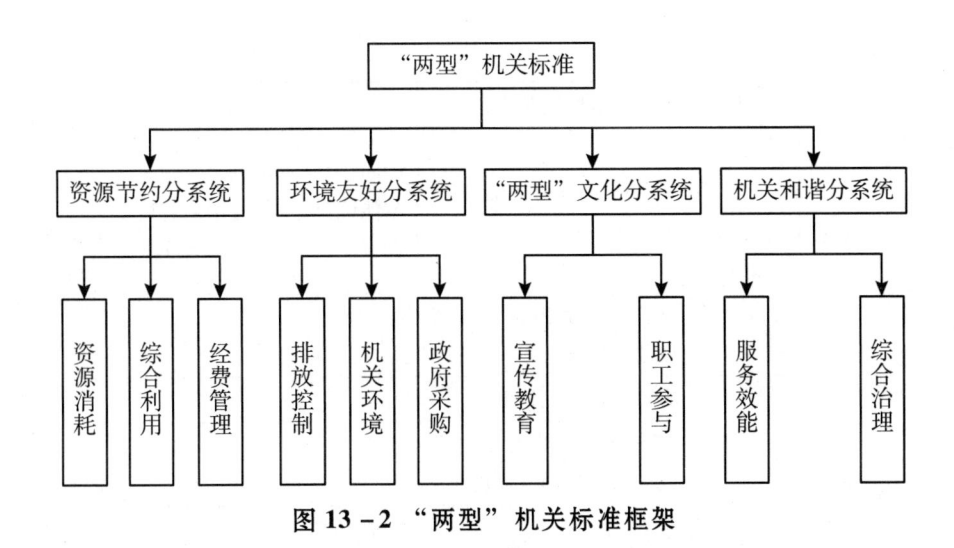

（1）定性指标。"两型"机关标准体系设置定性指标 12 个，其中资源节约分指标 4 个，环境友好分指标 4 个，"两型"文化分指标 1 个，机关和谐分指标 3 个。具体定性指标见表 13 - 1。

表 13 - 1　"两型"机关建设标准定性指标表

分系统	子系统	指标	指标值要求	指标来源	备注
资源节约	资源消耗	1. 节能管理	有年度节能目标、实施方案和考核方案	国务院令第 531 号《公共机构节能条例》	全部通过为合格
			有专职的节能机构和人员		
		2. 节能设施	使用节水器具	《长沙市城市节约用水规划》、GB/T18870 - 2002《节水型产品技术条件与管理通则》	全部通过为合格
			使用能效 2 级以上（包括 2 级）的节能型办公电器	能效标识参见《中华人民共和国实行能源效率标识的产品目录》	
			使用绿色照明设备	高效节能照明设备参见《高效节能照明产品与技术样本选型目录》	
			机关食堂使用节能灶具	GB16410 - 2007《家用燃气灶具》、HJ/T 311 - 2006《环境标志产品技术要求．燃气灶具》	

续表

分系统	子系统	指标	指标值要求	指标来源	备注
资源节约	资源消耗	3. 建筑节能	新建建筑设计、施工节能完全达标	GB50189-2006《公共建筑节能设计标准》《湖南省建设事业第十二个五年规划》	全部通过为合格
			既有建筑的围护结构节能改造完成		
	综合利用	4. 综合利用机制	有资源综合利用制度		全部通过为合格
			有资源综合利用相关设施,如循环用水设施等		
			废旧办公用品回收利用非特殊公文用纸双面使用	发改环资[2006]285号《关于加强政府机构节约资源工作的通知》	
环境友好	排放控制	5. 垃圾分类处理	有垃圾分类处理的相关设施	GJJ/T 102-2004《城市生活垃圾分类及其评价标准》	全部通过为合格
			使用垃圾分类处理的相关设施		
		6. 废水、废气达标排放	有废水、废气达标处理相关设施	GB8978《污水综合排放标准》、GWPB5-2000《饮食业油烟排放标准》、GB13271《锅炉大气污染物排放标准》	全部通过为合格
			使用废水、废气达标处理相关设施		
		7. 使用清洁能源	全部加热设备都使用清洁能源,有条件的机关使用太阳能、风能、生物质能、地热能等新能源		有条件的机关适用
	机关环境	8. 环境卫生	机关干净整洁	卫生部《公共场所卫生管理条例实施细则》	全部通过为合格
			食堂卫生达标	卫生部《餐饮业和集体用餐配送单位卫生规范》	
			空气质量达标	GB/T18883-2002《室内空气质量标准》	

续表

分系统	子系统	指标	指标值要求	指标来源	备注
"两型"文化	宣传教育	9. "两型"机关创建综合方案	有"两型"机关建设领导机制	发改经体〔2007〕3428号《全国资源节约型和环境友好型社会建设综合配套改革试验区体制机制创新研究》	全部通过为合格
			有"两型"知识培训	国务院令第531号《公共机构节能条例》	
机关和谐	服务效能	10. 内控机制	重大决策符合相关规定	湖南省人民政府令第222号《湖南省行政程序规定》	全部通过为合格
			公共投资项目决策后期跟踪审计	审计署《政府投资项目审计规定》	
			有决策纠错机制	国办发〔2004〕24号《全面推进依法行政实施纲要》、湖南省人民政府令第222号《湖南省行政程序规定》	
		11. 服务质量	无因行政（服务）不当引起的行政投诉、行政复议和上访		全部通过为合格
	综合治理	12. 违法违纪情况	无刑事违法犯罪	《中华人民共和国宪法》	一票否决
			无违反计划生育事件	《中华人民共和国宪法》、《中华人民共和国人口与计划生育法》	
			无社会治安事件	《湖南省社会治安综合治理条例》	

（2）定量指标。"两型"机关标准体系设置定量指标12个，其中资源节约分指标5个，环境友好分指标4个，"两型"文化分指标2个，机关和谐分指标1个。具体定量指标见表13-2。

表 13-2　　"两型"机关建设标准定量指标表

分系统	子系统	指标	指标值要求	指标来源	备注
资源节约	资源消耗	1. 单位综合电耗	≤41（kWh/m²）	DB43《湖南省地方标准——行政机关单位综合能耗、电耗定额及计算方法》	机关单位综合电耗修正系数原则上不能超过1.5
		2. 月人均用水量	1 350升/（人·月）	湖南省质量技术监督局《湖南省用水定额标准》	
		3. 人均办公面积及装修合格率	100%	计投资［1999］2250号《国家计委关于印发党政机关办公用房建设标准的通知》	
		4. 无纸化办公率	100%	中央办公厅［2002］17号《我国电子政务建设指导意见》	
	经费管理	5. 经费预算控制率	≤100%	发改环资［2006］284号《关于加强政府机构节约资源工作的通知》	预算经费包括办公经费、会议经费、公务经费、公务接待、公务培训
环境友好	政府采购	6. 绿色采购率	≥90%	财政部与国家环保总局《节能产品政府采购实施意见》财政部与国家发展改革委《财政部、国家发展改革委关于印发〈节能产品政府采购实施意见〉的通知》》	绿色采购产品参见《环境标志产品政府采购清单》
	排放控制	7. 噪声控制	55（昼间）45（夜间）LAeq dB	GB3096-82《城市区域环境噪声标准》	
	机关环境	8. 办公场所禁烟率	100%	卫生部《公共场所卫生管理条例实施细则》	
		9. 可绿化场地绿化率	100%	《湖南省国民经济和社会发展第十二个五年规划》	

续表

分系统	子系统	指标	指标值要求	指标来源	备注
"两型"文化	宣传教育	10. 机关职工"两型"知识普及率	100%		
	职工参与	11. 机关职工"两型"家庭创建率	≥80%		
机关和谐	服务效能	12. 服务满意率	≥90%		

(3) 指标说明及计算方法。

①资源节约指标。

单位综合电耗

指标解释：指机关在统计期内（一般以 1 年为一个统计周期），每平方米建筑面积所消耗的电量。

计算公式：

$$单位综合电耗（kW·h/m^2）= \frac{年机关总面积（m^2）}{均机关总用电量（kW·h）}$$

月人均用水量

指标解释：指每月机关人均使用水的数量。

计算公式：

$$月人均用水量（升/人·月）= \frac{月均机关总用水量（升）}{月均机关在职人数（人）}$$

人均办公面积及装修合标率

指标解释：指机关人均办公面积及装修符合且没有超出《国家计委关于印发党政机关办公用房建设标准的通知》的办公室占办公室总数量的比重。

计算公式：

$$人均办公面积及装修合标率（\%）= \frac{面积及装修"合标"办公室数量（个）}{办公室总数（个）} \times 100\%$$

无纸化办公率

指标解释：指机关为推广无纸化办公，入网电子办公内网的机关部门占机关部门总数的比重。

计算公式：

$$无纸化办公率（\%）=\frac{入网电子办公内网的机关部门（个）}{机关部门总数（个）}\times100\%$$

经费预算控制率

指标解释：指机关经费的预算执行比率。当此指标值大于 1 时，说明预算超支；当此指标值小于 1 时，说明预算控制良好。

计算公式：

$$经费预算控制率（\%）=\frac{经费实际使用额（元）}{经费预算额（元）}\times100\%$$

②环境友好指标。

噪声控制

指标解释：指机关在办公及会议活动中使用固定设备等产生的，干扰周围生产、生活的噪声控制情况。

本值由专用仪器测量。

可绿化场地绿化率

指标解释：指已绿化的可绿化场地占可绿化场地总数的比重。

计算公式：

$$可绿化场地绿化率（\%）=\frac{已绿化的可绿化场地（平方米）}{可绿化场地总数（平方米）}\times100\%$$

绿色采购率

指标解释：指政府采购中选用节能环保产品的比率。

计算公式：

$$绿色采购率（\%）=\frac{政府采购中实际选用节能环保产品的采购数量}{政府采购中可选用节能环保产品目录产品的总数量}\times100\%$$

③两型文化指标。

机关职工"两型"知识普及率

指标解释：指"两型"知识达标的机关职工数量占机关职工总数的比重。

计算公式：

$$机关职工"两型"知识普及率（\%）=\frac{"两型"知识达标的机关职工数量（个）}{机关总人数（个）}\times100\%$$

机关职工"两型"家庭创建率

指标解释：指机关职工在实践"两型"机关和"两型社会"创建过程中，落实到其自身家庭的建设情况。

计算公式：

$$机关职工"两型"家庭建设完成率（\%）=\frac{机关职工"两型"家庭数（个）}{机关职工家庭总数（个）}=\times100\%$$

④机关和谐指标。

服务满意率

指标解释：指满意机关行政（服务）的人数占获取机关行政服务总人数的比重。

计算公式：

$$服务满意率（\%）= \frac{满意机关行政（服务）的人数（人）}{获取机关行政（服务）总人数（人）} \times 100\%$$

13.4.2.2 "两型"学校的评价指标体系

依据"两型社会"和"两型"学校的核心内涵，及"两型"学校建设目标，按照标准体系设立的基本原则，"两型"学校建设标准体系包括：资源节约、环境友好、办学绩效、"两型"管理与教育四个一级指标，23个专项指标，具体定量与定性指标如图 13-3 和表 13-3 所示。

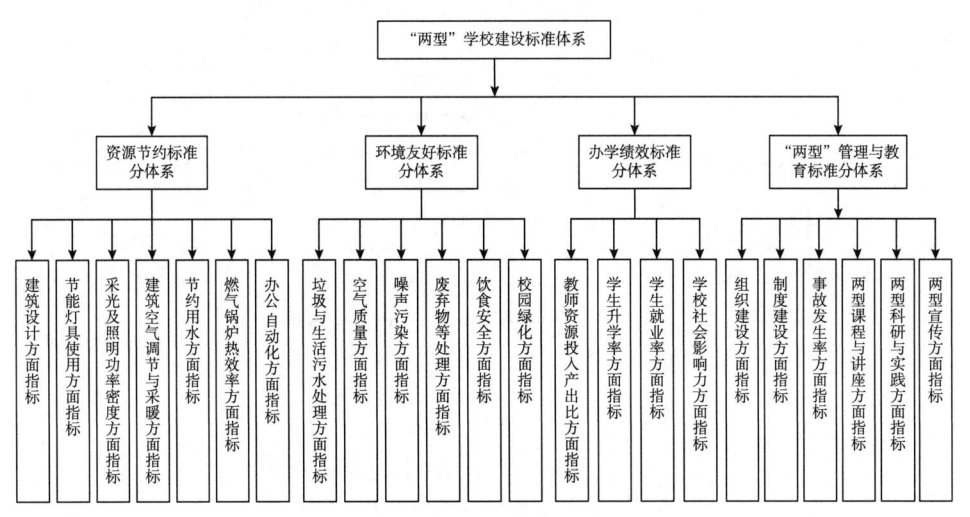

图 13-3 "两型"学校建设标准体系

表 13-3 "两型"学校建设标准

项目	序号	指标	单位	指标值或要求	指标来源
资源节约	1	建筑设计	—	新建学校建筑设计、施工和运营管理应符合《民用建筑节能条例》的有关要求；鼓励对不符合民用建筑节能强制性标准的既有学校建筑进行建筑节能改造	《民用建筑节能条例》

续表

项目	序号	指标	单位	指标值或要求	指标来源
资源节约	2	节能灯具使用率	%	节能灯具普及率达到100%，且照明良好，光线充足，采用节能型照明控制系统，采用智能型照明，采用太阳能、地热能、风能等可再生能源和技术作为学校能源使用的补充	《民用建筑节能条例》
	3	公共建筑采光	W/m²	室内采光设计应满足现行国家标准《建筑采光设计标准》的要求；室内采光系数或窗墙比满足当地光气候区要求。合理采用天窗、反光板、反光镜、光导集光等自然采光强化和调控措施。照明功率密度值≤11W/m²（美术教室为18W/m²）	GB/T50033－2001《建筑采光设计标准》GB/T50034－2001《建筑照明设计标准》DB22/T436－2006《公共建筑节能设计标准》
	4	公共建筑空气调节与采暖	℃	空气调节与采暖系统的冷、热源宜采用集中设置的冷（热）水机组或供热、换热设备。机组或设备的选择应根据建筑规模、使用特征，结合当地能源结构及其价格政策、环保规定等确定。有条件的学校可结合建筑条件及当地资源条件采用地源、地表水源、污水源热泵及地热技术。设有中央空调的公共建筑，夏季空调系统温度设置办公室≥26℃，大堂、过厅室内外温差≤10℃；冬季不宜采用空调系统进行冬季采暖，宜设热水集中采暖系统，办公室温度设置≤18℃，大堂、过厅温度设置≤16℃	GB50189－2005《公共建筑节能设计标准》DB22/T436－2006《公共建筑节能设计标准》DB43/T611－2011《普通高校综合能耗、综合电耗定额及计算方法》《民用建筑节能条例》
	5	节约用水	L/人·d	学校内公共建筑应尽可能采取日生活用水定额制，中小学为15~35L/（人·d），高等学校为35~40L/（人·d）。感应式节水阀使用率100%；水阀和卫生洁具等用水器具100%达到《节水型产品技术条件与管理通则》所要求的标准；绿化浇灌采用喷灌、微灌等高效方式，合理安排绿化的灌溉次数及用水量；学生宿舍区建筑面积5万平方米以上的，应当建设和使用再生水利用和雨水利用设施；加强用水设备改造和巡查维护，做到无"跑冒滴漏"和长流水等浪费现象	GB50555－2010《民用建筑节水设计标准》DB14/T501－2008《太原市节水标准》（导则）《节水型产品技术条件与管理通则》

续表

项目	序号	指标	单位	指标值或要求	指标来源
资源节约	6	锅炉热效率	%	燃煤（Ⅱ类烟煤）蒸汽、热水锅炉额定热效率≥78%；燃油燃气蒸汽、热水锅炉额定热效率≥89%	《公共建筑节能设计标准》GB50189－2005
	7	办公自动化	—	推进无纸化办公，推广使用办公自动化系统，尽量使用电子邮件联系工作，推行利用电子媒介备课、修改文稿；利用信息系统进行授课、作业、考试、阅览、宣传等，部分教科书实现循环使用	
环境友好	8	垃圾与生活污水处理	%	实行垃圾分类收集、处置；设置相对固定的收集容器，并建有完善的防渗漏、防流失、防扬散、防雨淋的暂存场所；生活污水集中处置率100%	GB/T 18205－2000《学校卫生监督综合评价》GB8978《污水综合排放标准》
	9	空气质量	—	室外空气质量符合 GB 3095－1996《环境空气质量标准》要求（其中锅炉排放符合 GB13271《锅炉大气污染物排放标准》要求）；室内空气质量符合 GB/T18883《室内空气质量标准》的要求	GB 3095－1996《环境空气质量标准》GB13271《锅炉大气污染物排放标准》GB/T18883－2002《室内空气质量标准》
	10	噪声标准	dB	白天≤50dB，夜间≤40dB	GB3096－93《城市区域环境噪声标准》
	11	废弃物及危险化学药品处理	—	固体废弃物分为危险固体废弃物和一般固体废弃物，其中：危险固体废弃物处理的处置应符合《固体废物污染环境防治法》的相关规定。一般固体废弃物的处置应优先考虑资源的再利用，减少对环境的污染，可回收的废弃物由各单位安排人员整理，再转卖给物资回收部门；不可回收的废弃物与生活垃圾等，由环卫部门或受委托单位统一运送到垃圾场处理。危险化学药品的管理和处置符合《危险化学品安全管理条例》的规定	《固体废物污染环境防治法》《危险化学品安全管理条例》

续表

项目	序号	指标	单位	指标值或要求	指标来源
环境友好	12	饮食安全	—	提供的粮食、素材、水产、肉禽蛋奶等需达到卫生和防疫部门卫生许可要求的采购标准并有相应的证明文件；餐具可循环使用率达100%；生活饮用水质量符合GB5749-2006《生活饮用水卫生标准》	GB/T 18205-2000《学校卫生监督综合评价》GB5749-2006《生活饮用水卫生标准》《高等学校节约型校园建设管理与技术导则（试行）》
	13	校园绿化	%	校园绿化率100%，绿化覆盖率≥30%；绿化树木生长良好，修剪保护到位；鼓励对办公和教学场所进行室内绿化	《高等学校节约型校园建设管理与技术导则（试行）》
办学绩效	14	师生人数比	%	小学：城市为1:19，县镇为1:21，农村为1:23；初中：城市为1:13.5，县镇为1:16，农村为1:18；高中：城市为1:12.5，县镇为1:13，农村为1:13.5；高等学校根据学校性质及规模参照《高等学校人员编制的试行办法》执行	《高等学校人员编制的试行办法》《关于制定中小学教职工编制标准的意见》
	15	绿色升学率	%	小学：100%；初中：100%；高中：≥80%	
	16	就业率	%	≥85%	《湖南省普通高等学校毕业生就业率统计、监测和公布办法》
	17	社会影响力	—	为社会培养输送各类优秀人才，享有良好的社会声誉	
"两型"管理与教育	18	组织建设	—	成立"两型"学校领导小组，负责全校"两型"工作的领导、决策。校内各单位也要成立相应的小组，负责本单位方案、措施的制定和落实	
	19	制度建设	—	建立自查自纠制度，经常性开展检查活动，及时制止浪费行为；建立评比奖惩制度，将"两型"学校建设工作纳入绩效考核范围；建立健全基础设施、公共服务设施的管理和管护制度	

续表

项目	序号	指标	单位	指标值或要求	指标来源
"两型"管理与教育	20	事故发生率	起/年	特别重大事故、重大事故、较大事故、一般事故发生率为0起/年,轻微事故发生率≤1起/年	
	21	课程与讲座	—	将"两型"理念的倡导与教育纳入学生思想政治理论课的范畴,聘请具有专业知识和实践经验的专家、学者及管理人员授课,增加学生的相关专业知识,每学期"两型"教育专题讲座应≥2次	
	22	科研与实践	—	组织开展校园资源节约利用和环境保护等促进"两型"学校建设的科学研究,与"两型"相关的研究成果占总成果的比重达到同类学校先进水平;将研究成果应用于"两型"学校建设实践,建设示范项目,总结经验,积极推广	
	23	媒体宣传	—	通过校园报刊、广播、影视、网络等媒体,开展形式多样的"两型"学校宣传活动,倡导良好的节约风气,形成建设"两型"学校的舆论氛围,每月"两型"主题宣传活动应≥1次	

说明:指标15仅适用于中、小学;指标16和指标22仅适用于高等学校。

对各个指标的解释及计算方法说明如下:

(1) 资源节约指标。

①建筑设计。指标解释:指新建学校建筑的结构、热工、采暖、通风与空气调节、电气的设计。

②节能灯具使用率。指标解释:指学校节能灯具使用数占总灯具数的百分比。

计算公式:

$$节能灯具使用率(\%) = \frac{学校节能灯具数(个)}{学校总灯具数(个)} \times 100\%$$

③公共建筑照明功率密度值。指标解释:指公共建筑内单位面积上的照明安

装功率（包括光源、镇流器或变压器）。

计算公式：

$$公共建筑照明功率密度值（瓦/平方米）= \frac{照明安装功率（瓦）}{公共建筑内单位面积（平方米）} \times 100\%$$

④公共建筑采暖和制冷温度设置。指标解释：指设有中央空调的公共建筑，冬季采暖和夏季制冷时的温度设置情况。

⑤节约用水。指标解释：指提高用水效率，节约用水的各项措施。包括：感应式节水阀使用情况；水阀和卫生洁具等用水器具是否达到《节水型产品技术条件与管理通则》所要求的标准；绿化浇灌是否采用喷灌、微灌等高效方式，绿化的灌溉次数及用水量是否合理；在大规模学生宿舍区内（建筑面积5万平方米以上）是否建设和使用再生水利用和雨水利用设施；是否做到无"跑冒滴漏"和长流水等浪费现象。

公共建筑选择平均日生活用水定额时，可依据当地气候条件、水资源状况等确定，缺水地区应选择低值；用水人数应以年平均值计算；每年用水天数应根据使用情况确定。

⑥锅炉热效率。指标解释：指单位时间内锅炉有效利用热量占锅炉输入热量的百分比，其值高低直接影响锅炉的运行成本。

计算公式：

$$锅炉热效率（\%）= \frac{锅炉有效利用热量（焦）}{锅炉输入热量（焦）} \times 100\%$$

⑦办公自动化。指标解释：指办公自动化系统的使用、电子媒介备课、修改文稿，利用信息系统进行授课、作业、考试、阅览、宣传，使用电子邮件联系工作以及部分教科书实现循环使用情况。

（2）环境友好指标。

⑧生活污水集中处置率。指经过污水处理厂二级或二级以上处理，或其他处理设施处理（相当于二级处理），且达到排放标准的居民产生的生活污水量占学校建成区居民生活污水排放总量的百分比。

计算公式：

$$生活污水集中处置率(\%) = \frac{二级污水处理厂达标排放污水量（万吨）}{建成区居民生活污水排放总量（万吨）} \times 100\%$$

垃圾处理。指标解释：指垃圾进行分类收集、处置；设置相对固定的收集容器，并建立有完善的防渗漏、防流失、防扬散、防雨淋的暂存场所等情况。

⑨室外空气质量。指标解释：指学校的室外空气的物理性指标、化学性指标、生物性指标和放射性指标情况。

本值由测量仪器测量。

室内空气质量。指标解释：指室内空气的物理性指标、化学性指标、生物性指标和放射性指标情况。

本值由仪器测量。

锅炉烟尘排放。指标解释：指锅炉烟气中烟尘、二氧化硫和氮氧化物排放浓度和烟气黑度。

本值由测量仪器测量。

⑩噪音标准。指标解释：指在教学及科研活动中使用固定设备等产生的、在校内进行测量和控制的干扰周围生活环境的声音。

本值由测量仪器测量。

⑪废弃物及危险化学药品处理。指标解释：指固体废弃物和危险化学药品的管理和处置情况。

⑫饮食卫生。指标解释：指提供的粮食、素材、水产、肉禽蛋奶等的采购标准、食品烹制人员的身体健康情况以及食品烹制地点、就餐地点的卫生状况。

生活饮用水质量。指标解释：指生活饮用水的微生物指标、毒理指标、感官性状指标、一般化学指标、放射性指标和消毒剂常规指标情况。

本值由仪器测量。

⑬绿化覆盖率。指标解释：指绿化植物的垂直投影面积占学校用地面积的百分比。

计算公式：

$$绿化覆盖率（\%）=\frac{绿化植物的垂直投影面积（平方米）}{学校总用地面积（平方米）}\times 100\%$$

（3）办学绩效指标。

⑭师生人数比。指标解释：在校教职工总数与学生总数的百分比，反映教职工平均负担学生数。

计算公式：

$$师生人数比（\%）=\frac{教职工总数（人）}{学生总数（人）}\times 100\%$$

⑮绿色升学率。指标解释：指在合理利用、保护和提高学生、教师、社会健康储备和生命活力前提下所实现的升学率。强调学校要引导学生多样化、特色化、全面和有个性的发展。

计算公式：

$$绿色升学率（\%）=\frac{升学人数（人）}{应届学生总人数（人）}\times100\%$$

⑯就业率。指标解释：学生就业人数占应届学生总人数的百分比。就业人员包括：已就业并办理《报到证》、已签订劳动（聘用）合同或就业协议但未办理《报到证》、出国留学或工作、自主创业、继续深造、从事自由职业、参加国家或地方项目的人员。

计算公式：

$$就业率（\%）=\frac{就业人数（人）}{应届学生总人数（人）}\times100\%$$

⑰社会影响力。指标解释：为社会培养输送各类优秀人才，享有良好的社会声誉。

(4)"两型"管理与教育。

⑱组织建设。指标解释：指学校通过成立"两型"学校领导小组，加强全校两型工作的领导、决策，抓好方案、措施的制定和落实。

⑲制度建设。指标解释：指学校通过建立自查自纠制度、评比奖惩等制度，使"两型"学校建设工作制度化、常态化，并将"两型"学校建设工作纳入绩效考核范围。

⑳事故发生率。指标解释：学校每年发生事故的起数。学校事故是指在学校实施的教育教学活动或学校组织的校外活动中，或在学校负有管理责任的校舍、场地、其他教育教学设施、生活设施内发生的，造成学校人员（含教职员工、学生）伤亡和较大财产损失，以及虽发生在校外，但涉及学生的性质严重、影响较大的因学校过错导致，应由学校承担全部或部分责任的事故。事故按造成的人员伤亡或者直接经济损失分为5个等级：

特别重大事故，是指造成30人以上死亡，或者100人以上重伤（包括急性中毒，下同），或者1亿元以上直接经济损失的事故；

重大事故，是指造成10人以上30人以下死亡，或者50人以上100人以下重伤，或者5 000万元以上1亿元以下直接经济损失的事故；

较大事故，是指造成3人以上10人以下死亡，或者10人以上50人以下重伤，或者1 000万元以上5 000万元以下直接经济损失的事故；

一般事故，是指造成3人以下死亡，或者2人以上10人以下重伤，或者100万元以上1 000万元以下直接经济损失的事故。

轻微事故，是指造成5人以上轻伤，或者1人重伤，或者直接经济损失10万元以上100万元以下的事故。

本条所称的"以上"包括本数，所称的"以下"不包括本数。

㉑课程与讲座。指标解释：指通过聘请具有专业知识和实践经验的专家、

学者及管理人员授课，将"两型社会"理念的倡导与教育纳入大学生思想政治理论课的范畴，增加学生的相关专业知识；以及开展"两型"教育专题讲座的情况。

㉒科研与实践。指标解释：组织开展校园资源节约利用和环境保护等促进"两型"学校建设的科学研究；将研究成果应用于"两型"学校建设实践，建设示范项目，总结经验，积极推广；科研成果中与"两型"相关的研究成果占总成果的比重情况。

㉓媒体宣传。指标解释：学校通过报刊、广播、影视、网络等媒体，开展形式多样的"两型社会"主题教育活动的情况；以及开展"两型"主题宣传活动的频率。

13.4.2.3 "两型"医院的评价指标体系

依据"两型社会"和"两型"医院的核心内涵，及"两型"医院建设目标，按照标准体系设立的基本原则，"两型"医院建设指标体系框架包括：资源节约、环境友好、服务质量与效率、管理素质与发展潜力四个分指标体系，如图13-4所示。具体定量与定性指标如表13-4所示。

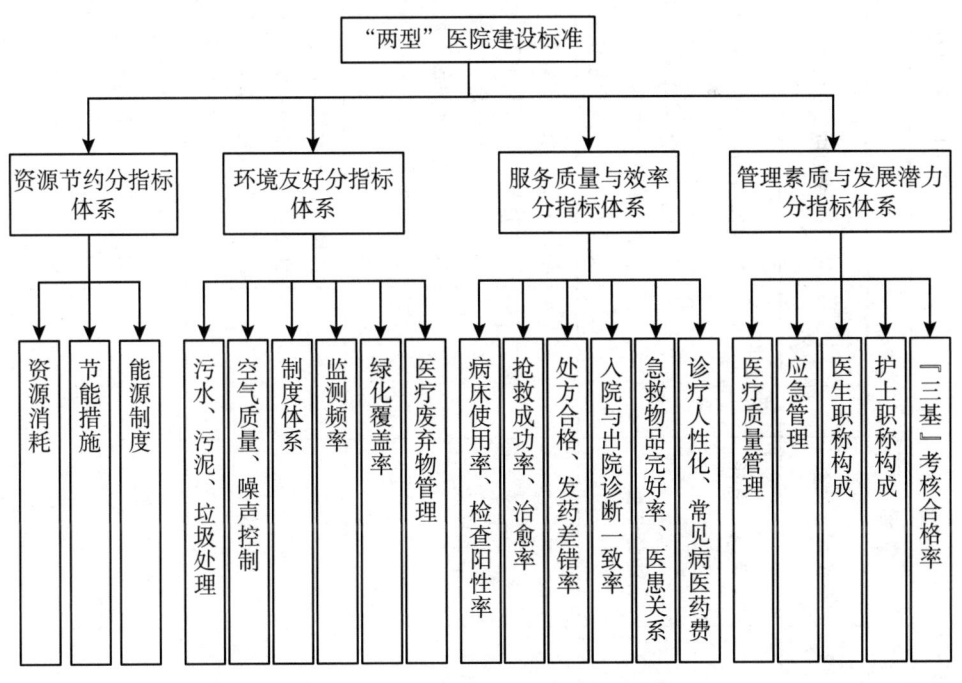

图13-4 "两型"医院建设标准

表 13-4 "两型"医院建设标准指标体系

项目	序号	指标	单位	指标值或要求	指标来源
资源节约	1	单位综合能耗	千克标准煤/平方米	达到同级别医院先进值（三级≤40，二级≤15，一级≤10）	医疗机构综合能耗、综合电耗定额及计算方法
资源节约	2	单位综合电耗	千瓦时/平方米	达到同级别医院先进值（三级≤120，二级≤60，一级≤30）	医疗机构综合能耗、综合电耗定额及计算方法
资源节约	3	能源制度	—	建立能源统计和分析工作制度，能耗定额考核制度及奖惩办法，有分析报告、考核奖惩记录，按部门（科室）或楼宇、楼层系统安装水、电、汽计量仪表，按耗能设备分类建立计量仪表台账	
资源节约	4	节能措施	—	积极采取节水、节电等节能措施。安装中水装置，采用中水系统并运行良好；灯具总数50%以上采用高效、节能的新光源，采用智能型照明，照明良好，光线充足。采用节能型照明系统，采用智能型照明和技术作为医院的补充，采用太阳能、地热能、风能等可再生能源技术，落实使用再生纸或纸双面倡导无纸化办公，尽量减少纸张使用，使用等措施	
环境友好	5	污水排放	—	连续三次各取样500毫升进行检验，不得检出肠道致病菌和结核杆菌；总大肠菌群数每升不得大于500个；综合医疗结构污水排放执行排放标准时，宜采用二级处理+消毒工艺或深度处理+消毒工艺	医疗机构水污染物排放标准 GB18466-2005
环境友好	6	污泥排放	—	蛔虫卵死亡率大于95%；粪大肠菌值不大于10^{-2}；每10克污泥（原检样中），不得检出肠道致病菌和结核杆菌	医疗机构水污染物排放标准 GB18466-2005
环境友好	7	空气洁净	—	ICU、CCU空气净化洁净度应达到10万级以上标准	太原市绿色医院考核评定细则

续表

项目	序号	指标	单位	指标值或要求	指标来源
环境友好	8	噪声控制	dB	白天不高于50，夜间不高于40	城市区域环境噪声标准（GB 3096－93）
	9	制度建设	—	建立医院废气、废水、废物、噪声、辐射及病原微生物管理制度和污染防治操作规程，并认真组织实施	太原市绿色医院考核评定细则
	10	监测频率	次	医院污水的监测，应符合下列要求：余氯：连续式消毒，每日至少监测两次，同歇式消毒，每次排放之前监测；总大肠菌群数：每两周至少监测一次；传染病和结核病医院，应根据需要增测致病菌	医疗机构水污染物排放标准 GB18466－2005
	11	垃圾处理	—	实施医疗垃圾、生活垃圾分类收集、处置；设置相对固定的收集容器，实行垃圾的防渗漏、防流失、防扬散，防雨淋的暂存场所	
	12	绿化覆盖率	%	绿化覆盖率达到30%	太原市绿色医院考核评定细则
	13	医疗废弃物管理	—	医疗废弃物与生活垃圾分别独立收集；医疗废弃物的暂存场所须有完善的防渗透、防扬散防雨淋的条件；医疗废弃物交散防雨淋的条件；医疗废弃物交由特种垃圾处理部门实行无害化集中处置，并做好交接登记，登记本至少保存三年；医疗废弃物、危险废物实行全过程管理并实行无害化处理（市区送废物处置中心处理）有专门容器进行包装并设置有危险废物标签。一次性医疗器械使用后应消毒毁形	国务院令（第380号）《医疗废物管理条例》、中华人民共和国卫生部令（第36号）《医疗废物管理办法》、南宁市"绿色环保医院"评估标准

续表

项目	序号	指标	单位	指标值或要求	指标来源
	14	病床使用率	%	85%～93%	《三级综合医院评审标准》
	15	病房危重病人抢救成功率	%	综合医院≥84%	四川省综合医院评审标准纲要
	16	医院治愈率	%	高于同级别医院平均值	中国卫生统计年鉴
	17	处方合格率	%	处方合格率三级医院≥95%，二级医院≥90%，社区卫生中心/站≥85%	四川省综合医院评审标准纲要
	18	发药出门差错率	%	三级医院≤1/10 000；二级医院≤2/10 000，社区卫生中心/站≤2.5/10 000	四川省综合医院评审标准纲要
	19	急救物品完好率	%	100%	
服务质量与效率	20	医患关系	—	年医疗纠纷数：三级医院≤15起，二级、一级医院≤5例	中华医院管理学会调查数据
	21	入出院诊断符合率	%	综合医院≥95%，社区卫生中心/站≥90%	中国卫生统计年鉴
	22	大型医疗设备检查阳性率	%	三级≤70%，二级及以下≤60%	四川省综合医院评审标准
	23	诊疗服务人性化程度及流程优化程度	—	医务人员在诊疗活动中能坚持以救死扶伤的人道主义精神给予病患人性化服务和人文关怀，医疗机构年患者满意率在90%以上；建立综合医疗信息管理系统和诊疗平台，实行预约、挂号、预约诊断、用药、反馈的全过程电子信息化，缩短就诊流程和等候时间和复杂程度，积极建设和参与使用远程医疗诊断平台	中华医院管理学会有关研究
	24	30种常见疾病人均住院医药费用	元	低于同期同级别医院平均值	中国卫生统计年鉴

续表

项目	序号	指标	单位	指标值或要求	指标来源
管理素质与发展潜力	25	医疗质量管理	—	建立院、科两级完善的医疗质量管理组织，医疗质量管理职能部门组织实施全面医疗质量管理，指导、监督、检查、考核和评价医疗质量管理工作，加强医疗技术管理	医院管理评价指南（2008版）卫医发[2008]27号
	26	应急管理	—	有突发事件（突发公共卫生事件、灾害事故等）应急预案并组织演练；承担突发事件紧急医疗救援任务；及时、妥善处理医院突发事件	医院管理评价指南（2008版）卫医发[2008]27号
	27	医生的职称构成	%	高于同级别医院平均值（综合医院：正高≥5.7，副高≥17.4，中级≥33.2，士级/助理≥32.7；社区卫生中心/站：正高≥1.1，副高≥7.4，中级≥33.8，士级/助理≥38.9）	中国卫生统计年鉴
	28	护士的职称构成	%	高于同级别医院平均值（综合医院：副高≥2.1，中级≥27.9，师级/助理≥30.5，士级≥34.1；社区卫生中心/站≥副高≥0.7，中级≥23.7，士级≥34.1，士级≥34.5）	中国卫生统计年鉴
	29	卫生技术人员"三基"（基础理论、基本知识、基本技能）考核合格率	%	100%	

对各个指标的解释及计算方法说明如下：

（1）资源节约指标。

①医疗机构单位面积综合能耗。指标解释：指医疗机构在统计期内，每平方米建筑面积的综合能耗。

计算公式：

$$\text{医疗机构单位面积综合能耗（千克标准煤/平方米）} = \frac{\text{医疗机构能耗总量（千克标准煤）}}{\text{医疗机构总建筑面积（平方米）}}$$

②医疗机构单位面积综合电耗。指标解释：指医疗机构在统计期内，每平方米建筑面积所消耗的电能。

计算公式：

$$\text{医疗机构单位面积综合电耗（千瓦时/平方米）} = \frac{\text{医疗机构综合电耗（千瓦时）}}{\text{医院总建筑面积（万元）}}$$

③能源制度。指标解释：定性指标，考核标准包括：建立能源统计分析工作制度、能耗定额考核制度及奖惩办法，有分析报告、考核奖惩记录。按部门（科室）或楼宇、楼层系统安装水、电、汽计量仪表，按耗能设备分类建立计量仪表台账。

④节能措施。指标解释：定性指标，考核标准包括：积极采取节水、节电等节能措施。安装节水装置，采用中水系统并运行良好；灯具总数50%以上采用高效、节能的新光源，且照明良好，光线充足，采用节能型照明控制系统，采用智能型照明，采用太阳能、地热能、风能等可再生能源和技术作为医院的补充。倡导无纸化办公，尽量减少纸张使用，落实使用再生纸或纸双面使用等措施。

（2）环境友好指标。

⑤污水排放。指标解释：连续三次各取样500毫升进行检验，不得检出肠道致病菌和结核杆菌；总大肠菌群数每升不得大于500个；综合医疗机构污水排放执行排放标准时，宜采用二级处理+消毒工艺或深度处理+消毒工艺。

⑥污泥排放标准。指标解释：蛔虫卵死亡率大于95%；粪大肠菌值不大于10^{-2}；每10克污泥（原检样中），不得检出肠道致病菌和结核杆菌。

评价等级：优秀、良好、中等、合格、不合格。

⑦空气洁净。指标解释：ICU、CCU空气净化洁净度应达到10万级以上标准。

⑧噪音控制。指标解释：白天不高于50分贝，夜间不高于40分贝。

⑨制度建设。指标解释：建立医院废气、废水、废物、噪声、辐射及病原微生物管理制度和污染防治操作规程，并认真组织实施。

⑩监测频率。指标解释：医院污水的监测，应符合下列要求：余氯：连续式消毒，每日至少监测两次，间歇式消毒，每次排放之前监测；总大肠菌群数：每

两周至少监测一次；传染病和结核病医院，应根据需要增测致病菌。

⑪垃圾处理。指标解释：实施医疗垃圾、生活垃圾独立管理，实行垃圾分类收集、处置；设置相对固定的收集容器，并建立有完善的防渗漏、防流失、防扬散、防雨淋的暂存场所。

⑫绿化覆盖率。指标解释：指绿化植物的垂直投影面积占医院总用地面积的比值。绿化覆盖率达到30%。

⑬医疗废弃物管理。指标解释：要求医疗废弃物与生活垃圾分别独立收集；医疗废弃物的暂存场所必须有完善的防渗透、防流失、防扬散、防雨淋的条件；医疗废弃物交由特种垃圾处理部门实行无害化集中处置，并做好交接登记，登记本至少保存三年；医疗废物、危险废物实行全过程管理并实行无害化处理（市区送废物处置中心处理）。有专门容器进行包装并设置有危险废物标签。一次性医疗器械使用后应消毒毁形。

（3）服务质量与效率指标。

⑭病床使用率。指标解释：指每天使用床位与实有床位的比率，即实际占用的总床日数与实际开放的总床日数之比。病床使用率达到85%~93%。

⑮病房危重病人抢救成功率。指标解释：三级医院病房危重病人抢救成功率应高于84%。

⑯医院治愈率。指标解释：指医院每年的治愈率。

⑰处方合格率。指标解释：要求三级医院处方合格率≥95%，二级医院处方合格率≥90%。

⑱发药出门差错率。指标解释：要求三级医院发药出门差错率≤1/10 000；二级医院发药出门差错率≤2/10 000。

⑲急救物品完好率。指标解释：要求"两型"医院急救物品完好率达到100%。

⑳医患关系。指标解释：要求"两型"医院近三年无医疗事故与医疗纠纷。

㉑入出院诊断与出院诊断符合率。指标解释：入出院诊断符合率 = 诊断符合患者数/（出院患者数 - 疑诊患者数）×100%；要求"两型"医院入出院诊断符合率≥95%。

㉒大型医疗设备检查阳性率。指标解释：指医疗机构使用CT、B超（彩超）、核磁共振、X射线检查、生化全项等大型医疗设备或综合检查手段对病人实施检查的结果阳性率，为避免总诊断中滥用此类大型检查，减轻病人负担，要求三级医院大型医疗设备检查阳性率≤70%，二级医院及以下等级医疗机构≤60%。

㉓诊疗服务人性化程度及流程优化程度。指标解释：医务人员在诊疗活动中

能坚持以救死扶伤的人道主义精神给予病患人性化服务和人文关怀,医疗机构年患者满意率在 90% 以上;建立综合医疗信息管理系统和诊疗平台,实行预约、挂号、检查、诊断、用药、反馈的全过程电子信息化,缩短就诊流程的等待时间和复杂程度,积极建设和参与使用远程医疗诊断平台。

㉔30 种常见疾病人均住院医药费用。指标解释:要求医疗机构评价期内治疗出院的病毒性肝炎、浸润性肺结核、急性心肌梗塞、充血性心力衰竭、细菌性肺炎、慢性肺源性心脏病、急性上消化道出血、原发性肾病综合征、甲状腺功能亢进、脑出血、脑梗塞、再生障碍性贫血、急性白血病、结节性甲状腺肿、急性阑尾炎、急性胆囊炎、腹股沟疝、胃恶性肿瘤、肺恶性肿瘤、食管恶性肿瘤、心肌梗塞冠状动脉搭桥、膀胱恶性肿瘤、前列腺增生、颅内损伤、腰椎间盘突出症、支气管肺炎、感染性腹泻、子宫平滑肌瘤、剖宫产、老年性白内障等 30 种常见疾病病例的人均住院医药费用低于该同期全国同级别医院平均值。

(4) 管理素质与发展潜力指标。

㉕医疗质量管理。指标解释:建立院、科两级完善的医疗质量管理组织,医疗质量管理职能部门组织实施全面医疗质量管理,指导、监督、检查、考核和评价医疗质量管理工作,加强医疗技术管理。

㉖应急管理。指标解释:有突发事件(突发公共卫生事件、灾害事故等)应急预案并组织演练;承担突发事件紧急医疗救援任务;及时、妥善处理医院突发事件。

㉗医生的职称构成。指标解释:要求"两型"医院的医生职称结构保持在合理且优良的范围,中高级职称医生所占比例应高于同期全国同级别医疗机构平均值。

㉘护士的职称构成。指标解释:要求"两型"医院护士职称结构保持合理且优良的范围区间,中高级职称护士所占比例应高于同期全国同级别医疗机构平均值。

㉙卫生技术人员"三基"考核合格率。指标解释:要求"两型"医院卫生技术人员"三基"(基础理论、基本知识、基本技能)考核合格率达到 100%。

13.4.3 评价方法选择

13.4.3.1 评价方法比较

常见的综合评价方法大体可分为四大类:一是专家评价方法,如专家打分综合法;二是运筹学和其他数学方法,如层次分析法,数据包络分析方法,模糊综合评价评判法；三是新型评价方法，如人工神经网络法、灰色综合评价法；四是混合方法，如 AHP + 模糊综合评判、模糊神经网络评价法。如下是对常见综合评价方法的简单介绍和对比分析（见表 13 – 5）。

表 13 – 5　　　　　　　常见综合评价方法优缺点分析

常用综合评价方法	优缺点
专家打分评价法	优点是具有使用简单，直观性强的优点；缺点是理论性与系统性不强，且其准确程度，主要取决于专家阅历经验以及知识的广度和深度
层次分析法	优点是能够统一处理评价中的定性与定量因素；缺点是评价对象不能太多，有一定的主观臆断性，且评价矩阵易出现不一致现象，一般适用于不是很复杂的系统
模糊综合评价方法	优点是解决判断的模糊性和不确定性，克服传统数学方法中"唯一解"的弊端；缺点是不能解决评价指标间相关造成的信息重复问题，各因素权重带有一定主观性，多目标模型确定隶属度繁琐
人工神经网络评价方法	优点是人工干预少，精度较高，能够"提炼"评价对象本身的客观规律进行对相同属性评价对象的评价；缺点是没有普遍使用的准则，需要根据实际情况进行调节
灰色综合评价法	优点是思路明晰，可以在很大程度上减少由于信息不对称带来的损失，并且对数据要求较低，工作量较少；缺点是要求需要对各项指标的最优值进行现行确定，主观性过强，同时部分指标最优值难以确定
模糊神经网络	优点是能解决判断的模糊性和不确定性且人工干预少，精度高；缺点是没有普遍使用的准则，需要根据实际情况进行调节，且相对其他方法来说它的计算过程显得更复杂

专家打分评价法：它是在定量和定性的分析的基础上，以打分等方式做出定量评价，其结果具有数理统计特性。专家评分法的最大优点是，在缺乏足够统计数据和原始资料的情况下，可以做出定量估价。它的主要步骤是：首先根据评价对象的具体情况选定评价指标，对每个指标均定出评价等级，每个等级的标准用分值表示；其次以此为基准，有专家对评价对象进行分析和评价，确定各个指标的分值；最后采用加分评价法、连乘评分法或加乘评分法求出个评价对象的总分值，从而得到评价结果。考虑到各指标重要程度的不同及专家权威性的大小，后又发展了加权评分法。其中加权评分法是人们最经常使用的评价方法。

层次分析法：它是指将一个复杂的多目标决策问题作为一个系统，将目标分解为多个目标或准则，进而分解为多指标（或准则、约束）的若干层次，通过定性指标模糊量化方法算出层次单排序（权数）和总排序，以作为目标（多指标）、多方案优化决策的系统方法。它是一种定性与定量相结合的、系统化、层次化的分析方法。它的主要步骤依次是：建立层次分析结构模型，构造成对比矩阵，计算权向量并作一致性检验，计算组合权向量并作组合一致性检验，组合权向量可作为决策的定量依据。

模糊综合评价法：它是以模糊数学为基础，应用模糊关系合成的原理，将一些边界不清、不易定量的因素定量化，从多个因素对评价事物隶属等级状况进行综合性评价的一种方法。最早是由我国学者汪培庄提出的，首先是确定被评判对象的因素（指标）集和评价（等级）集；其次分别确定各个因素的权重及它们的隶属度向量，获得模糊评判矩阵；最后把模糊评判矩阵与因素的权向量进行模糊运算并进行归一化，得到模糊评价综合结果。

人工神经网络：它是模仿生物神经网络功能的一种经验模型，输入和输出之间的变换关系一般是非线性的。首先根据输入的信息尽力神经元，通过学习规则或自组织等过程建立相应的非线性数学模型，并不断进行修正，是输出结果与实际值之间的差距不断缩小。人工神经网络通过样本的"学习和培训"，可记忆客观事物在空间、时间方面比较复杂的关系。由于人工神经网络本身具有非线性的特点，且在应用中只需对神经网络进行专门问题的样本训练，它能够把问题的特征反映在神经元之间相互关系的权中，所以，把实际问题特征参数输入后，神经网络输出端就能给出解决问题的结果。

灰色综合评价法：灰色综合评估法是一种以灰色关联分析理论为指导，基于专家评判的综合性评估方法，它以各指标的样本数据为依据用灰色关联度来描述指标间关系的强弱、大小和次序，若样本数据反映出的两指标变化的态势（方向、大小和速度等）基本一致，则它们之间的关联度较大；反之，关联度较小。其过程依次是：建立灰色综合评估模型，对各种评价因素进行权重选择，进行综合评估。

模糊神经网络：它是一种集模糊逻辑推理的强大结构性知识表达能力与神经网络的强大学习能力于一体的新技术。一般来讲，主要是利用神经网络结构来实现模糊逻辑推理，从而使传统神经网络没有明确物理意义的权值被赋予了模糊逻辑中推理参数的物理含义。

13.4.3.2 评价方法说明

上述各种评价方法既有自身独特优势，又有相应的劣势，它们各自的适用范围也是有所不一样的，我们要从中挑选出最适合本课题的评价方法，该评价方法必须满足以下三个原则：

第一,所选择的方法必须有事件的理论基础,能为人们所信服;
第二,所选择的方法必须简洁明了,尽量降低算法的复杂性;
第三,所选择的方法必须正确地反映评价对象和评价目标。

专家打分评价法虽然简单直观,但其主观性过强,不同的专家群体可能得到不同的结果,不能客观精确地反映评价结果;层次分析法简洁明了,能够统一处理定性定量指标,有一定的主观性,但相对来说还是比较能客观反映评价结果。模糊评价方法则不能解决评价指标间信息重复的问题,且隶属度确定比较繁琐;灰色综合评价法同样具有客观性过强的缺点,很难客观反映评价结果;而人工神经网络和模糊神经网络对于样本的数据要求较高,它需要大量的样本来进行模拟,以提高最终的评价精度,且这两种方法相对来说也更复杂些。"两型"机关与事业单位的评价不是一个特别复杂的系统,它需要一种直观、简洁明了的评价方法,客观地做出评价,所以本课题选择层次分析法作为"两型"机关与事业单位的评价法。

层次分析法(Analytic Hierarchy Process,AHP)是把复杂问题分解成各个组成因素,又将这些因素按支配关系分组形成递阶层次结构。通过两两比较的方式确定各个因素相对重要性,然后综合决策者的判断,确定决策方案相对重要性的总排序。运用层次分析法进行系统分析、设计、决策时,可分为5个步骤进行,如图13-5所示。

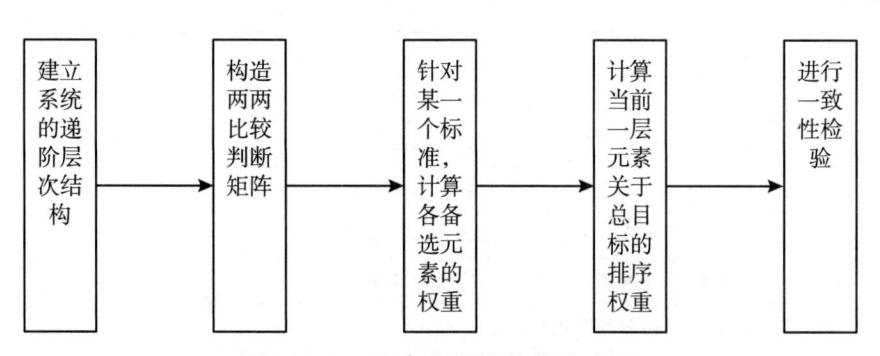

建立系统的递阶层次结构 → 构造两两比较判断矩阵 → 针对某一个标准,计算各备选元素的权重 → 计算当前一层元素关于总目标的排序权重 → 进行一致性检验

图 13-5 层次分析法的基本步骤

(1)递阶层次结构的建立。首先把系统问题条理化、层次化,构造出一个层次分析的结构模型。在模型中,复杂问题被分解,分解后各组成部分称为元素,这些元素又按属性分成若干组,形成不同层次。同一层次的元素作为准则对下一层的某些元素起支配作用,同时它又受上面层次元素的支配。层次可分为三类:最高层,这一层次中只有一个元素,它是问题的预定目标或理想结果,因此也叫目标层。中间层,这一层次包括要实现目标所涉及的中间环节中需要考虑的准则。该层可由若干层次组成,因而有准则和子准则之分,这一层也叫准则层;最

底层，这一层次包括为实现目标可供选择的各种措施、决策方案等，因此也称为措施层或方案层。

上层元素对下层元素的支配关系所形成的层次结构被称为递阶层次结构。当然，上一层元素可以支配下层的所有元素，但也可只支配其中部分元素。递阶层次结构中的层次数与问题的复杂程度及需要分析的详尽程度有关，可不受限制。每一层次中各元素所支配的元素一般不要超过9个，因为支配的元素过多会给两两比较判断带来困难。层次结构的好坏对于解决问题极为重要，当然，层次结构建立得好坏与决策者对问题的认识是否全面、深刻有很大关系。

（2）构造两两比较判断矩阵。在递阶层次结构中，设上一层元素 C 为准则，所支配的下一层元素为 u_1，u_2，$\cdots$，u_n 对于准则 C 相对重要性即权重。这通常可分两种情况：

情况一：如果 u_1，u_2，$\cdots$，u_n 对 C 的重要性可定量（如可以使用货币、重量等），其权重可直接确定。

情况二：如果问题复杂，u_1，u_2，$\cdots$，u_n 对于 C 的重要性无法直接定量，而只能定性，那么确定权重用两两比较方法。其方法是：对于准则 C，元素 u_i 和 u_j 哪一个更重要，重要的程度如何，通常按 1~9 比例标度对重要性程度赋值，表 13-6 中列出了 1~9 标度的含义。

表 13-6　　　　　　　　　标度的含义

标度	含义
1	表示两个元素相比，具有同样重要性
3	表示两个元素相比，前者比后者稍重要
5	表示两个元素相比，前者比后者明显重要
7	表示两个元素相比，前者比后者强烈重要
9	表示两个元素相比，前者比后者极端重要
2，4，6，8	表示上述相邻判断的中间值
倒数	若元素 i 与 j 的重要性之比为 a_{ij}，那么元素 j 与元素 i 重要性之比为 $a_{ji}=\dfrac{1}{a_{ij}}$

对于准则 C，n 个元素之间相对重要性的比较得到一个两两比较判断矩阵

$$A=(a_{ij})_{n\times n}=\begin{bmatrix} a_{11} & a_{22} & \cdots & a_{1n} \\ a_{21} & a_{22} & \cdots & a_{2n} \\ \vdots & \vdots & & \vdots \\ a_{n1} & a_{n2} & \cdots & a_{nn} \end{bmatrix}$$

其中 a_{ij} 就是元素 u_i 和 u_j 相对于 C 的重要性的比例标度。判断矩阵 A 具有下列性质：$a_{ij} > 0$，$a_{ji} = \dfrac{1}{a_{ij}}$，$a_{ij} = 1$

由判断矩阵所具有的性质知，一个 n 个元素的判断矩阵只需要给出其上（或下）三角的 $\dfrac{n(n-1)}{2}$ 个元素就可以了，即只需做 $\dfrac{n(n-1)}{2}$ 个比较判断即可。

（3）单一准则下元素相对权重的计算以及判断矩阵的一致性检验。对于每一个成对比较阵计算最大特征根及对应特征向量，利用一致性指标、随机一致性指标和一致性比率做一致性检验。若检验通过，特征向量（归一化后）即为权向量；若不通过，需重新构造成对比较阵。

已知 n 个元素 u_1，u_2，$\cdots$，u_n 对于准则 C 的判断矩阵为 A，求 u_1，u_2，$\cdots$，u_n 对于准则 C 的相对权重 ω_1，ω_2，$\cdots$，ω_n 写成向量形式即为 $W = (\omega_1，\omega_2，\cdots，\omega_n)^T$。权重的计算方法常见的有"和积法""根法""特征根法"和"最小二乘法"。本课题采用"和积法"进行权重计算，即将判断矩阵 A 的 n 个行向量归一化后的算术平均值，近似作为权重向量，计算结果与具体步骤如下：

第一步：A 的元素按行归一化；

第二步：将归一化后的各行相加；

第三步：将相加后的向量除以，即得权重向量。

$$\omega_i = \dfrac{1}{n} \sum_{j=1}^{n} \dfrac{a_{ij}}{\sum_{k=1}^{n} a_{kj}} \quad (i = 1, 2, \cdots, n)$$

在计算单准则下权重向量时，还必须进行一致性检验。在判断矩阵的构造中，并不要求判断具有传递性和一致性，即不要求 $a_{ij} \cdot a_{jk} = a_{ik}$ 严格成立，这是由客观事物的复杂性与人的认识的多样性所决定的。但要求判断矩阵满足大体上的一致性是应该的。如果出现"甲比乙极端重要，乙比丙极端重要，而丙又比甲极端重要"的判断，则显然是违反常识的，一个混乱的经不起推敲的判断矩阵有可能导致决策上的失误。而且上述各种计算排序权重向量（即相对权重向量）的方法，在判断矩阵过于偏离一致性时，其可靠程度也就值得怀疑了，因此要对判断矩阵的一致性进行检验，具体步骤如下：

①计算一致性指标 $C.I$(Consistency Index)：

$$C.I = \dfrac{\lambda_{\max} - n}{n - 1}$$

②查找相应的平均随机一致性指标 $R.I$(Random Index)：表 13-7 给出了 1~15 阶正互反矩阵计算 1 000 次得到的平均随机一致性指标。

表 13-7　　　　　　　　平均随机一致性指标 R.I

阶数	3	4	5	6	7	8	9	10	11	12	13	14	15
R.I	0.52	0.89	1.12	1.26	1.36	1.41	1.46	1.49	1.52	1.54	1.56	1.58	1.59

③计算性一致性比例 C.R(Consistency Ratio)：

$$C.R = \frac{C.I}{R.I}$$

当 $C.R < 0.1$ 时，认为判断矩阵的一致性是可以接受的；当 $C.R \geq 0.1$ 时，应该对判断矩阵做适当修正。

为了讨论一致性，需要计算矩阵最大特征根 λ_{max}，除常用的特征根方法外，还可使用公式：

$$\lambda_{max} = \sum_{i=1}^{n} \frac{(AW)_i}{n\omega_i} = \frac{1}{n}\sum_{j=1}^{n} \frac{\sum_{j=1}^{n} a_{ij}\omega_j}{\omega_i}$$

④计算各层元素对目标层的总排序权重。上面得到的是一组元素对其上一层中某元素的权重向量。最终要得到各元素，特别是最低层中各元素对于目标的排序权重，即所谓总排序权重，从而进行方案的选择。总排序权重要自上而下地将单准则下的权重进行合成，并逐层进行总的判断一致性检验。

设 $W^{(k-1)} = (\omega_1^{(k-1)}, \omega_2^{(k-1)}, \cdots, \omega_{k-1}^{(k-1)})$ 表示第 $k-1$ 准则层上 n_{k-1} 个元素相对于总目标的排序权重向量，用 $P_j^{(k)} = (p_{1j}^{(k)}, p_{2j}^{(k)}, \cdots, p_{n_{kj}}^{(k)})$ 表示第 k 层上 n_k 个元素对第 $k-1$ 层上第 j 个元素为准则的排序权重向量，其中不受 j 元素支配的元素权重取为零。矩阵 $P^{(k)} = (P_1^{(k)}, P_2^{(k)}, \cdots, P_{n_{k-1}}^{(k)})^T$ 是 $n_k \cdot n_{k-1}$ 阶矩阵，它表示第 k 层上元素对 $k-1$ 层上各元素的排序，那么第 k 层上元素对目标的总排序 $W_i^{(k)}$ 为：

$$W_i^{(k)} = (\omega_1^{(k)}, \omega_2^{(k)}, \cdots, \omega_{n_k}^{(k)})^T = P^{(k)} \cdot W^{(k-1)}$$

或 $\omega_i^{(k)} = \sum_{j=1}^{n_{k-1}} p_{ij}^{(k)} \omega_j^{(k-1)}$ $(i = 1, 2, \cdots, n)$

并且一般公式为：$W^{(k)} = P^{(k)} P^{(k-1)} \cdots P^{(2)}$

其中 $W^{(2)}$ 是第二准则层上元素的总排序向量，也是单准则下的排序向量。

要从上到下逐层进行一致性检难，若已求得 $k-1$ 层上元素 j 为准则的一致性指标 $C.I_j^{(k)}$，平均随机一致性指标 $R.I_j^{(k)}$，一致性比例 $C.R_j^{(k)}$（其中 $j = 1, 2, \cdots, n_{k-1}$），则 k 层的综合指标：

$$C.I^{(k)} = (C.I_1^{(k)}, \cdots, C.I_{n_{k-1}}^{(k)}) \cdot W^{(k-1)}$$
$$R.I^{(k)} = (R.I_1^{(k)}, \cdots, R.I_{n_{k-1}}^{(k)}) \cdot W^{(k-1)}$$

当 $C.R.^{(k)} < 0.1$ 时，认为递阶层次结构在 k 层水平的所有判断具有整体满意的一致性。

13.5 "两型"机关与事业单位建设典型案例研究与政策建议

13.5.1 "两型"机关典型案例：湘潭市环境保护局

13.5.1.1 背景情况

湘潭市环境保护局是主管全市环境保护工作的依照公务员管理的正县级政府组织部门，下设一个参照公务员管理的事业单位及2个全额拨款事业单位、2个差额拨款事业单位。有行政编制31名，事业编制139名，实有在编人员150人，临聘人员54人。主要负责全市生态自然环境的监督管理，重点区域、流域的水污染防治以及全市环境监察和环保行政执法等环境保护管理工作。

2008年12月湘潭市环保局投资5 000多万元建成湖南省首家现代化的环境应急指挥中心，监察支队按照监测、监察能力建设标准新置了试验和执法设备，通过了省级标准化验收，改善了办公条件，重新布置了职工之家和老干部活动中心，重新装修了图书阅览室，新建的高标准篮球场、网球场现代而实用。办公区域整洁，文件摆放有序，地面干净无垃圾、无卫生死角，车辆摆放整齐，停置在规定区域，整个环保大院安全卫生、环境优美。这为该局创建"两型"示范机关打好了坚定的基础。

13.5.1.2 具体措施

湘潭市环保局为进一步贯彻"两型"机关的建设，切实营造"两型"机关建设的良好氛围，其结合自身实际，制订了以下方案：

（1）组织领导。成立环保局"两型"机关建设创建领导小组，负责制订落实方案及具体工作的组织、协调、督办。建立"两型"机关工作责任制，负责各科室及其直属单位"两型"机关建设和各项工作任务。

(2) 工作任务。

第一，节约办公用品，控制办公经费。建立健全办公用品采购、使用、管理和节约制度，坚持采用低耗、环保、价廉办公用品和设备，推行无纸化办公；严格限制公文发文范围；严格控制办公室话费增长；统一处理旧报纸、旧书刊、旧信封等废纸废料，减少一次性用品的使用。

第二，加强水电管理，控制水电消耗。各部门建立健全节水、节电等管理制度；使用空调时夏季不低于 26 度、冬季不高于 20 度，公共场所在自然光线较好的情况下，白天不开灯，杜绝长明灯；提倡使用限电、节能设备，禁止大功率电器；使用节水型洁具，改造老化设备，避免长流现象发生。

第三，规范公务用车，搞好车辆管理。建立健全公务车辆运行和管理制度，严禁公车私用；认真落实公务车辆定点加油、定点维修和定期保养制度；2~4 人同去一市不同地方办同事，必须同坐一辆车，原则上不单独派车；提倡机关工作人员乘坐公共交通、骑自行车或步行上下班。

第四，节约会议和公务经费。认真执行会议审批制度，严格控制会议数量、时间、规模，会议食宿安排严格执行标准，控制会议纪念品发放，降低会议接待标准；建立公务接待制度，严格控制接待标准，实行分档定标、分工负责，严格费用审批程序。

第五，加强环境建设，培植机关文化。建立健全基础设施、公共服务设施的管理维护制度；搞好机关绿化美化；垃圾要分类收集、及时清运；厕所做到保洁到位，无异味；坚持周末清洁大扫除和卫生检查；切实转变工作作风，端正服务态度，提高服务质量。

(3) 宣传教育。加强"两型社会"建设有关知识学习和教育；充分利用环保局网站，广泛宣传，营造"两型社会"建设的浓厚氛围；"两型"机关坚持创新和实践相一致，务求实效。

13.5.1.3 "两型"示范机关实施成绩

湘潭市环保局办公大楼共计 11 层，总建筑面积 1 340 平方米，办公人员 238 人，2011 年在资源节约和减少环境污染方面都取得了相当不错的成绩。

(1) 资源效益。2011 年全年耗电 41 666 千瓦时，支付电费 50 万元整，单位综合耗电符合"两型"指标要求；全年耗水 8 200 吨，符合两型指标要求。

(2) 环境效益。截至 11 月 15 日，湘潭市空气质量达标天数较去年同期增长 3%，达标率 89.03%，优于市绩效考核空气质量达标 80% 的目标；马家河、五星、易家湾、涟水桥断面水质状况有明显的上升，城市功能区水域水质达标，易家湾断面达到三类水质，出境断面水质优于马家河断面水质。我局环境监测站成为全国继沈阳、长沙,第三个能够完成45项分析项目检测技术的市级站。

(3) 社会效益。创建"两型"机关,倡导"两型"的生活理念和生活方式,普及节能环保知识,力行节约资源和保护环境的精神。不仅能减少对环境的污染,节约水电资源,而且其示范作用所产生的影响力也能进一步推动"两型社会"的建设。

13.5.2 "两型"学校典型案例:湖南农业大学

13.5.2.1 基本背景

湖南农业大学是一所有60年办学历史的省重点高等学校。经过60年的建设与发展,学校已由一所单科性的教学型农学院发展成为农科为特色,农、工、文、理、经、管、法、医、教多学科综合发展的教学研究型大学,建校以来共为社会培养各类人才16万多名。学校位于长沙市芙蓉区,校区面积达2.27平方公里,建筑面积90多万平方米,现有教职工5 000余人,工作、生活在校区内的人员近5万人。有国家级和省级科研机构和平台30多个,校办企业14家。由于校区面积较大,机构、人员众多,节能减排压力较重。近年来,学校按照建设"两型社会"的要求,认真贯彻《节约能源法》和《公共机构节能条例》,以节水、节电和环境保护为突破口,着力推进"两型"校园建设。

13.5.2.2 具体措施

(1) 制定校园水电规划。学校分别就水、电规划设计,委托长沙供水有限公司、长沙电业局星电勘测设计院对全校水、电进行整体规划设计。

(2) 置换清洁、环保能源(天然气)。其一,实施食堂锅炉改造。学校拆除3个学生宿舍区4个学生食堂的6台两吨煤(气)锅以及接待中心1台1.5吨煤锅炉,全部改用天然气等清洁、环保能源;同时,对五个食堂的厨具设备改造或置换为使用天然气的节能厨具设备,并对新建成的东湖食堂直接设计、建设、使用天然气。其二,置换居民用气。学校为校区内广大教职员工、居民住户建设、改造燃气管网,开通天然气,改造老家属燃气管网。

(3) 引进了热泵供热新技术。学校在学校宿舍区新建和改造澡堂,引进空气热泵热源供热系统,同时采用浴室IC卡管理系统,既满足学生洗澡的需要,又能节水节能。

(4) 开展地下管网检测,减少水资源流失。聘请长沙景盛管线技术有限责任公司对学校地下水管网进行地毯式查漏,对发现的漏水点立即封堵后加强管理,同时请该公司对学校地下水、电、气等管网进行普查、测绘,建立底下管网信息库,以便及时发现问题、解决问题。

(5)推广使用节能新产品。在公共厕所槽式便池安装红外感应节水器,在公共教室安装人体感应红外线节电装置,在教学校、学生宿舍安装节水龙头,在教学校安装 T5 节能灯管近。

(6)实行能耗分表计量。引进江南大学水电工程管理监控平台,更换教学、办公和学生宿舍所有计量装置,实现用电 24 小时监控,实时数据传输,远程抄表。

(7)实施水电有偿改革。全面启动水电改革,实行水电有偿使用,定额管理,谁使用谁付费,超支自付;成立水电经费测算小组,制订用电目标管理方案,测算出用电指标并下发给各二级单位;同时,学校在全校范围内广泛进行了节水节电的宣传教育活动,通过校园网、电视台,召开全校副处以上干部大会,印发节水、节电宣传资料,进一步增强全校师生节水节电意识。

(8)全面规范用水用电行为。学校成立水电稽查办公室、水电稽查工作小组,按照《中华人民共和国电力法》及省市有关法律法规,《湖南农业大学水电管理办法》的有关规定,规范各类用水用电行为,严厉打击窃水窃电行为,加大水电巡查力度,减少水电浪费。对查处属实的违章用水用电行为,依据《湖南农业大学水电管理办法》,对违章用户进行了罚款并定期通报全校。

(9)新建了110kV变电站,确保用电需求。学校实现双电源供电,代替以前的单电源双回路供电,防止一旦出现线路和设备故障,造成学校全面停电的现象。

(10)不断改善网络基础设施,完善各类应用系统。基于校园网的应用不断增多,信息化对学校教学、科研和日常管理工作的支撑作用明显增强,信息化的推进有效促进学校无纸办公,大大节约人、财、物资源。

(11)建成视频监控系统,构建安全和谐校园。学校建立视频监控系统,有 1 个中心机房,4 个分控机房,校园内共设有 305 个监控点位,为学校构建和谐校园、平安校园提供强大的技术支持和有力保障。

(12)加强交通设施建设,维护正常教学秩序。一是加强校园道路交通基础设施的建设,着重规范校园增道路标线、交通标志牌,设置了减速带;二是对停车位进行规范,新增停车位,设置各个道路临时停车点;三是利用活动路卡、大理石路墩设置相对封闭的步行区,保障教学中心区域行人安全。

13.5.2.3 "两型"成效

(1)能源效益。"十一五"期间,湖南农业大学水耗能耗都相对有大幅下降，只有 2007 年和 2008 年因为该校拆迁以及迎接教育部评估等重大项目建设而致使水耗能耗相对有所增加，但 2008 年后，伴随该校规模的稳定和水电改革的推动，水耗能耗总量和生均消耗都急剧下降（见图 13-6）。

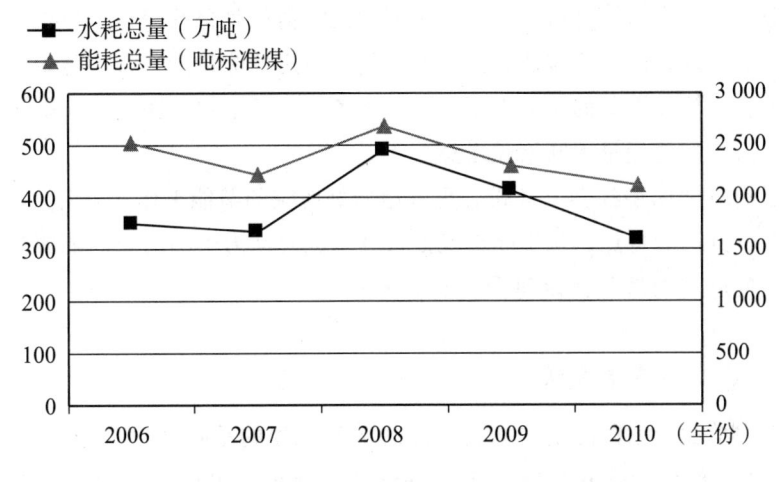

图 13-6 2006~2010 年水耗能耗总量

截至 2011 年 9 月 30 日，湖南农业大学水耗总量为 213.948 万吨，比起 2010 年前九个月水耗总量 282.479 万吨，降低了 24.26%，是 2010 年前九个月水耗总量下降率 10.65% 的两倍多。而 2011 年前九个月的电耗总量为 891.837 万千瓦时，比起 2010 年来也下降了不少。

（2）环境效益。2006~2010 年，废除了 6 台两吨煤（气）锅炉以及 1 台 1.5 吨煤锅炉，全部改用天然气等清洁、环保能源，还分批次对校园各住宅实施了天然气改造工程，减轻了烧煤锅炉导致的空气污染，净化了空气；学校积极引进新型清洁能源——热泵热源来改造学生澡堂，相比澡堂旧时的供热系统，减少了二氧化硫和温室气体的排放；加强公务车用车的管理，减少了校园内汽车尾气的排放；2011 年对校园内过渡房拆迁后留下的空地进行了绿化，同时还对老校区绿化进行了提质改造，如今已建区域绿地率达 59.42%，绿化覆盖率达 62.55%；与此同时，对校园主要道路安装了分类垃圾箱进行垃圾分类收集。如此种种，进一步改善了校园环境。

（3）社会效益。湖南农业大学这几年来不断实行一系列整改措施，节水节电，保护校园环境，宣传"两型"理念，一方面改善了学生和老师以及校内居民的生活环境，提高了他们的生活水平，倡导并发扬了一种"两型"生活；另一方面，它作为一所"两型"学校，为全国各大高校起了一个示范作用，进一步促进了"两型社会"的建设。

13.5.3 "两型"医院典型案例：中南大学湘雅三医院

一般而言，大型综合医院建筑单位面积能源消耗是公共建筑中单位面积能源消耗最高的。这是因为医院建筑是所有建筑中使用功能最为复杂。随着医疗技术的不断进步，诊疗设备的不断更新，附加服务的不断增加，医院的功能仍在进一步扩展，医院的能耗呈不断增长之势。

为了响应"两型社会"建设，更好地做好医院的节能工作，中南大学湘雅三医院根据自身用能特点，从实际出发推行基于医院动力中心的合同能源管理新举措，积极推进"两型"医院建设，成效显著。

13.5.3.1 具体背景

中南大学湘雅三医院是"八五"期间部省共建的重点建设项目，1989年11月28日破土奠基，1992年12月8日开诊并试运行，1998年通过卫生部"三级甲等医院"达标验收。进入21世纪以来，湘雅三医院秉承"坚持自主创新，建设创新型医院；坚持以人为本，建设和谐医院；坚持科学管理，建设节约型医院"的办院理念，以及"清廉、规范、高效"的管理原则，以"湘雅"这一百年品牌为历史传承，以国内一流大学为学科依托，成为一所集医疗、教学、科研、预防、保健、康复于一体，提供高质量医疗服务、培养高层次医学人才、进行高水平科学研究，管理规范、服务一流、特色鲜明的"数字化"现代综合医院。目前医院占地面积223亩，医疗建筑面积15万平方米；开放床位1 800张，拥有46个临床医技科室，57个护理单元；全院职工2 100多人。目前该院拥有国家级重点学科（参与）4个，国家级临床技能实验教学示范中心1个。近年来，先后荣获"全国卫生系统先进集体""全国卫生系统思想政治工作先进单位""全国医德建设先进集体""全国医院文化建设先进单位""全国青年文明号""湖南省医院管理年检查评比第一名""湖南省花园式医院"等称号。

中南大学湘雅三医院是长沙市百家重点用能单位，用能规模比较大，年能源总费用超过2 000万元。该院开展"两型"医院的具体创建目标是：以激活和节约社会资源为抓手，合理配置医疗资源，通过医疗资源的高效利用，切实降低医院运行成本。以实现环境友好为责任，加强医德医风教育，为"两型社会"建设创造和谐稳定的社会环境和便捷高效的医疗服务环境。深化创建活动，强化措施，巩固成果，将医院建设成为符合"两型社会"要求的行为规范、运转协调、团结和谐、节约环保的医院。

13.5.3.2 具体措施

中南大学湘雅三医院的主要耗能形式为电和天然气。电是医院消耗的最主要能源，在医院能源消费成本中占的比例最大，主要用于医院的空调系统、医用气体系统、医疗设备、办公设备、照明、电梯、二次供水和污水处理等方面；天然气主要用于动力中心的热水锅炉、蒸汽锅炉、直燃式溴化锂吸收式中央空调机组以及医院食堂。针对医院能耗情况以及工作状况的实际，湘雅三医院着重实施了以下措施：

（1）推进资源节约，建设资源节约型医院。医院一向十分重视节能工作，早在2007年就实施了大规模的动力中心节能技术改造，并于2008年实施了外科楼节能技改项目，取得了比较明显的节能效果。医院加强用电用水管理，引入合同能源管理：使用节能灯具，计算机、复印机、饮水机等做到下班即关；使用节能型医疗设备；使用节水型水阀，有明显节约用水标识。引入合同能源管理服务，在科学诊断的基础上，强化管理节能基础，先后投入节能技改资金超过200万元，组织实施了"动力中心烟气余热回收""外科楼蒸汽冷凝水回收改造""动力中心四管制空调冷冻水泵节电改造""中心制氧站空气源热泵余热利用"等项目，医院全年天然气消耗量和耗电量同比分别减少18.9%和13.4%。

加强办公用品管理：合理配置，降低办公用品的消耗，避免使用一次性办公用品，坚持双面用纸，努力做到办公用品的循环利用。

合理配置医疗资源：严格执行国家基本药物制度，建立健全检查监督机制。严禁开大处方、高价处方，优先使用国产药品，合理控制病人医疗支出。

健全财务会计管理：加强公务费用支出管理，严格按标准控制规范各类会议、出差、公务接待等支出，实行分档定标、分工负责，杜绝滥用公款消费和公款私请现象。

加强车辆管理：严格执行《医院车辆管理规定》，降低车辆的燃油消耗，努力使用车油耗降低5%。

（2）推进环境友好，建设环境友好型医院。加强医院行风建设：根据"两型"医院创建的要求，加强医德医风教育，努力提高医务人员综合素质，做到视病人如亲人，急病人所急，想病人所想。

强化诊疗环境和卫生管理制度：确保在装饰中使用的乳化胶、夹板、地砖、隔断、水管等均为绿色环保的材料。各科室物品摆放有序，设施完备良好。做好污水处理工作，医疗垃圾有固定的堆放场所，清运回收及时。做到无卫生死角，美化改善医疗环境。

加强医疗环境安全防范措施：严格执行抗生素使用制度；建立毒类、限制类及麻醉类药物管理使用制度；加强放射设备管理；建立有效的传染源管理制度。

（3）提高服务质量和素质。优化服务措施，完善医疗流程，建立绿色通道。把创建"绿色医院"与实现人文关怀有机结合，强化人文学科教育，使医护人员不断吸取人文精神的营养，通过对病人的细心体察、精心治疗、悉心关怀来施展技术，提高水平，在释放爱心的同时，锻炼提高自身的社会、心理、文化素质，达到医患之间的人性融合。

13.5.3.3 "两型"绩效

湘雅三医院从2010年1月1日开始以实施合同能源管理的方式带动医院节能降耗，推进"两型"医院建设。考虑到数据的可获得性，本案例以合同能源管理所带来的节能降耗水平为例，分析湘雅三医院"两型"化水平。

为便于比对，以医院实施合同能源管理的前一年，即2009年为例，介绍医院能耗水平。2009年中南大学湘雅三医院消耗的能源分别为：天然气304.4万Nm^3、电力1 524.3万kW·h、自来水106.436万吨，其中医疗区年用气量为230.36万Nm^3、用电量为1 220.505万kW·h、用水量为86.036万吨。2009年医院消耗能源总量按等价折标煤为9 304.8吨标准煤，按当量折标准煤5 843.1吨标准煤。从能源消费结构来看，按当量折标，医院2009年的能耗以天然气为主，占能耗总量的63.26%，电能次之，占能耗总量的32.06%；按等价折标，医院2009年的能耗以电为主，占能耗总量的57.34%，天然气次之，占能耗总量的39.72%。从综合能耗指标来看，除家属区外，医院2009年单位面积综合能耗为33.5千克标准煤/平方米，单位面积综合电耗为89.6千瓦时/平方米；医院主要建筑单位面积综合能耗指标（按当量计算）为246.5kW·h/(m^2·a)。从分项能耗统计来看，2009年建筑面积为38 000多平方米的家属区，其能耗占医院当量总能耗的22.3%；医院空调系统的能耗约占医院总能耗的63%；医院卫生热水年消耗天然气量按当量折标占医院总能耗的15.2%，医院照明系统的电耗占医院综合能耗总量的5.8%，占医院总电耗的15%；电梯耗电量占医院综合能耗总量的3%左右，占医院主要建筑物电耗的9%左右。

2010年1月19日，中南大学湘雅三医院和湖南博源能源管理有限公司正式签订了《中南大学湘雅三医院动力中心合同能源管理项目合同》，标志着我省首家基于医院动力中心的合同能源管理项目正式启动。

项目启动后，湖南博源能源管理有限公司根据节能诊断结果，在加强管理节能的基础上，先后已投入节能技改资金超过200万元，组织实施了"动力中心烟气余热回收""外科楼蒸汽冷凝水回收改造""动力中心四管制空调冷冻水泵节电改造""中心制氧站空气源热泵余热利用"等项目，取得了预期的节能效果。

"中央空调系统水泵变频节能改造"等项目正在进行方案详细论证,今年冬季采暖启动后将正式实施。表13-8给出了已实施的主要节能改造项目基本情况汇总表。

表 13-8　　　　　　　　节能改造项目基本情况表

序号	项目名称	项目内容	节能率	投入资金
1	动力中心烟气余热回收	采用凝汽式热管换热器,回收蒸汽锅炉和直燃机组烟气余热,将排烟温度由120℃~140℃降低到60℃左右,回收烟气余热的同时回收了较多的烟气潜热	节能率9.3%,年节能量折标煤约360吨	112万元
2	外科楼蒸汽冷凝水回收改造	增设蒸汽冷凝水回收系统,改造冷凝水回收管道,解决蒸汽冷凝水铁锈污染问题,自动回收外科楼蒸汽板换凝结水和部分二次闪蒸蒸汽,生产医院用卫生热水	每天产50℃左右热水40~45吨,年平均节能量折标煤约94吨	28万元
3	中心制氧站空气源热泵余热利用	采用3台15kW的空气源热泵热水机组,回收中心制氧站空压机及冷干机排放的热量以及空气中的热量,降低夏季制氧中心室内环境温度,保证制气设备的正常运行	年产55℃热水1.3万吨左右,年节能量折标煤约148吨	48万元
4	动力中心空调冷冻水泵节电改造	冷冻水泵3台,额定功率75kW,冷冻水泵3台,额定功率110kW,水泵造型不合理,扬程偏高,流量偏大。根据测量数据对水泵叶轮进行改造,使水泵运行回到最佳工作点	水泵节电率为32.6%,年节电约13.8万kW·h	15万元

统计结果表明,在不考虑天气、空调面积变化等外在影响因素的前提下,2010年1~10月合同能源管理后项目界定范围内的电与天然气消耗量比基准年度2009年同期节约天然气42.5万Nm^3和36.6万kW·h,节约率分别为18.9%和13.4%。图13-7和图13-8给出了2010年1~10月实施合同能源管理后项目界定范围内的天然气与电消耗量与上年同期的对比结果。根据气象温度统计,2010年1~10月的天气温度情况与2009年同期相比基本相似,2010年6月天气比较凉爽,没有出现最高气温超过35℃的极端天气情况,但今年8月比去年要热许多,最高气温超过35℃的天数比去年8月多8天;因此可以说天气因素对今年1~10月的能耗下降影响不大。而今年的中央空调使用面积比基准年度2009年增

加了约 4 000 平方米，增长 4% 左右；而 2010 年 1~10 月医院的经营状况与去年同期基本相同，略有增长。由此可以说明，医院通过实施合同能源管理，取得了实实在在的明显节能效果。

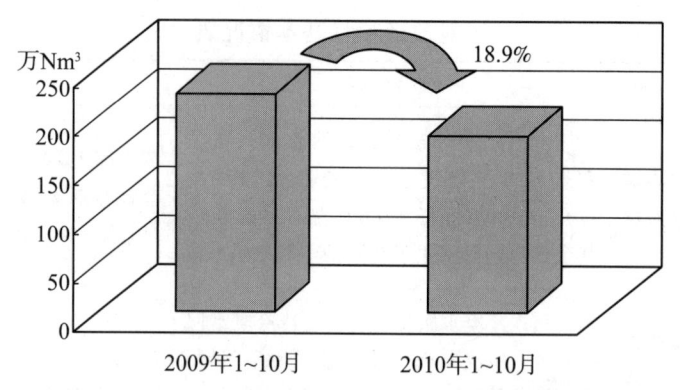

图 13-7　合同能源管理实施前后天然气消耗量变化

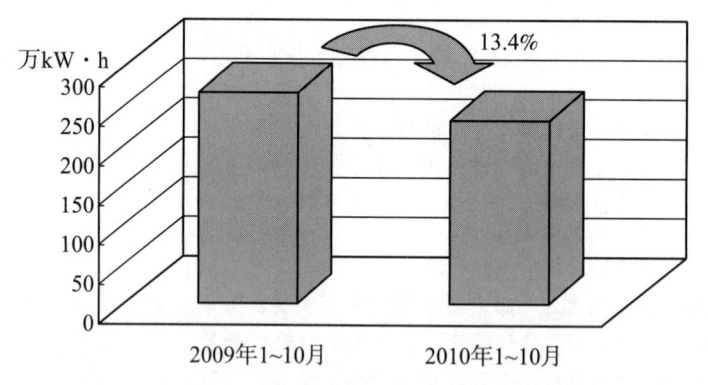

图 13-8　合同能源管理实施前后电耗量变化

中南大学湘雅三医院实施合同能源管理的实践表明，在医院实行合同能源管理，不但符合医疗系统后勤社会化的趋势，而且有利于深入挖掘系统的节能潜力，有利于医院集中精力搞好主业，在享受到专业化节能服务的同时建立一套完善的节能管理机制，切切实实给医院带来明显的节能收益。建议医院特别是大型综合性医院，紧密结合自身的用能特点，加强医院能源消耗计量，通过对医院用能系统进行全面细致的节能诊断，正确评估医院节能潜力，同时积极引入合同能源管理节能新机制，借助有资质、信誉好、专业的节能服务公司的资金和节能技术，全面实施系统的综合节能改造和深度的专业节能管理，可获得良好的经济效益和社会效益，实现医院与节能服务公司的双赢。

第 14 章

"两型"建筑建设标准及指标体系

14.1 "两型"建筑建设的背景与意义

14.1.1 研究的背景、目的与意义

14.1.1.1 研究背景

近几年来,作为国家支柱产业的建筑业得到了持续迅猛发展,但快速增长的背后也暴露出一些问题。

(1) 投资浪费巨大。由于工程项目决策不科学,工程设计不合理,工程管理跟不上,而导致了诸多工程的投资规模失控、施工质量不稳定,造成了投资的巨大浪费。

(2) 建筑产品能耗大。能源消费中其中建筑产品的能耗(空调、照明、取暖等)占据了相当大的比例。《中国统计年鉴2006》的数据表明,2005年生活能源消耗量23 393万吨标准煤,年平均每人生活消耗能源达到179.4千克标准煤仍处于较高的水平。各类房屋建筑存量急剧增加的同时,建筑能耗也直线攀升。建筑运行能耗占我国能源总消费量的比例已由20世纪70年代末的10%上升到

2009年的26.7%,已经达到了世界建筑能耗占能源消费量30%的平均水平。建筑能耗不仅是消费过程的运行能耗,还应包括建造房屋生产环节的能耗。据估算,加上这部分间接能耗,建筑能耗的总量应占到社会总能耗的46.7%。

(3) 建筑物带来的环境问题十分严重。环境问题包括室内环境和室外环境,室外环境方面,建筑用能排放的温室气体已占全国总量的25%,北方城市冬季煤烟型污染指数超过世界卫生组织提出的最高值的2~3倍;温室气体的增加又使盛夏高温酷暑难耐,空调制冷满负荷运行。于是,电力供应紧张,拉闸限电已屡见不鲜,频频传出能源紧缺的信号。室内环境方面,由于建材、装修材料选择不当,造成严重的室内污染,严重危害了民众的身体健康。

(4) 水资源浪费严重。我国很多城市是水资源严重缺乏城市,但是由于供水设施质量问题,跑冒滴漏问题严重,造成大量水资源的白白流失;除了大型工厂外,居住、办公和商业等设施的中水利用率还很低,大部分仍为空白。

(5) 不利于建筑的可持续发展。由于赶工、预算约束、人为等因素,造成建筑物质量缺陷,节水、节能设施不完善,引起未来运营、维护成本的大幅度提高,不利于建筑产品的可持续发展。

近年来,以最大限度地节约资源(节地、节能、节水、节材)、保护环境和减少污染,为人们提供健康、适用和高效的使用空间,与自然和谐共生为特征、符合"资源节约型、环境友好型"理念的建筑开始进入人们的生活。它倡导居住环境的健康舒适、资源的可持续利用,以及建筑环境与周围环境的协调,并减少建筑生命周期内污染排放,尽可能减少对自然环境的负面影响。由于"两型"建筑的概念具有综合性,既包括建筑的物理性能,如能源消耗、污物排放、建筑外围与材料、室内环境等,又可能涵盖部分人文及社会的因素,如规划、管理手段、经济效益等。而人们对"两型"建筑的理解可能因为观念、当地技术和经济水平等方面的不同而存在差异。一套规范、科学、清晰的"两型"建筑建设标准及评价体系,对"两型"建筑概念的具体化,使"两型"建筑从空中楼阁真正走入实践,以及对人们真正理解其内涵,都将起到积极的促进作用。

14.1.1.2 研究目的

引入了全生命周期评价方法(Whole Life Appraisal, WLA)的概念,研究其在"两型"建筑建设及评价方面的应用。

(1) 将整个建筑过程分为决策、设计、施工、运营维护四个阶段进行"两型"建筑相关问题的研究,制定既符合当前实际又具有一定前瞻导向的"两型"建筑建设标准;

(2) 借助全生命周期成本(Whole Life Costing, WLC)这个技术工具进行

"两型"建筑的评价研究；

（3）在标杆管理方法的基础上评价新建项目是否为"两型"建筑。

14.1.1.3 研究意义

建立"两型"建筑建设标准及评价体系的意义不仅是建筑节能，它从多个方面进行创新和有机综合，从而使建筑与自然和谐，充分利用资源和能源，创造健康、舒适和优美的生活空间。它对于建筑领域的革命意义可以从技术、社会、经济等角度来审视。

（1）技术意义。"两型"建筑技术的研究逐渐呈现自然科学、社会科学、人文科学、计算机科学、信息科学等多学科研究成果融合的趋势，这使得"两型"建筑设计策略研究进入多维发展阶段。"两型"建筑技术策略的深化与发展在材料、设备、形态学等不同的领域展开，在技术发展的同时，技术与其他设计元素的整合也开始从过去的简单叠加、更多关注外围护结构本身的设计向技术与建筑整体系统的有机结合转变，逐渐成为"两型"建筑系统。"两型"建筑评价体系的建立是"两型"建筑技术逐步完善和系统化的必然结果，它为"两型"建筑技术的有机整合搭建了一个平台，使"两型"建筑技术、信息技术、计算机技术等诸多学科能够在一个统一的平台上发挥各自的作用，建立一个综合评价系统，为设计师、规划师、工程师和管理人员提供了一个比以往任何时候都更加简便易行、规章明确的"两型"建筑评价工具和设计指南。

（2）社会意义。构建"两型"建筑建设标准及评价体系的社会意义主要体现在完善"两型社会"建设标准总体系和提倡新的生活方式两个方面。

①建设"两型社会"是一项庞大的系统工程，涉及经济、社会、文化、环境等各方面。党的十七大报告指出：必须把建设"两型社会"放在工业化、现代化发展战略的突出位置，落实到每个单位、每个家庭。建筑作为人们工作和居住的主要场所，如何使其符合"两型"理念的要求，是建设"两型社会"的重要组成部分；而构建科学合理的"两型"建筑建设标准及评价体系也将完善"两型社会"建设标准总体系。

②"两型"建筑建设标准及评价体系倡导健康的生活方式，这是基于将"两型"建筑的设计与建造看作是一个社会教育的过程。"两型"建筑评价体系的原则是在有效利用资源和遵循生态规律的基础上，创造健康的建筑空间并保持可持续发展。这一概念纠正了人们以往的消费型生活方式的错误观念，指出不能一味地追求物质上的奢侈享受，而应在保持环境的可持续利用的前提下适度的追求生活的舒适。只有符合可持续发展要求的生活方式相匹配，"两型"建筑才能发挥最佳效果。

14.1.2 "两型"建筑及其评价理论分析

14.1.2.1 "两型"建筑的基本原理

从生命周期的角度看,"两型"建筑的基本原理有以下几条:
(1) 使整个建筑生命周期内自然资源的耗费(材料和能源)降到最低;
(2) 使整个建筑生命周期内污染和环境排放降到最低;
(3) 保护生态(自然)环境;
(4) 形成一个健康、舒适和无害的空间;
(5) 使建筑的质量、功能和性能与目的统一;
(6) 使环保性能与费用和经济性能平衡。

14.1.2.2 "两型"建筑与一般建筑的区别

"两型"建筑与一般建筑存在六大区别:

(1) 一般建筑在结构上趋向于封闭,在设计上力求与自然环境完全隔离,室内环境往往不利于健康;而"两型"建筑的内部与外部采取有效连通的方法,会根据气候变化自动进行适应调节。

(2) 一般建筑随着建筑设计、生产和用材的标准化、产业化,以及大江南北建筑的形式一律化、单调化造就了"千城一面";而"两型"建筑推行本地材料,建筑将随着气候、自然资源和地区文化的差异而重新呈现不同的风貌。

(3) 一般建筑是一种商品,建筑的形式往往不顾环境资源的限制,片面追求批量化生产,低成本建设,自我创造形象;而"两型"建筑则被看作一种资源,建筑及其城市发展都将以最小的生态和资源代价,在广泛的领域获得最大效益。

(4) 一般建筑追求"新、奇、特"和"大、洋、贵",追求标志效应;而"两型"建筑的建筑形式将从人与大自然和谐相处中获得灵感。

(5) 一般建筑能耗非常大,建筑业是所有产业中的耗能大户和污染大户;"两型"建筑极大地减少了能耗,甚至可以自身产生和利用可再生能源。一般而言,发电节能提高5%,汽车节能提高10%极为困难,而建筑节能轻易可达50%~60%。

(6) 一般建筑仅在建造过程或在使用过程中对环境负责,而"两型"建筑是在建筑的全生命周期内,为人类提供健康、适用和高效的使用空间,最终实现与自然共生,从被动的减少对自然的干扰到主动地创造环境的丰富性,减少资源需求。

(7) "两型"建筑较一般建筑的建设成本稍高。针对中国"两型"建筑的成本增量，中国建筑科学研究院上海分院在全国 6 个省选择了 18 个节能环保类建筑项目（9 个为公共建筑，另外 9 个为居住建筑）进行了增量成本统计分析，其中一星级 3 个，二星级 9 个，三星级 5 个，1 个为可再生能源示范项目。统计结果表明，一、二、三星级设计目标项目平均单位建筑面积造价增量分别为 103 元/m^2、207 元/m^2、360 元/m^2，增量成本占总成本的百分比分别为 2.7%、6.2%、9.3%。

按节地与室外环境、节能与能源利用、节水与水资源利用、节材与材料资源利用、室内环境质量和运营管理六个方面分析，成本增量最多的为节能与能源利用，其次为运营管理和室内环境的造价增加，最后依次为节水、节地和节材。由此可见，节能是节能环保类建筑的重点，也是增量成本的要点。图 14-1 展示了节能环保类建筑不同方面增量占造价总增量的百分比。图 14-2 展示了各部分造价增量对达到节能环保类建筑要求的重要程度。

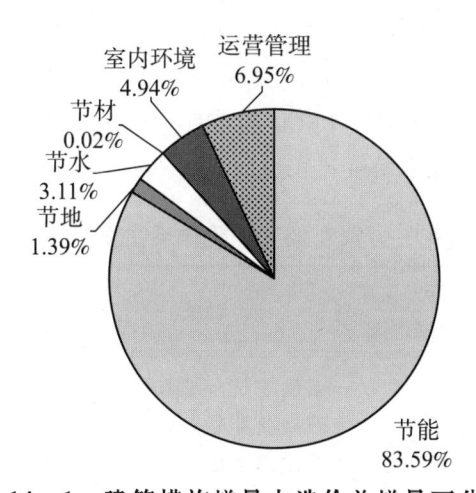

图 14-1 建筑措施增量占造价总增量百分比

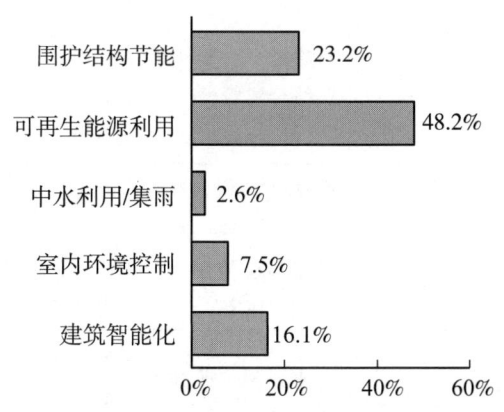

图 14-2 各部分造价增量对达到要求的重要程度

14.2 国外"两型"建筑建设的理论研究

14.2.1 国外"两型"建筑评价体系概述

目前,国外一些发达国家和地区已经制定了一些针对本国实际、符合"两型"建筑理念的评价体系。根据用途不同,通常将该类评价体系分为三类:第一类系统是建筑材料和构配件的性能评价与选用系统,有代表性的包括 BEES 和 Athena 等;第二类系统是对建筑物某一方面的性能进行评价的系统,有代表性的有 Energy Plus、Energy 10 和 Radiance 等;第三类系统是建筑物性能的综合评价系统,有代表性的有 BREEAM、LEED 和 GBTool 等。表 14-1 所示的是世界有关国家和地区评价体系的主要特征比较情况。

表 14-1　世界有关国家和地区评价体系主要特征比较

评价体系	开发时间	开发国家或地区	评价对象	评价内容
BREEAM	1990 年	英国	新建建筑,既有建筑(商业建筑、工业建筑、住宅、商场、超市)	管理,健康与舒适性,能耗,交通,水耗,材料,土地利用,位置的生态价值,污染
LEED	1995 年	美国	新建建筑,既有商业综合建筑	场地可持续性,用水的利用率,耗能与大气,材料与资源保护,室内环境质量,创新与设计和施工
Ecoprofile	1995 年	挪威	已建办公楼,商业建筑,住宅	室外环境,资源,室内环境
HK-BEAM	1996 年	香港	新建和已使用办公建筑,住宅	场地,材料,能源,水资源,室内环境质量,创新
GBC	1998 年	加拿大	新建建筑,改建翻新建筑	资源消耗,环境负荷,室内环境,服务设施质量,经济性,管理,出入与交通

续表

评价体系	开发时间	开发国家或地区	评价对象	评价内容
台湾绿建筑解说与评价手册	2001年	中国台湾	各类建筑	绿化指标，基地保水指标，水资源指标，日常节能指标，CO_2减量指标，废弃物减量指标，污水垃圾减量指标
CASBEE	2002年	日本	新建建筑，既有建筑，短期使用建筑，改修建筑，热岛现象缓和对策	Q建筑物的质量（Q1室内环境、Q2服务设放质量、Q3占地内的室外环境），L环境负荷（L1能源、L2资源与材料、L3占地以外的环境），建筑环境效率Q/L
ESCALE	正在开发中	法国		能源、水资源和材料，建筑垃圾，大范围污染，本地污染，文脉适应，舒适性，健康性，环境管理，间接条款
NABERS	尚未正式使用	澳大利亚	既有建筑（办公建筑、住宅）	生物多样性，主体节能，温室气体排放，室内空气质量，资源节约，场址规划

14.2.1.1 英国——"建筑研究组织环境评价法"（BREEAM）

著名的英国建筑研究所于1990年首次推出"建筑环境评价方法"（Building Research Establishment Environmental Assessment，BREEAM）——一种条款式的评价系统，是国际上第一套实际应用于市场和管理的符合"两型"理念的建筑评价方法，针对建筑全寿命周期内的环境性能进行评估。也是开发最早、目前最成功的建筑环境影响评价系统。BREEAM从管理、能源使用、健康状态、污染、运输、土地使用、生态环境、材料和水资源等9个方面来评估建筑物环境表现。根据其所满足的条款最终获得分数。BREEAM是为建筑所有者、设计者和使用者设计的评价体系，以评判建筑在其整个寿命周期中，包含从建筑设计开始阶段的选址、设计、施工、使用直至最终报废拆除所有阶段的环境性能。通过对一系列的环境问题，包括建筑对全球、区域、场地和室内环境的影响进行评价，BREEAM最终给予建筑环境标志认证。REEAM评价体系的推出，为规范节能环保类建筑概念，以及推动节能环保类建筑的健康有序发展，做出了开拓性的贡献。成为各国建立新型节能环保类建筑评价体系所必不可少的重要参考。

14.2.1.2 美国——"能源及环境设计先导计划"（LEED）

LEED（Leadership in Energy & Environmental Design）由美国绿色建筑委员会于1993年开始着手制定。作为条款式评价系统，LEED针对不同建设项目制订了相应的评价标准。其评价内容包括可持续的场地设计、有效利用水资源、能源与环境、材料和资源、室内环境质量和革新设计六个大的方面。在每一方面内，具体包含了若干个得分点，项目按各具体方面达到的要求，评出相应的积分。各得分点都包含目的、要求和相关技术指导3项内容。积分累加得出总评分，因此建筑绿色特性可以用量。这套体系的主要优点体现在其透明性和可操作性。因为在评价要点之外，它还提供了一套内容十分全面的使用指导手册。其中不仅解释了每一个子项的评价意图、预评（先决）条件及相关的环境、经济和社区因素、评价指标文件来源等，还对相关设计方法和技术提出建议与分析，并提供了参考文献目录（包括网址和文字资料等）和实例分析。LEED2.0评定系统总体而言是一套比较完善的评价体系，与其他评价体系相比结构简单，考虑的问题也少些，虽然操作程序较为简易，但存在缺乏权衡系统机制约束的缺陷。

14.2.1.3 加拿大——"绿色建筑挑战"（GBC 2000）

GBC 2000（Green Building Challenge）是从1998年起由加拿大发起的一项国际合作行动。其核心内容是通过"绿色建筑评价工具"（GB Tool）的开发和应用研究，发展一套统一的性能参数指标，建立全球化的绿色建筑性能评价标准和认证系统，使有用的建筑性能信息可以在国家之间交换，最终使不同地区和国家之间的绿色建筑实例具有可比性，为各国各地区绿色生态建筑的评价提供一个较为统一的国际化平台，从而推动国际绿色生态建筑整体的全面发展。GBC 2000评估范围包括新建和改建翻新建筑。评估手册共有4卷，包括总论、办公建筑、学校建筑、集合住宅。评估目的是对建筑在设计及完工后的环境性能予以评价。评价的标准共分8个部分：环境的可持续发展指标、资源消耗、环境负荷、室内空气质量、可维护性、经济性、运行管理、术语表。各部分都有自己的分项和更为具体的标准。由此，建筑各个方面的环境性能都可以直观地以分值表示。

GB Tool是较为特殊的生态环保类建筑评价工具，将地区适用性与国际可比性相结合，以现有软件为评价的载体工具，评价基准的灵活性、评价机制的研究性和复杂性。总之GB Tool是一个较复杂的研究性的新型绿色建筑评价工具。从实用的角度看，其内容显得过于细，操作较复杂，结果也不适应市场对绿色建筑评定等级的需求。但它兼具国际性和地区性及评价基准上的灵活性特征，还是吸引了越来越多的国家加入共同研究和实践的行列。

14.2.1.4 其他国家和地区的评价体系

澳大利亚的绿色生态建筑评价工具（NABERS）是一个最新开发（尚未正式使用）的适应澳大利亚国情的生态建筑评价工具，其评价机制仍然是先确定评价指标项目，再确定评价基准，最后进行评价。日本的建筑综合环境评价委员会从2001年开始开发了建筑物综合环境评价方法（CASBEE, Comprehensive Assessment System For Building Environment Efficiency）。还有芬兰的 LCA – House 评估工具；法国建筑科学研究中心针对建筑环境性能的 EScale 评估工具和全寿命周期分析工具 TEAM、Papoose 及 EQUER；荷兰的生态指标 Ecoindicator 评估体系；瑞士的 OGIP 全寿命评估工具；德国的生态建筑全寿命评估工具 EcoPro 等。

香港地区也开发了"香港建筑物环境评估方法"（HK – BEAM），针对全球、地区和室内环境的评估，侧重点在于资源消耗、材料和能源消耗、环境负荷以及对人自身的影响几个方面。中国台湾也推出了《绿色建筑解说与评估手册》。

14.2.2 国外著名"两型"建筑介绍

目前，符合两型理念的绿色环保建筑在世界上的发展逐渐成熟，下面将简要介绍两则已通过评估方法评估的绿色建筑，并以此为例介绍其设计理念。

14.2.2.1 美国：Interface Showroom and Offices

该建筑是位于美国亚特兰大市的一栋贸易大楼，建筑面积 6 500m^2，建筑完工于 2004 年 4 月。该建筑经美国 LEED 评估方法打分，获得 44 分，被授予铂金级。

建筑物附近有便利的公共交通系统，同时还为自行车提供了充足的发展空间，甚至还为往返的人们提供了自行车租借服务。节水型的厨房水流开关、洗碗机、制冰机以及带感应器的节水型马桶等设备的采用，都为建筑节约了宝贵的水资源。日光照明、高效率的照明灯具以及感应灯具等的应用，可为大楼节约大量照明电力。大楼里使用的设备、器具都是符合能源之星的要求。此外，大楼业主已购买了两年的风力发电用做建筑的能源供应。设置在展厅的空气质量监控器可为室内提供可靠的通风保证。而建筑充分利用日光照明的思路同时也为建筑内提供了良好的视觉效果。该建筑在建筑材料的选择上也同样是本着可回收利用、就地取材、低污染物排放以及经鉴定合格的原则，项目组在建造过程中就回收了约为总量 85% 的建筑废弃物。

该建筑的设计理念是亲近客户、创造良好的商业氛围，并同时为工作人员提供办公场所、为城市经济发展做出贡献、促进可持续发展、提供安全的人居环境。

14.2.2.2 英国：The Environmental Building

位于英国加斯顿港的该建筑是未来的能效办公楼性能规范的示范建筑。建筑充分应用自然通风技术、最大限度的日光照明处理、优良的建筑保温隔热措施、最大限度的材料及废弃物的回收再利用，以求建筑在满足居住要求的情况下，实现最和谐的环境反馈，荣获英国 BREEAM 评估方法的最高级别——优秀。

环境楼建筑面积 6 000m^2，设计新颖，环境健康舒适，不仅提供了低能耗舒适健康的办公场所，而且用作评定各种新颖绿色建筑技术的大规模实验设施。它的每年能耗和 CO_2 排放性能指标定为：燃气 47kW·h/m^2；用电 36kW·h/m^2；CO_2 排放量 34kg/m^2。

该楼最大限度利用日光，南面采用活动式外百叶窗，减少阳光直接射入，既控制眩光又让日光进入，并可外视景观。采用自然通风，尽量减少使用风机。采用新颖的空腔楼板使建筑物空间布局灵活，又不会阻挡天然通风的通路。顶层屋面板外露，避免使用空调。白天屋面板吸热，夜晚通风冷却。埋置在地板下的管道利用地下水进一步帮助冷却。安装综合有效的智能照明系统，可自动补偿到日光水准，各灯分开控制。建筑物各系统运作均采用计算机最新集成技术自动控制。用户可对灯、百叶窗、窗和加热系统的自控装置进行遥控，从而对局部环境拥有较高程度的控制。环境建筑配备 47m^2 建筑用太阳能薄膜非晶硅电池，为建筑物提供无污染电力。建筑还使用了 8 万块再生砖，老建筑的 96% 均加以再生产或再循环利用。

14.2.3 国外成熟评价体系对"两型"建筑标准及评价体系的启示与借鉴

我国符合"两型"理念的节能环保类建筑评价体系的建设起步较晚，目前还处于初期阶段，缺乏实践经验，许多相关的技术研究领域还是空白，相关评价体系的拟定基本都借鉴国外经验。美国 LEED 是目前国际上公认度很高的一套成熟的评价体系，分析其成功的原因，我们发现有以下几点：

（1）精确定量分析。LEED 的评价并不简单地停留在定性阶段，对于各项指标，可进行精确定量分析和考核。这就使得该评价系统在执行过程中会有一个统一的客观尺度，也使得评价过程趋于可控化，绿色建筑的设计和建造过程更具可实践性。

（2）高度的开放性。LEED 在其开发运营中存在开放性。LEED 评估的所有程序都可以通过互联网完成。LEED 评估项的得分点所引用的标准采用清单的形式，简单明确，后期评价过程也保证透明公开，甚至在一些项目中公开招募专家进行评估。USGBC 作为开发者和独立的第三方，要求所评估的项目组中至少有一位主要参与人员通过 LEED 专业认证考试，为 LEED 带来极大可信度和权威性。

（3）以市场为导向。LEED 的开发以市场为导向，不仅仅关注于建筑绿色性能评价和环境保护，同时也关注于改变资本市场的评估方法，让开发商、业主和绿色建筑相关产业都能从中获益，让 LEED 认证的建筑得到更高的估值。如在开发商这个环节上，LEED 认证并不一定会带来房屋建造成本的增加，即使增加也会控制在一定的额度内。同时 LEED 会通过房产估值这个环节，将通过 LEED 认证的建筑的价值给予更高的价值评估，促使开发商积极地获得认证。

（4）全生命周期评价。LEED 关注于建筑在全生命周期对节能和环境的影响，包括从建筑设计到竣工全过程对其进行绿色评价；要求设计师在设计阶段就要充分考虑建筑的环保节能性能；在施工阶段，LEED 会对施工人员进行绿色设计培训，且派遣监督员现场指导；LEED 评价中同时关注建筑将来运营阶段能否为业主提供健康、优质的活动空间，建筑拆除后对环境影响是否降至最低。

（5）内容持续更新。LEED 诞生至今，已发展为多个版本，且其子版本还在不断发展壮大之中。LEED 持久的生命力正是来源于其不断地更新发展，以适应建筑领域的不断前进。

14.3 "两型"建筑的评价指标体系

14.3.1 "两型"建筑建设评价指标体系构建原则与步骤

14.3.1.1 "两型"建筑建设评价指标体系构建原则

科学合理的指标体系是准确、全面评价"两型"建筑建设水平的基础和保证。面向"两型"建筑建设水平评价的指标体系应采用多层次指标体系，内容要全面，重点要突出，操作要简便，要使定量分析与定性分析相结合。"两型"建筑建设水平的评价指标体系的设计遵循以下4个原则：

（1）科学性原则。构建"两型"建筑建设水平评价指标体系必须建立在科学的认识"两型"建筑的涵义和内涵的基础上，要具有一定的科学内涵，且指标的概念必须明确，从而能够客观地反映"两型"建筑的基本特征。所选取的计算方法和模型也必须科学、规范，指标数值来源也应该是准确的，要科学合理的方法对数据进行处理。

（2）系统性原则。指标体系的设置应系统、全面，能够客观地反映"两型"建筑建设的状况。为此，做到从各个不同的角度综合对建筑的各个层面有所反映。各个指标之间既有相对独立的一面，又有相互联系的一面，整个指标体系具有层次性，具有层次高、涵盖广、系统性强的特点。

（3）稳定性原则。"两型"建筑评价指标体系应充分考虑系统动态变化的特点，"两型"建筑建设水平的状况既是目标又是过程。指标体系还应保持其相对的稳定性，在一定时期内，指标体系内容不能够频繁地变动，既要有静态指标，又要有动态指标。

（4）可操作性原则。数据的可获得性是选取评价指标的重要考虑因素，同时要明确指标量化的难易程度及其可靠性。"两型"建筑评价指标体系不能太简单，简单的话不能充分反映出"两型"建筑的内涵，从而造成评价结果的精确度降低；也不能过于复杂，复杂的指标体系会造成评价效率低下，增加评价的工作难度，指标体系的构建要注意到简单与复杂的平衡。因此指标的选取应尽可能选择指标内容容易获取、具有代表性、简单明了、可比性强、容易理解的一些重点指标。

14.3.1.2 "两型"建筑建设评价指标体系的设计步骤

指标体系的设计过程复杂，按照一定的程序逐步分析，必须秉承认真负责、科学严谨的态度。影响指标体系设计的因素很多，在设计指标体系的时候不能按自己的想法、自己的经验确定，这样确定的指标体系理论基础和说服力不足，具有太大的主观性。

"两型"建筑建设水平评价指标体系的确定同样需要按照严格的步骤进行，本研究"两型"建筑建设水平评价指标体系设计的步骤分为：

（1）准备工作。在确定评价指标体系之前需要做一些目标分析、资料信息收集及整理等准备工作，这也是确定评价工作进行的基础。

（2）确定指标体系结构。要确定评价指标体系的层次结构，这是建立在准备阶段基础上进行的，依据是所搜集的资料及目标要求。

（3）评价指标的初选。对搜集的资料信息的进行完整分析和整理之后要对评价指标，以评价指标体系的层次结构。按照前面提出的设定原则选取，每个评价指标都代表评价的某一方面，指标代表的意义及程度需明确。

（4）评价指标的筛选与简化。要对初选得到的评价指标进行筛选与简化，使每个指标都要尽可能为评价目标服务，简化的时候也要避免出现漏选的情况，评价指标从初选到最终确定可能要经过很多次增减。

（5）指标体系有效性分析。为确保评价指标的科学有效，必须采取一定的措施来对指标体系的有效性进行分析，发现并解决那些在主观分析时遗漏的问题。

（6）确定评价指标体系。根据以上步骤，确定最终的评价指标体系。

14.3.1.3 "两型"建筑建设评价指标体系的构建

（1）评价指标体系框架。按照"两型"建筑的定义，在建筑的全寿命周期内，要最大限度地节约资源（节地、节能、节水、节材）、保护环境和减少污染，为人们提供健康、适用和高效的使用空间，与自然和谐共生。因此，"两型"建筑建设水平评价指标体系应按全寿命周期划分为设计建设、运营维护和拆除三个阶段分别对其进行评价。其次，在评价内容上，"资源节约"与"环境友好"是对"两型"建筑的核心理解，因此，"两型"建筑建设水平评价指标体系主要应包括资源节约与利用和环境质量两大部分。

（2）评价指标的筛选。现有的文献资料对评价指标的取舍没有严格科学的标准，指标的选取多是凭经验和主观判断进行。这样，一方面会使一些影响很小的指标被选入，另一方面容易造成一些重要指标的漏选或者信息量有较大重复的多个指标同时被选入的结果，从而使综合评价的计算趋于复杂，造成评价结果的不合理。本书在确定"两型"建筑建设评价指标体系的时候应该避免这种缺陷。本书采用两步法避免这种缺陷：首先对评价指标体系初选，然后根据入选的指标对"两型"建筑建设水平贡献的大小进行再次筛选，使指标体系完善（见图14-3）。

①指标体系的筛选原则。评价指标的筛选要注意全面性、可操作性和可比性，能够处理好定性与定量、客体评估与社会评价、成果指标与过程指标之间的关系。指标筛选过程中要充分考虑到指标的可操作性和数据获取的难易程度。根据实际情况，具体的筛选原则有以下几个方面：

灵敏性原则。指标进行选择的依据应该是对评价结果有重大的影响。对"两型"建筑建设水平评价指标集进行筛选，必须删除那些与评价目标不重要的指标。

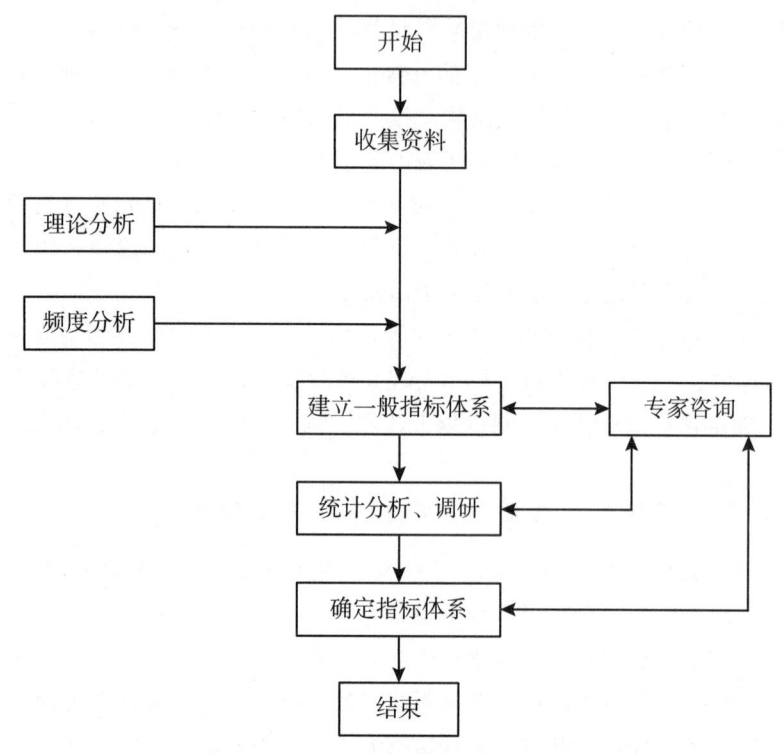

```
        ┌──────┐
        │ 开始 │
        └───┬──┘
            ↓
        ┌────────┐
        │ 收集资料│
        └───┬────┘
┌────────┐  │
│ 理论分析│──┤
└────────┘  │
┌────────┐  │
│ 频度分析│──┤
└────────┘  ↓
       ┌──────────────┐    ┌────────┐
       │建立一般指标体系│←→│专家咨询│
       └──────┬───────┘    └────┬───┘
              ↓                 ↑
       ┌──────────────┐         │
       │ 统计分析、调研│─────────┤
       └──────┬───────┘         │
              ↓                 │
       ┌──────────────┐         │
       │ 确定指标体系 │←────────┘
       └──────┬───────┘
              ↓
          ┌──────┐
          │ 结束 │
          └──────┘
```

图 14-3 指标筛选程序图

独立性原则。如果评价指标体系各指标之间相关关系较大，将会导致观测数据所反映的信息出现重叠。为避免影响评价结果的客观性，指标体系中不能存在高度相关的指标。因此，须对指标进行相关分析，从中选择独立性较大的指标。

简明性原则。评价指标体系的大小应有一定的科学性，但也必须适宜。如果指标体系太大，会导致评价者的注意力集中在细小的问题上；相反，如果指标体系太小，则难以充分反映实际情况。

可观测性原则。那些无法进行测量或统计的指标，不宜入选指标体系。所选评价指标要能运用一定的统计计算得出其指标值，指标必须具有明确的含义，有统一的统计计算口径。

协调性原则。矛盾指标的处理是评价指标体系建立的过程中经常遇到的问题，所谓矛盾指标是指两个难以同时实现的指标。通常可以通过两种方法解决这类矛盾指标情况：一是在保证指标体系的相对完备性的基础上将引起矛盾的指标删除；二是使两矛盾指标相互并存，这样就要求两矛盾指标之间不是绝对的相斥关系，要具有一定的相容性。在实际应用中，经常对矛盾的一方指标的值限定在某一值域范围内。

②指标体系的初选。从技术角度看，选择评价指标需遵循指标的完备性、主

成分性、针对性和独立性。指标体系的完备性和针对性原则是指标体系的初选主要考虑的因素。评价指标的完备性在这里包含两层含意：一是所要求选择的指标能够全面反映"两型"建筑建设水平的相关状况；二是明确评价的目的，并以此来决定评价指标体系的完备性。目前由于受认识水平限制，对于评价指标的针对性，比较难以对其进行定量衡量，只能依赖于相关评价者对"两型"建筑内涵的理解程度以其对所评价企业的了解程度。为了满足指标选择的完备性和针对性原则，本书采用频度统计法、理论分析法和专家咨询法。所谓的频度统计法主要是指对目前有关"两型"评价研究方面的报告和论文进行频度统计，只有那些使用频度较高的指标才能入选；理论分析法主要是通过对"两型"建筑的内涵、特征、基本要素等主要问题进行比较、分析和综合，依此选择能体现"两型"建筑建设水平并具有针对性的指标；专家咨询法是在初步选择出评价指标的基础上进行，通过咨询有关专家的意见，对之前选择的指标进行调整。

③信息量重复指标的剔除。建立评价指标体系时，经常性的会使很强相关性的几个指标同时被选入，甚至某些指标所提供的信息可能完全包含于其他指标之中，这些具有很强相关性的指标提供的信息存在着较大的重复。因此，通过相关分析，剔除具有较大相关性的指标，从方法论上对指标的优化选择采用多元统计方法等客观方法，即这样才能避免指标的不必要重复。需要通过删除信息量重复的指标。使最终的指标具有较大的独立性。一般通过主成分分析方法，剔除对总体方差贡献率很小的指标，也可以对某一类指标都选取一个做因变量，把其余的作自变量进行回归分析，通过计算出每一个回归方程，得到样本决定系数 R^2，删除该方程中作为因变量的指标。若其中某个指标方程的 R^2 大于 95%，则说明该指标提供的信息被其他指标所包括。如果出现多个样本决定系数大于 95% 的指标，应该删除决定系数大的那个方程中作为因变量的指标，然后对剩余的指标重新重复上一步操作，不停地进行回归、比较和删除，直到剩下样本决定系数均低于 95% 为止。最终要使得剩余的指标之间就信息重复出现的情况较少。

但是采用多元统计方法等客观方法有很大的缺陷，多元统计的工作量较大，同时要求样本具有较大的原始数据集。客观来讲会造成资源和时间的浪费，采用此种方法不大可行。

因此，"两型"建筑建设评价指标体系的设计应考虑多方面的因素，根据对"两型"企业内涵、特征的分析理解，对相关文献的梳理，充分利用查到的资料，对其中有关"两型"建筑的论述作归纳、统计和分析。在此基础上，再对相关领域的专家、教授进行访谈，咨询他们对于"两型"建筑建设水平评价指标体系的看法，剔出相关性较强的指标和明显重复指标，做好指标筛选工作，最后确定入选指标。

（3）评价指标体系的确定。基于建筑在全生命周期对资源和环境的影响，将"两型"建筑标准体系制定及评价划分为设计建造期、维护运营期和拆除期三个阶段，具体如图 14-4 和表 14-2 所示。

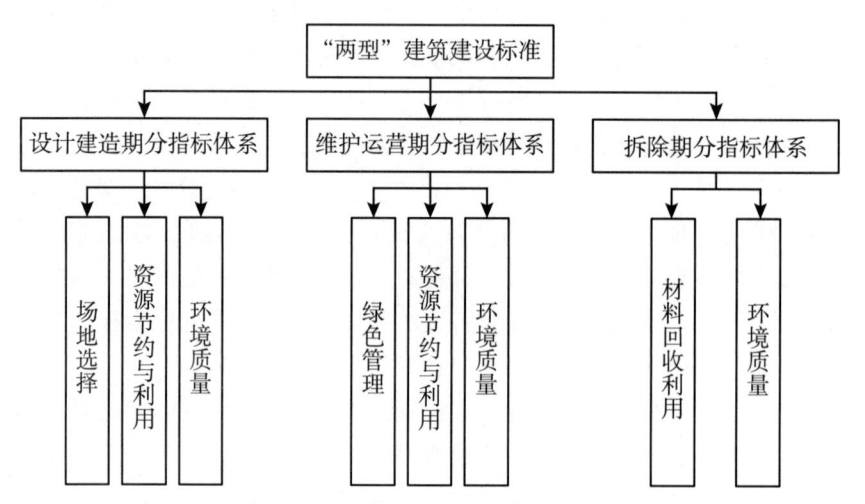

图 14-4 "两型"建筑建设标准指标

表 14-2   "两型"建筑建设标准

阶段	项目	基本要求	说明
设计建造期	场地选择	1. 场地建设不破坏本地区文物、历史建筑、风景名胜、自然水系、湿地、基本农田、森林和其他保护区	约束性指标
		2. 对住区用地的地质与水文状况做出分析，用地位于洪水水位之上（或有可靠的城市防洪设施），充分考虑到地震、台风、泥石流、滑坡等自然灾害的应对措施	约束性指标
		3. 合理改造利用建设用地范围内现有的永久性建筑	参考性指标
		4. 选址和住区出入口的设置方便居民，充分利用公共交通网络。住宅区出入口到达公共交通站点的步行距离不超过 500m	参考性指标
	资源节约与利用	1. 生活饮用水、生活杂用水、再生水参照《饮用净水水质标准》CJ94-1999 等标准中的要求进行分质供水	约束性指标
		2. 制订住区水量平衡方案、小区水系统优化设计方案以及雨水及其他水源水系统规划	参考性指标

续表

阶段	项目	基本要求	说明
设计建造期	资源节约与利用	3. 建筑设计节能、围护设计节能、照明系统节能设计、空调系统节能设计参照《湖南省居住建筑节能设计标准》DBJ43/001－2004、《湖南省公共建筑节能设计标准》DBJ43/003－2010 中的要求	约束性指标
		4. 充分利用太阳能、地热能等可再生能源，可再生能源的使用占建筑总能耗的比例大于 10%	参考性指标
		5. 对可再利用的旧建筑材料进行分类处理	约束性指标
		6. 可再循环材料使用重量占所用建筑材料总重量的 10% 以上	参考性指标
		7. 土建与装修一体化设计施工，不破坏和拆除已有的建筑构件及设施	参考性指标
		8. 住宅区全装修比例不低于总户数的 30%	参考性指标
		9. 采用地下停车、立体停车方式等增加停车设施，地下停车位数量不少于总停车位数量的 80%	参考性指标
	环境质量	1. 废弃物及建筑垃圾处理参照相关标准	约束性指标
		2. 住区的绿地率不低于 30%，人均公共绿地面积不低于 1m²；屋顶绿化面积占屋顶可绿化总面积的比例达到 50%	约束性指标
		3. 设置相对固定的收集容器，实行垃圾分类收集、处置；生活污水集中处置率 100%	约束性指标
		4. 施工噪声符合《建筑施工场界噪声限值》GB12523－90 中的要求	约束性指标
		5. 施工场地夜间作业时所使用的强照明灯光和电焊操作等所产生的眩光应设置相应的遮蔽措施，避免对周围住户造成影响	约束性指标
		6. 室外日平均热岛强度不高于 1.5℃	约束性指标
		7. 卧室、起居室（厅）、书房、厨房设置外窗，房间的采光系数不低于现行国家标准 GB/T 50033《建筑采光设计标准》的规定	约束性指标
		8. 居住空间能自然通风，通风开口面积不小于该房间地板面积的 8%	约束性指标
		9. 对建筑围护结构采取有效的隔声、减噪措施	约束性指标

续表

阶段	项目	基本要求	说明
运营维护期	两型管理	1. 在运行阶段对住宅水、电、燃气、采暖或空调等进行分户计量	约束性指标
		2. 物业管理部门通过 ISO14001 环境管理体系认证	参考性指标
		3. 住区内开展形式多样的"两型"宣传活动,每季度"两型"主题宣传活动应≥1次	约束性指标
	资源节约与利用	1. 住区内绿化浇灌采用喷灌、微灌等高效方式或雨水排放选用兼具渗透和排放两种功能的渗透性雨水排放方式,合理安排绿化的灌溉次数及用水量;景观用水不采用市政供水和自备地下水井供水	约束性指标
		2. 鼓励采用非传统水源,非传统水源利用率不小于10%	参考性指标
		3. 合理利用雨水资源,雨水利用工程符合 GB50400《建筑与小区雨水利用工程技术规范》的规定	约束性指标
		4. 节能灯具普及率达到95%	约束性指标
		5. 夏季空调系统室内温度设置≥26℃,冬季≤20℃	约束性指标
		6. 建筑装饰优先选用可再循环使用材料	约束性指标
	环境质量	1. 住区环境噪声符合现行国家标准	约束性指标
		2. 室外空气质量符合《环境空气质量标准》GB3095-1996 中的要求	约束性指标
		3. 室内声音环境满足的要求相关标准要求	约束性指标
		4. 室内空气质量、机械通风系统的空气入口设置、所用室内装饰装修材料等符合相关标准的要求	约束性指标
		5. 建筑室内采光系数值、建筑室内照明符合相关标准的要求	约束性指标
拆除期	材料回收利用	将建筑施工、旧建筑拆除和场地清理时产生的固体废弃物分类处理,并将其中可再利用的材料、可再循环材料回收和再利用	约束性指标
	环境质量	1. 建筑拆除过程中采取有效措施防止灰尘和大气污染	约束性指标
		2. 施工现场的建筑垃圾应集中、分类堆放,及时清运	约束性指标

14.3.1.4 指标说明和计算方法

（1）绿地率。绿地率描述的是居住区用地范围内各类绿地的总和与居住区用地的比率。绿地率所指的"居住区用地范围内各类绿地"主要包括公共绿地、宅旁绿地等。其中，公共绿地，又包括居住区公园、小游园、组团绿地及其他的一些块状、带状化公共绿地。计算公式为：

$$绿地率 = \frac{各类绿地总面积}{居住区用地总面积}$$

（2）人均公共绿地面积。人均公共绿地面积指项目规划规划范围内公共绿地的人均占有量，公共绿地包括：公共人工绿地、天然绿地等。计算公式为：

$$人均公共绿地面积 = \frac{公共绿地面积}{项目规划居民人数}$$

（3）生活污水集中处置率。经过城市污水处理厂二级或二级以上处理且达到排放标准的生活污水量与生活污水排放总量的百分比。计算公式如下：

$$生活污集中处置率 = \frac{生活污水处理量}{生活污水排放量}$$

（4）非传统水源利用率。采用再生水、雨水等非传统水源代替市政供水或地下水供给景观、绿化、冲厕等杂用的水量占总用水量的百分比。计算公式为：

$$非传统水源利用率 = \frac{非传统水源代替水量}{总用水量}$$

（5）室内采光系数。在室内给定平面上的一点，由直接或间接地接收来自假定和已知天空亮度分布的天空漫射光而产生的照度与同一时刻该天空半球在室外无遮挡水平面上产生的天空漫射光照度之比。

14.3.2 "两型"建筑标准实施与评价

（1）标准实施。"两型"建筑评价指标体系分为设计建造期、维护运营期、拆除期三个阶段分指标体系，又分别由资源节约与利用、环境质量、场地选择、两型管理、材料回收利用等几方面具体指标组成。每类指标包括约束性指标和参考性指标。

①"两型"建筑的评价原则上以住区建筑为对象，也可以单栋住宅为对象进行评价。评价单栋住宅时，凡涉及室外环境的指标，以该栋住宅所处住区环境的评价结果为准。

②对新建、扩建与改建的住宅建筑的评价，在其投入使用一年后进行。

③"两型"建筑评价的必备条件为全部满足本标准中约束性指标要求。按满

足参考性指标项数的程度，判别其是否达到"两型"建筑的评定要求。具体评判要求如表 14-3 所示。

（2）两型建筑评价。

表 14-3　　　　　　　"两型"建筑达标评定要求

达标要求	参考性指标项数（共 10 项）	
	设计建造期（共 8 项）	运营维护期（共 2 项）
达标项数	5	1

14.4 "两型"建筑建设政策建议

14.4.1 总体方针

（1）为"两型"建筑建设提供一定的优惠政策。"两型"建筑需要额外的技术投资，这些投资在日后的使用过程中得到回收，并最终达到在建筑整个寿命周期内降低成本的目的。因此，除了制定一些必要的强制性规定以外，还需要地方政府的大力扶持，在立项、融资等方面提供一定的优惠政策。参考国外的一些做法，结合我国实际情况，提出以下政策建议：

①政府建立可持续建设基金，对可持续住宅建设项目提供一定比例的资助，或减免一定比例的赋税。为了确保建设效果，可以成立专门的审查机构，对建成项目的可持续性能进行严格认证。

②政府住宅工程招投标中优先考虑可持续设计项目，并将典型工程发展为示范工程，对其整个寿命周期内的使用、维护情况进行长期监督。

③鼓励银行为可持续住宅建设提供一定年限的低息贷款。

④对于已建成的住宅项目，鼓励添加可持续技术设备，并以政府补贴的形式提供价格上的优惠。

（2）制定"两型"建筑设计导则。为了"两型"建筑的建设质量，需要制定进一步的《"两型"建筑设计导则》。"导则"应立足于节约资源、保护环境、健康安全的原则，鼓励采用多种节能措施，使用含有可循环成分的材料，促进垃圾减量化和废弃物的回收处理，达到以下目标：

①总能耗降低一定的比例。

②可再生能源的使用占据一定的比例。

③本地材料及可循环材料的使用占据一定的比例。

④用水需求量降低一定的比例。

⑤中水、雨水的循环使用占据一定的比例。

⑥废弃物回收率提高一定的比例。

⑦建筑的使用寿命增加。

⑧获得健康的室内空气品质。

（3）鼓励节能和发展可再生能源，建立新型能源结构。作为能源消耗大国，我国的形势尤其不容乐观。面对传统能源的严重不足，迫切需要调整能源结构，发展新型的可再生能源。目前，我国能源利用效率为33%，比发达国家低10个百分点；单位产值能耗是世界平均水平的2倍多。能源利用效率方面的差距表明，我国节能潜力巨大。针对上述现状，建议如下：

①为发展可再生能源的相关设备生产企业提供税收优惠政策；

②提高能源利用效率，对耗能大户进行严格监督；

③对新建住宅小区，规定使用一定比例的可再生能源，如太阳能；对已建成小区，鼓励进行利用可再生能源的改造；

④完善家用电器节能等级评定制度，鼓励居民主动节能，强制淘汰耗电量大的未采取节能措施的电器产品。

（4）大力发展节能环保技术、循环技术。循环经济作为一种新的、符合可持续发展理念的经济模式，在一些发达国家取得了明显成效。循环经济的原则是"减量化、再使用、可循环"。发展循环经济的基本途径包括推行清洁生产、综合利用资源、建设生态工业园区、开展再生资源回收利用、发展绿色产业和促进绿色消费等方面。大力发展循环经济，可以从根本上改变我国资源过度消耗和环境污染严重的局面，使我国实现可持续发展战略，走上新型工业化道路。具体建议如下：

①制定"循环经济法"；

②建立成熟的资源再利用渠道，完善废弃物回收系统，废弃物拆解利用系统和无害化处理系统，形成良好的资源循环；

③在居住区中普及垃圾分类回收的做法，建立分类垃圾站点，鼓励进行简单的、低成本的垃圾回收处理；

④完善居住区的中水处理系统和雨水收集系统，促进水资源的循环利用；

⑤鼓励使用节水设备，加强节水意识。

14.4.2 规划与设计

（1）制定科学的规划用地方针。随着我国的城市化进程正在加速，城市用地不断扩张,盲目侵占农田的现象比比皆是,十分不利于保护土地资源。有关规划部门需要制定科学的规划用地方针,引导开发商主动节地,具体措施建议如下:

①新建项目尽量利用现有的、已开发的城市土地资源,避免盲目扩张城市用地,侵占农田或绿化用地。

②以减免一定的土地出让金的方式鼓励开发商选用废弃用地,或其他不适于耕种的土地进行住宅开发。

③控制建设密度,对城市中心区和城市郊区的建设项目分别实行最低容积率限制。

④鼓励混合用途的土地使用模式,鼓励集约土地。

(2) 完善相关行业标准和规范。为了使"两型"建筑建设走向规模化、规范化,需要各种法律规章的保障,更需要相关标准的密切辅助。在生态城可以尝试结合可持续社区评价指标体系制定特殊技术标准。

为了更有力地促进住宅节能,建议推出"低能耗住宅"标准。该标准可根据住宅的能耗情况和围护结构的热工性能给出相应的等级评定,达到评级要求的即为低能耗住宅;级别越高,则能耗越低,节能效果就越好。

除节能标准以外,建筑设计、结构、给排水、暖通、电气等专业也各有自己的行业标准和规范,同样要不断根据现实需要做出调整,添加并完善有关可持续设计的内容,必要的情况下可推出新的行业标准和规范。

(3) 使用环保材料和节水、节能设备。"先污染后治理"的成本远远高于"防患于未然"的做法。因此,在建筑设计过程中主动选用环保材料和节水、节能设备可以大大降低对环境的污染,并成倍缩减后期的运行维护费用。为此,提出以下建议:

①出版一系列可持续资料手册。手册应提供市场上常见的地方环保材料和节水、节能设备的相关产品信息,帮助设计人员了解其功能、对环境与健康的影响、外观、价格及运行与维护的要求等。这样可以有效促进地方经济、减少运输污染、鼓励环保事业、帮助有关专业人员认识和控制地方资源。

②完善建筑材料环境认证制度,严格把好质量关。

(4) 对建设项目实行全寿命周期成本分析。一栋"两型"建筑的寿命周期成本等于其初始建设成本和运行维护成本之和。一栋传统建筑,其漫长使用过程中的运行成本往往大大超过了初始投资,而"两型"建筑则会改变这种状况,在有限增加初始成本的条件下,大大节约长期运行费用,进而降低全寿命周期的总成本,并取得明显的环境效益。

目前,开发商在开发住宅项目时普遍只关注初始投资,而消费者在购买房产时注意力往往也只集中于一次性的购房成本,至于漫长的全寿命的消费过程,包括必须支付的水费、电费、煤气费、供暖费等，则疏于考虑。这种状况与家与国都会造成很大损失。

为了促进"两型"建筑建设，政府有必要及时出台强制性规定，对新建建筑项目实行寿命周期成本分析，并对总成本过高的项目加以淘汰或限制。同时，在社会上积极普及寿命周期成本的概念，帮助消费者算好总账、细账，做出合理选择。

(5) 开发可持续设计辅助工具。在建筑设计过程中运用可持续设计辅助工具，可以更好地帮助设计师做出决策，把握和评估方案的可持续性能。

如美国能源部和各工业集团合作，开发了基于计算机的建筑设计和研究工具。这些工具将由设计人员、施工人员、专业人员、公用事业公司和政府使用，去分析各建筑物和建筑物内各系统以及它们的相互关系，并进行比较。设计工具以使用者的要求为基础，按被动太阳能利用、自然采光、空气调节和照明的需要为建筑物围护结构的动态特性建模。这些工具能够预报建筑设计对能源利用、峰值负荷和其他性能变量的影响，从而在项目预算范围内，确定产生节能效益的设计和系统解决方案。

虽然我国有自己的"两型"建筑设计辅助工具，但种类很少，覆盖面不广，而且不够普及，缺乏实践检验，这些都有待于逐步改善。

14.4.3 现场施工

(1) 减少对场地环境的干扰。施工过程会严重扰乱场地环境。为了将此扰动减少到最低限度，同时最大限度地利用场地资源，应当对施工场地所在地区的土壤环境现状进行调查，提出对策，防止可能的土壤侵蚀、退化，采取科学的保护或恢复措施，减少施工活动对土壤环境造成的破坏和污染。同时要求对场地内现有的自然、文化和构筑物特征进行分析、论证，并通过合理的设计、施工和管理工作将这些特征保存下来。通过规划并控制土地的取用，推行对场地特征进行经济的和对环境有利的使用。具体要求和建议如下：

①要求开发商、建造商制订减少场地环境干扰的实施计划，包括场地使用要求、整个施工过程中对确定植物的保护、场地通道管理要求、场地清理和平整要求、雨水管理计划等。并在合同和施工文件中明确建造商如何执行这一实施计划，并制定监督和检查的标准。

②危险品、化学品存放处、危险性废物堆放场和固体废弃物填埋场要有严格的隔水层设计，同时做好渗漏液收集和处理工程，防止土壤和地下水污染。

③制定对场地保护和恢复的激励政策。如对施工期间破坏植被、造成裸土的

地块，及时覆盖砂、石或种植速生草种以减少土壤侵蚀，施工结束后，恢复其原有植被或进行合理绿化。

（2）对场地周围环境影响的控制。建筑施工对周边环境的影响应当引起高度重视。目前，尽管对有些环境影响（如噪声）制定了一些对受影响者的补偿措施，但从卫生、安全、健康要求出发，还应进一步对施工造成的场地周边环境影响提出严格的控制措施和标准。对于在施工中积极采取减少环境影响、保护和改善环境等措施，取得明显效果和成绩的开发、建造企业，应该给予奖励。施工对周边环境的影响主要包括大气环境影响和噪声影响等。

（3）节约施工能源消耗。施工过程将消耗大量能源，包括电力消耗、油料消耗、煤或天然气消耗等。因此，应通过制定相关的政策和措施，提高施工过程中能源利用效率，节约能源，减少对大气环境的污染。

（4）严格把关使用具有环境认证的材料。建筑材料的选用与资源消耗、能源消耗、室内环境质量以及经济性等密切相关。然而，在建筑材料实际选用过程中，开发、设计及施工企业往往对于材料对室内环境的影响不够重视，加之室内装修多为二次装修，导致室内空气质量无法控制。要达到《室内空气质量标准》（GB/T18883－2002）要求，除做好通风设计外，关键就是对建筑材料的使用严格把关，要求建筑材料必须符合《民用建筑室内环境污染控制规范》（GB50325－2001）。同时还应该制定相应政策和实施细则，以确保规范的执行得到保证。

14.4.4 运行与维护

仅有一些保证建筑质量的设计、建造规范和标准是不够的。如果没有合理的运行和维护，即使是一幢设计和建造十分合理的建筑，也不能满足经济性以及健康环境的要求。就现实而言，通常建筑环境、质量、性能等的专业标准和规范的应用随着建造过程的结束也就结束了，建筑的运行和维护并没有法规或其他强制性条例的保证。事实上，建筑的运行和维护是建筑全寿命周期中过程最长的阶段，因此，运行与维护阶段的资源与能源节约、改善环境品质等更需要有相应的政策法规的支持和保证。

（1）完善建筑质量认证体系。一件产品在投入市场之前，首先要经过质量检验，杜绝残次品。然而，目前很多建筑各方面的质量却难以得到保证。这很大程度上归因于我国建筑质量认证体系的不够完善和执行力度的缺乏。为此建议如下：

①应该强化住宅（或其他建筑）的产品特征，强制开发商编制产品手册。

②建立这一特殊产品的质量认证体系。政府依据这一体系制定评价方法、建立评价机构；开发企业依据这一体系，制定质量保证与维护管理方案。

（2）建筑运行与维护手册。开发商应该向消费者提供《建筑运行与维护手册》，以使消费者知道如何做到节能、节水，减少环境污染（如垃圾如何分类收集），并获得健康、舒适的居住环境。

（3）废弃物回收与处理。目前我国建筑小区的垃圾处理流程是：居住区居民将垃圾放入指定的垃圾桶内，保洁员按指定时间将垃圾全部送至垃圾收集点（垃圾收集中转站），然后由垃圾车（一般为集装箱或压缩垃圾车）运往垃圾综合处理场进行堆放、焚烧和填埋处理。垃圾分类收集、分类运输、分类处理还只是停留在一种倡导上。然而，垃圾的收集与处理已逐渐成为城市发展与环境保护所面临的重大问题。以北京为例，目前北京平均日产城市生活垃圾量高达1万余吨，且还在以每年2%左右的增量逐年增长，每年花在垃圾处理上的费用至少10个亿。因此，实现垃圾的分类收集，以及垃圾资源化、减量化、无害化处理已成为居住区建设与运行管理的不容忽视的问题。要做好垃圾的收集与处理，就需要有相应的政策和法规支持，建议如下：

①加强垃圾分类收集宣传，促进居民的观念转变。人们尚不知道垃圾是如何分类的，更不了解垃圾可以回收利用。因此，政府应该采取多种手段进行广泛宣传，提高公众环保意识，引导、培养居民的良好习惯，使人们认识到垃圾分类排放的是净化城市、提高生活质量、资源再生利用的必要措施。

②实行垃圾按量收费。坚持"谁排放谁付费"的原则，在加大收费力度的基础上，逐步实行垃圾按量收费，以有效减少垃圾排放量。韩国在1995年正式实施垃圾袋收费制度，居民必须购买规定的垃圾袋丢弃垃圾，而每个垃圾袋的售价就包括垃圾处理费用。两年期间垃圾量减少37%以上，资源回收量也增加了40%。美国的西雅图市规定每月每户运走4桶垃圾交纳13.25美元的费用，每增加一桶垃圾，加收费用9美元。这一规定实施后，该市的垃圾量一下子减少了25%以上。日本的高山市、出之市实行超量收费制后，垃圾量分别减少了20%和27%，有效地缓解了垃圾处理危机。

③推进城市垃圾处理的市场化，鼓励非政府组织和民营企业进入垃圾处理产业，逐步做到垃圾处理产业投资的多元化。打破垃圾处理由政府垄断的格局，在垃圾处理行业中引入竞争机制，可采取民营、合资、甚至独资的资本组合形式，多渠道的筹措资金，缓解政府的财政负担。

④增加科技投入，大力支持垃圾处理的方法、技术和设备的研究。通过建立和完善垃圾处理产业发展的收费、税收、财政、金融信贷、融资等经济政策体系，增加科技投入，从而推动垃圾处理方法、技术和设备的研究，创新与推广应

用，培育垃圾处理的技术产品市场。重点加强垃圾处理关键技术和设备的开发研究，如分拣、分类技术与设备，防渗技术与设施，气体收集技术与设备，复垦技术等。

（4）设立管理与维护的监督机构。有关建筑运行与维护过程中的问题，经常涉及较多的事主，处理问题周期长、关系复杂，有时甚至无法解决问题。例如，出现较大质量问题时，业主首先会找物业公司，物业无法解决时，就会让业主找开发商，开发商有时又要找建造商，而最终往往是问题得不到解决。为了避免这些问题，必须设立管理与维护的监督机构，编制有关从业人员标准，制订继续教育计划、组织培训，保证维护、管理人员具有足够的资格；监督开发、建造、物业等相关企业有关建筑运行与维护方面的执行与管理情况。

此外，应特别加强建筑性能评价与投诉管理。对建筑运行与维护阶段的质量、性能问题提出评价、认定的办法，并制定出消费者关于建筑性能、质量投诉的处理办法，编制易于使用的参考指南，如"建筑空气品质指南""室内环境噪声指南"等，做好维护与投诉的管理工作。

第15章

"两型"交通建设标准及指标体系

15.1 "两型"交通建设的背景与意义

交通运输是国民经济的一个重要组成部分,对国民经济的发展起着基础性、支撑性和服务性的作用,其特点决定了交通运输企业在提供客货位移的运输生产服务时,必然伴随着大量的能源消耗,也必然会对生态环境带来负面影响。

随着我国经济的发展,人民生活水平的提高,我国居民家用汽车消费引来了一个快速增长期。据中国年鉴统计数据(2008)统计,2002~2007年,城市交通部门CO_2排放量总体约增长113%,高于同期全国CO_2排放量总体增长率37.2个百分点;城市交通部门CO_2排放量年均约增加16.49%,高于同期全国CO_2排放量年均增长率4.54个百分点。可见,交通运输是造成巨大能源消耗及环境污染的一大源头,也是影响推进"两型社会"建设的重大难题。

随着交通的发展,我国国内城市交通存在两方面的问题:国内城市交通规划不足和城市交通能源研究不足。

15.1.1 国内城市交通规划不足

第一,城市转型阶段,缺少有效的城市空间发展理念和政策做引导。城市化和区域经济一体化的快速发展,已使城市空间结构成为大城市发展的核心问题。在城市规划界,关于城市蔓延、城市低密度发展和城市高密度发展何为最佳城市空间发展模式,一直以来都存在诸多争论。西欧的城市发展理念为:提高公共交通服务水平,减少城市道路交通拥挤,通过高密度发展和土地混合利用政策创建步行友好环境,以此来减少交通能源消耗,推动城市的可持续发展。北美的城市因其郊区化、居住分散化的城市特点,居民出行对小汽车的依赖性严重,虽然其城市内部和市域间道路网络密集且通达,但是交通堵塞现象仍时时发生。为推动城市的可持续发展,北美政府除了积极推动交通清洁能源项目的研究外,还出台 HOV 共用车道、公交上班、补贴等节能政策,以减少小汽车出行数量。

第二,现行的城市交通规划仍以机动性为目标。城市交通规划的最终目标是提高出行可达性和便利性。但是直到现在为止,绝大多数城市交通规划的目标依然是为了满足车行交通的需求,这样做的结果只会消耗更多的能源,产生更多的二氧化碳排放。在以前的城市交通规划中,决策者往往容易把解决交通拥挤与提高城市的机动性、满足更多的机动车通行需求简单地等同起来。众所周知,最节能环保的交通方式首选非机动交通方式,其次为公共交通。

第三,城市空间结构域交通规划在交通可达性方面缺乏协调。我国现行交通规划是以交通需求"四阶段法"为基础预测并制订方案的单目标体系,已不适合在城市发展过快阶段对交通系统结构进行调整,引导合理的城市空间发展、土地利用和居民活动,保持城市的可持续发展。

第四,居民出行强度和空间分布与交通供给能力的空间分布缺乏匹配。近年来,道路交通供给水平不断提高,但是居民交通出行需求也大幅增加,以私人小汽车为主要方式的出行需求更是飞速增长,其增长速度已远远超过了道路供给增长速度,交通系统压力持续增大,交通供需矛盾未从根本上解决。这也增加了能源消耗与资源浪费。

15.1.2 城市交通能源研究的不足

在城市交通系统中,以燃油为动力的交通工具在近期仍将占主导地位。研究机动车单车能耗与道路条件、城市空间结构、土地利用等的关系,分析不同性质、不同规模城市在不同交通方式及不同交通总体负荷下的城市总体能源消耗与环境影响,是面向城市交通能源可持续发展的前提。

我国现有的城市交通对能源消耗缺乏研究,且在认识上存在两个误区:

(1) 交通规划缺乏对节约城市能耗的统筹考虑,缺少从城市空间结构、土地利用、居民出行结构等多方面的综合研究。一方面，交通能耗本身会受到多种因素的影响，如交通需求的高低、交通运输模式的选择、交通工具的能源效率水平等；另一方面，优化城市形态、提供完善、高效的服务设施，加强土地利用的混合开发和城市的高密度开发等都可以减少居民的刚性出行需求，缩短出行距离，以切实降低能耗。

（2）"车为本"的交通规划目标使得居民将拥有私人小汽车作为衡量生活水平的主要指标，而这明显与控制城市能源消耗的政策目标相背离。作为机动化的服务工具，小汽车比非机动交通工具和公共交通工具具有更高的能源强度，是城市交通能源消耗和二氧化碳排放的主体。小汽车出行比例的不断增加正降低公共交通和非机动交通的出行比例，增加城市交通系统的总能耗量。

因此，为实现既满足城市交通需求，又满足城市环境要求，还能有效利用资源并减少能源浪费的交通系统，"两型"交通的研究变得迫切而重要，并为推进"两型"交通建设奠定理论基础。

15.2 "两型"交通的理论研究

交通是能源消费和温室气体排放的重要方面，是节能减排的核心领域，发展"两型"交通是构建资源节约型、环境友好型社会的重要内容，是对新型城镇化和新型工业化模式的有益探索，将对经济发展、社会生活的方方面面产生深远影响。

15.2.1 "两型"交通的内涵

"两型"交通是指交通运输过程资源消耗低、排放小，交通方式结构合理、换乘便捷，路网空间布局立体高效、节地少污的可持续交通体系。"两型"交通是指适应人居环境发展趋势的城市交通系统。"两型"交通是以"低碳交通""绿色交通""和谐交通"为基本内涵的，努力实现资源节约、环境友好。

以建设方便、安全、高效率、低公害、景观优美、有利于生态和环境保护的、以公共交通为主导的多元化城市交通系统为目标，以推动城市交通与城市建设协调发展、提高交通效率、保护城市历史文脉及传统风貌、净化城市环境为目的，运用科学的方法、技术、措施，营造与城市社会经济发展相适应的城市交环境。

　　交通行业是科学技术应用的重要领域，科技创新是促进交通实现跨越式发展的巨大动力。交通基础设施并非简单的混凝土圬工结构，必须通过科技创新和人文关怀，赋予其崭新内涵和鲜活生命，实现人与路、路与自然的相互交融。要打造生态环保示范路，必须大胆破除陈旧的建设理念和粗放的建设管理模式，更加重视理念创新、设计创新、工艺创新和体制机制创新，坚持以创新增活力、以创新保质量、以创新促发展。实现交通又好又快发展，必须更加注重交通发展的质量和效益，必须贯彻落实"两型社会"建设的新要求。为此，我们将着力推进交通发展由"数量扩张型"转向"质量效益型"，由"资源消耗型、依赖型"转向"资源节约型、环境友好型"，努力以资源环境代价的最小化实现质量效益的最大化，不断促进交通经济发展方式的转变。

15.2.2　"两型"交通基本特征

15.2.2.1　"两型社会"背景下的低碳交通监控机制建设

　　"两型社会"是建设城市"两型"交通的切入点，只有树立"资源节约、环境友好"的思想才能发展好道路交通。"两型社会"由资源节约型社会和环境友好型社会两个密不可分的部分组成。其中资源节约型社会是从能源利用方面出发，着眼于转变传统经济发展的高能耗消费方式，提高资源利用效率，确保能源安全。环境友好型社会则是从经济社会发展与环境保护之间的关系出发，着眼于经济发展过程中的环境保护和维持，明确杜绝了先发展后治理的经济发展道路，甚至是有限考量性。资源节约、环境友好的思想在交通领域的首次提出是在2007年全国交通工作会议上。其主要思想是：把资源节约、环境友好的要求切实落到交通规划、设计、建设和管理的各个环节，努力实现节约发展、绿色发展。会上提出了资源节约、环境友好型交通的发展要求：一是节约土地、岸线资源；二是节约能耗；三是污染减排；四是建立交通节能指标体系。

　　在传统的发展模式下，要实现人便于行、货畅其流的目的，其引起的资源占用、能源消耗、环境污染等问题也日益突出。可以说粗放型的增长方式已经不适合我国交通、经济社会的发展要求。在发展交通的道路上必须切实转变增长方式，必须高度重视资源、环境对交通发展的刚性约束，如何处理交通发展与资源节约、环境保护的关系，把资源节约、环境友好作为推动交通增长方式根本转变的重要手段，监控机制的建立成了首要的问题，通过评价监控机制的建立来引导政府贯彻有关政策意图，督促、引导完成"两型"交通发展规划及资源节约、环境友好的目标。

15.2.2.2 城市群背景下的绿色交通区域协调体系建设

城市群是"两型社会"改革试点的先决条件,"两型"交通的发展不再仅仅的看单个城市建设的情况,而是要把各个城市资源重新组合,优势互补来实现利益的最大化。

交通的发展是为了更好推进城市群"交通同网"的目标,这就要求各城市在发展道路时密切协调,而不是单打独斗。加快交通结构调整,提高运输组织管理水平,推进交通节能减排,力争在"低碳交通"发展上有新的突破。落实公交优先战略,提升城市交通公交分担率,力争在"绿色交通"发展上有新的作为。大力推进"和谐交通"建设,贯彻"不破坏就是最好的保护"的"原生态"建设理念,实行最大限度地保护、最小程度地影响、最强力度地恢复,实现交通与自然环境的和谐;统筹城乡区域交通协调发展,推进交通公共服务均等化,实现交通与社会的和谐;增强交通供给能力,提升交通服务品质,实现交通与人的和谐。

"两型"交通可以全面推动城市新能源公交、轨道交通等新型"两型"公共交通工具的推广使用,推进交通体系的立体化、综合化、智能化,促进新能源、轨道交通、物联网等战略性新兴产业的发展,鼓励倡导绿色出行,实现交通体系的高效可持续发展。

本书将从"两型"交通的内涵与基本特征入手,围绕资源节约与环境友好的基本要求,着眼于交通体系的立体化、综合化、智能化,提出涉及运输网络覆盖、交通结构比例、基础设施建设、管理运用效率、公共交通发展等方面的"两型"交通标准。以长株潭城市群"两型社会"建设改革试验区为实例,研究"两型"交通发展的现状,探讨长株潭城市群"两型"交通发展的路径,提出了促进"两型"交通发展的政策建议。

15.3 "两型"交通的评价指标体系设计

"两型"交通是以"两型社会"建设理论为核心和基本出发点的,"两型社会"是我国政府根据我国的实际发展情况提出的新的发展战略,在全世界范围内都是一个全新的事物,但究其内涵,"两型社会"是一种依靠"资源节约、环境友好"的发展模式,它的核心思想是人类的生产和消费活动要与自然生态系统协调可持续发展。下面将对于国内外对于"综合交通""智能交通"标准评价指标的研究进行文献梳理。

15.3.1 "综合交通""智能交通"标准评价指标研究综述

15.3.1.1 国外研究现状

最早综合交通的评价是由美国 Benjamin. Franklin 提出的,主要从工程经济因素角度考虑,随后,法国工程师 Jules. Dupuit 于 1844 年在《公共工程项目效用评价问题》中提出了用"消费者剩余"来衡量公共工程项目社会效益。

随着社会经济的发展,直到战略环境影响评价的提出,关于"综合交通""智能交通"的评价体系才克服单项目评价的局限,战略环境影响评价是对政策、规划、计划及其替代方案的环境影响进行规范的、系统的、综合的评价过程。关于以政府形式正式实施的道路评价指标体系,比较有代表性的是:

(1) 英国。英国的综合交通评价的指标体系,在 GOMMMS 法规中有详细的说明,该评价指标体系的特点包括:①重视环境评价。表中所列评价细目中,环境因素有 10 项之多,包括关注其对出行者健康及运行环境的影响等,体现了对交通在可持续发展方面的要求。②重视交通系统对土地利用、经济发展的协调性。评价的内容涉及交通系统与其他社会经济系统之间的协调发展,如对土地利用的影响,与其他相关规划间的协调性等。③重视交通运输方式间的衔接。衔接作为评价基准包括运输方式多样性、多种交通方式之间的衔接评价和交通枢纽内部换乘等待等服务质量评价。④重视对交通枢纽的评价。

在 GOMMMS 评价体系之外,英国政府还规定了其他评价指标,包括:地区以及地方政府实现规划目标的评价;分配公平性评价;资金持续供应能力评价;规划实施的可能性及居民接受的可能性评价。这四项内容在一般评价体系中难以考虑,但可以更加充分地反映交通项目所涉及的相关政府机构及居民的意见,所以很有必要,是政府提供的建议性评价。

(2) 美国。美国最初的交通评价是以州为单位独立立法,各州的道路发展自成体系。根据美国联邦公路管理局对各行政区(共 19 个州)实际路网规划中评价指标的使用情况进行观测,发现指标使用和定义相当分散,对多组数据进行分析,在各报告中出现次数最多的 13 项指标采用的频度如表 15-1 所示。

表 15-1　　美国运输研究所评价指标系统采用频度统计表

指标项	采用频度	指标类别	指标项	采用频度	指标类别
市民和社会需求	24	需求指标	城市研究	15	影响指标
适应度	21	物理指标	需要	14	需求指标
资金来源和现有资金	21	财务指标	社会影响	12	影响指标
经济因素	17	财务指标	项目费用	11	财务指标
事故率	17	物理指标	交通量	11	需求指数
路线连续性或改进	16	需求指标	工程师推荐	10	需求指数
环境影响	15	影响指标			

（3）日本。日本的道路交通评价是以网络和整体水平改善为目标，提出了一些较为直观和实用的目标性和通达性指标，主要划分为两大类：

第一类为道路整体水平指标。如道路密度、单位面积的交叉口数、流量效率指数、拥挤度、平均出行时间、平均出行速度，以及网络分析指标，包括改造率、铺装率、改建率等可用于规划目标比较的指标。此外还有交通事故率、人行、自行车方便程度、公共汽车走行性指标、单位出行人口覆盖率、都市中心圈的面积覆盖率等。

第二类为生活环境功能评价指标。有道路率、道路面积、道路网的总面积、总人口、高等级道路率、空间指标、大火灾的蔓烧防止指标、消防活动困难指标、绿化率指标。

由于交通体系是一个复杂的多目标规划问题，影响的因素众多，更有政策性、区域性、地方性等特点使路网规划难以制订法令性工作程序和规定，故在各国政府机构组织的有关研究中，都提出了建议性的方法和评价指标，由使用者根据不同规划目标、不同数据环境、不同规划方法、不同地区进行选择。

15.3.1.2　国内研究现状

我国在交通评价指标及方法的研究相对较晚，多数为公路交通方面。最初的评价也仅限于公路网规划评价、公路项目后评价等公路交通某一领域的评价。随着我国经济的可持续发展的要求，自 20 世纪 90 年代初以来，中国国内有一批专家学者从事可持续性评价指标体系的研究，例如北京大学的叶文虎、栾胜基教授的《可持续发展的衡量与指标体系》、国家计委国土开发与地区经济研究所的郝晓辉的《可持续发展指标体系初探》，以及中国科学院可持续发展研究组的

《2001年中国可持续发展研究战略报告》都在各个领域取得了巨大的成就。关于我国道路交通的发展模式及评价思想，到目前为止总结起来主要有三种：

（1）基于可持续发展的交通评价。可持续发展的思想是在20世纪80年代末提出的，它是为了适应社会经济发展而提出的一种新的发展模式。其在道路交通上的理论意义是：道路发展中，道路建设应与经济发展联系起来，道路不仅仅是为了自己而存在，而应是满足社会的需求，其发展的战略不应仅考虑其本身，而应以社会的总体目标为方向。道路建设的进度、规模、方式应从社会需求和经济发展的可持续性来考虑。

（2）基于节能减排的交通评价。节能减排的思想是我国"十一五"规划纲要提出的，主要是指减少能源浪费和降低废气排放，从"节约"入手。节能减排思想在交通领域的应用主要体现在运输方面，即在满足交通运输需求基础上，使得资源利用最充分、能源消耗最少，废气排放最低。

（3）基于"两型社会"的交通评价。"两型社会"是对资源节约型社会和环境友好型社会的简称，这一概念最早出现在2007年国务院总理温家宝的工作报告中，该报告指出"要在全社会大力倡导节约、环保、文明的生产方式和消费模式，让节约资源、保护环境成为每个企业、村庄、单位和每个社会成员的自觉行动，努力建设资源节约型和环境友好型社会"。此后"两型社会"建设上升到国家战略层面。

随着长株潭城市群和武汉都市圈的"两型社会"建设试验区的获批，有关"两型社会"的理论研究慢慢丰富起来，有关"两型社会"的综合评价指标体系，比较有代表性的是：湖南省两型办副主任、中南大学教授陈晓红主持的"两型"标准系列研究；湖北省高等学校人文社科研究基地的重点项目课题《"两型社会"综合评价指标体系建设和实证分析》中关于"两型社会"评价指标做的论述；刘茂松教授、吴娟硕士在《长株潭城市群"两型社会"产业评价体系及政策研究》中的论述；2008年长沙市统计局经济社会发展调研课题之七《长沙"两型社会"统计监测指标评价体系初探》中关于全社会"两型社会"构建的指标。

综合来看，目前国内关于可持续发展交通、节能减排交通的评价体系研究已相当丰富。虽说"两型社会"的评价体系的研究已经大范围的展开，但交通领域内的相应评价体系还缺乏成熟的成果。目前大多的评价体系仅针对道路交通的某一领域进行的，很少把整个交通作为一个整体来进行研究，缺乏系统的评价指标体系，这也是现在国内道路交通领域资源消耗较为严重的原因之一。

15.3.2 "两型"交通评价指标体系的构建思路与基本原则

15.3.2.1 构建思路

(1) 科学性。科学性即在指标体系中必须注重反映"资源节约、环境友好"行为,突出"两型社会"道路交通评价指标与传统的一般统计指标的区别就在于该指标重视环境保护、各种自然资源及其承载力,强调资源总量、环境容量的承载力问题。

(2) 完备性。"两型"交通评价指标体系必须反映出基础设施、运输服务、资源利用、环境影响、支持保障五个方面的指标。

(3) 综合性。"两型"交通评价指标体系要体现城市群指标。"两型社会"道路交通的建设一定要突破原有的行政区域的界限,指标的设置要体现城市之间联系强度的特征;同时要体现两型体制机制类指标。"两型社会"建设的好坏,机制的完善与否至关重要。

15.3.2.2 基本原则

(1) 独立性原则。"两型"交通评价各项指标应互相独立,指标之间既不能互相包含,也不能具有相关性,还要避免重复计算,这需要在对各评价指标选取中,认真分析相互间的关系,尽可能减少指标间的重叠,以保证评价结果的准确性、真实性。

(2) 科学性原则。为准确地衡量"两型"交通发展状况,评价应具有科学性,能准确把握"两型"交通的特征,能够全面反映"两型"交通发展水平。

(3) 可行性原则。具有实践上的可行性,指标意义明确,其所需要的数据可以从统计资料上得到或者通过一定的调查方法取得。

(4) 引导性原则。对"两型"交通进行评价,旨在引导城市交通朝着资源节约和环境友好方向发展,提升交通发展质量和效益。

15.3.3 "两型"交通评价指标体系的主体框架

15.3.3.1 评价指标选取的方法

评价指标选取可分为以下四个环节:理论准备、指标体系初选、指标体系测验和指标体系使用（见图 15-1）。

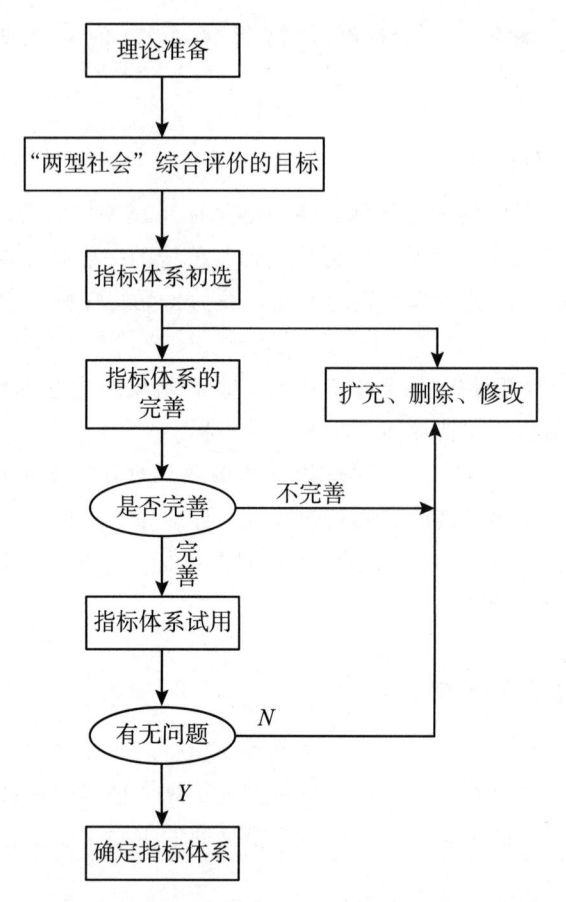

图 15-1 "两型"交通评价指标选取的过程

初选之后所得到的指标未必是科学的，因此需对指标体系进行科学性测验。在测验中不但要保证指标体系中每一单个指标的科学性，而且还要保证指标整体的科学性。因此指标体系测验包括两部分的内容，单体测验与整体测验。单体是测验每一个指标的可行性和正确性。整体是测验整个指标体系全面性、一致性与必要性。

常用的评价指标筛选方法有专家调研法、极大不相关法、条件广义方差极小法以及最小均方差法等。专家调研法是向专家征求意见的调研方法。根据评价目标和评价对象的特征，列出一系列评价指标，分别征询专家对指标的意见，然后进行统计处理，并反馈咨询结果。经几轮咨询后，如果专家意见趋于集中，即可确定具体的评价指标体系。极大不相关法的基本思想是如果某个指标与其他指标是独立的，则其无法由其他指标来代替，在评价体系中保留的指标应该是相关性越小越好。如果开始考虑的指标过多，则可以将这些指标先进行聚类，而后在每一类中选取代表性指标作为这类指标的典型指标。

15.3.3.2 评价指标的确定

"两型"交通评价指标体系的涉及面广、内容多，评价指标选取时考虑的影响因素也多，本书主要采用三层评价指标体系结构模型。顶层为抽象的评价目标，中间为评价因素层，最后一层为评价指标层。

"两型"交通评价指标体系分为以下五个部分：一是资源利用类指标；二是环境友好类指标；三是基础设施类指标；四是运输服务类指标；五是政策保障类指标，简称"五型交通"。并根据各专家的评议，最终选定"两型"交通评价指标的基本框架，如图 15-2 所示。

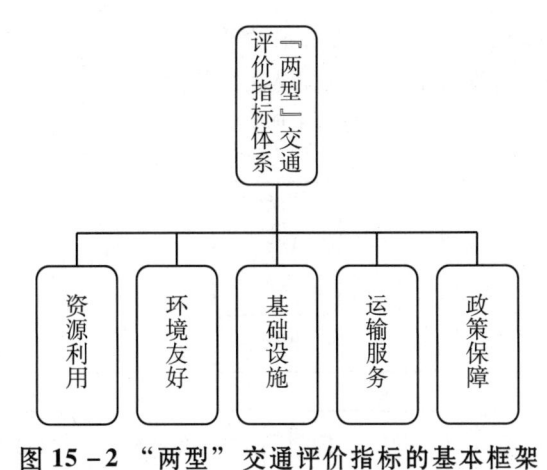

图 15-2 "两型"交通评价指标的基本框架

（1）资源利用类指标体系如图 15-3 所示。

图 15-3 资源利用评价指标特性分解

①营运车辆燃料消耗。该指标通过营运车辆平均每百吨公里燃料消耗数量描述道路交通能源消耗水平。指标的计算方法为：

$$单位运输量燃料消耗（升）= 油耗量 \times 100 / 吨公里数$$

节能是可持续发展的重要内容,减少能源消耗不但节约了能源,也降低的环境污染。道路运输单位能耗反映了行业能源的利用程度,2005 年我国营业性道路运输的单位能耗,货运汽油车和柴油车分别为 7 公升/百吨公里与 6 公升/百吨公里,客运汽油车和柴油车分别为 11 公升/百吨公里与 9 公升/百吨公里,比目前发达国家高出 50% 以上。

②里程利用率。区域内车辆载运行程在总行程中所占的比重。计算公式:

$$里程利用率(\%) = 载运行程/总行程 \times 100\%$$

提高里程利用率是提高车辆运用效率,降低能耗的重要途径之一。

③节能率。节能率公式:

$$\delta = \frac{q_0 - q_1}{q_0} \times 100\%$$

式中:δ——节能率,%。

q_0——基期挂靠车辆单位燃油消耗量。

q_1——评价期挂靠车辆单位燃油消耗量。

(2) 环境友好指标体系如图 15-4 所示。

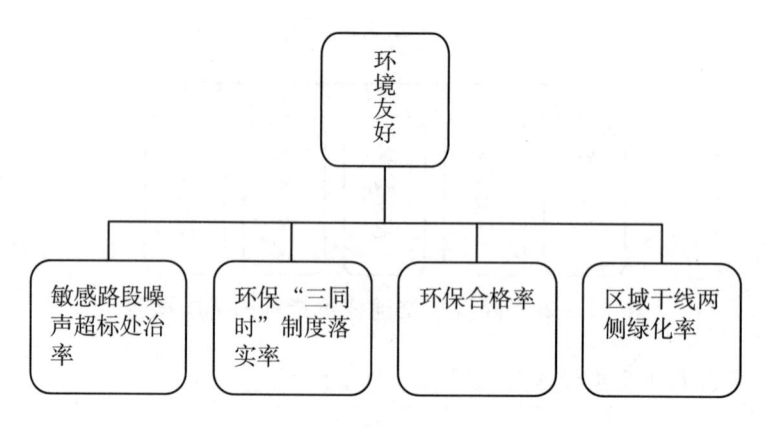

图 15-4 环境友好评价指标特性分解

①敏感路段噪声超标处治率。是指已处治的噪声超标路段里程占噪声超标路段总里程的比例。

②环保"三同时"制度落实率。是指道路建设项目中,落实环保验收"三同时"制度(同时设计、同时施工、同时验收)的建设项目占所有建设项目的比例。

③环保合格率。考核期内,实际检查总车次数量中符合环保规定的车次数,计算单位为百分数(%)。

计算公式为:环保合格率 = 合格车次数/检查总车次数 × 100%

④区域干线两侧绿化率。区域内有绿化的道路长度与应绿化长度的比值,用于反映绿化情况。

(3) 基础设施类指标。关于交通基础设施部分,依据其特性和可持续发展的要求,其评价指标如图 15-5 所示。

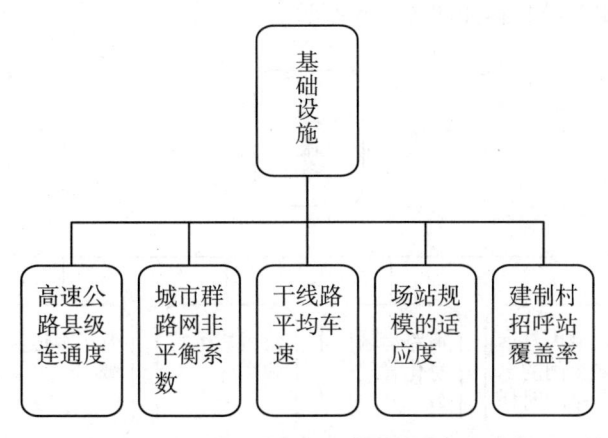

图 15-5 基础设施评价指标特性分解

①高速公路县级连通度。连通度为规划区域内各节点间依靠公路交通相互连通的强度。实际公路里程与连接各规划结点的最小树的长度之比。在不同的路网结构下,对应有不同的连通度。县级连通度反映的是一个地域的高速公路在保证连通县级城市情况下的疏密状态。

依据交规划发 [2000] 723 号《关于印发农村公路发展规划编制大纲的通知》,连通度的测度模型为:

$$C = \frac{L}{\eta \times n \times \sqrt{\dfrac{S}{n}}}$$

公式中:L 为高速公路的实际里程(km);n 为城市的个数;S 为区域面积,km^2;η 为变形系数。用节点间的实际长度与节点间的直线距离之比反映。考虑到操作性,η 值的计算是通过图上作业和高速公路总里程推算得到。

②城市群路网非平衡系数。用城市群路网非平衡系数(G)来替代常规的路网密度,此指标以各城市间路网密度发展水平的差异程度做指标,以体现"木桶理论"的思想。G 系数越大,反映城市路网差距越大。

③干线路平均车速。路网平均车速是道路交通中的道路系统、车辆系统和管理系统综合作用的结果,它综合反映了路网的系统性能,也是路网交通质量的重要反映。路段的平均车速可以通过如抽样调查、技术等级折算或按实际交通量计算。

④场站规模的适应度。指标反映场站的吞吐能力对实际需求的适应程度，其量化值等于场站的实际吞吐量与设计吞吐量之比。

⑤建制村招呼站覆盖率。建制村招呼站覆盖率是指设有招呼站的建制村占区域内建制村总个数的百分比。

(4) 运输服务类指标如图 15-6 所示。

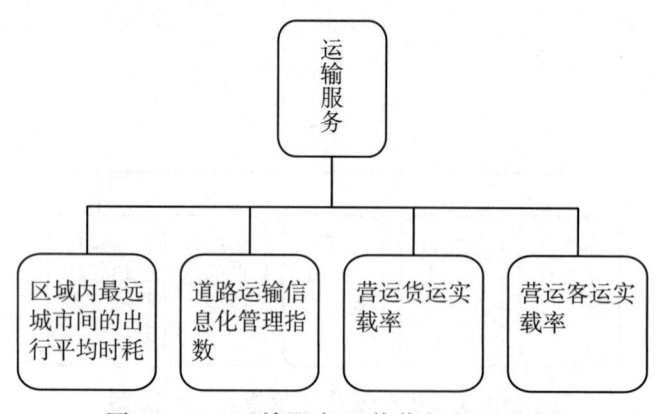

图 15-6 运输服务评价指标特性分解

①区域内最远城市间的出行平均时耗。此指标是反映区域内公路可达性的一个指标，结合长株潭城市群实际情况，确定以县级以上城市为考虑对象。

②道路运输信息化管理指数。由于目前对运输管理信息化的滞后，使得道路运输资源浪费严重。但此项指标通过定量地考核目前还不现实。道路运输信息化管理指数：

$$C_{25} = \sum_{i=1}^{8} \frac{B_{ij}}{80} \times 100\%$$

式中：i 项目是 j 状态的具体得分，其累加和即为信息化管理指数。

③营运货运实载率。实载率既是度量营运车辆运输效率高低的一个参数，又是反映运能和社会需求之间关系的一个参数。因此，客车实载率在一定范围内，我们认为货运实载率是一个效益型指标。

④营运客运实载率。客车实载率和货车实载率一样既是度量营运车辆运输效率高低的一个参数，又是反映运能和社会需求之间关系的一个参数。从单车来讲，实载率越高越好，但从全社会来讲，实载率太高就反映运能的不足，也会影响舒适度。因此，客车实载率在一定范围内，我们认为客运实载率是一个效益型指标。

(5) 政策保障如图 15-7 所示。

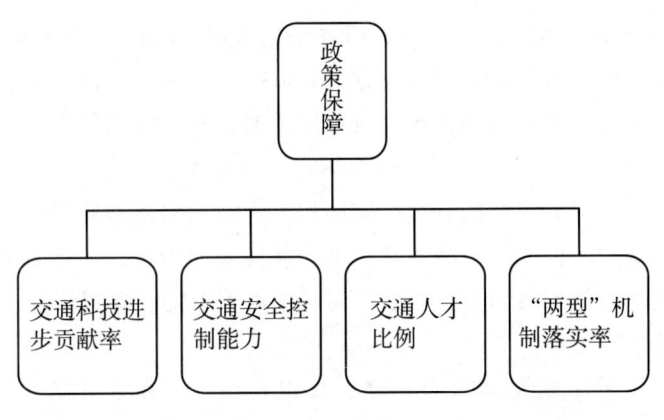

```
        政策
        保障
    ┌────┬────┼────┬────┐
  交通科技进  交通安全控  交通人才   "两型"机
  步贡献率   制能力    比例     制落实率
```

图 15-7　政策保障评价指标特性分解

①交通科技进步贡献率。该指标用于描述科技进步对交通发展中的作用。其定义为，非劳动量和资金投入量在交通产业增长中所占的比例。其计算方法为：科技进步贡献率（%）= 交通产业增长率 - 劳动量和资金投入量带来的增长率。

②交通安全控制能力。交通安全控制能力是衡量政府交通安全保障工作开展情况的一个重要指标，规划部门在审批重大建设项目时，是否进行了交通影响评价；道路的限制通行、监控设备、交通标志、标线等是否完善；在新建、改建、扩建道路时是否做到同步规划、设计、建设相应的交通安全设施；交通安全法规、制度、宣传是否到位。

③交通人才比例。交通人才队伍大专以上学历人员达到占总从业人员的比例。

④"两型"机制落实率。"两型"机制落实率是"两型社会"中落实的机制占需落实的百分比。落实的机制暂定为五个，分别是区域管理联动机制、资源节约机制、环保优先联动机制、企业社会责任机制、公众参与机制。

15.4　"两型"交通的评价模型构建与方法说明

15.4.1　"两型"交通评价方法的选择

目前常用的合评价方法包括：主成分分析法、AHP、模糊综合评价等。

（1）主成分分析方法。主成分分析方法是 Karl、Pearson 在 1901 年提出，主成分分析法是一个绩效评价的基本方法，Hotelling（1933）将这个概念推广到随机向量。主成分分析法在处理多维评价中降维时，有一定的作用，该方法是把多指标转化的多元统计分析方法，在国内外的评价实践中使用的较多。

主成分分析考虑到指标间具有一定的相关性，相关性是使用主成分分析法的基本要求，抽取少于原来指标的主成分来代替原来的指标，这是主成分分析法的基本思路，其综合解释效力要大于实际指标的解释效力，通过降维方法的使用达到了综合评价的目的。

（2）AHP。AHP 又称层次分析法，在综合绩效评价和相关学科使用较多，由美国运筹学家 Saaty 于 20 世纪 70 年代提出来的，在具体的数据分析统计中，它是一种定性定量相结合的分析方法，在科学研究中得到了广泛应用。

AHP 是把一个复杂问题中的各个指标，为了达到降维评价的目的，通过划分若干个有序层次，在具体的评价实践中，层次之间建立起递阶层次模型，以实现对评价对象客观的分析和比较。

层次结构模型一般包括目标层等几个层次。层次性是 AHP 的核心理念，按照对一定客观事实的判断，一般结合专家等意见，对每层的重要性加以反映，在具体的数学模型分析中，建立判断矩阵。判断矩阵是实现科学评价的基本思路，然后计算相对重要性权数，以此达到降维的目的，最后通过重要性权数的组合，确定各个指标的相对权重，得到全部指标相对于目标的重要程度权数，这是 AHP 在实际运算中的基本步骤。

（3）模糊综合评判法。模糊综合评判法是对受多个因素影响的事物做出全面的有效的一种综合评价方法。针对数据模糊化的考量，美国控制论专家 Eden（1965）创立了模糊综合评价法，模糊综合评价法是一种基于模糊数学的综合评价方法。该综合评价法根据模糊数学的隶属度理论把定性评价转化为定量评价，即用模糊数学对受到多种因素制约的事物或对象做出一个总体的评价。它具有结果清晰、系统性强的特点，能较好地解决模糊的、难以量化的问题，适合各种非确定性问题的解决。包括单因素模糊评价和多层次模糊评价，在单因素和多层次指标体系的基础上，通常采用多层次的模糊评价法做定量的评价，它突破了精确数学的逻辑和语言，强调了影响事物因素中的模糊性，较为深刻的刻画了事物的客观属性。应用模糊评判法首先要确定评价参数，不同参数在评价中所起的作用也不相同，需要分别确定各参数的权重因子大小。随后要根据不同参数的特点给出拟合隶属函数，结合评价标准，经模糊变换给出隶属度值，完成模糊综合评价。

由于"两型"交通建设标准及指标体系的复杂性、评价标准的模糊性、评价对象的层次性、定性指标难以定量化等问题的存在。本书结合层次分析法和模糊数学理论，通过对多指标评价样本的研究，选用目前广泛使用的模糊综合评判作为长株潭城市群"两型"交通建设指标评价的研究方法。

综合指数法是将一组综合指标值，在确定评价项目的权数的基础上，通过统计学处理转化成一个综合指数。在具体的评价方法的运用中，基本的评价思路如下：

①确定评价项目的权数。文献研究表明，确定权数的方法有专家法和特征向量法等，综合比较两种方法的优劣，目前应用主要以专家法为主。综合指数评价法中的权数确定有个基本的要求，必须保证各子系统内部权数之和为1，这是确定评价项目权数的基本要求和方法。

②计算各子系统的综合平均指标。综合指数评价法的核心是综合的平均指标，通过事先确定好权重进行加权平均，计算综合平均指标，首先要计算出子系统综合评价的平均指数，平均指数是综合评价法的重要步骤。

③由各子系统的平均指数求出综合平均指数。在综合指数评价法的具体计算过程中，各企业依据综合平均指数进行比较，从而得到适当的综合平均指数，该方法的优点在于方法简便和可操作性强。在具体权数的确定上，由于权数是由评判人员主观确定的，主观因素较大，从而会影响到评价结果的准确客观性，这是该方法在指导评价实践的局限性之一。

15.4.2 基于模糊综合评判的"两型"交通的评价模型

15.4.2.1 数学模型

设定两个有限论域：$U = \{u^1, u^2, \cdots, u^n\}$，$V = \{v^1, v^2, \cdots, v^n\}$。其中 U 代表指标集，V 代表评语集。那么 U，V 构成一个模糊评判空间 $S = \{U, V, R\}$，其中 R 是从集合 U 到集合 V 上的一个模糊变换关系。于是，在空间 S 上，模糊综合评判的模糊变换表示为 $X \cdot R = Y$，其中，X 是 U 上的模糊子集，Y 是 V 上的模糊子集。

指标集参见表中的内容，记为 A，评语集为甲级、乙级、丙级、丁级分为四个层次，记为 B；模糊变换关系以矩阵形式表示即为模糊关系矩阵，同样记为 R，其中的元素是应用模式识别的隶属函数建立起来的。

本评估体系的模糊算子采用 $M(\cdot, \odot)$，$b_j = \text{Min}\{1, \sum_{i=1}^{n} a_j \times r_{ij}\}$，适用于要求整体指标最优的情形。由于本评估体系的指标分为两个层次，所以整个评估算法也分为两个层次，采用上面的模糊算子采用 $M(\cdot,\odot)$，按照模糊变换 $B=A\cdot R$ 分别进行。各专家的评判用百分数表示，以它作为论域，即 $U=[0,100]$，各项指标的测评分为优、良、中、差四等，它们都是 U 上的模糊子集，分别用 A,B,C,D 表示，应用模糊统计法建立它们的隶属函数如下：

$$A(u)=\begin{cases}0, & 0\leq u<85\\ 1/2+1/2\sin\pi/10(u-90), & 85\leq u<95\\ 1, & 95\leq u<100\end{cases}$$

$$B(u)=\begin{cases}0, & 0\leq u<75\\ 1/2+1/2\sin\pi/5(u-77.5), & 75\leq u<80\\ 1, & 80\leq u<85\\ 1/2-1/2\sin\pi/10(u-90), & 85\leq u<95\\ 0, & 95\leq u\leq 100\end{cases}$$

$$C(u)=\begin{cases}0, & 0\leq u<60\\ 1/2+1/2\sin\pi/10(u-65), & 60\leq u<70\\ 1, & 70\leq u<75\\ 1/2-1/2\sin\pi/5(u-77.5), & 75\leq u<80\\ 0, & 80\leq u\leq 100\end{cases}$$

$$D(u)=\begin{cases}1, & 0\leq u<60\\ 1/2-1/2\sin\pi/10(u-65), & 60\leq u<70\\ 0, & 70\leq u<100\end{cases}$$

上述隶属度函数确定的合理性在于，我们假定一个专家对某项指标测评为 86 分，则它在 $A(U)$ 所属函数中的值为 0.0245，在 $B(U)$ 所属函数中的值为 0.9755，在 $C(U)$ 所属函数中的值为 0，在 $D(U)$ 所属函数中的值为 0。与我们在客观实际中以百分制为计的 86 分所认定为良吻合。同时，我们也注意到 86 分也有可能向优的趋势发展。但它不可能是中和差，从所属函数中的值为 0 可完全得到验证。故我们采取上述隶属度函数认为合理。下面可用图示 1 来描述上述隶属度函数。

各专家对每项指标测评。例如，有 5 个专家对与国民经济发展的关联程度 $C1$ 项进行测评分别为 86，78，73，90，79，则

$$A(U)=1/5[A(86)+A(78)+A(73)+A(90)+A(79)]=1/5[0.0245+0+0+0.50+0]=0.105$$

$$B(U)=1/5[B(86)+B(78)+B(73)+B(90)+B(79)]=1/5[0.9755+0.6545+0+0.5+0.9045]=0.607$$

$$C(U)=1/5[C(86)+C(78)+C(73)+C(90)+C(79)]=0.288$$

$D(U) = 0$

设 U 为刻画被评价对象的 n 个指标，在具体的模糊综合评价中，指标集 $V = (v_1, v_2, \cdots, v_m)$ 为刻画每一指标所处状态的 m 种判断，该判断就是对于指标的评语。

单个指标评价向量 $R_i = (r_{i1}, r_{i2}, \cdots, r_{im})$，在向量基本一定的基础上，它可看作是 V 上的一个模糊集，在具体的评价运算中，其中 r_{ik} 表示第 i 个指标对第 k 个等级的隶属度，在确定了隶属度的基础上，由 n 个指标组成评价矩阵 $R = [r_{ij}]_{n \times m}$，然后需要确定各个指标的权重属性。

通过确定的权重 A 和评价矩阵 R，在权重和评价矩阵一定的前提下，构建的单层综合评价模型 $B = AR$ 其中：

$$b_j = \sum_{i=1}^{n} a_i \cdot r_{ij} \quad (j = 1, 2, \cdots, m)$$

在此基础上将所有的数据汇总分析，B 就是对评价对象所作的模糊综合评价，B 的值就是模糊综合评价的总的分数，$\{b_1, b_2, b_3, b_4, b_5\}$ 分别代表隶属于一级、二级、三级、四级和五级的程度，根据隶属程度进一步得到模糊综合评价的结论。

15.4.2.2 评价指标权重的确定

模糊综合评价方法评价的对象是"双层评价"指标体系中综合评价层。在构建评价指标体系的基础上，模糊综合评价方法将主要就评价指标权重的确定、评价指标隶属度的确定上展开研究（见图 15 – 8）。

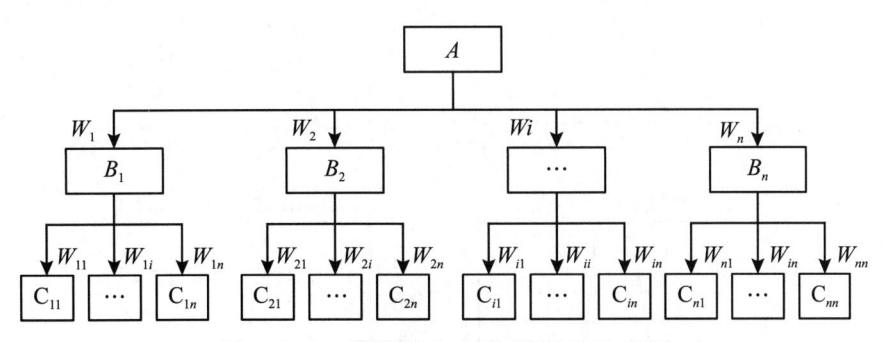

图 15 – 8 模糊综合评价模型的示意图

分析交通的要素集合及相关关系，构建评价指标体系。构建判断矩阵，根据给出的递阶层次结构，按相对重要性判断标度，以上一层某一要素为判断准则，有专家对下一层要素两两比较，确定量化标度，形成判断矩阵 B。

$$B = \begin{bmatrix} b_{11} & b_{12} & \cdots & b_{1n} \\ b_{21} & b_{22} & \cdots & b_{2n} \\ \cdots & \cdots & \cdots & \cdots \\ b_{n1} & b_{n2} & \cdots & b_{nn} \end{bmatrix}$$

其中，判断矩阵 B 中的相对重要性权重 b_{ij} 的判断准则可以通过表 15-2 的原则评估。

表 15-2　　　　　　　　相对重要性的判断标度

标度	定义简要说明
1	Si 因素与 Sj 因素同等重要
3	Si 因素比稍微重要
5	Si 因素与 Sj 因素得要
7	Si 因素与 Sj 因素强烈
9	Si 因素与 Sj 因素绝对重要
2，4，6，8	Si 与 Sj 两因素比较结果处于以上判断级的中间值
倒数	Sj 与 Si 因素性比较结果是 Si 与 Sj 重要性比较结果的倒数

得到多级模糊综合评价隶属函数图（如图 15-9 所示）：

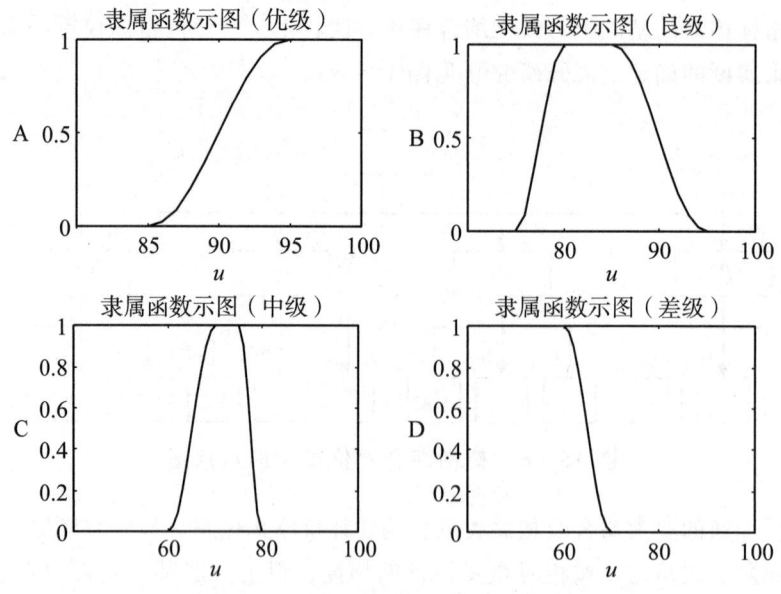

图 15-9　各级隶属度函数示图

15.4.2.3 一致性检验

根据矩阵理论，对于正互反矩阵 B，具有唯一非零的、也是最大的特征根 $\lambda_{max} = n$。当判断矩阵具有完全一致性时，$\lambda_1 = \lambda_{max} = n$，其余特征根均为零。当判断矩阵不具有完全一致性时，则有 $\lambda_1 = \lambda_{max} > n$。这样，可以通过求解下列问题来得到对应于 λ_{max} 的特征向量 W。

将满足一致性的判断矩阵进行计算，可得相应的权重向量记为 W_i。计算各子指标相对目标层 A 的权重。将求得的上一层的权重与子要素的权重对应相乘，得到子指标相对于总目标的权重 W_{ij}。确定总体优先级权重向量，按照优先级，对交通系统进行分析、评价。

15.4.2.4 计算相应的权重

将满足一致性的判断矩阵进行计算，可得相应的权重向量记为 W_i。计算各子指标相对目标层 A 的权重，将求得的上一层的权重与子要素的权重对应相乘，得到子指标相对于总目标的权重 W_{ij}。确定总体优先级权重向量，按照优先级，对交通系统进行分析、评价。

本章就评价模型的构建进行了深入探讨，对指标权重的确定、定性指标的量化处理分别给出了说明，运用模糊综合法对综合评价指标体系进行了评价。

15.5 长株潭城市群"两型"交通发展路径与政策建议

15.5.1 长株潭城市群"两型"交通发展现状

长株潭城市群地处湖南省偏东部、湘江下游，三市土地总面积约为 2.8 万平方公里，占全省的 13.3%；2006 年末总人口 1 299.5 万人，占全省的 19.2%。三市市区土地面积 1 299.74 平方公里，市区户籍人口 380.12 万人。长沙、株洲、湘潭三市是湖南省经济最为发达，人口最为稠密的地区。

长株潭城市群之间的道路交通主要以京珠高速、上瑞高速、G107 线、天易公路、长潭高速等快速干道为主轴。近几年，三市交通同网的步伐进一步加快，长株潭城市群市际之间的平均流量进一步增大，城际之间的道路服务水平明显降低，尤其是长沙与株洲、湘潭连接的 G107 和京珠高速服务水平显著下降，道路交通十分拥挤。依据长株潭城市群 2010 年道路流量统计将其分配，情况见图 15-10。

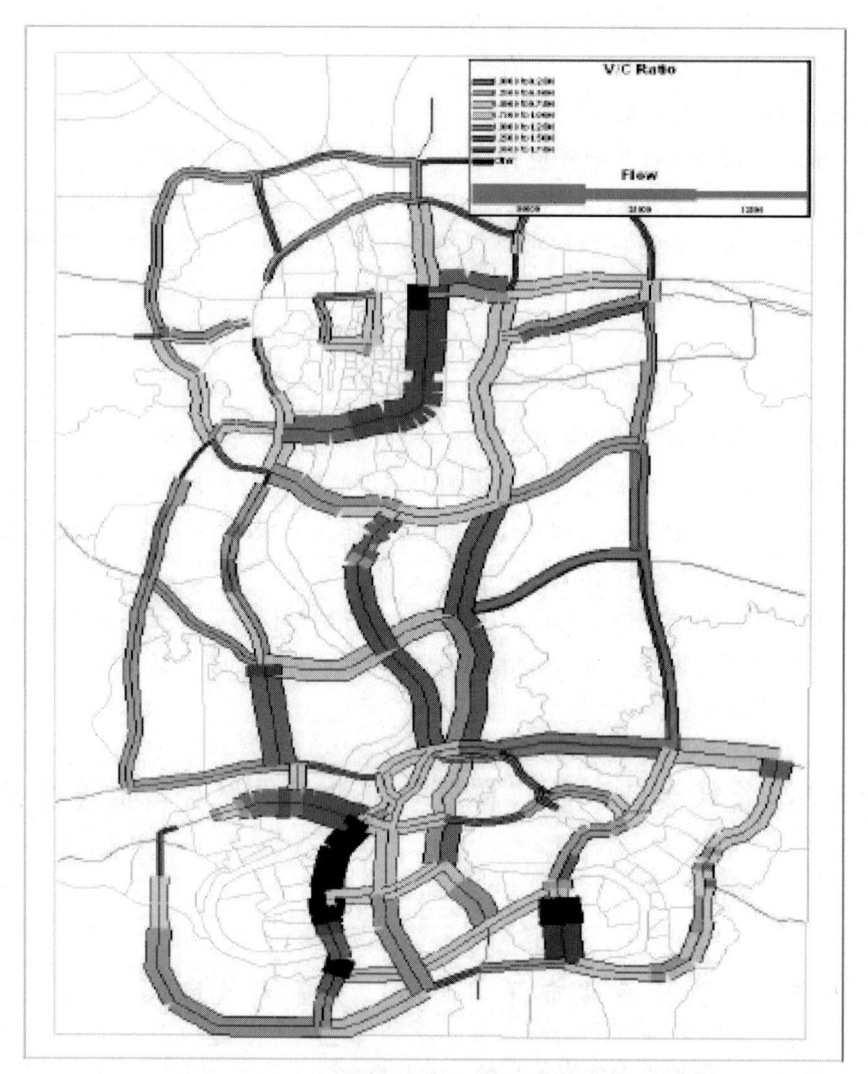

图 15-10 长株潭城市群道路流量分配情况图

长株潭城市群交通的总体技术标准不高。技术等级较低、路况差、通行能力小，造成道路运输时速慢、效率低、经济损失大、效益差，这与长株潭城市群"两型社会"建设的要求还有较大差距。

长株潭城市群的通达能力相对较弱。当前长株潭城市群内各市虽然已经实现了与核心城市的高速公路连接，但城市群内的路网密度、直线和环线联系程度不高，没有真正形成市与县的直达交通网络。道路交通网络发展的资源与环境压力较大。长株潭城市群的城镇、产业、人口聚集度越来越高，交通需求量大，对土地、能源等资源需求和对自然环境的压力较大。

长株潭城市群现有的交通发展模式，是一种低效率粗放式的发展，城市道路和公路能源的消耗以及土地利用的低效，容易造成对周边环境的严重污染。此外，运能大且可有效节约土地资源、降低车辆废气排放的高等级公路数量少，这些交通干线的新增建设对土地的需求较大，也造成对土地资源的占用。长株潭城市群道路交通规划中缺乏"两型"理念。主要表现在：一是线路选线不合理；二是线形指标选用不合理；三是桥、路、隧方案选择不合理。由于"两型社会"理论提出时间还不长，三市在道路规划时仅仅是片面的理解"资源节约、环境友好"，没能考虑道路全寿命周期的成本，没有把后期的运营管理成本和养护维修成本考虑在内。

城市群的发展建设，应该根据全局的、高层次的整体战略规划，在战略规划中各自发挥自身的优势，力争优势互补、协同发展，提升群体综合发展的竞争力。

15.5.2 长株潭城市群"两型"交通发展思路

加快交通结构调整，提高运输组织管理水平，推进交通节能减排，力争在"低碳交通"发展上有新的突破。落实公交优先战略，提升城市交通公交分担率，力争在"绿色交通"发展上有新的作为。大力推进"和谐交通"建设，贯彻"不破坏就是最好的保护"的"原生态"建设理念，实行最大限度地保护、最低程度地影响、最强力度地恢复，实现交通与自然环境的和谐；统筹城乡区域交通协调发展，推进交通公共服务均等化，实现交通与社会的和谐。

为打造长株潭城市群"智慧"交通，将加强顶层设计和总体规划，大力实施"1842"工程，建设1个交通通信专网，深化公路管理、道路运输等8大业务领域应用，建立交通出行信息服务、交通运输安全应急管理等4个综合应用系统，完善交通外网、内网2个门户网站。同时推进交通体系的立体化、综合化、智能化，促进新能源、轨道交通、物联网等战略性新兴产业的发展。

15.5.3 长株潭城市群"两型"交通发展目标

长株潭城市群"两型"交通发展目标在于统筹城乡区域交通协调发展，推进交通公共服务均等化，实现交通与社会的和谐；增强交通供给能力，提升交通服务品质，实现交通与人的和谐。

长株潭城市群三年内将初步建成智能化交通运输系统，实现80%的公路水路重点基础设施监控覆盖，100%的载运工具实现动态定位跟踪监测覆盖；60%以上的高速公路应用不停车收费系统；95%的行政许可实现在线办理；长株潭城市群率先实现交通一卡通服务。交通运输科技贡献率达到55%。交通信息服务覆盖全省，惠及全省老百姓。以提升"东方莱茵河"湘江经济价值为重点，尽快加长水运这块"短板"，力争国家高等级航道网湘江达标率87.5%，沅水（省境）达标率67.7%，1 000吨级以上港口泊位达到132个。

15.5.4 长株潭城市群"两型"交通发展的政策建议

（1）强化交通建设的可行性论证和设计的"两型"理念。交通作为一个资源依赖型和能源消耗型的传统行业，按照以节约环保可持续的发展理念，打造"资源节约型、环境友好型"的交通势在必行，如果不加快结构调整、转变发展方式，则资源支撑不住，环境容纳不下，社会承受不起，发展难以为继。为此，长株潭城市群坚持将打造"两型交通"作为交通发展的第一选择并积极付诸实施，要认真做好道路建设的可行性论证工作。切实建设区位优势好，通车能力强，经济效益显著的道路，充分体现道路建设过程中的资源节约，最大限度的利用土地资源，充分发挥道路交通的比较优势，全面带动区域经济又快又好的发展。

同时做好道路设计工作，设计是工程建设的灵魂。按照以人为本、节约资源、保护环境、协调发展的核心价值，城市群需要引入了"灵活性设计理念"和"宽容性设计理念"，要通过提升勘察设计理念，优化设计方案，要合理利用道路设计规范和标准，改进断面形式，减少互通立交规模，既要有前瞻性，又要注重土地节约；既要保证道路的通行能力，车辆行驶速度，又要注重行车安全，全面提高土地利用率，尽可能地避免道路建设对沿线居民生活、工厂生产、城市发展造成不良影响。聘请相关专家学者进行评审把关，对标准和方案进行多方咨询和反复论证。在项目建设中各个部门自觉将学习借鉴、自主创新落实到交通建设管理、生态环保、资源节约、科技创新、设计施工和公路文化等方方面面。

（2）构建长株潭三市城乡一体、城际一体的公共交通体系。长株潭城市群完善交通基础设施共建共享机制，构建长株潭三市城乡一体、城际一体的公共交通体系。首先要打破现有道路建设模式，在长株潭核心区内，从原来单纯的公路建设转变成为城乡无差别的城市道路建设，统一规划建设对外走廊，保证对外道路与中心城区道路在基础设施配套、建设标准、景观等方面的连续性，缩短城乡与中心城区的距离。

其次在长株潭核心区内，重新分配市场资源，保留公路客运在高速公路上点对点的运营服务，大力发展城际间、城乡间通过省际、市际、乡村公路或跨越高速公路的大公交系统。最后要整合城市交通和公路客运战场资源，统一规划、分步实施，建设几个大型的立体化运输枢纽站，实现多种运输方式的零距离换乘。

(3) 树立区域公路交通发展的环保意识，从重服务出行转向重旅游经济。一方面，在灵活应用现有的规范、标准和规章制度的基础上，在不降低安全性的前提下，通过灵活设计寻求达到更加符合公路沿线可持续发展的需要和利益。如在城镇化程度较高的地区，高速公路可以进行灵活性设计，使该地区高速公路可以具有城市快速路的部分特点；以重型运煤车辆为主交通流的路段，路基路面处理应适应这一承载要求。另一方面，规划实施过程中，应运用科学发展观，树立环保意识，在公路的设计、建设、养护中，尽量避免破坏生态环境，防止水土流失，实现与自然界的和谐统一，实现规划区域公路交通的可持续发展。

另外，从重服务出行转向重旅游经济。城市群的交通建设不仅要提供点对点的通道服务，更要一线穿珠、串起通道沿线的知名旅游景点，使人们在行进中领略神农架风光，感受大自然魅力。因此，城市群就将"两型"交通定位为兼具旅游走廊和交通通道双重功能的生态环保旅游公路，并在工程建设实践中不断加以探索和深化，真正实现人与自然和谐、路与自然和谐。

(4) 制定优惠扶持政策，搭建长株潭一体的公共财政平台。目前，长株潭三市国省道、通乡镇公路、农村公路畅通、通达工程建设中的国省补助标准均为全省最低水平，与长株潭建设"两型社会"综合配套改革试验区的要求已不相适应。首先，建议国、省在新的形势下，对三市交通建设的投资政策给予适当倾斜，以加快三市交通基础设施的建设进程。其次，建议搭建长株潭一体的公共财政平台，为三市基础设施共建共享提供财力保障。

注重干线公路与农村公路的协调发展，注重公路与城市道路的有效衔接。规划区域要实现公路交通新的跨越式发展，需要进一步加强交通发展的整体性、协调性和可持续性，实现各区域公路交通的平衡发展。今后需重点加强干线公路和农村公路之间的协调发展；注重公路与城市道路的有效衔接；注重城市过境交通的组织，发挥绕城道路疏导过境交通的作用，减少对城市内部交通的干扰。

(5) 大力倡导绿色交通，积极推广新产品的开发和利用。长株潭城市群当前重点是把节约资源、保护环境贯穿到交通发展的各个环节，提高土地、岸线、航道等资源的使用效率；积极开展沥青、水泥等材料的再生利用，探索资源节约的新途径和新方法，积极发展交通循环经济；实施严格的环境保护政策，倡导绿色交通和清洁运输，积极开发和应用绿色交通技术，减少污染物排放，建设低能源消耗、低资源占用、低环境污染、低使用成本的公路水路交通系统。

在"两型社会"建设中要切实注重开发和利用节约型交通发展规划与设计技术、交通基础设施建设生态恢复技术、材料循环再生利用技术、交通节能技术应用与推广、道路环境管理监控技术等。充分认识到城市群自然资源的稀缺性、生态环境的脆弱性,必须高度重视生态环境保护,着力遏制"先污染、后治理,先破坏、后恢复"的恶性循环,修建一条"路景相融、自然神宜"的生态旅游公路,给子孙后代留下宝贵的社会财富,而不是永久的历史缺憾。

参考文献

[1] 鲍宗豪:"文明城市:和谐社会的理想范式",光明日报,2005年11月29日。

[2] 蔡景庆:"长株潭两型产业路径优化",载《重庆社会科学》,2009年第9期。

[3] 操小娟、李和中:"'两型社会'视域下低碳经济发展激励政策模型分析——以武汉城市圈为例",载《中国软科学》,2011年第7期,第66~73页。

[4] 曹虹剑、邓国琳:"湖南'两型'高新技术产业园区发展研究",载《湖南社会科学》,2011年第4期。

[5] 曹立军、周少华:"区域两型社会的评价方法",载《求索》,2010年第4期。

[6] 曹兴、郭志玲:"企业知识存量增长与技术核心能力提升的作用分析",载《科学决策》,2009年第8期,第41~47页。

[7] 曾翔旻、赵曼、聂佩进、邹宇:"'两型社会'综合评价指标体系建设和实证分析",载《科技创业月刊》,2008年第5期,第73~75页。

[8] 曾翔旻、赵曼等:"'两型社会'综合评价指标体系建设和实证分析——基于武汉市的实证分析",载《科技创业》,2008年第5期,第85~87页。

[9] 常琳:"生态城市发展水平测度研究",载《"建设资源节约型、环境友好型社会"高层论坛论文集》,2007年。

[10] 陈傲:"循环经济技术范式变革与企业技术创新的生态化转向",载《科学学与科学技术管理》,2007年第5期,第53~56页。

[11] 陈翠翠:"资源节约型社会的评价方法研究",厦门大学硕士论文,2007年。

[12] 陈黎明、欧文:"可持续发展视角下的两型社会指标体系研究",载《科技进步与对策》,2009年第26卷第20期,第37~41页。

[13] 陈明亮:"提升机关财务管理水平,积极打造'节约型'机关",载

《财经界（学术版）》，2013年第11期。

　　[14] 陈钦华："湘西山区生态农村建设研究"，湖南农业大学博士论文，2009年。

　　[15] 陈蔚真、卢源：《低碳城市发展的框架、路径与愿景》，科学出版社2010年版。

　　[16] 陈翔宇、梁工谦、马世宁："基于PMLC再制造产品的持续质量改进"，载《中国机械工程》，2007年第2期，第170~174页。

　　[17] 陈晓春、冯恋："基于低碳经济视角的节约型机关研究"，载《中国行政管理》，2011年第3期。

　　[18] 陈晓红："构建绿色经济政策体系"，载《新湘评论》，2012年第21期。

　　[19] 陈晓红："科学构建'两型社会'标准体系"，人民日报（理论7版），2011年9月1日。

　　[20] 陈晓红："以体制机制改革创新推进'两型社会'建设"，人民日报（理论23版），2012年11月1日。

　　[21] 陈晓红、傅滔涛、曹裕："企业循环经济评价体系——以某大型冶炼企业为例"，载《科研管理》，2012年第1期，第47~55页。

　　[22] 陈晓红、李大元、游达明、任胜钢：《"两型社会"建设评价理论与实践》，经济科学出版社2012年版。

　　[23] 陈昕："基于主成分分析的资源节约型评价指标体系及应用"，载《资源与产业》，2010年第6期，第38~43页。

　　[24] 陈瑜、陈晓红："区域生态现代化评价指标及实证研究"，载《系统工程》，2010年第28卷第4期。

　　[25] 陈庄、刘飞、陈晓慧："基于绿色制造的产品多生命周期工程"，载《中国机械工程》，1999年第2期，第233~238页。

　　[26] 程伟："资源节约型与环境友好型社会的企业社会责任研究"，武汉理工大学硕士论文，2008年。

　　[27] 澹台继康："建设资源节约型、环境友好型社会评价指标体系初探"，载《安徽冶金科技学院学报》，2010年第1期。

　　[28] 邓波："城市及其发展观的历史演变"，载《自然辩证法研究》，2011年第6期，第70~76页。

　　[29] 邓旋、杨青："我国省域两型社会协调发展演化规律及其对策研究"，载《科技进步与对策》，2011年第18期，第26~29页。

　　[30] 丁胜洪、杨瑜娴："'两型'农村建设的有益尝试"，载《红旗文稿》，2009年第21期。

[31] 丁胜洪、杨瑜娴:"积极发展'两型'都市农业——武汉市新农村建设的实证思考",载《两型农村与生态农业发展国际学术研讨会论文集》,2009年,第308~313页。

[32] 董冉冉:"灰色理论在河南省两型社会综合评价中的应用研究",载《现代商贸工业》,2010年第19期,第3~5页。

[33] 杜通平:"农民生活方式对环境的污染及治理思路",载《生态经济》,2009年第3期,第159~161页、第165页。

[34] 樊红艳、刘学录:"基于综合评价法的各种无量纲化方法的比较和优选",载《湖南农业科学》,2010年第17期,第163~166页。

[35] 范建:"生态农村:第四条发展道路",科技日报,2007年5月24日。

[36] 冯之浚、金涌、牛文元等:"关于推行低碳经济促进科学发展的若干思考",载《政策瞭望》,2009年第8期,第39~41页。

[37] 付加锋、庄贵阳、高先庆:"低碳经济的概念辨识及评价指标体系构建",载《中国人口·资源与环境》,2010年第8期,第38~43页。

[38] 付允、马永欢、刘怡君等:"低碳经济的发展模式研究",载《中国人口·资源与环境》,2008年第3期,第14~19页。

[39] 龚曙明、朱海玲:"'两型社会'综合监测评价体系与方法研究",载《统计与决策》,2009年第3期,第14~16页。

[40] 郭建军:"我国城乡统筹发展的现状、问题和政策建议",载《经济研究参考》,2007年第1期,第24~44页。

[41] 郭晓宇:"对全国水土流失进行动态监测",法制日报,2010年8月23日。

[42] 国家统计局课题组:"和谐社会统计监测指标体系研究",载《统计研究》,2006年第5期,第23~28页。

[43] 《中华人民共和国国民经济和社会发展第十二个五年规划纲要》,2011年3月。

[44] 《中华人民共和国国民经济和社会发展第十一个五年规划纲要》,2006年3月。

[45] 韩民青:"人类文明演进的规律及历程新探",载《东岳论丛》,2011年第5期,第26~36页。

[46] 何江、朱云、耿良安:"低碳城市群标准体系构建的理论内涵",载《标准科学》,2011年第1期,第19~26页。

[47] 何志军、柳肃、曾鑫:"'两型'社会背景下的城市居住社区研究",载《城市问题》,2010年第1期。

[48] 洪卫："建立资源节约型交通运输体系的几个问题",载《重庆交通学院学报》,1996 年第 15 期,第 41~47 页。

[49] 胡斌、陈晓红："创新型城市群创新能力评价研究",载《经济问题探索》,2009 年第 5 期。

[50] 胡大立、丁帅："低碳经济评价指标体系研究",载《科技进步与对策》,2010 年第 22 期,第 160~164 页。

[51] 胡锦涛："中国共产党第十七次全国代表大会上的报告",2007 年 10 月 24 日。

[52] 胡美灵："'两型社会'建设典范——株洲的启示",载《环境保护》,2012 年第 7 期。

[53] 胡敏红："两型社会建设与评价——以武汉城市圈为例",武汉理工大学硕士论文,2009 年。

[54] 湖南统计局："'两型社会'监测考核统计指标体系的初步设想",2008 年 5 月,第 1~7 页。

[55] 华锦阳："制造业低碳技术创新的动力源探究及其政策涵义",载《科研管理》,2011 年第 6 期,第 42~48 页。

[56] 黄丽娟、徐国华："多生命周期制造初探",载《环境规划与环境管理》,2005 年第 5 期,第 1~4 页。

[57] 黄禄星、黄国勤："农村资源、生态、环境问题与社会主义新农村建设",载《江西农业大学学报(社会科学版)》,2006 年第 3 期,第 27~30 页。

[58] 黄亚平:《城市空间理论与空间分析》,东南大学出版社 2002 年版。

[59] 黄珍文、黄峥荣："论'两型社会'建设中企业社会责任的履行",载《湖湘论坛》,2009 年第 4 期。

[60] 霍苗："生态农村评价方法探讨",中国农业大学硕士论文,2005 年。

[61] 季铸："2009~2010 年中国经济分析展望报告(CEAOR2010)——后危机时代中国绿色经济结构增长",载《中国对外贸易》,2010 年第 3 期,第 18~37 页。

[62] 贾栋："两型社会背景下武汉城市圈基本公共服务均等化研究",载《科教导刊》,2010 年第 17 期。

[63] 贾顺平、彭宏勤、刘爽、张笑杰："交通运输与能源消耗相关研究综述",载《交通运输系统工程与信息》,2009 年第 7 期,第 6~7 页。

[64] 简新华、叶林："论中国的'两型社会'建设",载《学术月刊》,2009 年第 3 期,第 65~71 页。

[65] 江志刚、张华、曹华军："绿色再制造管理的体系结构及其实施策略",载《中国工程机械》,2006 年第 17 卷第 24 期,第 2573~2576 页。

[66] 蒋祺、段宁:"'两型社会'背景下城乡总体规划指标体系研究——以长沙市两型社会先导区为例",载《中外建筑》,2009年第12期。

[67] 蒋硕亮:"节约型机关评价指标体系的构建",载《统计与决策》,2012年第4期。

[68] 焦必方、杨薇:"美国资源节约型社会建设的经验及启示",载《经济纵横》,2008年第4期,第93~95页。

[69] 焦焕成:"以节俭效能的机关事务文化引领节约型机关建设",载《求是》,2012年第3期。

[70] 金乐琴、刘瑞:"低碳经济与中国经济发展模式转型",载《经济问题探索》,2009年第1期,第84~87页。

[71] 金涌、王垚、胡山鹰等:"低碳经济:理念·实践·创新",载《中国工程科学》,2008年第9期,第4~13页。

[72] 景思江:"创建'两型'企业:企业承担社会责任的新范式",载《企业活力》,2010年第10期。

[73] 孔令英:"循环经济技术创新研究——以新疆天业股份有限公司为例",载《科技管理研究》,2009年第1期,第24~26页。

[74] 匡远配、罗荷花:"'两型农业'综合评价指标体系构建及实证分析",载《农业技术经济》,2010年第7期,第69~77页。

[75] 赖作卿:"小城镇大战略与社会主义新农村建设",载《两型农村与生态农业发展国际学术研讨会论文集》,2009年,第207~212页。

[76] 李宝瑜、李丽:"我国资源节约型社会进程指数设计",载《统计研究》,2008年第6期,第20~24页。

[77] 李锋、刘旭升、胡聃、王如松:"生态市评价指标体系与方法",载《应用生态学报》,2007年第9期。

[78] 李海舰、原磊:"三大财富及其关系研究",载《中国工业经济》,2008年第12期,第6~15页。

[79] 李海燕:"低碳经济:'两型'社会的突破口",载《中国国情国力》,2009年第12期。

[80] 李瑾:"行政体制改革背景下的节约型机关建设问题研究",载《河南广播电视大学学报》,2013年第4期。

[81] 李丽纯、李松龄:"长沙市生态农业建设的调查与思考",载《两型农村与生态农业发展国际学术研讨会论文集》,2009年,第258~264页。

[82] 李荣生:"论资源节约型农业结构",载《资源科学》,1999年第2期,第18~22页。

[83] 李瑞兰、黄珍文："'两型社会'建设中企业社会责任指标体系的构建"，载《中国集体经济》，2009年第10期。

[84] 李巍、王华东、王淑华："战略环境影响评价研究"，载《环境科学进展》，1995年第3期，第1~6页。

[85] 李文璇："太原市'两型'城市建设及其评价体系研究"，载《山西广播电视大学学报》，2010年第6期，第93~95页。

[86] 李文钊、董克用："中国事业单位改革：理念与政策建议"，载《中国人民大学学报》，2010年第9期。

[87] 李晓军："培育适应'两型'农村建设要求的新型农民"，载《两型农村与生态农业发展国际学术研讨会论文集》，2009年，第96~100页。

[88] 李晓燕、陈红："城市生态交通规划的理论框架"，载《长安大学学报》，2006年第26卷第1期，第79~82页。

[89] 李晓燕、邓玲："城市低碳经济综合评价探索"，载《现代经济探讨》，2010年第2期。

[90] 李晓燕："基于模糊层次分析法的省区低碳经济评价探索"，载《华东经济管理》，2010年第2期。

[91] 李新平、申益美："基于熵值法的'两型社会'经济建设评价体系的构建"，载《统计与决策》，2011年第13期，第84~87页。

[92] 李旭东："两型社会建设中企业评价指标体系的建立"，载《创新研究》，2009年第6期。

[93] 李芸："当代城市生态文明建设的运行原则"，载《经济学研究》，2008年第11期，第11~15页。

[94] 李正辉、许鹏、任英华、陈黎明、曾昭法："《两型社会建设指标体系研究》课题组'两型社会'综合指标体系研究"，载《财经理论与实践（双月刊）》，2009年第30期。

[95] 李正辉："两型社会指标体系的构建"，载《2009首届两型社会建设论坛论文集》，2009年，第50~53页。

[96] 李志萌、杨志诚："生态农业是发展农村生态效益型经济的有效途径"，载《两型农村与生态农业发展国际学术研讨会论文集》，2009年，第149~155页。

[97] 李作敏："公路交通可持续发展能力评价研究"，长安大学硕士论文，2002年，第19~22页。

[98] 两型社会研究院：《两型社会干部读本》，湖南人民出版社2009年版。

[99] 林娟带、沈蔚："浅谈21世纪单位庭院绿化及生态文明建设——以广

西蚕业科学研究院为例说起",载《改革与开放》,2011年第8期。

[100] 刘德林:"建设社会主义新农村——生态农村",载《中国现代化研究论坛》,2007年第5期,第441~444页。

[101] 刘菲:"生态农村的界定与评价指标研究",北京化工大学硕士论文,2008年。

[102] 刘敏、刘焕新:"关于湖南构建'两型社会'的几个问题",载《湖南社会科学》,2008年第5期,第102~105页。

[103] 刘青松、马勤:"基于'两型社会'建设的企业成长新理念",载《企业家天地》,2009年第9期。

[104] 刘文良:"倡导生态文化构建'两型社会'",光明日报,2010年3月31日。

[105] 刘细良:"低碳经济与人类社会展",光明日报,2009年6月2日。

[106] 刘翔、曹裕:"两型社会视角下的区域协调发展评价研究——基于长株潭城市群的实证分析",载《科技进步与对策》,2011年第6期,第106~110页。

[107] 刘昕:"论我国公路交通的可持续发展战略",长安大学硕士论文,2001年,第14~16页。

[108] 刘颖等:"生态工业园区标准化发展思路研究",载《中国标准化》,2012年第7期。

[109] 刘颖琦、高宏伟:"中国新能源汽车产业联盟技术创新发展趋势与对策",载《科学决策》,2011年第2期,第1~8页。

[110] 刘振宇、郑宇、尧慧君:"中国'两型'社会建设评价指标体系研究——对武汉市为例进行构建与实证",载《现代商业》,2009年第21期,第203~205页。

[111] 刘助仁:"浅析欧美国家循环经济发展的国家行为",载《经济管理》,2006年第1期。

[112] [美]罗伯特·福布什、[美]尼古拉斯·加罗布劳斯:"制造业发展战略",载《科学美国人》,2009年第9期。

[113] 罗建平:"论科学消费观对消费主义的批判和超越",载《教学与研究》,2011年第11期,第85~90页。

[114] 吕洁华、安云芳:"区域循环经济统计指标体系建立与综合评价研究",载《学术交流》,2009年第3期,第106~110页。

[115] [美]迈克尔·波特:《竞争优势》,华夏出版社2005年版。

[116] 冒亚龙、何镜堂:"数字时代的城市空间结构",载《城市规划学刊》,2009年第4期,第14~18页。

［117］苗润生：《中国地区综合经济实力评价方法研究》，中国人民大学出版社 2006 年版，第 55～59 页。

［118］缪悦、刘耘："基于两型社区构建的物业服务创新产品消费行为研究"，载《湖南科技大学学报（社会科学版）》，2012 年第 9 期。

［119］穆瑞欣、陈晓红、游达明："基于主客观综合赋权的长株潭城市群循环经济评价"，载《系统工程》，2010 年第 1 期。

［120］宁淼、马晓晴、王彤、徐云："资源节约型社会评价指标体系设计及山东省的实证研究"，载《生产力研究》，2009 年第 7 期，第 103～106 页。

［121］欧文："长株潭两型生态城市建设统计评价研究"，湖南大学硕士论文，2010 年。

［122］欧阳朝斌等："静脉产业类生态工业示范园区建设规划研究"，载《环境保护与循环经济》，2010 年第 1 期。

［123］潘家华："怎样发展中国的低碳经济"，载《绿叶》，2009 年第 5 期，第 20～27 页。

［124］潘岳："社会主义与生态文明"，载《中国环境年鉴 2008》，2008 年。

［125］庞世伟、王英："消费观变革与可持续发展"，载《中国人口·资源与环境》，2004 年第 2 期，第 20～24 页。

［126］彭丽敏："建设'两型'机关在贯彻落实科学发展观中的示范效应与实现途径"，载《学习与实践》，2009 年第 5 期。

［127］彭万力："区域规划理论视角下的'两型'园区经济发展"，载《中国城市经济》，2011 年第 12 期。

［128］彭文斌、张敏、邝嫦娥："'两型社会'视角下的长株潭城市群低碳经济研究"，载《经济研究导刊》，2010 年第 8 期。

［129］彭艺、贺正楚、翟欢欢："'两型社会'农业生产体系评价模型及评价指标"，载《经济地理》，2010 年第 5 期，第 819～822 页。

［130］乔海曙、陈娟妮、徐卯晓："基于'强银行指数'的中国银行从'大'到'强'研究"，载《金融论坛》，2011 年第 12 期。

［131］乔海曙、李正辉、文葵、唐娟、谭明、刘卓："'两型'农村标准研究"，载《两型农村与生态农业发展国际学术研讨会论文集》，2009 年，第 199～206 页。

［132］乔海曙、王桂良："'两型'农村理论内涵与标准构建"，载《广东社会科学》，2012 年第 4 期。

［133］乔海曙、王修华："两型社会建设的理论探索与体制机制创新——首届'两型社会建设论坛'综述"，载《经济研究》，2009 年第 5 期，第 156～160 页。

[134][美]乔治·弗雷德里克森:《公共行政的精神》,人民大学出版社2003年版。

[135]全毅:"日本转变经济发展方式与建设'两型社会'的经验及启示",载《亚太经济》,2011年第2期,第3~9页。

[136]任继勤、孙茂龙:"北京发展循环经济技术支撑指标与政策",载《中国科技论坛》,2006年第3期,第104~107页。

[137]任力:"低碳经济与中国经济可持续发展",载《社会科学家》,2009年第1期,第47~50页。

[138]世界银行:《2008年世界发展指标》(中文版),中国财政经济出版社2008年版,第165页。

[139]舒晓虎:"两型社区建设:追求新生活方式的社会行动",载《社会主义研究》,2010年第2期。

[140]宋永昌、戚仁海等:"生态城市的指标体系与评价方法",载《城市环境与城市生态》,1999年第10期。

[141]苏建平:"武汉城市圈两型社会建设综合配套改革试验统计监测体系研究",载《学习与实践》,2009年第4期,第147~152页。

[142]孙成慧、薛龙义:"晋城市生态城市水平建设研究",载《山西师范大学学报(自然科学版)》,2011年第6期。

[143]孙红玲:"中国'两型社会'建设及'两型产业'发展研究——基于长株潭城市群的实证分析",载《中国工业经济》,2009年第11期,第25~34页。

[144]孙晓梅等:"生态工业园运行效率评价指标体系的研究",载《中国人口·资源与环境》,2010年第1期。

[145]孙长学、王奇:"论生态产业与农村资源环境",载《农业现代化研究》,2006年第2期,第101~103页。

[146]田翠琴、赵志林:"农民生活型环境行为对农村环境的影响",载《生态经济》,2011年第2期,第179~184页。

[147]田金平等:"中国生态工业园区发展模式研究",载《中国人口·资源与环境》,2012年第7期。

[148]涂正革、刘磊珂:"环境技术效率与'两型'社会建设研究:以湖北为例",载《山东经济》,2010年第5期,第5~12页。

[149][美]托马斯·格雷德尔、[美]勃拉登·阿伦比:《产业生态学》(第2版),清华大学出版社2004年版。

[150]王鹏:"对'两型社会'内涵的再思考",载《北方经济》,2009年第1期,第5~6页。

[151] 王波:"发展循环经济是建设两型社会的科学内涵",载《农村经济》,2008年第11期。

[152] 王凤科、李荣桥:"资源节约型社会指标体系分析",载《商业现代化》,2008年第9期。

[153] 王辉、刘茂松:"两型社会都市农业发展综合评价指标体系的构建",载《求索》,2011年第4期,第79~80页。

[154] 王建军:"建设资源节约型与环境友好型企业的理论和实践",载《首都经济贸易大学学报》,2007年第2期,第60~63页。

[155] 王敬、张忠潮:"生态文明视角下的适度消费观",载《消费经济》,2011年第4期。

[156] 王军生:"循环经济技术创新与技术创新体系构建——以我国西部某城市为例",载《经济管理》,2008年第16期,第86~91页。

[157] 王茜茜、周敬宣、李湘梅、肖人彬:"基于投影寻踪法的武汉市'两型社会'评价模型与实证研究",载《生态学报》,2011年第31卷第20期,第6224~6230页。

[158] 王如松、周涛等:《产业生态学基础》,新华出版社2006年版。

[159] 王文军、赵黛青、陈勇:"我国低碳技术的现状、问题与发展模式研究",载《中国软科学》,2011年第12期,第84~91页。

[160] 王祥荣:"城市生态规划的概念、内涵与实证研究",载《规划师》,2002年第2期。

[161] 王协斌:"环境友好型城市评价指标体系研究",载《林业调查规划》,2010年第1期,第139~142页。

[162] 王占益、毕雪莲:"加快建设资源节约型农村的对策选择",载《山东省农业管理干部学院学报》,2010年第1期,第26~27页。

[163] 王志国:"后金融危机时代科学消费观的构建",载《同济大学学报(社会科学版)》,2011年第4期,第119~125页。

[164] 卫振林、申金升、徐一飞:"交通环境容量与交通环境承载力的探讨",载《经济地理》,1997年第1期,第97~99页。

[165] 温家宝:"从战略和全局高度认识节能减排重大意义",国务院召开的全国节能减排工作电视电话会议上讲话,2011年9月27日。

[166] 文虎、仝川:"联合国可持续发展指标体系评述",载《中国人口·资源与环境》,1997年第3期,第83~87页。

[167] 吴琼、王如松、李宏卿、徐晓波:"生态城市指标体系与评价方法",载《生态学报》,2005年第8期。

[168] 吴娟："长株潭城市群'两型社会'产业评价体系及政策研究"，湖南师范大学硕士论文，2008 年，第 33~36 页。

[169] 吴晓青："加快发展绿色经济的几点思考"，载《环境经济》，2009 年第 12 期，第 13~16 页。

[170] 向睿："交通能耗在城市绿色交通规划中的应用"，西南交通大学博士论文，2010 年，第 4~7 页。

[171] 肖皓、谢锐、万毅："节能型技术进步与湖南省两型社会建设——基于湖南省 CGE 模型研究"，载《科技进步与对策》，2012 年第 9 期，第 36~42 页。

[172] 肖中洁："2020 年长株潭'两型'社会建成实验改革分三阶段"，潇湘晨报，2009 年 1 月 6 日。

[173] 谢芳、李慧明："生产者责任延伸制与企业的循环经济模式"，载《生态经济》，2006 年第 6 期，第 64~77 页。

[174] 谢鹏飞、周兰兰等："生态城市指标体系构建与生态城市示范评价"，载《城市发展研究》，2010 年第 7 期。

[175] 徐世刚："日本构筑'资源节约型社会'的对策及其启示"，载《日本研究》2010 年第 3 期，第 34~39 页。

[176] 许鞍铭："长株潭'两型社会'综合评价指标体系探析"，载《文史博览（理论）》，2010 年第 3 期。

[177] 许俊杰、宋仁霞："构建资源节约型社会的评价体系"，载《统计研究》，2008 年第 3 期，第 108~109 页。

[178] 许乃中等："工业园区循环经济绩效评价方法研究"，载《中国人口·资源与环境》，2010 年第 20 卷第 3 期。

[179] 郇公弟："欧盟已抢占低碳经济制高点"，中国证券报，2010 年 8 月 11 日。

[180] 阳敏、张宇蕊："公共事业单位改革路径演化：一个交易费用分析框架"，载《中国软科学》，2012 年第 12 期。

[181] 杨根辉、刘萍等："南昌市生态城市评价指标体系的研究"，载《江西农业学报》，2007 年第 1 期，第 99~102 页。

[182] 杨开忠："谁的生态最文明——中国各省区市生态文明大排名"，载《中国经济周刊》，2009 年第 32 期。

[183] 杨美蓉："循环经济、绿色经济、生态经济和低碳经济"，载《中国集体经济（下）》，2009 年第 10 期，第 72~73 页。

[184] 杨平："实现'两型社会'建设技术创新的基本途径——以湖南长株潭城市群'两型社会'建设为例"，载《系统科学学报》，2011 年第 3 期，

第 66~70 页。

[185] 杨涛：《公路网规划》，人民交通出版社 2004 年版，第 122~150 页。

[186] 杨中柱："首届两型社会建设论坛观点综述"，载《高校社科动态》，2009 年第 3 期，第 5~10 页。

[187] 叶文虎、陈国谦："三种生产论：可持续发展的基本理论"，载《中国人口·资源与环境》，1997 年第 2 期，第 14~18 页。

[188] 叶文忠、李林、欧婵娟等："基于集对理论的'两型社会'综合评价模型"，载《统计与决策》，2010 年第 22 期，第 39~41 页。

[189] 易先忠、彭炳忠、周超："'两型技术'生成机制与培育体制研究"，载《科学决策》，2010 年第 5 期，第 73~79 页。

[190] 易显飞："两型社会与技术创新的生态化"，载《科学技术与辩证法》，2009 年第 2 期，第 86~89 页。

[191] 殷辉、李道芳："合肥建设节约型城市指标体系的研究"，载《价值工程》，2008 年第 1 期，第 24~26 页。

[192] 于成永、施建军："研发模式选择及其对创新绩效的影响——一个研究综述"，载《经济管理》，2006 年第 19 期，第 6~11 页。

[193] 余谋昌：《创造美好的生态环境》，中国社会科学出版社 1997 年版。

[194] 俞可平："全球治理引论"，载《马克思主义与现实》，2002 年第 1 期，第 20~33 页。

[195] 俞可平："治理与善治"，载《马克思主义与现实》，1995 年第 5 期。

[196] 袁方成："'两型'社区：农村社区建设的创新模式"，载《探索》，2010 年第 2 期。

[197] 臧漫丹、诸大建："'两型城市'的框架研究"，载《中国人口·资源与环境》，2011 年第 3 期，第 136~143 页。

[198] 臧志彭、崔维军："中国 30 个制造行业环境友好状况的实证研究"，载《企业管理》，2008 年第 1 期，第 140~148 页。

[199] 张宝峰："治理理论与社会基层的治道变革"，载《理论探索》，2006 年第 5 期，第 120~124 页。

[200] 张保生、黄哲："环境友好型城市指标体系的研究"，载《北方环境》，2011 年第 23 期，第 108~110 页。

[201] 张楚文："论环境视角的'两型社区'综合服务平台建设"，载《湖南社会科学》，2009 年第 9 期。

[202] 张国华、殷复伟等："有效利用农村资源发展节约型农业"，载《中国农业资源与区划》，2005 年第 5 期，第 23~25 页。

[203] 张涵:"从文明范式看人类文明转型与中华文明复兴",载《郑州大学学报(哲学社会科学版)》,2005年第6期,第101~107页。

[204] 张黎:"'两型'农业生产体系:思考与建议",载《两型农村与生态农业发展国际学术研讨会论文集》,2009年,第66~75页。

[205] 张丽娜:"加强节约型机关理论研究推动节约型机关工作实践——'建设节约型机关理论研讨会'综述",载《中国行政管理》,2011年第2期。

[206] 张联:"以机关党建工作推动生态文明建设",中国环境报,2013年4月23日。

[207] 张良强、刘香旭:"基于BSC的资源节约型社会评价指标体系研究",载《科学学研究》,2008年第2期,第149~156页。

[208] 张生瑞:"公路交通可持续发展系统分析与评价",长安大学博士论文,2002年,第25~29页。

[209] 张思锋、常琳:"生态城市发展水平测度体系的构建与应用",载《西安交通大学学报(社会科学版)》,2009年第1期。

[210] 张陶新、周跃云、赵先超:"中国城市低碳交通建设的现状与途径分析",载《城市发展研究》,2011年第1期,第6~8页。

[211] 张新端、郑泽根:"环境友好型城市环境指标体系研究",载《环境科学与管理》,2007年第9期,第53~56页。

[212] 张新端:"环境友好型城市建设环境指标体系研究",重庆大学硕士论文,2007年。

[213] 张雁:"政企共建深化两型创建绿色出行倡导两型生活",长江日报,2010年5月7日。

[214] 张叶:"绿色经济问题初探",载《生态经济》,2002年第3期,第59~61页。

[215] "长沙'两型社会'统计监测指标评价体系初探",http://www.cstj.gov.cn.,2008年11月22日。

[216] 长沙市发展和改革委员会:"长沙市'两型社会'建设专题研究",2008年,第37~43页。

[217] 赵静、曹伊清、徐挺、尹大强:"低碳经济与'两型社会'的相关性及指标研究",载《环境科学与管理》,2010年第6期。

[218] 赵清:"生态文明视域下的两型社区建设研究",载《生态经济》,2013年第3期。

[219] 赵阳:"建设'两型'农村要实行三个最严格的制度",载《中国乡村建设》,2009年第4期。

[220] 郑杭生、杨敏："个人与社会的关系"，载《江苏社会科学》，2003年第1期，第1~10页。

[221] 中国城市规划设计院、湖南省发展和改革委员会："崛起中建设'两型社会'的城市群区域规划"，2008年，第79~81页。

[222] 中国科学院："绿色发展内涵诠释：生态健康经济绿化社会公平人民幸福"，载《中国科学发展报告2010》，科学出版社2010年版。

[223] 中国科学院可持续发展战略研究组：《2010中国可持续发展战略报告》，科学出版社2010年版，第15~55页。

[224] 中国科学院可持续发展战略研究组："系统学开创可持续发展理论与实践研究的新方向"，载《系统辩证学学报》，2001年第1期，第20~23页。

[225] 中国农业非点源污染控制工作组："中国农业非点源污染控制的政策建议"，2004年，第4~5页。

[226] 中国社会科学院工业经济研究所：《中国工业发展报告2008：中国工业改革开放30年》，经济管理出版社2008年版。

[227] 钟芸香："发展循环经济是建设'两型社会'的必由之路"，载《科技管理研究》，2009年第4期。

[228] 周栋良："论'两型社会'建设综合评价指标体系构建——以农村地区为例"，载《重庆文理学院学报》，2009年第6期。

[229] 周五七、聂鸣："促进低碳技术创新的公共政策实践与启示"，载《中国科技论坛》，2011年第7期，第18~23页。

[230] 诸大建、臧漫丹、朱远："C模式：中国发展循环经济的战略选择"，《中国人口·资源与环境》，2005年第6期，第8~12页。

[231] 朱贵平："关于企业社会责任运动的科学发展观透视"，载《经济问题》，2005年第7期，第30~32页。

[232] 朱启贵："国内外可持续发展指标体系评论"，载《合肥联合大学学报》，2000年第1期，第11~23页。

[233] 朱顺娟、郑伯红："长株潭'两型社会'评价指标体系研究"，载《统计与决策》，2010年第2期。

[234] 朱有志、周少华、袁男优："发展低碳经济应对气候变化——低碳经济及其评价指标"，载《中国国情国力》，2009年第12期。

[235] 庄贵阳："中国经济低碳发展的途径与潜力分析"，载《国际技术经济研究》，2005年第8期，第8~12页。

[236] 邹晓涓："构建'两型社会'的思考与探究"，载《江西行政学院学报》，2009年第1期，第69~70页。

[237] [美] 埃德蒙·N·培根,黄富厢等译:载《城市设计》,中国建筑工业出版社2003年版,第13页。

[238] [英] 斯蒂芬·加得纳,于培文译:《人类的居所》,北京大学出版社2006年版,第1页。

[239] [澳] 辛格:"所有动物都是平等的",载《哲学译丛》,1994年第5期。

[240] [德] 施韦泽:《对生命的敬畏》,上海人民出版社2007年版。

[241] [美] 罗尔斯顿,杨通进译:《环境伦理学》,中国社会科学出版社2000年版。

[242] [美] 泰勒,雷毅等译:《尊重自然:一种环境伦理学理论》,首都师范大学出版社2010年版。

[243]《2008年国家鼓励发展的环境保护技术目录》(环发 [2008] 91号)。

[244]《高新技术企业认定管理办法》(国科发火 [2008] 172号)。

[245]《国家鼓励发展的资源节约综合利用和环境保护技术》(国家发改委 [2005] 65号)。

[246]《国家环境工程技术分类和命名》环境保护部([2009] 45号)。

[247]《国家明令淘汰用能设备、产品目录》(国家发改委 [2005] 40号)。

[248]《国家先进污染防治技术示范名录》(环发 [2008] 91号)。

[249]《国家中长期科学和技术发展规划纲要》(2006~2020年)(国发 [2005] 44号)。

[250]《国家重点行业清洁生产技术导向目录》(第二批)(国家经贸委、国家环保总局 [2003] 21号)。

[251]《国家重点行业清洁生产技术导向目录》(第三批)(国家发改委、国家环保总局 [2006] 86号)。

[252]《国家重点行业清洁生产技术导向目录》(第一批)(国经贸资源 [2000] 137号)。

[253]《国家重点节能技术推广目录(第一批)》(国家发改委 [2008] 36号)。

[254]《国家重点支持的高新技术领域》(国科发火 [2008] 172号)。

[255]《国务院关于做好建设节约型社会近期重点工作的通知》。

[256]《湖南省自主创新产品认定管理办法(征求意见稿)》。

[257]《建设部"十一五"可再生能源建筑应用技术目录》(建科 [2007] 216号)。

[258]《节水型产品技术条件与管理通则》(GB/T 18870-2002)。

[259]《中国节能技术政策大纲》(发改环资 [2007] 199号)。

[260]《中国节水技术政策大纲》(国家发改委 [2005] 17号)。

[261] Agustı'n Pe'rez – Barahona, Benteng Zou. A comparative study of energy saving technical progress in a vintage capital model [J]. Resource and Energy Economics, 2006 (28): 181–191.

[262] Daly H E, Cobb J B. For the Common Good: Redirecting the Economy towards the Community, the Environment and a Sustainable Future [M]. Boston: Beacon Press' 1989.

[263] Department of the Environment of United Kingdom. Indicators of Sustainable Development for the United Kingdom [M]. London: HMSO, 1994.

[264] Estes T. A Comprehensive corporate social reporting model [J]. Federal Accountant, 1974: 9–20.

[265] European Commission. Euro Stat. Towards Environmental Pressure Indicators for the EU [M]. EU, 1999.

[266] Fu Zhi-neng, Jia Hui-ying, Cao Zu-yi. Developing Two – Oriented Energy to Build Two – Oriented Society Based on the Construction of Wuhan City Circle [J]. Advanced Materials Research, 2012 (5): 3052–3057.

[267] GB/T20000.1~2002, 标准化工作指南第1部分: 标准化和相关活动的通用词汇。

[268] Global Initiative Reporting. The Global Reporting Initiative—An Overview [M]. Boston, 2002.

[269] Hargroves K C, Smith M H. The Natural Advantage of Nations: Business Opportunities. Innovation and Governance in the 21st Century. London: Earthscan/ James & James, 2005.

[270] K. G. WILLS and G. D. GARROD, a Preview of Cost-benefit Analysis as Applied to the Evaluation of New Road Proposals in the U. K., Transportation Research, PartD, 1998, 3 (3): 72–75.

[271] Kerka G V, Manuel A R. A comprehensive index sustainable society: The SSI-the Sustainable Society [J]. Ecological Economics, 2008, 66: 228–242.

[272] Liu Hengwei, Liang Xi. Strategy for Promoting Low ~ Carbon Technology Transfer to Developing Countries: The Case of CCS [J]. Energy Policy, 2011 (39): 3106–3116.

[273] Mark Marvey, Assessing the Adequacy of National Transport Infrastructure AMethodology, Road &Transportation research, 2005, 1 (1): 84–86.

[274] Michael Redclift. Sustainable Development: Exploring the Contradictions [M]. Methuen: LOndon, 1987.

[275] Morris D. Measuring the Condition of the World's Poor: The Physical Quality of Life Index [M]. New York: Pergamon Press' 1979.

[276] Mustafa Tolba. Sustainable Development: Constraints and Opportunities [M]. Butterworth: London, 1987.

[277] Nordhaus W D, Tobin J. Is Growth Obsolete? The Measurement of Economic and Social Performance [M]. London: Cambridge University Press, 1973.

[278] Ockwell David G., Watson Jim, MacKerron Gordon, Pal Prosanto, Yamin Farhana. Key Policy Considerations for Facilitating Low Carbon Technology Transfer to Developing Countries [J]. Energy Policy, 2008 (36): 4104 – 4115.

[279] Our Energy Future – Creating a Low Carbon Economy. Energy White Paper. TSO, UK, 2003.

[280] Perez Carlota. Technological revolutions, paradigm shifts and socio-institutional change [A]. In Globalization, Economic Development and Inequality: In alternative Perspective [C]. Edited by Eric R. Northampton, MA, USA: Edward Elgar, 2004: 217 – 242.

[281] QI Yu, WU Xiao-bo. Low-carbon Technologies Integrated Innovation Strategy Based on Modular Design [J]. Energy Procedia, 2011 (5): 2509 – 2515.

[282] R. K. Tumer. Sustainable Environmental Managemen [M]. Belhaven: London, 1988.

[283] Rennings K. Redefining Innovation – Eco-Innovation Research and the Contribution from Ecological Economics. Ecological Economics, 2000, (32): 319 – 332.

[284] Riki Therivel, et al. Strategic Unvironmental Assessment. Lond: Uarthscan Publication Ltd, 2002, 12 (3): 56 – 60.

[285] Robert Allen. How to Save the World [M]. Kogan Page: London, 1980.

[286] South Pacific Applied Geosciences Commission, United Nations Environment Programme. Building Resilience in SIDS: The Environmental Vulnerability Index [EB/OL]. http://www.vulnerabilityindex.net/index.htm, 2005.

[287] Thomas R. Kuhn, Why the Energy Policy Act Is a Foundation for the Future [J]. The Electricity Journal, 2005 (11): 22 – 30.

[288] Torvanger Asbjørn, Meadowcroft James. The Political Economy of Technology Support: Making Decisions about Carbon Capture and Storage and Low Carbon Energy Technologies [J]. Global Environmental Change, 2011 (21): 303 – 312.

[289] UK Energy White Paper. Our energy future-creating a low carbon economy [R], 2003.

[290] UN Commission on Sustainable Development. Indicators of Sustainable Development Framework & Methodologies [M]. New York: UN, 1996.

[291] UNECE. Application of Unvironmental Impact Assessment Principles to Policies, Plans and Programmes. New York: United Nations, 2003, 13 (1): 123 – 125.

[292] UNEP. Global Green New Deal – Environmentally – Focused Investment Historic Opportunity for 21st Century Prosperity and Job Generation. UNEP http: // www. unep. org/documents. multilingual/default. asp? docu ~ mentid = 548&articleid = 5957&l = en, 2008 – 10 – 22.

[293] United Nations Commission on Sustainable Development. Indicators of Sustainable Development Framework & Methodologies [M]. New York, 1996.

[294] United Nations. Human Development Report [EB/OL]. http: // www. undp. org' 1990.

[295] Wackernagel M, Rees W. Our Ecological Footprint: Reducing Human Impact on the Earth [M]. Gabriola Island: New Society Publishers, 1996.

[296] William Ree, Mathis Wackemagel. Urban ecological footptint: Why cities cannot be sustainable and why they are a key to sustainability [J]. Environment Impact Assessment Review, 1996 (4): 223 – 248.

[297] Yale Center for Environmental Law & Policy, Center for International Earth Science Information Network. 2005 Environmental Sustainability Index [EB/OL]. http: //sedac. ciesin. columbia. edu/es/esi/, 2005.

[298] Zhou Yuanchun, Zhang Bing, Zou Ji, Bi Jun, Wang Ke. Joint R&D in Low – Carbon Technology Development in China: A Case Study of the Wind – Turbine Manufacturing Industry [J]. Energy Policy, 2012 (46): 100 – 108.

后 记

推进"两型社会"建设既是党的十七大提出的重大战略、基本国策,也是党中央、国务院交给长株潭城市群综合配套改革试点的历史使命。在这样的时代背景下,以研究者的视角亲历并参与这一宏伟的历史进程,主持完成教育部哲学社会科学研究重大课题攻关项目"'两型社会'建设标准及指标体系研究",是课题组全体成员的荣幸。

作为国内最早关注"两型社会"建设研究领域,服务"两型社会"建设实践的研究团队,本课题研究团队对"两型社会"建设标准及指标体系的研究远远超过了课题起止的三年时间,通过先后承担国家社科重大课题"中国特色新型工业化道路研究"、教育部哲学社会科学研究重大课题攻关项目"中部崛起过程中的新型工业化研究"和"'两型社会'建设标准及指标体系研究"、湖南省政府重大委托课题"两型系列标准研究"等相关重大研究项目,本研究团队在相关领域内取得了一系列重要成果,其中许多已被相关政府部、企业采纳应用于实践中,有些成果在应用中取得突出的成效,得到了国家和省部领导的批示和肯定。

本书是课题研究团队的集体创作成果,由湖南商学院校长、中南大学名誉院长陈晓红教授统筹编著。中南大学、湖南商学院、湖南大学的一批教师、博士先后参与了课题研究和本书写作及资料收集整理工作。他们包括:中南大学的曹兴教授、游达明教授、任胜钢教授、李大元教授、周志方副教授、雷井生博士、胡斌博士、王陟昀博士、陈石博士、周智玉博士、刘翔博士,湖南大学的乔海曙教授等。

无论是课题研究还是本书写作,我们都从中期检查和结题评审专家意见中得到了许多启发和教益,这对我们不断完善自我裨益良多。在课题研究和本书写作过程中,我们参阅了大量国内外学者的文献成果,在此对文献作者表示诚挚的谢意,课题研究前后延续多年,参阅受益的资料繁多,参考文献中的列举如有遗漏,敬请谅解。书稿的出版得到了经济科学出版社有关领导和编辑的大力支持与帮助,也对他们的辛苦工作表示深深的感谢。

教育部哲学社会科学研究重大课题攻关项目成果出版列表

序号	书　名	首席专家
1	《马克思主义基础理论若干重大问题研究》	陈先达
2	《马克思主义理论学科体系建构与建设研究》	张雷声
3	《马克思主义整体性研究》	逄锦聚
4	《改革开放以来马克思主义在中国的发展》	顾钰民
5	《新时期　新探索　新征程——当代资本主义国家共产党的理论与实践研究》	聂运麟
6	《坚持马克思主义在意识形态领域指导地位研究》	陈先达
7	《当代资本主义新变化的批判性解读》	唐正东
8	《当代中国人精神生活研究》	童世骏
9	《弘扬与培育民族精神研究》	杨叔子
10	《当代科学哲学的发展趋势》	郭贵春
11	《服务型政府建设规律研究》	朱光磊
12	《地方政府改革与深化行政管理体制改革研究》	沈荣华
13	《面向知识表示与推理的自然语言逻辑》	鞠实儿
14	《当代宗教冲突与对话研究》	张志刚
15	《马克思主义文艺理论中国化研究》	朱立元
16	《历史题材文学创作重大问题研究》	童庆炳
17	《现代中西高校公共艺术教育比较研究》	曾繁仁
18	《西方文论中国化与中国文论建设》	王一川
19	《中华民族音乐文化的国际传播与推广》	王耀华
20	《楚地出土戰國簡册〔十四種〕》	陈　伟
21	《近代中国的知识与制度转型》	桑　兵
22	《中国抗战在世界反法西斯战争中的历史地位》	胡德坤
23	《近代以来日本对华认识及其行动选择研究》	杨栋梁
24	《京津冀都市圈的崛起与中国经济发展》	周立群
25	《金融市场全球化下的中国监管体系研究》	曹凤岐
26	《中国市场经济发展研究》	刘　伟
27	《全球经济调整中的中国经济增长与宏观调控体系研究》	黄　达
28	《中国特大都市圈与世界制造业中心研究》	李廉水

序号	书　名	首席专家
29	《中国产业竞争力研究》	赵彦云
30	《东北老工业基地资源型城市发展可持续产业问题研究》	宋冬林
31	《转型时期消费需求升级与产业发展研究》	臧旭恒
32	《中国金融国际化中的风险防范与金融安全研究》	刘锡良
33	《全球新型金融危机与中国的外汇储备战略》	陈雨露
34	《全球金融危机与新常态下的中国产业发展》	段文斌
35	《中国民营经济制度创新与发展》	李维安
36	《中国现代服务经济理论与发展战略研究》	陈　宪
37	《中国转型期的社会风险及公共危机管理研究》	丁烈云
38	《人文社会科学研究成果评价体系研究》	刘大椿
39	《中国工业化、城镇化进程中的农村土地问题研究》	曲福田
40	《中国农村社区建设研究》	项继权
41	《东北老工业基地改造与振兴研究》	程　伟
42	《全面建设小康社会进程中的我国就业发展战略研究》	曾湘泉
43	《自主创新战略与国际竞争力研究》	吴贵生
44	《转轨经济中的反行政性垄断与促进竞争政策研究》	于良春
45	《面向公共服务的电子政务管理体系研究》	孙宝文
46	《产权理论比较与中国产权制度变革》	黄少安
47	《中国企业集团成长与重组研究》	蓝海林
48	《我国资源、环境、人口与经济承载能力研究》	邱　东
49	《"病有所医"——目标、路径与战略选择》	高建民
50	《税收对国民收入分配调控作用研究》	郭庆旺
51	《多党合作与中国共产党执政能力建设研究》	周淑真
52	《规范收入分配秩序研究》	杨灿明
53	《中国社会转型中的政府治理模式研究》	娄成武
54	《中国加入区域经济一体化研究》	黄卫平
55	《金融体制改革和货币问题研究》	王广谦
56	《人民币均衡汇率问题研究》	姜波克
57	《我国土地制度与社会经济协调发展研究》	黄祖辉
58	《南水北调工程与中部地区经济社会可持续发展研究》	杨云彦
59	《产业集聚与区域经济协调发展研究》	王　珺

序号	书 名	首席专家
60	《我国货币政策体系与传导机制研究》	刘 伟
61	《我国民法典体系问题研究》	王利明
62	《中国司法制度的基础理论问题研究》	陈光中
63	《多元化纠纷解决机制与和谐社会的构建》	范 愉
64	《中国和平发展的重大前沿国际法律问题研究》	曾令良
65	《中国法制现代化的理论与实践》	徐显明
66	《农村土地问题立法研究》	陈小君
67	《知识产权制度变革与发展研究》	吴汉东
68	《中国能源安全若干法律与政策问题研究》	黄 进
69	《城乡统筹视角下我国城乡双向商贸流通体系研究》	任保平
70	《产权强度、土地流转与农民权益保护》	罗必良
71	《我国建设用地总量控制与差别化管理政策研究》	欧名豪
72	《矿产资源有偿使用制度与生态补偿机制》	李国平
73	《巨灾风险管理制度创新研究》	卓 志
74	《国有资产法律保护机制研究》	李曙光
75	《中国与全球油气资源重点区域合作研究》	王 震
76	《可持续发展的中国新型农村社会养老保险制度研究》	邓大松
77	《农民工权益保护理论与实践研究》	刘林平
78	《大学生就业创业教育研究》	杨晓慧
79	《新能源与可再生能源法律与政策研究》	李艳芳
80	《中国海外投资的风险防范与管控体系研究》	陈菲琼
81	《生活质量的指标构建与现状评价》	周长城
82	《中国公民人文素质研究》	石亚军
83	《城市化进程中的重大社会问题及其对策研究》	李 强
84	《中国农村与农民问题前沿研究》	徐 勇
85	《西部开发中的人口流动与族际交往研究》	马 戎
86	《现代农业发展战略研究》	周应恒
87	《综合交通运输体系研究——认知与建构》	荣朝和
88	《中国独生子女问题研究》	风笑天
89	《我国粮食安全保障体系研究》	胡小平
90	《我国食品安全风险防控研究》	王 硕

序号	书　名	首席专家
91	《城市新移民问题及其对策研究》	周大鸣
92	《新农村建设与城镇化推进中农村教育布局调整研究》	史宁中
93	《农村公共产品供给与农村和谐社会建设》	王国华
94	《中国大城市户籍制度改革研究》	彭希哲
95	《国家惠农政策的成效评价与完善研究》	邓大才
96	《以民主促进和谐——和谐社会构建中的基层民主政治建设研究》	徐　勇
97	《城市文化与国家治理——当代中国城市建设理论内涵与发展模式建构》	皇甫晓涛
98	《中国边疆治理研究》	周　平
99	《边疆多民族地区构建社会主义和谐社会研究》	张先亮
100	《新疆民族文化、民族心理与社会长治久安》	高静文
101	《中国大众媒介的传播效果与公信力研究》	喻国明
102	《媒介素养：理念、认知、参与》	陆　晔
103	《创新型国家的知识信息服务体系研究》	胡昌平
104	《数字信息资源规划、管理与利用研究》	马费成
105	《新闻传媒发展与建构和谐社会关系研究》	罗以澄
106	《数字传播技术与媒体产业发展研究》	黄升民
107	《互联网等新媒体对社会舆论影响与利用研究》	谢新洲
108	《网络舆论监测与安全研究》	黄永林
109	《中国文化产业发展战略论》	胡惠林
110	《20世纪中国古代文化经典在域外的传播与影响研究》	张西平
111	《国际传播的理论、现状和发展趋势研究》	吴　飞
112	《教育投入、资源配置与人力资本收益》	闵维方
113	《创新人才与教育创新研究》	林崇德
114	《中国农村教育发展指标体系研究》	袁桂林
115	《高校思想政治理论课程建设研究》	顾海良
116	《网络思想政治教育研究》	张再兴
117	《高校招生考试制度改革研究》	刘海峰
118	《基础教育改革与中国教育学理论重建研究》	叶　澜
119	《我国研究生教育结构调整问题研究》	袁本涛　王传毅
120	《公共财政框架下公共教育财政制度研究》	王善迈

序号	书　名	首席专家
121	《农民工子女问题研究》	袁振国
122	《当代大学生诚信制度建设及加强大学生思想政治工作研究》	黄蓉生
123	《从失衡走向平衡：素质教育课程评价体系研究》	钟启泉 崔允漷
124	《构建城乡一体化的教育体制机制研究》	李　玲
125	《高校思想政治理论课教育教学质量监测体系研究》	张耀灿
126	《处境不利儿童的心理发展现状与教育对策研究》	申继亮
127	《学习过程与机制研究》	莫　雷
128	《青少年心理健康素质调查研究》	沈德立
129	《灾后中小学生心理疏导研究》	林崇德
130	《民族地区教育优先发展研究》	张诗亚
131	《WTO主要成员贸易政策体系与对策研究》	张汉林
132	《中国和平发展的国际环境分析》	叶自成
133	《冷战时期美国重大外交政策案例研究》	沈志华
134	《新时期中非合作关系研究》	刘鸿武
135	《我国的地缘政治及其战略研究》	倪世雄
136	《中国海洋发展战略研究》	徐祥民
137	《深化医药卫生体制改革研究》	孟庆跃
138	《华侨华人在中国软实力建设中的作用研究》	黄　平
139	《我国地方法制建设理论与实践研究》	葛洪义
140	《城市化理论重构与城市化战略研究》	张鸿雁
141	《境外宗教渗透论》	段德智
142	《中部崛起过程中的新型工业化研究》	陈晓红
143	《农村社会保障制度研究》	赵　曼
144	《中国艺术学学科体系建设研究》	黄会林
145	《人工耳蜗术后儿童康复教育的原理与方法》	黄昭鸣
146	《我国少数民族音乐资源的保护与开发研究》	樊祖荫
147	《中国道德文化的传统理念与现代践行研究》	李建华
148	《低碳经济转型下的中国排放权交易体系》	齐绍洲
149	《中国东北亚战略与政策研究》	刘清才
150	《促进经济发展方式转变的地方财税体制改革研究》	钟晓敏
151	《中国—东盟区域经济一体化》	范祚军

序号	书名	首席专家
152	《非传统安全合作与中俄关系》	冯绍雷
153	《外资并购与我国产业安全研究》	李善民
154	《近代汉字术语的生成演变与中西日文化互动研究》	冯天瑜
155	《新时期加强社会组织建设研究》	李友梅
156	《民办学校分类管理政策研究》	周海涛
157	《我国城市住房制度改革研究》	高 波
158	《新媒体环境下的危机传播及舆论引导研究》	喻国明
159	《法治国家建设中的司法判例制度研究》	何家弘
160	《中国女性高层次人才发展规律及发展对策研究》	佟 新
161	《国际金融中心法制环境研究》	周仲飞
162	《居民收入占国民收入比重统计指标体系研究》	刘 扬
163	《中国历代边疆治理研究》	程妮娜
164	《性别视角下的中国文学与文化》	乔以钢
165	《我国公共财政风险评估及其防范对策研究》	吴俊培
166	《中国历代民歌史论》	陈书录
167	《大学生村官成长成才机制研究》	马抗美
168	《完善学校突发事件应急管理机制研究》	马怀德
169	《秦简牍整理与研究》	陈 伟
170	《出土简帛与古史再建》	李学勤
171	《民间借贷与非法集资风险防范的法律机制研究》	岳彩申
172	《新时期社会治安防控体系建设研究》	宫志刚
173	《加快发展我国生产服务业研究》	李江帆
174	《基本公共服务均等化研究》	张贤明
175	《职业教育质量评价体系研究》	周志刚
176	《中国大学校长管理专业化研究》	宣 勇
177	《"两型社会"建设标准及指标体系研究》	陈晓红
	……	